AF514934

GRöLS
Verlage

*„Bücher sind wie Fallschirme. Sie nützen uns nichts, wenn wir sie nicht öffnen."*

**Gröls Verlag**

## Redaktionelle Hinweise und Impressum

Das vorliegende Werk wurde zugunsten der Authentizität sehr zurückhaltend bearbeitet. So wurden etwa ursprüngliche Rechtschreibfehler regelmäßig *nicht* behoben, denn kleine Unvollkommenheiten machen das Buch – wie im Übrigen den Menschen – erst authentisch. Mitunter wurden jedoch zum Beispiel Absätze behutsam neu getrennt, um den Lesefluss zu erleichtern.

Um die Texte zu rekonstruieren, werden antiquarische Bücher von Lesegeräten gescannt und dann durch eine Software lesbar gemacht. Der so entstandene Text wird von Menschen gegengelesen und korrigiert – hierbei treten auch Fehler auf. Wenn Sie ebenfalls antiquarische Texte einreichen möchten, finden Sie weitere Informationen auf www.groels.de

Viel Freude bei der Lektüre wünscht Ihnen das Team des Gröls-Verlags.

**Adressen**

Verleger: Hermann-Josef Gröls,

Im Borngrund 26, 61440 Oberursel

Externer Dienstleister für Distribution & Herstellung:

BoD, In de Tarpen 42, 22848 Norderstedt

**Unsere „Edition | Werke der Weltliteratur“** hat den Anspruch, eine der größten und vollständigsten Sammlungen klassischer Literatur in deutscher Sprache zu werden. Nach und nach versammeln wir hier nicht nur die „üblichen Verdächtigen“ von Goethe bis Schiller, sondern auch Kleinode der vergangenen Jahrhunderte, die – zu Unrecht – drohen, in Vergessenheit zu geraten. Wir kultivieren und kuratieren damit einen der wertvollsten Bereiche der abendländischen Kultur. Kleine Auswahl:

**Francis Bacon** • Neues Organon • **Balzac** • Glanz und Elend der Kurtisanen • **Joachim H. Campe** • Robinson der Jüngere • **Dante Alighieri** • Die Göttliche Komödie • **Daniel Defoe** • Robinson Crusoe • **Charles Dickens** • Oliver Twist • **Denis Diderot** • Jacques der Fatalist • **Fjodor Dostojewski** • Schuld und Sühne • **Arthur Conan Doyle** • Der Hund von Baskerville • **Marie von Ebner-Eschenbach** • Das Gemeindekind • **Elisabeth von Österreich** • Das Poetische Tagebuch • **Friedrich Engels** • Die Lage der arbeitenden Klasse • **Ludwig Feuerbach** • Das Wesen des Christentums • **Johann G. Fichte** • Reden an die deutsche Nation • **Fitzgerald** • Zärtlich ist die Nacht • **Flaubert** • Madame Bovary • **Gorch Fock** • Seefahrt ist not! • **Theodor Fontane** • Effi Briest • **Robert Musil** • Über die Dummheit • **Edgar Wallace** • Der Frosch mit der Maske • **Jakob Wassermann** • Der Fall Maurizius • **Oscar Wilde** • Das Bildnis des Dorian Grey • **Émile Zola** • Germinal • **Stefan Zweig** • Schachnovelle • **Hugo von Hofmannsthal** • Der Tor und der Tod • **Anton Tschechow** • Ein Heiratsantrag • **Arthur Schnitzler** • Reigen • **Friedrich Schiller** • Kabale und Liebe • **Nicolo Machiavelli** • Der Fürst • **Gotthold E. Lessing** • Nathan der Weise • **Augustinus** • Die Bekenntnisse des heiligen Augustinus • **Marcus Aurelius** • Selbstbetrachtungen • **Charles Baudelaire** • Die Blumen des Bösen • **Harriett Stowe** • Onkel Toms Hütte • **Walter Benjamin** • Deutsche Menschen • **Hugo Bettauer** • Die Stadt ohne Juden • **Lewis Caroll** • *und viele mehr….*

# Inhalt

# Der Kettenträger

*oder*

# die Handschriften der Familie Littlepage

## James Fenimore Cooper

### Vorrede

Der Knoten hat sich verwickelt in den wenigen kurzen Monaten, welche seit der Erscheinung des ersten Theils unserer Handschriften verflossen sind, und Blutvergießen hat den Flecken noch dunkler gemacht, der auf unserm Lande in Folge der weiten Verbreitung und kecken Behauptung falscher Grundsätze haftet. Man mußte dieß schon lange voraussehen, und man hat vielleicht Grund sich Glück zu wünschen, daß die vorgefallene Gewaltthat nur den Verlust eines einzigen Lebens kostete, während zu besorgen stand und noch steht, daß sich ein Bürgerkrieg daraus entwickeln würde. Daß einzelne Theile des Gemeinwesens sich würdig und edel benommen haben bei diesem plötzlichen Ausbruch einer gesetz- und gewissenlosen Verschwörung zum Raube, ist unläugbar, und darf mit Dankbarkeit und ehrlichem Stolze gerühmt werden; daß das Rechtsgefühl weitaus den größeren Theiles des Landes tief verwundet worden, ist ebenso wahr; daß die Gerechtigkeit aufgerüttelt worden ist, und in diesem Augenblick in der ernsten Sprache der gesetzlichen Gewalt mit den Uebelthätern redet, läßt sich nicht widersprechen; aber während dieß Alles zugegeben wird, und zugegeben wird nicht ganz ohne Hoffnung, sind doch noch Gründe zur Besorgniß vorhanden, so starke und triftige Gründe, daß kein Schriftsteller, der den wahren Interessen seines Vaterlandes treu ergeben ist, sie auch nur einen Augenblick aus dem Gesichte verlieren darf.

Eine hohe Autorität, in einem gewissen Sinne, die Autorität der politischen Gewalt hat ausgesprochen, daß der Lehensbesitz mit fortwährendem Pachtzins dem Geiste der Institutionen zuwider sey. Und doch bestanden diese Lehen oder Pachtungen als die Institutionen gegründet wurden, und ein Satz der Institutionen selbst verbürgt die Haltung der Verträge, in deren Kraft die Lehen existiren. Es wäre viel weiser und viel wahrer gewesen, wenn man denjenigen, welche nach den Gütern ihrer Mitbürger gelüsteten, gesagt hätte: mit ihren Bestrebungen, die fraglichen Pacht- und Lehensverhältnisse umzustürzen und zu zerstören, träten sie in Widerspruch mit einem feierlichen Grundsatz des Rechts und somit auch mit den Institutionen selbst. Der Haupt- und Grundirrthum gewinnt immer mehr Boden, welcher die verderbliche Lehre aufstellt, wir hätten eine Regierung von Menschen, statt einer Regierung der Grundsätze. Wenn dieser Irrthum so weit um sich greift, daß er im Leben selbst das Uebergewicht erlangt, dann mögen die Wohlgesinnten sich hinsetzen und klagen – nicht nur um die Freiheiten ihres Landes, sondern auch um seine Gerechtigkeit und Moralität, sollten auch die Menschen dem Namen nach so frei seyn, daß sie thun können was ihnen beliebt.

In ihrem Verlaufe sehen wir die Handschriften der Familie Littlepage mehr und mehr dem Charakter der Zeiten sich nähern, in welchen wir leben. Eine Generation jedoch ist ausgefallen, in Folge des frühen Todes von Mr. Malbone Littlepage, der einen einzigen Sohn und Erben hinterließ. Dieser Sohn hat sich verpflichtet gefühlt, die Reihenfolge zu vervollständigen durch einen Zusatz aus seiner Feder. Ohne diesen Zusatz würden wir Satanstoe, Lilaksbush, Ravensnest und Mooseridge in ihrer gegenwärtigen Gestalt gar nicht zu Gesicht bekommen; so aber werden uns Blicke darauf vergönnt, welche nicht nur unterhaltend sondern auch belehrend seyn dürften.

Ueber Einen Punkt wünschen wir ein Wort zu sagen. Ein Theil unsrer Leser ist der Ansicht gewesen, der erste Mr. Littlepage, welcher Nachrichten von seinem Leben niedergeschrieben, Cornelius mit dem Taufnamen, habe eine ungebührliche Härte in seinem Urtheil über den Charakter der Neu-Engländer gezeigt. Unsre Antwort auf diesen Vorwurf ist folgende: erstlich übernehmen wir nicht die Verantwortlichkeit für alle Meinungen derjenigen, deren Schriften uns zur Durchsicht übergeben werden, so wenig als wir verantwortlich seyn würden für alle die widersprechenden Charaktere, Beweggründe und Ansichten, die in einer Darstellung von erdichteten, selbstgeschaffenen Personen zu Tage kommen möchten. Daß die Littlepages New-Yorker Begriffe, und wenn der Leser lieber will, New-Yorker Vorurtheile hatten, mag ganz wahr seyn; aber bei Schilderungen dieser Art sind selbst Vorurtheile nicht ganz zu übergehende und zu unterdrückende Thatsachen. Sodann hat Neu-England seine Genugthuung schon längst vorweggenommen, indem es sich selbst rühmt und seine Nachbarn unterschätzt in einer Art, die nach unserem Dafürhalten diejenigen, welche etwas holländisches Blut in ihren Adern haben, vollkommen berechtigt, ihre Gesinnungen und Ansichten über die Sache auszusprechen. Wer so freigebig austheilt, sollte auch ein Wenig einzunehmen sich gefallen lassen, und dieß um so mehr, wenn eben nichts besonders Verletzendes und Persönliches in den kleinen Hieben liegt, die gegen sie gezielt sind. Wir selbst unseres Theils haben nicht einen Tropfen holländisches oder neuengländisches Blut in unsern Adern, und spielen nur die Rolle des Flaschenhalters der einen Partei bei diesem Kampfe. Wenn wir berichtet haben, was der Holländer von dem Yankee sagt, so haben wir auch berichtet, was der Yankee, und zwar ohne sonderliches Bedenken, von dem Holländer sagt. Wir wissen, daß diese Gesinnungen veraltet und überlebt sind; aber unsere Handschriften bezogen sich in dieser Hinsicht ausschließlich auf die Zeiten, in welchen sie ganz gewiß vorhanden waren, und das mindestens in der Stärke, in welcher sie dargestellt werden.

Wir gehen noch etwas weiter. Nach unserem Ermessen lassen sich die falschen Grundsätze, die man bei einem großen Theil der gebildeten Klassen findet, über das Verhältnis von Landeigenthümer und Pächter, zurückführen auf die provinziellen Begriffe derjenigen, die ihre Ansichten und Vorstellungen von einem Zustand der Gesellschaft empfangen haben, wo kein solches Verhältnis besteht. Die von den Lehren des Antirentismus drohende Gefahr hat ihre beängstigendste Stärke in diesen falschen Grundsätzen; – denn die irregeleiteten ohnmächtigen Leute, welche das F e l d eingenommen haben im buchstäblichen Sinne, sind dem Recht nicht zum vierten Theile so gefahrdrohend, als diejenigen, welche im bildlichen Sinne ins Feld gerückt sind. Es ist nicht ein Jota mehr Vernunft in der Behauptung und Beweisführung: es solle keine Pächter, im strengen Sinne des Wortes geben, als in der: es solle bei den Gewerben keine Gesellen, keine Lohn- und Tag-Arbeiter geben, obwohl sich nicht leicht ein Mensch finden würde, der diesen Satz behaupten möchte. Wir glauben fest, wenn es einen Theil des Landes gäbe, wo die Handwerker sämmtlich " b o s s e s " wären, so würde es denen, die an einen solchen Zustand der Gesellschaft gewohnt wären, ganz ungehörig und antirepublikanisch erscheinen, wenn Einer Unternehmungen in seinem Geschäft mit Arbeitern ausführte.

Nur noch ein Wort wollen wir über diesen Gegenstand hinzufügen. Die Säule der Gesellschaft muß ihr Kapital haben so gut wie ihr Fundament. Sie ist nur dann vollkommen, wenn jeder Theil ganz hergestellt ist und leistet, was ihm zukommt. In New-York vertraten die großen Landbesitzer lange Zeit, und vertreten noch, die Stelle des Kapitals, in einem socialen Sinne. Wenn dieß Kapital zertrümmert und auf den Boden geschleudert wird – aus welchem Material wird dann dasjenige bestehen, welches an seine Stelle gesetzt werden müßte? Kein Nachfolger des Landeigenthümers scheint uns so wahrscheinlich, als der Land-Erpresser und der Land-Wucherer! Wir möchten die, welche jetzt das Geschrei von Feudalismus und Aristokratie erheben, warnen, sich doch ja vorzusehen, was sie thun! Statt des Königs Klotz dürften sie vom König Storch gefressen werden.

New-York im November 1845

## Erstes Kapitel

Das feste Hirn, der Glieder Mark,
Zum Springen, Klettern, Schwimmen stark;
Der ehrne Leib, gewohnt zu tragen
Sturm, Regen, Hagel ohne Klagen;
Gestählt, um mannhaft zu bestehn
Frost, Müdigkeit, des Hungers Wehn.

*Rokeby.*

Mein Vater war Cornelius Littlepage von Satanstoe, in der Grafschaft West-Chester, im Staate New-York, und meine Mutter Anneke Mordaunt, von Lilaksbush, ein Ort, der längst unter diesem Namen bekannt ist, und noch besteht in der Nähe von Kingsbridge, aber auf der Insel Manhattan, mithin in einem der Reviere von New-York, obwohl volle elf Meilen von der Stadt entfernt. Ich will annehmen, daß meine Leser den Unterschied zwischen der Insel von Manhattan und Manhattan-Island kennen, obgleich ich schon angebliche Manhattanesen von reifen Jahren, aber auswärts geboren, gefunden habe, welchen man ihn erst erklären mußte. Lilaksbush, ich wiederhole es hiemit, lag auf der Insel von Manhattan, elf Meilen weit von der Stadt, obwohl im Weichbild von New-York, und nicht auf Manhattan-Island.

Von meinen Vorfahren weiter zurück halte ich nicht für nöthig, viel zu sagen. Sie waren theils von englischer, theils von niederländischer Abkunft, wie es sehr häufig der Fall ist bei denen, welche von New-Yorker Familien von einigem Ansehen und Geltung in der Colonie abstammen. Ich habe noch eine ziemlich deutliche Erinnerung von meinen beiden Großvätern und von meiner einen Großmutter; meine Großmutter von mütterlicher Seite war lang vor der Vermählung meiner Eltern gestorben.

Von meinem Großvater mütterlicher Seits jedoch weiß ich sehr wenig, denn er starb, als ich noch ganz jung war und ich ihn nur wenig gesehen hatte. Er bezahlte die große Schuld der Natur in England, wohin er gereist war, einen Verwandten zu besuchen, einen Sir Souso Bulstrode, der selbst in den Colonieen gewesen war und in großen Gunsten bei Herman Mordaunt stund, wie man meiner Mutter Vater allgemein in New-York nannte. Mein Vater sagte oft, es sey vielleicht in einer Hinsicht ein Glück gewesen, daß sein Schwiegervater so bald gestorben sey, da er nicht zweifle, er würde sich gewiß bei dem Streit, der so bald nachher ausbrach, auf die Seite der Krone geschlagen haben, in welchem Falle vermuthlich seine Besitzungen oder diejenigen, die dann meiner Mutter zufielen und jetzt die meinigen sind, das Schicksal der Güter der de Lancey's, der Philipses, eines Theils der Van Cortlandts, der Floyds, der Joneses und einiger anderer gewichtigen Familien getheilt haben, welche loyal blieben, wie man es nannte; worunter man die Loyalität gegen einen Fürsten, und nicht die Loyalität gegen das Land ihrer Geburt verstand. Es ist schwer zu sagen, wer bei diesem Streite Recht hatte, wenn wir die Ansichten und Vorurtheile der Zeiten ins Auge fassen, obgleich die Littlepage's alle, das heißt aber nur: mein Vater, mein Großvater und ich, auf die Seite des Landes traten. Was die Rücksicht auf das eigene Interesse jedoch betrifft, muß bemerkt werden, daß die reichen Amerikaner, welche sich gegen die Krone erklärten, bei weitem am meisten Uneigennützigkeit an den Tag legten, insofern die Wahrscheinlichkeit, bezwungen und wieder unterworfen zu werden, eine lange Zeit hindurch sehr stark war, und im Fall eines unglücklichen Ausgangs Confiskation des Vermögens, um nicht zu sagen der Galgen, in ziemlich sicherer Aussicht stand. Aber mein Großvater väterlicher Seits war, was man ein Whig von hoher Kaste nannte. Er wurde im Jahr 1776 zum Brigadier bei der Miliz ernannt und leistete wirkliche Felddienste in dem großen Feldzuge des folgenden Jahres, in welchem Burgoyne gefangen wurde, so wie auch mein Vater, welcher als Oberstlieutenant bei den

Linientruppen von New-York stand. In demselben Regiment mit meinem Vater war auch ein Major Dirck Van Valkenburgh, oder Follock, wie er gewöhnlich genannt wurde, ein geschworener Freund von jenem. Dieser Major Follock war ein alter Junggesell, und er brachte ebenso viele Zeit in meines Vaters Hause als in seinem eigenen zu: denn sein eigentlicher Wohnsitz war über dem Fluß drüben, auf Rockland. Ebenso wie mein Vater hatte meine Mutter eine Freundin in der Person der Miß Mary Wallace, einer unvermählten Lady, welche beim Anfang der Revolution wohl die Dreißiger Jahre überschritten hatte. Miß Wallace lebte in ganz bequemen Vermögensumständen; aber sie wohnte ganz in Lilaksbush und hatte gar keine andere Heimath, außer etwa in unserem Hause in der Stadt.

Wir waren sehr stolz auf den Brigadier, sowohl wegen seines Rangs, als wegen der von ihm geleisteten Dienste. Er kommandirte wirklich einen Kriegszug gegen die Indianer während der Revolution – eine Art des Krieges, worin er einige Erfahrung hatte, da er schon bei mehreren Gelegenheiten vor dem großen Unabhängigkeitskampfe solche Züge mitgemacht hatte. Bei einem dieser früheren Züge des letzteren Kriegs zeichnete er sich zuerst aus. Er stand damals unter dem Befehle eines Obersts, Brom Follock, des Vaters des Majors Dirck, des gleichen Namens, der beinahe ein ebenso vertrauter Freund von meinem Großvater, als sein Sohn von meinem Vater war. Dieser Oberst Brom war ein Freund von Zechgelagen, und ich habe erzählen hören, daß, wie er zu den Niederländern am Mohawk kam, er eine Woche lang mit wenig oder gar keiner Unterbrechung fortzechte, unter Umständen, wo ihm als Militär große Nachläßigkeit zur Last fiel. Die Folge war, daß eine Partei Indianer von Canada einen Ueberfall auf sein Commando ausführten und der alte Oberst, der so kühn war wie ein Löwe, und so betrunken wie ein Lord – obwohl ich nie habe errathen können, warum man annimmt, daß die Lords eine besondere Neigung zum Trinken haben – eines Morgens früh erschossen und skalpirt wurde, als er eben von einer nahen Schenke in sein Quartier in der „Garnison“ zurückkehrte, wo er seinen Posten hatte. Mein Großvater rächte seinen Tod heldenmüthig, zerstreute die Angreifenden nach allen vier Winden, und gewann den verstümmelten Leichnam seines Freundes wieder; der Skalp aber blieb unwiederbringlich verloren.

General Littlepage überlebte den Krieg nicht, obgleich ihm nicht das Glück zu Theil war, im Felde zu fallen und so seinen Namen mit der Geschichte seines Vaterlandes unauflöslich zu verweben. Es geschieht in allen Kriegen und ganz besonders geschah es oft in unserem großen Nationalkampf, daß mehr Soldaten ihr Leben in den Spitälern aufgaben, als auf dem Schlachtfelde, obgleich das Verspritzen seines Blutes ein unerläßliches Erforderniß zum Ruhme dieser Art zu seyn scheint, indem eine undankbare Nachwelt sich wenig um die Tausende kümmert, welche in eine andere Welt hinüberziehen, als Opfer von Strapatzen und Lagerkrankheiten, um das Lob der Hunderte zu singen, welche im Lärm und Getöse der Schlacht getödtet werden. Und doch dürfte die Frage seyn, ob nicht mehr wahrer Muth dazu gehört, dem Tod ins Auge zu schauen, wenn er in der unsichtbaren Gestalt einer Krankheit sich naht, als ihm entgegenzutreten, wenn er in sichtbarer Rüstung in der Schaar der Bewaffneten daherrückt. Meines Großvaters Benehmen, daß er im Lager blieb unter Hunderten, welche die Blattern hatten – die ekelhafte Krankheit, an welcher er starb – wurde zwar gelegentlich erwähnt, aber nie in der Art, wie der Tod eines Offiziers von seinem Range würde gepriesen worden seyn, wäre er in der Schlacht gefallen. Ich bemerkte, daß Major Follock einen ehrenhaften Stolz auf den Tod seines Vaters empfand, welcher vom Feind getödtet und skalpirt worden war, wie er von einem trunkenen Zechgelage heimkehrte, während mein würdiger Vater von dem Tode des Brigadiers immer als von einem Ereignisse sprach, das eher zu beklagen sey, als daß man sich dessen freudig rühmen dürfte. Ich für meine Person glaube, daß der Tod meines Großvaters bei weitem rühmlicher war, als der des Obersts; aber so wird er nie von der Geschichte noch vom Land angesehen werden. Was die Geschichtschreiber betrifft, so erfordert es einen ganz ausnehmend ehrlichen Mann, um gegen ein Vorurtheil zu schreiben: und es ist so viel leichter, eine That zu feiern und zu verherrlichen, so wie man sie sich einbildet, als wie sie wirklich vorgefallen ist, daß ich zweifle, ob wir das Wahre auch nur vom zehnten Theil der Heldenthaten wissen, von welchen wir schwärmen und aus welche wir glauben stolz seyn zu dürfen. Nun! man lehrt uns, die Zeit werde kommen, wo alle Dinge in ihrer wahren Gestalt werden geschaut, und Menschen und Handlungen werden erkannt werden, wie sie wirklich waren, nicht wie sie in den Blättern der Geschichte geschildert sind.

Ich selbst war zu jung, um an dem Revolutionskrieg vielen Antheil nehmen zu können, obgleich der Zufall wollte, daß ich Augenzeuge ward von einigen der wichtigsten Ereignisse desselben, und zwar in dem zarten Alter von fünfzehn Jahren. Mit zwölf Jahren – der amerikanische Verstand war immer und ist noch jetzt ausnehmend frühreif – ward ich nach Nassau-Hall in Princeton geschickt, um dort meine Bildung zu empfangen, und ich blieb dort bis ich endlich einen Grad erwarb, obgleich meine Studien verschiedene lange und herbe Unterbrechungen und Störungen erlitten. Obgleich so frühe schon ins Collegium geschickt, wurde ich doch erst mit neunzehn Jahren wirklich graduirt, da die stürmischen Zeiten einen beinahe doppelt so langen Knechtsdienst erforderten, um einen Baccalaureus artium aus mir zu machen, als in den wohlthätigeren, freundlichen Tagen des Friedens nöthig gewesen seyn würde. So machte ich ein Stück eines Feldzugs mit, wie ich erst Sophomor, und wieder einen im ersten Jahre, wo ich Junior war. Ich sage im ersten Jahr, weil ich zwei Jahre in jeder der höheren Classen des Instituts bleiben mußte, um die verlorene Zeit hereinzubringen. Ein Jüngling kann nicht gut zu gleicher Zeit Feldzüge mitmachen und in den akademischen Hallen den Euklid studiren. Dann war ich auch noch so jung, daß ein Jahr mehr oder weniger nicht viel austrug.

Meine bedeutendsten Dienste im Revolutionskriege fielen in das Jahr 1777, bei dem Feldzug, wo Burgoyne ein Treffen mit den Amerikanern hatte und gefangen wurde. Dieser wichtige Erfolg wurde herbeigeführt durch eine zum Theil aus regulären Truppen, zum Theil aus Milizen bestehende Streitmacht. Mein Großvater befehligte eine Brigade der letzteren, oder was man eine Brigade nannte – etwa sechshundert Mann höchstens, während mein Vater ein reguläres Bataillon von hundert und sechszig New-Yorker Liniensoldaten gegen die Verschanzungen der

Deutschen führte, an dem denkwürdigen und blutigen Tage, wo die letzteren erstürmt wurden. Wie Viele er davon zurückbrachte, habe ich ihn nie sagen hören. Wie ich dazu kam, bei diesen wichtigen Vorfällen anwesend zu seyn, das ist bald erzählt.

Da Lilaksbush auf der Insel Manhattan liegt (nicht auf Manhattan-Island, was man nicht vergessen wolle,) und unsere Familie zu den Whigs gehörte, sahen wir uns genöthigt, unsere Häuser in der Stadt und auf dem Land zu verlassen, sobald Sir William Howe New-York in Besitz nahm. Zuerst begnügte sich meine Mutter, nach Satanstoe zu gehen, das nur eine kleine Strecke von den feindlichen Linien entfernt war; aber da der politische Charakter der Familie Littlepage zu allgemein bekannt war, als daß dieser Aufenthaltsort sicher gewesen wäre, begaben sich meine Großmutter und meine Mutter, beständig begleitet von Miß Wallace, nach den Hochlanden, wo sie sich während des übrigen Krieges in dem Dorf Fishkill niederließen, auf einem Pachtgut, das der Miß Wallace als freies Erbeigenthum gehörte. Hier glaubte man, seyen sie sicher, da sie siebzig Meilen von der Hauptstadt entfernt und ganz innerhalb der Linien der Amerikaner waren. Da diese Uebersiedlung gegen Ende des Jahres 1776 nach der Erklärung der Unabhängigkeit stattfand, nahm man an, daß es von dem Ausgang des Krieges abhänge, ob wir überhaupt wieder in unsere Heimath und zu unserem Eigenthum zurückkehren könnten. Zu jenen Zeiten war ich ein Sophomor und zu Hause während der langen Ferien. Während dieses Besuchs machte ich das Stück eines Feldzugs mit, indem ich meinen Vater bei allen Bewegungen seines Regiments begleitete, während Washington und Howe in West-Chester manöuvrirten. Da meines Vaters Bataillon zufällig so postirt war, daß es im Mittelpunkt der Schlacht auf White Plains (der weißen Ebene) stand, hatte ich Gelegenheit, hierbei recht ins ernste und hitzige Kriegsgetümmel eingeweiht zu werden. Auch verließ ich die Armee erst, um zu meinen Studien zurückzukehren, nach den glänzenden Treffen von Trenton und Princeton, an welchen beiden unser Regiment Antheil nahm.

Dies hieß ziemlich frühe anfangen, sich in's thätige, handelnde Leben zu mischen, für einen Knaben von vierzehn Jahren. Aber in jenem Kriege trugen Jungen von meinem Alter oft schon die Muskete, denn die Colonien umfaßten ein großes Gebiet und hatten nur eine kleine Bevölkerung. Diejenigen, welche von dem amerikanischen Unabhängigkeitskriege lesen, und die Feldzüge und Schlachten desselben so ansehen, wie sie die Kämpfe älterer und weiter vorgeschrittener Nationen zu betrachten gewohnt sind, können sich keine richtigen Vorstellungen bilden von den Nachtheilen, mit welchen unser Volk zu kämpfen hatte, oder der großen Ueberlegenheit des Feindes in allen gewöhnlichen Elementen der kriegerischen Stärke. Ohne erfahrene Offiziere, mit nur wenigen und ziemlich schlechten Waffen versehen, oft der Munition entbehrend, stand die ländliche und sonst so friedliche Bevölkerung eines dünn bevölkerten Landes gegenüber den auserlesenen Soldaten Europa's, und dazu noch ohne, oder fast ohne den großen Nerv des Krieges: Geld, sie zu unterhalten. Und dennoch waren die Amerikaner, ohne durch fremden Beistand oder fremdes Talent unterstützt zu seyn, ungefähr ebenso oft im Kriege glücklich als das Gegentheil. Bunker Hill, Bennington,

Saratoga, Bhemis' Heights, Trenton, Princeton, Monmouth – das Alles waren rein amerikanische Schlachten; um Nichts zu sagen von einigen andern, welche weiter südlich vorfielen; und obgleich unbedeutend in Betracht der Zahlen, wenn man sie mit den Kämpfen der neueren Zeiten vergleicht, verdient doch jede einen Platz in der Geschichte, und eine oder ein paar sind beinahe ohne ihres Gleichen, wie man sieht, wenn nur Bunker Hill genannt wird. Es nimmt sich in Berichten sehr schön aus, die Zahlen der feindlichen Reihen zu vergrößern; aber zugegeben auch, daß die Zahl selbst nicht überschätzt sey, wie so oft geschah, was nützen Menschen ohne Waffen und Munition und oft sogar ohne eine andere militärische Organisation als eine Regimentsliste!

Ich habe gesagt, daß ich beinahe den ganzen Feldzug mitgemacht, in welchem Burgoyne gefangen wurde. Dies ging so zu. Die Theilnahme am Feldzug im vorigen Jahr hatte mir die Neigung zum Studium ziemlich geschwächt, und als ich in den Herbstferien wieder zu Hause war, schickte mich meine gute Mutter mit Kleidern und sonstigen Bedürfnissen zu meinem Vater, welcher bei der Armee im Norden sich befand. Ich erreichte das Hauptquartier von General Gates acht Tage vor dem Treffen von Bhemis Heights, und blieb bei meinem Vater, bis die Kapitulation vollständig erfolgt war. In Folge dieser Umstände war ich, obwohl noch ein Knabe an Jahren, Augenzeuge von, und bis auf einen gewissen Grad Mithandelnder bei zwei oder drei der wichtigsten Ereignisse des ganzen Krieges. Groß für meine Jahre, und von einem ziemlich männlichen Aussehen, – wenn man erwog, wie jung ich in der That war, – konnte ich ganz gut für einen Freiwilligen gelten; und ich habe Grund zu glauben, daß ich in gewisser Art der Liebling des Regiments war. In der letzten Schlacht hatte ich die Ehre, eine Art Adjutant meines Großvaters zu seyn, der mich zwei oder dreimal mit Befehlen und Botschaften mitten in's Feuer hinein schickte. Auf diese Art machte ich mich ein wenig bekannt und um so mehr deßwegen, weil ich in der That nur ein Collegiumsschüler war, während der Ferien von seiner alma mater auf einige Zeit entlassen.

Es war ganz natürlich, daß ein Knabe unter solchen Verhältnissen einige Aufmerksamkeit auf sich zog, und es nahmen Offiziere Kunde von mir, die unter andern Umständen es schwerlich der Mühe werth gefunden hätten, sich nach mir umzusehen, ein Wort mit mir zu sprechen. Die Littlepage's, so darf ich wohl glauben, standen gut in den Colonieen, und ihre Stellung in dem neuen Staat mußte allem Anschein nach eher noch eine angesehenere werden durch die Rolle, die sie in der Revolution spielten. Ich bin keineswegs überzeugt, daß General Littlepage als ein Hauptpfeiler an dem Tempel der Freiheit betrachtet wurde, welchen die Armee aufzurichten strebte, aber er war höchst achtbar als Milizoffizier und mein Vater galt allgemein als einer der besten Oberstlieutenants im ganzen Heere.

Ich erinnere mich noch wohl, daß ich großen Geschmack fand an einem Kapitän in meines Vaters Regiment, der sicherlich in seiner Weise ein Originalcharakter war. Er war von holländischer Abkunft, wie überhaupt ein ansehnlicher Theil der Offiziere und sein Name war Andries Coejemans; doch war er allgemein bekannt unter dem Beinamen: „der Kettenträger." Dieß war ein Glück für ihn, sonst würden die Yankees im Lager, welche eine wahre Manie zu haben scheinen, jedes Wort so auszusprechen, wie es geschrieben ist, und dann, wenn ihnen dies gelungen, die Schreibart der ganzen Sprache zu ändern, um sie gewissen Lauten von ihrer eigenen Erfindung anzubequemen, ihm gewiß einen gar nicht auszusprechenden Namen geschöpft haben. Der Himmel allein weiß, wie s i e, ohne diesen glücklichen Spitznamen, den Kapitän Coejemans genannt hätten; für die Uneingeweihten aber dürfte hier gleich bemerkt werden, daß in der New-Yorker Sprechweise Coejemans ausgesprochen wird wie Queemans. Der Kettenträger stammte aus einer achtbaren holländischen Familie, die sogar ihren sonderbar aussehenden Namen einem nicht ganz unbedeutenden Ort am Hudson gegeben hatte; aber wie dieß gar nicht selten der Fall war bei den jüngern Söhnen solcher Häuser in den guten alten Zeiten der Colonie, seine Erziehung und Bildung wollte nicht viel besagen. Sein Vermögen war früher nicht unbedeutend gewesen, aber, wie er immer behauptete, er war vor seinem dreiundzwanzigsten Jahre von einem Yankee um Hab' und Gut geprellt worden und von dieser Zeit an hatte er sich zur Landvermesserei gewendet, um von diesem Berufe zu leben. Aber Andries hatte keinen Kopf für die Mathematik, und nachdem er in seinem neuen Beruf ein paar tüchtige Böcke geschossen, sank er in aller Stille zum Rang eines (Meß-)Kettenträgers herab, in welcher Eigenschaft er allen hervorragenden Männern seines Berufes in der Colonie bekannt war. Man behauptet, jeder Mensch passe für irgend einen bestimmten Beruf, in welchem er sich auszeichnen und verdient machen könnte, wenn er nur in denselben einträte und dabei beharrte. Dies erwahrte sich wenigstens bei Andries Coejemans. Als Kettenträger hatte er einen Ruf ohne gleichen. So bescheiden und gering diese Beschäftigung war, so gab sie doch so gut wie eine andere, Gelegenheit, in verschiedener Hinsicht sich auszuzeichnen. Erstlich erheischte sie Ehrlichkeit, eine Eigenschaft, an welcher es dieser Klasse von Menschen so gut wie jeder andern fehlen kann. Weder Colonie noch Patentirter, weder Grundeigenthümer noch Pächter, weder Käufer noch Verkäufer durften in Sorgen darüber seyn, ob sie auch ehrlich behandelt wurden, so lange Andries Coejemans das vordere Ende der Meßkette handhabte – eine Obliegenheit, mit welcher er unfehlbar von der einen oder der andern Partei betraut wurde. Sodann war ein geübtes, praktisches Auge eine große Hülfe für die zuverlässige Vermessung selbst; und weil Andries nie rechts oder links von seiner Linie abwich, da er sich in seinem Beruf eine Art von Instinkt angeeignet hatte, wurde hiedurch viel Zeit und Arbeit erspart. Zu diesen Vorzügen kam noch, daß der Kettenträger sich eine große Fertigkeit und Geschicklichkeit in den untergeordneten Erfordernissen seines Berufs erworben hatte. Er verstand sich im Ganzen vortrefflich auf den Wald; er war ein guter Jäger geworden, und hatte sich die meisten Eigenschaften und Gewohnheiten erworben, welche eine Lebensweise und Thätigkeit, wie diejenige, die er so viele Jahre getrieben, ehe er in die Armee eintrat, fast nothwendig bei einem Manne erzeugen muß. Mit der Zeit übernahm er die Vermessung von Patenten und stellte Männer mit bessern Köpfen als der seinige, an die Spitze des Geschäfts, während er selbst immer die Meßkette trug.

Beim Anfang der Revolution ergriff Andries, wie die Meisten, die mit den Colonieen sympathisierten, die Waffen. Als das Regiment aufgebracht wurde, bei welchem mein Vater Oberstlieutenant war, erhielten diejenigen, welche den Fahnen desselben eine Anzahl von Mannschaft zuführten, Offizierstellen, deren Rang den Diensten entsprach, welche sie in dieser Beziehung leisteten. Andries hatte sich sehr bald mit einer ansehnlichen Schaar von Kettenträgern, Jägern, Fallenstellern, Läufern, Wegweisern u. dgl. eingefunden, im Ganzen etwa fünfundzwanzig abgehärtete, kecke Scharfschützen. Ihr Führer wurde daher zum Lieutenant ernannt, und da er der Aelteste seines Ranges im Corps war, wurde er bald darauf zum Kapitän befördert, welchen Rang er bekleidete, als ich seine Bekanntschaft machte, und über welchen er nie hinausstieg.

Revolutionen, zumal solche von volksthümlichem Charakter, zeichnen sich nicht dadurch aus, daß sie Männer emporbringen, welche eine treffliche Bildung empfangen haben oder sonst für ihre neue Stellung vorzüglich geeignet sind, wenn nicht anders ihr Eifer sie empfiehlt. Es ist wahr, der Dienst klassificirt in der Regel die Menschen, stellt ihre Eigenschaften in's Licht, und die Notwendigkeit zwingt bald zur Beförderung derjenigen, welche die meisten Vorzüge gewähren. Unser großer Nationalkampf jedoch bewirkte dies wahrscheinlich in geringerem Maße, als irgend ein ähnliches Ereigniß der neuern Zeit, wenn eine achtbare Mittelmäßigkeit einmal einen höheren Posten erlangt hatte, den sie, in der Regel, im Stande war bis zum Ende des Kriegs zu behaupten. Es ist eine eigenthümliche Thatsache, daß in unsern militärischen Annalen kein einziger Fall sich findet, daß, während des ganzen Kampfes, ein junger Soldat durch seine Talente zu einem hohen Kommando sich emporgeschwungen hätte. Dies konnte – und wahrscheinlich war dies wirklich der Fall – von den Meinungen und Ansichten des Volkes herrühren, und von dem Umstande, daß der Dienst selbst von der Art war, daß er mehr Umsicht und Klugheit, als Eigenschaften glänzenderer und blendender Art, mehr die Vorzüge der Erfahrung und des Alters, als Jugend und Unternehmungsgeist erheischte. Es ist wahrscheinlich, daß Andries Coejemans, nach dem Maßstabe seines ursprünglichen Standes, eher über als unter der Durchschnittslinie der gesellschaftlichen Stellung der Mehrzahl der Subalternoffiziere von den verschiednen regulären Corps der nördlicheren Colonieen stand, als er zuerst in die Armee trat. Zwar war seine Bildung nicht seiner Geburt entsprechend; denn in jenen Tagen waren die Holländer von New-York, einzelne Fälle und gewisse Familien ausgenommen, selbst wo es an Geldmitteln gar nicht fehlte, nichts weniger als Freunde der Gelehrsamkeit. In diesem Punkte behaupteten unsere Nachbarn, die Yankees, gar sehr den Vorzug vor uns. Sie schickten jeden Knaben zur Schule, und obgleich ihre Erziehungs- und Bildungsweise in der Regel nur oberflächliche Halbwisser zog, ist es doch ein Vorzug, auch nur ein Halbwisser unter ganz Unwissenden zu seyn. Andries hatte sich auch nicht mit gelehrten Studien befaßt, und man kann sich leicht denken, was vernachlässigte Cultur bei einem von Natur schon magern Boden für Folgen hatte. Er konnte zwar lesen und schreiben, aber das Rechnen war es, unter dessen Last er als Geometer erlag. Ich habe ihn oft sagen hören, wenn man das Land vermessen könnte ohne Ziffern, so würde er keinem Berufsgenossen in ganz Amerika weichen, wenn nicht etwa „Seiner Excellenz,“ der, wie er nicht zweifle, nicht nur der beste, sondern auch der ehrlichste Landvermesser sey, den die Menschheit je gesehen.

Der Umstand, daß Washington während einer kurzen Zeit in seiner Jugend die Kunst des Landvermessens getrieben hatte, war für Andries Coejemans die Quelle großen Triumphes. Er empfand es als eine Ehre, auch nur als untergeordneter Gehülfe einen Beruf auszuüben, in welchem ein solcher Mann als Meister thätig gewesen war. Ich erinnere mich, daß, lange nachdem wir bei Saratoga zusammen gewesen. Kapitän Coejemans, wie wir vor Yorktown standen, eines Tages auf den Oberbefehlshaber deutete, wie dieser an unserm Lager vorbeiritt, und mit Emphase ausrief: „Da, Mordaunt, da, mein Junge, reitet Seine Excellenz! Es wäre der glücklichste Tag meines Lebens, dürfte ich nur einmal die Meßkette tragen, während er die Vermessung eines Landstückes in der Nähe leitete!“

Andries sprach einen mehr oder weniger holländischen Dialekt, je nachdem er mehr oder weniger im Eifer war. Zu der Regel sprach er ein ganz ordentliches Englisch – ein Colonial-Englisch meine ich, nicht das der Schulen, obgleich in seinem Wörterbuch nicht ein einziger Yankeeismus sich fand. Auf diesen letztern Punkt that er sich viel zu Gute und empfand einen ehrlichen Stolz, wenn er gelegentlich gemeiner Ausdrücke sich bediente, eine fehlerhafte Aussprache sich zu Schulden kommen ließ, oder einen Mißgriff in der Bedeutung eines Wortes beging – eine Sünde jedoch, die nicht häufig bei ihm vorkam; waren doch alle seine Fehler ehrliche New-Yorker Fehler und kein „Neu-Englands Gewelsche.“ In Folge der verschiedenen Besuche, die ich im Lager abstattete, wurden Andries und ich ganz vertraut; seine Eigenthümlichkeiten machten Eindruck auf meine Einbildungskraft, und ohne Zweifel erregte meine unverhehlte Bewunderung seine Dankbarkeit. Im Verlauf unserer vielfachen Gespräche erzählte er mir seine ganze Geschichte, wobei er mit der Auswanderung der Coejemans aus Holland anfing und mit unserer damaligen Lage im Lager bei Saratoga schloß. Andries war oft ins Treffen gekommen; und ehe der Krieg zu Ende ging, konnte auch ich mich rühmen, in nicht weniger als sechs Treffen ihm zur Seite gefochten zu haben, nämlich bei White Plains, Trenton, Princeton, Bhemis Heights, Monmouth und Brandywine; denn ich hatte mich vom Collegium weggestohlen, um diesem letzten Treffen anzuwohnen. Der Umstand, daß unser Regiment sowohl unter Gates als Washington focht, hatte seinen Grund in der edlen Großmuth des Letzteren, welcher einen Theil seiner besten Truppen seinem Nebenbuhler als Verstärkung sandte, als der Krieg im Norden eine entscheidendere Bedeutung bekam. Dann wohnte ich der ganzen Belagerung von Yorktown bei. Aber es ist nicht meine Absicht, über meine Kriegsdienste mich weitläufiger auszusprechen.

In Saratoga fielen mir Wesen, Haltung und Benehmen eines Gentleman sehr auf, welcher die Achtung aller Anführer im amerikanischen Lager zu genießen und bei Allen bereitwilliges Gehör zu finden schien, obgleich er, wie es schien, keine amtliche Stellung einnahm. Er trug keine Uniform, obgleich er mit dem Titel General angeredet wurde, und hatte weit mehr das Wesen eines wirklichen Soldaten an sich, als Gates, welcher kommandirte. Er mußte damals zwischen vierzig und fünfzig Jahren alt seyn, und stand da der vollsten geistigen und förderlichen Kraft. Dies war Philipp Schuyler, mit so großem Recht gefeiert und berühmt in unseren Annalen wegen seiner Weisheit, seines Patriotismus, seiner Rechtschaffenheit und seiner dem Staate geleisteten Dienste. In welchem Verhältnis er zu dem großen Feldzug im Norden stand, ist zu gut bekannt, als daß hier eine weitere Erklärung nöthig wäre. Der Erfolg desselben jedoch war mehr seinem Rath und seinen Vorkehrungen zu verdanken, als dem Einfluß und der Thätigkeit irgend eines anderen Mannes; und er beginnt schon, im Zusammenhang mit diesen großen Begebenheiten, eine Stelle in der Geschichte einzunehmen, die eine auffallende Ähnlichkeit hat mit derjenigen, die er dann beim wirklichen Eintritt der wichtigsten Ereignisse behauptete; mit anderen Worten, man sieht ihn im Hintergrunde des großen Nationalgemäldes, bescheiden und anspruchslos, aber Alles leitend und beherrschend durch die Kraft seines Verstandes, durch den Einfluß seiner Erfahrung und seines Charakters. Gates hatte bei den wirklichen Begebenheiten dieser denkwürdigen Periode nur eine untergeordnete Bedeutung. Schuyler war der waltende und lenkende Geist, obwohl durch das Vorurtheil des Volkes gezwungen, auf den Namen und Schein des Oberbefehls über die Armee zu verzichten. Unsere geschriebenen Geschichten schreiben den Uebelstand, welcher diese Ungerechtigkeit gegen Schuyler veranlaßte, einem Vorurtheil zu, welches unter den Milizen aus dem Osten herrschte, und das seinen Grund in dem Mißgeschick von St. Clair gehabt haben soll, oder in den Unglücksfällen während der ersten Bewegungen des Feldzuges. Mein Vater, welcher den General Schuyler in dem Kriege von 1756 kennen gelernt hatte, wo er die rechte Hand von Bradstreet war, leitete die Gesinnungen gegen Schuyler von einer andern Ursache her. Nach seiner Meinung rührte die Entfremdung und Abneigung her von dem Unterschied in den Ansichten und Lebensgewohnheiten, der zwischen Schuyler, einem Gentleman von New-York und den Yeomen von Neu-England bestand, welche im Jahr 1777 ausrückten, getränkt mit den eigenthümlichen Begriffen, die die Folge ihres besonderen gesellschaftlichen Zustandes waren. Vorurtheile mögen auf beiden Seiten gewaltet haben, aber es ist leicht zu sehen, welche Partei am meisten Großherzigkeit und Selbstverläugnung bewährte. Vielleicht war das letztere unvermeidlich bei dem Uebergewicht der Zahl, da es nicht leicht ist, Massen von Menschen zu überzeugen, daß sie Unrecht haben können und ein Einzelner Recht. Das ist der große Irrthum der Demokratie, welche sich einbildet, die Wahrheit finde sich dadurch, daß man die Nasen zählt, während die Aristokratie den entgegengesetzten Schnitzer macht, zu glauben, die Trefflichkeit erbe sich von Mann auf Mann fort, und zwar nach der Reihe der Erstgeburt! Es ist nicht leicht zu sagen, wo man in diesem Leben die Wahrheit suchen soll.

Was den General Schuyler betrifft, so hatte, glaube ich, mein Vater Recht, seine Unpopularität einzig den Vorurtheilen der Provinzen zuzuschreiben. Die Muse der Geschichte ist die ehrgeizigste unter allen neun Schwestern, und glaubt ihre Pflicht nie erfüllt zu haben, wenn nicht Alles, was sie sagt und berichtet, mit dem Anstrich und Gepräge tiefsinniger Philosophie gesagt und berichtet wird, während über die Hälfte der wichtigsten Ereignisse, die das menschliche Interesse in Anspruch nehmen, von Ursachen abzuleiten sind, welche mit unserer vielgerühmten Intelligenz in keinerlei Weise zusammenhängen. Die Menschen fühlen viel mehr als sie denken, und eine unbedeutende Stimmung und Aeußerung des Gefühls ist im Stande, viel Philosophie über den Haufen zu werfen.

Ich habe gesagt, daß ich sechs Jahre zu Princeton zubrachte, das heißt dem Namen nach, nicht in der Wirklichkeit; und daß ich mit neunzehn Jahren graduirt wurde. Dieß geschah in dem Jahre, wo Cornwallis sich gefangen gab, und ich diente bei der Belagerung förmlich als jüngster Fähnrich in meines Vaters Bataillon. Ich hatte auch das Glück, denn das war es für mich, der Compagnie des Kapitäns Coejemans zugetheilt zu seyn, ein Umstand, der meine frühere Freundschaft für diesen seltsamen alten Mann noch enger und fester machte. Ich sage alt, denn mittlerweile war Andries volle sieben und sechzig Jahre alt geworden, obwohl so frisch, herzhaft und rüstig als nur irgendein Offizier beim Corps. Und was Strapazen betrifft, so machte ihn eine Schule von vierzig Jahren, die er größtentheils in den Wäldern zugebracht, weitaus zum Ersten unter uns in Erduldung von Beschwerden.

Ich liebte meine Eltern, Großvater und Großmutter mit eingeschlossen, nicht blos so wie dies einmal herkömmlich und eine selbstverstandene Sache ist, sondern mit aufrichtiger, kindlicher Anhänglichkeit, und ich liebte Miß Mary Wallace, oder Tante Mary, wie man mich gewöhnt hatte sie zu nennen, ebenso sehr wegen ihres stillen, sanften, liebevollen Wesens, als aus Gewohnheit; und ich liebte den Major Dirck Follock als eine Art von Erbfreund, als entfernten Verwandten, und als einen guten und sorgsamen Beschützer meiner Jugend und Unerfahrenheit bei tausend Gelegenheiten, und ich liebte auch meines Vaters schwarzen Diener Jaap, wie wir Alle getreue Sklaven lieben, wie ungeschlacht sie auch seyn mögen; aber Andries war der Mann, den ich liebte, ohne zu wissen warum. Er war ungelehrt, daß es ans Fabelhafte grenzte, und hatte die drolligsten Vorstellungen, die man sich denken kann, von dieser Erde und was darauf ist; er war in seiner Erscheinung und seinem Wesen durchaus nicht fein, wohl aber herzlich und offen, hatte sein Moralsystem so mit Vorurtheilten voll gestopft, daß kein Raum für sonst Etwas übrig zu seyn schien; und war überdieß nicht wenig jener Art von holländischer Lustbarkeit ergeben, welche dem alten Oberst van Valkenburgh das Leben gekostet hatte, – eine Neigung, welche in der ganzen Colonie ziemlich stark verbreitet war. Dennoch liebte ich diesen Mann wirklich; und als wir mit dem Frieden im Jahr 1783 Alle aufgelöst und entlassen wurden, – bis zu welcher Zeit ich selbst zum Rang eines Kapitäns gestiegen war, schied ich von dem alten Andries förmlich mit Thränen in den Augen. Mein Großvater, General Littlepage, war damals schon todt, aber da die Regierung bei der endlichen Auflösung der Armee den Meisten von uns einen höhern Grad verlieh, der zur Führung eines höhern Titels berechtigte, führte mein Vater, welcher im letzten Jahre des Kriegs wirklicher Oberst des Regiments gewesen war, während seines übrigen Lebens den Titel Brigadier. Es war so ziemlich Alles, was er für siebenjährige angestrengte und gefahrvolle Dienste erhielt. Aber das Land war arm und wir hatten mehr für Grundsätze gefochten als mit der Hoffnung auf Belohnungen. Man muß zugeben, daß Amerika eigentlich voll von Philosophie seyn sollte, da sein System der Belohnungen und selbst der Bestrafungen zu einem so großen Theil rein theoretisch ist und sich an die Einbildungskraft oder an die geistigen Vermögen wendet. So stehen wir, beim Kampfe mit allen unsern Feinden, auf sehr ungleichem Boden. Der Engländer hat seine Ritterschaft, seine Baronetschaft, seine Peerschaft, seine Orden, seinen höhern Rang in den Berufsarten, seine batons und all' die andern niedern Reizmittel für unsere verdorbene Natur, um ihn zum Fechten zu begeistern, während der Amerikaner nur durch die abstrakten Mächte und Größen der Tugend und der Vaterlandsliebe auf der Bahn des Ruhmes gestachelt wird. Im Ganzen aber schlagen wir Andere so oft als wir selbst geschlagen werden – was am Ende die Hauptsache ist. Weil ich einmal auf diesen Gegenstand gekommen bin, will ich noch bemerken, daß Andries Coejemans nie den leeren Titel ein Majors sich beilegte, der ihm von dem Congreß von 1783 so huldvoll verliehen wurde, sondern die Armee mit dem Titel Kapitän verließ, ohne Halbsold oder irgend Etwas, als das Stück Land, das ihm als gedientem Soldaten zugetheilt wurde, um eine Nichte aufzusuchen, die er aufzog und sein altes Geschäft als Kettenträger wieder anzufangen.

## Zweites Kapitel

Ein zuverläß'ger Schelm, Herr, der gar oft
Wenn Sorge mir und Schwermuth trübt den Sinn,
Mit manchem Scherz erheitert meine Laune.

*Domino von Syrakus.*

Man wird leicht begreifen, daß während ich einen Grad erwarb und eine sogenannte Erziehung erhielt, die Stadien, welche mir zu letzterer verhalfen, von sehr unzusammenhängender Art waren. Es kann keine Frage sein, daß während der Revolution und der nächsten zwanzig Jahre, die Gelehrsamkeit aller Art bei uns in traurigen Verfall gerieth. So lange wir Colonien waren, besaßen wir manche treffliche Lehrmeister, welche aus Europa herüber kamen, aber dieser Zufluß hörte größtentheils auf, sobald die Unruhen anfingen, und begann auch nicht unmittelbar nach dem Frieden wieder. Man wird, glaube ich, wohl zugeben, daß die Gentlemen des Landes um die Zeit, wo ich ins Collegium geschickt ward, nachgerade etwas weniger gebildet zu werden anfingen, als in dem vorhergegangenen halben Jahrhundert der Fall gewesen war, und daß dieser Mangel noch nicht wieder ganz ausgeglichen ist. Was das Land in der ersten Hälfte des neunzehnten Jahrhunderts in dieser Beziehung leisten wird, das muß man abwarten.

Meine Verbindung mit dem Heere trug wesentlich dazu bei, mich von der Heimath zu entwöhnen, obgleich wenige Jünglinge so viele Verlockungen gehabt haben mögen, unter das väterliche Dach zurückzukehren, wie ich. Dort hatte ich erstlich meine geliebte Mutter und meine Großmutter, welche beide mich als einzigen Sohn hätschelten. Sodann besaß Tante Mary in nicht viel geringerem Grade meine liebevolle Anhänglichkeit. Aber ich hatte auch zwei Schwestern, die eine älter, die andere jünger als ich. Die Erstere nach unserer theuern Mutter Anneke genannt, war sechs Jahre älter als ich und ward zu Anfang des Krieges mit einem Gentleman mit Namen Kettletas vermählt. Mr. Kettletas war ein Mann mit einem sehr hübschen Besitzthum und machte meine Schwester vollkommen glücklich. Sie bekamen mehrere Kinder und hatten ihren Aufenthalt in Ducheß, was ein weiterer Grund war, diese Gegend zu ihrem zeitweiligen Aufenthaltsort zu wählen. Ich sah Anneke, oder Mrs. Kettletas, so ziemlich mit denselben Augen an, womit alle Jünglinge eine ältere Schwester ansehen, wenn sie liebevoll, weiblich und durchaus achtbar ist; aber die kleine Katrinke, oder Kate, war mein Liebling. Sie war wieder vier Jahre jünger als ich, und da ich zur Zeit der Auflösung der Armee gerade zwei und zwanzig Jahre alt war, zählte sie erst achtzehn. Diese geliebte Schwester war ein kleines, hüpfendes, lachendes, niemals ruhiges, lustiges Geschöpf, als ich im Jahr 1781 von ihr Abschied genommen hatte, um als Fähnrich zum Regiment abzugehen, so schön und hold wie eine Rosenknospe und auch eben so verheißungsvoll. Ich erinnere mich, daß der alte Andries und ich einen großen Theil unserer Zeit im Lager mit Gesprächen über unsre beiderseitigen Lieblinge zubrachten; er sprach von seiner Nichte und ich von meiner jüngeren Schwester. Natürlich hatte ich im Sinne nie zu heirathen, sondern Kate und ich wollten zusammenleben, sie als meine Haushälterin und Gesellschafterin, und ich als ihr älterer Bruder und Beschützer. Als das einzige große Gut des Lebens galt uns Allen der Friede neben dem Besitz der Unabhängigkeit, und wenn man einmal so weit gekommen, war Keiner, wenigstens in unsrem Regimente, ein so schlechter Patriot, daß er an der Zukunft gezweifelt hätte. Es war zum Lachen, mit wie viel Geschmack und Einfalt der alte Kettenträger auf all diese knabenhaften Pläne und Entwürfe einging. Seine Nichte war eine Waise, wie es schien das einzige Kind einer einzigen Halbschwester und war gänzlich auf ihn angewiesen in Betreff ihres Lebensunterhalts und ihres täglichen Brodes. Es ist wahr, dieser Nichte erging es etwas besser, als man unter diesen Verhältnissen zu erwarten berechtigt war, denn eine Freundin ihrer Mutter, welche selbst ihres Vermögens beraubt eine Schule gründete, hatte für sie alle Sorge getragen und so ihrer Schutzbefohlenen eine weit bessere Erziehung gegeben, als sie je unter ihres Oheims Leitung empfangen haben würde, hätte dieser auch die Reichthümer der van Rensselaer oder der van Cortlandts besessen. Wie schon deutlich genug angedeutet worden, hatte der alte Andries seine Stärke nicht in der Bildung, und diejenigen, welche dieses Vorzugs nicht theilhaftig sind, wissen selten dessen Bedeutung gehörig zu würdigen. Es verhält sich mit den erworbenen Kenntnissen des Geistes, wie mit den Vorzügen des äußeren Benehmens und der Geschmacksbildung; man ist sehr geneigt, das Alles zu unterschätzen, bis man durch Erfahrung hat einsehen lernen, wie sehr es den Geist zu erheben und zu erweitern vermag. Aber die Nichte des Andries war ausnehmend glücklich, daß sie gerade in diese Hände gefallen war; denn Mrs. Stratton war im Stande und geneigt, was den Unterricht betrifft, so lange sie lebte Alles für sie zu thun, was damals irgend für ein junges Frauenzimmer in New-York geschehen konnte. Als jedoch diese wohlwollende Freundin im Jahre 1783 starb, sah sich Andries genöthigt, wieder selbst die Sorge für seine Nichte zu übernehmen, die jetzt gänzlich auf seinen Schutz und seine Unterstützung angewiesen war. Zwar wünschte das Mädchen sich selbst fortzubringen, aber weder der Stolz noch die Zärtlichkeit des alten Kettenträgers wollte Etwas davon hören.

„Was kann denn das Mädchen anfangen," sagte Andries eines Tages in bedeutungsvollem Tone zu mir, als er mir alle diese Umstände erzählte. „Sie kann keine Ketten tragen, obgleich ich glaube, Morty, das Kind hat Kopf genug, und versteht sich wohl auf Ziffern, um zu vermessen. Es würde Euch im Herzen wohlthun, die Berichte über ihr Lernen zu lesen, welche die alte Frau mir zu schicken pflegte; obgleich sie selbst eine so vortreffliche Hand schrieb, daß es mich gewöhnlich eine Woche Zeit kostete, einen ihrer Briefe zu lesen; das heißt vom ›Hochgeschätzter Freund‹ bis zum ›Unterthänige Dienerin‹ wie das Zeug lautet, wißt Ihr."

„Eine vortreffliche Hand! Ei, ich sollte meinen, Andries, je besser die Hand, desto leichter könne man einen Brief lesen."

„Alles lauter Irrthum. Wenn ein Mann selbst elend kritzelt, so ist es natürlich, daß er für seine Person elend gekritzelte Briefe am leichtesten liest. Nun war Mrs. Stratton im Mutterlande gebildet, und kam leicht so in ein Kapitel hinein, daß es einem einfachen Manne schwer werden konnte, gleichen Schritt mit ihr zu halten."

„So gedenkt Ihr denn eine Landvermesserin aus Eurer Nichte zu machen?" fragte ich etwas spitzig.

„Ha, sie ist schwerlich kräftig genug, um durch die Wälder zu reisen, und der Beruf paßt nicht für ihr Geschlecht, obwohl ich sie keck gegen den ältesten Rechner in der Provinz setzen würde."

„Wir nennen New-York jetzt einen Staat, Kapitän Andries, wie Ihr Euch zu erinnern die Güte haben werdet."

„Ja, das ist wahr, und ich bitte den Staat um Verzeihung. Nun, es wird da ein gewaltiges Zugreifen und Kämpfen geben um das Land, sobald der Krieg erst recht zu Ende ist, und Meßketten tragen wird wieder ein angesehener und nützlicher Beruf seyn. Wißt Ihr wohl, Morty, man spricht davon, daß man Allen von der Linie, Gemeinen und Offizieren, ein Stück Land geben wolle, und so würde ich dann wieder ein Landbesitzer, in welcher Eigenschaft ich zuerst im Leben angefangen habe. Ihr werdet Acres Land genug erben, und braucht nach einem Hundert mehr oder weniger nicht zu fragen, aber mir, ich gestehe es, ist der Gedanke ganz angenehm."

„Gedenkt Ihr denn als Landwirth von Neuem anzufangen?"

„Nein, dieß Geschäft paßte nie für mich oder ich nicht für es. Aber es kann Einer, denke ich, seinen eigenen Landantheil vermessen, ohne daß größere Meister und Gelehrte daran Anstoß nehmen dürfen. Wenn ich das Geschenk an Land bekomme, wovon man spricht, so werde ich mich ans Werk machen und es auf meine eigene Rechnung und Verantwortung vermessen und dann wollen wir sehen. Wer sich auf Ziffern versteht, und Wer nicht? Wenn auch andere Leute kein Vertrauen zu mir haben, so ist das kein Grund, daß ich selbst kein Vertrauen zu mir haben sollte."

Ich wußte, daß der Umstand, daß es bei ihm an den Erfordernissen für die mehr intellektuelle Seite seines Berufs gefehlt hatte, ein wunder Punkt bei dem alten Andries war, und ich vermied es, bei diesem Gegenstande zu verweilen. Nur um seinen Geist auf andere Gedanken zu lenken, begann ich ihn etwas genauer, als ich je früher gethan hatte, über seine Nichte auszufragen, wodurch ich jetzt Manches erfuhr, was mir neu war.

Der Name von des Kettenträgers Nichte war Duß Malbone, wenigstens nannte er sie immer so. Am Ende entdeckte ich, daß Duß eine Art von holländischem Diminutiv für Ursula sey. Ursula Malbone hatte Nichts vom Blute der Coejemans in sich, obgleich sie die Tochter von Andries Schwester war. Die alte Mrs. Coejemans war, wie sich zeigte, zweimal verheirathet, und ihr zweiter Gatte der Vater von Duß's Mutter gewesen. Bob Malbone, wie der Kettenträger immer des Mädchens Vater nannte, war ein Mann aus dem Osten, von sehr guter Familie, aber ein gewissenloser Verschwender, welcher Duß, die Aeltere, so viel ich merkte, um ihres Vermögens willen heirathete; dieses, so wie auch das, was er selbst geerbt, brachte er binnen den ersten zehn Jahren ihrer Verbindung glücklich durch, ein Jahr oder zwei nachdem das Mädchen geboren war. Vater und Mutter starben nur wenige Monate nach einander, und sehr zur rechten Zeit, was Vermögen und Mittel des weltlichen Fortkommens betraf, und hinterließen die arme kleine Duß ohne einen andern Beschützer und Versorger, als ihren Halboheim, der damals seinem regelmäßigen Berufe nachgehend in den Wäldern lebte, und die schon erwähnte Mrs. Stratton. Ein Halbbruder war auch da, denn Bob Malbone war früher schon verheirathet gewesen, aber er war bei der Armee und hatte eine nahe Verwandte von seinem Solde zu unterstützen. Von dem Kettenträger und Mrs. Stratton waren neben gelegentlichen Beiträgen des Bruders die Mittel aufgebracht worden, das Mädchen zu kleiden, zu nähren und zu erziehen, bis sie das achtzehnte Jahr erreichte, wo der Tod ihrer Beschützerin sie beinahe gänzlich auf die Fürsorge und Güte ihres Oheims anwies. Der Bruder that jetzt das Seinige, das gab Andries zu; aber was er thun konnte war nicht viel. Er war selbst auch Capitän, und sein dürftiger Sold reichte nur eben für seine eigene Bedürfnisse aus.

Ich konnte leicht bemerken, daß der alte Andries Duß mehr liebte, als irgend Etwas oder irgend Jemand sonst. Wenn er ein wenig weich war, und das war gewöhnlich der Fall, wenn er sich etwas zu sehr gütlich gethan hatte, so schwatzte er mir von ihr vor, bis ihm die Thränen in die Augen traten, und einmal machte er mir förmlich den Vorschlag, sie zu heirathen.

„Ihr würdet gerade für einander Passen,“ setzte der alte Mann hinzu, bei dieser denkwürdigen Gelegenheit, mit gar drolliger aber ernstgemeinter Art; „und was das Vermögen betrifft, so weiß ich, Ihr fragt wenig nach Geld und bekommt einmal genug, für ein Halbdutzend. Ich schwöre Euch, Kapitän Littlepage,“ denn dies Gespräch fand nur wenige Monate vor unserer Auflösung statt, als ich schon eine Compagnie hatte, – „ich schwöre es Euch, Kapitän Littlepage, das Mädchen lacht vom Morgen bis in die Nacht, und würde eine der lustigsten Lebensgefährtinnen für einen alten Soldaten abgeben, die je angelobt haben, ihren Gatten zu ehren und ihm unterthan zu seyn. Versucht es einmal mit ihr, Junge und seht, ob ich Euch täusche.“

„Das möchte ganz gut angehen, Freund Andries, für einen alten Soldaten; aber Ihr müßt bedenken, daß ich nur erst ein Knabe den Jahren nach bin –

„Ja, den Jahren nach; aber alt als Soldat, Morty, – so alt wie White Plains oder 1776, wie ich gar wohl weiß, da ich Euch selbst im Feuer gesehen.“

„Nun gut, sey es so; aber der Mann und nicht der Soldat ist es, der heirathen muß, und ich bin noch ein sehr junger Mann.“

„Es wäre nicht das Schlimmste, was Ihr thun könntet, nehmt mein Wort darauf, Mordaunt, mein lieber Junge; denn Duß ist die Lustigkeit selbst, und ich habe ihr oft von Euch gesprochen in einer Art, welche Euch das Werben zu einer so leichten Sache machen wird, als eine Kette zu tragen auf den Jarmen Flatts.“

Ich versicherte meinen Freund Andries, daß ich noch gar nicht an ein Weib dächte, und daß mein Geschmack mehr auf ein sentimentales und melancholisches junges Frauenzimmer gienge als auf ein lachendes Mädchen. Der alte Kettenträger nahm diese Abweisung mit guter Laune auf, doch erneuerte er den Angriff wenigstens noch ein Dutzend Mal, ehe das Regiment aufgelöst wurde und wir uns gänzlich trennten. Ich sage, uns gänzlich trennten, aber das gilt eigentlich nur von unserer Kameradschaft als Soldaten, und nicht von unserem späteren Leben überhaupt; denn ich hatte mir vorgenommen, Andries selbst eine Beschäftigung zu geben, falls sich nichts Besseres für ihn darböte.

Auch fehlten mir die Mittel nicht ganz, einem Freunde so zu dienen, wenn der Wille dazu vorhanden war. Mein Großvater Herman Mordaunt hatte mir ein ansehnliches Besitzthum hinterlassen, welches ich mit dem Alter von einundzwanzig Jahren förmlich antreten sollte, in der jetzt sogenannten Grafschaft Washington, einem Theil unseres Territoriums, nordöstlich von Albany gelegen und nicht weit entfernt von den Hampshire Grants. Dieses Gut, viele tausend Acres umfassend, war theilweise von ihm selbst, noch vor meiner Geburt, an Ansiedler vergeben worden durch Pachtverträge, und da diese Verträge jetzt meist erloschen waren, blieben die bisherigen Inhaber auf unbestimmte Zeit, ruhige Zeiten abwartend, um ihre Verträge wieder auf die Dauer zu erneuen. Bis jetzt hatte Ravensnest, so hieß das Besitzthum, der Familie fast nur Kosten und Mühe verursacht; aber da das Land gut und die bis jetzt gemachten Verbesserungen und Einrichtungen beträchtlich waren, war es jetzt Zeit, auch einen Ersatz für alle unsere Auslagen zu erwarten. Dies Gut war jetzt mein förmliches Eigenthum, da mein Vater am Tage wo ich volljährig wurde, mir dessen Besitz ganz übergeben hatte. Neben diesem Besitzthum lag Mooseridge, das gemeinschaftliche Eigenthum meines Vaters und seines Freundes des Majors, oder wie er jetzt vermöge der Rangerhöhung, die den Offizieren beim Frieden bewilligt worden war, genannt wurde, des Obersts Follock. Mooseridge war ursprünglich meinem Großvater, dem ersten General Littlepage, und dem alten Oberst Follock, der zu Anfang des Kriegs getödtet und skalpirt worden war, durch ein Patent zugetheilt worden; aber als seine Hälfte an dem gemeinsamen Besitzthum an Dirck Follock fiel, übertrug mein Großvater seinen Antheil auch seinem Sohn, der doch binnen Kurzem, dem Gesetze der Natur zufolge, dessen Eigenthümer werden mußte. Dies Besitzthum war einmal in große Loostheile vermessen worden, aber wegen widriger Umstände und wegen der Nähe der Kriegsunruhen war man nicht zur wirklichen Ansiedlung oder zur Zerschlagung und Vermessung in Pachtgüter gekommen. Alles, was seine Eigenthümer je davon gehabt hatten, war das Privilegium, der Krone den Erbzins dafür zu bezahlen; Steuern oder vorbehaltene Leistungen von keinem großem Betrage zwar, aber doch weit mehr, als das Gut je eingetragen hatte.

Weil ich einmal bei Ländereien und Verleihungen bin, will ich lieber gleich meine einleitenden Erklärungen beendigen. Mein Großvater väterlicher Seits war keineswegs so reich wie mein Vater, obgleich er älter war und einen so viel höhern militärischen Rang hatte. Aber doch war sein Besitzthum, der Landhals Satanstoe, sehr werthvoll; mehr wegen der Güte des Bodens und der Lage, als wegen seines Umfangs. Außerdem hatte er einige tausend Pfund im Zins; denn Stocks, Banken und Geldkorporationen aller Art waren damals bei uns fast ganz unbekannt. Seine Mittel waren jedoch hinreichend für seine Bedürfnisse, und es war ein fröhlicher Tag, als es ihm gestattet war, wieder von seinem eigenen Hause Besitz zu nehmen, in Folge davon, daß Sir Guy Carleton alle seine Detaschements aus West Chester zurückzog. Die Morrises, so ausgezeichnete und angesehene Whigs sie waren, kehrten nach Morrisania erst nach der Räumung zurück, welche den 25. November 1783 stattfand, und auch mein Vater kehrte erst nach diesem wichtigen Ereigniß wieder nach Lilaksbush zurück. In demselben Jahre, wo mein Großvater Satanstoe wieder sah, bekam er im Lager die Blattern und starb.

Die Wahrheit zu gestehen, fand uns Alle der Friede sehr arm, und in derselben Lage befanden sich beinahe alle Einwohner des Landes bis auf wenige Lieferanten. Nicht die Lieferanten für die amerikanische Armee waren reich geworden; sie waren schlimmer gefahren als die meisten Leute; aber die Wenigen, welche den Franzosen Vorräthe lieferten, bekamen wirklich Silber für ihre Lieferungen. Was die Armee betrifft, so wurde sie aufgelöst ohne eine andere Belohnung als Versprechungen und Auszahlung ihres Soldes in Papiergeld, das so reißend im Werthe sank, daß die Leute ihr mühsam verdientes Kapital nur schnell verjubelten, damit es nicht in ihren Händen gänzlich werthlos werde. Ich habe in späteren Jahren viel von den berühmten Newburgher Briefen reden hören, und daß nur aus dem Mangel an Patriotismus zu erklären sey, daß sie geschrieben worden. Es mag nicht sonderlich klug gewesen seyn, in Betracht der gänzlichen Entblößung und Armuth des Landes, die Alternative in's Auge zu fassen, nach welcher diese Briefe allerdings einen schielenden Blick warfen, aber es lag Nichts weder in der Ausführung, noch in der Tendenz derselben, was nicht unter den damaligen Umständen ganz natürlich gewesen wäre. Washington hatte ganz Recht, so zu handeln, wie er in dieser Krisis handelte, obgleich es sehr wahrscheinlich ist, daß selbst Washington anders gedacht und gehandelt haben würde, hätte er Nichts im Auge gehabt, als das lebhafte Bewußtseyn der Geringschätzung seiner Dienste, die Aussicht auf Armuth und Vergessenheit. Was den jungen Offizier betrifft, der die Briefe wirklich schrieb, so wird man wahrscheinlich ihm in keiner Hinsicht je die gebührende Gerechtigkeit widerfahren lassen, außer in der Anerkennung seines trefflichen Styls. Für Solche, die Nichts zu dulden haben, mag es eine ganz schöne Sache seyn, von Patriotismus zu schwatzen; aber ein Land hat die Pflicht, gerecht zu seyn, ehe es so hohe moralische Ansprüche machen kann, in Betreff der ausschließlichen Hingebung und Aufopferung für die Interessen der Mehrheit. Schöne Worte kosten wenig, und ich kann mich zu keiner großen Achtung für diejenigen bekennen, welche ihre Rechtschaffenheit hauptsächlich durch Phrasen beurkunden. Ich sage dies nicht, um mich persönlich zu rechtfertigen, denn unser Regiment befand sich bei der Auflösung nicht in Newburgh; wenn dies gewesen wäre, so hätte uns, glaube ich, der Einfluß meines Vaters abgehalten, den Mißvergnügten beizutreten; aber ich glaube daneben auch, sein und mein Patriotismus hätten eine kräftige Stärkung gehabt an dem Bewußtseyn, daß es solche Besitzungen gebe wie Satanstoe, Lilaksbush, Mooseridge und Ravensnest. Doch ich kehre zu den Angaben, unser Vermögen betreffend, zurück. Mein Großvater Mordaunt hinterließ, neben dem schönen Vermächtniß für mich, die Hauptmasse seines Vermögens meiner Mutter. Dies hätte die übrige Familie reich gemacht, wären nicht die durch den Krieg veranlaßten Verluste gewesen. Aber die Häuser und Speicher in der Stadt waren ohne bezahlende Miethsleute, da sie meist vom Feinde besetzt waren; und die Zinsen aus Kapitalien waren schwer einzuziehen von denjenigen, deren Aufenthaltsort innerhalb der feindlichen Linien sich befand.

Mit Einem Wort, es ist nicht leicht, demjenigen, der den jetzigen Zustand des Landes vor Augen hat, einen Begriff beizubringen von seiner wahren Lage in der damaligen Zeit. Da ein Vorfall, der mir selbst begegnete, nachdem ich als regulärer Soldat in die Armee eingetreten war, ein lebhaftes Bild von dem damaligen Stand der Dinge gibt, will ich ihn hier erzählen, und zwar um so lieber, als ich dabei dem Leser einen alten Freund der Familie vorführen kann, welcher in engster Beziehung zu verschiedenen Begebenheiten meines eigenen Lebens sieht. Ich habe schon von Jaap, einem Sklaven meines Vaters, ungefähr von seinem Alter, gesprochen. Zu der Zeit, von welcher die Rede seyn soll, war Jaap ein schon grauköpfiger Neger, obwohl erst von mittleren Jahren, und besaß die meisten Fehler, sowie alle die eigenthümlichen Tugenden der Geschöpfe seines Stammes und seiner Verhältnisse. Meine Mutter insbesondere hatte ein solches Vertrauen zu seiner Treue, daß sie darauf bestand, daß er ihren Gatten in den Krieg begleite, ein Befehl, welchem der Schwarze sehr gerne gehorchte, nicht nur, weil er Abenteuer liebte, sondern auch weil er einen Indianer ganz besonders haßte und meines Vaters erste Kriegszüge gegen diesen Theil unserer Feinde gerichtet waren. Obgleich Jaap als Bedienter fungirte, trug er doch eine Muskete, und exercirte sogar mit der Mannschaft. Zum Glück war die Livree der Familie Littlepage blau mit Roth aufgeschlagen und sehr bescheiden und wenig auffallend, so daß Jaap beinahe so schon Uniform trug; denn der Bursche weigerte sich hartnäckig, die Farben irgend einer andern Macht zu tragen, als die der Familie, welcher er ordentlich angehörte. Auf solche Art war Jaap eine sonderbare Mischung von Diener und Soldaten geworden, und war bald in der einen bald in der andern Eigenschaft thätig, und zugleich hatte er Viel vom Arbeiter an sich, denn unsere Sklaven waren zu Allem zu brauchen.

Meine Mutter hatte ausdrücklich verlangt, daß Jaap mich immer begleiten solle in allen Fällen, wo ich weit von meinem Vater weggeschickt würde. Ganz natürlich ging sie von der Annahme aus, ich sey der Sorgfalt eines treuen Begleiters und Dieners am meisten benöthigt, und demzufolge war der Schwarze zur Hälfte etwa an mich übergegangen. Ihm behagte dieser Wechsel zusehends, theils weil die Folge davon ein beständiger Wechsel der Scene und die Aussicht auf neue Abenteuer war, theils weil er ihm Gelegenheit gab, viele von den Erlebnissen seiner Jugend zu erzählen; Erlebnisse, die, gegenüber von seinem alten Herrn, in der Erzählung nachgerade fadenscheinig geworden, aber gegenüber von seinem jungen Herrn noch frisch und neu waren.

Bei der Gelegenheit, wovon hier die Rede ist, kehrten Jaap und ich ins Lager zurück von einem ziemlich weiten Ausflug, den ich auf Befehl des Generals der Armeeabtheilung gemacht hatte. Es war dies um die Zeit, wo das Continentalgeld vollends auf Nichts, oder fast auf Nichts herabsank, nachdem es lange hundert Dollars auf einen in Silber gestanden. Ich hatte mich mit etwas Silber versehen, und ein großer, kostbarer Schatz war es, und mit dreißig bis vierzigtausend Dollars Continentalgeld, um meine Reisekosten zu bestreiten; aber mein Silber war ausgegeben und mein Papier auf zwei oder dreitausend Dollars geschmolzen – d. h. so viel, als gerade erforderlich gewesen wäre, um ein Mittagessen für Jaap und mich zu bezahlen; auch waren die Gastwirthe nicht sehr bereitwillig, ihre Zeit und ihr Essen für irgend eine Summe desselben herzugeben. Diese Ebbe trat in meiner Börse ein, als ich noch zwei lange Tagereisen zum Reiten vor mir hatte, und in einer Gegend des Landes, wo ich durchaus keine Bekannte besaß. Wir bedurften eines Nachtessens und Nachtlagers für uns selbst und Futter und Stall für unsere Pferde. Alles der Art war allerdings wohlfeil genug, aber völlige Entblößung von Mitteln machte auch die geringste Zeche für Personen in unserer Lage unerschwinglich. Um sich an den Patriotismus derjenigen zu wenden, welche an der Straße wohnten, dazu war es schon eine zu späte Zeit des Krieges; denn der Patriotismus ist eine sehr leicht verschwindende und verdunstende Eigenschaft des menschlichen Herzens, und ganz besonders verkriecht er sich, wie das Mitleid, gern hinter irgend einem bequemen und scheinbaren Vorwand, wenn seine Behauptung und Bemühung mit einem Geldaufwand verknüpft ist. Er mag als ein Kapital gelten bei einer Revolution, oder bei einem Kriege vielleicht während der ersten sechs Monate; aber nach Verfluß dieser Frist wird er nachgerade so werthlos als das Continentalgeld selbst. Ein Detaschement Milizen hat den Patriotismus von Tausenden so uneigennütziger Helden erschöpft, als je Musketen schulterten.

„Jaap," fragte ich meinen Begleiter, als wir uns dem Flecken näherten, wo ich die Nacht zuzubringen beabsichtigte, und das Erquickende eines warmen Nachtessens an einem scharfen, frostigen Abend begann sich meiner Einbildungskraft aufzudrängen; „Jaap, wie viel Geld habt Ihr wohl ungefähr bei Euch?"

„Ich, Masser Mordaunt? – Guter Himmel, aber das seyn sehr drollige Frage, Sah!"

„Ich frage, weil mein eigener Vorrath auf gerade Einen Yorker Shilling geschmolzen ist, der in dieser Gegend nur als ein Neunpence-Stück gilt."

„Das seyn sehr wenig, die Wahrheit zu sprechen, für zwei Gentlemen und für zwei große, hungrige Gäule. Sehr wenig, gewiß, Sah! Wünschte, es wäre mehr!"

„Und doch habe ich keine Kupfermünze mehr. Ich habe zwölfhundert Dollars für Mittagessen, Aufenthalt und Haber gegeben, diesen Mittag."

„Ja, Sah – aber das Continental, Sah, vermuthe ich – eigentlich nicht viel seyn, das!“

„Es ist gar viel, dem Namen und Laut nach, Jaap, aber nicht viel, wenn es unter die Zähne kommt, wie Ihr wohl merken könnt. Aber doch müssen wir essen und trinken, und unsere Gäule müssen auch fressen – saufen dürften sie, denke ich, unbezahlt.“

„Ja, Sah – das ganz wahr seyn – yah, yah! yah!“ – Wie leichten Herzens dieser Neger lachte! – „Aber der Cider wundervoll gut seyn in dieser Gegend des Landes, jung Masser; gerade nicht süß und nicht sauer – dann stark seyn wie ein Esel.“

„Nun, Jaap, wie sollen wir von diesem guten Cider bekommen, von welchem Ihr sprecht?“

„Ihr denkt, Sah, daß in diesem Theil des Landes viel sey geschwatzt worden in neuester Zeit von Patty Rism und dem Vaterland, Sah?“

„Ich fürchte, es ist hier Patty zu viel zugemuthet worden so wie auch in den meisten andern Grafschaften.“

Ich muß hier bemerken, daß Jaap sich immer einbildete, das schöne Wesen, das er so hoch hatte rühmen und erheben hören wegen seiner Anmuth und Tugend, sey ein gewisses junges Frauenzimmer dieses Namens, in welches auf eine unerklärliche Weise der gesammte Congreß heftig verliebt sey.

„Nun denn, Sah, dann hier keine Hoffnung seyn als unser Witz. Laßt mich Masser seyn diese Nacht und denkt an den alten Jaap, ob ihm ein gutes Nachtessen fehlt. Reitet nur voraus, Masser Mordaunt und gebt Befehl, als General Littlepage's Sohn, und überlaßt Alles dem alten Jaap.“

Da hier keine große Wahl war, ritt ich zu und bald hörte ich die Hufschläge von des Negers Pferd nicht mehr hinter mir. Ich erreichte das Gasthaus eine Stunde ehe Jaap erschien, und saß in der That schon bei einem tüchtigen Nachtessen, als er herangeritten kam, wie Einer, der sein eigener Herr ist. Jaap hatte die Abzeichen des Hauses Littlepage abgelegt und geberdete sich ganz unabhängig. Sein Pferd ward neben dem meinigen in den Stall gestellt und ich fand ihn selbst bald mit den Ueberbleibseln meines Nachtessens beschäftigt, als sie in die Küche zurückwanderten.

Ein Reisender von meiner Art und äußeren Erscheinung wurde, wie sich von selbst versteht, im besten Gästezimmer bewirthet; und nachdem ich meinen Hunger gestillt hatte, setzte ich mich hin, um einige Urkunden zu lesen, welche sich auf den Gegenstand meiner Sendung bezogen. Niemand hätte wohl gedacht, daß ich nur einen Yorker Shilling, so viel als ein Pennsylvanischer „Lery,“ oder ein Connekuter Neunpencestück in meinem Beutel hatte; denn mein ganzes Wesen und Benehmen war das eines Mannes, der Alles bezahlen konnte, was er brauchte, da die Gewißheit, daß auf die Länge mein Wirth durch mich nicht in Schaden kommen könne, mir die gehörige Zuversicht gab. Ich war gerade mit den Urkunden fertig geworden und dachte nach, wie ich die paar Stunden, welche noch übrig waren, bis die Zeit kam, zu Bette zu gehen, ausfüllen sollte, als ich Jaap im Schenkzimmer seine Geige stimmen hörte. Wie die meisten Neger hatte der Bursche ein Ohr für die Musik, und man hatte ihn seiner Neigung nachhängen lassen, bis er so gut spielte, als die Hälfte der Fiedler, denen man im Lande begegnete.

Der Ton einer Geige in einem kleinen Flecken an einem kalten Oktoberabend mußte nothwendig seine Wirkung thun. Nach einer halben Stunde kam die lächelnde Wirthin, um mich einzuladen, mich auch zu der Gesellschaft zu begeben, mit der angenehmen Nachricht, es werde mir nicht an einer Tänzerin fehlen, denn das hübscheste Mädchen im Ort sey so eben erst auch gekommen und habe noch keinen Tänzer. Als ich in das Schenkzimmer trat, ward ich mit einer Menge linkischer Verbeugungen und Knixe, aber mit viel einfacher und wohlmeinender Gastlichkeit begrüßt. Die Begrüßung Jaaps selbst war sehr studirt und durchaus von der Art, daß sie jeden Verdacht ausschloß, daß wir früher schon bekannt gewesen.

Das Tanzen dauerte über zwei Stunden sehr lebhaft fort, als die vorgerückte Stunde die Dorfmädchen an die Notwendigkeit mahnte, sich zurückzuziehen. Als Jaap die Anzeichen des nahe bevorstehenden Auseinandergehens der Gesellschaft bemerkte, hielt er mir in sehr respektvoller Weise seinen Hut hin, worauf ich ganz stattlich meinen Shilling hineinwarf, in einer Weise, welche Aufmerksamkeit erregen mußte, und ihn dann bei den männlichen Mitgliedern der Gesellschaft herumgehen ließ. Noch Einer gab auch einen Shilling, zwei standen zusammen und brachten wirklich einen Viertelsdollar heraus. Einige warfen Sechspencestücke oder Vierund ein halb Pencestücke hinein und das Uebrige waren Kupferstücke. Das Ganze zu krönen, erklärte die Wirthin, welche gut aussah und eine Freundin vom Tanze war, öffentlich, der Geiger und sein Pferd sollten zechfrei seyn, bis er den Ort verlasse. Durch diesen sinnreichen Einfall Jaaps fand ich am nächsten Morgen in meinem Beutel sieben Shillinge und sechs Pence in Silber, außer meinem eigenen Shilling, und außerdem Kupfer genug, um einen Neger eine ganze Woche in Eider zu erhalten.

Ich habe oft über Jaap's Streich und List gelacht, aber ich mochte ihm nicht erlauben, es zu wiederholen. Als ich am Hause eines Mannes von besserem Stande vorbeikam, stellte ich mich dem Eigenthümer vor, obwohl ich ihm ganz fremd war, und erzählte ihm meine Geschichte. Ohne eine weitere Bestätigung zu verlangen, als mein Wort, lieh mir dieser Gentleman fünf Dollars Silber, welche für meine augenblicklichen Bedürfnisse ganz genügten, und die, wie ich hoffentlich kaum nöthig habe ausdrücklich zu sagen, gebührender Weise zurückerstattet wurden.

Es war eine glückliche Stunde für mich, als ich mich als Titularmajor, in der That aber als freien Mann sah, ungehindert zu gehen, wohin ich wollte. Der Krieg hatte seit der Gefangennehmung von Cornwallis und dem Schweden der Friedensunterhandlungen so wenig Abwechslung oder Abenteuer geboten, daß ich der Armee müde zu werden begann, und nunmehr das Land triumphirt hatte, ganz bereit war, sie zu verlassen. Die Familie, das heißt meine Großmutter, Mutter, Tante Mary und meine jüngere Schwester, nahmen noch zu rechter Zeit wieder Besitz von Satanstoe, um im Herbst 1782 noch einen Theil des trefflichen daselbst wachsenden Obstes zu genießen; und früh im folgenden Jahre, nachdem der Friedensschluß unterzeichnet war, die Engländer aber noch in der Stadt blieben, war meiner Mutter die Rückkehr nach Lilaksbush möglich. In Folge dieser vorgängigen Schritte fanden mein Vater und ich, als wir wieder bei den beiden Familien eintrafen, die Dinge schon in besserem Stande und größerer Ordnung, als sonst wohl der Fall gewesen wäre. Der Landhals war bepflanzt und es war ihm die Wohlthat einer Bearbeitung während des Frühlings zu Gute gekommen, während die Gärten und Ländereien von Lilaksbush durch den gereiften und geübten Geschmack meiner vortrefflichen Mutter neu hergestellt und in guten Stand gesetzt worden waren. Ja, wahrhaft bewundernswerth war meine Mutter in allen Verhältnissen des Lebens! Wahrhaft weiblich in Gefühlen und Lebensgewohnheiten, theilte sie Allem, was sie berührte, Etwas von ihrem Gemüth und Zartgefühl mit. Selbst die leblosen Dinge ihrer Umgebung verriethen durch solche Züge, daß sie in Verbindung standen mit einer Frau, begabt mit den schönsten Eigenschaften ihres Geschlechts. Ich erinnere mich, daß Oberst Dirck Follock eines Tages, als wir mit einander die Wirthschafts- und Gesindestuben besichtigt hatten, eine Bemerkung gegen mich äußerte, welche auf diesen Zug in meiner Mutter Charakter ganz ihre Anwendung fand, und dabei vollkommen richtig war.

„Niemand,“ sagte er, „kann auch nur die Küche der Mrs. Littlepage sehen, ohne zu merken, daß sie von einer Lady geleitet und beaufsichtigt wird, obgleich sie gar nie selbst hineinzukommen scheint. Es gibt eine Menge Küchen, die ebenso sauber, ebenso groß und ebenso gut eingerichtet sind, aber nicht leicht findet man eine Küche, welche Einem denselben Eindruck macht von gutem Geschmack in Betreff des Tisches und des ganzen Haushalts.“

Wenn dies seine Wahrheit hatte schon in Bezug auf die untergeordneteren Theile der Wohnung, wie viel mehr bewährte es sich noch in Beziehung auf die besseren, die Wohnzimmer der Familie. Da sah man meine Mutter in Person, umgeben von den Dingen und Geräthschaften, welche einen feinen, gebildeten Geschmack beurkunden, ohne doch eine Spur von dem hochgesteigerten Luxus, von welchem wir in den Schilderungen älterer Länder lesen. In Amerika hatten wir viel schönes Porzellan und nicht wenig massives Silber, mit Ausnahme förmlicher Service, schon vor der Revolution, und meine Mutter hatte Beides in ungewöhnlicher Menge geerbt; aber das Land wußte noch wenig von jener bequemen und üppigen Einrichtung des häuslichen Lebens, welche bei uns, in Folge des ungeheuer gesteigerten Handels, rasche Fortschritte macht.

Obgleich der Reichthum des Landes während eines sieben Jahre lang in seinem Innern tobenden Krieges gewaltige Stöße erlitten hatte, begann doch die Elasticität einer jungen und lebenskräftigen Nation bald das Uebel wieder gut zu machen. Es ist wahr, der Handel belebte sich erst wieder vollkommen, die mit ihm zusammenhängenden Interessen kamen erst wieder in bedeutenden Schwung nach der Annahme der Constitution, welche die Staaten einer Reihe gemeinsamer Zollbestimmungen unterwarf; aber doch bewirkte schon Ein Jahr eine offenbare, höchst wohlthätige Veränderung. Man konnte jetzt schon mit einer gewissen Sicherheit Schiffe ausrüsten, und das Land fühlte augenblicklich die Folgen. Das Jahr 1782 war gewissermaßen eine Zeit des Aufathmens für die Nation, obwohl lange vor seinem Ablauf schon die Knochen und Sehnen der Republik anfingen sichtbar und fühlbar zu werden. Da lernte dieses Gemeinwesen zuerst, als Volk, den unermeßlichen Vortheil erkennen, den es dadurch errungen, daß es seine eignen Interessen leitete und sie als solche behandelte, welche denen keines andern Landes der Welt nachstünden. Das war der große Gewinn von allen unsern Mühen.

## Drittes Kapitel

Er sagt ihr Etwas,
Das sie erröthen macht, wahrhaftig, sie
Ist Königin von Milch und Rahm

*Wintermährchen.*

Glückliches, glückliches Lilaksbush! Nie werde ich das Entzücken vergessen, womit ich über seine Höhen und durch seine Thäler schweifte, und wie ich in der Wonne des Gefühls schwelgte, wieder in gewisser Art Herr und Meister zu seyn an den Orten und Scenen, welche der Tummelplatz meiner Knabenjahre gewesen waren. Es war im Frühjahr 1784, als mich meine Mutter wieder in ihre Arme schloß, und dies nach einer Trennung von beinahe zwei Jahren. Kate lachte und weinte und umhalste mich, gerade wie sie fünf Jahre früher gethan haben würde, obgleich sie jetzt eine liebenswürdige Jungfrau war, die eben das neunzehnte Jahr überschritten hatte. Tante Mary schüttelte mir die Hand, gab mir ein paar herzliche Küsse und lächelte mich freundlich und liebevoll an ihrer ruhigen, sanften Art. Das Haus war in einem förmlichen Tumult, denn mit mir kam auch Jaap zurück, sein Wollenhaar ziemlich grau gesprenkelt, und ganze Haufen kleiner Satanstoe's (denn dies war sein Familienname, obgleich Mrs. Jaap sich Miß Lilaksbush nannte), Kinder und Enkel, waren da ihn zu bewillkommnen. Die Wahrheit zu gestehen, das Haus war während der ersten vierundzwanzig Stunden nicht in einem Zustand anständiger Ruhe.

Nach Verfluß dieser Zeit bestellte ich mein Pferd, um nach Satanstoe hinüberzureiten und meine verwittwete Großmutter zu besuchen, welche allen Versuchen widerstanden, die man gemacht hatte, sie zu bereden, die Sorgen der Haushaltung abzugeben und nach Lilaksbush zu kommen, um daselbst zu leben. Der General, denn so nannte Jedermann jetzt meinen Vater, begleitete mich nicht, denn er war ein paar Tage zuvor in Satanstoe gewesen, wohl aber meine Schwester. Da die Straßen während des Krieges sehr vernachlässigt worden waren, machten wir den Weg zu Pferde, denn Kate war eine der beherztesten Reiterinnen, die ich kannte. Mittlerweile hatte sich Jaap das Privilegium erworben, gerade nur das zu thun, was seiner Neigung zusagte, oder, um mich richtiger auszudrücken, er war nicht viel zu brauchen, außer bei zufälligen, nicht zur gewöhnlichen Ordnung gehörigen Geschäften, welche so lange Zeit seine Hauptaufgabe und Obliegenheit gewesen waren; und er ward ein paar Stunden ehe wir selbst ausbrachen, abgeschickt, um Mrs. Littlepage, oder seine „gar alte Missus," wie der Bursche immer meine Großmutter nannte, zu benachrichtigen, wen sie zum Mittagessen zu erwarten habe.

Ich habe sagen gehört, es gebe Länder in der Welt, wo die Leute so verkünstelt und verschroben werden, daß die allernächsten Verwandten nicht einmal sich eine solche Freiheit nehmen dürfen. Der Sohn nehme sich nicht heraus, an seines Vaters Tisch sich zu setzen, ohne die Förmlichkeit zu beobachten, anzufragen, oder sich einladen zu lassen. Der Himmel sey gepriesen, bis zu dieser Höhe haben wir in Amerika es noch nicht gebracht. Welche Eltern oder Großeltern bis auf die entfernteste Generation zurück, die das Leben hat, würden einen Abkömmling anders als mit einem Lächeln, mit einem herzlichen Willkomm empfangen, möchte er kommen wann und wie er wolle! Wenn kein Zimmer da ist, oder keine Vorbereitungen, so müssen die Mängel durch die Wärme des Willkomms vergütet werden; oder wenn förmliche Unmöglichkeiten dazwischentreten, die nicht durch rasche Besonnenheit überwunden werden können, wie dies doch bei den meisten solchen „Unmöglichkeiten" der Fall ist, so wird die Wahrheit offen herausgesagt und das Vergnügen des Zusammenseyns auf einen günstigeren Zeitpunkt verschoben. Es ist nicht meine Absicht, einer vorangeschritteneren Civilisation einen unwissenden und gemeinen Hohn ins Gesicht zu schleudern, wie dies nur zu leicht und zu häufig die Neigung der Unwissenheit und provinzieller Lebensgewohnheiten ist; denn ich weiß recht gut, daß die meisten Bräuche jener hochgesteigerten Gesellschaftszustände in der Vernunft begründet sind und ihre Rechtfertigung finden in einem gebildeten, gesunden Menschenverstande; aber am Ende hat doch Mutter Natur ihre Rechte, und diese dürfen nicht allzu keck angegriffen und überschritten werden, ohne daß solche Überschreitungen selbst ihre verdienten Strafen mit sich bringen.

Es war gerade neun Uhr, an einem schönen Maimorgen, als Kate Littlepage und ich zum äußeren Thore von Lilaksbush hinausritten, und auf die alte, wohlbekannte Straße von Kingsbridge (Königsbrücke) kamen. Kingsbridge!Dieser Name besteht noch, sowie auch die Namen von Grafschaften nach Königen und Königinnen und Herzoginnen, um Nichts zu sagen von einer Anzahl von Prinzen So und So in andern Staaten, und ich hoffe, sie werden immer bleiben, als ebenso viele Denksteine und Wegweiser in unserer Geschichte. Diese Namen sind Alles, was jetzt bei uns noch von der Monarchie übrig ist; und doch habe ich meinen Vater hundertmal sagen hören: wie er ein junger Mann gewesen, sey seine Ehrfurcht vor dem britischen Throne nur seiner Ehrfurcht vor der Kirche nachgestanden. Ja wie kurzer Zeit hat sich diese Gesinnung bei einer ganzen Nation verwandelt; oder wenn nicht durchaus verwandelt, denn Manche hegen noch die alte Achtung vor der Monarchie, wie gewaltig und unheilbar ist sie geschwächt worden! So sind die Dinge dieser Welt, vergänglich und zeitlich ihrem innersten Wesen nach; und dieser Wahrheit eingedenk zu seyn, würden diejenigen gut thun, welche bei solchen Wechseln Viel auf dem Spiel stehen haben.

Wir hielten vor der Thüre des Gasthauses zu Kingsbridge an, um der alten Mrs. Light, der Wirthin, guten Morgen zu sagen, welche jetzt ein halbes Jahrhundert auf dem Hause war, und uns, sowie unsere Eltern schon, von Kindesbeinen an kannte. Diese redselige Hausfrau hatte ihre guten und ihre schlimmen Eigenschaften, aber Gewohnheit und Bekanntschaft gab ihr eine Art Recht auf unsere Aufmerksamkeit und ich konnte nicht an ihrer Thüre vorbei, ohne mein Pferd, wenn auch nur für einen Augenblick, anzuhalten. Sobald ich dies gethan, erschien auch schon die Gastgeberin in Person unter ihrer Hausthüre, uns zu begrüßen.

„Ja, das habe ich geträumt, Mr. Mordaunt," rief die alte Frau, sobald sie mich erblickte, – „das habe ich geträumt, und zwar erst vorige Woche! Es ist Unsinn, wenn man es läugnet, – Träume gehen oft in Erfüllung!"

„Und was ist denn diesmal Euer Traum gewesen, Mrs. Light?" fragte ich, wohl wissend, daß es doch heraus müsse, und dachte, je eher, je besser.

„Ich träumte letzten Herbst, der General sey heimgekommen, und er war heimgekommen! Nun war die einzige Idee, die mir auf diesen Traum helfen konnte, ein Gerücht, daß er an diesem Tage heimkommen solle; aber Ihr wißt, Mr. Mordaunt, oder Major Littlepage, wie ich Euch jetzt nennen muß, wie man mir sagt – nun, Ihr wißt, Mr. Mordaunt, wie oft an Gerüchten Nichts ist. Ich rechne ein Gerücht für keine große Hülfe zu einem Traum. Nun, und vergangene Woche träumte ich, Ihr würdet in dieser Woche gewiß nach Hause kommen, und da seyd Ihr auch wirklich!"

„Und das Alles, ohne daß ein lügenhaftes Gerücht Euch geholfen hätte, meine gute Frau Wirthin?"

„Ha, wenigstens Nichts von Belang; ein Geschwätz hie und da vielleicht; aber da ich an dergleichen nie glaube, wenn ich wache, wäre es unvernünftig, anzunehmen, daß ich daran im Schlaf glauben sollte. Ja, Jaap hielt diesen Morgen einen Augenblick an, um sein Pferd zu tränken, und von dem Augenblick an sah ich voraus, daß mein Traum in Erfüllung gehen werde, obgleich ich kein Wort mit dem Neger tauschte."

„Das ist doch etwas auffallend, Mrs. Light, denn ich hatte geglaubt, Ihr wechseltet immer ein paar Worte mit Euern Gästen."

„Mit den Schwarzen nicht. Major; es macht sie so leicht vorlaut. Vorlautheit bei einem Neger ist Etwas, das ich nicht ausstehen kann, und deßwegen halte ich sie Alle in einiger Entfernung. Nun, was für Zeiten ich erlebt habe, Major, seit Ihr in den Krieg gegangen! Und was für Veränderungen vorgegangen sind! Unser Geistlicher betet nicht mehr für den König und die Königin – gerade wie wenn gar keine solche Leute mehr lebten!"

„Nicht ausdrücklich vielleicht, aber doch hoffe ich als für Theile der Kirche Gottes. Wir beten jetzt Alle für den Congreß."

„Nun, ich hoffe, es werde zum Guten führen! Ich muß sagen, Major, die Offiziere Seiner Majestät ließen freigebiger ausgehen und bezahlten in besserem Gelde als die Gentlemen vom Continent. Ich habe sie Beide hier gehabt, zu ganzen Regimentern; und das Zeugniß muß ich ihnen geben nach meinem Gewissen."

„Ihr müßt bedenken, sie waren reicher und hatten mehr Geld als unsere Leute. Für die Reichen ist es leicht, freigebig zu erscheinen."

„Ja, ich weiß das, Sir, und Ihr müßt das auch wissen, und wißt es. Die Littlepages sind reich und sind es immer gewesen, und sie sind auch freigebig. Gott segne Euer Lächeln, ihr hübschen Gesichter! Ich habe Eure Familie gekannt, lang ehe Ihr sie kanntet. Ich kannte den alten Kapitän Hugh Roger, Euern Urgroßvater, und den a l t e n General, Euern Großvater, und jetzt kenne ich den jungen General und Euch! Nun, das wird noch nicht der Letzte von Eurem Stamme seyn, glaube ich gewiß, und es wird leichte und vergnügte Herzen geben bei den Bayards, dafür will ich stehen, jetzt, nachdem die Kriege vorbei sind, und der junge Major Littlepage zurück ist."

Damit endete das Gespräch; denn ich hatte jetzt desselben genug; ich machte meine Verbeugung und ritt mit Kate weiter. Doch konnte ich mich des Eindrucks von Ueberraschung nicht erwehren über die letzte Rede der alten Frau und hauptsächlich über die Art und Weise, wie sie sie vorgebracht hatte. Der Name Bayard war wohlbekannt unter uns, denn er gehörte einer Familie an, von welcher verschiedene Zweige über die mittleren Staaten südlich bis Delaware verbreitet waren; aber ich kannte nicht Ein Individuum persönlich. Was konnte denn nun meine Rückkehr für einen Einfluß haben auf das Lächeln oder das Stirnrunzeln irgend eines Mitglieds der Familie dieses Namens? Es war natürlich, daß ich, nachdem ich ein paar Minuten über dem Gegenstande gebrütet, gegen meine Begleiterin einige meiner Gedanken über die Sache äußerte.

„Was konnte die alte Frau meinen, Kate," begann ich plötzlich, „wenn sie sagte, es werde jetzt leichte und vergnügte Herzen bei den Bayards geben?"

„Die arme Mrs. Light ist eine große Schwätzerin, Mordaunt, und es ist die Frage, ob sie selbst bei der Hälfte dessen, was sie schwatzt, weiß, was sie damit sagen will. Alles, was wir von den Bayards kennen, ist die Familie auf den Hickories (Hagebuchen), und mit dieser ist, wie Du ohne Zweifel schon gehört hast, meine Mutter schon lange sehr vertraut."

„Davon habe ich Nichts gehört, Kind. Alles was ich weiß, ist das: daß es einen Sitz gibt, die Hickories genannt, einige Meilen weiter hinauf am Fluß; und daß er einem Zweige der Bayards gehört; aber von vertrauter Bekanntschaft mit diesen ist mir nie Etwas zu Ohren gekommen. Im Gegentheil, ich erinnere mich, gehört zu haben, daß einmal ein Prozeß geführt worden zwischen unserem Großvater Mordaunt und einem alten Bayard; und ich glaubte, wir seyen einander von den Eltern her so zu sagen, entfremdet."

„Das ist ganz vergessen, und meine Mutter sagt, es habe seinen Grund lediglich in einem Irrthum gehabt. Wir sind jetzt ausgemachte Freunde."

„Gewiß, es freut mich sehr, das zu hören; denn da es jetzt Friede ist, laßt uns Frieden halten; obwohl alte Feinde nicht leicht ausgemachte Freunde zu werden pflegen."

„Aber wir waren – das heißt mein Großvater war nie der Feind von irgend Jemand; und die ganze Sache ward freundschaftlich beigelegt, ehe er nach Europa ging, um den unseligen Besuch bei Sir Harry Bulstrode zu machen. Nein – nein – meine Mutter wird es Dir sagen, Mordaunt, daß die Littlepages und die Bayards einander jetzt als ausgemachte Freunde ansehen."

Kate sprach mit solchem Eifer, daß ich veranlaßt ward, einen prüfenden Blick auf sie zu werfen. Das Gesicht des Mädchens war roth, und ich glaube, sie war sich dessen insgeheim bewußt, denn sie wandte es von mir ab, wie wenn sie nach einem Gegenstand auf der entgegengesetzten Seite schaute, wodurch sie mir unmöglich machte, viel davon zu sehen.

„Ich bin sehr erfreut, das Alles zu erfahren," antwortete ich etwas trocken. „Da ich ein Littlepage bin, wäre es verdrießlich und ungeschickt gewesen, wenn ich, bei einer zufälligen Begegnung mit Einem von der Familie Bayard, Nichts davon gewußt hätte. Begreift der geschlossene Friede Alle des Namens in sich, oder nur die von den Hickories?" Kate lachte; dann sagte sie, es freue sie, mir erklären zu können, daß ich mich als Freund von Allen des Namens betrachten dürfe, ganz besonders aber von denjenigen des Namens, welche auf den Hickories hausen.

„Und wie Viele sind es denn wohl von dieser ganz besonders friedlichgesinnten Gattung? – sechs, oder ein Dutzend oder zwanzig?"

„Nur vier; und so werden Deine zärtlichen Gefühle nicht allzusehr in Anspruch genommen und besteuert werden. Dein Herz hat, hoffe ich, Raum für vier weitere Freunde?"

„Für tausend, wenn ich sie finden kann, meine Liebe. Ich kann so viele Freunde annehmen, als Dir beliebt, aber für Andere habe ich keinen Platz. Alle andern Nischen sind besetzt."

„Besetzt! – Ich hoffe, das ist nicht wahr, Mordaunt. Ein Platz wenigstens ist noch leer!"

„Wahr! ich hatte vergessen, daß Ein Platz für den Bruder vorbehalten bleiben muß, den Du mir einst geben wirst. Nun, nenne ihn mir nur, sobald Du Lust hast; ich werde bereit seyn, ihn zu lieben, Kind."

„Ich werde vielleicht nie einen so gewichtigen Wechsel auf Deine Gefühle ziehen. Anneke hat Dir schon einen Bruder gegeben, und zwar einen trefflichen, und das sollte einen vernünftigen und billigen Mann befriedigen."

„Ja, so sprecht Ihr jungen Frauenzimmer zwischen fünfzehn und zwanzig Jahren Alle, aber gewöhnlich ändert Ihr am Ende Euren Sinn. Je eher Du mir daher sagst, wer der junge Mann ist, desto eher werde ich anfangen, ihn zu lieben – ist es etwa Einer von diesen Bayards? – ein Ritter ohne Furcht und Tadel?"

Kate hatte für gewöhnlich eine sehr blühende Gesichtsfarbe; aber wie ich jetzt mein Auge fragend auf sie heftete, mehr aus Schalkhaftigkeit jedoch, als in der Erwartung, etwas Neues zu erfahren, sah ich die Rosen auf ihren Wangen sich bis über die Schläfe ausbreiten. Der kleine Biberhut, den sie trug, und der ihr ganz erstaunlich gut stand, reichte nicht hin, dies heftige Erröthen zu verdecken, und ich begann jetzt wirklich zu vermuthen, einen empfindlichen Punkt ihres Herzens getroffen zu haben. Aber meine Schwester war ein Mädchen von Geist und Besonnenheit, und so wenig es kostete, sie erröthen zu machen, war es doch gar nicht leicht, sie aus der Fassung zu bringen.

„Ich hoffe, Euer neuer Bruder, Mordaunt, falls je eine solche Person auftreten sollte, wird ein achtbarer Mann seyn, wenn auch nicht gerade ein Mann ohne allen Tadel," antwortete sie. „Aber wenn es einen Tom Bayard gibt, so gibt es auch eine Pris Bayard, seine Schwester."

„So – so – das ist mir in der That Alles ganz neu! Was den Mr. Thomas Bayard betrifft, so will ich über ihn keine Fragen thun, da mein Interesse an seiner Person, soweit ein solches stattfinden sollte, ganz und gar ex officio ist, wie man sagen könnte, und eine Sache, die sich von selbst versteht; aber Ihr werdet mich entschuldigen, wenn ich einige Neugier verrathe in Betreff der Miß Priscilla Bayard, einer Lady, die ich, wie Ihr bedenken müßt, nie gesehen habe."

Mein Auge ruhte die ganze Zeit auf Kate, und ich glaubte zu bemerken, daß sie vergnügt aussah, obwohl sie noch etwas befangen war.

„Fragt, was Ihr wollt, mein Bruder; Priscilla Bayard kann eine sehr genaue Prüfung wohl aushalten."

„Nun denn, erstens: hat die alte Klatscherin auf Miß Priscilla angespielt, wenn sie sagte, es werde bei den Bayards leichte und vergnügte Herzen geben?"

„Ha, ich kann nicht einstehen für die Einbildungen der armen Mrs. Light. Stellt Eure Fragen in einer anderen Form."

„Besteht ein sehr vertrautes Verhältniß zwischen den Leuten vom Bush und denen von den Hickories?"

„Ein sehr vertrautes; wir haben sie ausnehmend gern, und sie, glaube ich, uns auch."

„Erstreckt sich diese Freundschaft auf die jungen Leute, oder beschränkt sie sich auf die alten?"

„Das ist ziemlich persönlich," sagte Kate lachend, „da ich zufällig das Einzige von jungen Leuten auf dem ›Bush‹ bin, welches besagte Freundschaft hegen kann. Da jedoch Nichts daran ist, dessen man sich zu schämen hätte, sondern im Gegentheil viel, worauf man stolz seyn darf, will ich Euch antworten: sie schließt alle Alter und Geschlechter ein; Alle, mit Einem Wort, außer Euch."

„Und Ihr habt den alten Mr. Bayard gern?"

„Ganz erstaunlich."

„Und die alte Mrs. Bayard?"

„Sie ist eine sehr angenehme Person, und eine treffliche Gattin und Mutter."

„Und Ihr liebt Pris Bayard?"

„Wie meinen Augapfel!“ antwortete das Mädchen mit Nachdruck.

„Und Ihr mögt den Tom Bayard, ihren Bruder, gerne leiden?“

„So viel schicklich und anständig ist für ein junges Frauenzimmer, den Bruder eines anderen jungen Frauenzimmers gerne leiden zu mögen, das sie gesteht, wie ihren Augapfel zu lieben.“

Obgleich es nicht leicht war, wenigstens für mich nicht leicht, die Zunge von Kate Littlepage zum Stillstehen zu bringen, so war es doch auch für sie nicht leicht, das verräterische Blut immer in Ordnung zu erhalten. Sie war entzückend schön in ihrem Erröthen, und glich ganz und gar dem Bilde, das ich mir oft von meiner guten Mutter zur Zeit ihrer schönsten Blüthe gemacht hatte, in dem Augenblick, wo sie diese Antworten mit solcher Festigkeit und Sicherheit gab, als wenn sie ihr gar keine innere Bewegung verursachten.

„Wie hängt aber dies Alles zusammen mit der Freude, welche die Leute auf den Hickories über meine Rückkehr haben sollen? Seyd Ihr die Verlobte von Tom Bayard, und habt Ihr meine Rückkehr abgewartet, um ihm Eure Hand zu geben?“

„Ich bin nicht die Verlobte von Tom Bayard, und habe nicht Eure Rückkehr abgewartet, um ihm meine Hand zu geben,“ antwortete Kate mit fester Stimme. „Was der Mrs. Light Geschwätze betrifft, so könnt Ihr von mir nicht verlangen, daß ich es Euch erkläre. Sie rafft ihre Nachrichten von Dienern und anderen Leuten der Art zusammen, und Ihr wißt, was solche Gerüchte gewöhnlich Werth sind. Aber was das anbelangt, daß ich Deine Rückkehr sollte abgewartet haben, mein Bruder, um ein solches Verhältniß zu erklären, so mußt Du gar nicht wissen, wie sehr ich Dich liebe, wenn Du glauben kannst, ich wäre im Stande, so Etwas zu thun.“

Kate sagte dies mit Gefühl und ich dankte ihr mit den Augen, konnte aber nicht sprechen, und sprach nicht, bis wir eine Strecke weiter geritten waren. Nach dieser Pause knüpfte ich das Gespräch ungefähr im ursprünglichen Tone wieder an.

„Ueber diesen Gegenstand, Katrinke, meine Liebe,“ sagte ich, „verstehen wir einander, hoffe ich. Unverheirathet oder verheirathet wirst Du mir immer lieb und theuer seyn; und ich gestehe, es würde mich schmerzen, wenn ich Einer der Letzten wäre, die von Deiner Verlobung hörten, falls es einmal dazu kommt. Und jetzt, um von dieser Pris Bayard zu sprechen – erwartet Ihr, daß ich an ihr Wohlgefallen finden werde?“

„Ob ich es erwarte? es würde einer der glücklichsten Augenblicke meines Lebens seyn, Mordaunt, wenn ich Euch bekennen hörte, daß Ihr sie liebt!“

Dies ward mit großer Lebhaftigkeit gesprochen und in einer Art, welche zeigte, daß es meiner Schwester sehr ernst war. Ich empfand einige Ueberraschung, als ich dies Gefühl in Verbindung setzte mit den Bemerkungen der Wirthin und begann zu vermuthen, es möchte doch wohl Etwas hinter dem Vorhang seyn, was meiner Beachtung werth wäre. Um jedoch Entdeckungen zu machen, war es nothwendig, das Gespräch zu verfolgen.

„Wie alt ist Miß Bayard?“ fragte ich.

„Sie ist zwei Monate älter als ich – ganz passend, nicht wahr?“

„Ich habe gegen den Altersunterschied Nichts einzuwenden, welcher ganz gut seyn wird. Besitzt sie viel Bildung und Talente?“

„Nicht sehr. Ihr wißt, wenige von uns Mädchen, deren Bildung in die Zeit während der Revolution fällt, können sich in dieser Hinsicht großer Stücke rühmen, obgleich Priscilla über dem gewöhnlichen Maß steht.“

„Ueber dem gewöhnlichen Maß ihrer Classe meint Ihr, natürlich?“

„Gewiß – sie ist mehr als die meisten jungen Damen unserer besten Familien.“

„Ist sie liebenswürdig und freundlich?“

„Wie Anneke selbst.“

Das wollte viel heißen, da unsere ältere Schwester, wie dies oft in Familien vorkommt, als das Musterbild aller Tugenden bei uns galt, und Annekens Gemüthsart wirklich die liebenswürdigste Heiterkeit selbst war.

„Ihr gebt ihr ein glänzendes Zeugniß, das wenige Mädchen ansprechen dürften. Ist sie verständig und wohlunterrichtet?“

„So sehr, daß ich mich oft schämen muß, wenn ich mich mit ihr vergleiche. Sie hat eine treffliche Mutter, Mordaunt; und ich habe Euch oft sagen hören, daß die Persönlichkeit der Mutter Euch gar sehr bestimmen würde bei der Wahl einer Gattin.“

„Das muß gewesen seyn, als ich noch sehr jung war, Kind, und ehe ich zum Heere ging, wo wir mehr die jungen als die alten Frauen ins Auge fassen. – Aber warum eine Gattin? – Ist es denn eine ganz zwischen den alten Leuten abgemachte Sache, daß ich dieser Priscilla Bayard einen Heirathsantrag machen müsse, und seyd Ihr auch in den Plan eingeweiht?“ Kate lachte ganz herzlich, aber wie mir schien, bestätigte ihre Miene einigermaßen, was ich gesagt hatte.

„Ihr antwortet mir nicht, junge Lady, und Ihr müßt mir erlauben, Euch zu erinnern, daß ein ausdrücklicher Vertrag zwischen uns besteht, einander in allen Fällen mit Offenheit zu begegnen. Dies ist ein Fall, wo ich ganz besonders die Bedingungen des Vertrags streng eingehalten sehen möchte. Existirt wirklich ein solches Projekt?“

„Nicht als vollständig erörtertes und angelegtes Projekt – nein, gewiß nicht? Nein, tausendmal nein. Aber ich werde Gefahr laufen, eine meiner liebsten Hoffnungen zu vereiteln, wenn ich Euch ehrlich heraussage, daß Ihr meiner lieben Mutter, Tante Mary und mir selbst keine größere Freude machen könntet, als wenn Ihr Euch in Pris Bayard verliebtet. Wir Alle lieben sie und wir wünschten, daß Ihr auch mitthätet, weil wir wissen, daß E u r e Liebe wahrscheinlich zu einer Verbindung führen würde, die uns Alle, mehr als ich sagen kann, erfreuen würde. So: jetzt könnt Ihr Euch nicht über Mangel an Offenheit beklagen, denn ich habe schon oft behaupten hören, daß die Wünsche befreundeter Personen, vorlaut ausgesprochen, sehr leicht junge Männer gerade gegen die Person einnehmen, von der man wünscht, sie möchten sie bewundern und lieben."

„Eine Regel, die im Allgemeinen wohl wahr seyn dürfte, aber bei mir ist keine Einwirkung, weder eine gute, noch eine schlimme, zu besorgen. Aber was sind denn die Gesinnungen der Bayards in Betreff dieser Sache?"

„Wie sollte ich das wissen? – Natürlich ist nie gegen irgend Eines von der Familie die Sache entfernt erwähnt worden; und da Keines von ihnen Euch kennt, ist es unm– das heißt, keine Erwähnung – ich meine – wenigstens nicht gegen mehr als Eines von der Familie. Ich glaube, unbestimmte Andeutungen mögen gefallen seyn gegen Eines – aber –"

„Aus Euerm Munde, gegen Eure Freundin Pris?"

„Nie!" sagte Kate mit Nachdruck. „Ein solcher Gegenstand könnte zwischen uns nie zur Sprache kommen."

„Dann ist es vermuthlich der Fall gewesen zwischen den alten Ladies – den beiden Müttern?"

„Ich denke nicht. Mrs. Bayard ist eine zurückhaltende Frau, und Mama hat ein ausnehmendes Schicklichkeitsgefühl, wie Ihr selbst wißt, das ihr so etwas zu thun nicht gestatten würde."

„Sollte der General daran denken, in meiner Abwesenheit einen Contrakt über mich abzuschließen?"

„O nein – Papa kümmert sich sehr wenig um solche Dinge. Seit seiner Rückkehr nach Hause hat er, wie er uns sagt, nur immer der Mama wieder den Hof gemacht."

„Gewiß hat doch Tante Mary nicht Worte gefunden zu einer solchen Andeutung?"

„Ei wahrhaftig, sie! Die arme liebe Tante Mary; sie mischt sich wenig in andrer Leute Angelegenheiten und Sorgen. Wißt Ihr wohl, Mordaunt, Mama hat mir vor Kurzem ihre ganze Geschichte erzählt, und den Grund, warum sie so viele treffliche Anträge abgewiesen hat. Ich glaube gewiß, wenn Ihr sie bittet, erzählt sie sie Euch auch."

„Ich weiß die ganze Geschichte schon vom General, Kind. Aber wenn dieser Sache gegen Eines von der Familie Bayard Erwähnung gethan worden ist, und weder mein Vater, meine Mutter, noch Tante Mary von unsrer Seite darauf hingewiesen haben, und weder Mr. Bayard, noch seine Gattin, noch seine Tochter andererseits es sind, gegen welche etwas darauf Bezügliches geäußert worden ist, so bleibt Niemand mehr übrig, als Ihr und Tom, welche ein solches Gespräch können gepflogen haben. Ich bitte Euch, diesen Punkt mit Eurer gewohnten Offenheit zu erklären."

Das Angesicht von Kate Littlepage glühte wie Scharlach. Sie war förmlich gefangen, obgleich ich die Wahrheit schon von dem Augenblick an geahnt hatte, wo sie so stotterte und stockte, indem sie ihre erste Angabe berichtigte. Ich will gestehen, ich hatte meine Freude an des Mädchens Verwirrung, sie machte sie so äußerst lieblich aussehen; und ich war beinahe ebenso stolz auf sie, als ich sie zärtlich liebte. Die liebe, liebe Kate; von ihrer Kindheit an hatte ich meine eigne Freude und Kurzweil mit ihr, obgleich ich mich keines harten Wortes, keines unfreundlichen Gefühls erinnere, das je unser Verhältniß im mindesten getrübt hätte. Ein anziehenderes und reizenderes Studium, als das Angesicht meiner Schwester während der nächsten Minute darbot, stellte sich nie dem Auge eines Mannes dar; und ich erfreute mich desselben mit um so größerem Genusse, als ich lebhaft überzeugt war, daß sie, trotz ihrer argen Verwirrung, doch sich nicht verletzt oder unangenehm berührt fühlte. Angeborne Freimüthigkeit, märchenhafte Sittsamkeit, ihre Gewohnheit, ganz offen mit mir zu verkehren, und der Wunsch, dies auch ferner so zu halten, kämpften in ihrem lieblichen Gesicht und bildeten eines der einnehmendsten Gemälde weiblichen Gefühls, wovon ich je Zeuge gewesen. Endlich triumphirte die Neigung zur Offenheit und die Liebe zu mir über eine konventionelle Schüchternheit; die natürliche Farbe kehrte wieder, in kaum merklich erhöhter Lebhaftigkeit, auf die Wange zurück, auf der sie zuvor zu brennen geschienen hatte; und Kate sah mich mit einer Miene an, welche all' das schwesterliche Vertrauen und die Liebe verrieth, die sie wirklich für mich fühlte.

„Ich hatte nicht die Absicht, Dir einen Umstand mitzutheilen, der, wie ich weiß, für Dich vom größten Interesse seyn wird, denn ich hatte vorausgesetzt, meine Mutter werde mir die Verlegenheit ersparen, Dir davon zu sagen; aber jetzt habe ich keine andere Wahl, als zu Ausflüchten zu greifen, die ich nicht liebe, oder gemäß unserer althergebrachten Offenherzigkeit mit Dir zu sprechen."

„Und der langen Rede kurzer Sinn, meine liebe Schwester, ist wohl: daß Du mit Mr. Bayard verlobt seyest!"

„Nein, so weit ist es noch nicht, Bruder. Mr. Bayard hat seinen Antrag gemacht, und ich habe meine Antwort verschoben, bis Du ihn erst kennen gelernt hättest. Ich möchte meine Hand nicht versagen, Mordaunt, bevor Du meine Wahl gebilligt."

„Ich fühle das Kompliment, Katrinke, und werde es gewiß in entsprechender Weise erwiedern. Verlaß Dich darauf, Du sollst es zu rechter Zeit erfahren, wenn ich im Sinne habe zu heirathen, und sollst darüber gehört werden."

„Es ist ein Unterschied zwischen den Ansprüchen und Rechten eines ältern und einzigen Bruders und denen eines jungen Mädchens, das, wenn es seine Wahl trifft, auf den Rath von Freunden Viel geben, ihnen viel Vertrauen schenken soll."

„Du wirst nicht mehr blos ein junges Mädchen seyn, wenn diese Zeit kommt, sondern selbst eine verheirathete Frau, befugt und im Stande, aus eigner Erfahrung Rath zu geben. Um jedoch auf Tom zurückzukommen; er ist dasjenige Mitglied der Familie, gegen welches die erwähnte Andeutung ausgesprochen wurde?"

„Ja, er war es, Mordaunt," antwortete Kate mit leiser Stimme.

„Und Du warest es, die jene Andeutung fallen ließ?"

„Ganz recht – wir sprachen eines Tages von Dir; und ich drückte meine lebhafte Hoffnung aus, Du werdest Priscilla mit eben den Augen ansehen, wie, das versichere ich Dich, unsere ganze übrige Familie; das war Alles."

„Und das war gerade genug, Kind, um Tom Bayard dazu zu bringen, sich zu erhängen, falls er ein Liebender vom ächten Schrot und Korn ist.“

„Sich zu erhängen, Bruder! Wahrhaftig, ich verstehe nicht, warum?“

„Ha, einfach, wegen der handgreiflichen Entmuthigung, welche ein solcher Wunsch ganz natürlicher Weise in sich schließt für den Bruder der jungen Dame, da er doch sehen mußte, daß Du Lust habest, die zwei Familien auf eine andere Weise zu verbinden, als dadurch, daß Du ihm Deine Hand reichest.“

Kate lachte; aber da sie nicht sehr verwirrt und gar nicht unruhig schien, veranlaßte mich dies zu glauben, es sey dem Mr. Tom doch wohl eine bedeutendere Aufmunterung zu Theil geworden, als ihr Wunsch, mich mit der Schwester ihres Anbeters vermählt zu sehen, enthielt, und mein etwaiges Mißfallen an dem genannten Gentleman würde ihr mehr Kummer verursachen, als sie gestehen mochte. Wir ritten jedoch eine Strecke weiter, ohne daß Eines von uns einen Versuch machte, das Gespräch wieder anzuknüpfen. Endlich sprach ich, wie es meinem Geschlecht zustand.

„Wann soll ich dies Musterbild von einem jungen Mann und dies Musterbild von einem jungen Frauenzimmer zu sehen bekommen, Kate, wenn ich doch Beide sehen soll?“

„Kein Musterbild von einem jungen Mann, Bruder, gewiß habe ich ihm doch keinen solchen Namen gegeben! Tom Bayard ist ein guter Junge; aber ich wüßte nicht, daß er irgend wie ein Musterbild und Ideal wäre.“

„Er ist überdies auch ein gutaussehender Junge, das sehe ich' als ausgemacht an?“

„Nicht in dem Maße wie Du, wenn das Deiner Eitelkeit schmeichelt.“

„Das muß es wohl, aus einem solchem Munde. Aber meine Frage ist doch noch nicht beantwortet.“

„Dir die Wahrheit zu gestehen, Mordaunt, ich erwarte, daß wir Tom Bayard und Pris zu Satanstoe treffen und daß sie bei unserer Großmutter zu Mittag essen werden. Sie schrieb mir vor ein paar Tagen, Beide seyen eingeladen, und sie hoffe, Beide würden es annehmen.“

„Also ist die alte Lady auch im Complott und beabsichtigt mich zu verheirathen, ich mag wollen oder nicht! Ich hatte diesen Besuch ganz für einen Einfall von mir selbst gehalten!“

Kate lachte wieder und sagte mir, ich möge über diesen Punkt meine eignen Beobachtungen machen und für mich selbst urtheilen. Was den Besuch betreffe, so hätte ich nur zufällig ein Projekt von Andern begünstigt. Das Gespräch nahm jetzt eine andere Wendung, und wir ritten einige Meilen weiter und unterhielten uns von den Auftritten des Krieges, ohne der Bayard's und der Heirathen weiter zu erwähnen.

Wir waren eine halbe Meile vom Thore des Landhalses und eine Meile vom Hause entfernt, als uns Jaap begegnete, der nach Lilaksbush zurückkehrte und meiner

Mutter einiges Obst brachte, nachdem er seinen Auftrag als avant-courrier erfüllt hatte. Aus Kate's Bemerkung hatte ich erfahren, daß wir durch einen Brief eingeladen worden waren, diesen Ausflug zu machen, wiewohl die Förmlichkeit, den Neger mit seiner Botschaft hinüber zu schicken, beobachtet worden war, aus Gründen, die mir unter den obwaltenden Umständen nicht sehr einleuchteten. Ich äußerte jedoch Nichts und beschloß, selbst zu sehen und zu urtheilen.

Natürlich zogen wir unsern Pferden die Zügel an und hielten, um einige Worte mit dem Schwarzen zu sprechen.

„Nun, Jaap, wie sah der Landhals aus nach so langer Abwesenheit?“ fragte ich.

„Er aussehen, Sah, gar nicht so gut wie alte Missus, welche kapital aussehen für eine solche Lady. Machen Wunder groß Aufhebens mit Landhals, Sah, wenn Ihr Alles glaubt, was junge Neger sagen. Aber was meint Ihr, Masser Mordy, daß ich gehört in Schenke, wo ich nur anhielt, alten Dick saufen zu lassen?“

„Und eine Schluck Cider für den alten Jaap zu bestellen,“ – hier lachte der alte Neger herzlich, hatte aber die Unverschämtheit, die Anschuldigung weder zuzugestehen noch zu läugnen, da seine Schwäche für derlei Genüsse ein allbekannter Fehler war. – „Nun, was habt Ihr gehört, während Ihr Euren gewohnten Krug verschlucktet?“

„Ich habe dießmal nur einen halben Krug getrunken. Sah, gar alte Missus nie vergessen, mir so viel zu geben als ich mag. Nun, Sah, während der alte Dick saufen, sagen die neue Wirthin die von Connetick kommen, wißt Ihr, Sah, wohin Ihr gehen, alter farbiger Gentleum? Das war jedenfalls höflich.“

„Worauf Ihr antwortetet – –“

„Ich antworten ihr, Sah, und sagen, ich gehen nach Satanstoe, woher ich gekommen, vor langer Zeit.“

„Worauf sie irgend eine Bemerkung machte – nun, und was war es? Wie lange soll Miß Littlepage auf Euch warten!“

„Gott segnen sie, Sah – es seyn mein Geschäft aufzuwarten Miß Katrinke, nicht ihr Geschäft zu warten auf mich – Warum Ihr sprechen jetzt so drollig. Masser Mordy?“

„Laßt das Alles, Jaap – was sagte die neue Dame aus Connektikut, als Ihr antwortetet, Ihr gehet nach Satanstoe, einem Ort, woher Ihr vor langer Zeit gekommen?“

„Was sie sagen, Masser Mordy, Sah? – Sie sagen große Thorheiten und machen mich toll. Was nennt Ihr mit dem schauerlichen Namen? Sie sagen und ein Gesicht machen, wie wenn sie gesehen ein Gespenst. ›Ihr meinet wohl Dibbleton?‹ sie sagen – das die Art, wie alle Leute die genteel seyn, nennen den Landhals! Habt Ihr je dergleichen gehört, Sah?“

„O ja, ich hörte dergleichen schon von meiner Geburt an; das Bestreben, den Namen unseres alten Sitzes umzuwandeln, ist jetzt schon dreißig Jahre alt. Ja, manche Leute nennen Hellgate jetzt Hurlgate: nach dieser Probe kann man sich auf

Alles gefaßt machen. Wißt Ihr das nicht, Jaap: ein Yankee ist nie zufrieden, wenn er keine Aenderungen machen kann? Die Hälfte seiner Zeit ändert er an der Aussprache seiner eigenen Namen und die andere Hälfte an den unsrigen. Laßt ihn das Gut nennen wie er will, Ihr und ich wir bleiben bei Satanstoe."

„Das wollen wir, Sah; geben auch dem Teufel seyn gebührend Theil, das seyn ein altes Wort. Ich gewiß seyn, Jeder der Augen hat, kann sehen, wo seine Zehe den Boden aufgerissen und ihn gestaltet nach sich – kein Dibble da, Sah."

Mit diesen Worten ritt Jaap weiter, und meine Schwester und ich thaten dasselbe, das Gespräch weiter fortsetzend, in das wir so zufällig hineingerathen waren.

„Ist es nicht sonderbar, Bruder, daß Fremde diesen Kitzel haben den Namen des Guts unsrer Großmutter zu verändern?" sagte Kate, nachdem wir den Schwarzen verlassen hatten. „Es ist allerdings ein gemeiner Name; aber er ist jetzt weit über hundert Jahre im Gebrauch und die Zeit wenigstens sollte ihm das Recht verleihen, ungehudelt zu bleiben."

„Ja, meine Liebe; aber Du weißt noch Nichts von den Wünschen und Begehrungen und Anstrengungen und dem Ehrgeiz von ein ›wenig Gelehrsamkeit.‹ Ich habe auf meiner kurzen Laufbahn schon genug gesehen, um zu wissen, daß ein Geist unter uns rege ist, der sich den anspruchsvollen Namen: ›Geist des Fortschritts‹ gibt, welcher wahrscheinlich Wichtigeres umstürzen wird, als den Namen unseres alten Landhalses. Es ist ein Geist, der den achtbaren Charakter der Liebe zur Freiheit anzunehmen sucht; und unter dieser Maske läßt er der Bosheit, dem Neid, der Begehrlichkeit, der Habgier und den niedrigsten Leidenschaften unserer Natur freies Spiel. Unter andern nimmt er auch die provinzielle Anmassung einer unächten Geschmacksverfeinerung an, und schmeichelt einer gewissen spröden Vornehmigkeit, die man am häufigsten bei Solchen findet, die keinen Begriff von etwas wahrhaft Erhabenem haben, indem er ekeln Geschmack und Affektationen an die Stelle der Einfachheit der Natur und eines wahrhaft guten Tons und Benehmens setzt."

## Viertes Kapitel

Beatrice.
Gegen meinen Willen bin ich gesandt, um Euch zum
Essen kommen zu heißen.

Benedick.
Schöne Beatrice, ich danke Euch für Eure Mühe.

Beatrice.
Ich hatte nicht mehr Mühe, diesen Dank zu verdienen,

als es Euch Mühe kostet, mir zu danken; wäre es mühevoll gewesen, so wäre ich nicht gekommen.

*Viel Lärmen um Nichts.*

Unter dem Portal des Hauses zu Satanstoe stand meine liebe Großmutter und der berühmte Tom Bayard, um uns zu empfangen. Der erste Blick auf Letztern bewies mir, daß er ein „anständiger Mann“ war; und beim zweiten gewann ich die erfreuliche Ueberzeugung, daß er gerade jetzt nur für Kate Augen hatte. Dieß zu sehen und zu wissen, war für mich eine große Beruhigung, da ich nie hätte mit gutem Gewissen meine Zustimmung dazu geben können, das liebe Mädchen einem Manne zu vermählen, der ihren Werth nicht zu würdigen gewußt, der ihre Schönheit nicht in vollem Maße bewundert hätte. Was meine liebe „gar alte“ Großmutter betrifft, die jedoch nicht so sehr alt war, da sie noch unter den Siebzigen stand, so war unser Empfang von ihrer Seite gerade so wie ich ihn immer gefunden hatte: warm, herzlich und mild. Sie nannte meinen Vater, den General, immer Corny, auch wenn sie in einem Zimmer voll von Gesellschaft mit ihm sprach; doch habe ich, was das betrifft, meine Mutter, die weit mehr eine Frau von Welt war, da sie sehr viel in Gesellschaft gelebt hatte, ebenso sprechen hören, wenn sie sich allein glaubte. Ich habe in diesem oder jenem ekeln und pedantischen Buche, geschrieben ohne Zweifel von Einem, der die Menschen nur aus Büchern, dem seinigen ähnlich, kannte, solche Vertraulichkeiten verdammt gelesen; aber ich habe im Allgemeinen gefunden, daß die glücklichsten und im Grunde genommen auch die Familien vom besten und sittlichsten Tone diejenigen waren, wo man Jack, Tom, Bob, Dick, Beß und Di sagte. Was die Louisa Adelina's, und die Robert Augustusse und alle solche künstliche Respektsnamen betrifft, so gestehe ich offen, daß ich dagegen Verachtung empfinde. Das ist bei der Art von Leuten, welche Satanstoe – Dibbleton nennen, Hellgate – Hurlgate, – und sich selbst – gebildet! Dem Himmel sey Dank, solchen Unsinn hatten wir nicht zu Lilaksbush oder auf dem Landhals. Mein Vater hieß da Corny, meine Mutter Anneke, Katrinke Kate, und ich Mordy oder Mord, oder wenn man sich Zeit nahm, Mordaunt.

Tom Bayard erwiederte meine Begrüßung freimüthig und mit gentlemanischer Sicherheit des Benehmens, obgleich auf seiner Wange ein leises Erröthen sichtbar war, welches mir sagte: „Ich wünsche Eure Schwester zu gewinnen.“ Aber mir gefiel das Benehmen des jungen Mannes. Da war kein hastiges Fahren nach der Hand, kein Sichvordrängen, um gleich im ersten Augenblick der Begegnung ein vertrautes Verhältniß zu erzwingen; aber er erwiederte meine Verbeugung mit anmuthiger Verbindlichkeit und sein Lächeln hiebei schien den Wunsch nach genauerer und besserer Bekanntschaft auszudrücken.

Nun habe ich auch schon gesehen, daß einer quer durch ein ganzes Zimmer schritt, um bei einer Vorstellung mit einem gänzlich Fremden die Hände zu schütteln, und während der ganzen Zeit ein so trübseliges Gesicht machte, als ob er ihm sein Beileid beim Verlust seiner Frau bezeugte. Diese Gewohnheit, mit feierlichem Ernst die Hände zu schütteln, nimmt bei uns nachgerade überhand, und wird aus einigen unsrer Schwesterstaaten eingeführt, denn gewiß ist es kein New-Yorker Brauch, außer unter vertrauten Freunden; und es ist nach meinem Dafürhalten ein schlimmer Brauch, weil er eines der besten Mittel, Gefühle abzustufen, vernichtet, und ganz besonders bei einer Vorstellung widrig ist. Aber ach! es gibt so viele solche Neuerungen, daß man nicht vorhersagen kann, wo sie aufhören werden. Ich schüttelte bei einer ersten Vorstellung, ausgenommen unter meinem eigenen Dach und wenn ich eine entschieden gastfreundliche Gesinnung an den Tag zu legen wünschte, nie die Hände bis zu meinem vierzigsten Jahre. In meinen jüngern Jahren hielten mich Manche für gemein, und ich weiß nicht gewiß, ob nicht Manche noch jetzt so denken.

In dem kleinen, altmodischen „Empfangzimmer;“ wie seit einigen Jahren meine gute Großmutter sich hatte bewegen lassen, das Zimmer zu nennen, welches sonst das beste Wohnzimmer war, fanden wir Miß Priscilla Bayard, die aus Gründen, welche unerklärt blieben, nicht mit an das Portal gekommen war, ihre Freundin zu begrüßen. Sie war in der That ein reizendes Mädchen, mit schönen, dunkeln Augen, glänzendschwarzen Haaren, von zarter, vornehmer Gestalt und einer Anmuth des Benehmens, welche vollkommene Vertrautheit mit der besten Gesellschaft des Landes verrieth. Kate und Pris umarmten einander mit einer Wärme und Aufrichtigkeit, welche zu Gunsten Beider sprach, und mit vollkommener Natürlichkeit. Ein affektirtes amerikanisches Mädchen, beiläufig bemerkt, ist eine große Seltenheit, und Nichts fällt mir eher auf, wenn ich meine Landsmänninnen neben Europäerinnen sehe, als der Unterschied gerade in dieser Beziehung; die Einen erscheinen so natürlich, die Andern so verkünstelt!

Die Begrüßung, die mir von der Miß Bayard wurde, war verbindlich, doch bildete ich mir ein, irgend ein leiser Zug verrathe, daß sie sich bewußt sey, bei irgend einer müßigen Veranlassung ihren Namen in enger Verbindung mit dem meinigen aussprechen gehört zu haben. Vielleicht mag Kate in einem vertraulichen Augenblick etwas dahin Zielendes gesagt haben, oder habe ich mich vielleicht getäuscht.

Meine Großmutter erklärte bald, die ganze Gesellschaft müsse die Nacht in Satanstoe zubringen. Da wir an solche plötzliche Entschlüsse gewohnt waren, erhoben weder Kate noch ich die mindeste Einwendung, während die Bayards einem Befehle, der jedoch auch für sie, wie ich bald entdeckte, keine ungewohnte Sache zu seyn schien, mit vollkommener Bereitwilligkeit und Folgsamkeit sich unterwarfen. So in der Vertraulichkeit eines stillen und kleinen Kreises, auf einem Landhause uns zusammenfindend, machten wir in unserer gegenseitigen Bekanntschaft große Fortschritte, und bis das Mittagessen vorüber war, das heißt um vier Uhr, fühlte ich mich schon wie ein alter Bekannter von Personen, welche vor kurzer Zeit noch mir bis auf den Namen hinaus fremd gewesen waren. Bayard und meine Schwester waren vom ersten Anfang an in der besten Laune, und ich gewann die Ueberzeugung, *ihre* Angelegenheit war in ihren Herzen eine ausgemachte Sache; Miß Priscilla jedoch war ein paar Stunden nicht frei von einigem Zwang, wie Jemand, der eine leichte Verlegenheit empfindet. Dies verlor sich jedoch, und lange ehe wir vom Tisch aufstanden, war sie ganz sie selbst geworden, – und sehr reizend war dieses Selbst, das war ich genöthigt zuzugeben. Ich sage: genöthigt; denn trotz Allem, was ich gesagt, und trotz einem gewissen gesunden Verstande, den ich mir hoffentlich zuschreiben darf, war es mir doch unmöglich, mich ganz des Mißtrauens zu entschlagen, welches sich an den Gedanken knüpfte, man erwarte, daß ich mich in die junge Dame verliebe. Meine gute Großmutter trug auch dazu bei, dies Gefühl in mir rege zu erhalten. Die Art, wie sie ihr Auge vom Einen auf das Andere schweifen ließ, und das zufriedene Lächeln, das über ihr Gesicht flog, so oft sie Pris und mich in unbefangenem Gespräch mit einander sah, verrieth mir ganz und gar, daß sie mit im Geheimniß war und bei dem Complott, wie ich die Sache anzusehen beliebte, die Hand mit im Spiel hatte.

Ich hatte gehört, daß meine Großmutter die Heirath meiner Eltern schon ein oder ein paar Jahre, ehe die Sache sich machte, als lebhaften Wunsch im Herzen bewegt hatte, und daß sie sich immer einbildete, sehr wesentlich beigetragen zu haben zum Zustandekommen einer Verbindung, die so glücklich gewesen, wie ihre eigene. Die Erinnerung an diesen Erfolg, oder die Einbildung desselben, ermuthigte sie wahrscheinlich, auch an dem gegenwärtigen Anschlag Theil zu nehmen; und ich bin immer der Meinung gewesen, daß sie uns Alle bei dieser Gelegenheit zusammen brachte, um das große Projekt weiter zu fördern.

In der Kühle des Abends wurde ein Spaziergang auf dem Landhals vorgeschlagen, denn Satanstoe hatte manchen reizenden Pfad, hübsche Durchsichten und weite Aussichten. So machten denn wir Vier uns auf den Weg. Kate voran, als die mit der Gelegenheit des Ortes Vertrauteste. Wir befanden uns bald am Strande des Sundes und an einem Punkte, wo das zurücktretende Wasser eine feste, weite Sanddüne zurückgelassen hatte; die innere Grenze gegen das Festland bildete ein Saum von Felsen. Hier konnte man ohne allen Zwang lustwandeln, denn es war Raum genug. Paarweise oder alle Vier neben einander zu gehen, wie wir Lust hatten. Da Miß Bayard etwas schüchtern schien, und man an ihr das Bestreben bemerkte, sich immer in der Nähe ihrer Freundin zu halten, gab ich die Absicht auf, an ihrer Seite zu gehen, blieb ein wenig zurück und knüpfte ein Gespräch mit ihrem Bruder an. Auch war es mir nicht leid, so bald Gelegenheit zu finden, einen Mann etwas genauer zu prüfen, der aller Wahrscheinlichkeit nach in ein so nahes Verhältniß zu mir treten sollte. Nach wenigen Minuten lenkte sich das Gespräch auf die jüngst durchgeführte Revolution und auf die Art und Weise, wie sie auf das künftige Schicksal des Landes einwirken werde. Ich wußte, daß ein Theil der Familie meines Begleiters der Krone angehangen und durch die Confiskationsakte ihre Güter verloren hatte: aber von einem andern Theil wußte ich das Gegentheil, und es blieb meinem Scharfsinn überlassen, zu schließen, daß Toms Zweig zu den Letztern gehören müsse, da bekannt war, sein Vater befinde sich in sehr günstigen Vermögensverhältnissen, wenn er auch nicht im eigentlichen Sinne reich heißen durfte. Es stand jedoch nicht lange an, so entdeckte ich, daß mein neuer Freund ein gemäßigter milder Tory war, und daß es ihm besser gefallen hätte, wenn die von uns angesprochenen Rechte, deren Verletzung er sehr bereitwillig zugestand, ohne förmliche Trennung der beiden Länder errungen und gesichert worden wären. Da die Littlepages, und zwar drei Generationen zu gleicher Zeit, förmlich gegen die Krone unter den Waffen gewesen waren, und diese Thatsache kein Geheimniß seyn konnte, gefiel mir die Aufrichtigkeit, womit Tom Bayard seine Ansichten über diese Punkte aussprach, denn es sprach dies für die Wahrhaftigkeit und Geradheit seines Charakters überhaupt.

„Drängt es sich Euch nicht als eine nothwendige Folge der Entfernung beider Länder von einander auf," fragte ich ihn im Verlaufe des Gesprächs, „daß eine Trennung früher oder später hätte eintreten müssen? Es ist unmöglich, daß zwei Länder lange gemeinsame Beherrscher haben, wenn ein Ocean dazwischenliegt. Zugegeben selbst, daß unsere Trennung etwas vorzeitig sey, eine Behauptung, die ich bei einer diesen Punkt ausschließlich betreffenden Erörterung läugnen würde, ist sie doch gewiß ein Uebel, welches seiner Natur nach mit jeder Stunde sich vermindert!"

„Trennungen in Familien sind immer schmerzlich und peinlich, Major Littlepage; und sie sind es doppelt, wenn sie von Zwistigkeiten begleitet sind."

„Ganz richtig; und doch kommen sie immer vor. Wenn nicht in dieser Generation, dann in der nächsten."

„Ich glaube in der That," sagte Tom Bayard, und sah mich halb flehend dabei an, „wir hätten mit unsern Händeln und Zerwürfnissen fertig werden können, ohne unser Unterthanenverhältniß gegen den König abzuschütteln."

„Ja, das ist für Tausende der Stein des Anstoßes gewesen; und doch ist es in Wahrheit der schwächste Punkt, den sie jenseits des atlantischen Meeres für ihre Ansicht geltend machen können. Was nützt das Unterthanenverhältniß gegenüber von dem Könige, wenn das Parlament seine Macht in einer Weise gebraucht, daß die amerikanischen Interessen denen Englands untergeordnet werden! Man kann gar viel Vernünftiges und Triftiges sagen zu Gunsten der königlichen Macht, das gebe ich sehr gerne zu: aber sehr wenig zu Gunsten eines Verhältnisses, bei welchem ein Volk der Unterthan des andern wird. Der Name Loyalität verblendet die Menschen gegen Thatsachen und setzt eine eingebildete Macht an die Stelle einer wirklichen. Die Frage war, ob England mittelst eines Parlaments, in welchem wir keine Vertreter haben, für uns Gesetze machen solle und dürfe, oder nicht; und nicht die: ob George III. unser Souverän seyn solle, oder ob wir die Souveränetät des Volkes begründen und aufstellen wollen."

Bayard verbeugte sich, auf diese Bemerkung hin, ganz höflich gegen mich und änderte den Gesprächsgegenstand. Es war jedoch genug gesprochen worden, um mich zu überzeugen, daß wenig politische Sympathie zwischen uns bestehen würde, möchten sich auch die Familienbande noch so eng knüpfen. Die Mädchen gesellten sich zu uns, ehe wir wieder recht in ein anderes Gespräch gekommen waren; und es verdroß mich ein wenig, als ich fand, daß Kate etwas mehr auf die Ansichten ihres Anbeters über diese Gegenstände einging, als sich, meinem Dafürhalten nach, mit den ächten Gesinnungen eines Mitgliedes der Familie Littlepage, nach Allem, was vorgefallen war, vertrug. Dennoch war ich nicht gemeint, meine Schwester deswegen hart beurtheilen zu wollen, da ich selbst doch auch es gerne gesehen hätte, daß die Frau, die ich liebte, so viel als möglich mit mir in allen meinen Ansichten harmonirt hätte. Andererseits fand ich zu meiner Ueberraschung an Miß Priscilla eine eifrige, und die Wahrheit zu gestehen, eine etwas blinde Patriotin, und sie verdammte England, den König und die Bestrebungen des Parlaments mit einer Wärme, welcher nur diejenige gleichkam, womit sie alle Dinge, Beschlüsse, Maßregeln, Grundsätze und politischen Schritte vertheidigte, die rein amerikanisch waren.

Ich kann nicht sagen, daß ich so viele Duldsamkeit bewiesen hätte gegen den Patriotismus der Miß Bayard, wie gegen den kleinen Verrath meiner Schwester. Es schien ganz natürlich, daß Kate anfing, Dinge dieser Art mit den Augen eines Mannes anzusehen, welchen sie entschlossen war zu heirathen; aber es erschien weit eher als gesucht und gemacht bei ihrer Freundin, die einer Toryfamilie angehörte, so freiwillig sich den Gesinnungen eines Mannes anzuschließen, den sie noch nicht lieben konnte, da sie ihn bis zu diesem Tage noch nicht gesehen hatte.

„Ist es nicht so, Major Littlepage," rief das reizende Geschöpf – denn sehr reizend war sie ohne alle Frage; und weiblich, und zart, und höchst fein und anständig, und Alles, was ich nur wünschen mochte, wäre sie nur ein wenig minder eine Whig und ein gut Theil mehr eine Tory gewesen; – und ihr Auge flammte und sprühte dabei, als fühlte sie Alles, was sie sagte, im innersten Herzensgrunde – „Ist es nicht so, Major Littlepage? – Amerika ist aus diesem Kriege mit unvergänglichem Ruhme hervorgegangen; und seine Geschichte wird in tausend Jahren das Staunen und die Bewunderung Aller sehn, die sie lesen?"

„Das wird einigermaßen davon abhängen, wie sich seine Geschichte von jetzt an bis dahin gestaltet. Die frühere Geschichte aller großen Nationen erfüllt uns mit Bewunderung und Theilnahme, während gewaltigere Thaten, von einem unbedeutenden Volke verrichtet, gewöhnlich vergessen werden."

„Aber doch ist diese Revolution von der Art gewesen, daß jede Nation darauf hätte stolz seyn dürfen!"

Da es nicht schicklich gewesen wäre, dies zu leugnen, verbeugte ich mich und entfernte mich ein wenig von der übrigen Gesellschaft, unter dem Vorwand, Muscheln zu suchen. Bald gesellte sich meine Schwester zu mir, worauf folgendes kurze Gespräch zwischen uns sich entspann.

„Ihr findet an Pris Bayard eine entschlossene, standhafte Whig, Major Littlepage," begann meine warmherzige Schwester.

„Gar sehr; aber ich hatte geglaubt, die Bayard's seyen ausnehmend neutral, wo nicht gar entschieden der andern Seite zugeneigt."

„Oh, das ist ganz richtig bei den Meisten derselben, aber nicht bei Pris, welche schon lang eine entschiedene Whig ist. Da ist nun Tom, der ziemlich gemäßigt ist in seinen Ansichten, während Vater und Mutter ausnehmend neutral sind, wie Ihr es nennt; Pris aber ist eine Whig, beinahe so lang ich sie kenne."

„ Beinahe so lang! Also war sie auch einmal eine Tory?"

„Das kaum; obgleich allerdings ihre Ansichten eine sehr allmähliche Umwandlung erlitten haben. Wir sind Beide jung, müßt Ihr bedenken; und Mädchen, wenn sie zuerst in's Leben hinauskommen, haben gar wenig eigene Gedanken im Reden und im Handeln. Seit den letzten drei Jahren ganz gewiß, oder von ihrem siebzehnten Jahre an, ist Pris immer mehr eine Whig und immer weniger eine Tory geworden. Findet Ihr sie nicht entschieden schön, Mordaunt?“

„Ganz entschieden, und sehr gewinnend in Allem, was zu ihrem Geschlecht gehört – sanft, weiblich, feinsinnig, liebenswürdig, und durchaus eine Whig!“

„Ich wußte wohl. Du würdest sie bewundern!“ rief Kate triumphirend. „Ich werde es erleben, meinen liebsten Wunsch erfüllt zu sehen.“

„Ich zweifle nicht daran, Kind; doch wird das nicht geschehen durch die Vermählung eines Mr. Littlepage mit einer Miß Bayard.“

Dieser Ausfall hatte ein Lachen und ein Erröthen von ihrer Seite zur Folge, aber durchaus kein Zeichen von Unterwerfung und Ergebung. Im Gegentheil, das eigenwillige Mädchen schüttelte den Kopf, bis alle ihre üppigen Locken sich verschoben, und sie hörte nicht auf zu lachen. Gleich darauf gesellten wir uns wieder zu unsern Begleitern, und in Folge jener Kreuzungen und Figuren, welche beim Verkehr der jungen Leute beider Geschlechter so beliebt sind, waren bald, wie wir auf den Dünen dahinwandelten, Tom an Katens Seite und ich an der Seite von Priscilla Bayard. Worüber die zwei Andern plauderten, habe ich nie erfahren, wiewohl ich denke, man könnte es errathen; die junge Lady aber, meine Begleiterin, machte wieder die Revolution zum Gegenstande des Gesprächs.

„Ihr seyd vermuthlich etwas überrascht gewesen. Major Littlepage,“ begann sie, „zu hören, daß ich mich so warm zu Gunsten dieses Landes aussprach, da einige Zweige meiner Familie von der neuen Regierung hart behandelt worden sind?“

„Ihr spielt auf die Confiskationen an? Ich habe sie nie gebilligt und gerechtfertigt, und wünschte, sie wären nicht erfolgt; denn sie treffen am schwersten diejenigen, welche ganz schuldlos waren, während die Meisten unserer wirklichen Feinde mit heiler Haut entkommen sind. Aber es ist doch nicht mehr als gewöhnliches Verfahren in Bürgerkriegen, und sicherlich wäre es uns ebenso ergangen, wenn wir die unterliegende Partei gewesen wären.“

„Das hat man mir auch gesagt; aber da keine mir sehr nahestehenden Personen von einem Verluste betroffen worden sind, ist meine öffentliche Tugend im Stande gewesen, meinen Privatgefühlen zu widerstehen. Mein Bruder, wie Ihr wohl schon bemerkt habt, ist weniger ein ächter Amerikaner als ich.“

„Ich habe angenommen, er gehöre zu den äußerst Neutralen; und die, habe ich gedacht, neigen sich immer ein wenig zu der verlierenden Partei hin.“

„Ich hoffe jedoch, seine politische Vorneigung, die sehr ehrlich, obwohl sehr irrthümlich ist, werde ihm in Eurer guten Meinung nicht wesentlich schaden. Es hängt zu Viel davon ab, als daß mir dieser Gegenstand nicht am Herzen liegen sollte;

und da ich allein in der ganzen Familie entschieden der Whigpartei angehöre, habe ich gedacht, ich wolle es wagen, für einen innigst geliebten Bruder zu sprechen.“

„Nun,“ sagte ich bei mir selbst, „das heißt die Sache gehörig einfädeln! aber ich bin doch nicht so ganz unerfahren, daß ich mich durch eine so wenig versteckte List zum Narren haben ließe! Der Henker steckt in dem Mädchen; und doch scheint es ihr Ernst zu seyn, sie schaut mich an mit dem Vertrauen und der Einfalt einer Schwester, die noch mehr sogar fühlt als sie ausspricht, und sicherlich ist sie eines der reizendsten Geschöpfe, die mir je vor Augen gekommen. Ich darf sie nicht merken lassen, wie sehr ich auf meiner Hut bin, sondern muß der List mit List begegnen. Es müßte doch sonderbar zugehen, wenn ich, der ich eine Compagnie Continentalsoldaten mit einigem Lobe kommandirt habe, nicht fertig werden könnte mit einem Mädchen von zwanzig Jahren, wäre sie auch noch schöner und sähe noch unschuldiger aus als diese Pris Bayard, was freilich, muß ich gestehen, nicht leicht möglich ist.“

Der Leser wird verstehen, daß ich das Alles bei mir selbst sprach, und zwar war es sehr bald gesagt, denn man redet mit sich selbst erstaunlich schnell, aber was ich nach augenblicklichem Besinnen zu meiner schönen Begleiterin sagte, lautete ganz anders nach Sprache und Inhalt.

„Ich verstehe nicht, in welcher Weise meine Meinung dem Mr. Bayard etwas austragen sollte, möchte sie für oder gegen ihn seyn,“ antwortete ich, mit einem ebenso unschuldigen Ausdruck, sowie ich die Sache ansah, als die junge Lady selbst in ihrem hübschen Gesichtchen gezeigt hatte, und machte hiebei, wie ich mir einbildete, meine Sache unendlich gut; „obgleich ich weit entfernt bin, irgend einen Mann hart zu beurtheilen, weil er zufällig von mir abweicht in seinem Urtheil von politischen Dingen. Die Frage war sehr kitzlicher und zarter Natur, und die redlichsten Männer sind in der Beantwortung derselben am weitesten auseinandergetreten.“

„Ihr wißt nicht, wie sehr es mich erfreut, dies von Euch zu hören, Mr. Littlepage,“ erwiederte meine Begleiterin, mit einem süßen Lächeln, wie nur je von einem Weibe einem Manne gespendet wurde. „Es wird Tom ganz glücklich machen, denn ich weiß, er war sehr bange vor Euch eben wegen dieses Punktes.“

Ich antwortete nicht sogleich; denn ich beobachtete, glaube ich, die Spuren und Ausläufer dieses bezaubernden Lächelns, und suchte mich mit Vernunftgründen gegen seinen Eindruck zu wehren, mit der Hartnäckigkeit eines Mannes, der entschlossen ist, sich nicht fangen zu lassen. Dies Lächeln verfolgte mich acht Tage lang und es stand lange Zeit an, bis ich es völlig begriff. Ich entschloß mich jedoch, in Betreff Bayards und meiner Schwester sofort auf die Hauptsache loszugehen, und nicht mit indirekten Anspielungen auf den Busch zu klopfen.

„Ihr könnt doch wohl kaum meine Meinung mißverstehen, sollte ich denken!“ antwortete Priscilla etwas überrascht. „Man darf nur das Paar vor uns ansehen, um zu begreifen, in wiefern Eure Meinung von dem Gentleum einen Einfluß auf ihn wenigstens üben kann.“

„Dasselbe könnte man von uns sagen, Miß Bayard, so viel mein unerfahrenes Auge zu beurtheilen vermag. Sie sind ein junges Paar, das mit einander lustwandelt; der Gentleman scheint die Lady zu bewundern und zu verehren, das will ich gern zugeben; und wir sind auch ein junges Paar, das mit einander lustwandelt, und der Gentleman scheint auch die Lady zu bewundern – oder man müßte von seinem Geschmack oder von seiner Herzensempfänglichkeit eine schlechte Meinung haben."

„So," sagte ich, wieder bei mir selbst: „das heißt sie ganz mit gleicher Münze bezahlen: jetzt laßt uns sehen, wie sie das nimmt!"

Priscilla nahm es sehr gut; sie lachte und erröthete gerade in hinreichendem Maße, um als das reizendste Geschöpf zu erscheinen, auf dem je mein Auge geruht hatte. Sie schüttelte den Kopf so ziemlich in derselben Art, wie meine Schwester nicht lange zuvor gethan hatte, und wies die Analogie zuerst mit ihren Geberden und dann ausdrücklich mit der Zunge ab.

„Die Fälle sind sehr verschieden, Sir," antwortete sie. „Wir sind einander fremd, während Tom Bayard und Kate Littlepage Bekannte seit Jahren her sind. Wir lieben einander nicht im geringsten: nicht ein Bischen, obwohl wir geneigt sind, recht gut von einander zu denken wegen des Interesses, das wir an dem Paare vor uns nehmen, und weil ich die vertraute Freundin Eurer Schwester bin und Ihr der einzige Bruder meiner vertrauten Freundin. Hier jedoch," und sie sprach jetzt mit Nachdruck, „hört unser Interesse auf, um nie über das Maß freundschaftlicher Hochachtung hinaus sich zu steigern, die, wie ich hoffe, aus unsern beiderseitigen Eigenschaften und deren gegenseitiger Anerkennung erwachsen soll. Es ist eine ganz, ganz andere Sache bei dem Paare vor uns"; hier sprach das bewegliche Mädchen wieder mit dem innigsten Gefühl; jeder Ton und jede Modulation ihrer Stimme zeugte von lebhaftester Herzenstheilnahme. „Sie sind schon lange einander geneigt und anhänglich, nicht Bewunderer von einander, wie Ihr Euch ausdrückt, Major Littlepage, sondern einander geneigt und anhänglich: und Eure Meinung von meinem Bruder ist gerade in diesem Augenblick von der höchsten Wichtigkeit für ihn. Ich hoffe, mich Euch endlich verständlich gemacht zu haben?"

„Vollkommen; und ich bin gesonnen, mich ebenso deutlich auszusprechen. Erstlich protestire ich feierlich gegen Alles, was Ihr von dem andern Paare gesagt habt, mit Ausnahme des Interesses, das wir Beide für den Bruder oder die Schwester fühlen. Sodann erkläre ich, daß Kate Littlepage ganz und gar ihre eigene Herrin ist, soweit es ihren Bruder Mordaunt angeht; und endlich spreche ich aus: daß ich durchaus Nichts in dem Charakter, der Verwandtschaft, dem Vermögen, der Person oder der Stellung ihres Anbeters, Thomas Bayard, von den Hickories, Esquire, sehe oder weiß, was im mindesten nicht ihren Ansprüchen oder Verdiensten entspräche. Ich hoffe, das ist vollkommen befriedigend."

„Ganz! und von Grund meines Herzens danke ich Euch dafür. Ich will gestehen, ich habe einige kleine Besorgnisse gehegt wegen Toms politischer Meinungen; aber nunmehr diese beseitigt sind, kann sonst Nichts mehr die mindeste Sorge und Unruhe erregen."

„Wie ist es aber möglich, daß Eines von Euch meinen Ansichten ein solches Gewicht glaubte beilegen zu müssen, da Kate doch einen Vater, eine Mutter und eine Großmutter am Leben hat. welche Alle, soweit ich unterrichtet bin, ihre Wahl billigen?“

„Ha, Mr. Littlepage, Ihr seyd Euch Eurer Wichtigkeit in Eurer eigenen Familie nicht bewußt, wie ich sehe. Ich weiß das besser, als Ihr selbst es zu wissen scheint. Vater, Mutter, Großmutter und Schwester, Alle sprechen in Einem Sinne von Mordaunt. Hört man den General vom Krieg sprechen, so sollte man meinen, er habe eine Compagnie kommandirt und Kapitän Littlepage das Regiment. Mrs. Littlepage ordnet sich Mordaunts Geschmack und Mordaunts Ansichten und Mordaunts Urtheilen sogar in der Haushaltung und in den Saumnähten unter. Kate sagt immer: ›Mein Bruder sagt dies‹, ›mein Bruder schreibt jenes‹, ›mein Bruder thut das und das,‹ und die alte Lady hier auf Toe, die glaubt gewiß, ihre Pfirsichen und Kirschen könnten nicht reifen, wenn nicht Mordaunt Littlepage, der Sohn ihres Sohns, Corny Littlepage – nicht ein einziges Mal entschlüpft ihr der Name ›General‹ – auf der Erde wäre, um steten Sonnenschein darüber zu verbreiten.“

Gab es je ein Mädchen wie dieses? Und diese Worte sprach sie noch dazu in der ruhigsten, sanftesten, ladymäßigsten Weise, die man sich denken kann. Daß die junge Dame Geist und Laune genug besaß, war unverkennbar; und einen Augenblick war ich im Zweifel ob nicht Beides gepaart sey mit der vollkommensten Charaktereinfalt und der vollkommensten Treuherzigkeit. Spätere Bemerkungen und Vorfälle jedoch machten bald all mein ursprüngliches Mißtrauen wieder rege.

„Das ist ein lebhaftes Bild von Familienschwäche, das Ihr da so anschaulich hingezeichnet habt, Miß Bayard,“ versetzte ich; „und ich werde es nicht leicht vergessen. Was es noch lebhafter und pikanter macht, und ihm um so mehr den Beifall der Welt sichert ist der Umstand, daß Mordaunt so gar wenig die parteiische Vorliebe der Verwandten verdient, die Ihr genannt habt.“

„Der letzte Zug bildet keinen Bestandtheil meines Gemäldes, Major Littlepage, und ich weise ihn zurück. Was die Welt betrifft, so wird sie nie Etwas davon erfahren! Ihr und ich wir sind nicht die Welt, auch werden wir aller Wahrscheinlichkeit nach nie für einander die Welt seyn; ich wünschte, daß Ihr dies ganz besonders Euch merktet, da dies der Grund ist, warum ich bei einer so kurzen Bekanntschaft so offen gegen Euch bin. Ich erkläre Euch, Eure Meinung ist für Tom von der äußersten Wichtigkeit, da Eure Schwester ihn nicht heirathen würde, wenn sie glaubte, Ihr dächtet im mindesten schlimm von ihm.“

„Und sie würde es, wenn ich gut von ihm denke?“

„Das ist eine Frage, die ein Frauenzimmer für sich selbst beantworten muß. Und jetzt wollen wir Nichts mehr von der Sache sprechen, denn mein Gemüth ist beruhigt, seit ich sehe, daß Ihr keine politische Feindseligkeit gegen Tom hegt.“

„Die Menschen, bilde ich mir ein, sind weit weniger geneigt, solche Gefühle und Gesinnungen zu hegen, wenn sie einen Zwist ehrlich und tüchtig ausgefochten haben, als wenn sie nur erst darüber schwatzen. Zudem ist die gewinnende Partei gewöhnlich am wenigsten zum nachtragenden Grolle geneigt, und ihr Erfolg wird die Whigs versöhnlich stimmen. Ich gebe Euch mein Ehrenwort, keine Einwendung soll von meiner Seite gegen Euern Bruder erhoben werden wegen seiner Meinungen von der Revolution her. Meine liebe Mutter selbst ist während des ganzen Krieges eine halbe Tory gewesen, und Kate hat, wie ich finde, all ihre Menschenliebe und Milde eingesogen."

Ein eigenthümliches und wie mich bedünkte, schmerzliches Lächeln flog über Priscilla's süßes Angesicht hin, als ich diese Bemerkung machte; aber sie antwortete Nichts darauf. Sie schien mir jetzt verlangend, den Gegenstand ganz zu verlassen und ich lenkte augenblicklich das Gespräch auf andere Dinge.

Kate und ich blieben einige Tage in Satanstoe, und Tom Bayard kam täglich auf Besuch, denn die Entfernung zwischen dem Landhals und den Hickories war nicht von Belang. Ich sah die junge Lady zweimal während dieser Zeit; einmal wie ich ausdrücklich in dieser Absicht nach dem Sitz ihres Vaters hinüber ritt, und einmal wie sie zu Pferde herüber kam, um ihre Freundin zu besuchen. Ich gestehe, nie war ich mehr in Verlegenheit, einen Charakter zu verstehen, als bei diesem jungen Frauenzimmer. Sie war entweder Meisterin in der Verstellungskunst, oder unschuldig und einfach wie ein Kind. Es war leicht zu sehen, daß ihrem Bruder, meiner Schwester, meiner Großmutter, und wie ich mir einbildete, den Eltern der jungen Lady selbst Alles daran lag, daß ich mit Pris, wie sie sie Alle nannten, auf möglichst gutem Fuß stände, während ich ihre eigenen Gefühle und Gesinnungen in dieser Hinsicht nicht zu ergründen vermochte. Es wäre unnatürlich gewesen, wenn ich nicht gern ihre außerordentliche Schönheit angeschaut, wenn ich nicht ihr ausnehmend anmuthiges und weibliches Benehmen bewundert hätte, welches gerade so war, wie man es sich nur wünschen konnte, vollkommen sicher, leicht und bequem, ohne im entferntesten frei oder vorlaut zu seyn und ich weidete mich an jener und bewunderte dieses in demselben Augenblick, wo ich am geneigtesten war ihrer Aufrichtigkeit zu mißtrauen und ihre Natürlichkeit für Vollendung der Kunst zu halten. Es gab Zeiten, wo ich mich versucht fühlte mir einzubilden, diese Pris Bayard sey eine so geschickte und gründliche Schauspielerin, als eine Person von ihrem Geschlecht, ihren Jahren und ihrer Stellung im Leben irgend werden könne, ohne gänzlich zu fallen; und dann kamen auch wieder Augenblicke, wo sie von den besten und seelenvollsten Eigenschaften ihres Geschlechts durchdrungen und erfüllt schien.

Es ist kaum nöthig zu sagen, daß unter solchen Umständen mein Herz unverwundet blieb, trotz der nicht zu verkennenden Wünsche meiner Verwandten und der großen Vorzüge der jungen Lady. Ein Mann fällt so wenig blindlings in Liebe, wenn er aus Mißtrauen glaubt, es sey Etwas nicht wie es seyn sollte, als er dies je glaubt, wenn er blindlings sich verliebt. Es hat mich oft überrascht und staunen gemacht, wie oft und wie gründlich die Weisesten des sterblichen Geschlechtes Alles darauf anlegen, sich selbst zu betrügen. Wenn einmal der Verdacht rege geworden, so hat man kein Zeugniß mehr nöthig, die Verdammung folgt ganz wie ein logischer Schluß, obwohl auf nichts Besseres gegründet, als auf scheinbaren Zweifel; während anderer Seits, wo Vertrauen einmal besteht, Zeugnisse und Beweise nur gar zu gerne nicht beachtet werden. Frauen insbesondere sind nur allzu geneigt, dem Zug ihrer Empfindungen und Neigungen statt Vernunftsgründen zu folgen, in allen Fällen wo es sich um eine Schuld handelt. Es hält schwer, sie von der Unwürdigkeit derer zu überzeugen, welche mittelst der Beziehungen des Gefühls ihnen angehören, weil die Gefühle bei ihnen gewöhnlich stärker sind als die Denkkräfte. Wie hängen sie z. B. so standhaft an ihren Priestern, wenn die kühleren Köpfe und größere Erfahrung der Männer schon verdammen; und das nur darum, weil ihre Phantasie sich darin gefällt, die Schuldigen mit dem Schmuck und Glanz der Religion zu umkleiden, die sie verehren und die ihr Halt ist! Der müßte ein gescheuter Mann seyn, der die Linie zwischen dem Wirklichen und dem Falschen in diesen Dingen zu ziehen vermöchte; aber der ist gewiß ein Schwachkopf, der Zeugnisse nicht beachtet, wenn sie klar und bündig sind. Daß wir Alle unsre Sünden und Fehler haben, ist außer Zweifel, aber gewiß gibt es Merkmale der Unwürdigkeit, welche untrüglich sind und nie außer Acht gelassen werden sollten, weil sie denjenigen Mangel an Grundsätzen beurkunden, der einen ganzen Charakter verunstaltet.

## Fünftes Kapitel

Beatrice. Der wäre ein vortrefflicher Mann, der gerade die Mitte hielte zwischen ihm und Benedick; der Eine ist zu sehr wie eine Bildsäule und sagt gar Nichts, und der Andere, zu sehr meiner Lady ältestem Sohne gleichend, plappert immerfort.

*Viel Lärmen um Nichts.*

An dem Tag, an welchem meine Schwester und ich Satanstoe verließen, fand ein interessantes Gespräch statt zwischen meiner Großmutter und mir, welches ich wohl erzählen darf. Es fand statt in der Kühle des Morgens, ja sogar vor dem Frühstück, und ehe Eines von der übrigen Gesellschaft sich blicken ließ; Tom Bayard nämlich und seine Schwester waren wieder herübergeritten, um bei unsrer Abreise gegenwärtig zu seyn, und hatten die Nacht hier zugebracht. Meine Großmutter hatte mich gebeten, so frühe schon sie zu treffen in einer Art von Piazza, welche in Folge von neuen Verbesserungen und Erweiterungen am einen Ende der alten Gebäude angefügt worden, und wo wir uns Beide mit der größten Pünktlichkeit einfanden. Aus einer gewissen bedeutungsvollen Miene meiner guten Großmutter errieth ich, daß sie wichtige Sachen auf dem Herzen hatte, und ich nahm auf dem Stuhl, den sie mir hingestellt, mit einiger Neugier Platz, zu erfahren was nun folgen würde. Die Sessel standen neben einander, oder doch beinahe, jedoch in verschiedener Richtung, und so nahe aneinander, daß beim Sitzen beinahe die Gesichter sich berührten. Meine Großmutter hatte ihre Brille auf, und durch diese schaute sie mich ernst und nachdenklich an, indem sie die Locken auf meiner Stirne schlichtete, wie sie mir als Knaben zu thun gewohnt gewesen. Ich sah hinter den Gläsern Thränen herunterrollen, und ich besorgte, etwas gesagt oder gethan zu haben, wodurch ich das Gemüth dieser trefflichen und nachsichtigen Frau verletzt hätte. “Ums Himmels willen, Großmutter, was kann dies zu bedeuten haben?“ rief ich. „Habe ich irgend einen Fehler gemacht?“

„Nein, mein Kind, nein, sondern ganz im Gegentheil. Du bist und warest immer ein guter und pflichtgetreuer Sohn, nicht nur gegen Deine wirklichen Eltern, sondern auch gegen mich. Aber Dein Name hätte sollen Hugh seyn – dabei werde ich bleiben so lang ich lebe. Ich habe das Deinem Vater gesagt, als Du geboren wurdest, aber er war damals ganz Mordaunt-toll, wie er es in der That auch seither immer geblieben ist. Nicht als ob Mordaunt nicht ein guter Name wäre, und ein achtbarer Name, und es heißt auch, es sey ein vornehmer Name in England; aber es ist ein Familienname, und Familiennamen passen im besten Falle nicht zu Taufnamen. Hugh hätte Dein Name werden müssen, wenn es nach meinem Sinne gegangen wäre, und wenn nicht Hugh, dann Corny. Nun, dazu ist es jetzt zu spät, da Du einmal Mordaunt heißt, und als Mordaunt leben und sterben mußt. Hat Dir wohl schon Jemand gesagt, mein Kind, wie sehr, sehr ähnlich Du Deinem geehrten Großvater bist?“

„Meine Mutter schon oft – ich habe ihr die Thränen in die Augen treten sehen, wie sie mich anschaute, und sie hat mir oft gesagt, mein Familienname sollte Mordaunt seyn, so sehr sehe ich ihrem Vater gleich.“

„Ihrem Vater! – Nun, da setzt sich eben einmal Anneke die allerseltsamsten Dinge in den Kopf! Eine bessere, eine liebere Frau gibt es nicht auf Erden – ich liebe Deine Mutter gerade so, wie wenn sie meine leibliche Tochter wäre; aber das muß ich sagen, da bildet sie sich die allerseltsamsten Dinge ein, die je einem Sterblichen in den Kopf kommen können. Du Herman Mordaunt gleichsehen! Du bist das wahre Ebenbild Deines Großvaters Littlepage, und gleichst Herman Mordaunt so wenig als dem Könige.“

Die Revolution war damals, und ist auch jetzt noch etwas zu Neues, als daß sie solche beständige Erinnerungen an das Königthum hätte ausschließen können, obgleich mein Großvater vom ersten Anfang des Kampfes an ein so warmer Whig gewesen war, als nur irgend einer in den Kolonien lebte. Was die besprochene Ähnlichkeit betrifft, so habe ich immer angenommen, ich sey ein gemischtes Conterfei von beiden Familien gewesen, wie dies so oft vorkommt; ein Umstand, welcher meinen Verwandten von beiden Seiten möglich macht, diejenigen Aehnlichkeiten zu finden und weiter zu verfolgen, welche ihrem Geschmack und ihren Launen am meisten zusagen. Dies war ganz bequem, und es mag, neben dem Umstand, daß ich ein einziger Sohn war, ein Grund gewesen seyn, warum ich so sehr der Liebling der weiblichen Mitglieder meiner Familie war. Meine gute alte Großmutter, damals in ihrem neunundsechzigsten Jahre stehend, war so überzeugt von meiner Aehnlichkeit mit ihrem verstorbenen Gatten, dem „alten General,“ wie er jetzt genannt wurde, daß sie in ihren Eröffnungen nicht fortfahren konnte, als bis sie sich die Augen gewischt und ihren zärtlichen Gefühlen durch ein wiederholtes langes und nachdenkliches Anschauen meines Gesichts Genüge gethan hatte.

„Oh! diese Augen!“ murmelte sie; „und diese Stirne! – Und auch der Mund und die Nase, um nichts zu sagen vom Lächeln, das auch so ähnlich ist, wie eine Erbse der andern!“

Dieß ließ für die Mordaunts sehr wenig übrig, man muß es gestehen; das Kinn und die Ohren waren so ziemlich alles, was nicht für die väterliche Linie in Anspruch genommen ward. Zwar waren meine Augen blau, und die des alten Generals waren kohlschwarz gewesen; meine Nase war griechisch und er hatte eine höchst auffallend römische gehabt; und von meinem Mund kann ich nur sagen, daß er dem von meiner Mutter so sehr ähnlich war wie es nur ein männlicher einem weiblichen seyn konnte. Dies Letztere hörte ich meinen Vater tausendmal sagen. Aber das Alles hatte nichts zu bedeuten; Alter, Zärtlichkeit und die Wünsche der Mutter ließen meiner guten Ahne die Dinge in einem andern Licht erscheinen.

„Nun, Mordaunt,“ fuhr endlich die gute alte Frau fort, „wie gefällt Dir die Wahl Deiner Schwester Kate? Mr. Bayard ist ein bezaubernder junger Mann, nicht wahr?“

„Ist es denn eine Wahl, Großmutter? Hat sich Kate wirklich schon entschlossen?“

„Pah!“ antwortete meine Großmutter, und lächelte so schalkhaft als wäre sie selbst erst sechszehn Jahre alt gewesen – „das war schon lang eine ausgemachte Sache, und der Papa billigte es, und die Mama wünschte es sehnlich, und ich gab meine Zustimmung und Schwester Anneke war entzückt, und Alles war so glatt und eben wie die Düne am Ende des Landhalses, und man wartete nur noch auf Deine Zustimmung. ›Es wäre nicht recht von mir, Großmutter, wenn ich mich verlobte, so lange Mordaunt abwesend ist und ohne daß er auch nur den Gentleman kennt, und deßwegen will ich mein Jawort nicht geben, bis ich auch seine Zustimmung habe‹ sagte Kate. Das war sehr hübsch von ihr, nicht wahr, mein Kind? Alle Kinder Deines Vaters haben ein so richtiges Gefühl für das Schickliche!“

„In der That, das war es, und ich werde es nicht so bald vergessen. Aber gesetzt, ich hätte ihre Wahl mißbilligt, was wäre dann wohl geschehen, Großmutter?“

„Ihr solltet nie unangenehme Fragen an Einen thun, vorlauter Junge, aber ich glaube fast, Kate würde wenigstens Mr. Bayard gebeten haben zu warten, bis ihr Euern Sinn geändert hättet. Ihn ganz aufzugeben, davon konnte wohl nicht die Rede seyn, und es wäre unvernünftig gewesen; aber sie hätte einige Monate oder so warten können, bis Ihr andern Sinnes geworden wäret; und ich selbst würde ihr dazu gerathen haben. Aber das Alles ist unnöthig, wie die Sachen stehen; denn Ihr habt Eure Billigung ausgesprochen und Kate ist vollkommen glücklich. Der letzte Brief von Lilaksbush, den Jaap brachte, enthält die förmliche Einwilligung Eurer lieben Eltern, – und was für Eltern hast Du, mein Kind! – und so gab denn Kate gestern schriftlich ihr Jawort; und es war ein so artig geschriebenes Briefchen, als ich seit vielen Jahren keines zu Gesicht bekommen habe. Deine eigene Mutter hätte es nicht besser machen können in ihren jungen Tagen: und Anneke Mordaunt wußte doch ein Billet zu stylisiren so fein und zart als irgend ein Mädchen, das ich je gekannt habe.“

„Ich bin froh, daß Alles sich so gut gemacht hat, und Niemand kann dem jungen Paare mehr von ganzem Herzen alles Glück wünschen als ich. Kate ist ein liebes, gutes Mädchen, und ich liebe sie so zärtlich, als ein Bruder eine Schwester lieben kann."

„Nicht wahr, das ist sie? und so durchaus eine Littlepage, wie nur je geboren wurde. Ich hoffe, sie wird glücklich werden. Alle Ehen in unserer Familie sind es bisher geworden, und es müßte sonderbar zugehen, wenn diese anders ausfiele. Nun, Mordaunt, wenn aber Kate verheirathet ist, seyd Ihr allein noch übrig!"

„Das ist wahr, Großmutter, und Ihr dürft froh seyn, daß noch Eines von uns da ist, das Euch besuchen kann, ohne Kinder und Wärterinnen mit sich zu schleppen."

„Ich! – ich darf froh seyn über so Etwas! Nein, wahrlich, mein Kind, es würde mir sehr leid thun, wenn ich nur einen Augenblick denken müßte, Du werdest nicht heirathen, sobald es die Klugheit räth, nunmehr der Krieg vorüber ist. Was Kinder betrifft, so sind die meine Lust; und ich habe es immer für ein Mißgeschick gehalten, daß die Littlepages so wenige gehabt haben, zumal Söhne. Dein Großvater, mein General, war ein einziger Sohn; Dein Vater war ein einziger Sohn; und Du bist ein einziger Sohn,– das heißt, soweit es sich um die Vererbung der Besitzungen an männliche Sprößlinge handelt oder handelte. Nein, Mordaunt, mein Kind, es ist der heißeste Wunsch meines Herzens, Dich schicklich verheirathet zu sehen, und die Littlepages der nächsten Generation an meine Brust zu schließen. Zwei von Euch habe ich schon in meinen Armen gewiegt, und ich werde das Leben der Gesegneten des Himmels gelebt haben, wenn ich auch noch die dritte werde begrüßen dürfen."

„Meine liebe, gute Großmutter! – Wie soll ich das Alles verstehen?"

„Dahin, daß ich wünsche, Du heirathetest, mein Kind, nachdem jetzt der Krieg vorüber ist; daß Dein Vater wünscht, Du heirathest, daß Deine Mutter wünscht, Du heirathest, und daß Deine Schwester wünscht, Du heirathest."

„Und Ihr Alle wünscht, daß ich dieselbe Person heirathe? Ist es nicht so?"

Meine Großmutter lächelte, aber sie rutschte unruhig auf ihrem Stuhl hin und her; und sie fürchtete, so vermuthe ich, die Sache ein wenig zu rasch betrieben zu haben. Es war jedoch für eine Frau von ihrer Wahrhaftigkeit und Charaktergeradheit nicht leicht zurückzutreten, nachdem sie einmal so weit gegangen war; und sie entschloß sich klüglich, alle Zurückhaltung gegen mich, in Betreff dieser Sache, fahren zu lassen.

„Ich glaube, du hast Recht, Mordaunt," antwortete sie nach einer kleinen Pause. „Wir wünschen wirklich Alle, daß Du Dich verliebest, sobald als nur möglich; daß Du Deinen Heirathsantrag machest, sobald Du Dich verliebt hast; und daß Du Priscilla Bayard heirathest, sobald sie eingewilligt haben wird, Dich zu nehmen."

„Das ist ehrlich gesprochen, und ganz wie es von Euch zu erwarten ist, meine liebe Großmutter; und jetzt wissen wir Beide, um was es sich handelt, und können nun offen und geradeheraus sprechen. Erstlich, meint Ihr nicht, Eine Verbindung dieser Art zwischen zwei Familien sey gerade hinreichend? Wenn Kate den Bruder heirathet, wird man nicht mich entschuldigen, wenn ich die Vorzüge und Reize der Schwester übersehe?“

„Priscilla Bayard ist eines der liebreizendsten Mädchen in der Colonie New-York, Mordaunt Littlepage.“

„Wir nennen jetzt diesen Theil der Welt den Staat New-York, liebste Großmutter. Ich bin weit entfernt, die Wahrheit dessen, was Ihr sagt, zu bestreiten. Priscilla Bayard ist wirklich sehr liebreizend.“

„Ich weiß nicht, was Ihr mehr wünschen könnt, als ein solches Mädchen zu bekommen.“

„Ich will nicht behaupten, es werde nie eine Zeit kommen, wo ich froh wäre, die Einwilligung der jungen Lady zu erlangen, meine Gattin zu werden; aber jetzt wenigstens ist diese Zeit noch nicht. Sodann bezweifle ich auch, ob es zuträglich ist, wenn Verwandte und Freunde eine bestimmte Partie sehr wünschen, zu viel davon zu sprechen.“

Meine arme Großmutter machte ein ganz verdutztes Gesicht, wie wenn sie fühlte, daß sie unschuldiger und argloser Weise ein Unheil angerichtet habe; sie saß da, mich anstarrend, und es malte sich in ihrem ehrwürdigen Angesicht fast der Ausdruck eines reuigen Kindes.

„Aber doch, Mordaunt, trug ich sehr viel zum Zustandekommen der Verbindung zwischen Deinen beiden guten Eltern bei,“ versetzte sie endlich, „und das ist eine der glücklichsten Ehen geworden, die ich je gesehen.“

Ich hatte oft Andeutungen und Anspielungen dieser Art gehört, und hatte einige Mal das ruhige Lächeln meiner Mutter beobachtet, wenn sie Zeuge davon war; ein Lächeln, das der Meinung zu widersprechen schien, die ihren Ursprung in den irrigen Begriffen meiner Großmutter von ihrem Einfluß hatte. Einmal, ich war damals noch ganz ein Knabe, erinnere ich mich, meine Mutter gefragt zu haben, wie es sich damit verhalte, und ihre Antwort war: „Ich habe Deinen Vater geheirathet durch den vermittelnden Einfluß eines Fleischersjungen,“ eine Antwort, die sich auf einen sehr frühen Vorfall im Leben meiner Eltern bezog. Aber ich wußte wohl, daß weder Cornelius Littlepage noch Anneke Mordaunt die Leute waren, die sich in den Ehestand durch Andere hätten hineinführen oder hineinschwatzen lassen; und ich nahm mir auf der Stelle vor, ihr einziger Sohn solle dieselbe Unabhängigkeit an den Tag legen. Ich hätte vielleicht meiner Großmutter in diesem Sinne geantwortet, und in einer stärkeren Sprache, als meine Gewohnheit gegenüber von dieser ehrwürdigen Frau war, wären nicht die zwei Mädchen in diesem Augenblick in der Piazza erschienen und hätten unser Privatgespräch unterbrochen.

Die Wahrheit zu gestehen, Priscilla trat an diesem Morgen mir entgegen fast mit dem Glanz der aufgehenden Sonne. Beide Mädchen hatten jenes frische, anziehende Aussehen, welches vorzugsweise der Toilette der Frühaufstehenden ihres Geschlechts eignet, und das sie vermuthlich zu dieser Stunde schöner macht als zu jeder andern Tageszeit. Meine Schwester war ein sehr reizendes Mädchen, wie wohl Jedermann zugestand; ihre Freundin aber war entschieden schön. Ich gestehe, es wurde mir etwas schwer, nicht auf der Stelle einzulenken und meiner ängstlich besorgten Großmutter zuzuflüstern, ich wolle der jungen Lady alle schickliche Aufmerksamkeit widmen und zur passenden Zeit meinen Antrag machen, als sie auf uns zutrat und uns den Morgengruß bot, mit gerade so viel bequemer Sicherheit, daß es ihr vollkommen anmuthig stand, und doch mit einer Sittsamkeit und Zurückhaltung, welche unendlich gewinnend war.

„Mordaunt steht im Begriff, mich für den ganzen Sommer zu verlassen, Miß Bayard," sagte meine Großmutter, welche nicht müßig seyn wollte, so lange noch eine Aussicht auf Erfolg sich darbot, „und ich habe ihn hier herausgenommen, um uns ein wenig zu besprechen, ehe wir scheiden. Kate werde ich hoffentlich während der angenehmen Jahreszeit oft sehen; aber von Mordaunt wird dies der letzte Besuch seyn, bis die kalte Witterung wieder eintritt."

„Wird Mr. Littlepage Reisen machen?" fragte die junge Lady mit gerade so viel Theilnahme, als die gute Sitte erforderte, und nicht ein Tüttelchen mehr: „denn Lilaksbush ist nicht so entfernt, daß er nicht jede Woche einmal wenigstens herüberreiten könnte, um sich nach Eurem Befinden zu erkundigen."

„Oh, er geht sehr, sehr weit fort, und an einen Ort der Welt, an welchen ich nur mit Schaudern denken kann!"

Miß Bayard schien jetzt wirklich betroffen und sehr erstaunt; und sie heftete ihre sehr schönen Augen fragend auf mich, obgleich sie mit der Zunge Nichts sagte.

„Es ist Zeit, daß ich es erkläre, damit nicht Miß Bayard meine, der Ort meiner Bestimmung sey China, wohin jetzt alle amerikanischen Abenteurer zu streben scheinen. Ich werde jedoch den Staat nicht verlassen."

„Da der Staat einen ziemlichen Umfang hat," erwiederte Priscilla, „kann nach der Empfindung einer Großmutter ein Enkel weit genug entfernt seyn, wenn er sich am entgegengesetzten Ende desselben befindet. Vielleicht besucht Ihr den Niagara, Major Littlepage? ich habe von einigen Gentlemen gehört, welche einen solchen Ausflug beabsichtigen; und recht freuen soll es mich, wenn die Wege in einem solchen Zustand sind, daß auch Frauen von der Partie seyn können."

„Und hättet Ihr den Muth, von einer solchen Partie zu seyn?" fragte meine Großmutter, mit Begierde Alles, selbst das Geringste, ergreifend, was ihre Wünsche unterstützen konnte.

Pris Bayard schien zu fürchten, sie sey zu weit gegangen; denn sie erröthete gar reizend, ehe sie antwortete.

„Ich wüßte nicht, Mrs. Littlepage, daß irgend ein besonderer Muth dazu erforderlich seyn sollte," sagte sie; „es ist wahr, es sind Indianer um den Weg und es liegt eine gewaltige Wildniß zwischen uns und dem Ziel der Reise; aber Frauen haben sie doch schon gemacht, wie man mir gesagt hat, und zwar ohne die mindeste Gefährdung. Man hört solche Wunderdinge von den Fällen, daß es eine starke Versuchung wäre, selbst Etwas zu wagen, um sie nur zu sehen."

Ich blicke mit Verwunderung zurück über den kurzen Zeitraum der dazwischen liegt, wenn ich mich erinnere, wie wir in meiner Jugend die Fälle des Niagara anzusehen gewohnt waren. Eine Reise nach Europa schien nur um ein Geringes gefahrvoller und ernster; und Reisen nach Europa waren damals nicht, was sie jetzt sind. „Nichts würde mich glücklicher machen," rief ich galant, zum Entzücken meiner armen Großmutter, das sie schlecht genug zu verhehlen suchte, „als der Beschützer von Miß Bayard auf diesem Ausfluge zu seyn."

„Also gedenkt Ihr wirklich diese Reise zu unternehmen, Major Littlepage?"

„In diesem Jahre nicht, obgleich ich mir die Hoffnung für künftige Zeiten vorbehalte. Meine Bestimmung führt mich für jetzt nach Ravensnest, einem Platze nicht ganz fünfzig Meilen von Albany entfernt."

„Ravensnest! – Das ist ein sehr hübscher Name, obgleich er Einem wohl noch besser gefiele, glaube ich, Kate, wenn er Dovesnest, oder Robinsnest, oder Wrensnest hieße. Was ist dies Ravensnest, Mr. Littlepage?"

„Ein Gut mit ziemlich umfangreichen Ländereien, aber bis jetzt von geringem Werth, was es auch etwa später einbringen mag, das einst das Besitzthum meines Großvaters Mordaunt war und das er mir vermacht hat. Mein Vater und Oberst Dirck haben auch ein Gut, welches ganz nahe dabei liegt und Mooseridge heißt. Ich bin im Begriff, beide zu besuchen, als Eigenthümer des einen und als Agent der Eigenthümer des andern. Es ist Zeit, daß man nach diesen Besitzungen sieht, da die Unruhen der letzten Jahre gemacht haben, daß wir sie fast ganz aus dem Auge verloren haben."

„Man sagt mir, es geschehe diesen Sommer sehr viel für Ansiedlungen in den wilden Ländereien des inneren Landes," fuhr Priscilla fort, mit einem Interesse an dem Gegenstande, das mir weit mehr auffallend als erklärbar war – „und daß sehr viele Ansiedler uns zuströmen aus den benachbarten Neu-England-Staaten. Ich habe auch gehört, daß die gewaltigen Besitzungen des Patroons sich rasch mit Menschen füllen, und das Herz des Staates bald werde bevölkert seyn."

„Ihr beschäftigt Euch emsiger mit solchen Dingen, als man es gewöhnlich bei jungen Ladies findet, Miß Bayard. Ich schreibe das dem Umstande zu, daß Ihr eine so gute Whig seyd, was nur ein anderer Name ist für: Patriotin." Pris erröthete wieder, und sie schien jetzt verstummen zu wollen, obwohl ich immer noch bei ihr die Zeichen eines Interesses bemerkte, welches mir ganz unerklärlich war. Kate bemerkte dies wahrscheinlich auch, denn sie fuhr fort, von meiner Reise zu sprechen, auch nachdem ihre Freundin sich etwas zurückgezogen hatte; und das in einer Weise, welche zu verrathen schien, sie habe ausgesprochen.

„Wer ist denn der seltsame alte Mann, von dem ich Euch sprechen gehört habe, Mordaunt," fragte meine Schwester, „und mit welchem Ihr in neuerer Zeit in einem Briefwechsel gestanden seyd wegen dieser Ländereien?"

„Ich vermuthe, Ihr meint meinen früheren Cameraden, den ›Kettenträger‹. Er war ein Kapitän in unserem Regiment, mit Namen Coejemans, der diesen Namen führt, und welcher den Vertrag abgeschlossen hat, für die nöthigen Vermessungen Sorge zu tragen, obgleich er selbst den bescheidenen Posten eines Meßkettenträgers bekleidet, da er nicht im Stande ist, die Berechnungen zu machen."

„Wie kann denn aber ein einfacher Kettenträger einen Vertrag abschließen über eine ganze Vermessung?" fragte Tom Bayard, der auch zur Gesellschaft getreten war, und das Gespräch mit angehört hatte. „Die Meßkettenträger sind in der Regel nur gemeine Arbeiter und ganz ohne alle Verantwortlichkeit."

„Das ist der allgemeinen Regel nach wahr; aber mein alter Freund macht eine Ausnahme. Er wollte Landesvermesser werden, aber da er keinen Kopf hatte für die Sinus, Cosinus und Tangenten, sah er sich genöthigt, seine Ansprüche herabzustimmen und sich mit der bescheidenen Obliegenheit zu begnügen, die er jetzt erfüllt. Doch hat er schon seit langer Zeit Contrakte über solche Geschäfte übernommen, und er bekommt so viele, als er ausführen kann, und miethet dann selbst die Vermesser, da die Eigenthümer von Ländereien das unbedingteste Vertrauen zu seinen Vermessungen haben. Laßt mich Euch sagen, der Mann, der die Meßkette trägt, ist nicht das unwichtigste Glied einer landvermessenden Gesellschaft in den Wäldern. Der alte Andries ist so ehrlich wie das Sonnenlicht und Jedermann hat Vertrauen zu ihm."

„Sein eigentlicher Name sey Coejemans, habt Ihr, glaube ich, gesagt. Major Littlepage?" fragte Priscilla, eine gleichgültige Miene annehmend, wie mich däuchte.

„Andries Coejemans, ja; und seine Familie ist anständig, wenn auch nicht gerade eigentlich angesehen und vornehm. Aber der Alte ist ein so eingefleischter Waldmann, daß nur sein Patriotismus und seine Whiggesinnungen ihn ins offene Land heraus ziehen konnten. Nachdem er mit größter Tapferkeit während des ganzen Krieges gedient hat, ist er zu seinen Ketten zurückgekehrt, und manchen Spaß treibt er damit, daß er noch immer der Ketten nicht los werde, nachdem er so lang und so oft für die Sache der Freiheit gefochten habe."

Priscilla schien sich zu bedenken – mir schien, ihre Farbe erhöhe sich ein Wenig – und dann that sie die Frage, welche sie zu beschäftigen schien, mit überraschender Festigkeit.

„Habt Ihr je des Kettenträgers Nichte, Dus Malbone, gesehen?"

Diese Frage überraschte mich nicht wenig; denn obgleich ich Ursula nie gesehen, hatte mir doch der Oheim so viel von seiner Pflegbefohlenen vorgeschwatzt, daß mir fast war, als sey sie eine vertraute Bekannte von mir. Es geschieht nicht selten, daß wir so viel von gewissen Personen hören, daß wir an sie denken, von ihnen sprechen, wie wenn wir sie persönlich kennten; und hätte mich Miß Bayard nach einem meiner bisherigen Kriegskameraden gefragt, so wäre ich nicht ein Tüttelchen mehr betroffen gewesen, als wie ich sie den mir so vertrauten Namen Dus Malbone aussprechen hörte.

„Wo, bei Allem, was seltsam ist, habt Ihr denn je von einer solchen Person gehört?" rief ich, etwas unbedachtsam, aus, da doch die Welt sicherlich groß genug ist, daß zwei junge Frauenzimmer in ihr mit einander bekannt seyn konnten, ohne meine Zustimmung und mein Vorwissen; zumal da ich die Eine noch gar nie, und die

Andere seit vierzehn Tagen zum ersten Mal gesehen hatte. „Der alte Andries sprach mir immer von seiner Nichte; aber ich konnte nimmermehr vermuthen, daß sie eine Bekannte einer Dame von Eurer Stellung im Leben sey!“

„Trotzdem waren wir mehr als nur Schulkameradinnen – denn wir waren – und ich hoffe, wir sind noch – sehr, sehr gute Freundinnen. Ich liebe Dus außerordentlich, obgleich sie ebenso eigen und seltsam in ihrer Art ist, als ihr Oheim, nach den Beschreibungen, die man mir von ihm gemacht hat, in der seinigen seyn muß.“

„Das ist sonderbar! – Wollt Ihr mir Eine Frage gestatten? – Ihr werdet sie vielleicht sonderbar finden nach dem, was Ihr mir so eben gesagt habt – aber die Neugier trägt den Sieg über meine gute Lebensart davon – ist Dus Malbone eine Lady, die ebenbürtige Gesellschafterin einer jungen Dame wie Miß Priscilla Bayard?“

„Das ist eine Frage, die sich vielleicht nicht so leicht beantworten läßt; denn in manchen Beziehungen steht sie weit über allen jungen Frauenzimmern, die ich kenne. Ihre Familie war, wie ich immer gehört, eine sehr gute von beiden Seiten; sie ist jetzt arm, arm fürchte ich bis zum Mangel!“ Hier hielt Priscilla inne; ihre Stimme zitterte und ich sah ihr die Thränen ins Auge treten. „Die arme Dus!“ fuhr sie fort – „sie hatte viel zu ertragen, was die Armuth betrifft, selbst schon in der Schule, wo sie in der That mehr wie eine aus Gnaden Unterhaltene, denn als eine Pensionärin war; aber Keine von uns Allen wagte, ihr Etwas anzubieten. Ich scheute mich sogar, sie zu bitten, ein Band von mir anzunehmen, was zu thun ich gar kein Bedenken tragen würde gegenüber von Kate oder irgend einem anderen jungen Frauenzimmer, das ich genau kennte. Ich kannte nie ein edelherzigeres Mädchen als Ursula Maldone, obgleich wenige sie verstehen, glaube ich.“

„Das ist wieder ganz der alte Andries! Er war auch, Gott weiß, arm genug, und ich habe ihn förmlich Mangel leiden sehen, um seine Pflicht gegen das Mädchen zu erfüllen und zugleich es in seiner äußeren Erscheinung an Nichts fehlen zu lassen als Kapitän unter den regulären Truppen von New-York; und doch konnte Keiner von uns, nicht einmal mein Vater, ihn je dazu bringen, auch nur einen einzigen Dollar zu borgen. Er gab gerne, nahm aber nie Etwas an.“

„Das kann ich leicht glauben, das ist ganz ebenso die Art von Dus. Wenn sie aber ihre Sonderbarkeiten hat, so hat sie auch edle Eigenschaften genug, um tausend Schwächen zu vergüten. Doch möchte ich nicht, daß Ihr nicht Ursula Malbone für ein in jeder Hinsicht treffliches Wesen hieltet, obgleich sie gewiß ihre Sonderbarkeiten hat.“

„Welche sie ohne Zweifel von den Coejemans geerbt hat, da ihr Oheim, der Kettenträger, auch seine Sonderbarkeiten hat.“

„Die Malbones haben Nichts vom Blute der Coejemans in ihren Adern.“ erwiederte die Lady rasch, „obgleich es achtbar ist und man sich desselben nicht zu schämen hat. Die Mutter von Dus Malbone war nur die Halbschwester von Kapitän Coejemans, und sie hatten verschiedene Väter.“

Es schien mir, Priscilla sehe etwas verlegen und verwirrt aus, sobald sie ihre genaue Bekanntschaft mit der Genealogie der Malbones verrathen hatte, und wie wenn es ihr leid thÃ¤te, Ã¼berhaupt zu viel von der Sache gesagt zu haben; denn sie trat zurÃ¼ck, pflückte eine Rose und wandelte fort, an der Blume riechend, wie wenn sie nicht Lust hätte, weiter über diesen Gegenstand zu sprechen. Die Aufforderung zum Frühstück zu kommen jedoch, würde ohnehin unserem Gespräch ein Ende gemacht haben, und es wurde Nichts mehr von dem Kettenträger und seiner wundersamen Nichte, Dus Malbone, gesprochen. Sobald der Imbiß vorüber war, wurden unsere Pferde vorgeführt, und Kate und ich verabschiedeten uns. Jaap war, wie gewöhnlich, ein paar Stunden vorher mit unserm Gepäck abgegangen. Der Leser darf nicht glauben, daß wir zu jener Zeit alle Ausflüge zu Pferde machten; im Gegentheil, meine Mutter hatte eine sehr hübsche Chaise, in welcher sie im Lande herumzufahren pflegte, mit einem auf dem Pferde sitzenden Postillon; mein Vater hatte einen Phaeton, und in der Stadt hatten wir sogar einen Wagen; denn die Vereinigung des Vermögens der Familien Mordaunt und Littlepage hatte uns in eine sehr behagliche Lage versetzt und behaglich lebten wir auch. Aber junge Ladies liebten das Reiten vor fünfundzwanzig Jahren mehr als heutzutage; und da Kate eine vortreffliche Reiterin war, wie zu ihrer Zeit ihre Mutter, machten wir oft zusammen Ausflüge zu Pferde. Mithin war es freie Wahl, nicht Notwendigkeit, doch trugen vielleicht auch die schlechten Wege Etwas bei, die uns veranlaßten, nach Satanstoe hinüberzureiten, so oft wir unsere Großmutter besuchen wollten. Ich küßte meine liebe, alte Großmutter recht zärtlich beim Abschied, denn ich sollte sie diesen Sommer nicht mehr sehen, und sie gab mir dafür ihren Segen. Bei Tom Bayard war ein warmes, brüderliches Händeschütteln hinreichend, da ich mit ziemlicher Gewißheit darauf rechnen durfte, ihn in Lilaksbush zu sehen, ehe ich von dort abreiste. Wie ich mich seiner Schwester näherte, welche mir freundschaftlich die Hand darbot, sagte ich, indem sie dieselbe faßte:

„Ich hoffe, dies ist nicht das letzte Mal, daß ich Euch sehe, ehe ich nach den neuen Ländereien aufbreche, Miß Bayard. Ihr schuldet meiner Schwester einen Besuch, glaube ich, und dieser Besuch wird mir Gelegenheit geben, später erst das leidige Wort: Lebewohl zu sagen!“

„Das ist nicht die rechte Art, einer Lady Herz zu gewinnen, Mordaunt!“ rief Kate munter. „Es sind nur fünfzehn Meilen von Eures Vaters Thüre bis zu den Hickories, müßt Ihr wissen. Sir; und Ihr habt die für immer gültige Einladung, mit Eurer militärischen Gestalt einen Schatten über die Schwelle ihres Hauses zu werfen.“

„Von meinem Vater sowohl als von meinem Bruder.“ – setzte Priscilla etwas hastig hinzu. „Ganz gewiß werden sie sich immer sehr glücklich schätzen. Major Littlepage bei sich zu sehen.“

„Und warum nicht von Euch selbst. Miß Spröde?“ fragte Kate, welche beflissen schien, ihre Freundin in einige Verlegenheit zu setzen. „Wir sind einander jetzt nicht mehr so gänzlich fremd, daß eine solche kleine Huld und Freundlichkeit unschicklich wäre.“

„Wenn ich Herrin meines eigenen Hauses bin, falls dies je der Fall seyn sollte, werde ich mir gewiß Mühe geben, den Ruf der Gastlichkeit nicht zu verlieren, dadurch, daß ich versäumte, die ganze Familie Littlepage in meinen Einladungen zu begreifen," antwortete Priscilla, entschlossen, sich nicht fangen zu lassen. „Bis dahin müssen die Aufforderungen von Papa und Tom genügen."

Das Mädchen sah diese ganze Zeit über bezaubernd liebenswürdig aus, und bot dem Lächeln der Umgebung mit einer Selbstbeherrschung Trotz, die mir bewies, daß sie vollkommen gut wußte, was sie that. Nie war ich in größerer Ungewißheit, wie ich ein junges Frauenzimmer verstehen und beurtheilen sollte, und es ist sehr möglich, daß, wäre ich einen Monat länger in ihrer Nähe geblieben, das Interesse, das eine solche Ungewißheit leicht erweckt, mich in verzweifelte Liebe gestürzt hätte. Aber die Vorsehung hatte es anders beschlossen. Während unseres Rittes nach Lilaksbush weihte mich meine Schwester mit gebührendem Erröthen und geziemendem Stocken in das Geheimniß ein, daß sie Tom Bayard erhört habe. Die Vermählung sollte erst nach meiner Rückkehr aus dem Norden stattfinden, und diese war im nächsten Herbste zu erwarten.

„Also soll ich dich beinahe so bald verlieren als finden, Kate," sagte ich etwas niedergeschlagen. „Nicht mich verlieren, Bruder; nein, nein, nicht mich verlieren, sondern mich finden, mehr als je. Ich werde in eine Familie verpflanzt werden, in welcher Du Dir wohl bald selbst eine Gattin suchen dürftest."

„Wenn ich käme, welchen Grund hätte ich zu glauben, daß meine Absicht würde vom Erfolg gekrönt werden?"

„Das ist eine Frage, welche Ihr nicht berechtigt seyd, zu thun. Wäre mir auch ein besonderer Grund bewußt, anzunehmen, daß Eure Aufnahme eine günstige seyn würde, so könnt Ihr mir doch nicht die Treulosigkeit zutrauen, daß ich meine Freundin verrathen würde. Junge Ladies sind nicht von so gar leichtem und geschmeidigem Charakter, wie Ihr zu glauben scheint, Sir; und keine andere Verfahrungsweise als die gerade und ehrliche wird zum Ziele führen. Ich habe jedoch keinen andern Grund zu der Annahme, es würde Euch nach Wunsch gelingen, als daß Ihr ein angenehmer Jüngling seyd, von gutem Aussehen, gegen dessen Familie und Vermögen Nichts einzuwenden ist, ganz in der Nähe von den Hickories ansäßig, von entsprechendem Alter, Gemüthsart, Charakter, Lebensweise u. s. w. Sind das nicht Gründe genug, Euch zum Ausharren zu ermuthigen, mein tapferer Major?"

„Die Beharrlichkeit setzt einen Anfang voraus, und ich habe noch keinen Anfang gemacht. Ich weiß kaum, was ich aus Deiner Freundin machen soll, Kind; entweder ist sie die Vollendung von Natur und Einfachheit, oder die Vollendung von Kunst und Verstellung."

„Von Kunst! Priscilla Bayard sich verstellen! Mordaunt, nie habt Ihr einem menschlichen Wesen ärgeres Unrecht gethan; ein Kind kann nicht wahrhafter und aufrichtiger seyn als Toms Schwester!"

„Ja, das ist es gerade; Tom's Schwester ist ex officio vollkommen; aber Du wirst Dich erinnern, daß auch manche Kinder sehr gewandt sind, sich zu verstellen. Alles, was ich für jetzt über die Sache sagen kann, ist, daß mir Tom gefällt und seine Eltern mir gefallen; aber was ich von Deiner Freundin halten soll, weiß ich noch nicht.“

Kate war etwas beleidigt, denn sie gab mir keine Antwort. Ihre gute Laune stellte sich jedoch wieder binnen Kurzem ein, und unser übriger Ritt war ganz angenehm und vergnügt, indem der Name Bayard gar nicht mehr erwähnt wurde, obwohl, bin ich überzeugt, meine Begleiterin gar viel an einen gewissen Tom dieses Namens dachte, so wie ich allerdings auch an seine schöne und unerklärliche Schwester. Beim Gasthause zu Kingsbridge hatten wir wieder eine kurze Unterredung mit der unermüdlichen Schwätzerin, der Wirthin. „Eine recht vergnügte Zeit ist es drüben auf dem Toe gewesen, ganz gewiß!“ rief Mrs. Light, sobald sie den Kopf zur Thüre herausgestreckt; „eine recht angenehme und unterhaltende Zeit für den jungen Gentleman sowohl als für die junge Lady. Mr. Thomas Bayard und Miß Pris Bayard sind Tage lang bei Euch gewesen, und die alte Madame Littlepage ist entzückt. Oh! der 'Toe ist immer ein glücklicher Ort gewesen, und glückliche Gesichter bin ich schon lange gewohnt dorther kommen zu sehen, und glückliche Gesichter sehe ich auch heute! Ja, ja, der 'Toe hat immer glückliche, zufriedene Gesichter die Straße daher gesandt; und ein glückliches Dach ist es jetzt schon hundert Jahre in alle Wege.“ Ich darf wohl sagen, das Alles war ganz wahr. Ich habe immer gehört, das alte Haus habe zufriedene Herzen beherbergt, und zufriedene Herzen machen glückliche, vergnügte Gesichter. Kate'ns Gesicht war das Glück selbst, wie sie im Sattel sitzend der Alten zuhörte; und mein Gesicht verrieth auch nichts von Mißmuth und übler Stimmung. Der „Toe war immer ein glückliches Haus!“ Es erinnert einen an alte Zeiten, wenn man von einem Hause so vertraulich sprechen hört; denn es kommt unter uns eine Klasse von Leuten auf, welche viel zu fein und vornehm ist, als daß sie zugäbe, es habe Jemand, Mann, Weib, Kind oder der Satan ein so wenig anständiges Glied wie eine Zehe (Toe)!

## Sechstes Kapitel

Ihr Land sie lieben, weil's ihr Land ist, schon;
Zu stolz, noch andre Gründe anzugeben;
Schütteln die Hand dem König auf dem Thron;
An ihm ist es, nach solcher Ehr' zu streben!
Ein streng Geschlecht, dem fremd des Schmeichlers Ton
Und Menschenfurcht, im Tode wie im Leben, –
So Alle, bis auf wenige Apostaten
Von Krämern, Wechslern, Mäklern, Plutokraten.

*Halleck*

Ein paar Tage nach meiner Rückkehr nach Lilaksbush fand eine jener Familienscenen statt, welche so gewöhnlich sind in dem freundlichen milden Juniusmonat an den Ufern des herrlichen alten Hudson. Ich nenne den Fluß den alten Hudson, denn er ist gerade so alt wie die Tiber, obgleich die Welt nicht so viel und nicht so lange von ihm gesprochen hat. In tausend Jahren wird dieser Strom auf der ganzen Welt bekannt seyn, – und die Menschen werden davon sprechen wie jetzt von der Donau und vom Rhein. So guter Wein mag an seinen Ufern nicht wachsen, als er auf den Höhen des letztern Flusses wächst; aber schon heutzutage wird ein besserer, sowohl was Qualität als Mannigfaltigkeit betrifft, dort wirklich getrunken. Hierüber sind alle Reisenden von Sachkenntniß einverstanden. Auf dem Rasenplatze von Lilaksbush steht eine stattliche Linde, nicht weit entfernt vom Hause und ebenso nicht weit vom Wasser. Der Baum war vom Vater meines Großvaters Mordaunt gepflanzt worden, welchem das Gut einst gehört hatte, und er hatte eine vortreffliche Lage, darunter einen müssigen Sommernachmittag hinzubringen. Unter seinem Schatten tranken wir oft den Wein zum Nachtisch während der warmen Monate, und dahin pflegten auch General Littlepage und Oberst Dirck Follock sich mit ihren Pfeifen zu begeben, und unter Besprechung eines Feldzugs oder einer Schlacht zu rauchen, wie eben der Zufall das Gespräch lenkte. Und kein Schlachtfeld war je so in Rauch gehüllt gewesen, als dies der Fall gewesen wäre mit der in Rede stehenden Linde, wenn all der Dampf, welcher um sie aufwirbelte, in eine Masse hätte zusammengedrängt werden können.

Am Nachmittag des erwähnten Tages saß die ganze Familie unter dem Baume zerstreut, je nachdem Neigung und Schatten Jedes seinen Platz wählen ließ, obgleich ein kleiner Tisch mit Früchten und Wein beladen, zeigte, daß man die gewöhnliche Beschäftigung dieser Stunde nicht vergessen hatte; die Weine waren Madeira und Claret, das gewöhnliche Getränke des Landes, und die Früchte waren Stachelbeeren, Kirschen. Orangen und Feigen – die zwei letzteren Gattungen natürlich eingeführt. Es war etwas zu frühe, um Ananasse von den Inseln zu haben, eine Frucht, die zu einer bestimmten Jahreszeit so gewöhnlich ist, daß man in der Stadt ganz leicht je vier recht ansehnlich große um einen Dollar kauft. Aber der Ueberfluß, ja der Luxus besserer Art des gewöhnlichen amerikanischen Tisches ist nichts Neues; Fleischspeisen, Liqueure und Früchte erscheinen darauf, wie man sie in Europa nur auf den Tischen sehr luxuriöser Reichen findet. Wenn die Art des Servirens ebenso geschmackvoll, die Art des Kochens so gut wäre bei uns, wie beides in Frankreich zum Beispiel ist, so würde Amerika das wahre Paradies des Epikuräers seyn, mögen oberflächliche Reisende so viel sie wollen das Gegentheil behaupten. Ich bin in den neuesten Zeiten in anderen Ländern gewesen und spreche aus Erfahrung.

Niemand saß förmlich am Tische, obgleich mein Vater, Oberst Dirck und ich demselben nahe genug waren, um nöthigen Falles unsere Gläser mit der Hand zu erreichen. Meine Mutter saß mir zunächst und hielt sich aus triftigen Gründen in meiner Nähe, denn ich rauchte nicht; und Tante Mary und Kate hatten gerade außerhalb der Sphäre des Tabaksqualms Posto gefaßt. Am Ufer lag ein großes Boot, worin ein paar ziemlich umfangreiche Koffer und eine Art Kleidersack sich befanden. In den ersteren war ein Theil meiner Kleider, während die Jaaps den Sack füllten. Der Neger selbst lag auf dem Gras ausgestreckt, etwa in der Mitte zwischen dem Baum und dem Ufer, und zwei oder drei Enkel von ihm wälzten sich zu seinen Füßen, um ihn herum. In dem Schiffe saß sein Sohn, bereit die Ruderschaufeln in Bewegung zu setzen, sobald der Befehl gegeben würde.

Alle diese Anstalten deuteten auf meine bevorstehende Abreise nach dem Norden hin. Der Wind wehte von Süden, und Schaluppen von verschiedenen Graden der Güte und Schnelligkeit kamen um die Landspitzen herum und näherten sich, eine im Kielwasser der andern, so wie sie im Stande gewesen die Werften zu verlassen, um den günstigen Wind zu benützen. Zu jener Zeit besaß der Fluß noch nicht den zehnten Theil der Schiffe die er jetzt zählt, aber doch schon genug, um eine kleine Flotte zu bilden in solcher Nähe von der Stadt und in einem Augenblick, wo Wind und Fluth günstig waren. Zu jener Zeit gehörten die meisten Schiffe auf dem Hudson den Anwohnern des obern Flusses, und die Schiffsleute hatten ganz die Art und den Geschmack unserer holländischen Ahnen. Ausgezeichnete Seeleute vor frischem Wind, wußten sie mit widrigen Winden gar wenig anzufangen, und brauchten gewöhnlich acht bis vierzehn Tage, um von Albany herunter zu kommen, wenn der Wind irgend südlich wehte. Dennoch dachten wenige Personen daran, die Reise zwischen den zwei größten Städten des Staates (York und Albany) zu machen, ohne sich einer dieser Schaluppen zu bedienen. Ich erwartete in diesem Augenblick das Erscheinen eines gewissen Adlers, von Albany, Kapitän Bogert, welcher ganz in der Nähe von Lilaksbush anlegen und mich an Bord nehmen sollte, gemäß meiner früher in der Stadt getroffenes Verabredung. Ich ließ mich bestimmen, einen Platz in diesem Fahrzeug zu miethen, durch den Umstand, daß es eine Art von Hinterkajüte hatte, durch einen großen grünen Vorhang abgeschlossen, – eine Bequemlichkeit, deren alle damals auf dem Fluß segelnden Schiffe entbehrten; doch sind seit jener Periode, von welcher ich hier schreibe, sehr große Verbesserungen eingetreten.

Natürlich wurde die Zeit, welche im Warten auf das Erscheinen des Adlers verfloß, mehr oder weniger mit Gesprächen ausgefüllt. Jaap, der mich auf meiner Reise nach Ravensnest begleiten sollte, erkannte jedes Fahrzeug auf dem Strom, sobald er es nur sah, und wir verließen uns auf ihn, daß er uns zu wissen thun werde, wann ich in das Boot steigen sollte, obgleich die Bewegungen der Schaluppe selbst uns nothwendig noch zu rechter Zeit anzeigen mußten, wann Abschied genommen werden müsse.

„Ich würde ausnehmend gern einen Besuch bei der alten Mrs. Van der Heyden, zu Kinderhook, machen, Mordaunt." sagte meine Mutter nach einer der häufigen Pausen, welche im Gespräche eintraten. „Sie ist eine Verwandte und ich hege große Neigung für sie, und zwar um so mehr in Folge davon, daß der Gedanke an sie sich immer mit der Erinnerung an jene entsetzliche Nacht auf dem Strome verbindet, von der Du mich schon hast sprechen hören."

Wie meine Mutter dies gesagt hatte, sah sie mit inniger Liebe den General an, der diesen Blick meiner Mutter, so wie jeden ihrer Blicke, mit einem Blick voll männlicher Zärtlichkeit erwiederte. Ein inniger verbundenes Paar als meine Eltern gab es nie. Sie schienen mir gewöhnlich nur Eine Seele mit einander gemeinsam zu haben, und wenn irgend eine leichte Meinungsverschiedenheit eintrat, so war dann die Frage nicht: Welches durchdringen, sondern Welches nachgeben solle. Meine Mutter mag einen größeren angeborenen Verstand gehabt haben, obgleich der General ein sehr hübscher, stattlicher, gescheuter Mann und allgemein hochgeachtet war.

„Es wäre auch gut, Anneke," sagte mein Vater, „wenn der Major einen Besuch beim Grabe des armen Guert machte, und nachsähe, ob die Steine noch stehen, und der Platz so gehalten wird, wie es sich gebührt. Ich bin seit dem Jahr 68 nicht mehr dort gewesen, wo es aussah, wie wenn in nicht sehr ferner Zeit das Nachsehen eines befreundeten Auges ihm frommen würde."

Er sagte dies absichtlich mit leiser Stimme, damit Tante Mary es nicht hörte; und da sie etwas harthörig war, erreichte er vermuthlich seine Absicht. Aber anders war es mit Oberst Dirck, welcher die Pfeife aus dem Munde nahm, und aufmerksam lauschend da saß, wie Einer, der an einem Gegenstand lebhaftes Interesse nimmt. Wieder trat eine Pause ein.

„Dann ist da auch mein Lord Howe, Corny," bemerkte der Oberst mit stark holländischem Accent; „wie ist es mit seinem Grabe?"

„Oh, dafür hat die Colonie gut gesorgt. Man hat ihn im Hauptflügel von St. Peter begraben, glaube ich; und ohne Zweifel ist da Alles in Ordnung. Was das andere Grab betrifft. Major, so dürfte es gut seyn, darnach zu sehen."

„Große Veränderungen sind in Albany eingetreten, seit wir als junge Leute dort waren!" bemerkte meine Mutter mit nachdenklichem Ernst. „Die Cuylers sind durch die Revolution sehr gesunken, während die Schuylers größer geworden sind als je. Die arme Tante Schuyler, sie hat es nicht mehr erlebt, einen Sohn von uns bei sich zu bewillkommnen!"

„Die Zeit führt solche Wechsel herbei, meine Liebe; und wir können nur Gott dankbar seyn, daß nach einem so langen und blutigen Kriege noch so Viele von uns übrig sind."

Ich sah meiner Mutter Lippen sich bewegen, und ich wußte, daß sie in ihrem Innern der Vorsehung dankte, welche ihren Gatten und ihren Sohn bei dem letzten Kampfe am Leben erhalten hatte.

„Du wirst schreiben, so oft sich Gelegenheiten darbieten, Mordaunt," sagte diese zärtliche Mutter nach einer ungewöhnlich langen Pause. „Jetzt da es Friede ist, kann ich hoffen, Deine Briefe mit einiger Regelmäßigkeit zu bekommen."

„Man sagt mir, Cousine Anneke," – denn so nannte der Oberst immer meine Mutter, wenn wir allein waren – „Man sagt mir, Cousine Anneke," sagte Oberst Dirck, „sie beabsichtigen jetzt, förmlich eine Briefpost dreimal wöchentlich zwischen Albany und York einzuführen. Man kann nicht wissen, General, was diese glorreiche Revolution uns noch Alles bringen wird."

„Wenn sie mir dreimal wöchentlich Briefe von meinen Lieben bringt," versetzte meine Mutter, „so wird sicherlich mein Patriotismus um ein Großes gesteigert werden. Wie werden aber Briefe aus Ravensnest herauskommen nach den ältern Theilen der Colonie – des Staates wollte ich sagen, Mordaunt?“

„In dieser Beziehung muß ich mich auf die Ansiedler verlassen. Hunderte von Yankees, sagt man mir, sehen sich diesen Sommer nach Pachtgütern um; ich werde wohl einen oder den andern derselben als Boten benutzen können.“

„Verlaßt Euch nicht zu sehr auf sie, oder nicht auf zu viele,“ brummte Oberst Dirck, welcher den alten holländischen Groll gegen unsere östlicher wohnenden Brüder hegte. „Denkt nur, wie sie es dem Schuyler gemacht haben!“

„Ja,“ sagte mein Vater, seine Pfeife wieder stopfend, „sie hätten können mehr Gerechtigkeitsliebe und weniger Vorurtheile gegen den weisen Philipp an den Tag legen; aber Vorurtheile gibt es in der ganzen Welt. Selbst Washington hatte deren seinen Theil!“

„ Das ist ein großer Mann!“ rief Oberst Dirck mit Nachdruck und im Ton eines Mannes, der seiner Sache gewiß ist. „Ein sehr großer Mann!“

„Das wird Euch kein Mensch bestreiten, Oberst; aber habt Ihr keine Botschaft zu bestellen an unsern alten Kriegskameraden, Andries Coejemans? Er muß jetzt beinahe schon ein Jahr mit seiner Truppe von Feldmessern in Mooseridge seyn, und ich will dafür stehen, er hat gewiß die alten Grenzlinien wieder so aufgespürt, daß er im Stande ist, für Mordaunt frisch anzufangen, sobald der Knabe das Patent erreicht.“

„Ich hoffe, er hat keinen Yankee zum Vermesser gemiethet, Corny,“ bemerkte der Oberst dazwischen mit einiger Unruhe. „Wenn eines von diesen Geschöpfen das Besitzthum betritt, so bringt er es gewiß dahin, daß er das halbe Land in seiner Compaßschachtel mit fortträgt. Ich hoffe, der alte Andries versteht die Sache besser.“

„Ich bin überzeugt, er wird all das Land ebenso zu behaupten als zu vermessen wissen. Es ist tausendmal Schade, daß der Kapitän keinen Kopf für die geometrischen Figuren und für Zahlen hat; denn seine Ehrlichkeit würde sein Glück gemacht haben. Aber ich habe selbst eine Probe seiner Gaben gesehen und ich weiß, es geht nicht. Er stellte einmal acht Tage lang an einer Rechnung für einige aus dem Hauptquartier gelieferten Vorräthe, und er vermochte der Wahrheit durchaus nicht näher zu kommen, als daß er um fünfundzwanzig Procent daneben schoß.“

„Ich würde aber doch eher dem Andries Coejemans die Vermessung meiner Güter anvertrauen, verstehe er sich auf Ziffern oder nicht,“ rief Oberst Dirck in sehr bestimmtem Tone, „als jedem Dominie in Neu-England.“

„Nun, das ist eben je nachdem Einer denkt,“ versetzte mein Vater, den Madeira kostend. „Ich für meinen Theil werde mit jedem Landesvermesser zufrieden seyn, den er auswählen mag, und wäre es auch ein Yankee. Andries ist gescheut, wenn er auch kein Rechenmeister ist, und ich glaube gewiß, er hat einen passenden Mann angeworben. Da er den Contrakt zu einem sehr guten Preis übernommen hat, ist er ein zu ehrlicher Mann, um nicht für einen tüchtigen Mann für die Hauptsache zu sorgen. Was alles Uebrige betrifft, so würde ich ihm vertrauen so gut wie auf irgend einen Mann in ganz Amerika.“

„Das ist wahr wie das Evangelium. Mordaunt wird auch ein Auge auf die Sachen haben, da er ja so wesentlich betheiligt ist bei dem Besitzthum. Eines ist, was Ihr nicht vergessen dürft, Major. Fünfhundert gute Acres müssen abgemessen werden für Schwester Anneke, und fünfhundert für die hübsche Kate hier. Sobald das geschehen ist, wollen der General und ich den beiden Mädchen eine Schenkungsurkunde ausstellen.“

„Dank Euch, Dirck.“ sagte mein Vater mit Wärme; „ich will das Land nicht ausschlagen für die Mädchen, welche über kurz oder lang froh seyn dürften, es zu besitzen.“

„Es ist jetzt Nichts von Bedeutung, Corny; aber, wie Ihr sagt, es kann ihnen dereinst von Nutzen seyn. Wie wär' es, wenn wir dem alten Andries auch ein Geschenk machten mit einem Pachtgut, obendrein in den Kauf?“

„Von ganzem Herzen gern!“ rief mein Vater lebhaft. „Ein paar hundert Acres können ihn leicht seine übrigen Lebenstage behaglich machen. Ich danke Euch für den Gedanken, Dirck, und wir wollen Mordaunt das Loos wählen und uns die Beschreibung davon schicken lassen, damit wir die Schenkungsurkunde vorbereiten.“

„Ihr vergeßt, General, daß der Kettenträger seinen militärischen Loostheil Land als Kapitän hat oder bekommen wird,“ wagte ich zu bemerken. „Zudem wird das Land ihm von wenig Nutzen seyn, außer etwa, um es zu messen. Ich zweifle, ob nicht der alte Mann lieber ungegessen bliebe, als daß er einen Kartoffelhaufen hackte.“

„Andries hatte drei Sklaven, so lang er bei uns war; einen Mann, ein Weib und ihre Tochter,“ versetzte mein Vater. „Er wolle sie unter keinen Umständen verkaufen, sagte er; und ich habe erfahren, daß er wirklich Noth litt aus Mangel an Geld, da er zu stolz war, von seinen Freunden Etwas anzunehmen, und zu menschenfreundlich, sich von Familiensklaven zu trennen, um es aufzubringen. ›Sie sind geborene Coejemans,‹ sagte er, ›so wie ich selbst einer bin, und sie sollen auch als Coejemans sterben.‹ Ohne Zweifel hat er diese Leute bei sich in Mooseridge, wo Ihr sie Alle gelagert finden werdet, in der Nähe einer kleinen Quelle Gartengemüse und anderes Zeug der Art ziehend, wenn er offenes Land genug finden kann zu diesem Behufe. Er hat Erlaubniß, nach Gutdünken auszuhauen und zu pflanzen.“

„Das ist mir eine angenehme Nachricht, General,“ erwiederte ich, „da ich mir hienach eine Art von Heimwesen versprechen darf. Wenn der Kettenträger wirklich diese Schwarzen bei sich hat, und mit Verstand eine Hütte angelegt hat, so werden wir es gewiß so behaglich haben, als wir es oft im Lager miteinander gehabt haben. Dann werde ich meine Flöte mit mir nehmen, denn Miß Priscilla Bayard hat in mir die Erwartung erweckt, ein ganz wunderbares Geschöpf zu finden an Dus, der Nichte, von welcher der alte Andries viel zu schwatzen pflegte. Ihr erinnert Euch gewiß, Sir, den Kettenträger von einer solchen Person sprechen gehört zu haben, denn es war seine Liebhaberei, von ihr zu schwatzen.“

„Ganz vollkommen gut; Dus Malbone war zu einer gewissen Zeit eine Art von Toast unter den jungen Männern des Regiments, obgleich Keiner von Allen ihrer je, auf geraden oder krummen Wegen, ansichtig zu werden im Stande war.“

Wie ich mich in diesem Augenblick zufällig umkehrte, sah ich, daß meiner lieben Mutter Auge neugierig und fragend auf mir ruhte, vermuthlich, bilde ich mir ein, in Folge der Erwähnung von Toms Schwester.

„Was weiß Priscilla Bayard von dieses Kettenträgers Nichte?“ fragte meine geliebte Mutter, sobald sie merkte, daß ihr Blick meine Aufmerksamkeit erregt hatte.

„Sehr viel, wie es scheint, denn sie sagt mir, sie seyen vertraute Freundinnen; so vertraut, sollte ich schließen nach der Miß Bayard Sprache und Wesen, als sie selbst und Kate sind.“

„Das kann kaum seyn,“ erwiederte meine Mutter, leicht lächelnd, „da dort der Hauptgrund der Freundschaft fehlen muß. Und dann kann jene Dus doch kaum die Ebenbürtige von Priscilla Bayard seyn.“

„Man weiß so etwas nie, Mutter, bis man Gelegenheit gehabt hat, Vergleichungen anzustellen; doch sagt Miß Bayard selbst, Dus sey ihr in vielen Stücken überlegen. Ich bin überzeugt, ihr Oheim ist mir in vielen Stücken überlegen, im Meßkettentragen ganz besonders.“

„Ja, aber schwerlich im Rang und Stand, Mordaunt.“

„Er war der älteste Kapitän im Regiment.“

„Wahr, aber Revolutionen sind Revolutionen. Was ich meine, ist, daß euer Kettenträger doch kaum ein Gentleman seyn kann.“

„Das ist ein Punkt, der sich nicht in einem Athem entscheiden läßt. Ja oder nein! Der alte Andries ist von achtbarer Familie, obwohl ziemlich vernachlässigt in der Erziehung und Bildung. Leute, die weit unter ihm stehen der Geburt, den Lebensgewohnheiten, den allgemeinen Begriffen einer höhern Lebenssphäre nach, in den Staaten von Neu-England, sind ihm an Kenntnissen sehr überlegen. Dem ungeachtet glaube ich, während wir Alle zugeben müssen, daß ein gewisser Grad von Erziehung und Bildung heutzutage ein nothwendiges Erforderniß zu einem Gentleman ist, wird doch jeder Gentleman gestehen, hunderte von uns haben Grade in der Tasche, mit geringen Ansprüchen, zu der Klasse gerechnet zu werden. Vor drei oder vier Jahrhunderten, dafür wollte ich stehen, wäre der alte Andries ein Gentleman gewesen, obgleich er das Wachs mit den Zähnen hätte beißen und ein Kreuz machen müssen in Ermanglung einer bessern Namensunterschrift.“

„Und der Mann ist ein Kettenträger, Mordaunt!“ rief meine Schwester aus.

„So wie auch vor kurzem ältester Kapitän in Eures Vaters Regiment, Miß Littlepage. Aber, dies bei Seite gesetzt, Andries und Dus sind so wie sie nun einmal sind, und ich werde froh seyn, sie diesen Sommer zur Gesellschaft zu haben. Jaap gibt Signale, und ich muß Euch Alle verlassen. Ach ja wohl! Es ist gar angenehm hier unter dieser Linde, und die Heimath beginnt mein Herz mit ihren Fäden zu umflechten. Nun, es thut nichts, es wird bald Herbst seyn, und ich werde hoffentlich Euch Alle, so wie ich Euch verlasse, gesund und vergnügt in der Stadt wieder sehen.“

Meine liebe gute Mutter hatte Thränen in den Augen stehen, als sie mich umarmte, ebenso Kate, die, obgleich sie Tom Bayard am meisten liebte, doch auch mich sehr lieb hatte. Tante Mary küßte mich in ihrer ruhigen aber liebevollen Art, und ich schüttelte die Hände mit den Gentlemen, die mich zu dem Boot hinunter begleiteten. Ich bemerkte, daß mein Vater bewegt war. Hätte der Krieg noch fortgedauert, so würde er an diese Trennung gar nicht gedacht haben, aber in dieser gelinden, behaglichen Friedenszeit schien sie ihm ungelegen zu kommen.

„Nun, vergeßt mir nicht die großen Loostheile für Anneke und Katrinke,“ sagte Oberst Dirck, als wir an die Küste hinabstiegen. „Laßt Andries von dem besten Lande herauslesen, das gut bewässert ist und gut bewachsen, und dann wollen wir die Loose nach den Mädchen benennen. Das ist eine gute Idee, Corny.“

„Eine treffliche, mein Freund. Mordaunt, mein Sohn, wenn Du auf Stellen stößest, welche wie Gräber aussehen, so wünsche ich daß Du Merkzeichen daselbst anbringest, woran man sie erkennen kann. Es ist wahr, ein Vierteljahrhundert oder mehr bewirkt manche Veränderungen in den Wäldern, und es ist ganz wohl möglich, daß keine solche Spuren sich mehr finden.“

„Ihr werdet Euch erinnern, Mordaunt, daß ich keine Yankees zu Pächtern auf meinem Gute haben will. Euer Vater mag die eine Hälfte eines Looses an sie verleihen, wenn er Lust hat, aber ich will nicht die andre Hälfte an sie verleihen.“

„Da Ihr gemeinschaftliche Inhaber seyd, Gentlemen,“ erwiederte ich mit Lächeln, „wird es nicht leicht seyn die Interessen auf diese Weise zu sondern. Ich glaube Euch jedoch zu verstehen: ich soll die Ländereien von Mooseridge verkaufen oder Verkaufsverträge abschließen, als Euer Bevollmächtigter und Sachwalter, während ich, meines Großvaters Mordaunt Ideen folgend, die noch nicht verliehenen Ländereien auf meinem eignen Gut verleihe. Dadurch wird wenigstens den Ansiedlern die Wahl gelassen, und diejenigen, welchen die eine Art, ihre Ländereien zu erwerben, nicht gefällt, können zu der andern greifen.“

Jetzt schüttelte ich noch einmal mit den Gentlemen die Hände, stieg in das Boot und wir stießen vom Ufer ab. Jaap hatte bei guter Zeit sein Signal gegeben und den Aufbruch veranlaßt, und wir mußten eine Viertelmeile den Fluß hinab rudern, bis wir die Schaluppe trafen. Der Wind, obgleich vollkommen günstig, war doch nicht so stark, daß Mr. Bogert Lust hatte umzuwenden; man warf uns ein Seil zu, das wir faßten, worauf wir mit Sack und Pack aus das Deck des Adlers hinübergeschafft wurden.

Kapitän Bogert rauchte am Steuer, als er meinen Gruß erwiederte. Nach ein paar Zügen nahm er die Pfeife aus dem Munde, deutete mit dem Rohr auf die Gruppe an der Küste, und erkundigte sich, ob ich ihnen Lebewohl zu sagen wünschte.

„Allponny,“ so pflegten die Holländer den Namen ihrer Stadt im vorigen Jahrhundert auszusprechen, „ist eine weite Strecke Weges von hier entfernt,“ sagte er, „und vielleicht würdet Ihr Eure Freunde gern noch einmal sehen.“

Die Gewohnheit, Hüte und Taschentücher zu schwenken, ist etwas regelmäßiges auf dem Hudson, und ich sprach meine Bereitwilligkeit aus, dem Gebrauche, wie natürlich, mich zu fügen. Demgemäß steuerte Mr. Bogert das Schiff mit gutem Bedacht der Küste zu, und ich sah die ganze Familie auf einem niedern Felsen, nahe beim Wasser, sich versammeln, um mir den Scheideblick zuzuwerfen. Im Hintergrund standen die Satanstoes, eine dunkle, wollige Gruppe, die Mrs. Jaap und zwei Generationen von Abkömmlingen in sich begreifend. Die Weißen weinten, d. h. meine liebe Mutter und Kate; und die Schwarzen lachten, obgleich die Alte ihre Zähne beinahe ebenso übereinander klemmte, als sie sie zeigte. Eine lebhafte Empfindung hat beinahe unabänderlich beim Neger ein Gelächter zur Folge, und nur ganz besonders ernste Fälle und Veranlassungen machen hier eine Ausnahme.

Ich glaube, wenn die Wahrheit bekannt wäre, Mr. Bogert empfand einen großen Triumph über die stattliche Bewegung seiner Schaluppe, wie sie an der Küste hinstrich, in nicht großer Entfernung von den Felsen, ihre Hauptsegel aufgesetzt und gebläht; man konnte wohl sagen, der Adler bewegte sich in all seiner Herrlichkeit. Er fuhr so nahe an den Felsen hin, als verachtete er alle Gefahr. Damals war noch nicht die Zeit der ängstlichen Berechnung, wie sie später eintrat. Damals machte sich ein Schiffer von Albany noch nichts daraus, ein paar hundert Fuß Abstand bei einer Bewegung zu verlieren, während es heutzutage keine leichte Sache wäre, einen Liverpooler Kauffahrer zu bereden, um so viel seitwärts zu steuern, um ein fremdes Schiff mitten auf dem atlantischen Meer anzureden, wenn er nicht anders im Fall ist, sich bei dem andern Schiffe hinsichtlich des Längengrades Rathes zu erholen.

Als die Schaluppe an dem Felsen vorbei strich, wurde ich mit Verbeugungen, Schwenken von Hüten und Tüchern und guten Wünschen salutirt, genug um für die ganze Reise auszureichen. Auch Jaap bekam seinen Theil; und „lebt wohl Jaap!“ kam mir zu Ohren, von der süßen Stimme Kate'ns ihm zugerufen. Dahin fuhren wir, in stattlicher, holländischer Bewegung, langsam, aber sicher. In zehn Minuten lag Lilaksbush hinter uns, und ich war wieder auf Monate hinaus allein und einsam in der Welt.

Jetzt hatte ich Zeit, mich umzusehen, wer meine Begleiter auf dieser Reise waren. Der Kapitän und die Matrosen bildeten wie gewöhnlich den Haupttheil der Gesellschaft; dann die Lootsen, Beide Weiße und Beide von holländischer Abkunft, ein alter runzliger Neger, der sein Leben auf dem Hudson im Dienst am Vordermast zugebracht hatte, und zwei jüngere Schwarze, von welchen Einer den Ehrentitel des Kajütenverwalters führte. Auch zahlreiche Passagiere waren da, von welchen einige höhern Klassen anzugehören schienen. Sie waren von beiden Geschlechtern, aber mir insgesammt fremd. Auf dem Hauptdeck befanden sich sechs oder acht stämmige, anständige, gesetzte, achtbar aussehende Arbeiter, welche sichtlich zur Klasse der Landbauer gehörten. Ihre Päcke lagen auf einem Haufen, unten am Mast, und es entging meiner Beobachtung nicht, daß ebenso viele Aexte da lagen als Päcke.

Die amerikanische Art! Sie hat mehr wirkliche und bleibende Eroberungen gemacht als das Schwert irgend eines kriegerischen Volkes, das je gelebt; aber es sind Eroberungen gewesen, welche statt Verderben und Verwüstung, Gesittung in ihrem

Gefolge gehabt haben. Ueber eine Million Quadratmeilen Landes sind, aus dem Schatten des Urwaldes heraus, erschlossen worden, um die Wärme der Sonne aufzunehmen; und Anbau und Ueberfluß haben sich da verbreitet, wo vor kurzer Zeit noch die Thiere des Waldes, vom Wilden gejagt, sich umtrieben. Und hievon ist das Meiste ausgeführt worden zwischen dem Tage, wo ich an Bord des Adlers ging, und demjenigen, wo ich dies niederschreibe. Ein kurzes Vierteljahrhundert hat diese wunderbaren Veränderungen eintreten sehen und ihnen allen liegt zu Grunde das schöne, preiswürdige, stets bereite, wirksame Werkzeug – die amerikanische Art!

Es wäre nicht leicht, dem Leser einen klaren Begriff zu geben von der Art und Weise, wie die jungen Männer, und Männer jeden Alters, aus den ältern Gebieten der neuen Republik nach den Wäldern strömten, um das Geschäft des Fällens der Forste und der Bloßlegung der Geheimnisse der Natur zu beginnen, sobald die Nation sich vom Drucke des Krieges erhob, um sich der Freiheit des Friedens zu erfreuen. Die Geschichte jener Zeit in New-York, welcher Staat an der Spitze stand in dem rühmlichen Kampfe des Fortschritts und der Verbesserung, und seither immer so edel seinen Vorrang behauptet hat, ist noch nicht geschrieben. Wenn sie wird gehörig dargestellt seyn, werden Namen der Vergessenheit entrissen werden, die mit größerem Rechte Statuen und Nischen in dem Tempel des Nationalruhms verdienen, als die von Vielen, welche ihnen den Vorrang abgelaufen haben, bloß in Folge des Umstandes, daß die öffentliche Meinung sich leichter für glänzende Thaten und Unternehmungen begeistern und bestechen läßt, als sie die Verdienste der wahrhaft humanen und nützlichen Bestrebungen anerkennt. Es war nicht gewöhnlich, daß Ansiedler (settlers), wie man diejenigen zu nennen pflegte, welche zuerst neue Ländereien übernehmen und sich darauf niederlassen, ihre Reisen aus der Nähe der See in das Innere anders als zu Lande machten: einige Wenige aber, die von Connektikut über New-York kamen, reisten von hier den Fluß hinauf in den Schaluppen. Von dieser Art waren diejenigen, die ich an Bord des Adlers traf. Wir hatten im Ganzen sieben solcher Männer unter uns, welche am ersten Tag unserer Fahrt mit mir ins Gespräch kamen, und ich war etwas überrascht, als ich entdeckte, wie viel sie schon von mir, meinem Thun und Treiben und meinen Planen wußten. Bald jedoch fiel mir Jaap ein, als derjenige, von welchem sie wahrscheinlich ihre Kunde von mir geschöpft hatten: und wie ich mich erkundigte, fand ich, daß dies wirklich der Fall war.

Die Neugier und Fragelust des Volkes von Neu-England ist so allgemein von den Schriftstellern und Commentatoren über den amerikanischen Charakter zugestanden worden, daß ich glaube, man hat das Recht, die Wahrheit dieses Charakterzuges unbedingt zu behaupten. Ich habe ihn schon auf verschiedene Weise erklären hören; und unter andern hat man als Erklärungsgrund ihre Geneigtheit zum Auswandern genannt, wovon eine nothwendige Folge die Erkundigungen nach dem Befinden von Freunden und Verwandten in der Ferne seyen. Mir jedoch scheint es, dies heiße den Grund dieses Zuges sehr eng auffassen; vielmehr möchte ich diese Eigentümlichkeit von der regen Geistesthätigkeit überhaupt ableiten, die unter einem Volke herrscht, das den Zwang konventioneller Gebräuche in künstlicheren Gesellschaftszuständen nicht kennt. Auch die

Gewohnheit, sich in so Vielem der Stimme und Ansicht des Gemeinwesens zu unterwerfen, übt einen großen Einfluß auf alle Meinungen dieses eigentümlichen Theils der amerikanischen Bevölkerung, denn sie scheint das Recht einzuräumen, sich nach Dingen zu erkundigen, welche anderswo durch das geheiligte Gesetz der Privatsphäre des Individuums geschützt sind. Dem sey wie ihm wolle, meine Axtmänner hatten aus Jaap Alles herauszubringen gewußt, was ihm von Ravensnest und Mooseridge, sowie von meinen Beweggründen, die gegenwärtige Reise zu unternehmen, bekannt war. Nachdem sie im Besitz dieser Aufschlüsse waren, säumten sie nicht, sich mir vorzustellen, und die Frage an mich zu richten, welche ihre Gemüther vor allen beschäftigten. Natürlich gab ich ihnen solche Antworten, wie sie die Natur des Falles mit sich brachte, und es knüpfte sich gleich am ersten Tag eine Art Geschäftsbekanntschaft zwischen uns an. Da die Reise mehrere Tage dauerte, war, bis wir Albany erreichten, von der einen oder der anderen Seite so ziemlich Alles vorgebracht, was sich über den Gegenstand sagen ließ.

Was Ravensnest betraf, mein eigenes Besitzthum, so hatte mein Großvater in seinem Testament den Wunsch ausgesprochen, daß die Güterstücke pachtweise möchten verliehen werden, wobei er mehr meiner Kinder als meinen Nutzen im Auge hatte. Sein Wunsch war mir Gesetz, und ich hatte den festen Entschluß gefaßt, die noch nicht vergebenen Ländereien dieses Gutes, volle drei Viertheile des ganzen Patents, als Pachtgüter zu verleihen, unter Bedingungen, ähnlich denjenigen, welche den bisherigen Pächtern bewilligt worden waren. Andrerseits war es die Absicht, die Landloose von Mooseridge zu veräußern. Diese Bedingungen wurden den Axtmännern bekannt gemacht, – mein erster Schritt bei der Aufgabe, neue Ansiedlungen zu gründen, – und ganz gegen meine Erwartung fand ich, daß diese Abenteurer weit mehr Neigung zur Pachtung, als zum gänzlichen Ankauf hatten. Allerdings rechnete ich auf eine kleine Baarzahlung für jedes förmlich verkaufte Grundstück, während ich bereit war, Pachtungen auf drei Sterbfälle jedenfalls zu sehr niedrigen Renten zu verwilligen; und eine große Zahl von Landloosen, diejenigen, welche ihrer Lage, oder der Beschaffenheit des Bodens nach am wenigsten wünschenswerth waren, wollte ich für die ersten Jahre der Besitznahme ganz ohne Rente in Pacht geben. Diese letztern Vortheile, und die Gelegenheit, sich in den Besitz von Ländereien auf eine gute Anzahl von Jahren hinein zu setzen gegen eine Rente von nur einem Shilling für den Acre, waren, wie ich bald entdeckte, starke Versuchungen für Leute, die Alles, was sie besaßen, in ihren Päcken mit sich trugen, und die so das wenige Geld, das sie in der Tasche hatten, für die Bedürfnisse ihrer künftigen Haushaltung und Wirthschaft aufsparten.

Diese Gegenstände besprachen wir während der acht Tage, die wir an Bord der Schaluppe zubrachten; und bis wir der Kirchthurmspitze von Albany ansichtig wurden, waren meine Schiffsgesellschafter entschlossen, mir nach dem Nest zu folgen. Dieser Kirchtürme waren es damals zwei; nämlich der der englischen Kirche, welche nahe am Ende der Stadt stand, gegen den Berg hin, und der der holländischen Kirche, welche bescheidener in der Ebene stand, und den man kaum über die spitzen Dächer der umliegenden Häuser hervorragen sah; obgleich diese letzteren selbst weder besonders hoch noch besonders imposant waren.

## Siebentes Kapitel

Wer ist das hübsche Frauenbild
Beim rothen Jäger nach dem Wild?
Ein Kind der Bildung scheint sie wohl
Von Wuchs und Mienen zart,
Doch folgt dem kecken Wilden sie,
Als wär' sie seiner Art.

*Vinkney.*

Ich hielt mich nicht lange in Albany auf, sondern gab den Axtmännern die Richtung nach dem Patent an, und verließ selbst die Stadt noch am Tage unserer Ankunft. Es gab in jener frühern Zeit wenige öffentliche Fahrgelegenheiten, und ich war genöthigt einen Wagen zu miethen, um Jaap und mich, sammt unsern Effekten, nach Ravensnest zu bringen. Eine Art dumpfer, schwerer Ruhe war über das Land gekommen nach den Kämpfen des jüngst beendigten Krieges, aber Ein Interesse schien darin rege und sehr lebendig zu seyn. Dies Interesse, – ein großes Glück für mich! – schien das Streben der „Landjägerei" und der „Ansiedelung" zu seyn. Beweise genug hiervon stellten sich mir in Albany selbst dar, denn kaum konnte man die Hauptstraße dieser Stadt betreten, ohne darin mehr oder weniger solche Abenteurer zu treffen, deren Absichten und Bestrebungen durch die Embleme des gepackten Bündels und der Axt angedeutet waren. Neun unter zehn kamen aus den östlichen oder Neu-England-Staaten, damals die bevölkertsten, obgleich weder Boden noch Clima besonders günstig waren.

Wir brauchten zwei Tage bis wir Ravensnest erreichten, ein Besitzthum, das mir nun schon mehrere Jahre gehörte, das ich aber jetzt zum ersten Mal sah. Mein Großvater hatte eine Art von Geschäftsführer oder Agent dort gelassen, einen Mann mit Namens Jason Newcome, vom Alter meines Vaters, des Generals, der einmal Schullehrer in der Nähe von Satanstoe gewesen war. Dieser Agent hatte selbst ausgebreitete Ländereien gepachtet, und war, wie es hieß, der Inhaber der einzigen irgend bedeutenderen Mühlen auf dem Gute. Mit ihm war man immer in einiger Correspondenz gestanden, und ein paar Male, während des Krieges, hatte mein Vater eine Besprechung mit diesem Vertreter seiner und meiner Interessen gehabt. Ich aber sollte ihn jetzt zum erstenmal sehen. Wir kannten einander nur dem Namen nach und vom Hörensagen, und gewisse Punkte – in der Art der Geschäftsführung hatten mich veranlaßt dem Mr. Newcome anzukündigen, es sey meine Absicht eine Aenderung in der Verwaltung des Gutes eintreten zu lassen. Jeder, der das Aussehen eines sogenannten „neuen Landes" in Amerika kennt, weiß wohl, daß dasselbe, und der Eindruck, den das Ganze macht, nichts weniger als einladend ist. Die Liebhaber des Malerischen können sich wenig befriedigt fühlen vom Anblick selbst der schönsten Naturscenerie in solchem Zeitpunkte; denn die Arbeit, welche ausgeführt worden ist, hat gewöhnlich nur die Schönheiten der Natur in hohem Grade beeinträchtigt und zerstört, ohne noch Zeit gehabt zu haben, die Lücken durch die Schönheiten der Kunst auszufüllen. Haufen von verkohlten oder halbverbrannten Scheitern, Felder mit Stumpen bedeckt, oder starrend und zerrissen von Klötzen; Zäune der rohesten Art, mit Gestrüppe ausgefüllt; Gebäude von dürftigster Beschaffenheit; verlassene Lichtungen, und all die andern Zeichen eines Zustandes der Dinge, wo ein offenbarer uns beständiger Kampf waltet zwischen unmittelbar drängender Nothwendigkeit und künftiger Annehmlichkeit, sind nicht geeignet, weder die Hoffnung noch den Geschmack zu befriedigen. Hin und wieder jedoch, unter besonders günstigen Verhältnissen, findet sich auch ein andrer Stand der Dinge, und man darf dessen wohl auch erwähnen, damit der Leser sich nicht eine einseitige Vorstellung von diesem Uebergangszustand des amerikanischen Lebens bilde. Wenn der Handel der Gegend schwunghaft und Nachfrage nach den Erzeugnissen des jungen Landes ist, bietet oft eine Anstellung eine Scene von rüstigem, freudigem Leben dar, wo sich mitten im Rauche der Scheiter und in der Kunstlosigkeit des Grenzlebens die Elemente eines raschgedeihenden Wohlstandes bemerklich machen. Keines von beiden jedoch war der Fall in Ravensnest, als ich es zuerst besuchte; aber so günstig, wie zuletzt erwähnt worden, gestalteten sich bis auf einen gewissen Grad seine Verhältnisse zwei oder drei Jahre später, nachdem der große europäische Krieg lebhafte Nachfrage nach seinem Weizen und seiner Asche veranlaßte.

Ich fand zwischen der Stelle, wo ich die große nördliche Straße verließ, und den Grenzen des Patents, kaum mehr Spuren und Anzeichen von Anbau, als mein Vater bei seinem ersten Besuche, seiner Beschreibung nach, gefunden hatte, welcher ein Vierteljahrhundert früher gefallen war, als der meinige. Es fand sich zwar auf der genannten Strecke eine Schenke, aus Holzscheitern gebaut; aber man bekam daselbst Nichts zu trinken als Rum, und Nichts zu essen als gesalzenes Schweinefleisch und Kartoffeln an dem Tage, wo ich dort Halt machte um zu Mittag zu essen. Es waren aber auch Zeiten und Jahreszeiten, wo man mittelst Wildpret, Geflügel und Fische hätte ein köstliches Mahl bereiten können. Daß dieß aber nicht die Meinung meiner Wirthin war, ersah man aus den Bemerkungen, die sie machte, während ich zu Tische saß.

„Ihr trefft es glücklich. Major Littlepage,“ sagte sie, „daß Ihr nicht zu uns gekommen seyd während einer unsrer Hungersnothzeiten, wie ich sie nenne; und entsetzliche Zeiten sind das, wenn man seine wahre Meinung davon sagen darf.“

„Hungersnoth ist eine ernste Sache zu jeder Zeit,“ erwiederte ich; „aber ich wußte nicht, daß Ihr jemals in eine so schwierige Lage kommen könnet in einem so reichen und Ueberfluß gewährenden Lande wie dieses.“

„Was nützt Reichthum und Ueberfluß des Landes, wenn ein Mann Nichts thun will als fischen und schießen? Ich habe Tage erlebt, wo kein Mundvoll zu essen im Hause war, als ein paar Dutzend junge Tauben, eine Schnur Bachforellen, etwa ein Reh oder ein Salmen aus einem der Seen.“

„Ein Bissen Brod wäre eine willkommene Zuthat zu einer solchen Mahlzeit gewesen!“

„Oh, was Brod betrifft, das rechne ich für Nichts. Wir haben immer Brod und Kartoffeln genug; aber ich halte dafür, daß eine Familie in verzweifelten Umständen ist, wenn die Mutter dem Schweinefleischfaß auf den Boden sehen kann. Ich lobe mir Kinder, die auferzogen sind mit gutem, gesundem Schweinefleisch, lieber als mit allem Wildpret des Landes. Wildpret ist gut als Zubuße, und so auch das Brod, aber Schweinefleisch ist es, was das Leben zusammenhält. Um gutes Schweinefleisch zu bekommen, muß man gutes Korn haben; und gutes Korn erfordert Arbeit mit der Hacke; und eine Hacke ist keine Angel und kein Gewehr. Nein, ich gedenke meine Kinder mit Schweinefleisch aufzuziehen, nebst gerade so viel Brod und Butter als sie mögen!“

Das war amerikanische Armuth im Jahre 1784. Brod, Butter und Kartoffeln nach Belieben; aber wenig Schweinefleisch und kein Thee. Wildpret im Ueberfluß zu seiner Jahrszeit; aber der arme Mann, der von Wildpret lebte, galt dafür, eine ebenso ärmliche Haushaltung zu führen, als der Epikuräer in der Stadt, der seinen Bekannten ein Diner gibt und sich entschuldigen muß, daß kein Wildpret auf dem Markt aufzutreiben sey. Neugierig, mehr von dieser Frau zu erfahren, setzte ich das Gespräch fort.

„Es gibt Länder, wie ich gelesen habe,“ fuhr ich fort, „wo die Armen gar kein Fleisch, von keinerlei Art, nicht einmal Wildpret, zu kosten bekommen, vom Anfang bis zum Ende des Jahres, und manchmal nicht einmal Brod.“

„Nun, ich bin nicht so sehr für's Brod eingenommen, wie ich zuvor schon sagte, und würde nicht viel Brod essen, so lang ich Schweinefleisch haben könnte,“ versetzte die Frau, welche sich unverkennbar für das, was ich sagte, interessirte; „aber ich möchte doch nicht gern ganz ohne Brod seyn; und die Kinder insbesondere essen es gar gerne zu ihrer Butter. Ganz von Kartoffeln sich nähren, das muß eine wilde thierische Art zu leben seyn.“

„Sehr zahme Geschöpfe thun es, und das in Folge unerbittlicher Nothwendigkeit.“

„Besteht ein Gesetz dagegen, daß sie Brod und Fleisch essen?“

„Kein andres Gesetz als dasjenige, welches verbietet, das zu gebrauchen, was eines andern Eigenthum ist.“

„Gutes Land!“ (das ist ein sehr gewöhnlicher Ausruf in Amerika bei den Weibern.) „Gutes Land! Warum arbeiten sie nicht und thun Frucht ein, um doch ein Wenig davon zu leben?“

„Einfach darum, weil sie kein Land zum Bebauen haben. Das Land gehört auch Andern.“

„Ich dächte, sie könnten es miethen, wenn sie es nicht kaufen könnten. Es ist ungefähr ebenso gut Land zu miethen als zu kaufen – manche Leute halten es für noch besser. Warum bringen sie nicht das Land unter die Pflugschar, und leben davon?“

„Weil das Land selbst nicht zu haben ist. Bei uns gibt es Land im Ueberfluß; wir haben dessen mehr als nöthig ist, oder als auf Jahrhunderte hinein nöthig seyn wird; vielleicht wäre es besser für unsre Civilisation, wir hätten dessen weniger; aber in den Ländern, von welchen ich spreche, gibt es mehr Menschen als Land."

„Nun, um das Land ist es etwas Gutes, das gebe ich zu, und es ist recht, daß es einem Eigenthümer gehört; aber es gibt immerhin Leute, welche lieber die Squatter machen, als Land kaufen oder miethen. Das Squatterhandwerk ist ihnen so ganz natürlich."

„Sind viele Squatter in dieser Gegend des Landes?"

Das Weib machte ein etwas verlegenes Gesicht und sie antwortete mir nicht eher, als bis sie sich einige Zeit über das besonnen hatte, was sie antworten sollte.

„Manche Leute nennen uns Squatter, glaube ich," war die etwas zähe Antwort, „aber das gebe ich nicht zu. Wir haben das Anwesen gekauft von einem Manne, der keinen sonderlichen Rechtstitel darauf hatte, das glaube ich gerne; aber da wir sein Anwesen ehrlich gekauft haben, ist Mr. Tinkum," – das war der Name ihres Gatten – „der Meinung, wir besitzen es unter gutem Rechtstitel, wie man zu sagen pflegt. Was sagt Ihr dazu, Major Littlepage?"

„Ich kann nur sagen: aus Nichts kann Nichts werden; Nichts erzeugt auch Nichts. Wenn der Mann, von dem Ihr gekauft habt, nichts Eigenes besaß, so konnte er auch Nichts verkaufen. Das Anwesen, das er sein nannte, war nicht sein, und indem Ihr es kauftet, kauftet Ihr, was ihm nicht gehörte."

„Nun, es ist keine große Sache, wenn er kein Recht hatte, da Tinkum nur einen alten Sattel, nicht zwei Dollars werth, und einen Theil von einem einzelnen Geschirr, das ich einem Zauberer Trotz bieten wollte, für irgend ein Maulthier passend zu machen, für das ganze Recht gegeben hat. Eine Jahresrente von diesem Hause ist so viel werth als Alles miteinander, ja doppelt so viel, wenn man die Wahrheit gestehen soll, und wir sind jetzt sieben Jahre darin. Meine vier Jüngsten sind alle unter diesem gesegneten Dache geboren, so wie es nun ist."

„In diesem Falle werdet Ihr nicht viel Grund haben, Euch zu beklagen, wenn der wirkliche Eigenthümer des Bodens erscheint, um ihn in Anspruch zu nehmen. Das Anwesen kam Euch wohlfeil und geht Euch ebenso wieder weg."

„Das ist es gerade, obgleich ich behaupte, daß wir doch keine eigentlichen Squatter sind, weil wir Etwas für das Anwesen bezahlt haben. Man sagt, ein alter Nagel, in gebührender Form bezahlt, begründe eine Art Rechtstitel vor dem höchsten Gerichtshof des Staats. Gewiß, die Gesetze sollten auf die Armen billige Rücksicht nehmen."

„Nicht mehr als auf die Reichen. Die Gesetze sollen gleich und gerecht seyn; und die Armen sollten zuletzt verlangen, daß sie anders seyn sollten, da sie ganz gewiß dabei verlieren müssen, wenn ein anderer Grundsatz zur Herrschaft gelangt. Glaubt es mir, meine gute Frau, derjenige, der immer die Rechte der Armen predigt, ist im Grunde ein Spitzbube, und hat nur die Absicht, mit diesem Geschrei seinen eigenen

Nutzen zu fördern; denn dem Armen kann Nichts frommen als strenge Gerechtigkeit. Keine Klasse leidet so sehr durch das Abweichen von der Regel, da die Reichen tausend andere Mittel haben, ihre Zwecke zu erreichen, wenn ihnen freie Bahn eröffnet ist, dadurch, daß etwas Anderes als das Recht gilt und herrscht."

„Ich weiß nicht, es mag wohl so seyn; aber ich behaupte, daß wir keine Squatter sind. Es sind aber hier herum furchtbare Squatter, und auch auf Euren Ländereien, wie man sagt."

„Auf meinen Ländereien! Das thut mir leid zu hören, denn ich fühle mich verpflichtet, mich derselben zu entledigen. Ich weiß recht gut, daß der große Ueberfluß von Land, den wir hier haben, sein vergleichungsweise geringer Werth, und die Entfernung, in welcher die Eigenthümer meist von ihren Besitzungen leben, zusammen die Leute gleichgültig gemacht haben gegen die Rechte derer, welche wirkliches Eigenthum besitzen; und ich bin gefaßt, die Dinge vielmehr so anzusehen, wie sie bei uns, als wie sie in älteren Ländern sind; aber Squatter werde ich keine dulden!"

„Nun, nach Allem, was ich höre, glaube ich, Ihr werdet den alten Andries, den Kettenträger, einen Squatter der ersten Klasse nennen. Man sagt mir, der alte Knabe sey von der Armee zurückgekommen so wild wie eine Pantherkatze, und man könne gar nicht mehr mit ihm reden wie in alten Zeiten."

„So seyd Ihr wohl eine alte Bekannte des Kettenträgers?"

„Das will ich glauben! Tinkum und ich haben uns in unserem Leben tüchtig in der Welt herumgetrieben; und der alte Andries ist ein verzweifelter Bursche für die Wälder. Er vermaß einmal für uns, oder vielmehr maß er nur zur Hälfte ein anderes Anwesen; aber er zeigte sich als ein schmählicher Spitzbube, ehe er nur zur Hälfte mit dem Geschäft zu Ende kam; und seit der Zeit haben wir nicht mehr viel auf ihn gehalten."

„Der Kettenträger ein Spitzbube! Andries Coejemans kein durch und durch ehrlicher Mann! Ihr seyd die erste Person, Mrs. Tinkum, die ich je habe bezweifeln hören, daß seine Ehrlichkeit nicht treu und gediegen sey wie Gold!"

„Das alte Gold cirkulirt und cursirt nicht mehr, glaube ich, seit der Revolutionszeit. Wir wissen Alle, auf welcher Seite Eure Familie während des Krieges stand; und somit ist das keine Beleidigung für Euch. Ja, sie hatten ein gehörig scharfes Auge auf Euch, als Ihr das Collegium verließet; denn Manche behaupteten, der alte Herman Mordaunt habe in seinem Testament verordnet, Ihr sollet die Sache des Königs unterstützen, und in diesem Falle vermutheten die meisten Pächter, würden s i e die Ländereien ganz überkommen. Es ist gar etwas Angenehmes, Major, für einen Pächter, sein Pachtgut zu haben, ohne Etwas dafür bezahlen zu müssen, wie Ihr Euch leicht vorstellen könnt! Einigen Leuten that es verzweifelt leid, als sie hörten, daß die Littlepages es mit den Colonien hielten!"

„Ich will hoffen, es seyen wenige solche Schurken auf dem Gute Ravensnest, die so Etwas zu wünschen fähig wären. Aber laßt mich eine nähere Erklärung Eurer

Beschuldigung gegen den Kettenträger hören. Ich bin nicht sehr angefochten wegen meiner eigenen Rechte auf dem Patent, das ich mein nenne.“

Das Weib hatte die Frechheit oder die Offenheit, mir so zu sagen ins Gesicht einen langen bedauernden Seufzer auszustoßen. Dieser Seufzer sprach ihr Bedauern darüber aus, daß ich in dem letzten Kriege nicht die Partei der Krone ergriffen; denn in diesem Falle würden sie und Mr. Tinkum sich auf einem der Pachtgüter von Ravensnest als Squatter niedergelassen haben. Nach diesem Seufzer jedoch verschmähte die Wirthin nicht, mir zu antworten.

„Was den Kettenträger betrifft,“ sagte sie, „so ist die einfache Wahrheit dies. Tinkum miethete ihn, eine Linie zu ziehen zwischen einem Anwesen, das wir gekauft hatten, und demjenigen, welches ein Nachbar von uns gekauft hatte. Das war lange vor dem Kriege, wo die Rechtstitel des Besitzers seltener waren, als sie jetzt sind, denn manche von den Landeigenthümern wohnten jenseits des Wassers. Nun, was meint Ihr, daß der alte Kerl that, Major? Er fragte zuerst nach unseren Kaufs- und Besitzurkunden und wir zeigten sie ihm; so gute und gesetzmäßig ausgefertigte Papiere, als je gedruckt und von einem Squire ausgefüllt wurden. Dann machte er sich an die Arbeit, er ganz allein, denn er hatte die ganze Vermessung übernommen, so zu sagen, und eine prächtigere Linie ward nie gezogen, so weit, als er damit kam, das heißt etwa bis zur Hälfte. Ich glaubte, das würde zu einem ewigen Frieden führen zwischen uns und unserem Nachbar, denn vorher war es drei ganze Jahre lang ein ewiger Krieg gewesen, manchmal mit Keulen, manchmal mit Aexten und einmal mit Sensen. Aber – wie? das habe ich nie erfahren, – nun, auf irgend eine Weise entdeckte der alte Andries, daß der Mann, welcher uns die Urkunde über den Ankauf ausstellte, selbst keine Eigenthumsurkunde und auf der Welt kein Recht auf das Land hatte, – so wenig als das säugende Schwein, das Ihr da an der Thüre seht; worauf er die Sache stracks aufgab, und sich weigerte, sich der Vermessungsarbeiten nur noch das Mindeste anzunehmen; ja das that er! War das nicht querköpfig und eigensinnig? Nein, auf den Kettenträger kann man sich nicht verlassen!“

„Eigensinnig für die Sache des Rechts, wie der treffliche alte Andries immer ist! Ich liebe und ehre ihn deshalb nur um so mehr!“

„Ja, ja! Einen solchen Mann, wie den, lieben und ehren! Ha, ich hätte doch etwas Anderes erwartet von einem solchen Gentleman, wie Ihr! Ich hatte keine Idee davon, daß Major Littlepage einen alten, abgenutzten Kettenträger ehren könnte, und einen Mann dazu noch, der es zu Nichts in der Welt bringen konnte, da er doch Hände und Füße, Alles miteinander, hatte und auf einer der günstigsten Sprossen der Leiter stand! Ha, ich glaube, selbst Tinkum wäre vorwärts gekommen, wenn er in so günstigen Verhältnissen wäre geboren worden!“

„Andries ist Kapitän in meinem Regiment gewesen, es ist wahr und war einmal mein übergeordneter Offizier; aber er diente im Interesse seines Landes, nicht in seinem eigenen. Habt Ihr ihn in neuerer Zeit gesehen?“

„Ja wohl! Er kam vor etwa einem Jahr hier durch, mit seiner ganzen Gesellschaft auf dem Wege nach Eurem Lande, um sich dort als Squatter niederzulassen, oder ich müßte mich sehr irren. Es waren der Kettenträger selbst, zwei Gehülfen, Dus, und der junge Malbone.“

„Der junge – wie habt Ihr gesagt?“ fragte ich mit einem Interesse, welches das Weib veranlaßte, ihr lebhaftes, tiefliegendes aber scharfes Auge forschend auf mich zu heften.

„Der junge Malbone, habe ich gesagt; der Bruder von Dus und der junge Bursche, welcher dem alten Andries all seine Arithmetik besorgt. Ich denke, Ihr wißt so gut als ich, daß der Kettenträger nicht mehr vom Rechnen versteht, als eine wilde Gans, und nicht halb so viel, als eine Krähe. Was das betrifft, ich habe Krähen gesehen, die zur Zeit der Aussaat ein Feld in halb so viel Minuten messen würden; als der Staatsvermesser Stunden dazu braucht.“

„Dieser junge Malbone ist also des Kettenträgers Neffe? Und er ist es, der die Vermessung leitet?“

„Er besorgt das Arithmetische dabei, und er ist ein Bruder von des alten Andries Nichte. Ich kannte die Coejemans, wie ich noch ein Mädchen war, und ich kenne die Malbones schon länger, als mir lieb ist.“

„Habt Ihr Euch über die Familie zu beklagen, daß Ihr so von ihnen sprecht?“

„Nur über ihren verzweifelten Stolz, der macht, daß sie sich für so viel besser halten, als Jedermann sonst; und doch sagt man mir, Dus und Alle mit einander seyen ebenso arm als ich.“

„Vielleicht mißkennt Ihr ihre Gesinnungen, gute Frau; was mir um so wahrscheinlicher ist, als Ihr Euch einzubilden scheint, Geld sey die Quelle ihres Stolzes, während Ihr doch zugleich behauptet, sie haben keines. Geld ist Etwas, worauf wenige Leute von gebildetem Geiste stolz sind. Die Geldstolzen sind beinahe immer die Gemeinen und Unwissenden.“

Ohne Zweifel war diese Moral weggeworfen an eine solche Zuhörerin; aber ich war gereizt, und im gereizten Zustand ist Einer nicht immer besonnen und klug. Ihre Antwort zeigte, welche Wirkung meine Moral hervorgebracht hatte.

„Ich maße mir nicht an, zu wissen, wie es damit ist; aber wenn es nicht Stolz ist, was ist es denn, wodurch Dus Malbone sich so sehr von meinen Töchtern unterscheidet? Sie ließe sich so wenig einfallen, zu seyn wie Eine von diesen, auf den Loostheilen herumzufegen, ohne Sattel zu reiten und die Nachbarschaft zu durchstreifen, als Ihr, mir mein Essen zu kochen – ja gewiß nicht!“

Die arme Mrs. Tinkum – oder wie sie im Stande gewesen wäre sich zu nennen, Miß Tinkum! Sie hatte eine der gewöhnlichsten Schwächen der menschlichen Natur verrathen, indem sie so des Kettenträgers Nichte des Stolzes beschuldigte, weil dieselbe anders lebte und sich benahm als sie und die Ihrigen. Wie viele Leute in dieser unsrer guten Republik beurtheilen ihre Nebenmenschen genau nach demselben Grundsatze, und betrachten Etwas als unziemlich, weil es ein ungünstiges Licht auf *ihre* Art zu seyn zu werfen scheint! Aber ich hatte nachgerade einiges Interesse für den Namen Dus Malbone gefaßt, und ich empfand eine Neigung, den Gegenstand weiter zu verfolgen.

„Also," sagte ich, „Miß Malbone reitet nicht ohne Sattel?"

„Ja, Major! was auf der Welt bringt Euch auf den Einfall, das Mädchen Miß Malbone zu nennen? Es lebt keine Miß Malbone, seit ihre Mutter todt ist!"

„Nun also Dus Malbone, meine ich; sie dünkt sich zu gut, auf dem bloßen Rücken des Pferdes zu reiten?"

„Ja wohl; selbst ein Reitkissen wäre kaum vornehm genug, während ihr Bruder sich des Sattels bedient."

„Ihr Bruder! – Der junge Vermesser? also ist Dus' Bruder?"

„Ja, so halb und halb. Sie hatten Einen Vater, aber verschiedene Mütter."

„Das erklärt es; ich habe den Kettenträger nie von einem Neffen reden hören, und es scheint, der junge Mann ist gar nicht mit ihm verwandt – er ist der Halbbruder seiner Nichte."

„Warum kann diese Nichte sich nicht betragen wie andere junge Dirnen? Das frage ich. Meine Mädchen haben nicht so viel Stolz als gut wäre für sie, wahrhaftig! Wenn Jemand einen Artikel entlehnen möchte von drüben im Nest, das sieben Meilen entfernt ist, und der ganze Weg führt durch die Wälder, so darf man es nur der Poll sagen, und sie springt auf einen Ochsen, wenn gerade kein Pferd da ist, und auf und davon, es zu holen, und denkt nicht an einen Sattel, und hat vielleicht Nichts als ein Halfter, wie ein Hirsch. Ja, ich lobe mir Poll vor allen Mädchen, die ich kenne, was solche Sendungen betrifft!"

Nachgerade gewann der Ekel vor solcher Gemeinheit in mir die Oberhand über die Neugier; und da ich mit meinem Mittagsmahl von gebratenem Schweinefleisch fertig war, wollte ich das Gespräch fallen lassen. Ich hatte von Andries und seiner Gesellschaft genug erfahren, um meine Neugier zu befriedigen, und Jaap wartete geduldig, um mein Nachfolger am Tische zu werden. Ich warf den Betrag der Zeche auf den Tisch, nahm eine Vogelflinte, mit welcher man damals immer reiste, bot der Mrs. Tinkum guten Tag, trug dem Schwarzen und dem Führer des Wagens auf, mir mit dem Gespann zu folgen, sobald sie fertig wären, und machte mich zu Fuß auf den Weg nach meinem Besitzthum.

In ganz wenigen Minuten hatte ich das Tinkum'sche Anwesen hinter mir und befand mich wieder ganz im Forste. Es traf sich, daß der Rechtstitel auf einen großen Strich Landes, der an Ravensnest stieß, streitig war, und nie war daselbst ernstlich der Versuch einer Ansiedlung gemacht worden. Eine Familie hatte sich auf diesem Punkt als Squatter niedergelassen, um den Vortheil zu haben, Rum zu verkaufen an die zwischen dem inneren Lande und den jenseitigen Wohnplätzen Hin- und Herreisenden; und der Ort hatte die Insaßen über ein halb Dutzend Male gewechselt, durch betrügliche oder wenigstens nichtige Verkäufe von einem Squatter an den andern. Um das Haus herum, das jetzt ein zerfallendes Scheitergerüste war, hatte die Zeit einigermaßen die Arbeit des Ansiedlers verrichtet, und unterstützt von dem mächtigen Diener aber furchtbaren Herrn, dem Feuer, der kleinen Lichtung einigermaßen den Anstrich eines civilisirten Anbau's verliehen. Sobald jedoch diese engen Grenzen überschritten waren, gelangte der Reisende in den jungfräulichen Urwald, ohne ein anderes Zeichen von menschlicher Thätigkeit um sich zu erblicken, als die schlecht angelegten und wenig bereisten Wege. Diese Straße verdankte menschlicher Arbeit nicht viel, hinsichtlich der Bequemlichkeit, die sie dem Reisenden darbot. Die Bäume darauf waren zwar weggehauen, aber ihre Wurzeln nicht ausgereutet worden, und die Zeit hatte mehr gethan, sie zu zerstören, als Beil und Axt. Aber wirklich hatte die Zeit viel gethan, und die Ungleichheiten ebneten sich allmälig unter den Hufen der Pferde und den Wagenrädern. Ein erträglicher Reitpfad war schon lang angelegt worden, und ich fand keine Schwierigkeit, ihn zu betreten, da er für Menschen und Thiere ganz geeignet war.

Der Urwald von Amerika ist in der Regel kein Platz für den gewöhnlichen Waidmann. Die Vögel, die man jagdbare nennt, finden sich in ihm nur selten, ein paar Arten ausgenommen; und es ist eine bekannte Thatsache, daß, während der Grenzer mit einer Büchsenkugel ein Eichhorn oder einen wilden türkischen Hahn auf sechszig oder achtzig Schritte fast unfehlbar in den Kopf trifft, man doch in die älteren Theile des Landes gehen muß, und besonders zu den Waidmännern der höhern Klassen, um Leute zu finden, welche die Schnepfe, die Wachtel, das Birkhuhn, den Regenpfeifer, im Fluge treffen. Ich galt für einen guten Schützen auf den Ebenen, Heiden und Allmanden von der Insel Manhattan und auf den Landhälsen von West-Chester: aber hier, wo ich mich jetzt befand, sah ich gar Nichts, worauf ich schießen konnte, – umgeben von Bäumen, die ihr Alter nach Jahrhunderten zählten. Allerdings wäre es mir ein Leichtes gewesen, dann und wann eine blaue Elster, eine Krähe, oder vielleicht auch einen Raben oder gar einen Adler zu schießen, wenn ich dazu geladen gehabt hätte: aber keine Feder von solchen Vögeln kam mir zu Gesicht, die nach gewöhnlichen Begriffen einer Jägertasche wohl anstehen. In Ermanglung von etwas Besserem nun, was ich hätte thun können, – wenn ein junger Mann von drei oder vierundzwanzig Jahren sich so ausdrücken durfte – begann ich über die Reize von Pris Bayard nachzusinnen und über die Eigenthümlichkeiten von Dus Malbone. In dieser Stimmung schritt ich weiter, rasch über die Waldgründe dahin wandernd, und ließ Miß Tinkum, die Lichtung mit ihren Meliorationen, und den Wagen weit hinter mir.

Ich war eine Stunde allein zugewandert, als das Schweigen der Wälder plötzlich unterbrochen wurde durch die Worte eines Gesangs, der nicht von einem Wesen der gefiederten Gattung herrührte, obgleich die Nachtigall selbst kaum hätte wetteifern können mit der Lieblichkeit der Töne, die einer weiblichen Stimme angehörten. Die tiefen Noten fielen mir auf als die vollsten, metallreichsten und klagendsten, die ich je gehört hatte, und ich dachte, es könne ihnen Nichts gleichkommen, bis die Melodie der Sängerin auch Gelegenheit zu höheren Tönen gab, in welchen ihre Stimme ebenso zu Hause schien. Ich glaubte die Melodie zu kennen, aber die Worte waren die einer mir unbekannten, gutturalen Sprache. Französisch und Holländisch waren die zwei einzigen ausländischen Sprachen, in welchen man damals in unserer Gegend der Wälder gelegentlich Musik vortragen hörte, und selbst die erstere war keineswegs etwas Gewöhnliches. Aber mit diesen beiden Sprachen war ich einigermaßen bekannt, und ich überzeugte mich bald, daß die Worte keiner von beiden angehörten. Endlich ging mir ein Licht darüber auf, daß das Lied indianisch war; nicht die Musik, sondern die Worte. Die Musik war unzweifelhaft schottische, oder jene entstellte italienische Musik, welche im Verlauf der Zeit für schottische ausgegeben wurde: und einen Augenblick bildete ich mir ein, ein hochländisches Mädchen in meiner Nähe singe eines der celtischen Lieder des Landes ihrer Kindheit. Aber bei schärferer Aufmerksamkeit überzeugte ich mich, daß die Worte wirklich indianisch waren, vermuthlich der Mohawksprache, oder einer andern, die ich oft hatte sprechen hören, angehörig.

Der Leser ist wohl neugierig, zu erfahren, woher diese Töne kamen, und warum ich das Wesen nicht sah, von welchem solche entzückende Harmonie ausging. Dieß rührte daher, daß der Gesang aus einem Dickicht von jungen Fichten herkam, welche auf einer alten Lichtung in geringer Entfernung vom Wege wuchsen, und wo ich irgend eine Hütte vermuthete. Diese Fichten jedoch versteckten vollkommen Alles, was hinter ihnen war. So lange der Gesang dauerte, blieb ich selbst so unbeweglich stehen, wie nur irgend ein Baum des Waldes; als er aber endete, war ich im Begriff, auf das Dickicht los zu gehen und seine Geheimnisse zu erspähen, als ich ein Lachen vernahm, kaum minder melodisch als die Töne der Musik selbst. Es war nicht ein gemeiner, schallender Ausbruch von mädchenhafter Lustigkeit, auch war es nicht einmal laut, aber es war leichtherzig, fröhlich, von Laune zeugend, – falls man von einem bloßen Lachen dies sagen kann; und in gewissem Sinne war es ansteckend. Es machte mich wieder stillstehen, um zu lauschen; und ehe ich mich wieder veranlaßt fand, mich in Bewegung zu setzen, theilten sich die Aeste der Fichten, und ein Mann trat aus dem Dickicht auf den Weg. Ein einziger Blick genügte, mich zu überzeugen, daß der Unbekannte ein Indianer war.

Ungeachtet ich wußte, daß ich mich ganz in der Nähe von Andern befand, war ich doch etwas betroffen über diese plötzliche Erscheinung. Anders verhielt es sich mit ihm, der sich näherte: er konnte Nichts davon ahnen, daß ich in der Nähe sey; aber dennoch verrieth er durchaus keine innere Bewegung, als sein kalter, nicht aus der Fassung zu bringender Blick auf meine Gestalt fiel. Festen Schrittes vorschreitend trat er in die Mitte des Weges; und da ich mich unwillkührlich umgewandt hatte, um meines Weges weiter zu wandern, da ich nicht wußte, ob es gerathen sey, allein hier in der Gegend zu verweilen, schloß sich der rothe Mann mit seinem, mit dem Moccasin bekleideten Fuß hart an mich an, und ich fand, daß wir so seltsamer Weise, in derselben Richtung, Seite an Seite, Beide unserem Ziele zu schritten.

Der Indianer und ich schritten in dieser Art, nur einen Schritt von einander, mitten in diesem Wald zwei oder drei Minuten lang dahin, ohne zu sprechen. Ich hütete mich, Etwas zu sagen, weil ich gehört hatte, ein Indianer achte diejenigen am meisten, welche ihre Neugier am besten zu beherrschen wüßten; und wahrscheinlich beherrschte diese Denkweise auch meinen Begleiter. Endlich sprach der rothe Mann in den tiefen gutturalen Tone seines Volkes den gewöhnlichen, konventionellen Gruß des Grenzmannes aus:

„Sa-a-go?“

Dieß Wort, welches einmal einer indianischen Sprache angehört hatte, gilt überall bei den Weißen für indianisch, und wahrscheinlich bei den Indianern für englisch. Eine Reihe von solchen Ausdrücken ist zwischen den beiden Racen erwachsen, mit Einschluß solcher Worte wie „Moccasin,“ „Pappoose,“ „Tomahawk,“ „Squaw“ und mancher andern. „Sa-a-go“ bedeutet: „Wie geht es Euch?“

„Sa-a-go?“ antwortete ich auf meines Begleiters höfliche Begrüßung.

Darauf schritten wir wieder einige Minuten weiter, ohne daß der Eine oder der Andere sprach. Ich benutzte die Gelegenheit, meinen rothen Bruder genau zu besichtigen, eine Beschäftigung, die um so leichter für mich war, als er mich nicht ein einziges Mal anschaute; sein erster, einziger Blick genügte, ihm Alles zu sagen, was er zu wissen begehrte. Zuerst nun überzeugte ich mich bald, daß mein Begleiter nicht trank, ein seltner Vorzug bei einem rothen Mann, der in der Nähe der Weißen lebt. Dies war zu schließen aus seinem Gesicht, seinem Gang und seinem ganzen Wesen, wie mir schien, neben dem Umstand, daß er keine Flasche noch sonstiges Gefäß zu trinkbaren Flüssigkeiten an sich hatte. Was mir am wenigsten gefiel, war der Umstand, daß er vollständig bewaffnet war, Messer, Tomahawk und Büchse bei sich führte, und diese Instrumente alle in ihrer Art vortrefflich zu seyn schienen. Er war jedoch nicht bemalt und trug ein gewöhnliches Calikohemd, was damals die allgemein übliche Tracht seines Volkes in der warmen Jahreszeit war. Das Gesicht hatte den Ausdruck finsterer Strenge, den man so allgemein bei rothen Kriegern findet; und da dieser Mann über die Fünfzig hinaus war, begannen seine Züge die gewöhnlichen Spuren ausgestandener Strapazen und geleisteter Kriegsdienste zu zeigen. Doch war er ein kräftiger, achtbar aussehender, rother Mann, der allem Anschein nach gewohnt war, viel unter civilisirten Menschen zu leben. Natürlich machte es mir keine ernstliche Unruhe, daß ich auf einen solchen Mann gestoßen war, obgleich wir uns so tief im Walde befanden, aber als Soldat konnte ich nicht umhin, zu bedenken, in welchem Nachtheil ich mich nothwendig mit meiner Vogelflinte gegen seine Büchse befinden müßte, falls es ihm einfiele, sich seitab zu wenden und hinter einem Baume hervor auf mich zu schießen, um mich dann auszuplündern. Die Tradition berichtete, daß schon solche Dinge vorgekommen waren; obgleich im Ganzen vielleicht der rothe Mann in Amerika sich als den Ehrlichern und Redlichern bewiesen hat in Vergleichung mit denen, welche ihn überlistet und unterdrückt haben.

„Was machen alte Häuptling?“ fragte der Indianer plötzlich, ohne auch nur die Augen vom Weg auszuschlagen.

„Der alte Häuptling! Meint Ihr Washington, mein Freund?“

„Nicht so. Meinen den alten Häuptling, draußen dort, im Nest. Meine den Vater.“

„Mein Vater! Kennt Ihr den General Littlepage?“

„Gewiß, ihn kennen. Euer Vater – sehen“ – und er hob seine beiden Zeigefinger in die Höhe, – „ganz ähnlich – das er, das Ihr!“

„Das ist doch sehr sonderbar! Und wußtet Ihr, daß ich hieher kommen würde?“

„Das auch gehört. Immer sprechen von Häuptling.“

„Ist es lang her, daß Ihr meinen Vater gesehen?“

„Ihn gesehen zur Kriegszeit – nie gehört vom alten Sureflint?“

Ich hatte die Offiziere unsres Regiments von einem solchen Indianer sprechen hören, welcher bei dem Corps viel gedient hatte und äußerst nützlich gewesen war, besonders bei den zwei großen Feldzügen im Norden. Er war nie mehr beim Regiment, seit ich dabei stand, obgleich sein Name und seine Dienste mit den Abenteuern der Jahre 1776 und 77 eng verflochten waren.

„Gewiß!“ antwortete ich, und schüttelte dem rothen Manne herzlich die Hand. „Gewiß habe ich von Euch gehört, und Dinge die sich auf Zeiten vor dem Kriege beziehen. Seyd Ihr nie vor dem Kriege mit meinem Vater zusammengetroffen?“

„O gewiß! ihn getroffen in alt Krieg. General damals jung Mann – gerade wie Sohn jetzt.“

„Unter welchem Namen waret Ihr damals bekannt, Oneida?“

„Kein Oneida – Onondago – nüchterner Stamm. Haben Namen genug. Bald einen, bald andern. Bleichgesicht mich nennen Trackleß, weil er nicht kann Spur finden, Krieger ihn nennen Susquesus.“

## Achtes Kapitel

Ulm' und Platane frei erheben
Ob meinem Pfad den Riesenast,
Grau, alt, gebeugt fast von der Reben
Nicht minder grau- und alter Last;
Frei schweifen klare Ströme, finden
In frischem Grün die Trift sich blähn;
Frei opfern Blumen Duft den Winden,
Wo Sensen nie die Halme mähn.

*Bryant.*

Ich hatte von meines Vaters frühern Abenteuern genug gehört, um zu wissen, daß der im letzten Kapitel erwähnte Mann dabei eine ausgezeichnete Rolle gespielt, und ich erinnerte mich, daß derselbe sich des vollsten Vertrauens meines Vaters erfreut hatte. Neu jedoch war mir, daß Sureflint und Trackleß Eine und dieselbe Person waren; obwohl ich, als ich mich recht über die Vergangenheit besann, eine dämmernde Erinnerung hatte, Etwas der Art auch früher schon gehört zu haben.

Jedenfalls hatte ich jetzt einen Freund an meiner Seite und erachtete es nicht mehr für nöthig, auf meiner Hut zu seyn. Das war in jeder Hinsicht eine große Erleichterung, da man doch nicht gern mit einem Fremden reist, in dessen Nähe man, wenn auch noch so leise, den Gedanken und die Empfindung hat, es könne demselben einfallen. Einem eine Kugel durch den Kopf zu jagen, sobald man etwa einmal sich unbehutsam umwende.

Susquesus näherte sich den Jahren der Abnahme. Wäre er ein Weißer gewesen, so könnte ich sagen, er stand im grünen Alter, aber der Ausdruck rothes Alter würde weit besser für ihn passen. Seine Züge waren noch ausnehmend fein, während die Wangen, ohne sehr voll zu seyn, jenes Aussehen von abgehärteter Festigkeit hatten, welches Fleisch und Muskeln durch Anstrengungen und Einflüsse der rauhen Witterung bekommen. Seine Gestalt war so aufrecht, wie in seinen besten Tagen, denn der Körper eines rothen Mannes unterliegt in dieser Beziehung selten dem Druck einer andern Macht als des allerhöchsten Alters und des Rums. Susquesus ließ den Feind nie in seinen Mund ein, und demzufolge war die Citadelle seines physischen Menschen gegen jeden Angriff sicher, außer dem der Zeit. Die Zehen einwärts gekehrt und in den Knieen sich biegend, wenn er ging, glitt der alte Krieger und Läufer noch mit leichter Bewegung über den Boden hin; und als ich Gelegenheit hatte, ihn in rascherem Laufe zu sehen, was bald nachher der Fall war, bemerkte ich wohl, daß seine Sehnen zur höchsten Kraft gespannt schienen und jede seiner Bewegungen ganz frei war.

Eine Zeit lang plauderten der Indianer und ich von dem letzten Kriege und von den Scenen, bei welchen Jeder von uns eine thätige Rolle gespielt hatte. Wenn meine Bescheidenheit so augenfällig war, wie die von Sureflint, so hatte ich keinen Grund, mit mir unzufrieden zu seyn; denn die Art, wie er Ereignisse erwähnte, bei welchen er, wie ich wußte, sich hervorgethan hatte, war einfach und ganz frei von jener Prahlerei, welcher der rothe Mann sich gern überläßt – am meisten dann, wenn er seine Feinde herausfordern und reizen will. Endlich änderte ich den Gegenstand des Gesprächs, indem ich plötzlich sagte:

„Ihr waret nicht allein, Susquesus, in jenem Fichtendickicht, – in dem Dickicht, meine ich, aus welchem Ihr herauskamet, als Ihr Euch zu mir geselltet?“

„Nein – gewiß. War nicht allein. Leute genug dort.“

„Befindet sich in diesem Gebüsch ein Lagerplatz Eures Stammes?“

Ein Schatten flog über das dunkle Gesicht meines Begleiters, und ich sah, daß ich eine Frage gethan hatte, die ihm wehe that. Er schwieg eine kleine Weile, ehe er antwortete, und dann that er es in einem, wie mir schien, traurigen Tone. “Susquesus nicht mehr haben Stamm. Verlassen Onondago jetzt dreißig Sommer; mag nicht leiden Mohawk.“

„Ich erinnere mich, Etwas der Art von meinem Vater gehört zu haben, der mir zugleich erzählte, die Ursache, warum Ihr Euren Stamm verlassen, gereiche Euch zum Lobe. Aber Ihr hattet Musik in dem Dickicht?“

„Ja; Mädchen singen – Mädchen lieben Gesang; Krieger zuhören gerne.“

„Und der Gesang? – In welcher Sprache waren die Worte?“

„Onondago,“ antwortete der Indianer mit leiser Stimme.

„Ich hatte keine Idee, daß die Musik der rothen Leute so süß sey. Seit langer Zeit habe ich keinen Gesang mehr gehört, der mir so ans Herz drang, obgleich ich die Worte nicht verstehen konnte.“

„Vogel, zierlicher Vogel – singen wie Zaunkönig.“

„Und habt Ihr viel solche Musik in Eurer Familie, Susquesus? Wenn das ist, werde ich oft kommen, um zuzuhören.“

„Warum nicht kommen? Pfad nicht haben Zäune von Hecken; Pfad auch kurz. Mädchen singen, wenn Ihr wollt.“

„Dann werde ich gewiß bald einmal Euer Gast seyn. Wo wohnt Ihr der Zeit? Seyd Ihr dermalen Trackleß oder Sureflint? Ich sehe, Ihr seyd bewaffnet, aber nicht bemalt.“

„Streitaxt begraben sehr tief jetzt. Sie nicht ausgraben in vielen Jahren. Mohawk machen Frieden; Oneida machen Frieden; Onondago machen Frieden; Alle begraben Streitaxt.“

„Nun, um so besser für uns Landbesitzer. Ich bin gekommen, um meine Ländereien zu verkaufen und zu verleihen; vielleicht könnt Ihr mir sagen, ob diesen Sommer viele junge Männer sich aufgemacht haben, Ländereien zu erjagen?“

„Der Wald voll. So Viele als Tauben. Wie Ihr verkaufen Land?“

„Das hängt davon ab, wo es ist und von welcher Güte. Wünscht Ihr zu kaufen, Trackleß?“

„Indianer besitzen jetzt Land so viel er braucht. Ich machen Wigwam, wo es mir gefällt, ihn auch machen, wann mir gefällt.“

„Ich weiß recht gut, daß Ihr Indianer dies Recht ansprecht; und so lange das Land in seinem gegenwärtigen wilden Zustand bleibt, wird Niemand im Stande seyn, es Euch streitig zu machen. Aber Ihr könnt nicht pflanzen und einheimsen, wie die Meisten Eures Volkes in ihrem eigenen Lande thun.“

„Haben keine Squaw – haben keine Pappoose – wenig Korn genug für Susquesus. Haben nicht Stamm, – nicht Squaw – nicht Pappoose.“

„Ihr habt Freunde. Susquesus,“ antwortete ich, „wenn Ihr auch nicht Weib und Kinder habt.“

„Vater guter Freund: hoffen sein Sohn auch Freund. Großvater großer Freund, ehemals: aber der gegangen weit weg und nicht wieder kommen. Kenne Mutter, kenne Vater – Alle gut.“

„Nehmt welches und so viel Land Ihr wollt, Trackleß – bauet es an, verkauft es – thut damit, was Ihr wollt.“

Der Indianer schaute mich scharf an, und ich bemerkte, daß ein leises Lächeln des Wohlgefallens über sein wettergebräuntes Gesicht flog. Er war jedoch nicht leicht dahin zu bringen, daß er seiner gewohnten Gleichmüthigkeit und der Beherrschung aller seiner Gemüthsbewegungen vergaß; und dieser sein Gesicht erleuchtende Strahl verschwand wieder wie ein Sonnenstrahl mitten im Winter. Der ernsteste, strengste Weiße hätte doch vielleicht meine Hand gefaßt und durch irgend ein Zeichen seine Dankbarkeit verrathen; aber nachdem die leise Spur von innerer Bewegung, deren ich erwähnt habe, verschwunden war, blieb in dem dunkeln Gesichte meines Begleiters Nichts zurück, was im Mindesten darnach aussah, als gäbe er irgend einem weicheren Gefühle Raum. Doch war er zu höflich und hatte zu viel vom angeborenen Wesen eines Gentleman, als daß er nicht hätte Etwas erwiedern sollen auf ein Anerbieten, das so sichtlich und freiwillig von Herzen kam.

„Gut!“ sagte er nach einer langen Pause. „Sehr gut, das; gut, von jungem Krieger an alten Krieger angeboten. Danken Euch – Vögel genug; Fische genug; Botschaft genug jetzt und nicht brauchen Land. Zeit kommen vielleicht – glaube Zeit muß kommen – kommen für alle rothen Männer hier herum; so glauben, Zeit muß kommen.“

„Was für eine Zeit, meint Ihr, Trackleß? Laßt sie kommen, wenn sie mag. Ihr habt einen Freund an mir. Welche Zeit meint Ihr, mein tapferer alter Sureflint?“

Der Trackleß blieb stehen, ließ den Kolben seiner Büchse auf den Boden gleiten und stand eine Minute unbeweglich da, ragend wie eine schöne Statue.

„Ja, Zeit kommen, so glaube ich,“ fuhr er fort. „Einmal alter Krieger leben in Wigwam und erzählen jungem Krieger von Scalp, und Berathungsfeuer, und Jagd, und Kriegspfad; jetzt Besen und Körbe machen.“

Dies war nicht leicht zu mißverstehen; und ich erinnere mich nicht, je ein so lebhaftes Interesse auf eine so kurze Bekanntschaft hin empfunden zu haben, als ich für diesen Onandago zu fühlen begann. Priscilla Bayard selbst, so liebreizend, gewinnend, anmuthig und weiblich, hatte kein so starkes und lebhaftes Interesse in mir erregt, als dasjenige, welches in mir für den alten Sureflint erwachte. Aber ich begriff vollkommen, daß sich dies in Handlungen und nicht in Worten betätigen mußte. Für den Augenblick begnügte ich mich, nach dem Brauche der Bleichgesichter, die sehnige Hand des Kriegers zu fassen und zu drücken, und wir wanderten neben einander weiter, ohne des Gegenstandes weiter zu erwähnen, der, die Wahrheit zu gestehen, für mich ebenso peinlich war – wie für meinen Begleiter.

„Ich habe Euren Namen nennen hören, als Einen von denen, welche mit meinem Vater als einem jungen Manne, auf dem Nest waren, Susquesus,“ fing ich wieder an; „damals als die Canada-Indianer den Versuch machten, das Haus zu verbrennen.“

„Gut! – Susquesus dort – junger holländischer Häuptling getödtet damals.“

„Ganz richtig – sein Name war Guert Ten Eyck; und mein Vater und meine Mutter, und Euer alter Freund, Oberst Follock, der nachmals Major in unserem Regiment war, wie Ihr Euch noch erinnern werdet, halten bis auf diesen Tag sein Gedächtniß in Ehren als das eines sehr theuren Freundes.“

„Das Alle, die lieben sein Gedächtniß, jetzt noch?“ fragte der Indianer, indem er einen seiner forschendsten, lebhaftesten Blicke auf mich richtete.

Ich verstand die Anspielung, welche auf Muhme Mary zielte, von der ich hatte reden hören als der Verlobten oder doch wenigstens der Geliebten des jungen Albaniers.

„Nicht Alle: es ist auch noch eine Lady, welche seinen Verlust betrauert, als wäre sie seine Wittwe.“

„Gut – aber Squaw trauern nicht sehr lange Zeit. Manchmal, nicht immer.“

„Seyd so gut, Sureflint, und sagt mir, wißt Ihr vielleicht Etwas von einem Manne, genannt der Kettenträger? Er war auch beim Regiment und Ihr müßt ihn während des Krieges gesehen haben.“

„Gewiß! – kennen Kettenträger – ihn gekannt auf Kriegspfad – ihn gekannt, wie Streitaxt begraben worden. Kettenträger gekannt vor altem französischem Krieg. Gelebt in den Wäldern mit ihm – er Einer von uns. Kettenträger mein Freund!“

„Es freut mich, das zu hören, denn er ist auch der meinige, und es wird mich freuen, wenn ich als der Freund von Beiden in den Bund aufgenommen werde.“

„Gut, – Susquesus und junger Landbesitzer Freunde von Kettenträger – gut!“

„Es ist gut, und ein Bund, der nicht so leicht von mir vergessen werden soll. Der Kettenträger ist so ehrlich wie das Sonnenlicht, und so zuverlässig, wie sein Compaß selbst, Sureflint, – so wahrhaft und treu wie Ihr.“

„Fürchten, er auch in kurzer Zeit Besen machen,“ sagte der Indianer, und das Bedauern, das er ohne allen Zweifel fühlte, drückte sich sehr sprechend in seinen Zügen aus.

Der arme alte Andries! Ohne die warmen und treuen Freunde die er an meinem Vater, Oberst Dirck und mir hatte, war wirklich einige Gefahr, es möchte dahin kommen. Daß er seinem Vaterland in einer Revolution gedient hatte, konnte ihm wenig nützen, da dies Land zu arm war, um für seine alten Diener zu sorgen, und vielleicht nicht dazu geneigt, hätte es auch die Mittel dazu besessen. Ich sage dies ohne die Absicht, weder auf das Volk noch auf die Regierung ein schlimmes Licht zu werfen; denn es ist nicht leicht, den Menschen der Gegenwart den schweren Druck des Geldmangels begreiflich uns anschaulich zu machen, der noch ein paar Jahre nach dem Frieden auf dem Land lastete. Es erholte sich, wie das Kind sich von einer Krankheit erholt, durch die Stärke seiner Natur und mittelst seiner gesunden Lebenskraft: und eines der Mittel, durch welche es sich erholte und genas, war, daß es sich zum Anbau des Bodens wandte und die Sichel statt des Schwertes schwang. Doch ich fahre in der Erzählung des Gespräches fort.

„Der Kettenträger ist ein ehrlicher Mann,“ antwortete ich, „und wie nur zu Viele seiner Klasse arm; aber er hat Freunde, und weder er noch Ihr, Sureflint, sollt je Euch in die Nothwendigkeit versetzt sehen, solche Weiberarbeit zu verrichten, wenn Ihr es nicht selbst wollt, so lange ich ein Haus oder ein Pachtgut zu Ravensnest unbesetzt habe.“

Wieder gab der Indianer seine Anerkennung meiner Freundschaft für ihn zu erkennen, durch jenes flüchtige sich Erheitern seines dunkeln Gesichts; aber wieder schwanden auch alle Spuren innerer Bewegung allmälig dahin.

„Wie lange Ihr ihn nicht gesehn?“ fragte er mich plötzlich.

„Ihn gesehen – den Kettenträger, meint Ihr? Ich habe ihn jetzt über ein Jahr nicht gesehen, nicht mehr seit wir uns trennten bei Auflösung des Regiments.“

„Nicht meinen den Kettenträger – meinen das,“ und er deutete vor sich hin, „Haus, Baum, Pachthof, Land, Nest.“

„Oh, wie lang es sey, daß ich das Patent nicht gesehen? Ich habe es noch nie gesehen, Sureflint; – dies ist mein erster Besuch.“

„Das seltsam! Wie Ihr besitzen Land, wenn es nie gesehen?“

„Bei den Bleichgesichtern haben wir solche Gesetze, daß Eigenthum von den Eltern auf die Kinder übergeht; und ich habe mein Besitzthum in dieser Gegend von meinem Großvater, Herman Mordaunt geerbt.“

„Was das bedeuten: erben? Wie einem Mann gehören Land, wenn er nicht es in Besitz hat?“

„Wir besitzen es, wenn nicht, indem wir persönlich und leiblich auf der Stelle bleiben, in Kraft unserer Gesetze und Rechte. Wir Bleichgesichter regeln alle diese Sachen auf dem Papier.“

„Euch scheinen das gut? Warum nicht lassen einen Mann nehmen Land, wo er es braucht, wenn er es braucht? Land die Fülle. Haben mehr Land als Volk. Genug für Jedermann.“

„Eben dieser Umstand macht unsre Gesetze gerecht; wäre nicht Land genug da für Jedermann, so könnten diese Beschränkungen und Eintheilungen möglicherweise ungerecht scheinen und auch wohl es seyn. Nun aber kann Jeder ein Gut haben, wer einen mäßigen Preis dafür bezahlen mag. Der Staat verkauft und Landeigentümer verkaufen; und wer nicht vom Einen kaufen will, kann es vom Andern.“

„Das wahr genug seyn; aber nicht einsehen Nothwendigkeit von dem Papier. Wenn Einer will bleiben auf einem Land, laßt ihn bleiben; wenn er will gehen wohin, laßt einen andern Mann kommen. Was nützen, für Anwesen und Besserungen zahlen?“

„Um Anwesen und Besserungen zu haben. Wir nennen das die Rechte des Eigenthums, ohne welche kein Mensch nach mehr streben würde, als sich zu kleiden und zu nähren. Wer würde jagen, wenn Jeder, der des Weges käme, das Recht hätte, das von ihm erlegte Wild aufzugreifen und ihm die Haut abzuziehen?“

„Sehe das, ganz gut – nicht angehen, nein, nicht angehen. Sehe aber nicht, warum mit Land es seyn wie mit Haut; Haut wird mitgenommen von Krieger und Jäger, und Land bleibt, wo es ist.“

„Das ist deßwegen, weil der Reichthum von Euch rothen Männern sich auf bewegliches Besitzthum und auf Eure Wigwams beschränkt, so lang Ihr darin zu wohnen Lust habt. Insoweit achtet Ihr die Rechte des Eigenthums so gut als die Bleichgesichter; aber Ihr müßt einen großen Unterschied sehen zwischen Eurem Volk und dem meinigen, – zwischen dem rothen und dem weißen Mann?"

„Ganz gewiß, verschieden seyn: der Eine stark, der Andere schwach – der Eine reich, der Andere arm – der Eine groß, der Andere klein – der Eine wegtreiben, der Andere gehen müssen – der Eine Alles haben, der Andere Nichts behalten – der Eine marschiren in großen Armeen, der Andre in indianischen Reihen, fünfzig Krieger vielleicht, – das der Grund, so denke ich."

„Und warum können die Bleichgesichter in großen Heeren marschiren, mit Kanonen und Pferden und Bajonetten, und warum thut der rothe Mann nicht dasselbe?"

„Weil er das Alles nicht bekommen – nicht bekommen Krieger – nicht bekommen Gewehre – nicht bekommen Bajonett – Nichts bekommen er."

„Ihr gebt die Wirkung an statt der Ursache, Sureflint, oder die Folgen des Grundes statt des Grundes selbst. Ich hoffe, ich mache mich Euch verständlich. Hört mich an, ich will es Euch erklären. Ihr habt viel mit den weißen Männern gelebt, Susquesus, und könnt deßhalb wohl glauben, was ich sage. Es gibt Gute und gibt Schlimme unter allen Völkern. Die Farbe macht in dieser Hinsicht keinen Unterschied. Dennoch sind nicht alle Völker gleich. Der weiße Mann ist stärker als der rothe Mann und hat diesem sein Land genommen, weil er mehr weiß und versteht."

„Er auch am meisten. Zählt Armee, dann zählt Kriegsfährten. – Ihr sehen!"

„Es ist wahr, die Bleichgesichter sind jetzt die zahlreicheren; aber vor Zeiten waren sie es nicht. Erzählen nicht Eure überlieferten Sagen, wie wenige die Yengeese waren, als sie zuerst über den Salzsee kamen?"

„Gekommen in großen Canoe's, – zwei, drei voll, nicht mehr."

„Nun und wodurch wurden zwei oder drei Schiffe voll weißer Männer so stark, daß sie alle rothen Krieger von der See zurücktrieben und Meister des Landes wurden? Könnt Ihr mir hievon einen Grund angeben?"

„Weil sie mit sich bringen Feuerwasser, und rother Mann ein so großer Thor, es zu trinken."

„Eben dies Feuerwasser, welches ohne Zweifel ein grausames Gift für die Indianer geworden, ist eine der Früchte der Kenntnisse der Weißen. Nein, Susquesus, die Rothhaut ist so tapfer als das Bleichgesicht; eben so bereit, seine Rechte zu vertheidigen und ebenso tüchtig und gewandt; aber er weiß und versteht nicht so viel. Er hatte kein Schießpulver, bis der weiße Mann es ihm gab – keine Büchse – keine Hacke, kein Messer, keinen Tomahawk, als die er sich aus Steinen machte. Alle die Kenntnisse nun und das Wissen und alle die Künste des Lebens, deren der Weiße sich erfreut und die er zu seinem Nutzen wendet, entspringen aus den Rechten des Eigenthums. Kein Mensch würde einen Wigwam bauen, um Büchsen darin zu machen, wenn er dächte, er könne ihn nicht behalten, so lang er Lust habe, ihn verkaufen, wenn es ihm gefalle, und ihn seinem Sohne hinterlassen, wenn er in das Land der Geister hinübergehe. Dadurch, daß in dieser Weise die Liebe des Menschen zu sich selbst Aufmunterung erhielt, brachte er es dahin, so Vieles zu leisten. So überliefert auch der Vater dem Sohne, was er gelernt hat, nicht minder, als was er gebaut oder gekauft hat; und so werden mit der Zeit die Nationen mächtig, im Verhältniß als sie civilisirt werden, wie wir es nennen. Ohne diese Eigenthumsrechte könnte kein Volk civilisirt seyn; denn kein Volk würde seine Kräfte auf's Aeußerste anstrengen, wenn nicht jedem Manne gestattet wäre, Herr und Meister zu seyn und zu bleiben von dem was er sich zu erwerben vermag; jederzeit, versteht sich, unterworfen den großen und allgemeinen Gesetzen, welche nöthig sind, um solche Dinge zu regeln. Ich hoffe, Ihr versteht meine Meinung, Trackleß?"

„Gewiß – nicht wie Trackleß' Moccasin – meines jungen Freundes Zunge Spuren hinterlassen. Aber, Ihr meinen, große Geist sagen, Wer soll haben Land, Wer nicht?"

„Der große Geist hat den Menschen geschaffen wie er ist, und die Erde wie sie ist: und er hat gewollt, daß Jener der Herr von dieser sey. Wenn es nicht sein Wille wäre, daß der Mensch thue, was er gethan hat, so wäre es nicht geschehen. Verschiedene Gesetze und verschiedene Denkweisen mußten dann auch zu verschiedenen Erfolgen führen. Wenn das Gesetz in Beziehung auf die Rechte alle Menschen gleich stellt, so leistet es, was von ihm erwartet werden kann. Diese Gleichstellung nun besteht nicht darin, daß man zu wiederkehrenden Zeiten Alles in Stücke reiße, sondern in der Achtung gewisser großer Grundsätze, die an sich gerecht und, aber denen man, wenn sie einmal aufgestellt und in Bewegung gesetzt sind, ihren Gang und Lauf lassen muß. Wenn die Rechte des Eigenthums zuerst aufgestellt werden, müssen sie billig und ehrlich festgestellt werden, nach einer allgemein anerkannten Regel; sodann aber müssen sie unverletzlich bleiben – das heißt: heilig seyn."

„Verstehen – nicht umsonst auf einer Lichtung leben. Das die Meinung; keinen Kopf haben ohne Hof und Gut zu haben."

„Das ist im Wesentlichen der Sinn, Sureflint; obgleich ich es ein wenig anders würde ausgedrückt haben. Ich will das sagen: die Bleichgesichter würden seyn wie die rothen Männer ohne Gesittung; und sie würden keine Gesittung haben, ohne das Recht auf ihren Grund und Boden. Niemand wird für einen Andern so arbeiten, wie für sich selbst. Wir sehen das am einfachsten jeden Tag, wenn wir beobachten, daß der Wunsch, guten Lohn zu bekommen, den gemeinen Arbeiter nicht dazu bringt, tagweise so Viel zu arbeiten, als er im Akkord auf eigne Rechnung arbeitet."

„Das wahr!" versetzte der Indianer lächelnd; denn er lachte selten, und er wiederholte eine im Lande übliche Redeweise! „Tagweise, tagweise, langsam, akkordweise, schnell, schnell, schnell. Das Religion des Bleichgesichts, junger Häuptling!"

„Ich wüßte nicht, daß unsre Religion viel damit zu schaffen hätte; aber ich will gestehen, daß so unsre Art und unser Brauch ist. Ich bilde mir ein, daß es ebenso ist bei allen Racen und Farben. Es muß Einer für sich selbst arbeiten, wenn er sein Aeußerstes thun soll; und er kann nicht für sich selbst arbeiten, wenn er nicht die

Früchte seiner Arbeit genießen darf. Deßwegen muß er ein Recht auf Landeigenthum haben, sey es nun gekauft oder gemiethet, wenn er dieß Land so bebauen soll, daß es Alles hervorbringt, was es nach der Absicht der Natur hervorbringen soll. Aus dieser Nothwendigkeit beruht das Eigenthumsrecht; der Gewinn ist Gesittung; der Verlust Unwissenheit, Armuth, Schwäche. Aus diesem Grunde nun kaufen und verkaufen wir Land, ebenso wie Kleider, Waffen und Zierraten."

„Denke es verstehen. Großer Geist das sagen, müssen Grund und Boden haben?"

„Der große Geist hat gesagt, wir sollen Bedürfnisse und Wünsche haben, welche nur dadurch erfüllt und befriedigt werden können, daß wir Landgüter haben; um Landgüter und Landbau zu haben, müssen wir Eigenthümer haben; und Eigenthümer können nicht existiren, wenn ihr Recht auf ihr Land nicht geschützt ist. Sobald dies weggenommen würde, müßte uns das ganze Gebäude über dem Kopf zusammenstürzen, Susquesus."

„Wohl, glauben so. Wir sehen einmal. Junger Häuptling wissen, wo er ist?"

„Nicht genau; aber ich vermuthe, wir nähern uns den Ländereien von Ravensnest."

„Nun, das auch seltsam genug! Land besitzen und es nicht kennen. Seht – bezeichneter Baum – das Zeichen, daß Euer Land anfange."

„Dank Euch, Sureflint – ein Vater würde auch sein eignes Kind nicht kennen, wenn er es zum ersten Mal sähe. Wenn ich gleich hier Eigenthümer bin, müßt Ihr doch bedenken, daß dies mein erster Besuch auf diesem Platze ist."

Während des Gesprächs hatte mich der Trackleß von der Hauptstraße ab auf einen Fußpfad geführt, der, wie ich nachher fand, über einige Hügel hinführte und uns beinahe zwei Meilen Weges erwarte. In Folge dieser veränderten Richtung hätte mich Jaap nicht einholen können, wenn er auch rascher von der Stelle gekommen wäre, als dieß der Fall war; aber bei dem schlechten Wege war unser Schritt schneller als der der abgematteten Thiere. welche den Wagen schleppten. Mein Führer kannte den Weg vollkommen, und wie wir einen Hügel hinanstiegen, deutete er auf die Ueberreste eines alten Feuers, in der Nähe einer Quelle, als eine Stelle, wo er gewohnt sey zu kampiren, wenn er in der Nähe des Nestes aber nicht darin seyn wolle.

„Zu viel Rum in der Schenke," sagte er. „Nicht gut weilen der Nähe von Rum."

Das war eine außerordentliche Enthaltsamkeit für einen Indianer; aber Susquesus war auch, wie ich immer dafür angenommen hatte, ein außergewöhnlicher Indianer. Sogar für einen Onondago war er mäßig und selbstverläugnend. Der Grund, warum er von seinem Stamme getrennt lebte, war für die Meisten ein Geheimniß, obwohl ich später erfuhr, daß derselbe dem Kettenträger sowie meinem Vater bekannt sey. Der alte Andries versicherte immer, er gereiche seinem Freund zur Ehre, wollte aber das Geheimnis nie verrathen. Wirklich fand ich, daß die Sympathie, welche zwischen diesen beiden Männern bestand, Jeder so eigen in seiner Weise, befestigt und gekittet worden war durch gewisse Vorfälle ihres früheren Lebens, auf die sie gelegentlich, aber in unbestimmten Anspielungen hindeuteten, aber die nie, weder mir, noch sonst Jemand, so viel ich erfahren konnte, eröffnet wurden.

Bald nachdem wir an der Quelle vorbei waren, führte mich Sureflint hinaus auf eine gelichtete Stelle auf der Höhe, welche eine weite Aussicht hatte auf den größten Theil meiner Besitzungen, so weit sie verliehen und besetzt waren. Hier machten wir Halt, setzten uns auf einen gefallenen Baum, dergleichen man in dieser Gegend und zu jener Zeit nie vergeblich suchte, und ich erfreute mich der Aussicht mit dem Interesse, welches das Bewußtseyn des Besitzes in uns Allen so gerne erzeugt. Die Erde ist an sich selbst sehr schön, aber am schönsten, fürchte ich, ist sie im Auge derjenigen, welche am Meisten auf derselben ihr Eigenthum nennen.

Obgleich die Ansiedlung auf dem Gute Ravensnest volle dreißig Jahre begonnen hatte, als ich es zum ersten Male sah, waren doch keine Anzeichen sichtbar von so raschen und energischen Verbesserungen und Fortschritten, wie man sie beobachtet hat bei den Anstrengungen ähnlicher Unternehmungen seit der Revolution. Vor diesem großen Ereigniß füllte sich das Land sehr langsam, und jede Colonie schien sich gewissermaßen als ein besonderes Land zu betrachten. So hatten wir in New-York sehr wenig Einwanderer von Neu-England, diesem großen Bienenstock, welcher seither so oft geschwärmt hat, und dessen Bienen ihren Fleiß und ihre sinnreiche Thätigkeit in unserer Zeit über einen so großen Theil der Republik verbreitet haben. Wir in New-York haben unsere Vorurtheile gegen die Yankee's und haben sie lange mit mißtrauischen und ungünstigen Augen betrachtet. Sie haben uns vielleicht mit gleicher Münze bezahlt; aber ihre Abneigung ist nicht stark genug gewesen, sie abzuhalten, von unseren Ländereien Besitz zu nehmen. Ich für meinen Theil sehe allerdings im Charakter von Neu-England Vieles, was mir nicht gefällt, (mehr vielleicht in ihrem Benehmen und in Nebendingen, als in Hauptsachen,) aber gewiß auch sehr Viel, was mir Achtung abnöthigt. Wenn die Civilisation, welche sie mit bringen, eben nicht sehr hoch steht in Bezug auf Geschmack, Gesinnungen und feinere Gefühle, so ist sie doch der von jedem andern Lande, das ich besucht habe, überlegen in der Ausbildung des gemeinen Verstandes und Menschensinnes, und in ihrer Sorge für das Intellektuelle, in Bezug auf die Grundlage alles Lernens und Wissens betrachtet. Mehr Menschen werden bei ihrem System aus dem Schlamme tiefer Unwissenheit herausgezogen, als bei irgend einem andern Volke: und eine größere Anzahl Bewerber auf der Bahn des intellektuellen Fortschritts geht aus ihrer Mitte hervor. Daß so wenige dieser Bewerber hoch emporsteigen auf der Leiter des Wissens und Erkennens rührt zum Theil von dem Umstände her, daß ihr Leben so rein praktisch ist; und zum Theil vielleicht auch daher, daß, während so viel Aufmerksamkeit auf die Grundlagen des socialen Gebäudes verwendet wurde, bis jetzt wenig Sorgfalt und Kunst dem Oberbau zu Gute gekommen ist. Dennoch üben die Millionen Yankees, welche sich über das Land verbreiten, einen höchst wohlthätigen Einfluß auf dessen praktische Kenntnisse und Einsichten, auf seinen Unternehmungsgeist, seinen materiellen Fortschritt und demzufolge auf sein Glück, und haben diesen Einfluß immer geübt. Wenn sie nicht viel geleistet haben für seinen Geschmack, für die Sittenfeinheit und für die höheren Grundsätze, so ist es eben darum, weil kein Theil der Erde vollkommen ist. Ich weiß recht wohl, daß dies

Mehr ihnen zugestehen heißt, als mein Vater zu ihren Gunsten zugestanden haben würde, und doppelt so Viel, als meine beiden Großväter sich hätten abbringen lassen. Aber das Vorurtheil verliert sich, und der Holländer und der Yankee insbesondere finden es möglich, neben einander in Frieden und Freundschaft zu leben. Es ist möglich, daß mein Sohn bereit ist, ihnen sogar noch Mehr einzuräumen. Unsere einwandernden Freunde sollten jedoch Eines bedenken, und dann würden sie sich als Nachbarn und Genossen weit annehmlicher machen, nämlich dies: Wer wandert, ist verpflichtet, die Gewohnheiten und Meinungen derer zu achten, bei welchen er einwandert, da es zur Vollkommenheit von Allem, was unter dem Gewölbe des Himmels ist, nicht eben gehört, daß es gerade aus unserem kleinen Winkel, den wir auf Erden einnehmen, komme. Selbst die Kürbispastetchen der mittleren Staaten sind um ein Unberechenbares besser, als die, die man gewöhnlich in Neu-England trifft. Wir kehren aber nach Ravensnest zurück.

Die dreißig Jahre also, seit welchen die Ansiedlung auf meinem Patent begonnen hatte, hatten nicht viel auf demselben zu Stande gebracht, was die Thätigkeit von Menschenhänden betrifft. Die Zeit hatte allerdings Einiges gewirkt, und zwar in einer etwas seltsamen Weise, wovon aber zu der Zeit, wovon ich schreibe, häufigere Fälle vorkommen mochten, als heutzutage. Das Holz des Nestes, mit Ausnahme von einigem Bergland, bestand hauptsächlich aus „hartem Wald,“ wie der amerikanische Sprachgebrauch sich ausdrückt. Mit andern Worten, die Bäume waren nicht von der perennirenden, sondern von der in kürzern Fristen absterbenden Art; und jeder Anfänger in der Wald- und Forstkunde weiß, daß die Wurzeln der letztern im vierten Theile der Zeit verfaulen, welche die Wurzeln der erstern dazu brauchen, wenn der Stamm weggehauen ist. In Folge hievon waren die Stumpen beinahe alle von den Feldern verschwunden; ein Umstand der an und für sich schon, nach unsern amerikanischen Vorstellungen, dem Platz das Ansehen eines alten Landes gab. Zwar prangte noch der Urwald in unmittelbarer Berührung mit diesen abgetriebenen, bestellten und glatten Feldern, und bildete eine ernste und phantastische Einfassung für das ländliche Gemälde, das diese darboten. Der Contrast war keck und überraschend genug, aber es fehlten ihm doch die milden und gefälligen Seiten nicht. Von der Höhe, auf die der Indianer mich geführt, hatte ich vor mir einen Vorgrund offenen Landes, übersät mit Häusern und Scheunen, meist aus Holzblöken erbaut, verschönt durch blühende Obstgärten und mit ausgedehnten Wiesen eingefaßt, oder umgeben von reichen Feldern, auf welchen das Korn unter den Strömungen von leichter Sommerluft wogte. Zwei oder drei Straßen zogen sich durch die Ansiedlung hin mit freundlicher Gefälligkeit seitwärts ausbiegend, um jede Thüre zu besuchen; und am südlichen Ende des offenen Landes war ein Weiler, aus behauenem Holz erbaut, enthaltend ein Haus, das wenig Geschmack, aber weit mehr Ansprüche verrieth, als alle andern in seiner Nähe; ein zweites, das ein Gasthaus war; einen Speicher, eine Grobschmiedswerkstätte, ein Schulhaus, und drei oder vier andere Gebäude, außer Scheunen, Schuppen und Schweinställen. In der Nähe des Weilers, oder des „Nestdorfes,“ wie man den Ort nannte, befanden sich die Mühlen des Territoriums. Diese waren eine Kornmühle, eine Sägemühle, eine Walkmühle und eine Oelmühle. Alle hatten einen mäßigen Umfang und höchst wahrscheinlich hatten sie auch nur mäßige Einnahmen. Auch das beste von diesen

Häusern war nicht angestrichen, obgleich es einen sehr anspruchslosen Anlauf zu einem gewissen Baustyl nahm, und mit nicht weniger als vier ins Freie gehenden Thüren prangte, bei deren einer der Nutzen und Gebrauch nicht leicht zu errathen war, da sie vom zweiten Stockwerk aus ins Freie ging. Ohne Zweifel lag ein großer, aber unvollendet gebliebener Entwurf des Eigentümers dieser Erfindung zu Grunde. Aber außerhalb der Hausthüren gleichsam leben, ist ein charakteristischer Zug eines Theils unsers Volkes.

Der Hintergrund dieses Bildes, welchem eine gewisse ländliche Schönheit nicht mangelte, bestand aus endlosen Wäldern. Wälder erstreckten sich nach Norden, nach Süden und Osten, so weit das Auge reichte; Wälder krönten die Seiten und Gipfel aller Berge, die man im Gesicht hatte, und Wälder stiegen mit ihren Laubteppichen aus den Schluchten und Thälern empor. Der Krieg hatte alle Lichtungsversuche in neuern Zeiten verhindert, und der ganze offene Grund und Boden trug das gleichförmige Gepräge herkömmlichen Anbaus, während die dunkeln Schatten eines grenzenlosen Forstes ringsum sich verbreiteten, eine Art geheimnißvoller Leere bildend, die zwischen diesem dunkeln und entfernten grünen Volke und den übrigen seiner Art sich lagerte. Dieser Wald jedoch war nicht ganz wild. Andere Ansiedlungen entsprangen in seinem Schooße, einige Straßen wanden sich durch seine Tiefen hin; und da und dort hatte der Jäger, Squatter oder der rothe Mann seine Hütte aufgeschlagen, und hauste mitten in dem finstern aber nicht ungefälligen Ueberfluß und in der Pracht der Wildniß.

## Neuntes Kapitel

Ihr, Männer, strebt' ich, Herz und Muth in Euch
Zur Wuth und zur Empörung zu entflammen,
So thät' ich Cassius und Brutus Unrecht,
Die Ihr als ehrenwerthe Männer kennt.
Ich will nicht ihnen Unrecht thun, will lieber
Den Todten Unrecht thun, mir selbst und Euch,
Als ehrenwerthen Männern, wie sie sind.

*Shakespeare*

„Also das ist Ravensnest!“ rief ich aus, nachdem ich einige Minuten schweigend die Scene betrachtet hatte, „das mir von meinem Großvater hinterlassene Besitzthum, wo einst Ereignisse vorfielen, von welchen noch in meiner Familie gesprochen wird als von den wichtigsten in ihrer Geschichte, – Ereignisse, bei welchen Ihr auch mit thätig waret, Susquesus.“

Der Indianer stieß einen leisen Ausruf aus, aber es ist nicht wahrscheinlich, daß er mich vollkommen verstand. Was war so merkwürdiges daran, daß ein indianischer Einfall stattgefunden, daß ein Haus belagert, Männer erschlagen und Skalpe erbeutet worden waren, daß er sich solcher Dinge ein Vierteljahrhundert lang erinnern sollte?

„Ich sehe das Nest selbst nicht, Sureflint," fuhr ich fort; „das Haus, in welchem einst mein Großvater wohnte."

Der Onondago sprach nicht, aber er deutete mit einem Finger in nordöstlicher Richtung, mit einer sehr deutlichen und nachdrücklichen Geberde, wie es bei seinem Volke gebräuchlich ist. Ich erkannte das Haus aus den mir mündlich gemachten Schilderungen, aber es fing an zu vermodern und war ziemlich im Verfall. Holzklötze grün aufgeschichtet und in solcher Art von Struktur verbunden, halten sich etwa dreißig bis vierzig Jahre, je nach der Natur der Bäume, von welchen sie kommen, und der Art und Weise, wie sie gedeckt und geschützt werden. In dieser Entfernung konnte ich nicht gut unterscheiden, in wie fern und in welchem Maaß die Zeit ihr Werk gethan hatte; aber ich bildete mir ein, von solchen Dingen genug zu verstehen, um mir sichere Rechnung machen zu dürfen, daß ich an dem Nest kein sehr behagliches Heimwesen finden würde. Eine Familie wohnte in dem alten Hause, und ich hatte schon hin und wieder Käse gesehen, welche auf dem sehr hübschen daran stoßenden Gute gemacht worden waren. Da war auch ein großer und dem Anschein nach in blühendem Zustande befindlicher Obstgarten, und die Felder sahen gut aus; das Haus selbst aber erschien in dieser Entfernung düster und dunkel, und war nur durch seine Gestalt und seine Kamine von jedem andern Gebäude aus Holzklötzen zu unterscheiden.

Ich war betroffen über den schweigenden, träumerischen, sabbatähnlichen Charakter der Felder nah und fern. Mit Ausnahme einiger wenigen halbnackten Kinder, welche um die Wohnungen herum sichtbar waren, denen wir am nächsten standen, konnte ich kein menschliches Wesen entdecken. Die Felder waren von Menschen gänzlich entblößt, aber man sah viel Hornvieh grasen.

„Meine Hintersaßen sind nicht ohne einen Grundstock, wie ich sehe, Sureflint," bemerkte ich. „Hier ist Vieh genug auf den Waiden."

„Ihr sehen alle jung," antwortete der Onondago. „Das der Krieg machen. Die alten geschlachtet für Soldaten."

„Beiläufig bemerkt, da diese Ansiedlung der Plünderung entgangen ist, sollte ich meinen, die Leute darauf hätten etwas sich erwerben sollen, indem sie Vorräthe an die Armee verkauften. Vorräthe und Lebensmittel aller Art waren sehr gesucht und wurden hoch bezahlt, wie ich mich erinnere, als wir mit Burgoyne zusammentrafen."

„Gewiß, Eure Leute verkauft an beide Theile – guter Handel, damals. Nahrung geliefert Yankees. Nahrung geliefert Yengeese.

„Nun, ich zweifle nicht daran, daß es so sich verhielt; denn der Landwirth ist in der Regel nicht sehr bedenklich, wenn er einen guten Preis bekommen kann; und wenn er es wäre, so würde das Gewissen des Zwischenhändlers sich zwischen ihn und den Verrath stellen. Aber wo sind denn alle Männer der Gegend? Ich sehe weit und breit keinen einzigen Mann.“

„Nicht sehen? – dort,“ versetzte der Indianer, in der Richtung des Weilers hindeutend. „Squire angezündet das Rathsfeuer heute, glauben so, und halten eine Rede.“

„Ja wahrhaftig, dort sind sie, um das Schulhaus versammelt. Aber wen meint Ihr mit dem Squire, der so gerne Reden halten soll?“

„Alte Schulmeister. Gekommen vom Salzsee – großer Freund von Großvater.“

„Ach, Mr. Newcome, mein Agent – ganz recht; ich hätte wissen sollen, daß er der König der Ansiedlung ist. Nun Sureflint, laßt uns weiter gehen; und wenn wir die Schenke erreichen, werden wir wohl erfahren können, um was es sich bei der großen Berathung handelte. Sagt nichts von meinen Absichten; denn es wird lustig seyn, eine Weile zuzusehen, ehe ich selbst spreche.“

Der Indianer stand auf und schritt mir voran, die Höhe hinunter, indem er einen Fußpfad einschlug, mit welchem er genau bekannt zu seyn schien. Nach wenigen Minuten befanden wir uns auf der Hauptstraße, in geringer Entfernung von dem Flecken. Ich hatte den größten Theil der Kleidungsstücke abgelegt, welche zu tragen bei den Gentlemen im Jahre 1784 üblich war, und ein Jagdhemd und Ledergamaschen angezogen, als die passendste Tracht für die Wälder; und in Folge hievon wäre es für einen, der nicht in die Sache eingeweiht war, schwer gewesen, zu errathen, daß der Mann, der zu Fuß, in solcher Tracht, seine Vogelflinte im Arm und von einem Indianer begleitet ankam, der Eigenthümer des Gutes sey. Ich hatte neuerlich Nichts nach Ravensnest wissen lassen, daß ich bald dort einzutreffen gedächte; und wie wir so dahin schritten, kam mir plötzlich der Einfall und die Lust, mir die Dinge erst eine Weile Inkognito zu besehen. Um dies auszuführen erachtete ich für nothwendig, dem Indianer noch ein paar Worte zu sagen.

„Susquesus,“ sagte ich, als wir uns dem Schulhause näherten, das zwischen uns und dem Gasthause stand, „ich hoffe. Ihr habt mich verstanden – es ist nicht nöthig, irgend Jemanden zu sagen, wer ich bin. Wenn man Euch fragt, könnt Ihr antworten, ich sey Euer Freund. Das ist nur die Wahrheit, wie Ihr finden sollt, so lange Ihr lebt.“

„Gut – junger Häuptling hat Augen, – will damit sehen selbst. Gut – Susquesus wissen.“

Binnen einer Minute machten wir Halt unter dem Menschenhaufen vor der Thüre des Schulhauses. Der Indianer war so gut bekannt und so oft auf dem Nest, daß seine Erscheinung gar keine Aufmerksamkeit erregte. Wichtige Angelegenheiten schienen auf dem Tapet zu seyn, denn es war da viel Hin- und Herreden, viel geheime Besprechung, man sah viele gespannte Gesichter und viel Zusammenstecken der Köpfe. Während die Geister so in Aufregung und Unruhe waren, schienen Wenige geneigt, irgend besondere Kunde von mir zu nehmen; aber ich war nicht lange am äußern Saume der Versammlung gestanden, welche etwa sechzig bis siebzig Männer und daneben ungefähr eben so viele erwachsene junge Burschen in sich begreifen mochte, als ich die Frage aufwerfen hörte, wer ich sey und ob ich das Recht zur

Abstimmung hätte. Meine Neugier war in hohem Grade rege geworden, und ich stand auf dem Punkte, um Erklärung zu fragen, als ein Mann unter der Thüre des Schulhauses erschien, welcher die ganze Sache in einer Rede erklärte. Dieser Mann hatte ein runzliges, von Sorgen abgezehrtes aber lebhaftes Gesicht, und war etwas besser gekleidet, als die Meisten der ihn Umstehenden, obgleich er nicht sonderlich elegant oder auch nur sauber in seiner Toilette war. Er war grau, von kleiner magerer Statur und mochte sich wohl stark den Sechszigen nähern. Er sprach in bedächtiger, sicherer Weise, wie wenn er schon lange an solche Geschäfte und Verhandlungen, wie die jetzigen, gewohnt wäre, aber mit sehr entschiednem Konnektikuter Accent. Ich sage Konnektikuter, zur Unterscheidung von dem von Neu-England überhaupt; denn während die östlichen Staaten viele Eigenthümlichkeiten in dieser Hinsicht gemein haben, kann ein feines und geübtes Ohr wohl einen Rhodeislander von Einem aus Massachusetts, und Einen aus Konnektikut von beiden unterscheiden. Als der Redner den Mund aufthat, um gekauten Taback auszuspucken, ehe er ihn öffnete um zu sprechen, hörte ich ein Gemurmel neben mir: „Bscht! da ist der Squire; jetzt werden wir etwas zu hören bekommen!“ Also dies war Mr. Jason Newcome, mein Agent, und der vornehmste Bewohner der Ansiedlung.

„Mitbürger,“ begann Mr. Newcome, „Ihr seyd heute versammelt in einer höchst wichtigen, und ich darf wohl sagen hochernsten Sache – in einer Angelegenheit geeignet alle unsre Geisteskräfte in Anspruch zu nehmen. Euch liegt jetzt ob, Euch zu entscheiden über die Benennung des Kirchengebäudes, das Ihr aufzuführen im Begriffe steht nach einer Kirchengesellschaft, und man kann in gewissem Sinne sagen, daß das Heil Eurer Seelen bei Eurer Entscheidung betheiligt ist. Eure Berathungen sind schon eröffnet mit Gebet, und Ihr steht jetzt im Begriffe zu einer Endabstimmung zu schreiten. Meinungsunterschiede bestehen unter Euch und haben unter Euch bestanden; aber Meinungsverschiedenheiten bestehen überall. Sie gehören zur Freiheit, deren Segnungen sich nicht genießen lassen ohne volle und freie Kundgebung verschiedner Meinungen. Die religiöse Freiheit fordert Verschiedenheit der Meinungen, möchte man sagen, und ohne sie gäbe es keine religiöse Freiheit. Ihr Alle kennt den gewichtigen Grund, der dazu drängt, bald zu einem Entschluß und Beschluß zu kommen. Der Eigentümer des Grundes und Bodens wird diesen Sommer sich bei uns einfinden, und seine ganze Familie hat einen verzweifelten Hang zu einer götzendienerischen Kirche, welche den Meisten von Euch mißfällig ist. Um daher alle möglichen Folgen seiner Einmischung zu verhüten, sollten wir uns sofort entscheiden, und das Haus nicht bloß aufrichten, sondern auch unter Dach bringen, ehe er ankommt. Aber wir sind unter uns selbst etwas getheilt gewesen, und das ist eine andre Sache. Bei den frühern Abstimmungen ergaben sich sechs und zwanzig Stimmen für die Kongregationskirche, fünf und zwanzig für die Presbyterialkirche, vierzehn Methodisten, neun Baptisten, drei Universalisten und ein Episkopale. Nun ist nichts klarer, als daß die Mehrheit entscheiden soll, und daß es die Pflicht der Minderheit ist, sich zu unterwerfen. Meine erste Entscheidung als Moderator war, daß die Kongregationisten eine Mehrheit von Einer Stimme haben; aber da Einige mit dieser Ansicht nicht zufrieden waren, bin ich bereit gewesen, Gründen der Vernunft mein Ohr zu leihen und die Ansicht gelten zu lassen, daß sechs und zwanzig nicht eine

Majorität sey, sondern eine Pluralität, wie man es nennt. Da jedoch sechs und zwanzig oder fünf und zwanzig eine Majorität ist gegenüber von neun, von drei, und von Einer Stimme, man mag diese Zahlen jede für sich oder alle zusammen nehmen, ist Euer Ausschuß der Meinung, daß von Baptisten, Universalisten und Episkopalen sollte abgesehen, und die nächste, jetzt vorzunehmende Abstimmung auf die drei höchsten Zahlen sollte beschränkt werden, das heißt, auf die Kongregationisten, die Presbyterianer und die Methodisten. Jeder hat das Recht zu stimmen für wen er will, vorausgesetzt, daß er für eine dieser drei Ansichten stimme. Ich setze voraus, man habe mich richtig verstanden, und werde jetzt die Frage stellen, wenn nicht ein Gentleman Bemerkungen zu machen hat."

„Mr. Moderator," rief ein wohlbeleibter, herzhaft aussehender Yeoman aus dem Haufen; „ist es der Ordnung gemäß, jetzt zu sprechen?"

„Vollkommen, Sir – Ordnung, Gentlemen, Ordnung – Major Hosmer steht."

Wir standen Alle, wenn auf den Beinen seyn anders stehen heißt; aber das Wort war parlamentarisch und schien wohl verstanden zu werden.

„Mr. Moderator, ich gehöre zur Gemeinde der Baptisten, und ich halte die Entscheidung nicht für gerecht, da sie uns Baptisten nöthigt, für eine Benennung zu stimmen, die uns nicht gefällt, oder gar nicht zu stimmen."

„Aber Ihr werdet zugeben, daß die Mehrheit entscheiden und herrschen soll?" unterbrach ihn der Präsident.

„Gewiß, das gebe ich zu, denn das ist ein Bestandtheil auch meiner Religion," erwiederte der alte Yeoman herzhaft und mit der Miene der vollkommensten Treuherzigkeit – „die Mehrheit muß entscheiden und herrschen; aber ich kann nicht einsehen, daß eine Mehrheit zu Gunsten der Kongregationisten vorhanden seyn soll, so wenig als zu Gunsten der Baptisten."

„Wir wollen noch einmal darüber abstimmen lassen, Major, nur zu Eurer Zufriedenstellung," versetzte Mr. Newcome, mit der Miene großer Aufrichtigkeit und Mäßigung. „Gentlemen, diejenigen von Euch, die dafür sind, daß die Baptisten bei der nächsten Abstimmung über die Benennung nicht mit aufgenommen werden, sollen so gut seyn, die Hände aufzuheben."

Da alle Anwesenden, die nicht selbst Baptisten waren, mit Ja stimmten, wurden neun und sechszig Hände aufgehoben. Dann sammelte man ebenso die Nein, und die Baptisten bekamen wieder ihre neun Stimmen wie zuvor. Major Hosmer erklarte sich jetzt überzeugt, obgleich er ein Gesicht machte, als schiene ihm eigentlich doch das ganze Verfahren nicht ganz in der Ordnung. Da die Baptisten die Stärksten unter den drei ausgeschlossenen Sekten waren, machten die beiden andern aus der Noth eine Tugend und wendeten Nichts ein. Es war eine selbstverstandene Sache, daß sie in der Minderheit waren, und eine Minderheit hat, wie dieß in Amerika nur zu oft der Fall ist, sehr wenig Rechte.

„Es bleibt uns nur noch übrig, Gentlemen," begann der Moderator wieder, der ein Muster von Unterwürfigkeit unter die allgemeine Stimme war; „zwischen den

Kongregationisten, den Presbyterianern und Methodisten durch Abstimmung zu entscheiden. Ich werde zuerst die Congregationisten zur Abstimmung bringen; die für diese Sekte sind, die alte, bestehende Gemeinde von Connektikut, mögen so gut seyn, die Hände aufzuheben.“

Der Ton der Stimme, der schmeichelnde, bittende Ausdruck des Auges, und die Worte: die alte, bestehende Gemeinde von Connektikut offenbarten mir sofort das Geheimniß der Wünsche des Moderators. Zuerst wurden nur vierunddreißig Hände emporgehoben; aber nachdem der Moderator diese gezählt, schaute er sich unter der Versammlung um, bis er durch die Gewalt seiner Blicke wirklich noch drei weitere Hände sich erheben machte, worauf er ehrlich genug verkündigte, die Abstimmung ergebe siebenunddreißig Stimmen für die Congregationisten. So hatten höchst wahrscheinlich elf von den dreizehn, welche den zum Schweigen gebrachten Sekten angehörten, für den Moderator gestimmt. Sodann kamen die Presbyterianer und sie bekamen die Stimmen ihrer Leute und zwei von den Baptisten, zusammen im Ganzen siebenundzwanzig, als man die Hände für sie aufheben hieß. Die Methodisten bekamen nun ihre eignen vierzehn Stimmen.

„Da ganz offenbar scheint, Gentlemen,“ sagte der Moderator, „daß die Methodisten keinen Zuwachs gewinnen, und sie nicht die Hälfte der Stimmenzahl der Congregationisten haben, und viel wenigere als die Presbyterianer, stelle ich es ihrer eignen, wohlbekannten christlichen Demuth anheim, ob sie nicht zurücktreten sollten?“

„Laßt offen darüber abstimmen, wie Ihr gegen uns gethan!“ rief ein Baptist.

„Ist das Euer Wille, Gentlemen? Da ich sehe, daß dem so ist, will ich jetzt abstimmen lassen. Die dafür sind, daß die Methodisten zurücktreten, mögen die Hände emporheben.“

Vierundsechszig Hände wurden emporgehoben und vierzehn waren gegen das Zurücktreten.

„Es ist unmöglich, daß eine Religion sich wehre und aufkomme gegen eine solche Majorität,“ sagte der Moderator mit großer anscheinender Aufrichtigkeit; „und obgleich ich es bedauere, denn ich wünschte aufrichtig, wir wären stark genug, um Versammlungshäuser für jede Sekte in der Welt zu bauen, müssen wir doch, da wir es nun nicht sind, die Dinge nehmen wie sie sind, und die Methodisten müssen zurücktreten. Gentlemen, die Frage beschränkt sich jetzt auf die Congregationisten und die Presbyterianer. Es besteht kein großer Unterschied zwischen ihnen, und es ist tausendmal Schade, daß überhaupt irgend einer besteht. Seyd Ihr gefaßt für die Frage, Gentlemen? Da keine Antwort erfolgt, werde ich zur Abstimmung schreiten.“

Und die Abstimmung erfolgte, und das Ergebniß war: neununddreißig gegen neununddreißig, also Stimmengleichheit. Ich bemerkte wohl, daß der Moderator über dies Ergebniß mißvergnügt war, und vermuthete, er werde noch eine entscheidende Stimme in Anspruch nehmen, außer derjenigen, welche er schon abgegeben hatte; aber da kannte ich meinen Mann nicht. Mr. Newcome vermied allen Schein persönlicher Anmaßung; Majoritäten waren sein Cardinalgesetz und

Majoritäten allein wollte er die Entscheidung übertragen. Wenn er regieren wollte, so war es mittelst Majoritäten. Die Ausübung einer so zufällig übertragenen Macht wie die eines Vorsitzenden Beamten konnte Aerger, Ingrimm und Neid erregen; aber derjenige, der sich auf eine Majorität stützte, durfte gewiß seyn, das Gewicht der öffentlichen Sympathie auf seiner Seite zu haben. Nein – nein – Mr. Newcome hatte nie eine Meinung, die der der Mehrzahl zuwider lief.

Mit Leidwesen muß ich es sagen, daß sehr irrige Begriffe von der Macht der Majoritäten unter uns Wurzeln zu schlagen anfangen. Es ist etwas ganz Gewöhnliches, als ein politisches Axiom die Behauptung aufstellen zu hören: die Majorität müsse herrschen! Dieses Axiom mag unschuldig genug seyn, wenn die Anwendung in gehöriger Weise geschieht; das heißt einfach: in der Beaufsichtigung und Leitung derjenigen Interessen, bei welchen die Entscheidung Majoritäten zugewiesen ist, müssen Majoritäten herrschen; aber Gott verhüte, daß je Majoritäten in allen Dingen entscheiden und herrschen, in dieser Republik oder sonst irgendwo. Ein solcher Zustand würde bald unerträglich werden und die Regierung, welche ihn duldete, zur gehässigsten Tyrannei machen, die man in der Christenheit in der neueren Zeit gekannt hat. Die Regierung dieses Landes besteht in der Geltung und Herrschaft gewisser großen und unbestreitbaren Grundsätze, welche an sich selbst gerecht sind, in den verschiedenen Constitutionen an die Spitze gestellt werden, und unter deren Voraussetzung und Geltung gewisse geringere Fragen, wie dies nothwendig ist, von Zeit zu Zeit der Entscheidung lokaler Majoritäten überlassen werden; und aus dem häufigen Vorkommen dieser Berufungen an Majoritäten hat sich ein Irrthum entwickelt, der nachgerade eine gefährliche Verbreitung gewinnt. Gott verhüte, ich wiederhole es, daß eine rein persönliche Majorität sich die Macht anmaße, welche allein Grundsätzen gebührt!

Mr. Newcome vermied eine Entscheidung, die von ihm als dem Präsidenten auszugehen hätte scheinen müssen; aber dreimal ließ er abstimmen, und jedesmal ergab sich Stimmengleichheit. Jetzt bemerkte ich, daß es ihm ernstlich unbehaglich zu Muthe ward. Diese Festigkeit bewies, daß die Leute ihren Entschluß gefaßt hatten, und daß sie wohl dabei bleiben würden; da die eine Seite offenbar ebenso stark war wie die andere. Die Umstände erheischten eine außerordentliche Anwendung demokratischer Taktik; und da Mr. Newcome in solchen Dingen sehr erfahren war, konnte es ihm nicht schwer werden, mit den einfachen Leuten fertig zu werden, mit welchen er es zu thun hatte.

„Ihr seht, wie die Sache steht, meine Mitbürger. Das Publikum hat sich auf verschiedene Seiten gestellt und sich in zwei Parteien gebildet. Von diesem Augenblick an muß die Sache als eine Parteifrage behandelt und nach Parteigrundsätzen entschieden werden, wiewohl immer die Mehrheit entscheiden und herrschen muß. Oh, Ihr da, Nachbar Willis, wolltet Ihr so gut seyn und einen Schritt machen in mein Haus drüben, und Miß Newcome (so sagen die Neuengländer statt: Mrs. Newcome) bitten, Euch den letzten Band von den Staatsgesetzen zu geben? Vielleicht enthalten sie ein Wort über die Sache."

Nachbar Willis that, wie er gebeten worden, und schritt aus der Versammlung fort. Wie ich nachher erfuhr, war er ein warmer Presbyterianer, und zum Unglück für seine Sekte stand er zufällig so unmittelbar vor dem Moderator, daß nothwendig dessen Auge auf ihn fallen mußte. Ich vermuthete, Squire Newcome werde jetzt eine Abstimmung über die Hauptfrage fordern. Aber ich kannte meinen Mann nicht. Das wäre ein zu handgreiflicher Kniff gewesen, und er hütete sich sorgfältig, einen solchen Mißgriff zu begehen. Er hatte Zeit genug vor sich, denn der Moderator wußte wohl, daß seine Frau nicht so bald ein Buch finden könne, das er einer Magistratsperson auf einer Ansiedlung zwanzig Meilen weit entfernt, geliehen hatte; so daß er kein Bedenken trug, eine kleine Privatbesprechung mit ein Paar seiner Freunde anzuknüpfen.

„Um keine Zeit zu verlieren, Mr. Moderator," sagte Einer von Squire Newcome's Vertrauten, „will ich beantragen, daß es die Meinung dieser Versammlung sey, das Regiment der Kirchen mittelst eines Presbyteriums sey antirepublikanisch, unseren glorreichen Institutionen zuwiderlaufend, und im Widerstreit mit den besten Interessen der Menschheit. Ich stelle die Frage ohne Debatte dem Publikum anheim, da ich mich damit begnüge, die freien unbearbeiteten Gesinnungen meiner Mitbürger über den Gegenstand zu erfahren."

Die Frage ward gehörig unterstützt und zur Abstimmung gebracht, und das Ergebnis war neununddreißig Stimmen für und achtunddreißig dagegen; oder eine Majorität von Einer Stimme für den Satz, daß das Presbyterialregiment antirepublikanisch sey. Das war ein großer Meisterstreich. Nachdem ausgemacht war, es sey den Institutionen zuwider, ein Presbyterium zu haben, war viel dafür gewonnen, eine andere Kirchengesellschaft zur tonangebenden auf der Ansiedlung zu erklären. Keine Religion kann sich gegen die politische Gesinnung in diesem Lande halten, da die Politik tagtäglich die Gemüther der Menschen beschäftigt und sich ihren Taschen fühlbar macht.

Es ist sonderbar genug, daß, während alle Sekten darin übereinstimmen, die christliche Religion komme von Gott und ihre Dogmen seyen zu betrachten und anzunehmen als die Gesetze der unendlichen, ewigen Weisheit, sich so unlogische oder so anmaßende Menschen finden, die sich einbilden, irgend einer, auch nur der geringste ihrer Sätze könne geschwächt werden oder an Stärke gewinnen durch Unvereinbarkeit oder durch Uebereinstimmung mit den Erfindungen und Vorkehrungen menschlicher Institutionen. Ebenso gut könnte man sofort zugeben, das Christenthum sey nicht göttlichen Ursprungs, oder den noch ausschweifenderen Satz aufstellen, die von Gott selbst gegründete Weltökonomie und Ordnung könne irgend wie durch die beschränkten und kurzsichtigen Einfälle und Plane der Menschen verbessert werden. Dennoch kann man sich nicht verhehlen, daß hier ebenso wie anderswo die Kirchen nach den Institutionen, und nicht die Institutionen nach den Kirchen gemodelt und ihnen anbequemt werden.

Nachdem dieser Erfolg errungen war, verfolgte der Vertraute des Moderators seinen Vortheil noch weiter.

„Mr. Moderator," fuhr er fort, „da diese Frage nun ganz einen Parteicharakter angenommen hat, ist es offenbar gehörig, daß die Partei, welche die Mehrheit hat, in ihrem Verfahren nicht gehemmt werde durch die Schritte und Bewegungen der

Minorität. Das Presbyterium ist von dieser Versammlung verworfen worden, und seine Freunde sind jetzt zu betrachten, wie eine bei einer Staatswahl geschlagene Partei. Sie können mit der Regierung Nichts zu schaffen haben. Ich beantrage daher, daß diejenigen, welche dem Presbyterium entgegen sind, unter sich eine Berathung halten, um einen Ausschuß zu ernennen, welcher der Majorität eine Benennung und Ordnung der Kirche vorschlage, die den Bewohnern von Ravensnest genehm seyn mag. Ich hoffe, dieser Antrag wird ohne Debatte zur Abstimmung gebracht werden. Der Gegenstand ist religiöser Art, und es ist unklug, Streit und Kampf zu erwecken über Etwas, das irgend wie mit der Religion zusammenhängt."

Ach, ach! Wie viel Schaden ist der Sache des Christenthums zugefügt, wie sind die Gesetze Gottes und die Vorschriften der ächten Sittlichkeit verletzt worden durch Ausforderungen solcher Art, welche die Absicht haben, die Prüfung und Erörterung zu ersticken und den Schüchternen und Blöden die Entwürfe und Anschläge der Ränkesüchtigen und Betrüger aufzunöthigen! Die Rechtlichkeit ist immer einfach und offen; während der Teufel seine Zuflucht nimmt zu solchen Vorschlägen voll anscheinender Nachgiebigkeit und angeblicher Zugeständnisse, um seine boshaften Plane zu verheimlichen.

Aber der Vorschlag verfing; denn Volksversammlungen, die einmal einem maßgebenden Einfluß unterworfen find, lassen sich so leicht handhaben und lenken, als ein Schiff, das seinem Steuer gehorcht; und die Stärke der Strömung verleiht diesem wesentlichen Theile des Schiffes immer neue Kraft. Demgemäß ward der Antrag unterstützt und zur Abstimmung gebracht. Da keine Debatte stattgefunden, die man als irreligiös dargestellt hatte, war das Ergebniß genau dasselbe wie bei der vorigen Frage. Mit andern Worten, es war eine Majorität von Einer Stimme dafür: gerade die Hälfte der Versammlung, den weggeschickten Mann mit inbegriffen, des Mitsprechens in der Sache für verlustig zu erklären, und zwar dies nach dem Grundsatz: daß die Majorität herrschen müsse. Hieraus begaben sich die Mitglieder der Majorität in das Schulhaus, wo beliebt wurde, einen Ausschuß von sechsundzwanzig Männern niederzusetzen, um der Majorität einen Kirchenordnungsentwurf vorzuschlagen. Dieser Ausschuß, so achtbar seinem Charakter nach und so einflußreich durch seine Zahl, säumte nicht zu handeln. Wie es seinem moralischen Gewicht zustand, erstattete er einmüthig Bericht: die Kirchenordnung der Congregationisten sey die für die Bewohner von Ravensnest zuträglichste. Dieser Bericht wurde durch Zuruf angenommen und der Caukus vertagte sich sine die.

Jetzt berief der Moderator wieder die gesammte Volksversammlung.

„Mr. Moderator." sagte der Vertraute, „es ist Zeit, daß diese Gemeinde zu einem Beschluß komme über die Hauptgrundsätze. Sie ist lange genug in ihren religiösen Gefühlen beunruhigt worden, und weiterer Verzug könnte zu bleibenden, widrigen Spaltungen führen. Daher beantrage ich, daß es die Ansicht dieser Versammlung sey, daß die Bewohner von Ravensnest den heißen Wunsch hegen, das neue Versammlungshaus, welches sofort erbaut werden soll, gewidmet und bestimmt zu sehen für den Gottesdienst der kongregationistischen Kirche, und daß eine solche Kirche organisirt und ein kongregationistischer Pfarrer, wie es sich gebührt, berufen werden solle. Ich hoffe, diese Frage werde, wie alle übrigen, in vollkommner Harmonie und ohne Debatte durchgehen, wie es sich für den ernsten und heiligen Gegenstand geziemt, womit wir beschäftigt sind.“

Die Frage ward gestellt, und die alte Majorität von Einer Stimme ergab sich zu ihren Gunsten. Gerade als der Mr. Moderator im mildesten Tone dies Ergebniß verkündigte, erschien sein Bote in der Versammlung und keuchte heraus: „Squire, Miß Newcome sagt, sie könne das Buch nirgends finden, weshalb sie glauben müsse, Ihr habt es ausgeliehen.“

„Bei meiner Seele, ja so ist es!“ rief der überraschte Moderator. „Es ist nicht auf der Ansiedlung, erkläre ich; aber es hat jetzt Nichts zu bedeuten, da sich eine Majorität in bester Form entschieden hat. Mitbürger, wir haben es mit dem wichtigsten Interesse zu thun, das es für einen Menschen gibt; mit seinem religiösen Zustand, Regiment und Wohlfahrt. Einstimmigkeit ist höchst wünschenswerth in einer solchen Frage; und da vorauszusetzen ist, daß Niemand sich dem Volkswillen widersetzen werde, will ich jetzt die Frage stellen, damit abgestimmt werde zu Gunsten der Erzielung der Einstimmigkeit. Diejenigen, welche für die Congregationisten sind, oder welche lebhaft diese Kirchengesellschaft und die Benennung nach ihr wünschen, mögen die Hände aufheben.“

Etwa drei Viertheile der Hände erhoben sich auf einmal. Das Geschrei: „Einstimmigkeit, – Einstimmigkeit!“ folgte, bis eine Hand nach der andern in die Höhe ging, und ich deren dreiundsiebzig zählte. Die übrigen Abstimmenden blieben bei ihrer Weigerung; aber da von der andern Seite keine Frage gestellt wurde, konnte man sagen, die Abstimmung sey, wo nicht eine einstimmige, doch eine sehr entscheidende gewesen. Der Moderator und zwei oder drei seiner Freunde hielten kurze Reden, worin sie die Freisinnigkeit eines Theils der Bürger belobten und Allen Glück wünschten, worauf die Versammlung vertagt wurde.

Dies waren die Umstände, unter welchen die congregationistische Kirche auf der Ansiedlung Ravensnest auf rein republikanische Grundsätze begründet wurde; die Frage war einmüthig durchgesetzt worden zu Gunsten dieser Sekte, obgleich zweiundfünfzig Stimmen von achtundsiebzig offenbar genug dagegen waren! Aber die republikanischen Grundsätze waren gebührendermaßen beobachtet worden und die Sache war abgemacht; die Leute hatten feierlich entschieden, daß sie sehnlich eine Kirche wünschten, die sie in Wahrheit ganz und gar nicht wünschten.

Keine Beschwerden wurden erhoben – im Augenblick wenigstens nicht. Die Versammlung zerstreute sich, und wie Mr. Newcome durch sie hindurchschritt, mehr mit der Miene und Haltung eines Unterlegenen als eines Siegers, fiel ihm meine Person zuerst in's Auge. Er prüfte mich scharf, und ich bemerkte in seinem Wesen Etwas wie Zweifel und Mißtrauen. Gerade in diesem Augenblick jedoch, und ehe er Zeit hatte, eine Frage an mich zu richten, kam Jaap auf dem Wagen herangefahren, und der Neger war ein alter Bekannter, da er oft auf dem Nest gewesen war und den Squire seit länger als einem Vierteljahrhundert kannte. Dies erklärte auf einmal Alles, und einige Aehnlichkeit, die ich sowohl mit meinem Vater als mit meiner Mutter haben soll, trug wahrscheinlich dazu bei, die Wahrheit noch augenfälliger zu machen.

Mr. Newcome war betroffen – das sah man in seinem Gesicht – aber dennoch behielt er seine Selbstbeherrschung. Er trat zu mir, grüßte mich, und gab mir sogleich zu verstehen, daß er mich kenne.

„Das ist Major Littlepage, vermuthe ich," sagte er. „Ich erkenne großentheils den General in Euch wieder, da ich Euern Vater als jungen Mann kannte; und auch Etwas von Herman Mordaunt, Eurer Mutter Vater, finde ich in Euch. Seit wann seyd Ihr angekommen, Major Littlepage?"

„Erst wenige Minuten," antwortete ich ausweichend. „Ihr seht meinen Wagen und meinen Diener dort, und wir kommen frisch von Albany. Meine Ankunft fällt auf einen glücklichen Augenblick, da alle meine Pächter eben jetzt hier versammelt seyn müssen."

„Nun, ja, Sir, ja; es sind so ziemlich Alle da. Wir haben heute eine kleine Versammlung gehabt, um über die Art und Verfassung unserer Religion, so zu sagen, zu entscheiden. Ich vermuthe, der Major kam erst hier an, als die Sache einen Kopf bekam."

„Ihr habt ganz Recht, Mr. Newcome – die Sache bekam einen Kopf, wie Ihr sagt, ehe ich auf den Platz kam."

Der Squire ward durch diese Antwort sehr beruhigt, denn ohne Zweifel schlug ihn sein Gewissen ein wenig wegen der Anspielung auf mich und die Kirchengemeinschaft, der ich angehörte, welche er sich erlaubt hatte. Was mich betrifft, so that es mir nicht leid, daß ich so bald einen Blick hinter den Vorhang hatte werfen können, was den Charakter meines Agenten betraf. Es war klar genug, daß er in gewissen Dingen sein eignes Spiel spielte, und es konnte leicht nöthig seyn, daß ich nachsah, ob diese seine Neigung sich nicht auch auf andere Gegenstände und Gebiete erstrecke. Zwar war ich entschlossen, ihn zu entfernen, und einen Andern an seine Stelle zu setzen, aber es waren erst lange und verwickelte Rechnungen in's Reine zu bringen.

„Ja, Sir, die Religion ist ein Interesse von der größten Wichtigkeit für die Wohlfahrt des Menschen, und sie ist nur zu lang unter uns vernachläßigt worden," fuhr der Moderator fort. „Ihr seht dort das Gerippe zu einem religiösen Versammlungshaus, dem ersten, das in dieser Ansiedlung begonnen wurde, und es ist unsere Absicht, es diesen Nachmittag aufzuschlagen. Die Bunde sind ganz fertig. Die Hebestangen stehen bereit, und Alles wartet nur auf das Wort, um mit dem Aufrichten zu beginnen. Ihr werdet bemerken, Squire, es war der Klugheit gemäß, bis zu einem gewissen Punkte mit dem Baue vorzuschreiten, ehe wir einen Beschluß faßten über die Zuerkennung an eine Religionsgesellschaft. Bis zu diesem Punkt arbeitete natürlich Jeder so, als arbeitete er für seine Kirche: und wir haben das Wohlthätige dieser Politik erfahren und sich erproben sehen, da, wie Ihr Euch überzeugen könnt, die Dielen gehobelt, die Fenster gemacht und mit Glas versehen, das Holz zu den Kirchenstühlen bearbeitet, und Alles fertig ist, um zusammengesetzt zu werden.

Sogar die Nägel und die Farben sind angeschafft und bezahlt. Mit Einem Wort, es ist Nichts mehr zu thun übrig, als zusammenzusetzen, die letzte Hand anzulegen und zu predigen."

„Warum habt Ihr aber nicht das Gebäude aufgerichtet und die letzte Hand angelegt, wie Ihr es nennt, ehe Ihr zu der Abstimmung über Annahme eines Kirchenregiments schrittet, die Ihr, wie ich finde, so eben vorgenommen habt?"

„Das wäre etwas zu weit gegangen gewesen. Major, – ein klein Wenig zu weit. Wenn Ihr Einem eine zu starke Handhabe gebt, so läßt er sie manchmal gar nicht wieder fahren. Wir haben die Sache unter uns besprochen, und beschlossen, die Frage zu stellen, ehe wir weiter gingen. Alles ist glücklich abgelaufen, und wir haben einstimmig beschlossen, uns für die congregationistsche Kirche zu entscheiden. Einmüthigkeit ist ein großer Segen in der Religion!"

„Fürchtet Ihr nicht ein Nachlassen im Eifer in Folge dieses Verfahrens? Keine Weigerung, für Zimmerleute, Anstreicher und Priester mitzubezahlen?"

„Nicht viel – ein wenig vielleicht; aber es wird Nichts zu bedeuten haben, sollte ich meinen. Euer großmüthiges Beispiel, Major, hat seinen Einfluß geübt, und wird, wie ich nicht zweifle, viel wirken."

„Mein Beispiel, Sir? Ich verstehe Euch nicht, Mr. Newcome, denn ich habe nie von der Kirche vernommen, bis ich Eure Worte in Betreff derselben, als Leiter dieser Versammlung, gehört habe."

Squire Newcome stockte etwas, räusperte sich, nahm eine Extraportion Taback zum Kauen in den Mund, und dann fühlte er sich dem Versuche gewachsen, eine Antwort zu geben.

„Ich sage Euer Beispiel, Sir; obgleich die Ermächtigung zu dem, was ich gethan, von Eurem geehrten Vater, dem General Littlepage, herrührte, aus der Zeit vor der Revolution schon. Kriegszeiten, wißt Ihr, Major, sind keine Zeiten, Versammlungshäuser zu bauen; so beschlossen wir, die Sache aufzuschieben bis zum Frieden. Frieden haben wir jetzt und unser Ende naht rasch heran; und ich dachte, wenn das Werk überhaupt ausgeführt werden, und dieser Generation noch zu Gute kommen sollte, so müsse es jetzt geschehen. Ich hoffte, es werde in dem Hause noch vor Eurer Ankunft gepredigt werden, und wir würden Euch überraschen können mit dem erfreulichen Schauspiel einer Gott dienenden Gemeinde auf Eurem Gute. Hier ist Eures Vaters Brief, aus welchem ich vor einer halben Stunde den Leuten einen Abschnitt vorgelesen habe."

„Ich hoffe, die Leute haben immer Gott angebetet und ihm gedient, wenn auch nicht in einem ausdrücklich hiefür erbauten Hause. Mit Eurer Erlaubniß will ich den Brief lesen."

Diese Urkunde trug das Datum 1770, also vierzehn Jahre vor der Zeit, wo das Gebäude wirklich aufgeführt, und fünf Jahre ehe die Schlacht bei Lexington geliefert wurde. Ich war etwas überrascht hierüber, las aber weiter. Unter Anderem fand ich, daß mein Vater eine allgemeine Bewilligung eines Vorschusses von 500 Dollars an seine Pächter ausgesprochen hatte, behufs der Erbauung eines Gebäudes zum Gottesdienste, wobei er sich, als mein Vormund, eine Stimme bei der Wahl der kirchlichen Gemeinschaft vorbehielt, welcher die Kirche sollte überwiesen werden. Ich kann hier auch bemerken, daß ich, als ich die Pachtverträge untersuchte, fand, daß Credite im vollen Betrag jener Summe im Jahr 1770 gegeben worden waren, und daß das Geld, oder was für Geld galt, der Erlös von Arbeit, Bodenerzeugnissen, Vieh, Butter, Käse u. s. w. die ganze seitherige Zeit über in Mr. Newcome's Händen geblieben, ohne Zweifel zu seinem großen Vortheil. So war vermöge einer späten Benützung und Verwendung des großmüthigen Geschenks meines Vaters der Agent seiner Sache ziemlich gewiß, den ganzen Handel durchsetzen zu können, vorausgesetzt selbst, daß Einige von den Leuten bei der neuerlich erfolgten Entscheidung sich störrisch zeigen sollten.

„Und das hiezu angewiesene Geld ist an den Ort seiner Bestimmung gelangt?“ fragte ich, als ich den Brief zurückgab.

„Jeder Heller ist so hinausgegangen, Major, oder wird bald hinausgehen. Wenn die erste Congregationistenkirche von Ravensnest steht, könnt Ihr das Haus mit dem genugthuenden Bewußtseyn ansehen, daß Euer Geld Vieles beigetragen hat zu dem guten Werke seiner Erbauung. Welch ein entzückendes Gefühl muß das erwecken! Es muß ein großer Segen für Landbesitzer seyn, wenn sie sich sagen können, wie viel von ihrem Gelde ihren Mitmenschen zu Gute kommt!“

„Bei mir sollte dies allerdings der Fall seyn, da ich von meinem Vater gehört und in der That selbst auch aus den mir abgelegten Rechnungen gesehen habe, daß nicht ein Dollar Rente je die Ansiedlung verlassen hat, um in die Tasche des Eigenthümers des Gutes überzugehen, – ja, daß die baaren Auslagen meines Großvaters, noch zu den ersten Kosten des Patentes hin, sehr beträchtlich waren.“

„Ich läugne das nicht, Major, ich läugne das nicht. Es ist ganz wahrscheinlich. Aber Ihr werdet erwägen, was der Geist des öffentlichen Fortschrittes erheischt; und Ihr Gentlemen Landbesitzer erwartet natürlich von künftigen Generationen Euren Lohn – ja, Sir, von künftigen Generationen. Dann wird die Zeit kommen, wo die vermietheten Ländereien nutzbar werden und Ihr werdet Euch der Früchte Eurer Großmuth erfreuen.“

Ich verbeugte mich, antwortete aber Nichts. Mittlerweile hatte der Wagen das Gasthaus erreicht, Jaap schaffte den Koffer und das andere Gepäcke heraus. Ein Gerücht hatte sich unter den Leuten verbreitet, ihr Pachtherr sey angekommen, und einige der älteren Pächter, diejenigen, welche Herman Mordaunt – wie sie Alle meinen Großvater nannten, – gekannt hatten, versammelten sich um mich, mit einer offenen, freimüthigen Herzlichkeit, in welcher sich Neigung und Wohlwollen mit Achtung mischte. Sie wünschten meine Hand zu fassen. Ich schüttelte die Hände mit Allen, welche kamen, und kann mit Wahrheit sagen, daß ich an jenem Tage keines Mannes Hand in der meinigen hielt, ohne das Gefühl, daß das Verhältniß zwischen Grundherr und Pächter ein solches sey, welches wohlwollende und vertrauensvolle Gesinnungen erwecken sollte. Das Besitzthum Ravensnest war mir durchaus nicht nothwendig zu einer behaglichen Existenz; und ich war in der

That ganz geneigt, wo nicht von künftigen Generationen, doch von einer spätern Zeit die Vortheile zu erwarten, welche es mir bringen konnte. Ich bat die Leute zu mir herein, bestellte eine Schüssel Punsch, denn zu jener Zeit war ein Trunk die unerläßliche Begleitung jeder Bewillkommnung, und bestrebte mich, bei meinen neuen Freunden mich beliebt zu machen. Ein Schwarm Weiber, von welchen ich noch nicht gesprochen, wartete mir auch auf; und ich mußte die Ceremonie durchmachen, mir viele von den Frauen und Töchtern von Ravensnest vorstellen zu lassen. Im Ganzen war die Begegnung freundlich und mein Empfang warm.

## Zehntes Kapitel

Trag's durch Unrecht, Sorge, Schmerz,
Feucht vom Thau der Jugend Dein Herz,
Um den Mund der Wahrheit Lächeln.

*Longfellow*

Die Ceremonie des Vorstellens war noch nicht halb abgemacht, als laut und lärmend die Aufforderung zu den Hüftstangen des Versammlungshauses ertönte. Auf diesen Ruf begab sich die ganze Gesellschaft weg; denn das Aufschlagen eines Hauses ist auf dem Lande ein zu wichtiger Vorfall, als daß man es versäumen dürfte. Ich benützte die Gelegenheit, um einige Befehle zu geben, meine persönliche Bequemlichkeit betreffend, worauf ich mich selbst auch nach der Scene gegenwärtiger Arbeit und künftiger congregationistischer Erbauung begab.

Jedermann in Amerika, einige wenige eingefleischte Stadtsöhnchen ausgenommen, hat schon das Aufschlagen eines Hauses gesehen. Die meisten Leute haben es wohl hundertmal gesehen, und ich für meinen Theil glaube mit ziemlicher Sicherheit behaupten zu können, daß ich es bis diesen Tag tausendmal gesehen habe. In dem gegenwärtigen Falle fanden lebhafte Beglückwünschungen unter den Yeomen statt, weil das Gerüste „so gut zusammengekommen sey." Auch mir gratulirte deßhalb der herzhafte alte Rhodeisländer, mein Collega Major, indem er mich versicherte: „Er könne nicht die Klinge seines Messers, und es sey doch gar kein großes Messer, in irgend eine Fuge hineinstecken. Und was noch mehr ist, Squire," – da der stämmige Yeoman selbst Major war, obgleich nur bei der Miliz, wäre dieser Titel für seinen Grundherrn nicht vornehm genug gewesen, – „und was noch mehr ist, Squire, man sagt mir, kein einziges Stück sey probirt worden, bis wir selbst diesen Nachmittag die Bünde zusammengelegt! Nun hatte ich weiter unten im Lande nie so Etwas gesehen; aber hier oben arbeiten die Zimmerleute nach dem Winkelmaß, wie sie es nennen, und recht schnelle Arbeit machen sie damit!" Diese Rede deutete das Wesentliche eines der Mittel an, wodurch die „neuen Gegenden" mit den alten gleichen Schritt zu halten strebten, wie ich bei weitern Erkundigungen erfuhr.

Es dürfte nicht unpassend seyn, das Aussehen des Platzes zu beschreiben, wie ich bei dem neuen religiösen Versammlungshause anlangte. Der größte Theil des „Volkes“ hatte seine Stellung bei dem ersten Bunde oder Fache eingenommen, fertig zum Aufheben, während zuverlässige Männer am Fuße des Postens oder Ständers standen mit Hebeeisen, schweren Aexten und andern passenden Werkzeugen, die zu haben waren, versehen, bereit, diese wesentlichen Stützen unverrückt zu erhalten; und von der sichern Festigkeit dieser Personen hingen die gesunden Glieder und das Leben derer ab, welche das Holzwerk aufrichteten. Da dies Bauwerk größer war als gewöhnlich, war auch die Gefahr gesteigert, sowie das dringende Bedürfniß, Leute zu haben, auf die man sich verlassen konnte, sich um so fühlbarer machte. Vor einem Posten insbesondere schienen aus einem mir nicht bekannten Grunde alle die zuverläßigen Männer Scheue zu tragen, und Jeder erklärte, er halte einen Andern für geeigneter, denselben einzunehmen, als sich selber. Der Werkführer oder „Boß,“ – dies Wort hatte von Manhattan seinen Weg bis hinauf nach Ravensnest gefunden, – rief, es solle einer diesen schwierigen Posten einnehmen, da nichts mehr die Arbeit aufhalte, als der Mangel eines Mannes auf demselben; und Einer sah den Andern an, in Erwartung, wer vortreten werde, als plötzlich ein Geschrei sich erhob: „der Kettenträger! – der Kettenträger! – da kommt der Mann, den wir brauchen!“

Und wirklich kam der alte Andries Coejemans, frisch aussehend, aufrecht, kräftig und festen Schrittes, obgleich er schon sein siebenzigstes Lebensjahr hinter sich hatte. Mein alter Kriegskamerade hatte beinahe alle Zeichen seines militärischen Berufs abgelegt, obgleich die Märsche und Exercitien von acht Jahren nach einer Frist von nur 12 Monaten nicht ganz in der Haltung und dem Gang eines Mannes sich verläugnen konnten. Das Einzige, was den gewesenen Soldaten verrieth, außer der Haltung, war die Art und Weise, wie mein ehemaliger College Kapitän seinen Zopf geflochten und gebunden trug. Andries trug seine eigene Haare; das machte seine Lebensart in den Wäldern von frühen Jahren an nothwendig; aber er hatte es nun lange in einer Art militärischen Zuschnitts gebunden, und dieser Art blieb er auch jetzt noch treu. In andern Beziehungen hatte er sich ganz in einen Waldbewohner umgewandelt. Er trug ein Jagdhemd, wie ich; Ledergamaschen, Moccasins, und eine Mütze von Häuten ohne den Pelz. Aber diesen Anzug, weit entfernt den wohlthuenden Eindruck seines noch so frischen Alters zu schwächen, trug vielmehr dazu bei, ihn zu erhöhen. Andries Coejemans maß immer noch, mit siebzig Jahren, seine sechs Fuß, denn er war so aufrecht als mit zwanzig Jahren; und weit entfernt, daß sein Körper von den Unbilden des Alters gelitten hätte, schien er durch Alles, was er ausgestanden, nur noch mehr abgehärtet und gekräftigt. Sein Kopf war schneeweiß, während sein Gesicht die rothe, wettergebräunte Farbe der Gesundheit und des Lebens im Freien an sich trug. Das Gesicht war immer ein schönes gewesen, denn seinen kühnen und männlichen Zügen war ein ganz ungewöhnlicher Ausdruck von Aufrichtigkeit und Wohlwollen aufgeprägt.

Der Kettenträger konnte mich nicht sehen, bis er auf das Gerüste trat. Da aber konnte man nicht im Zweifel seyn über den Ausdruck seines Gesichts, welches Freude und freundschaftliche Theilnahme verrieth. Ueber das Zimmerholz schreitend mit dem Schritt eines Mannes, der längst gewohnt ist, unter Gefahren aller Art zu wandeln, ergriff er meine Hand und drückte sie mit einer Kraft, die den guten Zustand seiner Muskeln und Sehnen verrieth. Ich sah eine Thräne in seinem Auge blinken; denn wäre ich sein Sohn gewesen, er hätte mich, glaube ich, nicht inniger lieben können.

„Mordaunt, mein Junge, Ihr seyd herzlich willkommen!“ sagte mein alter Kriegskamerade. „Ihr seyd diesen Leuten über den Hals gekommen, bilde ich mir ein, wie die Katze herbeischleicht, die Mäuse zu überraschen; aber ich hatte Kunde von Eurem Kommen, und ging einige Meilen die Straße hinab Euch entgegen. Wie oder wo Ihr an mir vorbeikämet, das weiß ich mir nicht zu erklären; denn ich habe nichts von Euch noch von Eurem Wagen gesehen.“

„Und doch sind wir Beide da, mein trefflicher alter Freund, und höchst glücklich fühle ich mich, Euch wieder zu sehen. Wenn Ihr mich in das Gasthaus begleiten wollt, können wir behaglicher uns besprechen.“

„Genug, genug für den Augenblick junger Kamerad. Die Arbeit steht ein wenig still, weil meine Hand fehlt; tretet von dem Gerüste weg, Junge, und laßt uns dies Gebälke aufrichten, dann stehe ich Euch zu Diensten, eine Woche oder ein Jahr lang.“

Freundliche Blicke tauschend und den warmen, herzlichen Händedruck wiederholend, schieden wir für jetzt; ich verließ das Gerüste, während der Kettenträger sich sofort an den Fuß des wichtigen Pfosten oder Ständers begab, an die Stelle, welche kein Anderer einnehmen wollte. Dann begann ohne weiteren Verzug die ernste, mühevolle Arbeit, einen Bund aufzurichten. Diese Arbeit ist selten ganz ohne Gefahr; und im vorliegenden Falle, wo die Kraft der Männer nicht ganz im Verhältniß stand mit der Wucht des Zimmerholzes, verdoppelte sich die Anforderung der Festigkeit und Zuverläßigkeit an jeden Einzelnen. Meine Aufmerksamkeit ward sofort angezogen von dem Geschäft, das ich beginnen sah, und einige Minuten lang dachte ich kaum an etwas Anderes. Die Frauen hatten sich, so nahe, als der Vorsicht gemäß war, an den Platz gezogen, wo ihre Gatten, Brüder und Liebhaber alle Muskeln und Nerven anstrengten; und eine tiefe, ängstliche Stille herrschte unter der ganzen Schaar, welche in buntem ländlichem Putze prangte, der sich freilich weder durch Geschmack noch Feinheit sonderlich auszeichnete. Doch hatte diese Gruppe von Frauen wenig Plumpes, Gemeines oder Unweibliches an sich, wenn sie auch nicht eben viel an sich hatten, was bei einer ähnlichen Versammlung heutigen Tages dem Auge als anziehend erscheinen und auffallen würde. Die Verbesserung in der Tracht und in der äußern Erscheinung der Frauen und Töchter der Landleute ist binnen der letzten fünf und zwanzig Jahre eine sehr merkliche gewesen. Reichlich die Hälfte der bei dieser Gelegenheit Versammelten trugen kurze Röcke (Juppen), eine Tracht die beinahe ganz verschwunden ist; und die Reitkissen, die man auf dem Rücken beinahe aller Pferde sah, welche an den nahen Zäunen angebunden waren, zeigten, in welcher Weise sie den Weg hieher gemacht hatten.

Die Kalicos jener Zeit waren theuer und unzierlich; und es erforderte viel Geld, wenn eine Frau in einem Aufzug erscheinen wollte, der auch für das ungeübteste Auge anziehend gewesen wäre. Dennoch fanden sich viele hübsche Mädchen unter dieser Gruppe von ängstlichen Gesichtern, mit schwarzen und blauen Augen, – mit blonden, schwarzen und braunen Haaren, und von den verschiednen Bildungen und Farben, in welchen weibliche Schönheit bei jugendlichen Personen erscheint.

Ich schmeichle mir, so hübsch gewesen zu seyn als die meisten jungen Männer meines Alters und Standes, und glaube, daß ich bei gewöhnlichen Gelegenheiten mich schwerlich vor dieser Gruppe von Mädchen hätte zeigen können, ohne einige ihrer Blicke auf mich zu ziehen. Aber das war nicht der Fall, als ich von dem Gerüste wegtrat, welches jetzt Aller Augen auf sich zog. Dorthin und auf die es Umgebenden waren alle Augen, all die ängstlichen Gesichter gewandt, mich selbst mit eingeschlossen. Es war ein Augenblick voll des tiefsten Interesses für Alle: und am meisten für diejenigen, welche nur fühlen konnten und nicht handeln. Auf das gegebene Wort machten die Männer eine gleichzeitige Anstrengung, und sie hoben den obern Theil des Bundes oder Faches von dem Holz empor, worauf er lag. Es war leicht zu sehen, daß die Arbeiter, so kräftig und willig sie waren, doch gerade genug zu thun und zu heben hatten. Knaben jedoch standen bereit mit kurzen Latten, die sie aufrecht unter den Bund schoben, und so hatten die Männer Zeit, Athem zu schöpfen. Ich fühlte einige Beschämung, in einem solchen Augenblick Nichts zu thun zu haben; aber da ich fürchtete, eher zu hindern und zu schaden, als zu nützen, hielt ich mich entfernt und verharrte in der Rolle eines bloßen Zuschauers.

„Jetzt, ihr Männer,“ sagte der ›Boß‹, der seine Stellung da genommen hatte, wo er das Ganze übersehen konnte, „wollen wir uns wieder zum Heben bereit machen. Alle auf einmal – das macht die Arbeit leicht! Seyd Ihr fertig? A – uff! A – u – f!“

Die starken Männer hoben tüchtig, und das mit so viel Raschheit und Einsicht, daß das massive Holz so hoch als ihre Köpfe emporgehoben wurde. In dieser Höhe blieb es nun, wieder wie zuvor durch kurze Pflöcke unterstützt und gehalten.

Jetzt kamen die Hüftstangen zur Anwendung. Dies ist immer der schwierigste Augenblick einer solchen Aufrichtung und die Männer trafen demgemäß ihre Vorkehrungen. Kurze Pfähle wurden zuerst unter den Balken gebracht, indem man die stumpfen Enden in die Fundamentgruben trieb, und Einige der stärksten Männer stellten sich auf Blöcke, um die Kraft ihrer Arme unmittelbar zu versuchen.

„Seyd Ihr fertig, ihr Männer?“ schrie der Boß. „Das ist unser schwerster Bund und wir kommen mit frischen Kräften daran. Habt wohl Acht auf den Fuß eines jeden Ständers – Kettenträger, ich verlasse mich auf Euch – Euer Posten ist der Königsposten vom ganzen Gerüste; wenn der stürzt, stürzt Alles. Macht Euch fertig, ihr Männer! auf! auf! – jetzt Alle zusammen – auf! – Er hebt sich – auf! noch mehr Hebestangen! – an das Gerüst, Knaben – schafft Stützen herbei – auf, auf – hinein mit Euren Stützen – so, schöpft ein wenig Athem, Ihr Leute!“

Es war Zeit, Athem zu schöpfen, in der That; denn die Anstrengung war furchtbar hart gewesen. Der Bund hatte sich jedoch emporgehoben und bildete jetzt, wie zuvor von Stützen gehalten, einen Winkel von etwa fünfzehn Graden mit der Fläche des

Gebäudes, so daß außer den Ständern Nichts mehr im Bereich der Hände war. Die Hebestangen mußten das Uebrige thun, und die Bewältigung der nächsten zehn Grade erforderte voraussichtlich den größten Kraftaufwand. Bis jetzt war Alles gut gegangen und das einzige Mißliche war die Gewißheit, die man erlangt hatte, daß die vorhandene Kraft kaum hinreichte, ein so schweres Gebälke hinaufzubringen. Indessen ließ sich dem nicht abhelfen, denn alle Anwesenden, die irgend von Nutzen seyn konnten, außer mir, hatten ihre angewiesene Stelle. Ein gut aussehender, halb genteeler junger Mann, dessen Tracht zu zwei Drittheilen nach dem Wald und zu einem Drittheil nach der Stadt aussah, war hinter der Schaar der Weiber hervor und auf das Gerüst getreten, und hatte seinen Posten an einer Hebestange eingenommen. Der uneingeweihte Leser muß wissen, daß diejenigen, welche ein Gebäude aufschlagen, nothwendigerweise gerade unter dem Zimmerholz stehen, das sie emporheben, und daß ein Sturz sie mit einer furchtbaren Gefahr, erschlagen zu werden, bedroht. Es stürzen manchmal Bunde auf die Arbeiter herab; und die Folge ist beinahe sicheres Verderben derjenigen, welche von dem Zimmerholze getroffen werden. Trotz der Gefahr und der Schwierigkeit im gegenwärtigen Falle behielt doch die gute Laune die Oberhand, und einige Scherze wurden losgelassen auf Kosten der Congregationisten und des Moderators.

„Gebt die Versicherung, Squire," rief der herzhafte alte Rhode-Isländer, „gelegentlich auch von den anderen Kirchengesellschaften hineinzulassen, so werdet Ihr sehen, wie leicht die Balken hinaufgehen. Das Presbyterium hält verzweifelt an und zurück!"

„Ich hoffe," versetzte der Mr. Moderator, „Niemand ist doch wohl der Meinung, es bestehe nicht religiöse Freiheit auf dieser Ansiedlung. Gewiß – gewiß – andere Kirchengesellschaften können sich jederzeit dieses Hauses bedienen, wenn es nicht von den rechten Eigenthümern benützt wird."

Diese Worte „rechte Eigenthümer" waren nicht glücklich gewählt; je stärker das Recht, desto weniger hat die unterliegende Partei Lust, davon zu hören. Trotzdem zeigte sich keine Neigung, sich wegzuschleichen und der Arbeit zu entziehen; und zwei oder drei von den Dissenters nahmen auf der Stelle ihre Rache durch Ausfälle auf den Moderator. Fürchtend, es möchte des Geschwätzes zu viel werden, erneuerte der Boß seinen Ruf, und forderte Alle auf, der Arbeit ihre Aufmerksamkeit zuzuwenden.

„Laßt uns Alle miteinander angreifen, ihr Männer," sagte er. „Wir sind jetzt an dem schwersten Punkt angelangt und müssen beharrlich seyn wie gut eingeübtes Vieh. Wenn jeder Mann auf dem Gerüste nur Eine Minute seine Schuldigkeit thut, so wird das Härteste vorüber seyn. Ihr seht diese aufgerichtete Stütze hier, mit dem Knaben Tim Trimmer daneben; hebt nun nur den Bund so hoch empor, daß Timmy das Ende der Stütze darunter einschieben kann, so wird Alles gut und sicher seyn. Seht nach dem unteren Ende der Stütze, Tim; ist sie fest und gut eingerammt?"

Tim bejahte es; aber zwei oder drei von den Männern gingen und untersuchten es genau, und nachdem sie einiges geändert, versicherten auch sie den Werkführer oder Boß, sie könne nicht weichen. Dann ward eine kurze Ansprache gehalten, in welcher Alle ermahnt wurden, ihr Möglichstes zu leisten, und Jeder insbesondere erinnert wurde an die Nothwendigkeit, bei dem ihm anvertrauten Posten auszuharren. Nach dieser Rede erhoben die Männer die Hebestangen und stellten sich an ihre Plätze. Das Schweigen der Erwartung trat ein.

Bis jetzt hatte kein Zeichen, kein Blick, kein Wort den Wunsch oder die Erwartung angedeutet, daß ich mich auch in die Reihen stellen sollte. Ich will gestehen, daß ich eine innere Regung spürte, es zu thun; denn wer kann seine Mitgeschöpfe alle Muskeln und Nerven anspannen und anstrengen sehen, ohne von menschlichem Mitgefühl ergriffen zu werden? Aber der Gedanke an militärischen Rang und an meine Privatstellung behauptete nicht nur sein Recht, sondern übte auch Einfluß auf meine Gefühlsweise. Ich trat dem Gerüste ein paar Schritte näher, setzte aber den Fuß nicht darauf.

„Fertig, ihr Männer," rief der ›Boß‹, „zum letzten Mal Alle zusammen auf das Wort – jetzt ist die Zeit – Holz her – auf – auf!"

Die armen Bursche hoben, was sie konnten, und es war nur zu sichtlich, daß sie wankten unter dem ungeheuren Druck des massiven Bundes. Ich trat auf das Gerüste, gerade in der Mitte oder auf die gefährlichste Stelle, und stemmte mich mit all meiner Kraft an einer Hebestange an.

„Hurrah!" schrie der Boß, „da kommt der junge Grundherr! – auf, auf! thue Jeder sein Bestes! – auf! auf!"

Wir hoben, was wir konnten, und wir brachten den Bund einige Fuß höher hinauf, aber noch fehlten ein paar Zoll dazu, daß die neuen Stützen ihn packen konnten. Zwanzig Stimmen schrieen jetzt, Jeder solle auf seinem Posten sein Möglichstes thun, denn Jedermann fühlte die Wichtigkeit der Kraft auch nur eines Knaben. Der Boß eilte wie ein Mann herbei, uns zu helfen; und jetzt glaubte Tim, die Stütze würde stehen bleiben, auch ohne daß er sie halte, verließ sie und eilte au eine Hebestange. In Folge dieses Mißgriffs senkte sich die Stütze ein wenig auf die Seite, so daß sie nichts nützen konnte. Mein Gesicht stand so, daß ich diesen gefährlichen Umstand bemerkte; und ich spürte, daß die auf mir persönlich lastende Wucht mit jedem Augenblick bleiähnlicher wurde. Daraus merkte ich, daß unsere Kraft unter dem Druck des gewaltigen Bundes zu erliegen drohe. "Hebt, ihr Männer, so lieb euch euer Leben ist, hebt!" rief der Boß, wie Einer, der im Todeskampfe liegt.

Der Ton seiner Stimme klang mir wie der Ton der Verzweiflung. Hätte uns in diesem Augenblick ein einziger Knabe im Stiche gelassen, – und wir hatten ihrer zwanzig auf dem Gerüste, so hätte die ganze Masse Zimmerholz auf uns herabstürzen müssen. Man rede mir nicht von einem Angriff gegen eine Batterie! Was ist dies, verglichen mit der Lage, in welcher wir uns befanden, für menschliche Nerven? Das Nachlassen, das Erlahmen eines Muskels bei dieser angestrengt hebenden und sich anstemmenden Menschenmasse wäre unser Aller Verderben gewesen. Fürchterliche, grauenvolle zwanzig Sekunden folgten; und gerade wie ich die Hoffnung aufgegeben hatte, stürzte ein junges weibliches Wesen aus dem bangen, kreideweißen Haufen der Weiber hervor, welche mit Schrecken und Todesangst zusahen, die man sich leichter vorstellen als schildern kann, ergriff die

Stütze und rückte sie zurecht gegen den Bund. Nur ein Zoll fehlte noch, bis sie hineinpaßte, aber wie diesen Zoll gewinnen? Jetzt erhob ich meine Stimme, und rief den ermattenden Männern zu, noch einmal zu heben. Sie gehorchten; und ich sah das muthige Mädchen mit den treuen zuverläßigen Augen und der festen Hand die Stütze genau da, wo es nöthig war, einsetzen. Alle auf dieser Seite des Bundes empfanden augenblicklich die Erleichterung, und Einer um den Andern zog sich vorsichtig, unter dem Rahmen hervor, zurück, bis nur diejenigen noch zurück waren, welche die andere Seite emporhielten. Wir eilten diesen zu Hülfe und hatten bald eine Anzahl Stützen eingestellt, worauf Alle sich zurückzogen, und athemlos und schweigend die Gefahr betrachteten, der sie entgangen waren. Ich für meine Person empfand tiefe Dankbarkeit gegen Gott für diese Rettung.

Dieser Vorfall machte einen tiefen Eindruck. Jedermann erkannte lebhaft die Gefahr, welcher man ausgesetzt gewesen, und welches Verderben die Ansiedlung hätte betreffen können. Ich hatte nur mit flüchtigem Blicke das seltene Geschöpf erschaut, dessen Entschlossenheit, Einsicht und Geistesgegenwart so viel für uns Alle gethan hatte; und sie schien mir das reizendste Wesen ihres Geschlechts, das meine Augen je gesehen. Ihre Gestalt insbesondere war die Vollkommenheit selbst, – gerade die rechte Mitte zwischen weiblicher Zartheit und derber Gesundheit, oder gerade so viel von letzterer, als ohne den leisesten Schatten von Plumpheit möglich war; und das Wenige, was ich von ihrem Gesicht sah, das beinahe versteckt war von einem Gewühl von Locken, die man wohl goldene nennen durfte, schien mir in wunderbarem Einklang mit dieser Gestalt zu stehen. Auch hatte die Handlung, die sie verrichtet hatte, durchaus nichts männliches oder unziemliches, was irgend dem weiblichen Charakter ihrer Erscheinung hätte Eintrag thun können. Es war eine entschlossene, nützliche, und in gewissem Sinne wohlthätige Handlung; aber ein Knabe hätte sie, was die physische Kraft anlangt, eben so gut verrichten können. Dieselbe erheischte vielmehr Kaltblütigkeit, Einsicht und Muth, als irgend männliche Leibesstärke.

Es ist möglich, daß bei der lebhaften Empfindung der Gefahr, in welcher wir Alle schwebten, meine Einbildungskraft den Eindruck der holden Erscheinung gesteigert und idealisirt haben mag, welche gleichsam wie ein von Oben gesandter Bote gekommen war uns zu retten. Aber auch noch wie ich da stand, keuchend in Folge der Anstrengung, dergleichen ich selbst ganz gewiß in meinem Leben nie sonst bestanden, erschöpft, beinahe athemlos, und fast unvermögend zu stehen, sah mein Geistesauge nichts als die bewegliche Gestalt, den leichten, elastischen Schritt, die goldnen Locken, die von der Aufregung geröthete Wange, den reizenden, in Entschlossenheit sich fest zusammenziehenden Mund, und das ganze Wesen, die Haltung und die That selbst geweiht und verklärt von der Hingebung, der Bereitwilligkeit und Lieblichkeit ihres Geschlechts. Als meine Pulse regelmäßiger schlugen und mein Herz zu pochen aufhörte, schaute ich mich um nach dieser wunderbaren Erscheinung, sah aber Niemand, der auch nur entfernt Anspruch darauf machen konnte, dafür zu gelten, mit ihr verwandt zu seyn. Die Weiber hatten sich zusammengedrängt, wie ein verschüchterter Trupp Hühner, und thaten Ausrufungen, indem sie die Hände empor hielten, und sich den Aeußerungen des

Schreckens und der Bestürzung überließen, wie sie bei ihrem Geschlecht und in ihrer Klasse gewöhnlich sind. Die Vision befand sich gewiß nicht unter der Gruppe, sondern war so plötzlich verschwunden, als sie erschienen war.

In diesem Zeitpunkt trat der Kettenträger hervor und übernahm das Kommando. Ich bemerkte wohl, wie aufgeregt er war, – gerührt, wäre vielleicht der richtigere Ausdruck, – aber trotz dem war er fest und bestimmt in seinen Befehlen. Auch gehorchte man ihm mit einer Bereitwilligkeit, die mich hoch erfreute. Die Befehle des Boß hatten keinen solchen Eindruck gemacht, wie die jetzt von dem alten Andries ausgehenden; und ich fühlte in der That selbst eine Lust, ihnen Folge zu leisten, wie ich achtzehn Monate früher gethan haben würde, als er als ältester Kapitän unsers Regiments auf dessen rechtem Flügel stand.

Der Werkführer trat ohne Murren das Kommando an den Kettenträger ab. Selbst Squire Newcome fühlte offenbar, daß Andries ein Mann war, der in gewissem Sinne die Gemüther der Ansiedler besser zu lenken und zu beherrschen vermochte, als er selbst. Kurz, Jeder horchte auf ihn, Jeder schien zufrieden und vergnügt, und Jeder leistete seinen Befehlen Folge. Auch nahm mein alter Freund keineswegs seine Zuflucht zu den Mitteln der Schmeichelei, die in Amerika so gewöhnlich sind, wenn man Menschen auf dem Lande in Ordnung zu halten und zu lenken sucht. In den Städten, und wo man geordnete Körperschaften und Schaaren zu befehligen hat, hat man von der Autorität des Befehlenden so richtige Begriffe als nur irgendwo in der Welt; aber im Innern und besonders unter den Leuten, welche an die Art von Neu-England gewohnt sind, haben sehr wenige Männer so viel Ansehen, daß sie geradezu sagten: „John, thut dieß!“ oder „John thut das;“ sondern es heißt da: „Johnny, wolltet Ihr nicht dieß thun?“ oder: „Johnny, meint Ihr nicht, es wäre gut Ihr thätet das?“ Der Kettenträger hatte nichts von diesem lächerlichen, unverständigen Wesen an sich. Er nannte die Dinge mit ihrem rechten Namen; und wenn er einen Spaten brauchte, so verlangte er keine Haue. Die Folge hievon war, daß man ihm gehorchte; denn in tausend Fällen ist das Befehlstalent den Menschen ebenso unentbehrlich, als irgend eine andere Eigenschaft.

Alles war bald wieder bereit, und die Männer waren etwas anders aufgestellt, als sie zuvor gewesen. Diese Aenderungen hatte der Kettenträger getroffen, welcher die Mechanik praktisch vortrefflich verstand, besser vielleicht, als wenn er ein Mathematiker ersten Ranges gewesen wäre. Das Befehlswort, zu heben, ward gegeben, als wir Alle an den Hebestangen waren; und der Bund ging hinaus, wie von einer unwiderstehlichen Kraft getrieben. Das war die Wirkung von des alten Andries' Befehlstalent und Uebung, denn in Folge hievon hob nicht nur Jeder die Last mit all seiner Kraft empor, sondern auch Alle zu gleicher Zeit. Ein Fach in perpendikularer Lage wird leicht bewältigt; und dann ward verkündigt, daß die schwerste Arbeit vorüber sey. Die andern Bunde waren viel leichter; und nachdem einmal einer ausgerichtet war, diente er als eine Hülfe, die übrigen hinaufzubringen, die man Anfangs nicht gehabt hatte.

„Die Kongregationisten haben es durchgesetzt,“ schrie der alte Rhode Isländer lachend, sobald der Bund mit seinen Stützen fest stand, „mit Hülfe des Kettenträgers und noch einer Person, die ich nicht nennen will! Nun, die Reihe wird auch einmal an uns kommen; denn Ravensnest ist ein Ort, wo die Leute sich nicht mit einer Religion begnügen werden. Ein Land ist übel daran, das nur Eine Religion hat; die Priester werden faul und die Bekenner lau!“

„Darauf dürft Ihr Euch verlassen,“ erwiederte der Kettenträger, welcher sichtlich Anstalten machte, das Gerüste zu verlassen; „Ravensnest wird in kurzer Zeit so viele Religionen bekommen, als mißvergnügte Geister da sind; und sie werden noch manches Haus aufrichten und noch mehr Priester nöthig haben.“

„Gedenkt Ihr uns zu verlassen, Kettenträger? Es sind noch mehr Pfosten zu halten und noch mehr Fächer aufzurichten.“

„Das Schwerste ist vorüber, und Ihr habt für das, was noch zu thun übrig ist, ohne mich Kraft genug. Ich muß jetzt nach dem Grundherrn sehen. Geht an Eure Arbeit, Ihr Männer; und wenn Ihr könnt, seyd eingedenk, daß Ihr in diesem Hause ein Wesen anzubeten habt, welches weder Kongregationist noch Presbyterianer ist, noch irgend etwas von dem, was Gegenstand Eurer Streitigkeiten und Einbildungen ist. Squire Newcome wird Euch alles angeben, was das gelehrte Zeug betrifft, und der Zimmermann kann für den übrigen Tag ganz gut den Boß machen.“

Ich war überrascht über die Kaltblütigkeit, womit mein alter Freund Ansichten und Gesinnungen aussprach, welche in solcher Umgebung sich nicht viele Gunst versprechen durften, und über die Achtung, mit welcher man seine gar nicht sonderlich verbindlichen Worte aufnahm. Aber, wie ich mich nachher überzeugte, Andries erwarb sich allgemeine Achtung durch seine anerkannte Rechtschaffenheit; und seine Meinungen hatten ein Gewicht, weil er ein Mann war, der gewöhnlich sagte: „ Kommt, Jungen!“ und seine Befehle nicht mit den Worten anfing: „ Geht, Jungen!“ dieß war sein Charakter und Ruf beim Herrn gewesen, wo er in seinem kleinen Kreise als ein Mann bekannt war, bereit, sich immer selbst an die Spitze zu stellen. Sodann war Andries ein Mann von gediegener Wahrhaftigkeit; und ein solcher Mann, wenn er den moralischen Muth hat, seinen natürlichen Regungen und Gefühlen gemäß zu handeln, und dabei Vorsicht und Bescheidenheit genug, sich in den Grenzen der gemeinen Klugheit zu halten, gewinnt allmählig einen großen Einfluß über diejenigen, mit welchen er zu verkehren hat. Die Menschen achten immer und überall solche Eigenschaften, wie wenig sie auch selbst sie ausüben mögen.

„Kommt, Morty, mein Junge,“ sagte der Kettenträger, sobald wir aus der Menge heraus waren. „Ich will Euer Führer seyn und Euch unter ein Dach geleiten, wo Ihr Herr und Meister seyd.“

„Ihr meint doch wohl nicht das Nest?“

„Das Nest, und nichts Anderes. Das alte Haus sieht, wie wir alten Soldaten, ein wenig rostig und mürb aus, und vom Dienst mitgenommen; aber es ist behaglich, und ich hab' es für Euch herrichten lassen, Junge. Eures Großvaters Einrichtung ist noch dort; und Frank Malbone, Dus und ich haben es zu unserem Hauptquartiere gemacht, seit wir hier in der Gegend sind. Ihr wißt, ich habe von Euch Vollmacht dazu.“

„Gewiß, und auch die, Euch alles dessen zu bedienen, was mein ist. Aber ich hatte geglaubt, Ihr habet Euch förmlich eine Hütte gebaut in den Wäldern von Mooseridge.“

„Das ist auch schon geschehen: manchmal sind wir hier und manchmal dort. Meine Neger sind in der Hütte; aber Frank und Dus und ich sind herüber gekommen, um Euch hier in der Gegend willkommen zu heißen.“

„Ich habe einen Fuhrmann hier und meinen eignen Schwarzen – laßt mich nach der Herberge gehen und Befehl geben, daß sie sich für uns in Bereitschaft setzen.“

„Mordaunt, Ihr und ich, wir sind gewohnt, uns unsrer Füße zu bedienen. Der Soldat marschirt hin und her, ohne einen Wagen, ihn zu führen, den läßt er bei der Bagage und der Bagagewache.“

„So kommt nur, alter Andries; ich bin Euer Kamerad, zu Fuß oder zu Pferd. Es kann nur ein Weg von drei oder vier Meilen seyn, und Jaap kann uns mit den Koffern nach Bequemlichkeit folgen.“

Ein Wort dem Neger gesagt, war Alles, was nöthig war, obwohl er und der Kettenträger sich beim Wiedersehen wie alte Freunde begrüßten. Jaap war während des ganzen Krieges beim Regiment gewesen, bald als Diener meines Vaters, bald die Muskete tragend, bald auch als Führer eines Gespanns, und gegen das Ende seiner militärischen Laufbahn als m e i n Diener und Begleiter. Daher betrachtete er sich als eine Art Soldat, und er hatte sich auch bei sehr vielen Gelegenheiten als einen sehr tüchtigen bewährt.

„Ein Wort, ehe wir aufbrechen, Kettenträger,“ sagte ich, als der alte Andries und Jaap mit ihrer Begrüßung fertig waren; „ich begegnete dem Indianer, den Ihr Sureflint zu nennen pflegtet, in den Wäldern, und wünsche ihn mitzunehmen.“

„Er ist vorausgegangen, um Euern Besuch anzukündigen,“ antwortete mein Freund. „Ich sah ihn schon vor einer halben Stunde in raschem Trabe die Straße dahin eilen. Er ist jetzt wohl schon in dem Nest.“

Es war Nichts mehr zu sagen oder zu thun übrig, und wir machten uns auf den Weg, während die Leute emsig beschäftigt zurückblieben, das übrige Gerüste aufzuschlagen. Ich hatte Gelegenheit, zu bemerken, daß meine Ankunft weit weniger Aufsehen auf der Ansiedlung erregte, als wohl der Fall gewesen seyn würde, wenn nicht das religiöse Versammlungshaus theilweise die Aufmerksamkeit von mir ab und auf sich gezogen hätte. Beide Begebenheiten waren in gleichem Maße etwas Neues und Fremdes. Obgleich in einem christlichen Lande geboren und in christlicher Lehre aufgewachsen, hatten doch sehr Wenige von denen, die auf dem Gute Ravensnest wohnten und unter fünfundzwanzig Jahren alt waren, je ein Gebäude gesehen, das zum Behufe christlicher Andacht und Gottesverehrung erbaut war. In der That waren im Jahr 1784 im Innern von New-York solche Gebäude etwas Seltenes. Albany hatte, glaube ich, nur zwei; die Hauptstadt mag ein Dutzend gehabt haben; und die meisten der größern Orte besaßen wenigstens eines; aber mit Ausnahme der alten Grafschaften und da und dort eines Fleckens am Mohawk, konnte sich der neue Staat nicht vieler solcher „stummen Finger, zum Himmel hinauf deutend," rühmen, die in seinen Wäldern emporstiegen, ebenso viele Mahner an die künftige Welt und an das ernste, wichtige Ende des Lebens. Natürlich empfanden Alle, die nie eine Kirche gesehen hatten, das lebhafteste Verlangen, Gestalt und Verhältnisse der jetzt emporsteigenden beurtheilen zu können, und während der Kettenträger und ich an der Gruppe von Frauen vorbei kamen, hörte ich einige gutaussehende Mädchen ihre Ungeduld aussprechen, Etwas von dem zu erwartenden Kirchthurm zu sehen, während auf mich kaum ein Blick fiel.

„Nun, mein alter Freund, da sind wir wieder bei einander auf einer öffentlichen Straße marschirend," bemerkte ich. „aber nicht in der Absicht; gegenüber von einem Feinde ein Lager zu beziehen."

„Ich hoffe nicht." erwiederte Andries trocken, „obgleich nicht Alles Gold ist was glänzt. Wir haben einen harten Kampf bestanden, Major Littlepage; ich hoffe, er werde zu einem guten Ende führen."

Ich war etwas überrascht über diese Bemerkung, aber Andries war in seinen Erwartungen und Hoffnungen nie sanguinisch. Als ein ächter Holländer betrachtete er mit besonderem Mißtrauen die Einwanderungen aus den östlichen Staaten, die, wie ich ihn oft hatte sagen hören, keine glücklichen Ergebnisse haben könnten.

„Alles wird sich am Ende schicken, Kettenträger," versetzte ich, „und wir werden die Früchte unserer Mühen und Gefahren ernten. Aber wie kommt Ihr auf dem Ridge fort, und Wer ist Euer Landvermesser?"

„Die Dinge gehen auf dem Ridge ihren ganz ordentlichen Gang, Mordaunt, denn d o r t – da ist keine Seele, Einem Unruhe und Unlust zu machen. Wir haben Euch eine Karte gefertigt von zehntausend Acres, in Loostheile von je hundert Acres zerfallend, die, das darf ich wohl sagen, so ehrlich und sorgsam vermessen sind, als nur irgend welche zehntausend Acres im Staate. Wir haben zunächst an diesem Gute angefangen, und Ihr könnt mit den Verleihungen auf Eures Vaters Grund und Boden den Anfang machen, sobald es Euch nur beliebt."

„Und der Frank Malbone, von dem Ihr geschrieben, besorgte die Leitung der Vermessung?"

„Er hat meine Vermessungen verarbeitet und berechnet, Junge, und ganz genau und richtig sind sie, dafür will ich stehen. Dieser Frank Malbone ist der Bruder von Dus, – das heißt, ihr Halbbruder, denn mein Neffe ist er nicht. Dus, wißt Ihr, ist nur eine Halbnichte von mir, dem Blute nach; aber der Liebe nach ist sie meine ganze Tochter. Was Frank betrifft, so ist er ein guter Kerl; und obgleich dies sein erstes Geschäft ist als Vermesser, kann man sich doch auf ihn so zuversichtlich verlassen, als auf irgend einen andern Menschen auf der Welt."

„Es hätte Nichts zu sagen, wenn auch einige Mißgriffe vorkämen, Andries; Land ist in dieser Gegend nicht so kostbar wie Diamanten; es ist genug da für uns Alle, und wir haben noch viel übrig. Etwas Anderes wäre es, wenn daran Mangel wäre; so aber, wie es ist, gebt nur immer dem Pächter oder dem Käufer ein reichliches Maß. Eine erste Vermessung kann nur wenig Verlust oder Gewinn zur Folge haben, während Vermessungen bei alten Gütern eine Menge Unlust im Gefolge haben."

„Und Prozesse genug!“ setzte der Kettenträger hinzu, mit dem Kopfe nickend. „Um Euch aufrichtig meine Meinung zu sagen, Mordaunt, ich wollte lieber ein Geschäft auf einer holländischen Ansiedlung übernehmen um's halbe Geld, als eine Linie ziehen zwischen zwei Yankees um die doppelte Bezahlung. Bei den Holländern zünden die Eigenthümer ihre Pfeifen an, und rauchen, während man an der Arbeit ist; aber die Yankees suchen die ganze Zeit da ein Stückchen abzuschneiden, und dort ein Bißchen zu gewinnen; so daß Einer all sein Gewissen zusammennehmen muß, um zwischen ihnen ehrlich und billig eine Linie zu ziehen.“

Da ich wußte, daß das Vorurtheil des Kettenträgers über diesen Punkt eine seiner schwachen Seiten war, gab ich dem Gespräch eine neue Wendung, indem ich es auf politische Begebenheiten lenkte, von welchen er, wie mir bekannt war, gerne sprach. Wir wanderten weiter, über verschiedene dahin einschlagende Gegenstände uns besprechend, beinahe eine Stunde lang, als ich mich ganz plötzlich meinem eigenen Hause nahe sah. In der Nähe gesehen hatte das Gebäude doch mehr Form und Festigkeit, als es von der Höhe aus gesehen zu haben geschienen; und ich fand die Obstgärten und Wiesen um dasselbe herum frei von Baumstumpen und Anderem, was dem Auge wehe thut, und in gutem, geordnetem Zustand. Doch hatte das Gebäude von Außen einigermaßen das Ansehen eines Gefängnisses, weil keine Fenster und Oeffnungen da waren, als die Thüre. Als wir letztere erreichten, welche mehr ein Thor als ein gewöhnlicher Hauseingang war, blieben wir einen Augenblick stehen, um uns umzusehen. Wie wir da standen, auf die Felder hinausschauend, glitt eine Gestalt durch die Oeffnung und Sureflint befand sich an meiner Seite. Kaum war er neben mir, als die Töne derselben schönen, metallreichen weiblichen Stimme, indianische Worte zu einer europäischen Melodie singend, sich vernehmen ließen, die ich aus dem Fichtendickicht hervor, in dem Nachwuchs des Waldes, gehört hatte. Von dem Augenblick an vergaß ich meine Felder und Obstgärten, vergaß den Kettenträger und Sureflint, und konnte an Nichts mehr denken, als an den außerordentlichen Umstand, daß ein eingebornes Mädchen eine solche Kenntniß unserer Musik besitze. Der Indianer selbst schien bezaubert und rührte sich nicht, bis der Gesang oder die Verse zu Ende waren. Der alte Andries lächelte, wartete, bis die letzte Strophe gesungen war, sprach mit Nachdruck den Namen „Dus“ aus, und winkte mir, ihm in das Gebäude zu folgen.

## Eilftes Kapitel

Beatrice.
Die Schuld wird an der Musik liegen, Muhme, wenn er nicht zur rechten Zeit um Dich anhält. Wenn der Prinz zu ungestüm wird, so sag' ihm: man müsse in jedem Dinge Maß halten; und so verlange die Antwort.

*Viel Lärm um Nichts*

„Dus!“ wiederholte ich vor mich hin. – „Also das ist Dus, und kein Indianermädchen; des Kettenträgers Dus; der Priscilla Bayard Dus; und Sureflint's Zaunkönig!“

Andries mußte theilweise diese Worte gehört haben; denn er blieb gerade im Hofe stehen, in welchen hinein das Thor führte, und sagte:

„Ja, das ist Dus, meine Nichte. Das Mädchen ist wie ein Spottvogel, und faßt die Gesänge aller Sprachen und Völker rasch auf. Sie ist gut bewandert im Holländischen und schmilzt mir ganz das Herz. Mordaunt, wenn sie ihre Kehle aufthut, um eines unserer schwermüthigen holländischen Lieder zu singen; und die englischen trägt sie auch so vor, wie wenn sie keine andere Sprache verstünde.“

„Aber dies Land war indianisch – die Worte wenigstens waren in der Mohawk- oder Oneida-Sprache.“

„In der Onondago-Sprache – es ist wenig oder kein Unterschied zwischen diesen. Ja, Ihr habt ganz Recht; die Worte sind indianisch, und sie sagen mir, die Musik sey schottisch. Woher sie aber kommen mag, sie geht Einem recht zu Herzen, Knabe.“

„Wie kam Dus – wie kam Miß Ursula – das heißt, Eure Nichte, dazu, einen indianischen Dialekt verstehen zu lernen?“

„Habe ich Euch nicht schon gesagt, sie sey ein vollkommner Spottvogel und ahme Alles nach, was sie hört? Ja, Dus würde einen so guten Vermesser abgeben, als ihr Bruder ist, wenn sie es nur acht Tage probirte. Ihr habt schon von mir gehört, wie viel ich vor dem Kriege unter den Stämmen gelebt habe, und da war Dus bei mir. Auf diese Art hat sie die Sprache aufgeschnappt, und was sie einmal gelernt hat, vergißt sie nie wieder. Dus ist eine halbe Wilde, weil sie so viel in den Wäldern gelebt hat, und Ihr müßt deshalb nachsichtig gegen sie seyn; aber sie ist ein kapitales Mädchen und der höchste Stolz meines Herzens.“

„Sagt mir noch Eines, ehe wir in das Haus treten; – singt sooft noch Jemand hier herum Indianisch? – hat Sureflint Frauen bei sich?“

„Nein! – der Mann hat nichts zu schaffen mit Squaw's. Was Eure Frage betrifft, ob hier Jemand Indianisch singe, kann ich nur sagen, ich habe nie von Jemand gehört.“

„Aber Ihr habt mir gesagt, Ihr seyet diesen Morgen die Straße hinabgegangen mir entgegen; waret Ihr da allein?“

„Keineswegs: – wir gingen Alle; Sureflint, Frank, Dus und ich. Ich dachte, es sey schicklich gegen einen Grundherrn, Mordaunt, daß man ihm einen herzlichen Willkomm bereite; obgleich Dus ein wenig rebellirte und sagte, Grundherr oder nicht, es sey nicht schicklich, daß ein junges Mädchen einem jungen Manne entgegen gehe. Ich wäre wohl auch selbst dieser Meinung gewesen, wenn nicht Ihr es gewesen wäret, mein Junge; aber Euch gegenüber konnte ich nicht so fremd thun, wie man es wohl gegen einen herumstreichenden Yankee thäte. Ich wünschte Euch mit der ganzen Familie zu bewillkommen; aber ich will Euch nicht verhehlen, wie abgeneigt Dus war, von der Gesellschaft zu seyn.“

„Aber Dus war also doch dabei! Es ist sehr sonderbar, daß wir uns nicht begegneten!“

„Weil Ihr nun einmal davon sprecht, ich glaube, es kam Alles von einem Anschlag dieses schlauen Mädels her! Ihr müßt wissen, Mordaunt, nachdem wir eine Strecke weit die Straße hinab gewandert waren, beredete sie uns, in ein Dickicht von Fichten zu treten, um einen Mund voll Speise zu uns zu nehmen; und ich glaube, die listige Hexe that dieß, damit Ihr unbemerkt vorbeipassiren möchtet und sie ihre weibliche Würde wahrte.“

„Und aus diesem Dickicht von Fichten hervor kam Sureflint, gerade nachdem Dus, wie Ihr sie nennt, oder vielmehr Miß Ursula Malbone, wie ich sie betiteln muß, eben dieß Lied gesungen hatte?“

„Waret Ihr so nahe bei uns, Knabe, daß Ihr das gehört habt, und wir mußten Euch verfehlen! Das Mädel sang eben dasselbe Lied; ja, ich erinnere mich, und ein süßer, guter Gesang ist es. Ihr sie Miß Ursula Malbone nennen? Warum solltet Ihr sie nicht Dus nennen, so gut wie Frank und ich?“

„Aus dem einfachen Grunde, weil Ihr ihr Oheim seyd, und Frank ihr Bruder ist, ich aber ihr völlig fremd bin.“

„Pah, pah, Morty: das heißt gar zu wunderlich und ängstlich seyn. Erstlich bin ich nur ein Halboheim, und Frank ist nur ein Halbbruder; und ich glaube gewiß, Ihr werdet ihr ganzer Freund werden. Sodann seyd Ihr für Keines von der Familie ein Fremder, das kann ich Euch sagen, Junge; denn ich habe so viel von Euch geschwatzt, daß Beide, der Knabe und das Mädel Euch schon fast so sehr lieben wie ich.“

Der gute, ehrliche, aufrichtige alte Andries! Welch ein unangenehmes Gefühl verursachte er mir, als er mich in das Geheimniß einweihte, daß ich Personen entgegentreten sollte, welche seit zwölf Monaten seine parteiischen Erzählungen von mir angehört hatten! Es ist so schwer, Erwartungen zu entsprechen, die auf solche Art rege gemacht worden sind; und ich will gestehen, daß ich angefangen, in Beziehung auf diese Dus einigermaßen meine Unbefangenheit zu verlieren. Der Gesang hatte mir im Ohr geklungen von dem Augenblick an, wo ich ihn zuerst gehört; und jetzt, nachdem er eine Beziehung gewonnen auf die Ursula Malbone der Priscilla Bayard, war Jene in der That für meine Einbildungskraft eine sehr furchtbare Person geworden. Aber ich konnte nicht mehr zurück, wenn ich es auch gewünscht hätte; und ein Zeichen von mir bedeutete dem Kettenträger, mich weiter zu führen. Dem Mädchen mußte ich nun doch einmal Stirn gegen Stirn gegenüber treten, und je eher es geschah, desto besser.

Das Nesthaus, wie meine bescheidene Residenz genannt wurde, war seiner Zeit eine Feste oder „Garnison“ gewesen, und hatte drei Seiten eines Parallelogramms gebildet, so, daß alle seine Fenster und Thüren auf den Hof hinaus gingen. Auf der vierten Seite waren die Ueberreste von Pfahlwerk oder Palisaden, aber größtenteils vermodert und zerbrochen, und als Umzäunung ganz nutzlos, weil das Gebäude am Rand eines niederen Felsen stand, welcher für sich schon eine genügende

Schutzwache gegen die Einbrüche von Vieh, und eine nicht unbedeutende gegen die von Menschen bildete.

Das Innere des Nesthauses war weit einladender als das Aeußere. Die Fenster gaben dem Hof ein lebendiges und heiteres Ansehen, wodurch auf einmal, was zuvor nur als ein Haufe von Blöcken und Scheitern, in Form eines Gebäudes aufgeschichtet, erschienen, in eine wirthliche und bewohnte Behausung umgewandelt ward. Eine Seite dieses Hofes jedoch war viel sauberer und hatte ein viel behaglicheres Aussehen als die andern; und nach der ersten hin führte mich Andries. Ich wußte, daß mein Großvater Mordaunt einige Gemächer in diesem Bau für seinen Privatgebrauch hatte einrichten lassen, und daß nie Befehl gegeben worden war, die herbeigeschafften Einrichtungsstücke zu entfernen oder zu veräußern. Es überraschte mich daher nicht, als ich mich beim Eintreten in das Haus in Zimmer versetzt sah, die zwar keineswegs reich oder heiter möblirt und eingerichtet, aber doch ganz anständig mit den meisten Artikeln versehen waren, die man bei einem gewissen Grade von verfeinerter Lebensweise für nothwendig hält.

„Wir werden Dus hier finden, glaube ich gewiß,“ bemerkte der Kettenträger, indem er eine Thüre aufstieß, und mir bedeutete hineinzutreten. „Geht hinein und schüttelt dem Mädel die Hand, Mordaunt; sie kennt Euch schon ganz gut, Namen und Natur, wie Einer sagen könnte.“

Ich trat hinein und erblickte ein paar Schritte mir gegenüber das schöne Mädchen mit den goldnen Haaren von der Scene des Hausaufschlagens, – sie, die uns Alle gerettet hatte, daß das Zimmerholz uns nicht erschlug, durch eine Entschlossenheit und Raschheit des Handelns, welche ebenso von Muth wie von Gewandtheit zeugte. Sie trug dieselbe Kleidung, in welcher ich sie zuerst gesehen, obgleich die Verschiedenheit der Beschäftigung und Umgebung allerdings ihrem Wesen und Ausdruck einen ganz andern Charakter lieh. Ursula Malbone war jetzt ruhig beschäftigt eines der groben, gewürfelten Taschentücher zu säumen, deren sich zu bedienen ihren Oheim seine Armuth nöthigte, oder doch veranlaßte, und dergleichen ich eines erst noch vor einer Minute in seinen Händen gesehen hatte. Bei meinem Eintreten stand sie auf, und erwiederte ernst aber nicht unhöflich meine Verbeugung mit einem tiefen Knix. Keines von Beiden sprach, obgleich die Grüße getauscht wurden wie zwischen Personen, welche keiner gegenseitigen Vorstellung bedürfen, um einander zu kennen.

„Ei wie!“ begann jetzt der alte Andries mit seinem stärksten holländischen Accent, „das ist wahrhaftig nicht die rechte Art zwischen zwei so alten Freunden. Komm her, Dus, Mädel, und gieb Deine Hand Mordaunt Littlepage, welcher gewissermaßen wie ein Sohn von mir ist.“

Dus gehorchte, und ich hatte die Freude, eine weiche sammtene Hand einen Augenblick in der meinigen zu halten. Ich empfand eine nicht zu beschreibende Genugthuung, als ich ihre Hand wirklich so weich fand, weil dieser Umstand mir die Versicherung gab, daß die Noth sie noch nicht zu irgend einer der Arbeiten getrieben hatte, welche für Frauen von besserem Stande nicht passen. Ich wußte, daß Andries Sklaven hatte, sein einziger Besitz in der That außer seinem Kompaß, seinen Meßketten und seinem Schwert, wozu etwa noch einige Waffen und einige grobe Haushaltungsstücke kommen mochten; und diese Sklaven, alt und verwittert, wie sie nunmehr seyn mußten, ersparten vermutlich seiner Nichte die Verrichtung von Arbeiten und Dienstleistungen, welche sich nur für das Gesinde eignen.

Obgleich ich so die Hand von Ursula Malbone gewann, konnte ich doch ihr Auge nicht gewinnen. Sie wandte das Gesicht nicht weg, sie heuchelte auch keine Kälte, aber sie war nicht unbefangen und behaglich. Ich konnte leicht wahrnehmen, daß es ihr lieber gewesen wäre, wenn ihr Oheim gestattet hätte, daß die Begrüßung sich auf Verbeugungen und Knixe beschränkt hätte. Da ich das Mädchen nie zuvor gesehen und daher Nichts hatte thun können, sie zu beleidigen, schob ich Alles auf falsche Schaam und auf eine Verlegenheit, natürlich genug bei einem Wesen, das sich in eine Lage versetzt fand, so wesentlich verschieden von derjenigen, in welcher sie vor Kurzem sich befunden. Ich verbeugte mich auf ihre Hand, gab ihr vielleicht einen leisen Druck, um dem Mädchens Sicherheit und Zuversicht einzuflößen und wir ließen einander wieder los.

„Nun, Dus, habt Ihr eine Tasse Thee für den Grundherrn – ihn in seinem eigenen Hause damit zum Willkomm zu bewirthen?“ fragte Andries, vollkommen zufrieden mit dem anscheinend so freundschaftlichen Verhältniß, das er zwischen uns begründet zu haben glaubte. „Der Major hat einen für Friedenszeiten langen Marsch gemacht, und würde wohl gern einige Erquickung einnehmen“.

„Ihr nennt mich Major, Kettenträger, während Ihr für Eure Person Euch weigert, denselben Titel anzunehmen.“

„Ja, dazu habe ich auch Grund genug. Ihr könnt es wohl erleben, General zu werden; Ihr werdet wahrscheinlich einer seyn, ehe Ihr dreißig Jahre alt werdet: aber ich bin jetzt ein alter Mann und werde nie eine andere Uniform mehr tragen, als die ich jetzt wieder anhabe. Ich fing in der Welt an unter diesem Corps, Morty, und ich werde meine Laufbahn schließen in demselben Rang, mit welchem ich begann.“

„Ich glaubte, Ihr seyet ursprünglich ein Geometer gewesen, und habet dann zur Meßkette Euch gewendet, weil Ihr keinen Geschmack an den Ziffern fandet. Ich meine, das von Euch selbst gehört zu haben.“

„Ja, das ist die Wahrheit. Ziffern und ich taugten nicht zusammen; auch mag ich sie mit siebzig Jahren so wenig, als ich sie mit siebzehn leiden mochte. Ja, Frank Malbone, der Bruder von Dus hier, das ist ein Junge, der ein natürliches Geschick dafür hat, und er wird mit einer Masse Figuren und Zahlen fertig, wie Euer Vater ein Bataillon durch einen Laufgraben führen würde. Die Meßkette zu tragen, das ist mein Geschmack; das gibt dem Geiste hinlängliche Beschäftigung; aber Ehrlichkeit ist die Haupteigenschaft für den Kettenträger. Man sagt: Figuren und Zahlen können nicht lügen, Mordaunt, aber von den Meßketten ist das nicht wahr; die lügen manchmal verzweifelt.“

„Wo ist Mr. Francis Malbone? Es würde mich freuen, seine Bekanntschaft zu machen."

„Frank ist drüben geblieben, um ihnen zu helfen beim Aufschlagen des Hauses. Er ist ein tüchtiger, stämmiger Bursch, wie Ihr, und kann hülfreiche Handreichung thun; und dabei hat er, der arme Kerl! nicht seine Würde als Grundherr zu behaupten."

Ich vernahm einen leisen Seufzer von Dus und drehte unwillkührlich den Kopf um; denn sie war gerade hinter meinem Stuhl mit ihrer Arbeit beschäftigt. Das wackere Mädchen erröthete, als schäme sie sich dieser Schwäche, und zum ersten Mal in meinem Leben hörte ich ihre Stimme, mit Ausnahme des Gesangs des indianischen Liedes. Ich sage, ich hörte ihre Stimme, denn es war ein Ereigniß, das wohl verdient, berichtet zu werden. Eine angenehme Stimme ist bei beiden Geschlechtern ein höchst schätzbares Geschenk der Natur. Aber die süßen Töne von Ursula Malbone waren Alles, was auch das verwöhnteste Ohr sich nur wünschen mochte, – voll, reich, melodisch, und gerade von der Höhe und Tiefe, welche dem Geschmack am meisten zusagt, weil sie Einem den sichern Eindruck einer echt weiblichen Gemüthsart und wohlgeregelter Lebensgewohnheiten macht. Ich verabscheue eine schrille, hohe weibliche Stimme mehr als eine gellende Männerstimme, während man Verachtung empfindet gegen solche, die die Worte nur so murmeln, um sich den Schein zu geben, als besäßen sie eine feine Bildung, wovon eben dies das Gegentheil beweist. Einfache, deutliche, geregelte Aussprache ist einem Mann oder einer Frau von Welt und Bildung unerläßlich; alles Andere läßt sie gemein oder geziert erscheinen.

„Ich hoffte," sagte Dus, „das übelangelegte Bauwesen sey fertig und im Reinen, und ich würde Frank in ein paar Minuten hier sehen. Ich war überrascht, Euch so emsig für die Presbyterianer arbeiten zu sehen, Oheim Kettenträger!"

„Ich könnte das Compliment erwiedern, und sagen: ich war überrascht, Euch dasselbe thun zu sehen, Miß Dus! Zudem soll die Kirche nach den Congregationisten benannt werden und nicht nach den Presbyterianern; und die Einen sind so wenig nach Eurem Geschmack, als die Anderen."

„Das Wenige, was ich that, war für Euch und Frank und – Mr. Littlepage, so wie für die übrigen Alle unter dem Gerüst."

„Wahrlich, Miß Ursula," sagte ich jetzt, „wir Alle sind Euch herzlichen Dank schuldig für Eure rechtzeitige Hülfe, und ich hoffe auch, wir zollen ihn Euch Alle aufrichtig. Wäre das Gebälke herabgestürzt, Viele von uns wären getötet und noch Mehrere verstümmelt worden."

„Es war eine nicht sonderlich weibliche That," erwiederte das Mädchen, wie mir schien, etwas bitter lächelnd; „aber man gewöhnt sich in den Wäldern daran, sich nützlich zu machen."

„So seyd Ihr also wohl dem Leben im Walde abhold?" wagte ich zu fragen.

„Gewiß nicht. Ich lebe gern überall, wo ich in der Nähe von Oheim Kettenträger und Frank seyn kann. Sie sind mir Alles, seitdem meine treffliche Beschützerin und Beratherin nicht mehr ist; und ihre Heimath ist meine Heimath, ihre Freude meine Freude, ihr Glück das meinige.“

Dies hätte können in einer Art gesprochen werden, daß es hätte verdächtig und sentimental erscheinen mögen, aber dem war nicht so. Im Gegentheil, es war in der Aufwallung des Gefühls gesprochen und kam vom Herzen. Ich erkannte aus der zufriedenen, vergnügten Miene Andries', daß er seine Nichte verstand, und wohl wußte, wie fest er sich auf den wahrhaftigen Charakter derjenigen verlassen konnte, die so sprach. Das Mädchen selbst aber scheute im Augenblick, wo sie ihren Gefühlen so den Lauf gelassen, gleichsam davor zurück, wie wenn sie sich schämte, Empfindungen offen dargelegt zu haben, welche im Heiligthum ihrer Brust hätten bewahrt bleiben sollen. Da ich sie nicht in Noth bringen wollte, gab ich dem Gespräch eine andere Richtung, um sie sich selbst zu überlassen.

„Mr. Newcome scheint ein geschickter Bearbeiter und Lenker der Menge zu seyn,“ bemerkte ich. „Er wußte mit großer Gewandtheit den sechsundzwanzig Congregationisten, die er auf seiner Seite hatte, den Schein zu verschaffen, als bildeten sie die Majorität der ganzen Versammlung, während sie in Wahrheit nur ein Drittheil der Anwesenden ausmachten.“

„Laßt den Jason Newcome deshalb ungeschoren!“ rief Andries aus. „Er kennt die Menschen, sagt er, und ganz gewiß hat er eine eigene Kunst, mit diesen Leuten Märsche und Gegenmärsche zu machen, gerade wie und wohin es ihm beliebt, während er sie dabei immer im Glauben erhält, sie thun ganz, was sie selbst wollen. Es ist das eine Kunst, Major – es ist eine Kunst!“

„Ich glaube gern, daß es eine ist, und zwar eine, die zu besitzen wohl der Mühe werth ist, wenn sie anders mit Lob und gutem Gewissen geübt werden kann.“

„Ja, da sitzt der Knoten! Geübt wird sie, aber was das Lob und gute Gewissen betrifft, so will ich dafür nicht stehen. Es macht mich manchmal zornig und manchmal macht es mich lachen, wenn ich zuschaue und sehe, in welcher Art und Weise Jason die Leute sich selbst regieren und führen läßt, und wie er sie sich schwenken und rechtsum kehren, und eine Linie bilden und die Linie auflösen läßt. Alles nach ihrem eigenen Commandowort! Seine Excellenz könnte kaum mehr mit uns anfangen, nachdem uns der Baron als Exerciermeister gedrillt hat.“

„Es ist aber doch gewiß ein besonderes Talent erforderlich, um so viel Einfluß auf seine Mitgeschöpfe sich zu verschaffen.“

„Es ist ein Talent, das zu üben Ihr Euch schämen würdet, Mordaunt Littlepage, wenn Ihr es auch zu ganzen Wagenlasten besäßet. Kein Mensch kann ein solches Talent anwenden, ohne den Anfang zu machen mit Lügen und Betrügen; und Ihr müßtet Euch sehr verändert haben, Major, wenn Ihr in einer Schule solcher Künste der Erste wäret.“

„Es thut mir leid, zu sehen, Kettenträger, daß Ihr keine bessere Meinung von meinem Agenten habt; ich muß mir die Sache genauer ansehen, wenn dies der Fall ist.“

„Ihr werdet ihn ehrlich genug finden nach dem Gesetz; denn er schwört bei dem Gesetz und lebt nach dem Gesetz. Seyd unbesorgt wegen Eurer Dollars, Junge; sie sind gewiß alle unversehrt und geborgen, wenn sie freilich nicht etwa im Gesetz ganz verschwunden sind.“

Da Andries immer mehr in den holländischen Accent hinein kam, erkannte ich, daß er immer wärmer werde, und ich erachtete für passend, die genaueren Erkundigungen bis zu einem kühlern Augenblick zu verschieben. Ich habe diese Eigentümlichkeit oft bei den meisten Personen beobachtet, welche das Englische mangelhaft oder mit dem Accent einer andern Sprache sprechen. Sie verfallen in den Augenblicken, wo das natürliche Gefühl am unzweideutigsten seine Macht über sie behauptet, in der Sprache in den ihnen von Natur geläufigsten und zunächst liegenden Ton.

Ich begann jetzt den Kettenträger auszufragen über den Zustand, in welchem er das Nesthaus und das dazu gehörige Gut gefunden, worüber ich ihm durch einen ausdrücklichen Brief an den Agenten Vollmacht gegeben hatte zu schalten und zu walten, so bald er dort ankäme. Die im Besitze befindlichen Leute machten sehr bescheidne Ansprüche und hatten sich seit meines Großvaters Tode mit der Küche und den Gesindezimmern begnügt, welche sie auch schon lange vor diesem Ereigniß inne gehabt hatten. In Folge dieser Mäßigung und ihrer vollkommnen Ehrlichkeit fand ich nichts veruntreut, und die meisten Artikel in gutem Zustand. Was das Gut betrifft, so war es in Flor gekommen nach dem Grundsatze des Gehenlassens. Die Obstbäume waren natürlich gewachsen; und wenn die Felder nicht durch einsichtsvolle Kultur gewonnen hatten, so waren sie doch auch nicht durch eine gewinnsüchtige Art des Anbaus erschöpft und ausgemergelt worden. In diesen Beziehungen lag mithin kein Grund zu Klagen vor. Die Dinge hätten besser gehen können, meinte Andries; aber er hielt es auch für ein außerordentliches Glück, daß sie nicht schlechter gegangen. Während wir uns über diesen Gegenstand besprachen, bewegte sich Dus schweigend im Zimmer hin und her, aber mit besonnener Thätigkeit, denn sie hatte mittlerweile den Theetisch mit eignen Händen beschickt. Als sie uns einlud, an demselben Platz zu nehmen, – zu jener Zeit rückte Jedermann nahe hin an den Theetisch, außer wenn die Gesellschaft zu zahlreich war, um bequem daran Platz zu finden – war ich überrascht, als ich Alles so vollkommen sauber und zierlich, und manches recht schön und reich fand. Die Teller, Messer u. s. w. waren von guter Beschaffenheit, aber auf dem Theebrett befand sich sogar eine Garnitur altmodischen Silbers, wie man es zu der Zeit hatte, wo der Thee zuerst in Gebrauch kam, nicht sehr schwer, aber höchst zierlich gearbeitet. Die Handhaben der Löffel stellten die Stengel der Theepflanze dar, und auf jedem war ein Helmzeichen; während den verschiedenen Stücken des eigentlichen Service's, vier im Ganzen, ein vollständiges Wappen eingegraben war. Ich betrachtete das Helmzeichen, in der unbestimmten aber überraschten Erwartung, das meinige zu finden. Es war mir ganz neu. Dann nahm ich den

Rahmkrug zur Hand, konnte mich aber auf kein Wappen besinnen, welches dem darauf eingravirten glich.

„Es überraschte mich, dies Silber hier zu finden," bemerkte ich; „denn obgleich mein Großvater viel Silbergeschirr besaß, für einen Mann von seinen Mitteln, hätte ich doch nicht geglaubt, er hätte dessen so viel gehabt, um damit so verschwenderisch umgehen zu können und es hier zu lassen. Dies ist zudem Familiensilber; aber dies Wappen ist weder das der Familie Mordaunt noch der Littlepages. Darf ich fragen, wessen Wappen es ist?"

„Der Malbones," antwortete der Kettenträger. „Die Sachen sind das Eigenthum von Dus."

„Und Ihr könnt hinzusetzen, Oheim Kettenträger, sie sind all ihr Eigenthum," fügte das Mädchen rasch hinzu.

„Ich fühle mich sehr geehrt, daß mir gestattet wird, mich desselben zu bedienen, Miß Ursula," bemerkte ich; „denn es ist eine sehr hübsche Garnitur."

„Die Notwendigkeit, nicht Eitelkeit gab die Veranlassung sie heute aufzustellen. Ich habe heute Morgen die einzige Euch gehörige Theekanne zerbrochen, die im Hause war, und hoffte, Frank werde mir aus dem Vorrathshause eine zum Ersatz derselben mitbringen, ehe man eine brauchte; aber er kommt nicht. Was Löffel betrifft, so konnte ich keine in das Haus gehörende finden, und wir bedienen uns dieser gewöhnlich. Da die Theekanne nicht entbehrt werden konnte, dachte ich, ich könne wohl meinen ganzen Reichthum auf einmal zur Schau stellen. Aber dies ist das erste Mal seit vielen, vielen Jahren, daß diese Dinge gebraucht werden."

Es lag etwas klagend Melodisches in Dus' Stimme, trotz ihres Willens und Bestrebens, unbefangen und heiter zu reden, was ich ausnehmend rührend fand. Während wenige von uns eingehen auf die jubelnde Freude glücklicher emporsteigender Gemeinheit über nur allzu oft ganz zufällige und unverdiente Erfolge, liegt es in der menschlichen Natur, zu sympathisiren mit dem abwärtsgehenden Mißgeschick und mit den Empfindungen, die es zurückläßt, wenn es die Unschuldigen, die Tugendhaften, die Gebildeten trifft und herabzieht. Dies Silberzeug war aller irdische Besitz, welcher Ursula Malbone noch übrig blieb, und der von der früheren Lage und dem Stand ihrer Familie zeugte, und ohne Zweifel hing sie daran nicht mit einem unedlen Gefühle krankhaften Stolzes, sondern als an einem traurigen Andenken an eine Stellung im Leben, der sie eigentlich angehörte, wie alle ihre Ansichten, ihre Gewohnheiten von früher Jugend her und ihre Geschmacksrichtung sie dies beständig fühlen ließen. Von diesem letzteren Gesichtspunkt aus gewürdigt war dies Gefühl ebenso achtbar und hatte gegründeten Anspruch, aufs zarteste geschont und geehrt zu werden, als es im andern Falle unwürdig und der Verachtung werth gewesen wäre.

Es fangen viele gemeine Vorurtheile und irrige Begriffe, so wie auch viel heuchlerisches Geschwätz unter uns an gang und gäbe zu werden hinsichtlich der Eigenschaften, welche den Gentleman oder die Lady bezeichnen. Die Zeit ist vorbei, und ich hoffe für immer, wo der bloße Zufall der Geburt über Ansprüche dieser Art zu entscheiden hatte; obgleich der Zufall der Geburt allerdings sehr leicht und häufig die Eigenschaften bedingt und erzeugt, welche in der That den unterscheidenden Charakter der höher gebildeten Klasse ausmachen. Ich für meinen Theil glaube nicht an die Übertreibungen der beiden Extreme, welche ihre Theorien über diesen Gegenstand so hartnäckig behaupten; ich glaube, daß ein Gentleman nicht ausschließlich durch die Geburt es wird und werden kann, einerseits, und andererseits, daß die strenge Sittlichkeit der Bibel keineswegs eine unerläßliche Eigenschaft dieses Charakters ist. Es kann Einer ein ganz vollkommener Gentleman seyn, und dabei ganz und gar nicht ein vollkommener Mensch oder ein Christ; und er kann ein sehr guter Christ und ganz und gar kein Gentleman seyn. Es ist wahr, es besteht ein inneres Band und ein Zusammenhang im Wesen und Benehmen zwischen dem Christen und dem Gentleman als Resultat; aber nur im Resultat und nicht in den Motiven. Daß das Christenthum wenig notwendigen innern Zusammenhang hat mit dem Charakter eines Gentleman, kann man aus dem Umstand ersehen, daß die Jünger des ersteren uns anweisen, demjenigen, der uns auf den rechten Backen schlägt, den linken auch darzubieten, während der Grundsatz des Gentleman ist – nicht die Schmach im Blute des Beleidigers abzuwaschen, sondern zu zeigen, daß er eher bereit ist, sein Leben aufs Spiel zu setzen, als sich so Etwas ruhig gefallen zu lassen.

Aber, ich wiederhole es, es besteht kein nothwendiger Zusammenhang zwischen dem Christen und dem Gentleman, obgleich derjenige, welcher Beides zugleich ist, die höchste Stufe der menschlichen Natur erreicht. Christen, unter dem Einfluß ihrer Erziehung und Lebensgewohnheiten stehend, thun oft Dinge, welche das Gesetzbuch des Gentleman verwirft; während es gewiß ist, daß Gentlemen unaufhörlich unzweifelhafte Sünden begehen. Die Moral des Gentleman verwirft vielmehr Gemeinheiten und niedrige Laster, als daß sie die Gesetze Gottes ernst und streng achtete; während die Moral des Christen unausbleiblich gesteigert und geläutert, oder herabgedrückt und vergröbert wird durch den Einfluß der angenommenen Meinungen seiner Klasse und Stellung in der Gesellschaft. Ich behaupte nicht: die zehn Gebote seyen nicht gegeben, um von Leuten von Stand gehalten und befolgt zu werden, denn ihre Verpflichtungen sind allgemein bindend, sondern einfach nur das: die Eigenschaften eines Gentleman seyen die besten Eigenschaften eines Menschen ohne den Beistand und die Erleuchtung von Gott, während die Gnadengaben des Christen unmittelbar aus Gottes Huld und Barmherzigkeit stammen.

Dennoch aber bleibt es wahr, daß im ächten Charakter eines Gentleman sehr Vieles Anerkennung und Achtung verdient. Außer den wichtigen Erfordernissen in Bezug auf Geschmack, Benehmen und Meinungen, gegründet auf Verstandes- und Geistesbildung und alle jene Eigenschaften eines wahrhaft liberalen Geistes, welche seine Gattung auszeichnen, kommt das in Betracht, daß er zu Gemeinheiten irgend welcher Art sich nicht erniedrigt, sich nicht erniedrigen kann. Er ist wahrhaft und treu aus Selbstachtung und nicht aus Gehorsam gegen den Willen Gottes; freigebig mit seinem Geld, weil Liberalität ein wesentlicher Zug seiner Lebensgewohnheiten ist, nicht in Nachahmung der Selbstaufopferung Christi; er dünkt sich zu gut für

Verleumdung und Lästerung und für die Fehler der kleinlichen, geschäftigen Welt, sofern sie gemein sind und dem Stolze seines Charakters Eintrag thun, mehr, als weil das Gebot geschrieben steht, kein falsch Zeugniß zu reden wider den Nächsten. Es ist ein großer Irrthum, wenn man diese beiden Charaktere vermengt, von welchen der eine nur eine bloße menschliche Verschönerung der Art und des Thuns einer sündhaften Welt ist, während der andere auf den großen Zweck und das Ziel des menschlichen Daseyns hinschaut. Der letztere Charakter ist ein solcher, des ich verehre, während ich gerne gestehen will, daß ich dem ersteren nie begegne, ohne zu fühlen, wie leer und abstoßend die menschliche Gesellschaft ohne ihn werden würde, wenn nicht anders diese Leere ausgefüllt werden könnte durch die große und gediegene Wesenheit des Guten, wovon am Ende doch der Gentleman blos der Schatten ist!

Ursula Malbone verlor in meiner Achtung nichts durch die innere Bewegung, die sie verrieth, als sie so von dieser Reliquie des alten Familiensilbers sprach. Ich freute mich jedoch, zu finden, daß sie es doch behalten konnte; denn obgleich durchaus nicht in einer Art gekleidet, die nicht ihrer bescheidnen Stellung als Haushälterin ihres Oheims entsprochen hätte, zeigte sie doch in ihrem Anzuge eine Sauberkeit und einen Geschmack, wie man in diesen abgelegenen Gegenden dieses Landes wohl selten findet. Der Leser wird mit meiner Schwäche einige Nachsicht haben, wenn ich mich verweile, um über diesen Gegenstand ein Wort zu sagen. Ursula hatte in ihrer Kleidung weder den Styl einer Person ihres Geschlechts und von ihrer Stellung in der Welt beibehalten, noch auch ganz denjenigen angenommen, welchen man gewöhnlich bei Mädchen der Klasse fand, welcher sie jetzt anscheinend angehörte. Es fiel mir auf, daß einige jener erstern Kleidungsstücke, welche dem Schnitt nach die einfachsten und den Stoffen nach die zweckmäßigsten waren, eigens zugerichtet waren zum gegenwärtigen Gebrauche; und reizend standen sie ihr gerade zu ihrer Art Gesicht und zu ihrem vollkommenen Wuchse. Jedermann weiß, daß bei den verschiedenen Klassen der Gesellschaft – und, Königreich oder Republik, verschiedene Klassen existiren nun einmal in diesem Lande, und werden immer existiren, als nothwendiges Moment und Folge der Civilisation; eine Wahrheit, die Jeder leicht erkennt, in Beziehung auf die unter ihm Stehenden, obgleich sein Gesicht minder scharf seyn mag in Bezug auf die über ihm Stehenden, – nun, Jedermann weiß, daß ein großer Unterschied in der Kleidung zwischen den verschiedenen Klassen in der ganzen christlichen Welt gegen das Ende des amerikanischen Krieges bestand, – ein Unterschied, der jetzt rasch verschwindet, oder schon ganz verschwunden ist. Nun hatte Ursula von der eigenthümlichen Tracht ihrer Klasse gerade so viel beibehalten, daß man erkannte, sie gehöre in der That derselben noch an, ohne doch den Unterschied sehr auffallend zu machen. In Wahrheit, der Charakter dessen, was sie noch beibehielt, deutete schon die Geschichte ihrer Herkunft an, denn er bestand in einer eher gedämpften als übertriebenen Nachahmung dessen, an was sie früher gewohnt gewesen, während eine bloße Nachäfferei leicht in letzteren Fehler verfallen seyn würde. Ich kann nur noch beisetzen, daß der Eindruck, den diese eigenthümlich modificirte Tracht machte, ein sehr vorteilhafter und nicht wenig reizender war.

„Kostet einmal diese Kuchen," sagte der alte Andries, der ohne die mindeste Absichtlichkeit es liebte, auf die verschiedenen Verdienste seiner Nichte aufmerksam zu machen. „Dus hat sie gemacht, und ich will darauf wetten, Madame Washington selbst könnte keine wohlschmeckenderen machen."

„Wenn Mrs. Washington sich je damit befaßt hat," versetzte ich, „so müßte sie wohl hier vor Neid blaß werden. Bessere Kuchen dieser Art habe ich nie gegessen."

„Von dieser Art – das ist ein richtiger Beisatz, Mr. Littlepage," bemerkte das Mädchen ruhig; „meine Beschützerin und Freundin hat mir eine ziemliche Geschicklichkeit in dieser Hinsicht beigebracht, aber die erforderlichen Ingredienzen sind hier nicht so zu haben, wie man sie in ihrer Familie hatte."

„Und da dies Haus eine Pension für junge Ladies war, so war es ohne Zweifel ungewöhnlich gut versehen mit den zu guten Kuchen erforderlichen Materialien und Kenntnissen."

Dus lachte, und ihr Lachen machte mich ganz betroffen, so voll frischer und kühner, aber gedämpfter Melodie schien es mir zu seyn.

„Jungen Ladies sagt man gar mancherlei Schwächen nach, in Betreff deren sie ganz unschuldig sind," war ihre Antwort. „Kuchen waren in der Schule beinahe eine verbotene Frucht, und man lehrte sie uns machen nur aus erbarmungsvoller Rücksicht für den Gaumen der Männer."

„Eurer künftigen Gatten, Mädel," rief der Kettenträger, indem er aufstand, das Zimmer zu verlassen.

„Unserer Väter, Brüder und Oheime," erwiederte seine Nichte, und legte einen besondern Nachdruck auf das letzte Wort.

„Ich glaube, Miß Ursula," begann ich wieder, sobald Andries uns allein gelassen hatte, „einigermaßen hinter den Vorhang geführt worden zu seyn, was die von Euch besuchte Schule betrifft, da ich eine etwas eigenthümliche Art von Bekanntschaft mit Einer Eurer alten Schulfreundinnen angeknüpft habe."

Meine Gesellschafterin antwortete nicht, heftete aber ihre bezaubernden blauen Augen auf mich in einer Art, welche in einem Augenblick hundert Fragen an mich that. Ich konnte nicht umhin, zu bemerken, daß sie von Thränen gefeuchtet waren; denn Erinnerungen an ihre Schule hatten bei ihr häufig diese Folge.

„Ich meine Miß Priscilla Bayard, welche eine sehr gute Freundin von Euch zu seyn oder gewesen zu seyn scheint," fuhr ich fort, als ich sah, daß meine Gesellschafterin keine Lust hatte, etwas zu sagen.

„Pris Bayard!" diese Worte entfuhren jetzt Ursula in ihrer Ueberraschung; „und s i e eine Bekanntschaft von etwas eigenthümlicher Art!"

„Meine Ausdrucksweise ist unvorsichtig gewesen, um nicht zu sagen, die eines Gecken. Gewiß, ich bin nicht befugt, mehr zu sagen, als daß unsere Familien sehr vertraut sind, und daß dieses vertraute Verhältniß seine ganz eigenthümlichen Gründe hat. Ich bitte Euch, so zu lesen, wie ich jetzt den Fehler verbessert habe."

„Ich sehe nicht ein, daß diese Verbesserung viel an der Sache ändert; und Ihr werdet mir erlauben, zu sagen, daß es mich betrübt, sehr betrübt, dies zu erfahren."

Das war sonderbar! Daß Dus wirklich so dachte und fühlte, wie sie sprach, das bezeugte zur Genüge ihr Angesicht, aus welchem beinahe alle Farbe verschwunden war, und das eine ganz außerordentliche Gemüthsbewegung verrieth. Soll ich gestehen, welch' ein erbärmlich eingebildeter Geck ich einen Augenblick war? Die Wahrheit muß heraus, und ich will es gestehen. Der Gedanke, der mir durch den Kopf fuhr, war dieser: Ursula Malbone ist gekränkt, daß der einzige Mann, den sie seit einem Jahre gesehen, der möglicherweise auf ein weibliches Wesen von ihrer Bildung und ihrem Geschmack einen Eindruck hätte machen können, mit einer Andern verlobt ist! Unter gewöhnlichen Umständen hätte diese voreilige Bevorzugung meiner Person in mir ein Gefühl von Entrüstung erregt über die Kundgebung derselben; aber die Bewegungen und Empfindungen, die Handlungen und die Sprache von Dus – Alles hatte viel zu viel reine Natur an sich, als daß in mir eine andere Empfindung aufgekommen wäre, als die des lebhaften Interesses. Ich habe immer die gewaltige Macht, ja den Bann, welchen dies Mädchen so bald über mein Herz gewann, dem Aufruhr von Gefühlen zugeschrieben, welche dieser eigentümliche Moment in mir erregte. Liebe auf den ersten Blick mag lächerlich erscheinen, aber manchmal ist sie doch wahr. Daß eine Leidenschaft erregt werden kann durch einen Blick, oder durch ein Lächeln, oder durch irgend ein anderes jener geheimen Mittel, womit uns die Natur begabt hat, um Herzen in zusammenstimmenden Gefühlen an einander zu knüpfen, glaube ich ganz gerne, obwohl der Bestand und die Dauer derselben von Eigenschaften abhängen muß, die einen höheren und bleibenderen Einfluß ausüben. Die Einbildungskraft ist es, die zuerst angesprochen wird; das Herz wird erst später und mehr allmählig mit in's Interesse gezogen. Meine Selbsttäuschung währte jedoch nicht lange. Ob Ursula Malbone sich bewußt war, welche Mißdeutung ihren Worten gegeben werden konnte, weiß ich nicht; aber ich glaube fast nicht, weil sie viel zu unschuldig war, um etwas Arges zu besorgen; auch ist es bis auf die jetzige Stunde noch ein Geheimniß für mich, ob sie eine andere Notwendigkeit trieb, sich zu erklären; aber eine Erklärung gab sie mir. Mit welcher Einsicht und Klugheit sie dies that und mit welchem weiblichen Takt, so daß sie sich wohl hütete, irgend Etwas von den Geheimnissen ihrer Freundin zu verrathen, das wird Jedem klar werden, den diese Erzählung insoweit interessirt, daß er ihrem weiteren Verlaufe folgen mag.

## Zwölftes Kapitel

Da kommen sie, die Liebenden, voll Freude
Und Fröhlichkeit. Glück Euch, Ihr holden Freunde,
Und frische Tage reich an Liebe mögen
Begleiten Eure Herzen!

*Sommernachtstraum.*

„Ich darf Euch nicht im Zweifel lassen über den Sinn meiner Worte, Mr. Littlepage,“ begann Ursula nach einer Pause wieder. “Priscilla Bayard ist mir sehr theuer, und sie ist wohl werth aller Eurer Liebe und Bewunderung –“

„Bewunderung, wenn es Euch beliebt, und so viel Euch beliebt, Miß Ursula; aber ein solches Gefühl wie Liebe besteht bis jetzt wenigstens ganz gewiß nicht zwischen Miß Bayard und mir.“

Das Gesicht von Dus' klärte sich merklich auf. Sie selbst ganz Wahrhaftigkeit, schenkte meinen Worten unbedingten Glauben; und ich konnte nicht umhin, zu sehen, daß sie sich um eine unerklärliche Besorgniß erleichtert fühlte. Doch lächelte sie etwas schalkhaft und vielleicht etwas trübe, als sie fortfuhr:

„Bis jetzt wenigstens ganz gewiß nicht, ist ein sehr zweideutiger Ausdruck von Eurer Seite, wenn es sich von einem jungen Frauenzimmer wie Priscilla Bayard handelt. Das kann sich in einem Augenblick in ein: Jetzt ganz gewiß! verwandeln!“

„Ich will das nicht bestreiten. Miß Bayard ist ein reizendes Geschöpf – und doch, ich weiß nicht, wie es ist, aber es scheint ein Verhängniß in diesen Dingen zu walten. Das eigenthümliche Verhältniß, auf welches ich anspielte, und zwar auf eine so ungeschickte, linkische Art, ist nichts weiter, als die Verlobung meiner jüngeren Schwester mit ihrem Bruder. Diese Verlobung ist kein Geheimniß, und daher will ich mir auch keine Mühe geben, sie geheim zu halten.“

„Und dies Verhältniß ist gerade von der Art, daß es zu einem ähnlichen zwischen Euch und Priscilla führen könnte!“ rief Dus, mit unverkennbarer Unruhe.

„Es kann und kann auch nicht, je nachdem die Betheiligten solche Dinge ansehen. Bei Personen von gewisser Gemüthsart könnte es Reiz und Sporn seyn, bei anderen aber vielleicht eher das Gegentheil.“

„Mein Interesse an der Sache,“ fuhr Dus fort, „hat seinen Grund ganz und gar in dem Umstand, daß ich weiß, es hat sich ein Anderer um Miß Bayard beworben; und ich will gestehen, daß meine herzlichsten Wünsche für seinen Erfolg sind. Es fiel mir ein, daß Ihr ein höchst furchtbarer Rival werden könntet; und dies stellt sich mir nicht unwahrscheinlicher dar, nachdem ich weiß, daß Eure Familien durch eine Heirath werden näher verknüpft werden.“

„Seyd unbesorgt meinethalb, denn mein Herz ist so unversehrt wie am Tage, wo ich die Lady das erste Mal sah.“

Ein Blitz des Verständnisses – ein höchst vielsagender Strahl – flog über das schöne Antlitz meiner Gesellschafterin; und dann folgte ein trauriges, obwohl, wie mir auch jetzt noch schien, nicht ganz mißvergnügtes Lächeln.

„Das sind Dinge, von welchen man wohl thut, nicht viel zu sprechen,“ sagte Dus nach einer Pause. „Mein Geschlecht hat seine eigenthümlichen Rechte und keine Frau sollte die mißachten. Ihr seyd glücklich gewesen, Mr. Littlepage, daß Ihr alle Eure Pächter versammelt gefunden, so daß Ihr sie Alle auf Einen Blick sehen und übersehen konntet.“

„Ich bin in der That in einem gewissen Sinne glücklich gewesen, und ein entzückender Willkomm wurde mir auf der Ansiedlung – ein Willkomm, dessen Wiederholung zulieb ich gerne wieder hundert Meilen weit reisen würde.“

„Seyd Ihr denn ein so großer Freund vom Aufschlagen? – oder liebt Ihr wirklich die Aufregung in dem Maße, daß Ihr gern unter eine Falle kommt, wie die armen Rebhühner, welche mein Oheim zuweilen fängt?“

„Ich denke nicht an das Aufschlagen und an das Gerüste: obwohl Euer Muth und Eure Geistesgegenwart wohl beides meinem Geiste unauslöschlich einprägen dürfte“; Dus schaute zu Boden und das Blut stieg ihr bis zu den Schläfen – „sondern ich dachte an ein gewisses Lied, ein indianisches Lied, nach einer schottischen Melodie gesungen, das ich einige Meilen vor den Lichtungen hörte, und welches der eigentliche Willkomm und die Verheißung für mich war von allem Angenehmen und Schönen, was man zu hören und zu sehen bekommen mag in diesem abgelegenen Theile der Welt.“

„Der am Ende doch nicht so abgelegen ist, daß nicht die Schmeichelei dahin dringen könnte, wie ich finde. Es ist angenehm, wenn man seine Lieder rühmen hört, mögen es auch indianische Lieder seyn; aber es ist nicht halb so angenehm, als Zeitungen von Priscilla Bayard zu vernehmen. Wenn Ihr wirklich mein Ohr erfreuen möchtet, so sprecht von ihr!“

„Die Anhänglichkeit scheint gegenseitig, denn ich kann Euch versichern, Miß Bayard legte ganz dieselbe Theilnahme für Euch an den Tag.“

„An mir! Also erinnert sich noch Priscilla eines armen Geschöpfs, wie ich, in meiner Verbannung aus der Welt! Vielleicht gedenkt sie meiner um so mehr deshalb, weil ich verbannt bin. Ich hoffe, sie glaubt nicht, kann nicht glauben, daß ich mich über meinen Zustand gräme, – das könnte ich ihr kaum verzeihen!“

„Ich glaube gewiß, daß das nicht der Fall ist; ich weiß, sie traut Euch ungewöhnliche Vorzüge und Trefflichkeiten zu!“

„Es ist seltsam, daß Priscilla Bayard Euch von mir sprechen mußte! Ich bin selbst etwas unvorsichtig gewesen, Mr. Littlepage, und habe so viel gesagt, daß ich nachgerade die Notwendigkeit fühle, noch etwas mehr zu sagen. Ich habe wohl einige Entschuldigung anzusprechen, wenn mir in Eurer Gesellschaft nicht so zu Sinne ist, wie wenn ich einen ganz Fremden mir gegenüber hätte, da mein Oheim Kettenträger Euren Namen jeden Tag wenigstens hundertmal im Munde führt. Gestern fing er in Einer Stunde zu zwölf verschiedenen Malen von Euch zu reden an.“

„Der treffliche alte Andries! Es ist der Stolz meines Lebens, daß ein so ehrlicher Mann mich liebt; und jetzt zu der Erklärung, die ich, nach Eurem eigenen Zugeständniß, als sein Freund zu erwarten berechtigt bin.“

Dus lächelte, ein wenig bitter, wie mir schien, aber bitter oder nicht, dies Lächeln machte ihr Angesicht äußerst reizend. Sie schwieg einen Augenblick, wie wenn sie in tiefes Nachdenken versunken wäre, und sogar senkte sich ihr Haupt in schmerzlicher geistiger Anstrengung; dann richtete sie sich aber zu ihrer vollen Höhe auf und sprach:

„Es ist immer das Beste,“ sagte sie, „offen zu seyn, und es kann nichts schaden, während es gut und nützlich seyn kann, wenn ich mich gegen Euch erkläre. Ihr werdet nicht vergessen, Mr. Littlepage, daß ich von der Voraussetzung ausgehe, mit meines Oheims allerbestem Freunde mich zu besprechen?“

„Ich bin zu stolz auf diese Auszeichnung, um es unter irgend welchen Umständen zu vergessen, und am allerwenigsten in Eurer Gegenwart.“

„Nun gut, ich will offen seyn. Priscilla Bayard war acht Jahre lang meine Genossin und meine vertrauteste Freundin. Unsere Zuneigung zu einander begann, als wir noch bloße Kinder waren, und nahm mit der Zeit und mit steigender Einsicht und Erkenntniß zu. Etwa ein Jahr vor dem Ende des Krieges fand mein Bruder Frank, der jetzt hier ist als meines Oheims Geometer und Rechner, Gelegenheit, sein Regiment zu verlassen und häufig auf Besuch zu mir zu kommen, denn seine Compagnie wurde nach Albany geschickt, wo er mich sehen konnte, so oft er wünschte. Mich sehen hieß auch Priscilla sehen, denn wir waren unzertrennlich; und Priscilla sehen hieß, bei dem armen Frank wenigstens, so viel als sie lieben. Er machte mich zu seiner Vertrauten, und meine Unruhe war nur die natürliche Besorgniß, er möchte an Euch einen furchtbaren Nebenbuhler haben.“

Eine Fülle von Licht ging mir auf bei dieser kurzen Erklärung, obwohl ich nicht umhin konnte, mich zu wundern über die Unbefangenheit oder die Charakterstärke, die sie vermochten zu einer so auffallenden, vertrauenden Offenherzigkeit. Als ich Dus genauer kennen lernte, wurde mir Alles klar genug; aber in jenem Augenblick war ich ein Wenig überrascht.

„Seyd ganz ruhig meinetwegen, Miß Malbone –“

„Warum nennt Ihr mich nicht jetzt gleich Dus? – Binnen acht Tagen werdet Ihr das doch thun wie Jedermann sonst hier; und es ist besser, unsre Bekanntschaft so anzufangen, wie sie, das weiß ich gewiß, endigen wird. Oheim Kettenträger nennt mich Dus; Frank nennt mich Dus; die meisten Eurer Ansiedler nennen mich Dus, selbst ins Gesicht; und sogar unsre Schwarzen nennen mich Miß Dus. Ihr könnt doch nicht etwas ganz Besonderes haben wollen.“

„Ich will recht gerne mir die Freiheit nehmen, Euch Ursula zu nennen, aber Dus gefällt mir nicht.“

„Nicht! – ich habe mich so daran gewöhnt, von allen meinen Freunden Dus genannt zu werden, daß es mir ganz fremd vorkommt, wenn man mich mit einem andern Namen anredet. Scheint Euch Dus nicht ein hübsches Diminutivum?“

„Bisher nicht, ich muß es gestehen; doch hängen alle diese Dinge von zufälligen Ideenassociationen ab. Dus Malbone lautete ganz gut im Munde von Priscilla Bayard; aber ich fürchte, im meinigen würde es minder lieblich lauten.“

„Thut, wie es Euch gefällt – aber nennt mich nicht Miß Ursula oder Miß Malbone. In früheren Zeiten würde es mir mißfallen haben, wenn irgend ein Mann mich nicht so angeredet hätte; aber jetzt klänge es mir fast wie ein Spott, da ich weiß, daß ich nur die Hausgenossin und Haushälterin eines armen Kettenträgers bin.“

„Und doch steht es der Eigenthümerin dieses Silbers, der Lady, die ich an diesem Tisch, in diesem Zimmer sitzen sehe, gar nicht übel an, als Miß Ursula sich anreden zu lassen!“

„Ihr kennt die Geschichte des Silbers, und der Tisch und das Zimmer sind Euer. Nein – Mr. Littlepage, wir sind arm – sehr, sehr arm – Oheim Kettenträger, Frank und ich – wir Alle miteinander haben Nichts.“

Dies sagte sie nicht im Tone der Verzweiflung, sondern mit einer Aufrichtigkeit, die ich ausnehmend rührend fand.

„Frank wenigstens sollte etwas haben,“ erwiederte ich: „Ihr sagt mir, er sey beim Heere gewesen.“

„Er war zuletzt Kapitän, aber was bekam er dafür? Wir beklagen uns nicht über das Land, Keines von uns, weder mein Oheim, noch mein Bruder, noch ich; denn wir wissen, es ist arm wie wir und selbst seine Armuth hat Aehnlichkeit mit der unsrigen, – der Armuth von heruntergekommenen Leuten. Ich fiel lange meinen Freunden zur Last und es gab Schulden zu bezahlen. Hätte ich das wissen können, es hätte nimmermehr geschehen dürfen. Jetzt kann ich denjenigen, welche diese Verbindlichkeiten berichtigt haben, es nur dadurch ersetzen, daß ich mit ihnen in die Wildniß gehe. Es ist etwas Schreckliches für eine Frau, Etwas schuldig zu seyn.“

„Aber Ihr seyd doch in diesem Hause geblieben? Ihr seyd doch hoffentlich nicht mit in der Hütte zu Mooseridge gewesen?“

„Ich bin gegangen, wohin mein Oheim Kettenträger gegangen ist, und werde mit ihm gehen, so lange wir Beide leben. Nichts soll uns je wieder trennen. Seine Jahre fordern dies, und zu meiner Liebe gesellt sich noch die Dankbarkeit. Frank könnte vielleicht etwas Besseres thun, als um den geringen Lohn arbeiten, den er bekommt; aber er will uns nicht verlassen. Die Armen lieben einander am innigsten.“

„Aber ich habe Euren Oheim gebeten, sich dieses Hauses zu bedienen, und um Euretwillen, sollte ich meinen, könnte er das Anerbieten wohl annehmen.“

„Wie konnte er, wenn er zwanzig Meilen weit von hier die Kette zu tragen hatte? Wir sind gelegentlich einige Tage hier gewesen; aber die Arbeit mußte verrichtet werden und zwar an Ort und Stelle selbst.“

„Natürlich gewährtet Ihr nur Euren Verwandten den Genuß Eurer Gesellschaft, und sorgtet ein Wenig für ihr Behagen, wenn sie von einem harten Tagewerk zurückkehrten?“

Dus erhob ihre Augen gegen mich; lächelte, dann wurde ihr Gesicht traurig, ihre Unterlippe zuckte ganz leicht, und dann kam wieder ein Lächeln nicht ganz ohne Laune. Ich beobachtete diese Zeichen wechselnder Empfindungen mit einem unbeschreiblichen Interesse; denn das Spiel tugendhafter und unverfälschter innerer Bewegung auf einem lieblichen weiblichen Angesicht ist eines der köstlichsten Schauspiele von der Welt.

„Ich kann die Kette tragen," – sagte das Mädchen, nachdem dieser Wechsel von Empfindungen vorüber war.

„Ihr könnt die Kette tragen, Ursula – Dus, oder wie ich Euch nennen soll –"

„Nennt mich Dus, – ich höre diesen Namen am liebsten."

„Ich glaube recht gerne, daß Ihr die Kette tragen könnt, – aber Ihr wollt doch wohl nicht sagen, daß Ihr es schon gethan habt?"

Das Antlitz von Dus flammte; aber sie schaute mir voll ins Gesicht, als sie bejahend mit dem Kopf nickte; und sie lächelte so süß, als nur je ein Weib gelächelt hat.

„Zur Unterhaltung – um sagen zu können, Ihr habet es gethan – zum Spaß?"

„Um meinem Oheim und meinem Bruder zu helfen, welche nicht die Mittel hatten, einen zweiten Mann zu miethen."

„Guter Gott! Miß Malbone – Ursula – Dus –"

„Letzterer ist der geeignetste Name für eine Kettenträgerin," versetzte das Mädchen lächelnd; und dabei ergriff sie förmlich meine Hand in unwillkührlicher Aufwallung ihres Mitgefühls mit dem Entsetzen, von welchem sie mich ergriffen sah – „Aber warum betrachtet Ihr denn diese kleine Mühe als etwas so Entsetzliches, da doch diese Arbeit gesund und ehrlich ist? Ihr denkt Euch eine Schwester durch Armuth zu einer Arbeit genöthigt, die Ihr als nur für Männer geeignet anseht."

Dus ließ meine Hand beinahe in dem Augenblick wieder los, wo sie sie berührt hatte, und zwar mit einem leichten Zusammenfahren, als wäre sie selbst erschrocken über ihre Keckheit.

„Eine Arbeit, die Sache der Männer, und nur der Männer Sache ist."

„Und doch kann auch eine Frau sie verrichten, und zwar, wie Oheim Kettenträger Euch bezeugen wird, sie gut verrichten. Ich hatte keine andre Sorge während des Monats, wo ich dabei beschäftigt war, als die Furcht, meine Kraft würde nicht reichen, um so Viel zu leisten als mein Oheim und mein Bruder, und ich so die Dienste schmälern, die sie Euch jeden Tag leisten könnten. Sie sorgten, daß ich immer auf trocknem Boden blieb und keine feuchten Füße bekam, und Eure Wälder sind so frei von Unterholz wie ein Obstgarten. Es hilft Nichts, die Sache verheimlichen zu wollen, denn Viele wissen davon, und es wäre Euch doch früher oder später zu Ohren gekommen. Und dann ist auch jede Verheimlichung peinlich für mich, und am meisten, wenn ich sehe und höre, wie Ihr Eure gemiethete Dienerin als Ebenbürtige und Euch Gleiche behandelt."

„Miß Malbone! – Um Gottes willen, laßt mich nichts mehr der Art hören – der alte Andries beurtheilte mich ganz richtig, wenn er mir dies zu verheimlichen wünschte; denn ich hätte nie auch nur einen Augenblick so Etwas zugegeben."

„Und wie hättet Ihr es verhindern können, Major Littlepage? Mein Oheim hat das Geschäft von Euch übernommen, zu so und so Viel für den Tag, wofür er Vermesser und Arbeiter anzuschaffen hat. Der arme gute Frank! Er wenigstens kann nicht zu den eigentlichen Arbeitern gezählt werden; und was meinen Oheim betrifft, so hat er lang einen ehrenhaften Stolz darein gesetzt, der beste Kettenträger im Lande zu seyn – warum hätte seine Nichte Bedenken tragen sollen, seinen wohlerworbenen Ruf mit ihm zu theilen?“

„Aber Ihr, Miß Malbone – theuerste Dus – Ihr, so erzogen und gebildet, geboren als eine Lady, geliebt von Priscilla Bayard, die Schwester Franks, Ihr seyd bei einer solchen Beschäftigung nicht in der Euch geziemenden Sphäre.“

„Es ist nicht so leicht zu sagen, was die geziemende Sphäre eines Weibes ist. Ich gebe zu, im Allgemeinen soll sie im häuslichen Kreise, unter dem häuslichen Dache seyn; aber die Umstände müssen die Entscheidung und den Ausschlag geben. Wir hören von Frauen, welche ihren Gatten in das Lager und den Krieg folgen; und wir hören von Nonnen, welche aus ihren Klöstern kommen, um die Kranken und Verwundeten in den Spitälern zu pflegen. Daher kommt es mir an einem Mädchen nicht als etwas so Arges vor, daß sie sich erbietet, den Ihrigen beizustehen, wie ich meinen Verwandten geholfen habe, wenn sie nur die Wahl hat, sonst Mangel zu leiden.“

„Gnädige Vorsehung! Und Andries hat mich über das Alles in Unwissenheit gelassen! Er wußte, daß mein Geldbeutel der seinige gewesen wäre; und wie konntet Ihr denn Mangel leiden inmitten des Ueberflusses, der auf dieser Ansiedlung herrscht, welche nur fünfzehn oder zwanzig Meilen von Eurer Hütte entfernt ist, wie ich aus des Kettenträgers Briefen weiß?“

„Nahrungsmittel sind genug da, das gebe ich zu, aber wir hatten kein Geld; und als wir die Wahl hatten zwischen Betteln und Arbeit, entschieden wir uns natürlich für letztere. Mein Oheim machte einen Versuch, einen Tag lang, mit dem alten Killian, unsrem Schwarzen; aber Ihr wißt, wie schwer es ist, diesen Leuten Etwas begreiflich zu machen, was nur ein wenig verwickelt ist; und so bot denn ich meine Dienste an. Ich bin gescheut genug, hoffe ich,“ – das Mädchen lächelte etwas stolz bei diesen Worten – „und Ihr habt keinen Begriff davon, wie behend und kräftig ich bin für leichte Arbeit wie diese und wo es nur auf die Füße ankommt, bis Ihr mich selbst auf die Probe stellt. Bedenkt, Kettentragen ist weder Holz fällen noch Scheiter aufschichten; auch ist es nicht so ganz und gar unweiblich.“

„Noch auch Kirchen aufschlagen,“ versetzte ich lächelnd, denn es war nicht leicht, der Ansteckung der Laune des Mädchens zu widerstehen – „bei welchem Geschäft ich selbst Augenzeuge Eurer Behendigkeit gewesen bin. Indessen das wird jetzt ein Ende haben. Es liegt zum Glück in meiner Macht, Mr. Malbone eine solche Stellung und ein solches Einkommen anzubieten, daß er sofort im Stande seyn wird, seine Schwester in dies Haus zu nehmen als Herrin desselben, und unter ein zum Mindesten achtbares und anständiges Dach.“

„Gottes Segen über Euch dafür!“ rief Dus, und machte eine Bewegung, als wollte sie wieder meine Hand ergreifen; aber sie besann sich noch zur rechten Zeit und hielt sich zurück, so daß das heftige Erröthen, welches augenblicklich ihr Angesicht überlief, beinahe unnöthig war. „Gottes Segen über Euch dafür! Frank ist willig und bereit, Alles zu thun, was ehrlich und ehrenhaft ist, und im Stande Alles zu leisten, was man von einem Gentleman erwarten kann. Ich bin die große Last und das

Hemmniß für den armen Jungen; denn, könnte er mich verlassen, so müßten sich ihm in den Städten manche Mittel der Unterkunft eröffnen. Aber ich kann meinen Oheim nicht verlassen, und Frank will mich nicht verlassen. Er versteht den Oheim Kettenträger nicht."

„Frank muß ein edler Junge seyn und ich ehre ihn um seiner Anhänglichkeit willen an eine solche Schwester. Dies steigert nur meinen Wunsch, meine Absichten auszuführen."

„Welche von der Art sind, hoffe ich, daß es nicht ungeeignet ist, wenn seine Schwester sie kennen lernt?"

Dies sagte sie mit einem Ausdruck von lebhaftem Interesse in den süßen, blauen Augen, und so wenig im Tone gewöhnlicher Neugier, daß ich ganz davon bezaubert war.

„Gewiß nicht," antwortete ich, rasch genug selbst für einen jungen Mann, der unter dem Einflusse so viel natürlichen ungekünstelten, lebhaften Gefühls handelte, „und es wird mir eine große Freude seyn, es Euch zu sagen. Wir sind schon lang unzufrieden mit unsrem Agenten auf diesem Gut, und ich hatte im Sinne gehabt, Eurem Oheim die Stelle anzubieten. Aber in diesem Falle wäre dieselbe Schwierigkeit eingetreten, welche ihn keinen zuverlässigen Landmesser werden ließ – der Mangel an Geschick mit Zahlen umzugehen; diese Schwierigkeit nun wird bei Eurem Bruder nicht eintreten, und es wird der ganzen Familie, dem Kettenträger ebenso wie den Uebrigen zu Gute kommen, wenn ich die Stelle Frank gebe."

„Ihr nennt ihn Frank!" rief sie lachend, und sichtlich hocherfreut über das, was sie gehört hatte. „Das ist eine gute Vorbedeutung; aber wenn Ihr mich zum Range der Schwester eines Agenten erhebt, weiß ich nicht, ob ich nicht darauf dringen werde, Ursula wenigstens, wo nicht gar Miß Ursula mich nennen zulassen."

Ich wußte gar nicht recht, was ich aus diesem Mädchen machen sollte; es war bei ihr so viel Munterkeit und selbst Spaßhaftigkeit gemischt mit einer Ader so tiefen Gefühles, als ich nur je in einem menschlichen Angesicht ausgeprägt gesehen habe. Die für ihren Bruder sich eröffnenden Aussichten stimmten sie heiter; doch verrieth ihre Miene noch das Verlangen, Mehr zu hören.

„Ihr könnt jede Titulatur ansprechen, die Euch gefällt, denn Franks Name soll zur Stunde in den neuen Bestallungsbrief eines Agenten und Verwalters gesetzt werden. Mr. Newcome ist durch einen Brief in Kenntniß gesetzt worden, was er zu erwarten hat, und legt seine große Zufriedenheit an den Tag darüber, daß er einer Masse undankbarer Mühe und Unlust entledigt werde."

„Ich fürchte, das Einkommen muß klein seyn, wenn er froh ist, des Amtes los zu werden."

„Ich sage nicht, er sey froh; ich sage nur, er stelle sich so an, als sey er froh. Das sind bei gewissen Leuten ganz verschiedene Dinge. Was das Einkommen betrifft, so wird es allerdings nicht viel seyn; aber doch so viel, daß es Frank's Schwester es erspart, die Kette zu tragen, und sie in Stand setzen wird, ihre Talente und ihren

Fleiß in der ihr geziemenden Sphäre zu üben. Erstlich müssen alle Pachtverträge auf dem Gute erneuert werden; und da es deren hundert sind und der Pächter die Kosten zu tragen hat, wird dies Eurem Bruder sofort eine ansehnliche Summe zur Verfügung stellen. Ich kann nicht behaupten, daß die jährlichen Gebühren sich auf sehr viel belaufen werden, aber doch werden sie bei den Bedingungen, unter welchen die Ländereien von Neuem werden verliehen werden, hundert Dollars jährlich übersteigen. Die Benützung dieses Hauses und des dazu gehörigen Hofgutes jedoch beabsichtigte ich Eurem Oheim anzubieten; und aus demselben Grunde werde ich sie nunmehr Frank anbieten."

„Mit diesem Haus und dem dazu gehörigen Pachtgut werden wir reiche Leute seyn!" rief Dus, entzückt die Hände faltend. „Ich kann eine Schule bilden aus den Mädchen der bessern Klasse, und so wird Niemand unnütz, Niemand müßig seyn. Wenn ich den Töchtern Eurer Pächter einige Begriffe beibringe, die sich für ihr Geschlecht und ihre Stellung im Leben eignen, Mr. Littlepage, so werdet Ihr am Ende davon den Nutzen ernten. Das wird eine schwache Vergeltung seyn für all Eure Güte."

„Ich wünsche Allen von Eurem Geschlecht, die im gehörigen Alter und in irgend einer Beziehung zu mir stehen, keine bessere Lehrmeisterin. Bringt ihnen Eure Herzenswärme, Euer hingebendes Gefühl, Eure Wahrhaftigkeit und Offenheit bei, dann will ich kommen und wohnen auf meinem Gute, als dem Ort, welcher dem Paradiese am nächsten steht."

Dus sah etwas erschrocken und beunruhigt aus, wie mir schien, als fürchtete sie, zu viel gesagt zu haben, oder vielleicht, wie wenn ich zu viel gesagt hätte. Sie stand auf, dankte mir hastig, aber ganz in der Art einer feinfühlenden Lady, und machte sich daran, das Theezeug wegzuräumen, mit einem solchen emsigen Eifer, als wäre sie nichts weiter, als eine dienende Magd.

Dies war meine erste Unterredung mit Ursula Malbone – mit der ich seither so viele und so ganz andere gehabt habe! Als ich aufstand, den Kettenträger aufzusuchen, da empfand ich schon ein Interesse für meine Gesellschafterin, das ebenso stark als plötzlich entstanden war. Ich will nicht läugnen, daß ihre Schönheit auch ihren Einfluß hatte, – es wäre unnatürlich gewesen, wenn dies nicht der Fall gewesen wäre, – aber es war weniger ihre ausnehmende Schönheit (Ursula Malbone konnte für eine der Schönsten ihres Geschlechts gelten!), es war weniger ihre Schönheit, die mich so anzog, als ihre Geradheit, Wahrhaftigkeit und Unbefangenheit, innig verschmolzen wie diese Eigenschaften waren mit den Gefühlen und der Zartheit ihres Geschlechts. Sie hatte allerdings Dinge gethan, die, hätte ich nur davon gehört, mich unangenehm angesprochen haben würden, als keck und unweiblich, und die jetzt auch auf den Leser diesen Eindruck machen mögen; aber mit diesem Urtheil thäte man Dus Unrecht. Keine Handlung, kein Wort von ihr, nicht einmal, daß sie meine Hand ergriff, erschien mir im Augenblick selbst auch nur im Mindesten keck und frei, denn ihr ganzes Benehmen dabei trug so vollständig den Charakter des innigsten Gefühls, das sie einzig und allein an ihren Bruder denken machte. Natur und Umstände hatten sich vereinigt, ihren Charakter gerade zu dem zu machen, was er war; und ich will gestehen, ich wünschte sie auch nicht in einem einzigen Punkt anders, als ich sie wirklich fand.

Von Priscilla Bayard sprechen in Vergleichung mit Ursula Malbone! Beide waren schön, es ist wahr, obgleich die Schönheit der Letzteren bei weitem die der Ersteren übertraf; Beide besaßen Zartgefühl, Verstand und Tugend, und Alles, was zu einem wohlerzogenen jungen Frauenzimmer gehört, wenn man so will; aber Dus besaß ihren eigenthümlichen Charakter, und Grundsätze, und eine Energie und Entschiedenheit, welche sie zu einem einzigen Mädchen unter Zehntausend machten. Ich glaube nicht, daß man im eigentlichen Sinne von mir sagen könnte, ich sey wirklich verliebt gewesen, als ich das Zimmer verließ, denn ich wünschte nicht in dem Licht zu erscheinen, als sey ich allen Eindrücken so gar leicht zugänglich, so widerstandslos ihre Beute gewesen; aber ich will es gestehen: kein weibliches Wesen hatte mich je zuvor auch nur zum zehnten Theile so interessirt, wären es auch solche gewesen, die ich ein Jahr lang gekannt und vielleicht bewundert hätte.

Im Hofe traf ich Andries, seine Ketten messend. Er that dies regelmäßig von Zeit zu Zeit, und zwar so gewissenhaft, als wenn er Gold abwöge. Der alte Mann schien durchaus nichts zu ahnen von dem langen tète-à-tète, das ich mit seiner Nichte gehabt, sondern im Gegentheile zeigten seine ersten Worte, daß er glaubte, ich sey allein gewesen.

„Ich bitte Euch um Verzeihung, mein Junge," sagte er, und während er sprach, hielt er seine Meßruthe im Munde. „Ich bitte Euch um Verzeihung, aber dies ist sehr nothwendige Arbeit. Ich möchte nicht haben, daß Einer von Euren Yankee-Ansiedlern nachher sich über des Kettenträgers Vermessungen beklagte und darüber schriee. Laßt sie nach hundert oder nach tausend Jahren kommen, wenn sie wollen, und das Land messen; ich stehe dafür, des alten Andries Vermessung behält Recht."

„Die Veränderung des Compasses wird einige Verschiedenheit bei zweierlei Vermessungen verursachen, mein guter Freund, wenn nicht die Landmesser besser sind, als man sie gewöhnlich trifft."

Der alte Mann ließ die Meßruthe und die Kette sinken und sah mich niedergeschlagen an.

„Wahr!" sagte er mit Nachdruck. „Ihr habt den Nagel auf den Kopf getroffen, Mordaunt, – diese Veränderung ist ein wahres Teufelszeug, bis man damit fertig wird! Ich habe es schon so und dann anders probirt, und habe nie etwas Vernünftiges daraus zu machen gewußt! Ich sehe gar keinen Nutzen von der Abweichung überhaupt ein!"

„Was denkt Eure hübsche Gehülfin Dus davon? Dus, die schöne Kettenträgerin? Ihr werdet Euern alten Namen verlieren, und Miß Malbone wird ihn davontragen!"

„Also hat Dus Euch Alles ausgeplaudert? Ein Weib kann doch nie ein Geheimniß bewahren. Nein! die Natur hat sie geschwätzig erschaffen und der Papagei muß plappern!"

„Ein Weib liebt aber doch die Veränderung – habt Ihr Dus schon über diese Schwierigkeit zu Rathe gezogen?"

„Nein, nein. Knabe; ich habe Dus nichts gesagt, und leid thut es mir, daß sie gegen Euch etwas erwähnt hat von der kleinen Angelegenheit mit der Kette. Es war gar sehr gegen meinen Willen, Mordaunt, daß das Mädel sie nur eine Ruthe weit trug; und wenn Alles noch einmal geschehen müßte, sie sollte sie mir keine Ruthe weit mehr tragen, – aber doch würde es Euch im Herzen wohl gethan haben, zu sehen, wie artig sie ihre Sache machte, und wie rasch und behend sie war, und wie zuverläßig, und wie genau sie die Merkzeichen machte, und wie sicher ihr Auge war. Die Natur hat dies Mädel ausdrücklich zur Kettenträgerin geschaffen!"

„Und eine Kettenträgerin ist sie gewesen, und eine Kettenträgerin wird sie immer bleiben, bis sie ihre Ketten einem armen Burschen überwirft und ihn damit auf Zeitlebens bindet. Andries, Ihr habt hier einen Engel bei Euch, und nicht ein Weib!"

Die meisten Männer in der Lage des Kettenträgers würden wohl einige Unruhe empfunden haben, wenn sie eine solche Sprache im Munde eines jungen Mannes unter all' den vorliegenden Umständen vernommen hätten. Aber Andries Coejemans hegte nie ein Mißtrauen gegen einen Sterblichen, der für gewöhnlich sein Vertrauen besaß; und es ist die Frage, ob er je in Betreff meiner in irgend einer Hinsicht einen Zweifel hegte, – was vielmehr die Folge seines, als meines Charakters war. Statt Unruhe oder Mißfallen an den Tag zu legen, wandte er sich gegen mich, sein ganzes Gesicht verklärt von der Zärtlichkeit, die er für seine Nichte fühlte, und sagte:

„Das Mädel ist ein vortreffliches Mädel, Mordaunt, ein Kapitalgeschöpf! Es würde Euch im Herzen wohlgethan haben, sage ich, hättet Ihr sie die Kette tragen sehen! Eurem Geldbeutel hat der Monat, den sie arbeitete, keinen Eintrag gethan, obwohl ich nicht haben möchte, daß Ihr glaubtet, ich habe sie wie einen Mann gerechnet – nein. – Sie ist berechnet nur zum halben Taglohn, denn Weiberarbeit bleibt einmal Weiberarbeit: aber ich glaube, bei meinem Gewissen, wir wurden in diesem Monat mit mehr Grund und Boden fertig, als wenn wir den besten Mann gehabt hätten, der in diesem Theile der Welt für Geld zu miethen gewesen wäre. – ja, wahrhaftig, das glaube ich!"

Wie sonderbar klang mir das Alles! Arbeit, von Dus Malbone verrichtet, mir angerechnet und berechnet zum halben Preise! Wir sind die Geschöpfe des konventionellen Lebens und Herkommens, und die Sklaven von Ansichten und Meinungen, deren Herkunft wir selbst nicht kennen. Ich hatte die Begriffe meiner Kaste, angeeignet und eingesogen in der stillen, einschmeichelnden Schule der unbewußten Angewöhnung, worin unsere Charaktere insgesammt gebildet werden: und nur das förmliche Bedürfniß und der Mangel hätte mich dahin bringen können, von irgend einem Individuum eine Belohnung in Geld anzunehmen für irgend einen geleisteten persönlichen Dienst. Ich hatte keine Berufsart, und es schickte sich nach unsern Begriffen für einen Gentleman nicht, Geld anzunehmen für persönliche Dienste, die außerhalb der Sphäre eines bestimmten Berufes fallen, – eine willkürliche Regel, der sich aber die Meisten von uns mit unbedingtem Gehorsam unterwerfen. Die Vorstellung, daß Dus von mir bezahlt worden sey für wirkliche Mühe und Arbeit, wollte mir deshalb ganz und gar nicht ein; und erst nach einigem Nachdenken kam ich dahin, die ganze Sache so anzusehen, wie sie angesehen werden mußte, und dem edelherzigen Mädchen eine Handlungsweise, die ihr so viel Ehre machte, zum Lob anzurechnen, und zwar zum Lob ohne Vorbehalt und Einschränkung. Ich will mich nicht besser, weiser und vernünftiger darstellen, als ich wirklich war; und ich glaube, wenige junge Männer von meinem Alter und meiner Lebens- und Bildungsweise würden im Anfang große Freude darüber empfinden, wenn sie hörten, ein Mädchen, zu welchem sie sich in Liebe hingezogen fühlen, sey auf solche Weise beschäftigt gewesen; während auf der anderen Seite auch wohl fast Jeder bei reiflicherem Nachdenken zu denselben Ergebnissen gelangen würde, bei welchen ich ankam.

Mein Gespräch mit Andries Coejemans ward unterbrochen durch das plötzliche Eintreten Frank Malbone's in den Hof. Dies war meine erste Begegnung mit dem jungen Geometer, und der Kettenträger stellte uns einander vor in seiner gewohnten herzlichen und offenen Weise. In einer Minute waren wir mit einander bekannt; und der alte Mann erkundigte sich, wie es den Ansiedlern gelungen sey mit dem Aufschlagen ihres religiösen Versammlungshauses.

„Ich blieb, bis sie anfingen, die Dachsparren zu legen," antwortete der junge Malbone heiter, „und dann verließ ich sie. Die Festlichkeit soll mit einem Ball schließen, höre ich; aber ich war zu sehr verlangend, zu hören, wie meine Schwester die Heimath – ich sollte sagen das Nest, erreicht habe, als daß ich hätte bleiben können. Wir haben jetzt eigentlich keine andere Heimath, Mr. Littlepage, als die Hütte in den Wäldern und das Obdach, das Eure Gastlichkeit uns anbeut."

„Kriegskameraden, Sir, und Kriegskameraden, die für eine solche Sache mit einander gefochten haben, sollten so wenig Bedenken tragen, solche Gastlichkeit, wie Ihr es nennt, anzunehmen, als sie anzubieten. Es freut mich jedoch, daß Ihr diesen Gegenstand berührt habt, sofern mir dies den Weg bahnt zu einem Vorschlag, den ich Euch zu machen beabsichtigte, dessen Annahme mich zu Eurem Gast machen wird, und mit dem ich jetzt so gut hervortreten kann als acht Tage später."

Andries und Frank zeigten Beide in ihren Mienen Ueberraschung; aber ich führte sie zu einer Bank auf der offenen Seite des Hofes und lud sie ein, sich zu setzen, während ich mich erklärte. Es mag passend seyn, im Vorbeigehen ein Wort von diesem Sitz zu sagen. Er stand am Rand einer niedern Felsenklippe auf der Seite des Hofes, welche durch Palisaden geschützt gewesen war, als die Franzosen die beiden Canada's im Besitz hatten, und wovon die Ueberreste noch zu sehen waren. Hier hatte Dus, wie ich erfuhr ehe wir die Stelle verließen, meine hübsche Kettenträgerin, mit dem ächt weiblichen Instinkt für das Anmuthige und Schöne, eine Laube fast ganz mit eigenen Händen errichtet, eine der schnell wachsenden Rebenarten unseres Climas daselbst gepflanzt und einen Sitz darin ausstellen lassen. Der Platz bot eine angenehme Aussicht über eine weite Strecke von Wiesen und über ferne Bergabhänge, welche noch im Urwald lagen. Andries sagte mir, seine Nichte habe einen großen Theil ihrer Mußestunden in dieser Laube zugebracht, seit das rasche

Wachsthum der Reben mit dem Eintritt der guten Jahreszeit dem Sitz den Vortheil des Schattens gewährte.

Ich nahm zwischen dem Kettenträger und Malbone meinen Platz ein, und theilte ihnen den Plan mit, den ich entworfen hatte, Letzteren zu meinem Agenten zu machen. Um ihn zur Annahme der Stelle zu bewegen, bot ich ihm die Benützung des Resthauses und des zum Reste gehörigen Pachtgutes an, wobei ich mir nur die von meinem Großvater ehemals bewohnten paar Zimmer vorbehielt, und auch diese nur für die Zeit meiner jährliches Besuche auf dem Gut. Da das Pachtgut groß war und einen vortrefflichen Boden hatte, lieferte es im Ueberfluß, was eine Familie von bescheidener Lebensweise bedurfte, und auch dazu noch gestattete es viele Produkte zu verkaufen, um von dem Ertrage die nothwendigen Artikel anzuschaffen, die nicht auf dem Gute erzeugt wurden. Mit Einem Wort, ich legte meinen Zuhörern meinen ganzen Plan vor, der noch um ein Gutes erweitert ward durch den geheimen Wunsch, es Ursula recht behaglich zu machen, ein Beweggrund, wovon ich natürlich nichts laut werden ließ.

Der Leser darf nicht glauben, ich habe eine außerordentliche Großmuth an den Tag gelegt, indem ich so gehandelt. Man darf nicht vergessen, daß im Jahre 1784 Land im Staate New-York eine unwerthe Waare war, wie es noch heutzutage ist am Miami, Ohio, Mississippi und anderen Strömen im Innern des Landes. Die Eigenthümer schlugen ihre Besitzungen kaum an als Mittel der Existenz für den Augenblick, und unterhielten vielmehr ihre Ansiedlungen, als daß sie von denselben unterhalten wurden; und erst von einem späteren Zeitalter und für ihre Nachkommenschaft erwarteten sie den Lohn für all ihre Mühe und aufgewendeten Kosten.

Es ist kaum nöthig zu sagen, daß meine Anträge mit Freuden angenommen wurden. Der alte Andries preßte mir die Hand, und ich verstand die Bedeutung dieses Druckes so gut, als hätte er mit der Beredsamkeit eines Patrick Henry gesprochen. Frank Malbone war gerührt, und alle Parteien waren vollkommen zufriedengestellt. Der Geometer hatte natürlich sein Feldtintenfaß bei sich und ich hatte die Agentschafts-Vollmacht in der Tasche, in welche der Name des Kettenträgers hätte gesetzt werden sollen, wenn er die Stelle angenommen hätte. Jetzt ward statt dessen der Name Malbone's hineingeschrieben; ich unterzeichnete; Andries unterschrieb als Zeuge und wir verließen mit einander die Laube, – Frank Malbone nunmehr förmlich für einige Zeit Herr des Hauses, in welchem wir uns befanden, und was die nothwendige Folge hievon war, seine reizende Schwester Herrin desselben. Es war ein köstlicher Augenblick für mich, als ich Dus sich ihrem Bruder in die Arme werfen und an seiner Brust weinen sah, wie er ihr die frohe Nachricht mittheilte.

## Dreizehntes Kapitel

Eine bequeme Lehre; und es läßt sich viel
darüber sagen. Wo ist Euer Text zu finden?

*Was Ihr wollt.*

Ein Monat verfloß rasch. Während dieser Zeit ward Frank Malbone völlig installirt, und Andries verstand sich dazu, die Operationen mit der Meßkette so lange ruhen zu lassen, bis diese nothwendige Arbeit vorüber war. Eine Arbeit war es; denn alle von meinem Großvater bewilligten Pachtverträge waren abgelaufen und die Pächter waren auf ihren Gütern geblieben, geduldeter Weise, oder als Inhaber auf Gutdünken und kurze Frist, indem sie auf Ehrenwort abgeschlossene Übereinkünfte je auf ein Jahr mit Mr. Newcome gemacht hatten, welchem Vollmacht gegeben war, so weit zu gehen, aber nicht weiter.

Es war, wie ich schon gesagt habe, zu jenen Zeiten selten, daß ein Grundbesitzer während der ersten Jahre der Ansiedlung von seinen Ländereien irgend ein Einkommen zog. Die große Aufgabe war, Ansiedler herbeizuziehen; denn da die Concurrenz so groß war, mußten Opfer gebracht werden, um diesen allerersten Zweck zu erreichen. In Gemäßheit dieser Politik hatte mein Großvater seine wilden Ländereien fast durchgängig gegen eine nur nominelle Rente verliehen, dann und wann ein Pachtgut, das ganz besondere Vortheile darbot, ausgenommen; und in den meisten Fällen hatte der Ansiedler die Benützung des Pachtgutes für mehrere Jahre ohne allen Pachtzins gehabt. Er bezahlte die Steuern, welche nur nominell waren, und hauptsächlich zur Bestreitung der Kosten für Zwecke und Gegenstände dienten, welche der nächsten Nachbarschaft zu Statten kamen, wie z. B. der Bau von Straßen, Brücken, Pferchen und andern ähnlichen Werken, und die Gerechtigkeitspflege. Nach Ablauf der Frist, während welcher gar keine Rente bezahlt wurde, ward festgesetzt, daß eine kleine Summe je für den Acre entrichtet werde, aber nicht streng und förmlich erhoben, und kein Dollar davon kam je aus der Ansiedlung hinaus. Man erwartete vom Grundherrn, daß er sich an die Spitze der Subscriptionen für Alles stellte, was für das Gut heilsam und nützlich war, oder dafür ausgegeben wurde; und die zwei oder dreihundert Dollars jährlich, welche mein Pachtregister wirklich nachwies, gingen wieder auf den Pachtgütern des Nestes auf. Es war urkundliche Thatsache, daß der Eigenthümer dieses Gutes noch nicht Einen Schilling zu seinen Privatzwecken hatte wegnehmen und verwenden können. Es ist wahr, es wäre in seiner Macht gestanden, jedes Jahr eine Kleinigkeit zu diesem Behuf zusammen zu bringen; aber man betrachtete es nicht als politisch, und daher war es auch nicht der Brauch des Landes bei so gelegenen Gütern in der Zeit vor der Revolution, obwohl einzelne Fälle einer entgegengesetzten Handlungsweise mögen vorgekommen seyn, wenn der Grundherr besonders habgierig oder in Vermögensbedrängniß war. Unsere New-Yorker Grundherrn zu jener Zeit waren selten im Falle, des Geldes so sehr benöthigt zu seyn. Der Luxus war in der Provinz wenig bekannt gewesen, und konnte im Staate auch noch nicht zur Herrschaft gelangt seyn; daher kamen Wenige durch großen Aufwand um ihr Vermögen, wohl aber manche durch ungeschickte Wirtschaft. Die Praktik des „Kätzchen in der Ecke," der Kniff, einen Mann aus seinem Besitzthum zu verdrängen, um sich an seine Stelle zu setzen, war vor der Revolution wenig im Brauch: und das Gemeinwesen betrachtete immer den, der sich in das Besitzthum einer Familie eindrängte, mit Kälte und mit scheelem Auge, wenn er nicht durch ehrlichen Kauf und um einen genügenden Preis in den Besitz kam. Legalspekulationen waren damals fast ganz unbekannt, und wenn Einer reich wurde, so setzte man voraus, daß er es werde durch männliche Kraftanstrengung und offene, das Licht nicht scheuende Thätigkeit, und nicht durch die dunkeln Machinationen einer heillosen Rechtsverdrehung.

Was uns betraf, so hatten wir bis jetzt von unserem Besitzthum Ravensnest noch nicht einen Schilling bezogen. Alles, was wir je eingenommen, und noch mehr dazu, war an Ort und Stelle wieder verwendet worden; jetzt aber war die Zeit gekommen, wo es recht und billig war, daß die Ländereien uns für alle Mühen und Auslagen, die wir gehabt, einigen Ertrag und Ersatz leisteten.

Eilf tausend Acres waren verliehen, unter etwas weniger als hundert Pächter vertheilt. Bis zum ersten April folgenden Jahres konnten diese Leute ihre Ländereien behalten unter den Bedingungen des mündlichen Contrakts; nach diesem Tage aber wurden neue Pachtverträge nöthig. Es ist bei dem amerikanischen Grundbesitzer nicht gebräuchlich, sehr streng im Einfordern zu seyn. Es liegt dies in der That auch gar nicht in seiner Macht, aus dem einfachen Grunde, weil es so viel mehr Land gibt als Menschen; aber es liegt auch gar nicht in der Sitte des Landes, vielmehr ist gewöhnlich sorglose Nachsicht der Fehler dieser Menschenklasse, eine Nachsicht, welche ein Anwachsen von Rückständen gestattet, die, wenn der Zahltag kommt, gar leicht böses Blut und Unzufriedenheit erzeugen. Es ist eine unläugbare Wahrheit in der Moral, daß die Menschen, was auch im Augenblick ihre Gefühle und Gesinnungen seyn mögen, selten gegen eine Regierung dankbar sind, welche ihren Fehlern freien Spielraum gestattet. Immer suchen sie einen Theil der Schuld ihrer eigenen Verirrungen und Fehltritte denjenigen aufzubürden, die sie hätten bewachen und lenken sollen. Ebenso ist es mit Schulden; denn wie sehr man auch im Augenblick um Nachsicht und Geduld bitten mag, – die Anhäufung der Zinsen bekommt gar ein furchtbares und feindliches Aussehen, wenn sie sich in einer Gesammtsumme darstellen in einem Zeitpunkt, wo es ungelegen seyn mag, die Rechnung auszugleichen. Wenn nun diejenigen, welche sich schon in eine solche Lage versetzt gesehen haben, bedenken wollten, daß es eine letzte, große Abrechnung gibt, welche ins Reine zu bringen mit Rückständen dereinst an jeden Menschen die Aufforderung und Ladung ergeht, so dürfte ihnen ihre Erfahrung, von den weltlichen Dingen entnommen, eine unendlich nützliche Warnung an die Hand geben. Es ist ein Glück für uns Alle, ohne Ausnahme, daß ein Mittler uns beisteht bei jener Abrechnung.

Die Zeit war gekommen, wo man von Ravensnest einigen Ertrag sich versprechen durfte. Geleitet von den Ergebnissen der Vermessung und von unserer

Lokalkenntniß, und nicht wenig unterstützt von der Erfahrung des Kettenträgers, brachten Frank Malbone und ich volle vierzehn Tage damit zu, die Pachtländereien zu klassificiren; die geringsten stellten wir in die Kategorie von einem Shilling, andere in die von achtzehn Pence, und ein Dutzend etwa in die von zwei Shillingen. Das Resultat war, daß wir sechstausend Acres in die Klasse von ein Shilling Jahresrente setzten, dreitausend achthundert in die von achtzehn Pence, und zwölfhundert in die von zwei Shillingen. Das Ganze betrug einen Rentenbetrag von 44,100 Shillingen, oder etwas über 1742 Dollars jährlich. Dies wollte viel sagen für das Jahr 1784 und zwar war dies der Betrag noch mit Ausschluß des zum Nest gehörigen Gutes, von Jason Newcome's Mühlen und Zimmerholzland, die er bisher umsonst oder gegen eine blos nominelle Rente inne gehabt hatte, so wie aller noch wilden Ländereien.

Ich will gestehen, ich hatte eine große Freude über das Ergebnis unserer Berechnungen. Vor diesem Tage hatte ich auf Ravensnest gar nicht gerechnet, in Betreff eines daraus zu ziehenden Einkommens, da ich die Mittel meines Unterhalts in dem übrigen Vermögen fand, das ich von meinem Großvater geerbt hatte. Auf dem Papier war mein Einkommen mehr als verdoppelt, denn ich bezog damals nur etwa elfhundert jährlich (ich spreche von Dollars, nicht von Pfunden) von meinem andern Vermögen. Es ist wahr, letzteres schloß sehr viele Plätze und Gebäulichkeiten in und bei der Stadt in sich, welche im Augenblick nichts ertrugen, aber in späteren Zeiten, wie Ravensnest selbst, sehr werthvoll zu werden versprachen. Die meisten Dinge in Amerika wiesen damals, wie jetzt noch, auf die Zukunft hin, obwohl ich hoffe, die Zeit des Genusses und Nutzens werde nun endlich kommen. Meine Besitzungen in der Stadt sind schon längst sehr werthvoll und ziemlich einträglich geworden.

Sobald unser Plan für die Wiederverleihung reiflich erwogen war, forderte Frank die Inhaber der Pachtgüter auf, sich je in Abteilungen von Zehen auf dem Nest einzufinden, um ihre Pachtungen aufs Neue zu übernehmen. Wir waren auf dem Gut herum geritten, hatten uns mit den Ansiedlern besprochen und ihnen meine Absichten im Voraus schon mitgetheilt, so daß Wenig mehr zu erörtern übrig blieb. Die Pachtungen wurden alle wieder auf drei Sterbfälle und ganz nach meinem zuvor entworfenen Plane verliehen, und Keiner machte eine Einwendung gegen den Pachtzins, der nach allgemeinem Zugeständniß nicht nur billig sondern nieder war. Die Lage der Dinge war damals in zu frischem Andenken, als daß die Vergangenheit so schnell hätte vergessen werden können; und der Tag, an welchem der letzte Pachtvertrag unterzeichnet wurde, war ein Tag der allgemeinen Zufriedenheit. Ich dachte daran, ein Grundherrnessen zu geben und die ganze Ansiedlerschaft zum Behuf eines fröhlichen und freundschaftlichen Zusammenseyns zu mir zu laden; aber der alte Andries goß kaltes Wasser auf meinen Vorsatz.

„Das ginge an, Mortaunt," sagte er, „wenn Ihr nur mit ächten New-Yorkern oder Mittelstaatenmännern es zu thun hättet; aber über die Hälfte von diesen Leuten sind aus den östlichen Staaten, wo es keine solche Dinge gibt wie Grundherrn und Pächter, – in einem größeren Maßstabe, heißt das; und unter diesen Allen ist nicht Einer, der nicht im Schilde führte, dereinst sein Pachtgut als Eigenthum zu besitzen, möge es ihm auf geradem oder auf krummem Wege gelingen. Sie sind so eifersüchtig auf ihre Würde, als wenn Jeder von ihnen ein ganzer Oberst wäre, und sie werden Euch keinen schönen Dank sagen für ein Mittagsmahl, bei welchem sie die zweite Geige zu spielen scheinen.“

Obwohl ich des Kettenträgers alte holländische Vorurtheile gegen unsre östlichen Brüder kannte, wußte ich doch wohl, daß, was er sagte, viel Wahres enthielt. Frank Malbone, der in Rhode-Island geboren war, hatte dieselbe Ansicht, wie ich bei näherer Erkundigung erfuhr; und ich war geneigt, mich seiner Meinung unterzuordnen. Frank Malbone war selbst ein Gentleman, und Männer dieser Gattung sind in der Regel über kleinliche Eifersucht erhaben; aber Frank mußte die Gesinnungen derjenigen, unter welchen er geboren und aufgewachsen war, besser zu würdigen wissen, als es für mich möglich war; demgemäß wurde der Plan mit der Mahlzeit aufgegeben.

Es blieb nun noch übrig, eine neue Uebereinkunft zu treffen und bleibend festzusetzen mit Mr. Jason Newcome, welcher bei weitem der vermöglichste Mann auf Ravensnest war; denn er allein schien alle Geschäfte und den ganzen Handel und Verkehr auf der Niederlassung an sich gerissen zu haben. Er war Magistrat, Oberaufseher, Diakon, nach der Einrichtung der Congregationisten, oder was die Benennung seyn mochte, Müller, Inhaber aller Vorräthe und Kaufmann, Notar bei Testamenten, Eigenthümer des Gasthauses, das er durch einen Andern versehen ließ, und allgemeiner Rathgeber für die ganze Gegend. Alles schien durch seine Hände zu gehen; oder vielleicht wäre richtiger zu sagen: Alles kam in seine Hände, aber Wenig wieder heraus. Dieser Mann war, in kleinem Maßstabe freilich, einer der Alles an sich raffenden Geldmenschen, die nur leben, um zu sammeln und Geld aufzuhäufen, – nach meinem Sinne und in meinen Augen die widerlichsten und verächtlichsten Leute, da sie bei ihrem Geldzusammenscharren durchaus keinen der anerkennungswerthen Zwecke einer vernünftigen Industrie, eines achtbaren Unternehmungsgeistes im Auge haben. So lang ein Mensch in seiner Nähe war, den er für reicher hielt als er selbst war, so lange hätte Mr. Newcome sich unglücklich gefühlt, obgleich er nicht wußte, was anfangen mit dem Vermögen, das er schon erworben hatte. Man weiß nicht, ob man solche Charaktere mehr verabscheuen oder bemitleiden soll; denn während sie jedem Menschen von gesundem Gefühl und edlem Geist zuwider sind und seyn müssen, tragen sie in ihrem eigenen Busen einen Wurm, der nie stirbt, und der am Marke ihres Lebens zehrt.

Mr. Newcome hatte seine Beseitigung als Agent dem Anschein nach ganz gut aufgenommen, und hatte von dem Augenblick an, wo er Grund hatte zu vermuthen, daß ihm die Stelle entzogen werden würde, sich die Miene gegeben, als wünschte er derselben los zu werden. In dieser Hinsicht lief somit Alles ganz im Guten und freundschaftlich ab, und durchaus keine Klage wurde von seiner Seite erhoben. Im Gegentheil, er kam Frank Malbone anscheinend mit der größten Herzlichkeit entgegen, und wir schritten zur Verhandlung, wie es schien, in eben so guter und ungetrübter Stimmung, als zu irgend einem der vorhergegangenen Pachtverträge. Mr. Newcome that Nichts offen und geradezu; von Kindheit an war er immer gewohnt gewesen, nur krumme Pfade und Umwege zu betreten.

„Ihr habt das Mühlloos und die Benützung von fünfhundert Acres Waldland von meinem Großvater auf drei Sterbfälle oder im ungünstigsten Falle auf einundzwanzig Jahre übernommen, wie ich finde, Mr. Newcome,“ bemerkte ich, sobald wir uns zu dem Geschäft hingesetzt hatten, „und zwar gegen eine nur nominelle Rente; die Mühlen sollten in baulichem Stand gehalten werden, und nach Ablauf des Pachttermins an den Grundherrn zurückfallen.“

„Ja, Major Littlepage, das war der Vertrag, ich muß es gestehen, obgleich er für mich sehr schwer ward. Der Krieg brach aus, und mit ihm kamen harte Zeiten, und ich dachte, der Major würde geneigt seyn, die Umstände in Erwägung zu ziehen, wenn wir einen neuen Vertrag machten.“

„Der Krieg kann für Euch nicht sehr nachtheilig gewesen seyn, da die Früchte aller Art einen hohen Preis hatten; und ich sollte meinen, der Umstand, daß große Heere in der Nähe waren, welche Alles consumirten, was Ihr zu verkaufen hattet, und zwar zu hohen Preisen, müßte jeden Nachtheil, der Euch etwa daraus erwachsen, mehr als ausgeglichen haben. Ihr hattet die Vortheile von zwei Kriegen zu genießen, Mr. Newcome; vom Kriege von 1775 und theilweise von dem von 1756.“

Mein Pächter antwortete Nichts hierauf, da er fand, daß ich über den Gegenstand nachgedacht hatte, und gefaßt war, ihm zu antworten. Nach einer Pause lenkte er das Gespräch auf positivere Dinge.

„Ich vermuthe, der Major geht von dem Grundsatz aus, ein legales Recht des alten Pächters auf einen neuen Pachtvertrag anzuerkennen. Man hat mir gesagt, er habe dies so ziemlich bei allen bisherigen Unterhandlungen anerkannt.“

„Dann hat man Euch falsch berichtet, Sir. Ich bin nicht so schwach, daß ich ein Recht anerkennte, welchem der Pachtvertrag selbst, welcher der Natur der Sache nach nothwendigerweise den einzigen Anspruch und Rechtstitel des Pächters begründet, entschieden widerspricht. Eure gesetzlichen Ansprüche auf das Besitzthum hören in wenigen Tagen von jetzt an gerechnet gänzlich auf.“

„J – a – j – a, Sir, ich glaube das schon,“ sagte der Squire, indem er sich in seinem Sessel zurücklehnte, bis sein Körper einen Winkel von sechszig bis siebzig Graden mit dem Boden bildete; – „ich glaube das schon nach den Vertragsbedingungen; aber zwischen einem Mann und den andern sollte etwas Anderes, Bindenderes bestehen.“

„Ich kenne nichts Bindenderes bei einer Pachtverleihung als die Vertragsbedingungen, Mr. Newcome.“

„Wohl,“ – wie dieser Mann das Wörtchen wohl zu gebrauchen wußte, wenn er einen Mitmenschen zu hintergehen suchte, und mit welch' jesuitischem Accent er es aussprach! – „Wohl, das ist eben, je nachdem die Leute Ideen haben. Eine Vertragsbedingung kann hart seyn, und dann sollte sie, nach meiner Ansicht, für nichts gelten. Ich bin gegen alle harten Verträge.“

„Hört Ihr, Freund Jason,“ fiel der Kettenträger ein, der ein alter Bekannter von Mr. Newcome war und seinen Charakter durch und durch zu kennen schien – „Hört Ihr, Freund Jason: gebt Ihr einen unverhofften Gewinn zurück, wenn es sich so trifft, daß

Euch ein größerer zufällt, als worauf Ihr Euch beim Abschluß eines Handels Rechnung gemacht hattet?“

„Es führt zu nichts, mit Euch über solche Gegenstände zu schwatzen, Kettenträger, denn wir werden in unsern Ansichten nie zusammenstimmen,“ antwortete der Squire, sich noch weiter in seinem Sessel zurücklehnend. „Ihr seyd, was ich einen absonderlichen Mann nenne in Euren Begriffen, und wir werden uns nie verstehen.“

„Aber doch hat des Kettenträgers Frage einen guten Sinn,“ sagte ich. „Wenn Ihr nicht bereit seyd, sie mit Ja zu beantworten, sehe ich nicht ein, wie Ihr mit irgend einem Schein von Recht Eure eignen Grundsätze anwenden könnt. Aber lassen wir das beiseite, – warum macht man Verträge, wenn sie nicht sollen beobachtet werden?“

„Nun wohl, nach meinen Begriffen ist ein Vertrag bei einer Pachtverleihung ungefähr dasselbe, was ein fließendes Wasser auf einer Landkarte – Nichts, auf was man so ein sonderliches Gewicht legen sollte; aber sowie fließende Wasser sich auf einer Karte gut ausnehmen, so lesen sich auch Verträge gut bei einer Pachtverleihung. Die Grundherrn haben sie gern und die Pächter sind nicht sehr bedenklich.“

„Es kann Euch schwerlich mit dem Einen oder mit dem Andern Ernst seyn, hoffe ich, Mr. Newcome, sondern Ihr übt nur Euern Scharfsinn an uns zu Eurer Unterhaltung. Die Vertragsbedingungen Eures Pachtes enthalten nichts so Absonderliches, daß die Entscheidung darüber irgend zu einem Gewissensfall werden könnte.“

„Doch steht das darin, Major, daß Ihr das ganze Besitzthum zurückbekommen sollt, wenn Ihr Lust bekommt, Ansprüche darauf zu erheben.“

„Ansprüche zu erheben! – Das ganze Besitzthum ist mein oder meiner Vorfahren Eigenthum gewesen, seitdem es uns von der Krone überlassen worden ist. Alle Eure Rechte rühren von Eurer Pachtung her; und wenn diese zu Ende geht, haben auch Eure Rechte ein Ende.“

„Nicht, nach meiner Einsicht, Major; nicht, nach meiner Einsicht. Ich habe die Mühlen auf meine Kosten gebaut, wie Ihr Euch erinnern werdet.“

„Ich weiß allerdings, Sir, daß Ihr die Mühlen gebaut habt, auf Eure Kosten, wie Ihr sagt; das heißt, Ihr bedientet Euch einer natürlichen Mühlegelegenheit, benütztet unser Zimmerholz und sonstige Materialien und erbautet die Mühlen, sowie sie nun sind, wobei Ihr Euren Lohn und Gewinn Euch von der Benützung derselben verspracht, gegen eine nur nominelle Rente; und dabei hattet Ihr Sägeblöcke zu Eurer Verfügung, wie Ihr sie nur wünschtet, und genoßet auch sonst die mannigfachen Vortheile und Vergünstigungen einer der liberalsten Pachtverleihungen, die je bewilligt wurde.“

„Ja, Sir, aber das war in dem Handel ausbedungen, den ich mit Eurem Großvater schloß. Das wurde zwischen uns so verabredet damals, als ich den Platz übernahm, daß ich Holz fällen dürfe nach Belieben und natürlich mich der auf dem Gute sich findenden Materialien zum Bau bedienen. Seht Ihr, Eurem Großvater war es ganz verzweifelt um Mühlen zu thun; und daher stellte er demgemäß die Bedingungen. Ihr werdet das Sylbe für Sylbe in dem Pachtbrief finden."

„Ohne Zweifel, Mr. Newcome und Ihr werdet auch in demselben Pachtbrief eine Vertragsbedingung finden, wornach Eure Ansprüche auf das Besitzthum in wenigen Tagen zu Ende gehen."

„Wohl nun, ich verstehe Pachtbriefe nicht auf diese Art. Gewiß konnte doch das nie die Meinung seyn, daß Einer Mühlen erbauen sollte, um nach fünfundzwanzig Jahren alles Recht darauf zu verlieren!"

„Das hängt von dem Vertrag ab, wie er zu seiner Zeit abgeschlossen wurde. Manche Leute bauen Mühlen und Häuser, die durchaus keine Rechte darauf haben. Sie werden für ihre Arbeit bezahlt während sie bauen."

„Ja, ja, Zimmerleute und Mühlenbauer meint Ihr. Aber ich spreche von keinen solchen Leuten, ich spreche von ehrlichen, hart arbeitenden, fleißigen Leuten, welche ihre Arbeit und ihre Zeit darauf verwenden, eine Ansiedlung empor zu bringen; nicht von Euren Handwerkern, die für Taglohn arbeiten. Natürlich werden diese bezahlt für das, was sie thun, und damit ist die Sache beendigt."

„Ich wüßte nicht, daß alle ehrlichen Leute auch hart arbeitende sind, und ebenso wenig, daß alle hartarbeitenden Leute ehrlich sind. Ich wünschte vor Allem, Mr. Newcome, daß dies zwischen uns eine ausgemachte Sache wäre. Redensarten und Phrasen werden mir keine Zugeständnisse abdringen. Ich bin jedoch mit Euch vollkommen einverstanden, wenn Ihr sagt: wenn Einer für seine Arbeit bezahlt wird, so habe die Sache damit ein Ende. Nun werdet Ihr binnen dreiundzwanzig Tagen bezahlt seyn für Alles, was Ihr an meinem Besitzthum gethan habt gemäß Eurem eignen Zugeständniß; und nach Eurer eignen Argumentation muß Eure Verbindung mit diesem Besitzthum hiemit ein Ende haben."

„Der Major hat doch sicherlich nicht die Absicht, mich meines sauer erworbenen Verdienstes zu berauben!"

„Mr. Newcome, berauben ist ein hartes Wort, ein Wort das, ich muß Euch darum bitten, zwischen Euch und mir nicht mehr vorkommen soll. Ich habe nicht die Absicht Euch zu berauben, noch auch mich von Euch berauben zu lassen. Die Ausrede, daß Ihr mit den Bedingungen dieser Pachtverleihung nicht bekannt gewesen seyd, kommt ziemlich spät, nach einem Besitz von einem Vierteljahrhundert. Ihr wißt recht gut, daß mein Großvater nicht verkaufen wollte und daß er nur pachtweise verlieh; wenn Eure Absicht war, zu kaufen, warum wandtet Ihr Euch nicht anders wohin und suchtet Land zum Erbbesitz zu erwerben? Es waren und sind noch rings herum Tausende von Acres zu verkaufen. Ich selbst habe Land zu verkaufen zu Mooseridge, als Agent meines Vaters und des Obersts Follock, nur zwanzig Meilen von Euch entfernt, und wie man mir sagt, vortreffliche Mühlplätze obendrein."

„Ja, Major, aber das ist nicht so nach meinem Geschmack, – ich hatte nun einmal Lust zu diesem."

„Aber ich habe nun auch Lust zu diesem; und da es nach Recht und Billigkeit mein Eigenthum ist, so habe ich doch wohl den besten Anspruch auf den Genuß.“

„Nach der Billigkeit möchte ich diese Sache beigelegt sehen, Major – ich weiß, das Gesetz ist gegen mich – das heißt, manche Leute behaupten es; aber manche bestreiten es auch, jetzt, nachdem wir eine Revolution gehabt haben, – aber laßt das Gesetz sprechen wie es will, es gibt Etwas, das ich das Recht nenne zwischen Mann und Mann.“

„Ganz gewiß; und das Gesetz ist eine Erfindung und Institution, dem Recht Geltung und Kraft zu verschaffen. Es ist Recht, daß ich genau erfülle, wozu mich der Wille meines Großvaters vor fünfundzwanzig Zähren verpflichtete, in Bezug auf jene Mühlen; und es ist dem Recht gemäß, daß Ihr thut, wozu Ihr Euch selbst verpflichtet habt.“

„Ich habe das gethan. Ich habe mich verpflichtet, die Mühlen zu bauen, in einer bestimmten Art und Weise, und ich habe es gethan. Ich biete jedem Sterblichen Trotz, ob er es anders sagen kann. Die Sägemühle zerschnitt die Klötze zwei Monate nachdem ich den Pacht übernommen, und nach vier Monaten begannen wir Korn zu mahlen.“

„Ohne Zweifel, Sir, seyd Ihr thätig und betriebsam gewesen – obwohl, um ganz offen gegen Euch zu seyn, ich sagen muß, daß urtheilsfähige Leute mir erklären, keine von den Mühlen sey jetzt mehr viel werth.“

„Das ist wegen der Pachtverleihung,“ rief Mr. Newcome, etwas hastiger vielleicht, als sich mit seiner sonstigen klugen Vorsicht vertrug: „wie wußte ich, wenn sie zu Ende gehen würde? Euer Großvater verwilligte mir den Pacht auf drei Leben oder wenigstens einundzwanzig Jahre, und ich that Alles, was in eines Menschen Kräften stand, um ihm eine so lange Dauer zu sichern, als ich selbst leben würde; aber nun stehe ich in meinen kräftigsten Jahren und bin in Gefahr, mein Eigenthum zu verlieren!“

Ich kannte alle Umstände des Falles ganz genau und hatte von Anfang an die Absicht, großmüthig mit Mr. Newcome zu verfahren. In seiner gierigen Gewinnsucht hatte er den Pachtbrief auf das Leben von drei Kindern ausstellen lassen, obgleich mein Großvater ihm gerathen hatte, ihn wenigstens doch auch auf sein eigenes Leben stellen zu lassen; aber nein! – Mr. Newcome hatte gedacht, das Leben eines Kindes sey doch besser, als das eines Mannes; und drei oder vier Jahre nach Unterzeichnung seines Pachtbriefes hatten seine einundzwanzig Jahre zu laufen angefangen und waren jetzt nahezu erschöpft. Aber selbst unter diesen allerdings ganz unerwarteten Umständen war doch der Pacht ein sehr vortheilhafter für den Pächter gewesen; und wenn eine der Personen, auf deren Leben der Pachtbrief gestellt war, hundert Jahre alt geworden wäre, so hätte der Grundherr deshalb vergebens ein Zugeständniß, eine Entschädigung erwartet; denn Grundherren verlangen oder erwarten niemals Gefälligkeiten oder Einräumungen dieser Art – ja, die meisten würden sich schämen, sie anzunehmen. Dennoch war ich geneigt, diese Verhältnisse in Betracht zu ziehen, den Umstand zu übersehen, daß die Mühlen und alle andere Gebäulichkeiten auf dem Gute schlecht gebaut waren und für eine weitere Frist von einundzwanzig Jahren Waldland, Pachtgut, Gebäude und andere Privilegien wieder zu verleihen, um etwa den dritten Theil des Geldes, das Mr. Newcome selbst im Stande gewesen wäre zu verlangen, wenn er, statt meiner, der Verleihende gewesen wäre. Nicht geneigt, eine Erörterung mit einem Manne zu verlängern, der seiner ganzen Natur nach nicht im Stande war, mehr als Eine Seite eines Gegenstandes zu sehen, schnitt ich die Sache kurz ab, indem ich ihm ohne weiteres Zögern meine Bedingungen sagte.

Trotz aller seiner Verstellung und Heuchelei war der Squire doch so erfreut, als er sich von meiner Mäßigung in meinen Forderungen überzeugte, daß er nicht umhin konnte, seine Empfindungen offen auszusprechen; was er sicherlich nicht gethan haben würde, hätte er nicht die moralische Gewißheit gehabt, daß ich von meinem Wort nicht abgehen würde. Ich hielt es jedoch für nothwendig, mich gegen ihn näher zu erklären.

„Ehe ich Euch diesen neuen Pacht verleihe, Mr. Newcome," fuhr ich fort, während ich das Instrument unterzeichnet in der Hand hielt, „wünsche ich, daß Ihr meinen Sinn recht versteht. Ich bewillige ihn Euch nicht in der Meinung und Voraussetzung, daß Ihr irgend ein Recht habt, ihn zu verlangen, abgesehen von der Rücksicht, die ein liberaler Grundherr immer auf einen leidlich guten Pächter nimmt, welche jedoch lediglich darin besteht, daß er ihm bei gleichen Bedingungen vor Andern den Vorzug gibt. Was den frühen Verlust Eurer drei Sterbfälle betrifft, so war das Eure eigene Schuld. Wären die drei Kinder, die Ihr namhaft gemacht habt, oder wäre nur eines davon über die Kinderjahre hinausgekommen, so hätte es achtzig Jahre alt werden können, in welchem Falle mein Wald mit Zimmerholz gänzlich ausgehauen worden wäre, ohne daß der wahre Eigenthümer irgend einen Nutzen davon gehabt hätte; aber Eure Kinder starben, und die Verleihung kam so auf billige Grenzen zurück. Was mich nun veranlaßt, Euch diese Bedingungen anzubieten, ist einzig und allein die bei Grundherren übliche Liberalität; was ich Euch zugestehe, ist Euch zugestanden nicht als ein Recht, sondern als ein Beweis der Liberalität."

Dies hieß freilich meinem Pächter den für ihn unbegreiflichsten Beweggrund zu irgend einem Thun darlegen. Selbst ein ängstlicher und schmutziger Berechner und Knauser war er nicht gewohnt, irgend einem Menschen Großmuth zuzutrauen; und die zweifelnde, mißtrauische Art, womit er das Papier hinnahm, ließ mich im Augenblick vermuthen, er fürchte es sey irgend ein Plan und Anschlag im Werke, ihn zu fangen. Ein Spitzbube ist immer mißtrauisch und verräth seinen Charakter gegen ehrliche Leute ebenso oft hiedurch, als durch irgend welche andere Sünden und Fehler. Aber es war nicht meine Sache, mein Benehmen nach den Schwächen Jason Newcome's einzurichten und davon bestimmen zu lassen, und der Pacht war verwilligt.

Ich wünsche hier eine Bemerkung einzuschalten. Es sollte allerdings derselbe Grundsatz eines guten gesellschaftlichen und gegenseitigen Verhältnisses bestehen und gelten in den Beziehungen zwischen Grundherr und Pächter, wie in den andern Verhältnissen und Beziehungen des Lebens, welcher ein moralisches Band knüpft zwischen Parteien, die in ihren gewöhnlichen Interessen genau zusammenhängen, und zwar dies in einem Grade, daß dadurch Bevorzugungen und verschiedene

Vorrechte ähnlicher Art sich bilden. Dies bin ich weit entfernt in Abrede zu stellen und im Ganzen halte ich dafür, daß unter dieser ganzen Klasse von Beziehungen und Verhältnissen das in Rede stehende als eines der allerbindendsten und heiligsten angesehen werden muß. Aber doch müssen die rein moralischen Rechte und Ansprüche des Pächters bedingt seyn durch strenge Aufrechthaltung aller Rechte des Grundherrn, der gesetzlichen und moralischen zusammengenommen; und derjenige, der eines der letzteren in Zweifel zieht, verwirkt sicherlich jeden Anspruch darauf, seine Forderungen erfüllt zu sehen, so fern sie über das hinausgehen, was der strenge Buchstabe des Gesetzes ihm einräumt. Der Grundherr, welcher einen neuen Pachtvertrag dem Individuum bewilligt, das seine Rechte, mittelbar oder unmittelbar, zu untergraben strebt, begeht die Schwachheit, einen Feind mit dem Messer zu bewaffnen, mit welchem er selbst soll angegriffen werden, neben dem Irrthum, einem Mann Macht einzuräumen, der, unter dem Namen und der Maske einer unächten Freiheit die einzigen Bedingungen zu erschüttern und umzustürzen trachtet, unter welchen eine civilisirte Gesellschaft bestehen kann. Wenn Grundherren diese Schwäche zeigen, sich ihrer schuldig machen wollen, so haben sie sich selbst wegen der Folgen anzuklagen.

Durch die Bewilligung des Pachtes wurde ich Mr. Newcome's sogleich los, denn all sein Manöuvriren war nur darauf berechnet gewesen, die Rente zu erniedrigen; denn er selbst war viel zu gescheut und schlau, um an die Wahrheit seiner eigenen Doktrinen über Recht und Unrecht zu glauben. An demselben Tage kamen meine Artmänner aus dem Nest an, nachdem sie die Zwischenzeit damit zugebracht, sich verschiedene Landstriche zu besehen, welche feil waren, die sie aber hinsichtlich der Lage, der Beschaffenheit des Bodens oder der Bedingungen nicht so annehmlich gefunden hatten, als die von mir angebotenen. Nunmehr waren auch die vermessenen Loose von Mooseridge fertig, und ich bot sie diesen Auswanderern zum Kaufen an. Der Preis war nur ein Dollar für den Acre, mit Credit auf zehn Jahre: der Zins daraus sollte jährlich bezahlt werden. Man hätte glauben sollen, dieser niedrige Preis hätte die Leute veranlassen müssen, eigenes Land gepachtetem Lande vorzuziehen; aber alle diese Männer fanden es ihrem Vortheil mehr gemäß, Pachtgüter auf die Dauer von drei Leben zu nehmen, für die fünf ersten Jahre ohne Pachtzins, und für die übrige Zeit gegen eine nominelle Rente, als jährlich sieben Dollars Zins und nach Verfluß der Creditzeit hundert Dollars in Geld zu bezahlen. Dieser Umstand für sich allein beweist schon, wie genau diese Männer ihre Mittel berechneten und die Wirkungen, welche ihre Entscheidung auf ihre Interessen haben würden. Auch hatten sie mit ihrer Wahl manchmal nicht eben Unrecht. Wer sich des Aufschwungs noch erinnern kann, den das Land bald nach dem Frieden von 83 nahm, der Preise, die die Ansiedler auf neuen Ländereien für ihren Weizen, ihre Asche und ihr Schweinefleisch erhielten – oft drei Dollars für das Bushel Weizen, dreihundert Dollars für die Tonne Asche, und acht bis zehn Dollars für den Centner Schweinefleisch, begreift sofort, daß derjenige, der zu jener Zeit neues Land in Besitz nahm und urbar machte, für einen Arbeiter ungeheuren Lohn erntete in Folge des Reichthums des noch unerschöpften Bodens, den er so ausbeuten durfte. Ohne Zweifel würde er in einer noch besseren Lage gewesen seyn, wenn er nach Ablauf seiner Pachtzeit sein Land eigen besessen hätte; aber so würde auch der Kaufmann, der ein Schiff baut, und durch die erste Fahrt die Kosten desselben herausschlägt, ein reicherer Mann seyn, wenn er die Kosten für zwei Schiffe, statt für eines, herausgeschlagen hätte; aber er hat doch von Glück zu sagen, und man darf nicht vergessen, daß der Mann, der seine Laufbahn mit einer Art und einigem wenigem Hausrath anfängt, in der Lage eines bloßen Tagelöhners sich befindet. Der Zuwachs, den seine Mittel erhalten durch die Benützung des Landes, ist es eben, was ihn in Stand setzt, über seine niedrige Stellung sich zu erheben und vom Anbau des Bodens Nutzen zu ziehen. Gegen Ende des letzten Jahrhunderts und zu Anfang des gegenwärtigen befand sich das Land in einer solchen Lage, daß jeder Hieb der Art unmittelbar gewinnreich war, denn schon die Arbeit, welche auf das Fällen der Bäume verwendet wurde, fand im Erlös aus der dabei bereiteten Asche einen so reichlichen Lohn, daß sogar Spekulanten sich auf dies Geschäft warfen. Es dürfte dereinst ein Gegenstand interessanter Nachforschungen und Untersuchungen seyn, zu erklären wie in dieser Zeit so viel dafür geschehen konnte, die Wildniß in einen Garten zu verwandeln, als, wie man weiß, wirklich geschehen ist; und ich will hier zum Vortheil der Nachkommenschaft eine Skizze entwerfen von einer Methode, die zu jener Zeit sehr häufig eingeschlagen wurde, um wohlhabend, wo nicht reich zu werden.

Es war für einen tüchtigen und geschickten Artmann die Arbeit eines Jahres zehn Acres Waldland zu fällen, in Scheiter zu hauen, zu verbrennen, zu lichten und einzusäen. Die Asche bereitete er zum Verkauf. Bei den schwereren Theilen der Arbeit, wie das Scheitermachen, rief er seine Nachbarn zu Hülfe, welchen er dann wieder dafür ähnlichen Beistand leistete. Ein Joch Ochsen genügte oft für zwei oder drei Bauerngüter.

Zehn Acres Land nun zum erstenmal bestellt und geerntet, konnten recht gut hundert und fünfzig Bushels verkaufbaren Weizen ertragen, der auf dem Markt zu Albany dreihundert Dollars einbrachte. Auch mochten sie eine Tonne Potasche geben, die man wenigstens zu dreihundert Dollars verkaufen konnte. Dies macht fünfhundert Dollar für die Arbeit eines einzigen Jahres. Zieht man nun auch für alle Unkosten des Bauens, der Werkzeuge, der Ketten, des Transports, der Gebühren u. s. w. ein Bedeutendes ab, so konnte doch die Hälfte dieses Geldes ganz gut als reiner Gewinn bei Seite gelegt werden: ein sehr großes Einkommen für einen Mann, der, ehe er sein Pachtgut bekam, sich in der Lage eines bloßen Tagelöhners befand, der zufrieden war, für acht bis zehn Dollars monatlich zu arbeiten.

Daß dies, den allgemeinen Umrissen nach, die Geschichte des Emporkommens von Tausenden von Yeomen ist, welche jetzt in New-York wohnen, ist unläugbar; und es beweist, daß, wenn der Ansiedler auf neuem Lande Mühsale und Entbehrungen zu erdulden hat, diese doch nicht immer ohne einen schnellen Ersatz und Lohn bleiben. In den neuern Zeiten wenden sich die Leute nach den offenen Prairien und bearbeiten mit dem Pflug einen alten Boden; aber ich muß nur die Frage aufwerfen, ob sie nicht lieber es mit den Urwäldern von 1790 versuchen würden, falls die Preise jener Zeit noch beständen, statt die parkgleichen Felder zu bestellen, um Weizen zu erzielen zu 37½ Cent, für das Bushel, Asche zu keinem Preis zu haben und ihr Schweinefleisch um zwei Dollars den Centner zu verkaufen!

## Vierzehntes Kapitel

Natur, um recht sie zu vermählen,
Schuf zur Ergänzung ihre Seelen;
Und wie grad was sich widerspricht,
Sich leicht zusammenfindet,
So ihre Herzen, verschieden ganz,
Magnet'scher Zauber bindet.

*Pinckney.*

Diese ganze Zeit über sah ich Ursula Malbone täglich und zu allen Zeiten und Stunden des Tages. Als Bewohner desselben Hauses standen wir in beständigem Verkehr, und vielfache Begegnungen und Unterredungen fanden zwischen uns Statt. Wäre Dus die abgefeimteste Kokette auf der Welt gewesen, ihr geübter, erfinderischer Scharfsinn hätte keine glücklicheren Mittel ersinnen können, mein Interesse zu erregen, als diejenigen waren, welche dies eigenthümliche Mädchen wirklich in Anwendung brachte, ohne die leiseste Absicht, irgend ein solches Resultat zu erzielen. In der That war es die Natürlichkeit, die gänzliche Abwesenheit aller Kunst und Verstellung, was einen der herrlichsten Reize ihres Charakters ausmachte, und ihrem Verstand und ihrer Schönheit eine so bezaubernde Würze verlieh. Zu jener Zeit erschienen Frauen, so lange sie sich mit ihren Haushaltungssachen beschäftigten, im „Kittel und Unterrock," wie man es nannte, eine Art von Anzug, die man am Morgen selbst bei Ladies oft sah. Die Toilette hatte im Jahr 1784 einen viel weiteren Umfang als jetzt: der Unterschied zwischen dem Anzug am Morgen und am Abend war viel bedeutender und auffallender als gegenwärtig. Sobald Ursula Malbone wirklich an die Spitze von ihres Bruders Hauswesen gestellt war, befaßte sie sich mit den Pflichten ihrer neuen Stellung ruhig und ohne den mindesten Lärm und Unruhe, aber thätig und mit Interesse. Sie schien mir in hohem Grade das eigentümliche, rühmliche Talent zu besitzen, die einzelnen Geschäfte und Obliegenheiten ihrer Stellung ganz still ohne alles Aufsehen zu besorgen, während Alles sehr pünktlich und emsig und zum völligsten Behagen derjenigen gethan und verrichtet wurde, für welche sie zu sorgen übernommen hatte. Ich gehöre nicht zu den häuslichen engherzigen Pedanten, welche glauben, eine Frau, um eine gute Hausfrau und Gattin zu seyn, müsse nothwendig sich vom Morgen bis zum Abend abarbeiten und die Kenntnisse einer Köchin oder einer Wäscherin besitzen; aber gewiß ist es von großer Wichtigkeit, daß sie im Stande sey, die Aufsicht über ihr Haus mit Einsicht zu führen, und daß sie die Umsicht habe, den Aufwand in das richtige Verhältniß mit ihren Mitteln zu stellen. Das Allerwichtigste ist, daß sie zu regieren wisse, ohne gesehen oder gehört zu werden.

Die Gattin eines gebildeten Mannes sollte auch eine gebildete Frau seyn: geeignet, in Allem seine Lebensgenossin zu seyn, im Stande, mit seinen Neigungen und seinem Geschmack gleichen Schritt zu halten, Ideen mit ihm auszutauschen, überhaupt ihm ebenbürtig in intellektueller Hinsicht. Das sind die höhern Erfordernisse, und ein Gentleman nimmt die untergeordneteren Eigenschaften als eben so viele Vortheile bin, wenn sie in ihren gehörigen Grenzen sich halten, betrachtet sie aber als wirkliche Nachtheile, wenn sie dem Benehmen, der Gemüthsart und Stimmung der geistigen Bildung derjenigen Abbruch oder irgend Eintrag thun, die er zu seiner Gattin und nicht zu seiner Dienerin und Haushälterin gewählt hat. Manche Opfer mögen nothwendig seyn in solchen Fällen, wo Geistesbildung vorhanden ist ohne genügende äußere Mittel; aber selbst dann kommt es nur selten vor, daß nicht eine Frau von den gehörigen Eigenschaften vor dem Schicksal bewahrt werden könnte, zu einer bloßen Magd herabzusinken. Was das elende Gewäsche der Zeitungen betrifft über diese Gegenstände, so rührt es in der Regel von Solchen her, die ihr Heimwesen nur als den Ort betrachten, wo sie Kost und Unterkunft haben.

Die Gewandtheit und das Geschick, womit Dus alle Obliegenheiten ihrer neuen Stellung erfüllte, während sie solche Dinge vermied, welche ungeziemend und unnöthig waren, bezauberte mich beinah eben so sehr wie ihr Geist, ihr Charakter und ihre Schönheit. Die Neger machten es gänzlich überflüssig, daß sie sich zur eigentlichen anstrengenden Arbeit herabließ; und mit welch zierlicher, ächt weiblicher Behendigkeit verrichtete sie die Pflichten, die ihrer Stellung eigentlich und schicklich zukamen! Immer heiter, häufig singend, aber nicht laut und geräuschig, wie etwa ein Milchmädchen, außer in Augenblicken, wo sie sich ganz unbelauscht glauben mochte, und dann süße, klagende Lieder ausströmend, welche die Scenen früherer Tage zurückzurufen schienen. Aber immer heiter ist doch Etwas zu viel gesagt. Denn zu Zeiten war Dus auch traurig. Ich fand sie drei- oder viermal in Thränen, wagte aber nicht, mich nach der Ursache zu erkundigen. In der That hätte ich auch kaum Zeit dazu gehabt; denn im Augenblick, wo ich mich zeigte, trocknete sie sich die Augen und empfing mich mit Lächeln.

Ich brauche kaum zu sagen, daß mir die Zeit sehr angenehm und wunderbar schnell verfloß. Der Kettenträger blieb auf dem Nest auf meinen Befehl, denn meinen Bitten wollte er sich nicht fügen; und ich entsinne mich keines genußreicheren Monats, als jener für mich war. Ich machte eine ziemlich umfassende Bekanntschaft mit meinen Pächtern und fand an vielen von ihnen so geradsinnige, ehrliche, hartarbeitende Yeomen, als man sich nur wünschen mochte zu sehen. Mein College Major insbesondere war ein grundehrlicher, biederer, alter Kerl, und kam oft mich zu besuchen, da er auf dem Pachtgute zunächst meinem eigenen hauste. Er brummte ein Bißchen über die Sekte, welche von dem neuen Versammlungshaus Besitz ergriffen hatte, aber in einer Weise, welche zeigte, daß in seiner Gemüthsart wenig Galle war.

„Ich verstehe diese Majoritätsgeschichten nicht recht,“ sagte der alte Kamerade, als wir eines Tages die Sache wieder besprachen, „aber das weiß ich recht gut, daß Newcome es immer so einzufädeln weiß, daß er eine bekommt, mögen auch die Leute denken, was sie wollen. Ich habe es erlebt, daß der Squire eine Majorität zurechtschneidet aus etwa einem Viertheil aller Anwesenden, und er thut es auf eine

Art, die verzweifelt sinnreich ist, obwohl ich fürchte, weder nach dem Gesetz, noch nach dem Evangelium."

„Allerdings wußte er in der Angelegenheit mit der Benennung und Zueignung der Kirche es so einzurichten, daß eine Pluralität von einer Stimme am Ende als eine ganz stattliche Majorität der Gesammtheit erschien."

„Ja, es gibt Schliche und Wendungen in diesen Dingen, die über meine Gelehrsamkeit hinausgehen, obwohl ich glaube, es wird Alles recht seyn. Es trägt am Ende doch nicht viel aus, wo ein Mann anbetet, vorausgesetzt, er betet nur Gott an, noch auch, Wer predigt, wenn er nur zuhört."

Ich glaube, diese liberale Ansicht in religiösen Dingen – wenn dies das richtige Wort ist, – nimmt bei uns rasch überhand; obgleich liberale Ansicht vielleicht nur ein andrer Ausdruck ist für Gleichgültigkeit. Was uns Episkopale betrifft, so muß ich mich wundern, daß es nur noch welche im Lande gibt, – und doch nehmen wir an Zahl bedeutend zu. Ein Jahrhundert blieben wir, einer Kirche angehörig, welche auf bischöfliche Verrichtungen und Handreichungen, auf die bischöfliche Einsegnung insbesondere, so sehr dringt, – ohne einen Bischof, und außer Stand, kirchlichen Gebräuchen und Vorschriften zu genügen, die, wie man behauptete, wesentlich seyen, und dies einzig darum, weil es der Politik des Mutterlandes nicht zusagte, uns eigene Prälaten zu verwilligen, oder uns auch nur gelegentlich den Einen oder den Andern von den seinigen zu schicken! Wie erbärmlich erscheinen oft die Erfindungen und Auskunftsmittel menschlicher Klugheit, gemessen am Prüfstein des gesunden Menschensinnes! Eine Kirche Gottes, auf gewisse wesentliche geistliche Erfordernisse dringend, die sie einem Theil ihrer Angehörigen verweigert, um weltlichen Interessen Rechnung zu tragen! Aber nicht die Kirche von England allein, nicht die englische Regierung allein ist mit Recht einer solchen Anklage blosgestellt; denn etwas ebenso Schlimmes und ebenso Widersprechendes knüpft sich an den kirchlichen Einfluß jedes andern Systems in der Christenheit, bei welchem der Staat an die Religion mittelst menschlicher Einrichtungen und Vorkehrungen gebunden ist. Der Irrthum und Mißgriff liegt darin, die Dinge dieser Welt mit den Dingen zu vermengen, die Gottes sind.

Ach, ach! wenn man dies verderbliche Band auflöst, ist dann in der Sache viel gewonnen und gebessert? Wie ist es jetzt bei uns? Schießen nicht Sekten und Schattirungen von Sekten unter uns an allen Enden und Orten auf, bis der Kampf zwischen den Pfarrern am Ende nicht mehr dahin geht, wem es gelinge, am meisten Christen zu machen und zu ziehen, sondern wer am meisten Sektirer in seinen Pferch sammle? Was das Volk selbst betrifft; statt die Kirchen im Auge zu haben, nachdem sie sie selbst gegründet, und zwar auch dies gar sehr nach ihrem eigenen Gutdünken, berücksichtigen sie zuerst ihre Stimmungen und ihren Geschmack, ihre Feindschaften und Vorneigungen, weit mehr in Bezug auf den Priester als auf den Altar, und thun sich als eine Art religiöser Körperschaft und Partei auf, welche unmittelbar in dem Regiment der Nachfolger Christi auf Erden vertreten seyn will. Die Hälfte eines Kirchspiels ist im Stande, in einer Aufwallung von Leidenschaft zu einer andern Sekte und Kirchengemeinschaft hinüberzufliehen, wenn sie etwa einmal in der Minorität bleiben. In Wahrheit, ein bedeutender Theil unseres Volkes benimmt sich nachgerade in dieser Angelegenheit wie, wenn sie glaubten, der Gottheit ihre Stimme und Unterstützung zu leihen, und sich derselben in diesem Tempel oder in einem andern annehmen zu müssen, je nachdem es der Stimmung oder dem Interesse des Augenblicks gemäß seyn mag. Aber ich schreibe keine Predigten, und will jetzt zu dem Nest und meinen Freunden zurückkehren. Ein paar Tage, nachdem Mr. Newcome seinen neuen Pachtbrief in Empfang genommen, befanden wir, der Kettenträger, Frank, Dus und ich, uns in der kleinen Laube, welche die Aussicht auf die Wiesen hatte, als wir Sureflint, im indianischen Schnellschritt, einen Pfad daher kommen sahen, welcher aus dem Walde herausführte, und der, wie wir wußten, nach Mooseridge hinüberging. Der Onondago hatte, wie gewöhnlich, seine Büchse bei sich, und trug auf dem Rücken ein großes Bündel, wovon wir dem Aussehen nach vermutheten, es werde Jagdbeute seyn, obgleich wir bei der großen Entfernung es noch nicht genau unterscheiden konnten. Nach einer halben Minute verschwand er, gegen das Gebäude dahertrabend, hinter einem Felsenvorsprung.

„Mein Freund, der Trackleß (der Spurlose) ist diesmal ungewöhnlich lange Zeit von uns weggewesen," bemerkte Ursula, indem sie das Gesicht wieder von dem Indianer wegwandte, dessen Bewegungen ihr Auge gefolgt war, so lange man ihn gesehen hatte; „aber er erscheint jetzt wieder beladen mit Etwas, das uns zu Gute kommt."

„Er hat, glaube ich, neuestens seine meiste Zeit bei Eurem Oheim zugebracht," erwiederte ich, Dus' schönen Augen mit den meinigen folgend, – die angenehmste Beschäftigung, die sich mir in diesem abgelegenen Theile der Welt darbot. „Ich habe das meinem Vater geschrieben, der sich freuen wird, von seinem alten Freund Nachrichten zu erhalten."

„Er ist viel bei meinem Oheim, wie Ihr sagt, und ihm sehr zugethan. Ha! da kommt er, mit einer Last auf den Schultern, wie sie ein Indianer nicht gerne trägt, obwohl selbst ein Häuptling sich herabläßt, Jagdbeute zu tragen."

Wie Dus eben ausgesprochen hatte, warf Sureflint ein großes Bündel Tauben, zwei oder drei Dutzend Vögel, zu ihren Füßen hin, und wandte sich dann in aller Stille weg, wie Einer, der seinen Antheil an einer Aufgabe verrichtet hat, und das Uebrige den Händen der Squaws überläßt.

„Dank Euch, Trackleß," sagte die schöne Haushälterin, „recht freundlichen Dank Euch! Das sind schöne Vögel, und so fett wie Butter. Wir werden sie putzen und auf jede mögliche Art zubereiten lassen."

„Alles flügge – eben reif zum Fliegen – alle gefangen im Neste," versetzte der Indianer.

„Es muß eine Menge Nester geben, und ich möchte sie gern auch aufsuchen," rief ich, denn ich erinnerte mich, wunderbare Geschichten gehört zu haben von der Menge von Tauben, die man oft in ihren „Roosts" gefunden, wie die Lager- und Brutstätten, die sie in den Wäldern haben, im Sprachgebrauch des Landes hießen. „Können wir nicht hingehen, und diesen Roost besuchen?"

„Das kann wohl geschehen," versetzte der Kettenträger; „das könnte wohl geschehen, und es ist Zeit, daß wir uns auch nach jener Richtung hinwenden, wenn noch mehr Land vermessen werden soll, und diese Vögel vom Berge herkommen, wie ich vermuthe, daß es der Fall ist. Mooseridge versprach für dieses Jahr eine Menge Tauben."

„Ganz wahr," versetzte Sureflint. „Million, tausend, hundert – mehr! Nie mehr gesehen, nie so viele gesehen. Große Geist nie vergessen armen Indianer; manchmal ihm geben Wildpret – manchmal Salmen – manchmal Tauben – genug für Jedermann; denken so."

„Ja, Sureflint; denkt nur so; in der That, es ist genug da für uns Alle und bleibt uns noch übrig. Gott ist gütig gegen uns, aber wir wissen oft nicht den rechten Gebrauch von seiner Güte zu machen," erwiderte der Kettenträger, welcher die Vögel untersucht hatte. „Schönere junge Vögel findet man nicht oft, und ich selbst würde erstaunlich gern noch einmal einen Roost sehen, ehe ich selbst zur Rüste gehe."

„Was den Besuch ihres Roosts betrifft," rief ich, „so wollen wir den für morgen festgesetzt haben. Aber ein Mann, der eben erst von einem Kriege, wie der letzte, in friedliche Zeiten herübertritt, hat keinen Grund, von seinem Ende zu reden, Kettenträger. Ihr seyd alt an Jahren, aber jung dem Geiste wie dem Körper nach."

„Beide sind beinahe erschöpft – beide beinahe erschöpft! Man mag wohl einem alten Thoren das Gegentheil sagen, aber ich weiß es besser. Siebzig Jahre sind die Zeit eines Menschen, und ich habe die Zahl meiner Tage erfüllt. Gott weiß am besten, wann es ihm gefallen wird, mich abzurufen; aber es geschehe, wann es wolle, ich werde jetzt freudig und glücklich sterben, verglichen mit der Gemüthsverfassung, in welcher ich vor einem Monat noch gewesen wäre."

„Ihr überrascht mich, mein theurer Freund! Was ist denn geschehen, das eine solche Verankerung Eurer Gefühle bewirkt hätte? Ihr habt Euch doch in keinem wesentlichen Punkte verwandelt?"

„Die Veränderung in den Aussichten von Dus! Jetzt, da Frank einen guten Platz hat, wird das Mädel nicht verlassen seyn."

„Verlassen! – Dus – Ursula – Miß Malbone verlassen! Das könnte nie der Fall seyn, Andries, möchte es einen Frank geben oder nicht."

„Ich hoffe nicht – ich hoffe nicht, Junge – aber das Mädel fängt an zu weinen, und wir wollen nicht weiter davon sprechen. Hört Ihr, Susquesus, mein alter Freund, könnt Ihr uns zu jenem Roost führen?"

„Warum das nicht thun, he? – Pfad breit – offen ganzen Weg. Eben wie Fluß."

„Nun gut, so wollen wir uns am Morgen aufmachen, um hin zu gehen. Mein neuer Gehülfe ist in der Nähe, und es ist hohe Zeit, daß Frank und ich wieder in die Wälder gehen."

Ich hörte diese Verabredung treffen, obgleich mein Auge Dus gefolgt war, welche von ihrem Sitz aufgesprungen und in das Haus geeilt war, und Gemüthsbewegungen zu verhehlen suchte, die sich nicht wollten stillen lassen. Eine Minute darauf sah ich sie am Fenster ihres eigenen Zimmers, lächelnd, obgleich die Wolke noch nicht ganz zerstreut war.

Am nächsten Morgen früh brach unsere ganze Gesellschaft von dem Nest aus nach der Hütte zu Mooseridge und den Taubennestern. Dus und die schwarze Sklavin reisten zu Pferde, denn es war kein Mangel an Thieren auf dem Nest, wo mein Großvater, wie ich jetzt erfuhr, vor einem Vierteljahrhundert unter verschiedenen andern Artikeln auch einige Frauensättel zurückgelassen hatte. Wir Uebrigen gingen zu Fuß, doch hatten wir nicht weniger als drei Saumthiere bei uns, welche unsre Lebensmittel, Geräthe, Kleider u. s. w. trugen. Wir waren Alle bewaffnet, wie sich damals eigentlich von selbst verstand; doch führte ich statt der Büchse nur eine doppelläufige Vogelflinte. Susquesus diente uns als Führer.

Erst nach einer vollen Stunde erreichten wir die Grenzen der Ansiedlungen und der angebauten Ländereien auf meinem Gute, und dann kamen wir in den Urwald. In Folge des letzten Krieges, der alle Ansiedlungen des Landes hatte gänzlich stocken machen, hatte damals ein neuer Distrikt nichts von jenen verzettelten, vorstadtähnlichen Lichtungen, welche man jetzt um die ältern Theile eines Landstrichs herum findet, der im Uebergangszustand begriffen ist. Im Gegentheil, so bald wir an dem letzten, wohlumzäunten und ziemlich gut angebauten Hofe vorbei waren, kamen wir sogleich in den endlosen Wald hinein und nahmen Abschied von beinahe allen Spuren des civilisirten Lebens, – ungefähr wie man in lauter Felder kommt, sobald man in Frankreich eine Stadt verläßt. Zwar war ein Pfad da, der Linie der bezeichneten und angebrannten Bäume folgend; aber er war kaum betreten, und beinahe so unleserlich als eine schlechte Handschrift. Doch wurde es einem mit dem Walde vertrauten Mann nicht schwer ihm zu folgen; und Susquesus würde ohne Mühe auch ohne allen Weg sich zurechtgefunden haben. Auch der Kettenträger schritt mit der äußersten Genauigkeit und Zuversicht vorwärts, denn die Gewohnheit, zwischen den Bäumen hindurch gerade Linien zu ziehen, hatte seinem Auge eine Sicherheit gegeben, welche beinahe jenem Instinkt gleich kam, welcher in dieser Beziehung dem Trackleß selbst innezuwohnen schien.

Es war dies eine angenehme kleine Reise, und die tiefen Wälder machten die Hitze der Jahreszeit so erträglich und angenehm als nur möglich. Wir brauchten vier Stunden, bis wir den Fuß des kleinen Berges erreichten, auf welchem die Vögel ihre Nester gebaut hatten; und hier machten wir Halt, um einige Erfrischungen zu uns zu nehmen.

Bei Mahlzeiten in den Wäldern pflegt man wenig Zeit zu verlieren, und bald waren wir bereit, den Berg hinan zu steigen. Die Pferde ließen wir bei den Schwarzen zurück, und Dus begleitete uns zu Fuß. Als wir die Quelle verließen, wo wir Halt gemacht hatten, bot ich ihr den Arm, um ihr beim Hinaufsteigen behülflich zu seyn, aber sie lehnte ihn ab, wie es schien, sehr belustigt dadurch, daß ich ihr ihn angeboten.

„Was, ich, eine Kettenträgerin!“ rief sie lachend; „ich, die ich Frank förmlich vor mir habe ermüden sehen, und selbst meinen Oheim insoweit überwunden habe, daß er sich müde fühlte, obgleich er es nie gestehen wollte – ich den Arm eines Andern annehmen, um auf einen Hügel hinaufzukommen! Ihr vergeßt, Major Littlepage, daß ich die ersten zehn Jahre meines Lebens im Forste zubrachte, und daß die Uebung eines Jahres wieder alle meine alten Gewöhnungen aufgefrischt, und mich wieder zu einem ganzen Waldmädchen gemacht hat!"

„Ich weiß gar nicht, was ich aus Euch machen soll, denn Ihr scheint so ganz für jede Lage und Stellung zu passen, in welche Euch der Zufall versetzen mag," antwortete ich, den Umstand mir zu Nutze machend, daß wir außer der Gehörweite aller unserer Begleiter uns befanden, welche voran waren, um Mehr gegen sie zu äußern, als ich sonst wohl gewagt haben würde – „das eine Mal könnte ich mir einbilden, Ihr seyet die Tochter eines meiner Pächter, ein ander Mal die Erbin eines alten Patroon."

Dus lachte wieder; dann erröthete sie, und während des übrigen kurzen Weges die Höhe hinauf blieb sie schweigsam. Nur kurz war der Weg, und bald befanden wir uns auf der Höhe des Berges. So wenig war Dus meines Beistandes bedürftig, daß sie mich in der That hinter sich ließ, indem sie sich dergestalt anstrengte, daß sie sich bald an der Seite des Trackleß befand, der unsern Zug anführte. Ob sie dies that, um zu zeigen, wie ganz sie ein Waldmädchen sey, oder ob meine Worte Gefühle in ihr erregt hatten, welche ein Mädchen leicht unruhig und hastig machen – das ist Mehr, als ich selbst jetzt zu beantworten vermag; ich vermuthete aber damals schon, Empfindungen der letzten Art haben bei Entwicklung dieser ungewöhnlichen Rüstigkeit und Behendigkeit wohl ebenso mitgewirkt, als die erstgenannten Beweggründe. Ich blieb jedoch nicht weit zurück, und als unsere Gesellschaft den eigentlichen Roost erreichte, waren Trackleß, Dus und ich, Alle beisammen.

Ich weiß kaum, wie ich diese merkwürdige Scene beschreiben soll. Als wir dem Gipfel des Berges näher kamen, sah man schon Tauben durch die Zweige über unseren Köpfen flattern, wie man einzelnen Personen auf den Straßen begegnet, welche in die Vorstädte einer großen Stadt führen. Wir hatten gewiß schon tausend Vögel zwischen den Bäumen sich herum treiben sehen, ehe wir den Roost selbst zu Gesicht bekamen. Die Zahl mehrte sich, je näher wir kamen, und bald war der ganze Wald von ihnen belebt und wimmelnd. Das Geflatter dauerte unaufhörlich fort und war oft ganz betäubend, wie wir voranschritten, denn unser Anmarsch brachte unter dem wimmelnden Vögelschwarm eine Bewegung hervor, welche wahrhaft sinnverwirrend wurde. Jeder Baum war im buchstäblichen Sinne mit Nestern bedeckt, mancher hatte wenigstens tausend dieser zerbrechlichen Behausungen, von den Blättern beschattet, auf seinen Zweigen. Sie berührten oft einander, aber eine wunderbare Ordnung herrschte unter den hier versammelten Hunderttausenden von Familien. Es war an dem Ort ganz der Geruch eines Geflügelhauses, und junge Tauben, eben so weit flügge geworden, um sich in kurzen Flügen zu versuchen, umkreisten uns in allen Richtungen zu Zehntausenden. Dazu kam dann, daß die Eltern des jungen Geschlechts sich bemühten sie zu schützen, und sie so zu leiten und zu führen, daß ihnen kein Leid geschehe. Obgleich bei unsrer Annäherung die Vögel aufflogen, und die Wälder rings herum von Tauben im eigentlichsten Sinne wimmelten, verursachte doch unser Erscheinen keinen allgemeinen Aufruhr, keine Flucht; Jeder von dem gefiederten Heere schien mit seinen eigenen Angelegenheiten so sehr beschäftigt, daß er wenig Kunde nahm von dem Besuch einer Gesellschaft von Fremden, obwohl sie einer Gattung angehörte, die der ihrigen gewöhnlich so furchtbar ist. Die Massen bewegten sich vor uns, gerade wie ein Menschenschwarm einem Druck oder einer Gefahr auf einem einzelnen Punkt ausweicht; die im Augenblick gebrochene Lücke schließt sich dahinter wieder, wie das Wasser des Oceans über den Spuren des Kiels wieder zusammenströmt.

Der Eindruck auf die meisten von uns war ein sinnenverwirrender, und ich kann die Empfindung des außerordentlichen Tumults auf mich nur mit derjenigen vergleichen, die Einer hat, wenn er sich plötzlich mitten in ein wildes Gewoge und Gewühle menschlicher Wesen versetzt sieht. Die unnatürliche Gleichgültigkeit gegen unsre Erscheinung, welche die Vögel an den Tag legten, erhöhte diesen Eindruck noch um ein Bedeutendes, und erweckte in mir ein Gefühl, wie wenn ein überirdischer Einfluß an dieser Stelle waltete. Es war in der That etwas ganz seltsames, sich mitten unter einem solchen gefiederten Pöbelschwarm zu befinden, der kaum ein Bewußtseyn zu haben schien, daß Fremde sich eingedrängt hatten. Es war als bildeten die Tauben eine Welt für sich, und seyen zu sehr mit ihren eigenen Angelegenheiten beschäftigt, als daß sie sich um Dinge kümmern könnten, die jenseits derselben lägen.

Einige Minuten lang sprach Keines von unserer Gesellschaft ein Wort. Staunen schien uns Allen die Zunge zu binden, und wir schritten langsam voran in dem flatternden Gewühle, schweigend in uns versunken und voll Bewunderung der Werke des Schöpfers. Wir hörten, wenn wir sprachen, nicht gut Eines des Andern Stimme, so sehr erfüllte das beständige Schwirren die Luft. Auch sonst waren die Vögel nicht stumm. Die Waldtaube ist eigentlich kein lautes, lärmendes Geschöpf, aber ihrer eine Million, versammelt auf der Höhe eines Berges, auf einem Platz, keine (englische) Quadratmeile groß, beraubten den Wald des Charakters der ihm sonst, eigenthümlichen, hehren Stille. Im Weiterschreiten bot ich wieder, beinahe unbewußt, Dus meinen Arm, und sie nahm ihn diesmal an, mit eben der zerstreuten Unbewußtheit, womit ich ihr ihn geboten hatte. So aneinander geschlossen, folgten wir dem ernst dreinschauenden Onondago, wie er immer tiefer in das flatternde und schwirrende Gewühle uns hinein führte.

Zu diesem Augenblick trat eine Unterbrechung ein, die, wie ich gerne gestehen will, mir das Blut gewaltsam gegen das Herz strömen machte. Dus drängte sich an mich, wie ein Weib sich an einen Mann hält und drängt, wenn er ihr Vertrauen besitzt und sie fühlt, daß sie sich nicht ohne fremden Beistand aufrecht halten kann. Ihre beiden Hände ruhten auf meinem Arm, und ich fühlte, daß sie, unbewußt, sich enger an mich schmiegte, in einer Art, wie sie in einem Augenblick der vollkommenen Selbstbeherrschung zu thun sorgfältig vermieden haben würde. Und doch kann ich nicht sagen, daß Dus sich fürchtete. Ihre Farbe hatte sich erhöht, ihre entzückenden Augen waren voll Verwunderung nicht ohne eine Beimischung von Neugier, aber ihre ganze Haltung war muthig, trotz einer Scene, welche die Nerven des kühnsten Mannes hätte auf die Probe setzen mögen. Sureflint und der Kettenträger allein blieben ganz unbewegt, denn sie waren früher schon in

Taubenlagern gewesen, und wußten, was sie zu erwarten hatten. Für sie hatten die Wunder der Wälder nichts Neues und Ueberraschendes. Beide standen sie da, auf ihre Büchsen gelehnt, lächelnd über unser augenfälliges Staunen. Doch ich irre mich; der Indianer lächelte nicht einmal, denn das wäre bei ihm etwas ganz Ungewohntes gewesen, daß er durch ein solches äußeres Zeichen seine Empfindung kund gegeben hätte, aber er verrieth doch wirklich eine Art von heimlichem Bewußtseyn, daß die Scene für uns überraschend, ja betäubend seyn müsse. Doch ich will versuchen zu erklären, was es war, das den ersten Eindruck unseres Besuches noch so gewaltig steigerte.

Während wir da standen, das außerordentliche Schauspiel vor uns anstaunend, hörten wir ein Geräusch sich erheben, lauter als das des beständigen Flatterns und Schwirrens, das ich nur mit dem Daherstampfen von Tausenden von Pferden auf einer harten Straße vergleichen kann. Dies Geräusch tönte zuerst fern, nahm aber schnell an Stärke zu und schien ebenso rasch näher zu kommen, bis es über uns zwischen den Baumwipfeln hereinbrach wie das Krachen des Donners. Die Luft war plötzlich verfinstert, und an der Stelle wo wir standen wurde es dunkel, wie bei dämmerndem Zwielicht. In demselben Augenblick schienen alle Tauben in unsrer Nähe, welche in ihren Nestern gewesen waren, aus denselben herauszustürzen und der Raum unmittelbar über unsren Köpfen erfüllte sich auf einmal mit Vögeln. Das Chaos selbst konnte kaum eine größere Verwirrung, einen gewaltigern Aufruhr darstellen. Die Vögel schienen jetzt unsre Anwesenheit gänzlich nicht zu beachten, vielleicht konnten sie uns wegen ihrer Menge nicht einmal mehr sehen, denn sie flatterten zwischen mir und Dus herein, uns mit den Flügeln schlagend, und zu Zeiten schien es, als wenn wir von Lawinen von Tauben begraben werden sollten. Wir Alle bekamen wenigstens eine mit den Händen zu fassen, während der Kettenträger und der Indianer ihrer ziemlich viele griffen, und immer wieder einen Gefangenen losließen, wie sie einen neuen haschten. Mit einem Wort, wir befanden uns so zu sagen in einer Welt von Tauben. Diese Scene mag eine Minute gedauert haben, dann lichtete sich plötzlich der Raum um uns her, die Vögel schwangen sich hinauf zwischen die Zweige der Bäume und verschwanden unter dem Laub. Dies Alles war die Folge der Zurückkunft der weiblichen Vögel, welche auf eine Entfernung von wenigstens zwanzig Meilen fortgeflogen gewesen waren, um sich mit Bucheckern zu nähren, und die nun die Stellen der männlichen Tauben in den Nestern einnahmen; und jetzt flogen die letztern ihrerseits aus, um sich zu ätzen.

Eine Art Neugier hat mich seither veranlaßt, einigermaßen die Zahl der Vögel zu schätzen, welche in dieser für uns so merkwürdigen Minute in den Roost hereingeflogen seyn mögen. Eine solche Berechnung muß natürlich sehr schwankend und unbestimmt seyn, obwohl man gewisse Anhaltspunkte gewinnen mag dadurch, daß man den Umfang eines Schwarms nach der bekannten Geschwindigkeit des Fluges schätzt, und durch andere ähnliche Mittel, und ich erinnere mich, daß Frank Malbone und ich der Ansicht waren, eine Million Vögel müssen bei dieser Rückkehr herein, und ebenso viele dann wieder weggeflogen seyn! Da die wilde Taube ein sehr gefräßiger Vogel ist, kann sich Einem wohl die Frage aufdrängen, wo sich für so viele Schnäbel das Futter finde; aber wenn man sich an die ungeheure Ausdehnung der amerikanischen Wälder erinnert, ist diese Schwierigkeit sogleich gehoben. Angenommen, daß die von uns besuchte Colonie viele Millionen Vögel enthielt, – und daß dem wirklich so war, wenn man alte und junge miteinrechnet, bezweifle ich nicht, – war doch vermuthlich ein fruchttragender Baum für jeden in einer Entfernung, welche mittelst eines einstündigen Fluges zu erreichen war!

In solchem Maaßstabe schafft und wirkt die Natur in der Wildniß! Ich habe zu bestimmten Jahreszeiten und an bestimmten Orten Insekten in der Luft fliegen sehen, so viele, daß sie kleine Wolken bildeten, und Jeder hat schon häufig dies Schauspiel gesehen; und wie diese Insekten, in verkleinertem Maaßstabe, so erschienen uns die wilden Tauben in dem Roost von Mooseridge. Wir brachten eine Stunde in dieser Vogelstadt zu, und so wie wir an unsern Aufenthaltsort uns gewöhnten, fanden wir auch unsre Sprache und unsre andern Sinnes- und Geisteskräfte wieder. Nach kurzer Zeit wurde selbst Dus so ruhig und gefaßt, als dies überhaupt der Fall seyn konnte bei der unvermeidlichen Aufregung, welche das Verweilen an einem solchen Platze begleitete, und wir studierten die Art und Weise der hübschen Thierchen mit einem Eifer, der, wie ich spürte, bei mir dadurch noch um Vieles gesteigert wurde, daß ich sie in ihrer Gesellschaft studieren durfte. Nach einer Stunde verließen wir den Berg wieder, und unser Weggehen verursachte so wenig Aufsehen und Unruhe unter diesem zahllosen Volke von Tauben, als unser Kommen.

„Es ist dies ein Beweis, daß die Zahl unsre Natur ändern kann,“ sagte Dus, als wir den kleinen Berg hinab stiegen. „Hier sind wir beinahe in eigentlicher Berührung mit Tauben gewesen, welche uns nicht auf hundert Fuß hätten an sich herankommen lassen, wären sie in gewöhnlichen Schwärmen oder einzeln gewesen. Ist es ihre große Zahl, die ihnen Muth gibt?“

„Eher Zuversicht. Gerade so ist es auch bei den Menschen, welche in großen Haufen eine Unbekümmertheit zeigen, die sie einzeln selten an den Tag legen. Ein Anblick, eine Störung, eine Gefahr sogar, die all unser Aufmerksamkeit auf sich ziehen, wenn wir zu Wenigen sind, scheinen uns oft gleichgültig im Tumult und Gewühl von vielen Mitgeschöpfen.“

„Aber was bedeutet dann ein panischer Schrecken bei einem Heer?“

„Er erklärt sich aus demselben Gesetze, daß nämlich der Mensch ergriffen wird von den Gefühlen und Trieben seiner Umgebung. Geht dieser Trieb vorwärts, so folgen wir ihm vorwärts; im entgegengesetzten Falle laufen wir davon wie Schaafe. Wenn wir mit uns als mit einer Gesammtheit beschäftigt sind, beachten wir kleine Störungen nicht, so wenig als so eben diese Tauben unsre Anwesenheit. Große Schaaren von Thieren und von Menschen scheinen gewissen allgemeinen Gesetzen folgen zu müssen, wonach die Macht und der Einfluß der Gesammtheit auf die Handlungen und Empfindungen jedes Einzelnen oder einiger Weniger sich immer mehr steigert.“

„Nach dieser Regel müßte unsere neue republikanische Regierungsform eine sehr starke seyn; und doch habe ich von Vielen schon die Besorgniß aussprechen hören, es werde gar keine Regierung seyn."

„Wenn nicht ein Wunder zu unsern Gunsten geschieht, so wird es in gewissen Hinsichten zwar die stärkste Regierung auf der Welt seyn, in anderen dagegen die schwächste. Sie stellt ein Princip der Selbsterhaltung auf, dessen andere Systeme sich nicht zu rühmen haben, weil das Volk sich gegen sich selbst auflehnen müßte, um es umzustoßen; aber auf der andern Seite wird es des energischen, lebendigen Princips stetiger, konsequenter Gerechtigkeit bedürfen, weil keine unabhängige Gewalt da seyn wird, deren Pflicht und deren Interesse es wäre, für Uebung und Verwaltung derselben Sorge zu tragen. Der weiseste Mann, den ich in meinem Leben kennen gelernt, hat mir prophezeit, dies sey der Punkt, an welchem unser System zusammenbrechen werde, denn es werde dadurch der Ruf, die Person und das Vermögen der Bürger unsicher und bedroht, und in Folge hievon die Institutionen denen verhaßt, die sie früher hochgehalten hätten."

„Ich hoffe, damit hat es keine Gefahr!" sagte Dus rasch.

„Gefahr liegt in Allem, was der Mensch in Händen hat und lenkt. Wir haben Leute unter uns, welche die mögliche Vollkommenheit der Menschheit predigen, und dabei dem groben Irrthum huldigen, die Menschen seyen so, wie sie der Erfahrung nach sind, blos deßwegen, weil sie schlecht regiert werden, und eine gefährlichere Theorie kann, nach meinem geringen Dafürhalten, gar nicht aufgestellt und verbreitet werden."

„Also haltet Ihr diese Theorie für falsch?"

„Ohne alle Frage! – Regierungen werden öfter durch die Menschen verderbt, als die Menschen durch die Regierungen, obwohl letztere gewiß einen auffallenden Einfluß auf den Charakter ausüben. Die beste Regierung, von der wir Etwas wissen, ist die des Weltalls, und sie ist dies einfach deshalb, weil sie von einem einzigen Willen ausgeht, und dieser Willen ohne Mangel und Tadel ist."

„Die despotischen Regierungen gelten aber für die allerschlechtesten auf der Welt."

„Sie sind gut oder schlecht, je nachdem die Handhabung und Verwaltung ist. Die Notwendigkeit, solche Regierungen durch Gewalt aufrecht zu erhalten, macht sie oft drückend; aber die Regierung von Vielen kann sogar noch despotischer werden, als die eines Individuums, da das Volk immer geneigt seyn wird, die Unterdrückten zu unterstützen gegenüber dem Despoten, aber selten oder nie gegen sie selbst. Ihr habt gesehen, wie diese Tauben, hingerissen von der Bewegung der Masse, ihren natürlichen Instinkt verloren. Gott wolle mich immerdar bewahren vor der Tyrannei der Massen!"

„Aber Jedermann sagt, unser System sey bewundernswerth und das beste von der Welt; und auch die Regierung eines Despoten bleibt eben die Regierung eines Menschen."

„Es ist eine Folge des Regiments der Massen, daß die Menschen sich scheuen, die Wahrheit zu sagen, wenn sie sehen, daß ihnen große Majoritäten gegenüber stehen. Was die Selbstregierung betrifft, so waren die Kolonien immer freier als das Mutterland; und wir folgen bis jetzt noch immer nur unserem alten Herkommen, indem wir Gehorsam gegen den Bund an die Stelle des Gehorsams und der Unterthanschaft unter den König setzen. Der Unterschied ist nicht so wesentlich, daß er so bald schon Aenderungen herbeiführen müßte. Wir müssen abwarten, bis das, was unser jetziges System von neuen Principien enthält, Zeit gehabt hat, radikale Veränderungen zu bewirken, wo wir dann erst mit Sicherheit erkennen werden, um wie viel wir in der That besser sind, als andere Menschen und Völker."

Dus und ich besprachen uns noch weiter über diesen Gegenstand, bis sie wieder ihr Pferd bestieg. Ich war entzückt über ihren gesunden Verstand und ihre Einsicht, welche sich mehr in der Angemessenheit ihrer Fragen kund gaben, als in positiven Kenntnissen, die sie etwa von derlei Gegenständen besessen hätte, welche für junge Frauen in der Regel wenig Anziehendes haben. Aber doch besaß Dus eine Beweglichkeit des Geistes und eine rasche, glückliche Auffassung, welche manche Mängel der Bildung in diesem Punkte ersetzten; und ich erinnere mich nicht, je eine politische Erörterung geführt zu haben, die mir so viel Vergnügen und Befriedigung gewährt hätte. Ich muß jedoch gestehen, es ist möglich, daß das goldene Haar, ein Angesicht umwallend, das gerade so rosig war, als sich mit der Zartheit ihres Geschlechtes wohl vertrug, der schwellende Mund, die glänzenden Zähne und die lebhaften und dabei doch sanften und zärtlichen blauen Augen dazu beigetragen haben mögen, den Eindruck einer Weisheit zu erhöhen, die ich so außerordentlich fand.

## Fünfzehntes Kapitel

Wie bist zur Feigheit, Liebe, so geneigt!
So wird dem Reichen, der umringt von Dieben;
Magst Du, wo weder Aug' noch Ohr Dir zeugt,
Mit falscher Mähr' das arme Herz betrüben?

*Venus und Adonis.*

Die Hütte oder die Hütten des Kettenträgers boten in ihrem Innern und in ihrer Umgebung weit mehr Bequemlichkeiten dar, als ich zu finden erwartete. Es waren ihrer drei; die eine war zur Küche und zum Aufenthalt für die männlichen Sklaven bestimmt, eine zweite zur Wohnung für Ursula und die Schwarze, und die dritte für die Männer. Das Eßgemach befand sich neben der Küche, und alle diese Gebäude, die jetzt ein volles Jahr standen, waren aus Holzblöcken errichtet und mit Rinde bedeckt. Sie waren, wie gewöhnlich, roh gearbeitet; aber die für Dus bestimmte zeichnete sich in ihrer innern und äußern Erscheinung und Einrichtung so vor den andern aus, daß man sogleich die Gegenwart und das Walten des Weibes erkannte. Es ist vielleicht nicht ohne Interesse für den Leser, wenn ich ihm in der Kürze den Aufenthaltsort beschreibe.

Ganz natürlich hatte man eine Quelle aufgesucht, als das bei der Wahl eines zeitweiligen Aufenthaltsortes zuerst in Betracht kommende Erforderniß. Diese Quelle brach an einem Bergabhang hervor, und das Land zog sich, vom Fuße desselben an gerechnet, über eine Meile weit in einer geneigten Ebene hin, welche dicht bedeckt war mit den stattlichsten Ulmen, Buchen, Ahornbäumen und Schwarzbirken, die ich je gesehen. Dieser Platz, so versicherte mich der Kettenträger bald, war der werthvollste unter allen Ländereien von Mooseridge. Er hatte ihn gewählt, weil er im Mittelpunkt des Gutes lag und ganz besonders frei war von Unterholz; auch befand sich kein stehendes Wasser in der Nähe. In anderen Beziehungen glich er jedem andern Punkt in diesem ungeheuren Walde, – er war dunkel, schattig und umgeben von der Pracht einer üppigen Vegetation.

Hier hatte der Kettenträger seine Hütte errichtet, ein niedriges, festes Gebäude von Fichtenstämmen, malerisch der äußern Erscheinung nach, und nach Gestalt der Sachen nicht ganz ohne gewisse Bequemlichkeiten. Die Gebäulichkeiten waren unregelmäßig hingestellt, doch alle nahe an der Quelle. Die Küche und das Eßzimmer waren dem Wasser am nächsten; in nicht großer Entfernung davon befand sich die Wohnung der Männer; und das kleinere Gebäude, welches Frank Malbone lachend den Harem nannte, stand etwas beiseite, auf einem unbedeutenden Bühl, aber kaum fünfzig Schritte von der Behausung Andries' entfernt. Für die Böden und Thüren dieser Hütten waren Dielen aus freier Hand zurecht gehauen worden, aber nur der Harem hatte Fenster mit Glasscheiben. Dieser hatte zwei solche Fenster und Frank hatte sogar Sorge getragen, seiner Schwester Häuschen mit rohen aber starken Fensterläden zu versehen.

An Vertheidigungsanstalten gegen einen Feind dachte man innerhalb der Grenzen von New-York zu jener Zeit nicht mehr. Blockhäuser und sonst befestigte Behausungen waren nöthig gewesen, so lange die Franzosen Canada besaßen: aber nachdem ihnen diese Colonie abgenommen worden, hatten Wenige mehr solche Vorsichtsmaßregeln für nöthig erachtet, bis der Revolutionskrieg wieder einen wilden Feind an die Ansiedlungen der Grenze führte, – der Grenze, in Bezug auf die Civilisation, wenn auch nicht auf das Territorium. Mit dem Ende dieses Krieges hatte auch dies letzte Bedürfniß, Vorkehrungen der Art zu treffen, aufgehört; und der Kettenträger hatte nicht daran gedacht, gegen etwaige Gewaltthaten Vorkehrungen zu treffen, als er seine Lagerstätte aufschlug.

Doch wäre jede der Hütten im Nothfall ein ziemlich fester Posten gewesen, sofern die Scheiter kugelfest und noch ganz wohlgefugt und unverwittert waren. An Pallisaden hatte man jetzt nicht mehr gedacht, auch waren keine irgend geschützten Communikationen zwischen den Hütten unter einander vorhanden. Mit Einem Wort, was diese Gebäude von Sicherheit gewährten, das war lediglich die Folge der Festigkeit und Tüchtigkeit des Materials und der damals so wie noch jetzt überall im Walde üblichen Bauart; da gegen wilde Thiere hiemit vollkommener Schutz gegeben war, und man andere Feinde nicht mehr zu fürchten hatte. Um die Hütten herum waren durchaus keine Einfriedigungen, noch irgend gelichtetes Land, mit Ausnahme einer Strecke von etwa einem halben Acre, aus welcher man die kleinen Fichten herausgehauen hatte, welche das Holz zum Bau geliefert hatten. Einige wenige Gewächse waren auf dem offensten Punkt angepflanzt worden; aber da ein Zaun nicht nöthig, war auch keiner gezogen worden. Die Hütten standen ganz im Schatten des Waldes, und die Fichten waren auf einer Anhöhe, hundert Schritte entfernt, gehauen worden. Dieser Fleck Land, so klein er war, ertrug doch genug von den gewöhnlicheren Vegetabilien, um einen frugalen Tisch damit zu versehen.

So war der Platz, der in dieser ganzen Gegend bekannt war unter dem Namen: des Kettenträgers Hütten. Der Name ist geblieben, und die Hütten stehen noch, denn manche Umstände haben ihnen eine besondere Bedeutung für meine persönliche Geschichte verliehen, und mich veranlaßt, ihre Erhaltung zu befehlen, wenigstens so lang ich lebe. Da der Ort im Frühling und Sommer schon eine ziemliche Zeit bewohnt worden war, so verriethen manche andere Anzeichen die Gegenwart von Menschen; aber im Ganzen trug die Behausung ganz den Charakter der abgeschlossensten Waldeinsamkeit. In der That war sie auch ganz in den Wäldern begraben, volle fünfzehn Meilen entfernt von der nächsten bekannten Wohnung, und insoweit auch abgeschnitten von dem Behagen, dem Beistand und dem äußern Verkehr des civilisirten Lebens. Aber diese isolirten Wohnsitze sind selbst bis auf die jetzige Stunde noch keineswegs so ganz ungewöhnlich im Staate; und es ist wahrscheinlich, daß sich deren noch manche dies ganze Jahrhundert hindurch finden werden. Es ist wahr, die westlichen, mittleren, südlichen, südwestlichen, nordwestlichen und nordöstlichen Grafschaften von New-York, welche sämmtlich zur Zeit, von welcher ich hier schreibe, ganz oder fast ganz wild waren, sind schon mit Ansiedlungen ganz bedeckt, oder füllen sich doch rasch: aber im mittleren nördlichen New-York ist eine hohe, gebirgige Gegend, welche, sollte ich meinen, so ziemlich eine Wildniß bleiben wird noch ein volles Jahrhundert oder länger. Ich habe vor ganz kurzer Zeit diesen wilden Distrikt durchreist und ihn recht malerisch und für den Waidmann günstig gefunden, da er Ueberfluß hat an Wildpret, an Fischen und wildem Geflügel: aber nicht ebenso entspricht er den gewöhnlicheren menschlichen Bedürfnissen in dem Grade, daß für die Zwecke des Landwirthes so bald Nachfrage darnach zu erwarten stünde. Wenn dieser Bezirk des Landes nicht gesetzlosen Squatters und Plünderern irgend einer Art in die Hände fällt, dergleichen man immer in einem Lande von solchem Umfange zu besorgen hat, so kann er ein sehr angenehmes Revier für den Waidmann und Jagdliebhaber werden, der in den andern Gegenden des Staates vermuthlich bald seine bisherigen Jagdgründe und Reviere verlieren dürfte.

Jaap hatte einige meiner Pferde von dem Rest als Saumthiere herüber gebracht, und nachdem diese wegen Mangels an Futter zurückgeschickt worden, blieb der Neger selbst in den Hütten als Gehülfe und Diener, und zugleich als Jäger. Ein Neger aus Westchester ist beinahe unfehlbar ein Schütze, zumal wenn er dem Besitzer eines Landhauses gehört; denn nicht das mindeste Mißtrauen, keine Eifersucht hält uns ab, unsern New-Yorker Sclaven Waffen in die Hände zu geben. Da aber Jaap gewissermaßen gedient hatte, war er berechtigt, so viel Pulver zu verpuffen als er Lust hatte. In Folge einer seiner Kriegsthaten war der alte Bursche in den Besitz einer vortrefflichen Vogelflinte gekommen, als Beute, so habe ich immer vermuthet, die er einem getödteten englischen Offizier abgenommen: und diese Waffe hatte er beständig mit sich geführt, als eine Trophäe seines Waffenglücks. Das Schießen in Westchester jedoch und das Schießen im Wald waren sehr verschiedene Zweige einer und derselben Kunst. Jaap gehörte zu der erstern Schule, wobei man sich der Spür- und Vorstehehunde bediente. Die Thiere wurden aufgejagt und „markirt" und der Vogel immer im Fluge geschossen. Meine Aufmerksamkeit wurde bald auf diesen Unterschied gelenkt, indem ich Ohrenzeuge war von einem Gespräch zwischen dem Neger und dem Indianer, welches wenige Minuten nach unserer Ankunft stattfand, und von welchem ich einen Theil jetzt erzählen will.

Jaap und Sureflint waren in der That sehr alte Bekannte und dicke Freunde. Sie waren Beide wesentlich betheiligt und thätig gewesen bei gewissen denkwürdigen Vorfällen eben auf diesem Gute Mooseridge, die längere Zeit vor meiner Geburt sich zugetragen hatten, und während des letzten Krieges hatten sie sich oft getroffen und mit einander als Kameraden gedient. Die bekannte Antipathie zwischen der schwarzen und der rothen Race bestand zwischen ihnen nicht, obwohl der Neger den Indianer einigermaßen mit jenem Selbstgenügen betrachtete, welches der Diener eines Hauses wohl hegen mochte gegenüber von dem wilden Durchstreifer der Wälder; während der Onondago nicht umhin konnte, meinen Burschen so anzusehen, wie Einer der Freiesten unter den Freien ganz natürlich sich versucht fühlen mußte, einen Mann anzusehen, welcher ganz zufrieden in der Knechtschaft lebte. Diese Gesinnungen und Empfindungen waren durch ihre Freundschaft mehr gemildert als ausgetilgt, und traten noch oft bei ihren täglichen Zwiegesprächen unter einander deutlich hervor.

Wir hatten einen Sack, mit jungen Tauben gefüllt, von dem Roost mitgebracht, und Jaap hatte dessen Inhalt neben der Küche auf den Boden ausgeleert, um mit den nothwendigen Operationen des Rupfens und Säuberns zu beginnen, ehe man die Vögel der Köchin übergab. Der Onondago aber nahm ganz kaltblütig seinen Sitz auf einem Klotz in der Nähe, ein Zuschauer bei der Arbeit seines Genossens, aber es unter seiner Würde achtend, selbst an solcher Weiberarbeit Theil zu nehmen, da er weder als Bote thätig noch auf dem Kriegspfade war. Die Nothwendigkeit allein konnte ihn zu irgend einer Gesindearbeit vermögen, und ich glaube, er würde sich nicht zum Helfen erboten haben, hätte er auch die schönen Hände von Dus selbst diese Tauben rupfen sehen. Er hätte es ganz passend und in der Ordnung gefunden, daß eine „Squaw" die Arbeit einer „Squaw" verrichtete, während ein Krieger in seinem würdevollen und standesgemäßen Müssiggang verharrte. Systematischer und einsichtsvoller Fleiß ist immer im Gefolge der Civilisation; und die durch diese erzeugten Bedürfnisse können nur durch die unablässige Sorgfalt und Anstrengung derer geliefert und befriedigt werden, welche durch dieselbe leben.

„Nun, alter Sus," rief der Neger, den letzten der todten Vögel aus dem Sack schüttelnd, – „nun, Indianer; ich denken, Ihr halten das für Wild!"

„Wie Ihr ihn nennen, he?" fragte der Onondago, den Neger scharf ansehend.

„Ich ihn nicht ein Bischen Wild nennen, Rothhaut. Es nicht seyn Geziefer; aber es auch nicht seyn Wild. Wild ist Wild, ich vermuthen, Ihr das wissen, Sus?"

„Wild, Wild – gut. Das wahr seyn. – Wer es läugnen?"

„Ja, es leicht genug seyn, sagen Etwas, aber es nicht so gar leicht seyn zu verstehen. Kann ein Indianer jetzt in ganz Staat York mir sagen, warum Waldtaube nicht Wild?"

„Waldtaube Wild, und gutes Wild seyn. Süß schmecken – oft gerne mehr gehabt."

„Nun ich glauben, Trackleß," – Jaap liebte es, das ganze Wörterbuch der Namen des Onondago zu durchlaufen, – „nun ich glauben, Trackleß, daß Ihr halten zahme Tauben für eben so gut als wilde?"

„Nicht wissen – nie gegessen zahme – glaube ihn auch gut."

„Nun wohl, Ihr glauben, was ganz falsch seyn. Zahme Tauben schlechtes Zeug; aber keine Taube seyn Wild. Nichts Wild seyn, Sureflint, was nicht ein Hund ausspüren oder stellen. Masser Mordaunt nicht haben einen Hund im Busch oder auf dem Toe, und er halten eine Menge an beiden Orten, der eine wilde Taube würde stehen."

„Aber Hirsche stehen, he?"

„Nun, ich wissen das nicht. Vielleicht ja, vielleicht auch nicht. Es geben keine Hirsche in Westchester, zu probiren daran die Hunde, so Niemand es wissen können. Ihr Euch erinnern des Tages, Susquesus, wo wir fortgejagt Eure Rothhäute hier, vor langer, langer Zeit mit Masser Corny und Masser Ten Eyck, und alt Masser Herman Mordaunt und Miß Anneke und Miß Mary, und Eurem Freund Jumper? Ihr Euch daran erinnern, ha, Onondago?"

„Gewiß! – nicht vergessen – Indianer nie vergessen. Nicht vergessen Freund – nicht vergessen Feind."

Hier schlug Jaap sein gellendes Negergelächter auf, bei welchem alles Fröhliche und Lustige seiner Natur einen so gewaltigen Ausbruch zu nehmen schien, als wenn er von einer Art geistigem Kitzel ergriffen würde; dann gab er den Grund dieser seiner Heiterkeit durch seine Antwort kund.

„Ganz gewiß – Ihr Euch erinnern des Burschen Muß, Trackleß? Er gekommen selbst in ein böses Muß weil haben zu viel Gedächtniß. Gut zu haben Gedächtniß, wenn man geheißen ist zu verrichten Arbeit; aber manchmal Gedächtniß was Schlimmes. Sehr schlimm, so viel Gedächtniß haben, daß nicht vergessen können Bischen Hiebe."

„Nicht wahr!" versetzte der Onondago etwas finster, obwohl nur ein ganz klein wenig; denn während Jaap und er täglich stritten, bekamen sie doch nie Händel. – „Nicht wahr, das. Schläge schlimm für Rücken."

„Nun, das eben so seyn, weil Ihr Rothhäute seyn – ein farbiger Mann sich nicht mehr darum kümmern als dieser junge Vogel. Daran gewohnt werden in kleiner Zeit, dann nicht mehr seyn der Rede werth."

Sureflint antwortete nichts, aber er machte ein Gesicht, als ob er die Unwissenheit, die Unterwürfigkeit und den Zustand seines Freundes bemitleidete.

„Was Ihr denken von dieser Welt. Susquesus?“ fragte plötzlich der Neger, einen Vogel, den er gerupft hatte, in einen Kübel werfend und einen andern aufnehmend. „Wie Ihr meinen, daß weiße Mann geworden? – wie Ihr meinen, daß rothe Mann geworden? – wie Ihr meinen, daß farbige Gentl'em geworden, he?“

„Große Geist sprechen, dann Alle geworden. Es füllen Indianer mit Blut – das ihn machen roth – füllen Neger mit Tinte, das ihn machen schwarz – Bleichgesicht bleich, weil er leben in der Sonne und Farbe heraustrocknen.“

Hier lachte Jaap so laut, daß alle drei Schwarze des Kettenträgers vor die Thüre traten und in seine Lustigkeit aus purer Sympathie mit einstimmten, obgleich sie von deren Veranlassung nichts wissen konnten. Diese Schwarzen! Sie mögen sehr elend seyn als Sklaven: aber gewiß ist, keine andere Klasse in Amerika lacht so oft, so leicht, oder nur halb so herzlich.

„Hören mich an, Indianer,“ – begann Jaap von Neuem, nachdem er für den jetzigen Augenblick seine Lust zu lachen gehörig gebüßt hatte. – „Hören mich, Indianer – Ihr halten die Erde für rund, oder Erde platt?“

„Wie Ihr meinen das? – Erde auf und ab, – nicht rund,– nicht platt.“

„Das nicht seyn, was ich meine. Auf und ab wohl in einem Sinn, aber nicht auf und ab in anderm Sinn. Masser Mordaunt nun, und auch Masser Corny, Beide sagen, Erde seyn rund wie Apfel, und sie stehen zur Tagszeit aufrecht, und zur Nachtzeit umgekehrt. Nun, was Ihr dazu sagen, Indianer?“

Der Trackleß hörte ernst zu, gab aber weder Zustimmung, noch Unglauben zu erkennen. Ich wußte, er hatte Respekt vor meinem Vater und vor mir; aber es hieß ihm viel zumuthen, wenn er glauben sollte, die Erde sey rund; auch begriff er nicht, wie man sich sollte in der von Jaap behaupteten Weise umdrehen können.

„Setzen es seyn so,“ bemerkte er nach einer Pause der Ueberlegung. – „Setzen es seyn so, dann Mensch stehen mit Kopf unten! Mensch stehen auf Fuß; Niemand stehen auf Kopf.“

„Die Welt sich drehen herum, Indianer; das Grund seyn, warum Ihr stehen ein Mal auf Kopf, ander Mal auf Fuß.“

„Wer erzählen diese Mähre, Jaap? Nie gehört das zuvor!“

„Masser Corny mir das gesagt, vor langer Zeit, als ich gewesen kleiner Bube. Fragt Masser Mordaunt einmal, er Euch sagen dieselbe Geschichte. Jedermann das sagen, außer Masser Dirck Follock; und der einmal sagen zu mir: ›Es wahr seyn, Jaap, das Buch so sagen – und Euer Masser Corny ihm glauben; aber ich muß sehen die Welt rund herum gehen, ehe ich es glauben! Das Oberst Follock gesagt, Trackleß; Ihr wißt, er sehr ehrlich.“

„Gut – ehrlich Mann, Oberst – tapfrer Krieger – treuer Freund – glauben Alles, was er sagen, wenn er wissen; aber er nicht wissen Alles. General mehr wissen, – Major jung, aber mehr wissen."

Vielleicht sollte mich die Bescheidenheit bedenklich machen, das wieder zu berichten, was die Vorliebe eines so guten Freundes, wie Susquesus, ihn veranlaßte, zu meinen Gunsten zu sagen; aber ich wünsche, Alles, was bei dieser Gelegenheit gesprochen wurde, recht genau und in's Einzelnste hinaus zu erzählen. Jaap konnte gegen den Satz des Indianers nichts einwenden, denn er besaß zu viel Liebe und Anhänglichkeit an seine beiden Gebieter, als daß er nicht sofort hätte zugeben sollen, sie müßten mehr als Oberst Follock, – beiläufig bemerkt, eine nicht eben ausschweifende Annahme.

„Ja, er gut genug," erwiederte der Schwarze, „aber er nicht wissen halb so viel als Masser Corny oder Masser Mordaunt. Er sagen, Welt seyn nicht rund; nun ich aber glauben, sie aussehen rund."

„Was sagen Kettenträger?" fragte plötzlich der Indianer, wie wenn er bei sich beschlossen hätte, seine Ansicht durch die eines Mannes bestimmen zu lassen, den er so sehr liebte. „Kettenträger nie lügen!"

„Auch Masser Corny und Masser Mordaunt nie lügen!" rief Jaap etwas entrüstet. „Ihr meinen, Trackleß, daß einer von meinen Massers könne lügen?"

Das war eine Anschuldigung, welche Susquesus nie in den Sinn gekommen war zu erheben, obgleich seine innigere Bekanntschaft mit dem alten Andries und sein größeres Vertrauen auf ihn sehr natürlich ihn darauf gerührt hatte, diese Frage aufzuwerfen.

„Nicht sagen ich, daß Einer lügen," versetzte der Onondago; „aber viele doppelte Zungen überall, und vielleicht hören so und glauben so. Kettenträger verstopfen sein Ohr; nie horchen auf falsche Zungen."

„Nun gut, da der Kettenträger selbst kommen – Sus; so, nur um größrer Bestätigung willen, Ihr sollt hören, was sagen der alte Mann. Es sehr wahr, Kettenträger ehrlicher Mann, und ich selbst wünschen zu wissen seine Meinung, denn es nicht leicht zu begreifen, Trackleß, wie ein sterbliches Wesen kann stehen kopfunter!"

„Was meinen, sterbliches Wesen, he?"

„Ha, es bedeuten Sterblichkeit, Indianer – Ihr, Sterblichkeit – ich, Sterblichkeit – Masser Corny, Sterblichkeit – Masser Mordaunt, Sterblichkeit – Miß Anneke, Sterblichkeit – Jedermann Sterblichkeit; aber nicht alle Leute die gleiche Art Sterblichkeit! – Mich verstehen jetzt, Sus?"

Der Indianer schüttelte den Kopf und schien ganz verblüfft: aber da der Kettenträger in diesem Augenblick herbeikam, wurde dieser Punkt der Erörterung nicht weiter verfolgt. Nachdem einige Worte über die Tauben ausgetauscht worden waren, trug Jaap kein Bedenken, die seinem rothen Freunde gegebene Zusage zu lösen, indem er sofort mit der Hauptsache herausrückte, in Betreff deren sie des Kettenträgers Meinung zu hören wünschten.

„Ihr wissen, wie es seyn mit Indianern, Masser Kettenträger," sagte Jaap; „sie immer seyn arme, übel erzogene Geschöpfe und wissen nichts, als was aufgeschnappt durch Zufall; da hier Sureflint seyn, – er nicht kann glauben diese Welt rund, und nicht, daß sie herumgehe rund; und so er begehrt von mir, Euch zu fragen, was Ihr zu sagen haben von dieser Sache."

Der Kettenträger war kein Gelehrter. Was man auch von Leyden rühmen mag und von den vielen, sehr vielen gelehrten Holländern, die es in die Welt hinausgesandt hat – Wenige von ihnen haben Amerika erreicht. Unsere Brüder in den östlichen Colonieen, jetzt Staaten genannt, hatten sich, im Ganzen, schon längst bemerklich gemacht durch jenes „gefährliche Ding," „ein wenig Gelehrsamkeit"; aber ich kann nicht sagen, daß die Holländer von New-York, auch im Ganzen betrachtet, diesen Gefahren sonderlich ausgesetzt gewesen wären. Die Wahrheit zu gestehen, es war gar nicht leicht, gründlicher unwissend zu seyn in allen Dingen, die mit der Wissenschaft zusammenhingen, als die Masse der ungebildeteren Holländer in New-York im Jahre unsers Herrn eintausend siebenhundert und vierundachtzig waren. Der Stand und die Stellung im Leben machte hierin wenig Unterschied, wenn nicht etwa Einer der alten Colonialaristokratie dieses Stammes angehörte, oder eine Ausnahme hin und wieder stattfand bei einer Familie, welche einen Diener des Evangeliums in ihrem Schooße aufgezogen hatte oder aufzuziehen beabsichtigte. So groß war die Macht des Vorurtheils bei diesen Leuten, daß sie den englischen Schulen mißtrauten und Wenige nur ihre Kinder in dieselben schickten, während ihre eignen Schulen in der Regel sehr niedrig standen. Diese Gesinnungen und Ansichten wichen zwar dem Einfluß der Zeit, aber nur sehr langsam; und es war eine ziemlich sichere Vermuthung, daß jeder Mann von holländischer Abkunft in der Colonie ganz ohne eigentliche Bildung sey; und nur hier und dort machte ein Individuum, das den höheren Kasten der Gesellschaft angehörte, oder durch die Umstände und die Art seiner Umgebungen und seines Verkehrs besonders begünstigt war, eine Ausnahme. Was jenes leichte, oberflächliche Wissen betraf, dessen unsere östlichen Nachbarn ein so reichliches Maß besaßen, so schienen die New-Yorker Holländer dasselbe mit ganz besonderem Widerwillen zu betrachten, und sie verschmähten, irgend etwas zu wissen, wenn es nicht von der allerbesten Sorte war. Doch fanden sich einige Wenige, welchen diese beste Sorte keineswegs fremd war. In diesen einzelnen Fällen hatte die unverdrossene Erforschung und Würdigung der Thatsachen, und die gründliche, gediegene Beurteilung aller Gründe einige Männer gebildet, welche nur eines geeigneten Schauplatzes bedurft hätten, um durch ihr Wissen die tiefe Hochachtung aller Gelehrten in allen Ländern der Erde sich zu erwerben. Was sie von Wissen sich erwarben, war durchgearbeitet und gründlich, obgleich sie selten damit Parade machten, nur um es zur Schau zu stellen.

Der alte Andries jedoch gehörte nicht zu der eben bezeichneten Klasse. Er fiel unter die Regel und nicht unter die Ausnahme, Ohne allen Zweifel hatte er alle die allgemeiner bekannten Wahrheiten der Wissenschaft im Gespräch erwähnen und berühren gehört, oder hatte davon auch wohl in Büchern etwas gelesen; aber sie wurden nicht zu einem eigentlichen Bestandtheil seiner Meinungen, denn er war mir den verschiedenen Gegenständen nicht so weit vertraut, daß er solche Wahrheiten dergestalt erkannt und empfunden hätte, daß sie mit seinem Geiste Eins geworden wären.

„Ihr wißt, man sagt. Beides sey wahr. Jaap," antwortete der Kettenträger. „Jedermann wird Euch das sagen, und alle Leute, die ich gesehen, sind derselben Meinung."

„Ihr glauben es wahr seyn, Kettenträger?" fragte der Onondago etwas rasch.

„Ich glaube es m u ß so seyn, Sureflint, da Alle es sagen. Die Bleichgesichter, wißt Ihr, lesen eine Menge Bücher, und werden viel klüger als die rothen Männer."

„Wie, Ihr machen Menschen stehen auf Köpfen, he?"

Der Kettenträger schaute sich jetzt über die eine und dann über die andre Schulter um, und da er glaubte, es sey Niemand in der Nähe, als die zwei Männer vor ihm, war er vermuthlich etwas mittheilsamer, als sonst wohl der Fall gewesen seyn würde. Ihnen etwas näher rückend, wie Einer der über ein Geheimniß sich besprechen will, antwortete der ehrliche alte Mann also:

„Um offen gegen Euch zu seyn, Sureflint," sagte er, „das ist eine Frage, die nicht leicht zu beantworten ist. Jedermann sagt, es sey so, und deßwegen glaube ich, es muß wohl so seyn; aber ich habe oft mich selbst gefragt: Wenn diese Welt wirklich bei Nacht oberst zu unterst sich dreht, wie kommt es, alter Kettenträger, daß Du nicht aus Deinem Bette rollst? Es gibt Dinge in der Natur, die unbegreiflich sind. Trackleß, ganz unbegreiflich."

Der Indianer hörte ernst zu, und sein Verlangen, über die Sache ins Klare zu kommen, schien befriedigt dadurch, daß er vernahm, es gebe in der Natur unbegreifliche Dinge. Was den Kettenträger betrifft, so glaube ich, daß er dem Gespräch etwas plötzlich eine andre Wendung gab, eben wegen dieser unbegreiflichen Dinge in der Natur; denn gewiß ist, er ging rasch zu einem andern Thema über, in einer Art und Weise, daß er allen Ideen seiner Genossen eine veränderte Richtung gab, mochten sie auf den Fersen oder auf den Köpfen stehen.

„Ist es nicht wahr, Jaap, daß Ihr und der Onondago hier, Beide hier anwesend waret bei dem indianischen Gemetzel, das in dieser Gegend statt fand, vor der Revolution, im alten französischen Krieg? Ich meine die Zeit, wo ein gewisser Traverse, ein Landvermesser, und ein sehr guter Landvermesser war er, mit allen seinen Kettenträgern und Axtmännern getödtet wurde?"

„Wahr wie Evangelium, Masser Andries," erwiederte der Neger, ernst ausschauend und den Kopf schüttelnd. „Ich war hier und Sus auch. Das das erste Mal gewesen, daß wir miteinander Pulver zu riechen bekommen. Die französischen Indianer Streifzug gemacht und Masser Traverse und all seine Leute abgeschnitten, und nicht halben Skalp auf einem einzigen Kopfe gelassen. Ja, Sah, ich mich erinnern dessen, als wenn es gewesen letzte Nacht."

„Und was geschah mit den Leichnamen? Ihr habt doch gewiß die Leichname begraben."

„Gewiß, – Pete, Masser Ten Eyck's Mann, wurde gelegt in eine Höhle, nahe bei Masser Corny's Hütte, welche dahinzu liegen muß, vier oder fünf Meilen von hier; und Masser Landvermesser und seine Leute sind begraben worden bei einer Quelle dort hin zu. Habe ich Recht, Indianer?"

Der Onondago schüttelte den Kopf, dann deutete er die wahre Richtung der erwähnten Orte an, woraus hervorging, daß Jaap gar nicht richtig orientirt war. Ich hatte von gewissen Abenteuern gehört, bei welchen mein Vater als junger Mann betheiligt gewesen, und wobei auch meine Mutter gewissermaßen eine Rolle gespielt hatte, aber ich wußte von diesen Ereignissen nicht genug, um das nun folgende Gespräch ganz zu verstehen. Es schien, daß der Kettenträger die Vorfälle nur vom Hörensagen kannte, und nicht selbst an Ort und Stelle zugegen gewesen war, wo sie sich ereigneten; aber er legte den lebhaften Wunsch an den Tag, die Gräber der Unglücklichen zu besuchen. Bis jetzt hatte er noch nicht einmal die Hütte von Mr. Traverse, dem getödteten Landvermesser, besucht, denn da die Arbeit, mit welcher er beschäftigt war, darin bestand, die großen, vor der Revolution schon abgemarkten Loostheile in kleinere Loose, zu sofortigem Verkauf, zu vermessen, hatte diese Detailarbeit ihn noch nicht weit weggeführt von dem Centralpunkt, wo er damit begonnen hatte. Der neue Kettenträger, der ihm als Gehülfe dienen sollte, wurde erst in ein paar Tagen bei uns erwartet; und nachdem er mit seinen beiden Gesellschaftern die Sache einige Minuten besprochen, kündigte er seinen Entschluß an, am folgenden Morgen die sämmtlichen Gräber aufzusuchen, mit der Absicht, passende Erinnerungsmale ihres Todes daselbst anzubringen.

Der Abend dieses Tages war ruhig und köstlich. Als die Sonne am Untergehen war, machte ich Dus einen Besuch und fand sie allein in dem Empfangszimmer, wie sie sich scherzhaft ausdrückte, ihres Harems. Zum Glück waren da keine Stummen, um mir den Eintritt zu verwehren, denn die Eine schwarze Wächterin, welche gewöhnlich da war, befand sich in der Küche bei ihrer Arbeit. Sie empfing mich ohne alle Verlegenheit, und einen Sitz an der Schwelle der Thüre einnehmend, fing ich an zu plaudern, während die Herrin des Hauses aus einem niedern Stuhl mit ihrer Nadel geschäftig arbeitete. Eine Zeitlang schwatzten wir von den Tauben und von unsrer kleinen Reise in die Wälder; dann aber nahm unser Gespräch unvermerkt eine andere Wendung, und kam auf unsre gegenwärtige Lage, auf die Vergangenheit und die Zukunft. Ich hatte des Vorhabens des Kettenträgers erwähnt, die Gräber aufzusuchen, und bei diesem Punkte will ich anfangen zu berichten, was von uns gesprochen wurde.

„Ich habe eigentlich mehr nur Anspielungen auf jene traurigen Vorfälle, als die förmliche Geschichte derselben erzählen gehört," sagte ich. „Keines von meinen Eltern scheint gerne davon zu sprechen, obwohl ich den Grund hievon nicht weiß."

„Die Geschichte ist in Ravensnest wohlbekannt," versetzte Dus, „und sie wird dort oft erzählt; wenigstens so, wie wunderbare Geschichten auf ländlichen

Ansiedlungen erzählt werden. Ich vermuthe, es ist ein Gran Wahrheit mit einem Pfund Irrthum vermischt.“

„Ich sehe keinen Grund, eine Sache dieser Art unrichtig darzustellen.“

„Der Grund ist kein andrer, als die allgemeine Sucht nach dem Wunderbaren, welche die meisten Menschen treibt, es in einer Geschichte einzuschmuggeln, wenn es nicht auf rechtmäßige Weise schon da ist. Die ächte Landklatscherei ist nie mit der Thatsache an sich zufrieden. Der Schwätzer oder die Schwätzerin will durchaus eine matte und stumpfe Einbildungskraft in Erfindungen sich üben lassen. Zn diesem Falle jedoch ist nach Allem, was ich erfahren, mehr Thatsächliches und weniger Erfundenes als gewöhnlich in Umlauf gekommen.“

Dann sprachen wir von den Umrissen der Geschichte, so wie Jedes sie gehört hatte, und fanden, daß in der Hauptsache unsre Nachrichten zusammenstimmten. Bei der Vergleichung jedoch machte ich die Entdeckung, daß ich am liebsten bei den grausenhaften Zügen der Ereignisse verweilte, während Dus leise und beinahe unvermerkt, aber unfehlbar, auf die Partieen von milderer Beschaffenheit, die mehr mit Gefühlen und Empfindungen es zu thun hatten, hinsteuerte.

„Eure Erzählung trifft so ziemlich mit der meinigen zusammen, und beide müssen in der Hauptsache wahr seyn, da Ihr die Eurige von den Hauptpersonen selbst habt,“ sagte sie: „aber unsere Klatschmäuler berichten gewisse Umstände, die auf Liebe und Heirath sich beziehen, wovon Ihr geschwiegen habt.“

„So laßt mich die auch hören,“ rief ich, „denn nie war ich in besserer Stimmung über Liebe und Heirath zu plaudern.“ und ich legte auf letzteres Wort einen starken Nachdruck, „als in diesem Augenblick!“

Das Mädchen schrack zusammen, erröthete, zog die Lippen zusammen und blieb eine halbe Minute stumm. Ich bemerkte, daß ihre Hand zitterte, aber sie war zu sehr an außerordentliche Lage gewohnt, als daß sie leicht die Geistesgegenwart und Selbstbeherrschung verloren hätte. Es war auch schon ziemlich dämmerig, und das Dunkel, worin sie in der Hütte saß, die selbst auch im Schatten großer Bäume stand, unterstützte ohne Zweifel ihre Bemühungen, sich die Miene der unbewußten Arglosigkeit zu geben. Doch hatte ich mit Wärme gesprochen, und, wie ich bald fühlte, in einer Art, welche eine Erklärung erheischte, obwohl im Augenblick ganz ohne Plan und Absicht, und kaum mir selbst bewußt, was ich that. Ich beschloß nicht zurückzugehen, sondern vorwärts zu gehen, wobei ich ohnehin nur dem Drange eines Gefühls folgte, welches nachgerade zu mächtig wurde, als daß ich es noch lange zurückhalten konnte; aber dies war doch nicht gerade der Augenblick, wo ich zu sprechen entschlossen war, und ich wartete lieber die natürliche Entwicklung der Sache ab. Mittlerweile ging, nach dem von mir erwähnten kurzen Schweigen, das Gespräch fort.

„Was ich meinte,“ begann Dus wieder, „war nur die bei Euren Pächtern umlaufende Erzählung, die Vermählung Eurer Eltern sey die Folge gewesen von der Art, wie Euer Vater Herman Mordaunts Wohnsitz, und darin auch seine Tochter, vertheidigte – obgleich Herman Mordaunt selbst einen englischen Lord als

Schwiegersohn vorgezogen hätte, und – aber ich darf nicht Mehr sagen von dieser einfältigen Erzählung."

„Laßt mich Alles hören, betrifft es gleich die Liebe meiner Eltern."

„Ich glaube gewiß, es ist nicht wahr; denn wo wäre je ein unter dem großen Haufen umlaufendes Gerücht von individuellen Gefühlen und vom persönlichen Thun der Einzelnen wahr? Meine Tradition fügt hinzu: Miß Mordaunt sey anfänglich von den glänzenden Eigenschaften des jungen Lords bestochen gewesen, obgleich sie am Ende den General Littlepage weit vorzog, und ihre Ehe sey höchst glücklich geworden."

„Somit hat Eure Tradition meiner Mutter nicht Gerechtigkeit widerfahren lassen, sondern ist in manchen Punkten irrig. Der angebliche junge Lord war nur der Sohn und Erbe eines Baronets, und von meiner guten Großmutter weiß ich, daß meiner Mutter Neigung zu meinem Vater anfing, als sie noch ein Kind war, und zwar in Folge davon, daß er eine Unbild, die sie damals von einem andern Knaben erlitt, mannhaft ahndete und rächte."

„Das freut mich!" rief Dus mit so auffallendem Nachdruck, daß ich überrascht war über den Ernst, womit sie die Sache nahm. „Nachträgliche Neigungen bei Frauen scheinen mir immer etwas Mißliches. Noch eine Episode hat meine Tradition, welche von einer Lady erzählt, die ihren Verlobten in der Nacht, wo der Sturm auf das Nest erfolgte, verloren habe, und seither, seinem Andenken treu, unvermählt geblieben sey. Dieser Theil der Geschichte hat mich immer besonders angesprochen."

„War ihr Name nicht Wallace?" fragte ich lebhaft.

„Ja wohl, – Mary Wallace – und ich habe den Namen immer in Ehren gehalten, seit ich diese Geschichte gehört. Zu meinen Augen, Mr. Littlepage, gibt es kein schöneres und ehrwürdigeres Bild als das einer Frau, die ihrer ersten Neigung treu bleibt unter allen Umständen, im Tode wie im Leben."

„Und in meinen Augen auch nicht, geliebte Ursula!" rief ich – aber ich will mich nicht als einen Narren schildern, indem ich den Versuch mache zu berichten, was ich weiter sagte. Die Sache war die, daß Dus während der letzten paar Wochen dergestalt sich meines Herzens bemächtigt hatte, daß alle meine Versuche, es aus dem Netz zu befreien, worein es verwickelt war, vergeblich gewesen wären, wenn ich dies auch hätte thun wollen. Aber ich hatte die Sache überlegt, und ich sah keinen Grund, warum ich mich hätte der Herrschaft von Ursula Malbone über mein Herz erwehren sollen. Sie erschien mir als der Inbegriff von Allem, was ein Mann nur wünschen konnte und in ihrer Armuth erblickte ich kein Hinderniß unserer Verbindung. Ihre Familie und ihre Bildung standen meiner Familie und meiner Bildung gleich; uns diese sehr wichtigen Punkte und Rücksichten einmal zugegeben, besaß ich genug Vermögen für Beide. Unerläßlich war es, daß wir die Gewohnheiten, Meinungen, Vorurtheile, wenn man will, derselben Klasse im socialen Leben besaßen; aber außer diesem durften, nach meiner Art die Sache anzusehen, weltliche Rücksichten keinen Einfluß äußern.

Bei solchen Voraussetzungen nun, und getrieben und gelenkt von dem mächtigen Drang einer edeln und männlichen Leidenschaft strömte ich meine ganze Seele vor Dus aus. Ich sprach, glaube ich, eine volle Viertelstunde fort, ohne daß sie mich nur einmal unterbrochen hätte. Ich wünschte nicht, die Stimme meiner Gesellschafterin zu vernehmen, denn ich besaß die Demuth und Bescheidenheit, welche die unzertrennliche Begleiterin der ächten Liebe seyn soll, und fürchtete, die Antwort möchte meinen Wünschen nicht entsprechen. Ich bemerkte, trotz der wachsenden Dunkelheit, daß Dus lebhaft aufgeregt war, und ich will gestehen, daß dieser Umstand in mir eine freudige Hoffnung erweckt. Da ich hiedurch mich ermuthigt fühlte, war es wohl natürlich, daß meine Furcht zurücktrat gegen den Wunsch, meiner Sache gewisser zu werden; und so drang ich jetzt in sie, mir eine Antwort zu geben. Nach einer kleinen Pause erhielt ich ihre Antwort in folgenden Worten, die sie mit zitternder Stimme und mit einer seelenvollen Rührung sprach, wodurch sie ein zehnfaches Gewicht bekamen.

„Für diese unerwartete, und wie ich glaube aufrichtige Erklärung, Mr. Littlepage, danke ich Euch von Grund meines Herzens," begann das köstliche Geschöpf. „Es liegt eine Offenheit, eine ehrenhafte Aufrichtigkeit und eine edle Großmuth in einer solchen Erklärung von E u c h gegen m i c h , die ich nie vergessen werde. Aber ich bin nicht meine eigne Herrin – ich habe mich einem Andern mit meinem Wort verpfändet, – die Gefühle meines Herzens bekräftigen mein Wort, und ich kann einen Antrag nicht annehmen, der, so wahrhaft großmüthig und edel, die unumwundenste Antwort erheischt –"

Mehr hörte ich nicht, denn ich sprang vom Boden auf, und, beinahe auf den Knieen – ich konnte mich nicht aufrecht erhalten – stürzte ich zur Hütte hinaus und rannte in den Wald hinein.

## Sechszehntes Kapitel

Ihr Gnaden, die Ihr Lenzesblumen pflückt,
Wahrt vor der Schlang' Euch, deren Stachel zückt!

*Dryden's Eclogen.*

Die erste halbe Stande, nachdem ich die Hütte von Ursula Malbone verlassen hatte, wußte ich im buchstäblichen Sinne nicht, wohin ich ging, noch was ich that. Ich kann mich auf Nichts besinnen, als daß ich ganz nahe an dem Onondago vorbei kam. welcher verlangend schien, mit mir zu sprechen, dem ich aber mehr halb instinktmäßig als in Folge einer bestimmten Absicht auswich. Zu der That brachte mich erst Erschöpfung wieder recht zur Besinnung. Ich war Meilen weit darauf zu gewandert, immer tiefer und tiefer in den Wald hinein, und zwar dies ohne ein Ziel, ohne auch nur zu wissen, in welcher Richtung hin ich ging. Bald kam die Nacht und warf ihre Schatten auf die Erde und ich setzte meine zwecklose Wanderung fort im Dunkel der Stunde vermählt mit dem Dunkel der Wälder. Ich hatte mich ermüdet durch rasches Gehen auf dem unebenen Waldboden, und endlich warf ich mich nieder auf den Stamm eines gefallenen Baumes, um etwas Ruhe zu genießen.

Anfänglich dachte ich Nichts, fühlte ich Nichts, als die leidige Thatsache, daß Dus sich mit ihrem Wort einem Andern verpfändet habe. Hätte ich mich in Priscilla Bayard verliebt, so hätte mich eine solche Erklärung nicht so sehr überrascht, denn sie lebte in der Welt, kam zusammen mit Männern von entsprechenden gesellschaftlichen Verhältnissen, Ansichten und Bildung, und man konnte bei ihr leicht voraussetzen, daß sie nicht außerhalb des Bereichs und Einflusses jener Aufmerksamkeiten und Gefühle geblieben seyn werde, welche in der Brust des Weibes zärtliche Empfindungen zu erwecken pflegen. Bei Dus war es ein ganz anderer Fall; sie war vom Wald weg in die Schule, und von der Schule weg wieder in den Wald gekommen. Zwar konnte ihr Bruder, als Soldat, einen Freund gehabt haben, welcher Ursula bewunderte, und dessen Bewunderung ihr jugendliches Herz gerührt hatte; aber das war nur eine entfernte Möglichkeit, und mir blieb doch eine Last von Zweifeln auf dem Herzen zurück, hinsichtlich des Charakters und der Stellung meines Nebenbuhlers.

„Jedenfalls muß er arm seyn," sagte ich bei mir selbst, sobald ich kühler über den Gegenstand nachzudenken vermochte, „sonst würde er nimmermehr Dus in dieser Hütte, unter Kettenträgern und andern rohen, ungeschlachten Leuten der Grenze ihre Jugendjahre hinbringen lassen. Wenn ich ihre Liebe nicht gewinnen kann, so kann ich doch vielleicht zu ihrem Glück beitragen, indem ich mich zu diesem Zwecke der Mittel bediene, die eine gütige Vorsehung mir verliehen hat, und sie in Stand setze, sofort zu heirathen." Eine kleine Weile bildete ich mir ein, mein eigenes Elend würde dadurch gemindert werden, wenn ich nur Dus verheirathet und glücklich sähe. Aber dies Gefühl hielt nicht lange an; obwohl ich hoffe, mein Wunsch, sie glücklich zu sehen, blieb, auch nachdem sich mir lebhaft das Bewußtseyn aufgedrungen hatte, es würde eine lange Zeit vergehen müssen, bis ich im Stande wäre, einen solchen Anblick mit Fassung zu ertragen. Dennoch hatte der erste ruhigere Augenblick, hatte die erste Milderung meines Schmerzes, die ich empfand, ihren Grund in dem Bewußtseyn, das mich erfüllte: die Vorsehung habe in meine Hand die Macht gegeben, die Verbindung zwischen Ursula und dem Mann ihrer Wahl zu bewirken. Dieser Gedanke gewährte mir eine kleine Weile wirkliche Freude, und ich sann im buchstäblichen Sinn einige Stunden über die Mittel nach, meinen Zweck zu erreichen. Ich dachte in der That noch immer darüber nach, als ich mich auf den gefallenen Baum hinwarf, wo Müdigkeit mich in einen unruhigen Schlaf fallen machte, der, mit abwechselndem Grade der Bewußtlosigkeit mehrere Stunden dauerte. Meine Ruhestätte hatte ich unter den Zweigen des Baumes gewählt, woran noch die Blätter hingen und sie war nicht ohne ihre Vortheile und Bequemlichkeit.

Als ich erwachte, war es Tag – so wie das Licht des Tages in den Wald eindringt, ehe die Sonne aufgegangen ist. Zuerst hatte ich ein Gefühl von Steifheit und von

Schmerzen, – die Folge meines harten Lagers: aber als ich meine Lage änderte und mich aufrichtete, verloren sich diese Empfindungen bald und ich fühlte mich erquickt und ruhig. Zu meiner großen Ueberraschung jedoch bemerkte ich, daß eine kleine leichte Decke, dergleichen sich die Jäger im Sommer bedienen, über mich geworfen worden war, deren wohthuender Wärme ich vermuthlich Mehr verdankte als ich selbst wußte: dieser Umstand beunruhigte mich zuerst, da offenbar die Decke nicht ohne Menschenhände hieher gekommen seyn konnte; ein augenblickliches Nachdenken jedoch überzeugte mich, daß unter den obwaltenden Umständen das Ausbreiten derselben über mich das Werk eines Freundes gewesen seyn müsse. Ich stand jedoch auf, schritt an dem Baumstamm hin, bis wo er keine Aeste mehr hatte, und schaute mich um mit lebhaftem Verlangen, um zu erfahren, Wer der unbekannte Freund gewesen seyn möge.

Der Platz war ganz wie jeder andere in der Einsamkeit des Waldes. Da war die gewöhnliche Schaar von Stämmen stattlicher Bäume, der Blätterbaldachin, die dunkeln Schatten, die langen Durchblicke, der braune, ungleiche Erdboden, und die feuchte Kühle der grenzenlosen Wälder. Eine hübsche Quelle entsprang an einem Bergabhang ganz in meiner Nähe, und wie ich mich weiter umsah, in der Absicht mich dem Wasser zu nähern und dasselbe zu kosten, erklärte sich mir sofort das Geheimniß mit der Decke. Ich sah den Onondago, regungslos wie einer der Bäume um ihn herum auf seine Büchse gelehnt, wie es schien, einen zu seinen Füßen liegenden Gegenstand betrachtend. Nach einer Minute stand ich an seiner Seite, wo ich denn entdeckte, daß er vor einem menschlichen Gerippe stand! Das war ein seltsamer und befremdlicher Fund mitten im tiefsten Wald! Menschen spielten so wenig eine Rolle, wurden so selten gesehen in den Urwäldern von Amerika, daß man natürlich mehr betroffen war, wenn man ein solches handgreifliches Zeugniß menschlicher Gegenwart an einem solchen Orte fand, als es der Fall gewesen seyn würde, wenn man in bevölkerteren Distrikten darauf gestoßen wäre. Der Indianer starrte die Gebeine mit einem so tiefen Interesse an, daß er mein Herannahen entweder nicht hörte oder es gar nicht beachtete. Ich mußte ihn mit einem Finger anrühren, bis er auch nur aufschaute. Froh über einen Vorwand, einer Erklärung meines eigenen seltsamen Beginnens auszuweichen, ergriff ich mit Begierde die Gelegenheit, die sich in Folge eines so ungewöhnlichen Anblicks darbot, von andern Dingen zu sprechen.

„Das muß ein gewaltsamer Tod gewesen seyn, Sureflint,“ sagte ich, „sonst wäre der Leichnam nicht unbegraben geblieben. Der Mann ist in einem Kampfe der rothen Krieger getödtet worden.“

„War begraben,“ antwortete der Indianer, ohne die mindeste Ueberraschung über meine Berührung oder beim Laut meiner Stimme zu verrathen. „Dort, sehen Grab? Erde weggespült, und Beiner herausgekommen. Nichts sonst. Wissen, daß begraben, denn geholfen selbst.“

„Ihr wißt also Etwas von diesem Unglücklichen und von der Ursache seines Todes?“

„Gewiß. Alles von ihm wissen. Getödtet in alt französisch Krieg. Vater hier, und Oberst Follock; Jaap auch. Huronen sie Alle getödtet; nachher, wir geschlagen Huronen. Ja, das alte Geschichten jetzt."

„Ich habe Etwas davon gehört! Dies also muß die Stelle gewesen seyn, wo ein gewisser Landvermesser Traverse vom Feind überfallen und mit seinen Kettenträgern und Axtmännern erschlagen wurde. Mein Vater und seine Freunde fanden die Leichname und begruben sie, so gut es ging."

„Gewiß; ganz so; aber doch ärmliches Begraben, sonst nicht aus der Erde hervor kommen. Dies Gebeine von Landvermesser; sie wohl kennen ich: hat einmal ein Bein gebrochen. Da, Ihr sehen die Spur."

„Sollen wir ein neues Grab graben, Susquesus, und diese Ueberreste noch einmal beerdigen?"

„Am besten, jetzt nicht. Kettenträger im Sinne haben das thun. Er bald hier seyn. Haben jetzt etwas Anderes zu bedenken. Euch gehören alles Land hier herum, so nicht nöthig zu eilen."

„Ich vermuthe, daß es meinem Vater und Oberst Follock gehört. Diese Männer wurden auf dem Besitzthum erschlagen, während sie die großen Loostheile vermaßen. Ich meine gehört zu haben, daß sie ihre Arbeit in diesem Bezirke des Patents noch weit nicht vollendet hatten, welche dann auch aufgegeben wurde wegen der damaligen Unruhen."

„Ganz so: und Wem nun gehören die Mühle hier?"

„Es ist keine Mühle in der Nähe, Susquesus: es kann keine Mühle da seyn; denn nicht ein Acre Land von dem Gute Mooseridge ist je verkauft oder verpachtet worden."

„Mag so seyn – aber doch Mühle hier – gar nicht weit von hier. Ich kennen Mühle, wenn eine hören. Säge sprechen laut."

„Ihr hört doch gewiß jetzt nicht die Säge einer Mühle, mein Freund? Ich kann Nichts hören, was dem Geräusche gliche."

„Nicht hören jetzt, das wahr. Aber sie hören bei Nacht. Ohr gut, – bei Nacht – hören weit hin."

„Darin habt Ihr ganz Recht, Susquesus. Und Ihr habt geglaubt, von diesem Platze aus den Lärm einer Säge gehört zu haben in der tiefen Stille der vergangenen Nacht?"

„Gewiß; gut kennen; deutlich genug hören. Nicht eine Meile weit entfernt. Hier hinaus zu: hier sie finden."

Das war noch befremdender als das Finden des Gerippes. Ich hatte eine rohe übersichtliche Karte des Patents in der Tasche; und wie ich darauf nachsah, fand ich, daß wirklich ein Mühlbach darauf angegeben war, ganz nahe der Stelle, wo wir standen. Auch sprach das Aussehen der Wälder und die Formation des Terrains ganz dafür, daß in der Nähe eine Mühle angelegt seyn könne. Es fand sich hier eine Menge Fichtenholz und die Hügel begannen nachgerade fast zu Bergen anzuschwellen.

Langes Fasten und die Bewegung, die ich mir gemacht, hatten meinen Appetit sehr geschärft, und in Einer Beziehung wenigstens war es mir nicht leid, daß sich menschliche Wohnungen in der Nähe finden sollten. Wenn Leute in diesem Walde hausten, so waren es Squatters, aber ich hegte eben keine Besorgniß für meine persönliche Sicherheit bei der Begegnung mit solchen Menschen; zumal da für jetzt mein einziger Zweck war, Etwas zu essen zu suchen. Das Aufschlagen einer Mühle war freilich eine entschiedene Demonstration, und ein Wenig Nachdenken würde mir gesagt haben, daß ihre Inhaber wohl keine Freude haben würden über einen plötzlichen Besuch des Vertreters der Eigenthümer des Bodens. Andererseits waren die Hütten mehrere lange Meilen weit entfernt, und weder Sureflint noch ich hatten das Mindeste von Lebensmitteln bei uns. Wir waren auch Beide hungrig, obgleich der Onondago sich daraus Nichts machte, – eine stoische Gleichgültigkeit, in welcher ich, in Folge größerer Verweichlichung, es ihm nicht gleichthun konnte. Sodann hegte ich auch den lebhaften Wunsch, dies Räthsel mit der Mühle zu lösen, neben einem fieberischen Verlangen nach irgend einer neuen Aufregung, als Gegengewicht gegen das heftig und bitter an mir nagende Gefühl einer getäuschten, vereitelten Liebe.

Hätte ich nicht den Charakter meines Begleiters, und die Schärfe und Sicherheit der Sinne der Indianer so gut gekannt, so hätte ich wohl Bedenken tragen mögen, mich zu einem Gang zu entschließen, welcher als der Einfall eines Narren erscheinen konnte. Aber gewisse Umstände, damals noch von frischem Datum, waren vorhanden, welche einigermaßen des Onondago's Vermuthung unterstützten – wenn Vermuthung der rechte Name ist für seine ganz bestimmte Angabe und Versicherung. Ursprünglich sah und sprach New-York den Connektikut als einen Theil seiner östlichen Grenze an, aber große Schaaren von Ansiedlern waren über diesen Strom gezogen, hauptsächlich aus der anstoßenden Colonie New Hampshire kommend, und diese Leute waren schon einige Zeit vor der Revolution furchtbar geworden durch ihre Stellung und Zahl. Während dieses Kampfs hatten diese abgehärteten Bergbewohner im Ganzen einen den Colonien günstigen Geist kund gegeben, obgleich jede Spur von einer Absicht, ihre Ansprüche festzusetzen, von ihnen mit der Drohung beantwortet wurde, sich für neutral zu erklären. Mit Einem Wort, sie waren patriotisch genug, wenn man ihnen hinsichtlich ihres Besitzes freie Hand ließ zu thun was sie wollten, aber sie waren es nicht in dem Grade, daß sie sich der regelmäßigen Handhabung von Gesetz und Recht unterworfen hätten. Gegen das Ende des Krieges waren die Häupter dieser selbstgeschaffenen Colonie mehr als verdächtig, mit den englischen Behörden zu liebäugeln: nicht als ob sie die Regierung der Krone, oder irgend eine andre Autorität, ihrer eigenen vorgezogen hätten, sondern weil die Zeiten günstig waren, ihre Neutralität auf diese Weise auszuspielen, als ein Mittel, ihnen den Besitz von Ländereien zu sichern: denn ihre Rechtstitel daraus ließen, auf dem gewöhnlichem Wege, Raum für große Anfechtung und Bestreitung, um das Wenigste zu sagen. Die Schwierigkeit wurde auch durch den Frieden von 1785 keineswegs beseitigt: sondern die Grafschaften oder Bezirke, welche damals gleicherweise unter den Namen Vermont und Hampshire Grants bekannt waren, existirten gewissermaßen als ein Volk für sich, ohne noch die Gewalt der Conföderation anzuerkennen: auch traten sie noch unter der Constitution von 1789 nicht eher in die Union ein, als bis Alle um sie herum es gethan hatten und der letzte Funke von Opposition gegen das neue System erstickt war.

Es ist ein Princip in der Moral wie in der physischen Natur, daß Gleiches Gleiches hervorbringt. Das Recht bewährt und rächt sich immer selbst im Verlauf der Ereignisse, und die Sünden der Väter werden heimgesucht an den Kindern bis in die dritte und vierte Generation, in ihren traurigen Folgen. Es war unmöglich, daß das Beispiel solchen Unrechts in großem Maaßstab mit Glück auf- und durchgeführt wurde, ohne daß es bethörte Nachahmer reizte, dasselbe zu thun in einer Art und nach einem Maßstabe, wie sie den Lüsten individueller Habgier besser entsprachen. Wahrscheinlich kommen immer zwei Squatter oder sonstige gesetzlose und gesetzwidrige Eindringlinge in unsre unbesetzten Ländereien, die von Vermont herüberzogen, auf Einen, der aus den andern benachbarten Staaten kam, – je nach dem Verhältniß der ganzen Einwohnerzahl gerechnet. Ich wußte, daß der Bezirk Charlotte, wie Washington damals hieß, solchen Uebergriffen ganz besonders ausgesetzt war; und ich empfand keine große Ueberraschung bei der Aussicht, auf einige Früchte der Saat zu stoßen, welche den Grünen Bergen entlang so verschwenderisch ausgestreut worden war. Es mochte jedoch daraus entstehen, was da wollte, ich war entschlossen, über die Thatsachen sobald wie möglich ins Klare zu kommen, und hatte den doppelten Zweck, meinen Hunger und meine Neugier zu befriedigen. Der Indianer war ganz gleichmüthig und fügte sich meiner Entscheidung, als verstehe sich dies von selbst.

„Da Ihr glaubt, es sey dort, westlich von uns, eine Mühle, Sureflint,“ bemerkte ich, nachdem ich die Sache bei mir überlegt hatte, „so will ich hinüber und sie suchen, wenn Ihr mir Gesellschaft leisten wollt. Ihr glaubt doch wohl, sie finden zu können, hoffe ich, da Ihr wißt, in welcher Richtung sie stehen muß?“

„Gewiß – sie finden leicht genug. Finden zuerst Bach – dann finden Mühle. Haben Auge – haben Ohr – nicht schwer zu finden. Säge gehört eine gute Weile.“

Damit beruhigte ich mich und winkte meinem Genossen, aufzubrechen. Susquesus war ein Mann der That, nicht der Worte; und binnen einer Minute schritt er mir voran einer Stelle im Walde zu, welche so aussah, als könne dort das Bett des Baches sich befinden, der in der Nähe fließen mußte, da er auf der Karte angegeben war.

Die Art von Instinkt, welche Trackleß besaß, ließ ihn diesen kleinen Fluß bald finden. Er war voll Wasser und hatte eine gelinde Strömung: ein Umstand, den der Indianer sofort als ein Anzeichen deutete, daß die Mühle weiter aufwärts liegen müsse, da der Damm den Fall des Wassers müßte gehemmt haben, wenn wir über demselben gewesen wären. So wandte sich denn mein Begleiter flußaufwärts, und schritt mit derselben schweigenden Beharrlichkeit weiter, womit er auf dem Pfad, der zu seinem Wigwam führte, getrottet haben würde, wäre er in der Nähe desselben gewesen.

Wir waren noch nicht fünf Minuten am Ufer des Flüßchens hingewandert, als der Trackleß urplötzlich Halt machte, wie Einer, der auf ein unerwartetes Hindernis stößt. Ich war bald an seiner Seite, begierig, den Grund seines Stehenbleibens zu erfahren.

„Jetzt bald sehen Mühle.“ versetzte Susquesus auf eine Frage von mir. „Holz genug – herabkommen Fluß, so schnell als es nur wünschen.“

Und wirklich kamen Dielen auf dem Flüßchen herunter geschwommen, viel reichlicher als Einem, der am Besitze des Gutes betheiligt war, erwünscht seyn konnte, falls er nicht die Gewißheit hatte, daß ihm sein Antheil an dem Erlös derselben nicht entgehe. Diese Dielen kamen nicht in Flößen und nicht zusammengekoppelt, sondern einzeln, oder zwei und drei auf einander, wie wenn weiter unten eine Vorrichtung getroffen wäre, um sie anzuhalten, ehe sie an Untiefen, Fälle und Strudel geriethen. Dies Alles sah ganz und gar nach einer regelmäßigen Fabrikation von Nutzholz aus, wobei die Absicht zu seyn schien, auf den Märkten der Städte am Hudson Verkäufe zu machen. Der kleine Fluß, an welchem wir uns befanden, ergoß sich in den genannten stattlichen Strom, und wenn sich einmal das Produkt unserer Berge auf dem letztern befand, so stand der Verführung desselben in die ganze bewohnbare Welt kein wesentliches physisches Hinderniß mehr im Wege.

„Das sieht in der That aus wie ein förmlich betriebenes Gewerbe, Sureflint,“ sagte ich, sobald ich gewiß war, daß mein Auge mich nicht täuschte. „Wo man Dielen macht, da können Menschen nicht weit weg seyn. Ordentlich geschnittenes Holz wächst nicht in den Wäldern, wenn schon das rohe Material, woraus es gemacht wird.“

„Mühle das thun. Kannte Mühle, wir sie hören. Sprechen deutlich genug. Bleichgesicht bauen Mühle, aber der rothe Mann ein Ohr haben zu hören damit.“

Das war Alles ganz wahr, und es handelte sich jetzt nur noch darum, was daraus entstehen würde. Ich will gestehen, daß, als ich diese verrätherischen Dielen den kleinen, gekrümmten Fluß herunter schwimmen sah, ich ein Zucken in den Nerven fühlte, als empfände ich mit Gewißheit, daß auf diesen Anblick ein für mich sehr wichtiges Ereigniß folgen werde. Ich wußte, daß diese gesetzlosen Holzhändler einen schlimmen Namen im Lande hatten, und daß sie allgemein als eine Art Plünderer betrachtet wurden, welche kein Bedenken trugen, sich und ihr Gewerbe durch Gewaltthaten und Tücken zu vertheidigen, zu welchen sie sich durch die Umstände berechtigt wähnten. Es ist eine der bösen Früchte des Verbrechens, wo es in die Massen eindringt, daß die große Menge ihm einen bessern Schein und Anstrich zu geben, ja sogar ein angebliches Verdienst zuzuschreiben vermag, wodurch alle sittlichen Grundsätze erschüttert werden; denn in den Augen der Unwissenden wird so das Falsche wahr, und das Böse gewöhnlich dem Guten vorgezogen. Dies ist eine der Arten, wie die Gerechtigkeit sich selbst rächt, unter Leitung der göttlichen Vorsehung; die von ganzen Gemeinschaften begangenen unrechten Handlungen wirken auf sie selbst zurück in Gestalt einer Entsittlichung, welche bald ihre verdiente Strafe herbeiführt.

Es blieb jedoch nicht viel Zeit zu Betrachtungen und Vermuthungen; denn als wir wieder unseren Marsch antraten, wurden wir bei der nächsten Krümmung des

Flusses einer Strecke desselben ansichtig, wo ein Halbdutzend Männer und junge Bursche im Wasser beschäftigt waren, je zwei oder drei Dielen auf einander zu legen und sie an solchen Stellen, welche ihr Hinabtreiben begünstigten, in die Strömung zu bringen. Bäume, mit Ketten zusammengehalten, hielten die verworrene Masse in einer Art von Becken unter niedrigen Felsen, an deren Rande die erwartete Mühle selbst stand. Hier also lag der augenscheinliche Beweis vor, daß Squatters ganz systematisch beschäftigt waren, die Wälder, über welches ich zu wachen hatte, ihrer werthvollsten Bäume zu berauben, indem sie allem Recht und Gesetz aufs keckste Hohn sprachen. Diese Umstände erheischten große Entschlossenheit, verbunden mit der äußersten Umsicht. Ich war so weit gegangen, daß schon der Stolz mir nicht erlaubt haben würde, zurückzutreten, hätte nicht auch das Gefühl der Pflicht gegenüber von meinem Vater und Oberst Follock mich in dem Entschlusse bestärkt, weiter zu gehen.

Der Leser hegt vielleicht den Wunsch, zu erfahren, in wie fern Dus während dieser ganzen Zeit meine Gedanken beschäftigte. Sie war mir nie ganz aus dem Sinne gekommen, obgleich die meiner Neigung gewordene Zurückweisung meine Gefühle in eine Aufregung versetzte, die mich mehr als gewöhnlich geneigt machte, mich auf ein keckes und gefährliches Abenteuer einzulassen. Wenn ich für Ursula Malbone Nichts war, so lag wenig daran, was sonst aus mir wurde. Dies Gefühl herrschte in mir vor, und ich bin seither immer der Meinung gewesen, daß Susquesus einigermaßen um meinen Gemüthszustand wußte, und den Grund der halben Verzweiflung verstand, mit welcher ich der Gefahr in den Rachen zu rennen bereit war. Wir waren bis jetzt noch ganz den Blicken der Leute entzogen; und der Indianer benützte diesen Umstand, um Rath zu pflegen, ehe wir uns in die Gewalt von Menschen begaben, welche es leicht ihrem Interesse mehr gemäß finden konnten, uns aus dem Wege zu räumen, als uns zu gestatten, je die Unserigen wieder zu sehen. Aber hiebei ließ sich Sureflint durchaus nicht von der Sorge um seine Person bestimmen, sondern lediglich von dem Wunsch, so zu handeln, wie es einem erfahrenen Krieger auf einem sehr schwierigen Kriegspfad geziemte.

„Denken, Ihr wissen," sagte Susquesus; „sie nicht gute Männer seyn – Varmounter Squatter – Ihr glauben, Euch gehören das Land – s i e auch glauben, ihnen gehören das Land. Führen Büchsen, und thun wie ihnen gefällt. Am besten, sie beobachten."

„Ich glaube, ich verstehe Euch, Susquesus, und ich werde daher auf meiner Hut seyn. Habt Ihr schon Einen oder den Andern dieser Männer früher gesehen?"

„Glauben so, ja. Müssen begegnen allen Arten Menschen, beim Hin und Herwandern im Wald. Verzweifelter Squatter, der alte Mann dort drüben. Sich nennen Tausendacres – sagen, ihm immer gehören tausend Acres, wenn er habe Lust, sie zu suchen."

„Der Gentleman muß mit Gütern reich gesegnet seyn! Tausend Acres machen ein recht hübsches Anwesen aus für einen unstet Herumstreifenden, zumal wenn er das Privilegium hat, es auf seinen Reisen mit sich zu nehmen. Ihr meint den Mann mit grauen Haaren, vermuthe ich, – den, der halb in Bockleder gekleidet ist?"

„Gewiß! – Das alte Tausendacres – ihm nie mangeln Land – es nehmen, wo er es finden. Geboren drüben bei groß Salzsee, er sagen, und gereist seyn der untergehenden Sonne zu seit Knabenjahren. Immer sich selbst helfen und nehmen, – ein Hampshire-Grants-Mann das. Aber Major, warum er nicht Recht haben, ebenso wie Ihr?“

„Weil unsre Gesetze ihm kein Recht einräumen, während sie dem Erbeigenthümer ein vollkommnes Recht einräumen. Es ist eine der Bedingungen der Gesellschaft, in welcher wir leben, daß die Menschen Einer des Andern Eigenthum anerkennen und achten, und dies ist nicht sein Eigenthum, sondern das meinige, – oder vielmehr es ist das Eigenthum meines Vaters und Oberst Follocks.“

„Dann das Beste, das nicht sagen. Nicht nöthig, was zu sagen. Nicht Euer Land, sagen nicht Euer Land. Wenn er Euch halten für Spion, vielleicht er schießen auf Euch, he? Bleichgesichter erschießen Spion; rothe Mann halten Spion brave Kerl.“

„Spionen können nur in Kriegszeiten erschossen werden; aber, sey es Krieg oder Frieden, Ihr glaubt doch nicht, diese Leute werden es aufs Aeußerste treiben? Sie werden doch Scheu haben vor dem Gesetz!“

„Gesetz! – Was ihnen das Gesetz? – Nie gesehen Gesetz – nicht nahe kommen dem Gesetz; – es nicht kennen.“

„Nun, ich werde mich der Gefahr aussetzen; denn der Hunger treibt mich eben jetzt nicht minder als die Neugier und das Interesse. Es ist jedoch nicht nöthig, Sureflint, daß Ihr Euch aussetzt; bleibt Ihr hier stehen, und wartet die Folgen ab. Wenn man mich zurückhält, könnt Ihr dem Kettenträger die Nachricht bringen, der dann weiß, wo er mich zu suchen hat. Bleibt Ihr hier und laßt mich allein weitergehen – Adieu!“

Aber Sureflint ließ sich nicht in solcher Weise abschütteln. Er sagte Nichts, aber im Augenblick, wo ich mich in Bewegung setzte, trat er ruhig an seinen gewohnten Platz vor mir, und schritt mir voran auf die Gruppe der Squatters zu. Vier dieser Männer waren in dem Fluß beschäftigt, außer zwei stämmigen Jungen und dem alten Anführer, der, wie ich nachmals erfuhr, ziemlich allgemein bekannt war unter dem Spitznamen Tausendacres. Der Letztere blieb auf dem trocknen Boden, ohne Zweifel weil er dachte, seine Jahre und seine langen Dienste in der Sache der Gesetzlosigkeit und der socialen Desorganisation berechtigten ihn zu diesem kleinen Vorzug. Im Reiche des Bösen gibt es ebenso wie in jedem Gemeinwesen Privilegien.

Das Erste, was die Squatters von diesem unerwarteten Besuch in Kenntniß setzte, war das Krachen eines dürren Steckens, auf welchen ich getreten hatte. Der Indianer selbst beachtete und deutete diesen wohlbekannten Laut nicht mit größerer Raschheit als der alte Squatter, der mit Blitzesschnelle den Kopf herumwandte, und auf einmal den Onondago nur eine Ruthe weit von der Stelle entfernt sah, wo er selbst stand. Ich folgte dem Indianer auf der Ferse. Anfänglich sprach sich weder Ueberraschung noch Unruhe in dem Gesicht Tausendacres aus. Er kannte den Trackleß, wie er Susquesus nannte, und obgleich dies der erste Besuch des Indianers gerade auf dieser „Lokation“ war, hatten sie sich doch früher schon oft in ähnlicher Weise begegnet, und immer ebenso unvorbereitet und unangekündigt. Weit entfernt daher, daß irgend eine unangenehme Empfindung in der Miene des Squatters sich verrathen hätte, ward Susquesus vielmehr mit einem Lächeln begrüßt, in welchem ein gewisser schlauer, lauernder Ausdruck mit der Freundlichkeit des Willkomms gemischt war.

„So seyd also nur Ihr es, Trackleß,“ rief Tausendacres, „ich dachte schon, es könnte ein Sheriff seyn. Solche Geschöpfe kommen manchmal in die Wälder hinaus, wißt Ihr; obwohl sie nicht immer wieder zurückkommen. Wie habt Ihr uns aufgefunden Onondago, an diesem schlauversteckten Ort?“

„Mühle hören, bei Nacht. Säge haben laute Zunge. Hungrig; deßwegen gekommen, was zu essen.“

„Wohl, in diesem Punkte habt Ihr weislich gehandelt, denn wir sind nie besser daran gewesen mit Viktualien. Tauben gibt es so reichlich als Land; und das Gesetz ist noch nicht so weit gegangen, daß es Einem verwehrte, Tauben zu fangen, wäre es auch auf den Stoppelfeldern eines Andern. Ich muß aber die Säge bei Nacht besser schmieren lassen; aber eigentlich glaube ich, war es doch wohl eher das Einschneiden der Zähne, was Ihr gehört habt, als die Reibung der Fläche?“

„Alles gehört haben – Säge haben laute Stimme, ich Euch das sagen.“

„Ja, ja, das hat seine Richtigkeit. Kommt, wir wollen diesen Pfad einschlagen zum Hause hinauf, und sehen, was Miß Tausendacres für Euch thun kann. Das Frühstück muß jetzt fertig seyn; und Ihr und Euer Freund hinter Euch dort seyd willkommen bei Allem, was wir haben, so wie es eben ist. Nun, während wir dahin gehen,“ fuhr der Squatter fort, indem er auf dem erwähnten Pfad uns voranschritt, „nun, unterwegs könnt Ihr mir die Neuigkeiten erzählen, Trackleß. Das ist ein verzweifelt stiller Platz; und alle Neuigkeiten, die wir erhalten, kommen uns durch die Knaben zu, wenn sie den Fluß herauf zurückkommen vom Holzflößen in den Strom hinab. Eine verzweifelte Menge haben wir da in der Nähe fertig, und ich hoffe zu hören, daß die Sachen in Albany so gut sich machen, daß Dielen bald was eintragen. Es ist hohe Zeit, daß ehrliche Arbeit ihren Lohn ernte.“

„Nicht wissen – nie verkauft Dielen.“ antwortete der Indianer – „auch nie gekauft. Mich nicht kümmern um Bretter. Pulver wohlfeil, jetzt, weil Kriegspfad geschlossen. Das gut, Ihr wohl auch so denken?“

„Nun, Trackleß, ich bekümmere mich mehr um Bretter, als um Pulver, das muß ich gestehen; obgleich Pulver auch nützlich ist. Ja, ja, Pulver ist ein ganz nützliches Ding in seiner Art. Wildpret und Bärenfleisch – beides ist eine gesunde, wohlfeile Nahrung: und ich habe auch schon Pantherkatzen gegessen. Pulver kann nützlich seyn in vielfacher Weise. Wer ist Euer Begleiter, Trackleß?“

„Alter junger Freund – kennen seinen Vater. Im Walde leben jetzt, wie wir, diesen Sommer. Schießen Wild wie Jäger.“

„Er ist willkommen – er ist herzlich willkommen! Alles ist willkommen in dieser Gegend, außer dem Grundherrn. Ihr kennt mich, Trackleß – Ihr seyd gut bekannt mit dem alten Tausendacres und wenige Worte sind am besten zwischen alten Freunden. Aber sagt mir, Onondago, habt Ihr Etwas gesehen von dem Kettenträger diesen Sommer in den Wäldern, und von seiner Bande gesetzloser Landvermesser? Die Knaben brachten die Nachricht mit, er sey diesen Sommer hier herum in der Nähe beschäftigt, und treibe wieder seine alten Schliche und Streiche."

„Gewiß, ihn gesehen. Auch alter Freund seyn, Kettenträger. Gelebt mit ihm vor altem französischen Krieg – gerne mit ihm leben, wenn es möglich. Guter Mann, Kettenträger, Euch sagen das, Tausendacres. Was für Schliche und Streiche er treiben, he?"

Der Indianer sagte dies in etwas finsterem Tone, denn er liebte den alten Andries zu sehr, als daß er ohne eine gewisse Erbitterung mit Mißachtung von ihm reden hören konnte. Aber diese Männer waren zu sehr an eine aufrichtige, derbe Sprache in ihrem gewöhnlichen Verkehr gewohnt, als daß sie Kleinigkeiten ernstlich übel genommen hätten; und der freundliche Sonnenschein des Gesprächs erlitt keine bedenkliche Unterbrechung durch diese vorüberziehende Wolke.

„Was für Schliche und Streiche der Kettenträger treibe, Trackleß?" versetzte der Squatter; „Schliche und Streiche, daß man sich darüber zu Tod ärgern möchte, mit seinen verfluchten Meßketten! Gäbe es keine Ketten und Kettenträger, so könnte es auch keine Vermesser geben; und gäbe es keine Vermesser, so könnte es keine Grenzen geben bei den Gütern als die Büchse; und die ist der beste Gesetzgeber und Rechtsanwalt, wovon man je gewußt hat. Die Indianer brauchen keine Landvermesser, Trackleß?"

„Glauben, nein. Es schlimm seyn, Land vermessen, das ich will gestehen," antwortete der gewissenhafte Susquesus, der seine eigenen Grundsätze nicht verläugnen wollte, während er doch den Mann verachtete und verdammte, der sie jetzt in Anwendung brachte und behauptete. „Nie etwas Gutes daran gesehen, Land zu vermessen."

„Ja, ich wußte, daß Ihr von der ächten indianischen Race seyd!" rief Tausendacres triumphirend, „und das ist es, was uns Squatters und Euch Rothhäute zu so guten Freunden macht. Aber Kettenträger ist ganz in der Nähe beschäftigt, Trackleß?"

„Gewiß. Er ausmessen General Littlepage's Gut. Wer Euer Grundherr, he?"

„Ha, ich glaube, es ist eben dieser Littlepage, und einen verzweifelten Schelmen nennen ihn Alle einstimmig."

Ich fuhr auf, als ich meinen geehrten und ehrenwerthen Vater in solcher Weise nennen hörte, und verspürte große Neigung, die Beleidigung zu ahnden, aber ein Blick vom Auge des Indianers ermahnte mich zur Vorsicht in dieser Sache. Ich war damals noch jung, und hatte erst noch zu lernen, daß man selten an Andern ein Unrecht begeht, ohne sie auch noch zu verleumden. Jetzt weiß ich, daß diese Praxis, falsche Gerüchte über Grundherrn in Umlauf zu setzen, namentlich in Betreff ihrer Rechtstitel, sehr allgemein ist, und ihren Grund hat in der feindlichen Stellung, welche Abenteurer immer auf ihren Besitzungen gegen sie einnehmen, in einem noch so wenig befestigten und so wanderlustigen Lande, wie das unsrige, unterstützt noch von der so gewöhnlichen und gemeinen Leidenschaft des Neides. Möge Einer selbst heutiges Tages durch New-York reisen und den Reden der mißvergnügten Wirthshausschreier und Renommisten sein Ohr leihen, er würde am Ende kaum noch glauben, daß es irgend einen wohlbegründeten Rechtstitel gebe auf ein Gut von irgend einigem Umfang in den Grenzen des Staates, noch auch, daß irgend ein Rechtstitel eines im Besitz befindlichen Inhabers auf ein Pachtgut unbegründet sey. Es gibt unter uns eine Klasse von Deklamatoren, die von einem gesellschaftlichen Zustand herkommen, wo im Vermögen und in den socialen Verhältnissen keine großen Unterschiede bestehen, und die nicht fähig sind, die ungeheuern Unterschiede zu sehen, noch weniger, sie richtig zu würdigen, welche durch Lebensgewohnheiten, Ansichten und Bildungsart begründet werden, sondern alle geistigen und moralischen Ungleichheiten auf Dollars und Cents zurückführen. Diese Männer streiten und hadern beständig mit allen über ihnen Stehenden, und Hadern ist bei ihnen Verleumden. Sie verbünden sich mit den Unzufriedenen, deren es immer gibt, zumal, wenn die Leute angehalten werden, ihre Schulden zu bezahlen, und ihr erstes Beginnen ist, den Rechtstitel der Grundherrn, wenn etwa einer in ihrer Nachbarschaft sich befindet, durch Lügen und Verleumdungen anzugreifen. Ausnahmen von der Regel scheinen nicht statuirt zu werden, denn diese Praxis wird gegen die ältesten, wie gegen die in jüngster Zeit bewilligten Besitzungen bei uns angewendet. Die Lüge variirt nur in den einzelnen Punkten und Umständen; aber sie richtet sich gleichmäßig gegen die Rechts- und Besitztitel der alten Familien Van Rensselaer, Livingston, Beekman, Van Cortlandt, de Lancey, Schuyler und Andere, wie gegen die hundert neuen Namen, welche seit der Revolution in den sogenannten westlichen Grafschaften aufgetaucht sind. Es ist die Lüge des Vaters der Lügen, der sie so oder so einrichtet und umgestaltet, je nach den Umständen und nach den Eigenschaften der davon zu Ueberzeugenden. „Einen verzweifelten Spitzbuben“ nennen Alle einstimmig den Mann, welchem das Land gehört, das sie selbst gerne besäßen, ohne die widerwärtige Mühe, es zu kaufen und zu bezahlen.

Ich beherrschte mich jedoch so weit, daß ich nichts auf die Schmähung gegen meinen geradsinnigen, geliebten und edelmüthigen Vater erwiederte, sondern seine Vertheidigung der freundschaftlichen Gesinnung und der gediegenen Rechtlichkeit Sureflints überließ.

„Nicht so,“ antwortete der Indianer finster. „Dicke Lüge das – gespaltene Zunge sagen das – kennen General – mit ihm gedient haben – ihn wohl kennen. Guter Krieger – ehrlicher Mann – das Lüge. Ihm das sagen in's Gesicht!“

„Wohl – wohl – ich weiß das nicht,“ brummte Mr. Tausendacres, – wie diese Schurken mit ihren ›wohl, wohl!‹ und ›ich weiß das nicht,‹ bei der Hand sind, wenn man ihnen bei ihren verleumderischen Reden auf den Leib geht und ihnen Mann gegen Mann entgegentritt, wie jetzt der Indianer dem Squatter! – „Wohl, wohl, ich weiß das nicht, und wiederhole nur, was ich habe sagen hören. Aber hier sind wir bei der Hütte, und ich sehe an dem Rauch, daß die alte Prudence und ihre Mädels diesen Morgen schon fleißig gewesen sind, und wir bald eine Stärkung für den Magen bekommen werden."

Hierauf blieb Mr. Tausendacres an einem bequemen Platze neben dem Flusse stehen und begann sich Gesicht und Hände zu waschen, – eine Operation, die er für heute zum erstenmal vornahm.

## Siebzehntes Kapitel

Ein Landmann, schlichten Schritt's genaht,
Vor des Monarchen Stuhl er trat,
Sein Gruß einfach und roh;
Nicht Kopf noch Leib er neigt und bückt,
Den Arm nur auf den Tisch er drückt,
Und dann beginnt er so.

*Marmion.*

Während der Squatter so beschäftigt war, seine Toilette zu machen, ehe er seinen Morgenimbiß einnahm, hatte ich einen Augenblick Muße, mich umzusehen. Wir waren zum Niveau der Mühle hinangestiegen, wo ein offener, halbgelichteter Platz war, von etwa sechszig Acres Ausdehnung, ganz roh und nachläßig angebaut. Strünke und Stumpen waren im Ueberflusse da, und die Umzäunungen bestanden aus Holzklötzen, so daß man sah, der Platz war noch vor nicht langer Zeit occupirt worden. In der That hatte, wie ich nachmals erfuhr, Tausendacres mit seiner Familie von hoffnungsvollen Söhnen und Töchtern, im Ganzen über zwanzig Seelen betragend, sich erst gerade vor vier Jahren hier als Squatter niedergelassen. Der Mühlplatz war vortrefflich, denn die Natur hatte dafür fast Alles gethan, was man nur wünschen konnte, obgleich die Mühle selbst so kunstlos und unsolid war, als ein solches Gebäude nur seyn konnte. Der Ackerbau nahm, wie man deutlich sah, die Zeit der Familie nur sehr wenig in Anspruch, welche nur so viel Land anbaute, um davon leben zu können, während alles Holz aufs emsigste benützt und verarbeitet wurde. Eine ungeheure Zahl stattlicher Fichten war gefällt worden, und man sah auf allen Seiten Dielen und Latten im Ueberfluß. Einige wenige der ersteren waren auf den Markt geschickt worden, um die augenblicklichen Bedürfnisse der Familie in allerlei Artikeln, die zum Lebensunterhalt gehörten, zu befriedigen; die Absicht war aber, das Anschwellen des kleinen Flusses nach den starken Regengüssen abzuwarten, um dann die große Masse der Waaren nach der großen Verkehrs-Pulsader, dem Hudson, zu schicken und dann den vollen Lohn für die Mühen des Sommers und Herbstes zu ernten.

Ich sah auch, daß diese Familie sich durch Heirathen noch weiter mußte ausgedehnt haben, denn sie nahm nicht weniger als fünf Hütten ein, welche alle aus Holzblöcken und Scheitern frisch errichtet waren, und ein Aussehen von Festigkeit und Behaglichkeit hatten, das man nicht hätte erwarten sollen bei Leuten, die einen so unzuverläßigen Rechtstitel auf den Besitz hatten. Dies Alles deutete, wie mir schien, auf das Vorhaben hin, den Platz noch nicht so bald zu verlassen. Wahrscheinlich waren einige der ältesten Söhne und Töchter verheirathet, und der Patriarch sah schon eine neue Generation von Squatters um sich her emporschießen. Wenige von den jungen Männern waren sichtbar, um die verschiedenen Hütten herum schlendernd, und von der Mühle drang jener eigenthümliche, schreiende, knarrende Ton herüber, welcher mitten im Walde die Aufmerksamkeit von Susquesus so entschieden erregt und ihn auf die Spur geleitet hatte.

„Tretet ein, Trackleß“, rief Tausendacres, mit einem herzlichen, offenen Wesen, welches zeigte, daß, was leicht gewonnen ward, auch ebenso willig mitgetheilt wurde, „tretet ein, mein Freund; ich weiß Euren Namen nicht, aber das hat nicht viel zu sagen, wo genug da ist für uns Alle, und ein herzlicher Willkomm in den Kauf. Da ist die alte Frau, willig und bereit Euch zu dienen, und mit einer so lächelnden Miene wie ein Mädel von fünfzehn Jahren.“

Der letzte Satz seiner Rede jedoch war nicht ganz richtig. Miß Tausendacres, wie der Squatter bisweilen großthuend seine Ehehälfte nannte, die Mutter seiner jungen Brut, empfing uns keineswegs mit Lächeln und Willkomm. Sie war eine alte Frau von scharfen Zügen, lebhaften grauen Augen; ihre Gedanken waren hauptsächlich mit der Sorge für ihre Kinder beschäftigt, und ihre Menschenliebe erstreckte sich nicht leicht über diesen Kreis hinaus. Sie war selbst Mutter von vierzehn Kindern gewesen, von welchen noch zwölf am Leben waren. Alle hatte sie geboren unter den Mühseligkeiten, den Entbehrungen und in der Einsamkeit erstohlener Wohnplätze in der Wildniß. Dies Weib hatte so Viel durchgemacht, daß die Gesundheit von einem Halbdutzend der gewöhnlichen Wesen ihres Geschlechts dadurch hätte gebrochen und ihr Muth und ihre Heiterkeit vernichtet werden müssen; aber sie hatte Alles überstanden, und lebte noch als dasselbe standhafte, hartarbeitende, selbstverleugnende, duldende Geschöpf, das sie von den Tagen ihrer Blüthe und Schönheit an gewesen war. Man hätte meinen können, diese Ausdrücke seyen Spott und Hohn, wenn man die alte Prudence so gelb, abgemagert, mit eingesunknen Wangen, hohlen, glanzlosen Augen und zahnlosem Munde sah, wie ich sie jetzt erblickte; aber trotzdem fand man noch an dem Weibe die Spuren großer Schönheit; und ich erfuhr später, daß sie einst auf ihren heimischen Bergen zu den Schönsten unter den Schönen gezählt worden war. Während des ganzen Verkehrs, den ich später mit ihrer Familie hatte, war das Wesen und Benehmen dieser Frau ängstlich, mißtrauisch, stets besorgt, und hatte eine auffallende Aehnlichkeit mit dem von weiblichen Thieren, welche um die Sicherheit ihrer Jungen angefochten sind. Die Art, wie sie uns bei ihrer Mahlzeit willkommen hieß, war weder herzlich noch das Gegentheil; denn bei den Amerikanern ist es eine so gewöhnliche, sich von selbst verstehende Sache, ihre Mahlzeit mit Fremden zu theilen, daß man wenig davon spricht oder daran denkt.

Trotz der großen Anzahl der Glieder der Familie Tausendacres', war doch die Hütte, in welcher er wohnte, nicht sehr voll. Die jüngern Kinder der Ansiedlung, im Alter von vier bis zwölf Jahren, schienen unter die sämmtlichen Wohnungen vertheilt zu seyn, und bei den Schüsseln zuzulangen, wo gerade ein Platz für sie frei war, etwa wie die Ferkel, die sich an jeder Oeffnung eines Troges herdrängen. Das Geschäft des Essens begann gleichzeitig in der ganzen Ansiedlung, nachdem Prudence auf einer Muschelschaale das Signal dazu geblasen hatte. Ich war zu hungrig, um mit Schwatzen Zeit zu verlieren, und hieb aus Leibeskräften auf das grobe, kunstlose Essen ein, sobald es nur anging. Alle an unserm Tische folgten meinem Beispiele, denn nur die mehr verfeinerten und geistiggebildeten Menschen sind es, welche regelmäßig ihre Mahlzeiten mit Gesprächen würzen. Bei den Squatters hatte das Thierische zu sehr das Uebergewicht, als daß sie eine Ausnahme von der Regel gemacht hätten.

Endlich war der allgemeine Hunger gestillt, und ich bemerkte, daß die um mich herum Sitzenden mich mit etwas mehr Neugier zu besichtigen anfingen, als sie vorher an den Tag gelegt hatten. Im Schnitt meiner Kleidung lag vielleicht Nichts, was Argwohn erregen konnte, obwohl ich einige Besorgniß hegte wegen der Beschaffenheit des Stoffes. In jener Zeit waren die verschiedenen Klassen der Gesellschaft durch die Kleidung sehr auffallend von einander geschieden, und keiner machte den Versuch, die Tracht eines Gentleman anzunehmen, wenn er nicht gewisse Ansprüche hatte, für einen solchen zu gelten. In den Wäldern jedoch war es der Brauch, allen Schmuck und Putz abzulegen, und ich trug als Oberkleid das schon erwähnte Jagdhemd. Diejenigen Stücke, welche am leichtesten meine Stellung im Leben hätten verrathen können, waren zum Glück von dieser Hülle verdeckt und konnten der Beobachtung entgehen. Unsre Tischgesellschaft war auch klein, und bestand, außer den Eltern und den zwei Gästen, aus einem jungen Mann und einem Mädchen von etwa zweiundzwanzig und sechzehn Jahren, welche die Mutter als Zerhaniah und Lewiny anredete, – letzterer Name eine der so gewöhnlichen amerikanischen Entstellungen eines schönen Namens, aus einem Buche – Lavinia vermutlich. Diese beiden jungen Personen benahmen sich bei Tische mit vieler Bescheidenheit, denn der alte Tausendacres und seine Gattin hatten, trotz ihrer gesetzlosen Lebensweise, doch in Beziehung auf Dinge dieser Art noch viel von der alten puritanischen Zucht unter ihren Kindern beibehalten. In der That, ich war erstaunt über den eigentümlichen Contrast zwischen der ihnen zur andern Natur gewordenen Aufmerksamkeit, womit Alle auf der Niederlassung gewisse Regeln der Art beobachteten, und der Gewißheit, die sie doch Alle haben mußten, daß sie Tag für Tag Vergehen sich zu Schulden kommen ließen, die nicht nur den Gesetzen des Landes, sondern dem allgemeinen, angebornen Rechtsbewußtseyn zuwider liefen. In diesem Punkte sah man, was man so oft im Leben beobachten kann, wie die Reste von alten Angewöhnungen und Grundsätzen in der Gestalt der Gewohnheit sich noch erhalten, lange nachdem das Wesen und der Gehalt, woraus sie hervorgegangen, verschwunden ist.

„Habt Ihr die Leute wegen des Kettenträgers gefragt?“ sagte Prudence plötzlich, sobald Messer und Gabeln weggelegt waren, und während wir noch am Tische saßen. „Ich fühle eine Besorgniß vor diesem Manne, wie nie vor einem andern.“

„Sey ohne Furcht wegen des Kettenträgers, Weib,“ antwortete der Mann. „Er hat seine Arbeit für den Sommer vor sich, ohne in unsre Nähe zu kommen. Nach den letzten Nachrichten hat der junge Littlepage, den der alte Schelm von Vater in die Gegend geschickt hat, ihn auf seine eigne Ansiedlung hinübergenommen, wo er ihn, wie ich rechne, wohl behalten wird, bis das kalte Wetter eintritt. Laß mich nur einmal all des Holzes ledig werden, das wir geschnitten haben, und es verkaufen, so kümmre ich mich sehr wenig um den Kettenträger oder seinen Herrn.“

„Das sind kecke Reden, Aaron; aber erinnert Euch nur, wie oft wir gesquattet haben, und wie oft wir vertrieben worden sind. Ich denke, ich spreche vor Freunden, wenn ich das sage.“

„Hier darfst Du Niemand fürchten, Weib. – Trackleß ist ein alter Bekannter, und hat so wenig Geschmack an den Rechtstiteln des Gesetzes als Einer von uns; und s e i n Freund ist unser Freund.“ Ich gestehe, daß mir bei dieser Bemerkung etwas unbehaglich zu Muthe ward; aber da der Squatter in seiner Rede fortfuhr, war für mich keine Gelegenheit, Etwas zu erwiedern, hätte ich auch dazu Lust gehabt. „Was das Weiterziehen betrifft,“ fuhr der Mann fort, „so bin ich nie fortgezogen, außer zweimal, ohne Bezahlung zu erhalten für meine Meliorationen. – Nun nenne ich das einen guten Handel für einen Mann, der nicht weniger als siebzehn Mal gesquattet hat. Wenn das Allerschlimmste eintritt, so sind wir jung genug, um zum achtzehnten Mal zu ziehen und uns anzusiedeln. Wenn ich nur das geschnittene Holz an Mann bringe, so frage ich wenig nach allen Littlepages oder Greatpages; an der Mühle ist nicht Viel, ohne das Geschirr, und das hat, so wie es ist, die ganze Reise von Varmount mit uns gemacht und ist an's Ziehen gewöhnt. Es kann noch weiter wandern.“

„Ja, aber das geschnittene Holz, Aaron – das Wasser ist jetzt seicht, und Ihr könnt es nicht zu Markte bringen, bis die Flüsse wieder steigen, was vielleicht in den nächsten drei Monaten nicht geschieht. Denkt nur, wie viele Tage Arbeit Euch und uns Alle das Holz gekostet hat, und wie mächtig viel wir davon zu verlieren haben!“

„Ja, aber wir werden es nicht verlieren, Weib.“ versetzte Tausendacres, die Lippen zusammenpressend und die Hände ballend, so daß man wohl sah, wie stark seine eignen Gefühle waren, wo es sich um sein, wenn auch noch so unehrlich erworbenes Eigenthum handelte. „Mein Schweiß und meine Arbeit stecken in den Dielen, und die sind immerhin so gut als Saft. Wofür ein Mann schwitzt, darauf hat er auch ein Recht.“

Dies war zwar eine etwas weit führende Moral, denn es kann auch Einer dabei schwitzen, wenn er seines Nächsten Hab' und Gut fortträgt: aber ein ziemlicher Theil des menschlichen Geschlechts ist sehr geneigt nach Grundsätzen zu argumentiren und in seinen Gefühlen sich davon bestimmen zu lassen, die nicht wahrer und vernünftiger sind als der erwähnte des alten Tausendacres.

„Wohl,“ versetzte das Weib. „Wahrlich, ich möchte Euch und die Jungen nicht die Früchte Eurer Arbeit verlieren sehen; nein, wahrlich nicht. Ihr habt redlich gearbeitet und Euch abgemüht an den Klötzen, in einer Art, die ich nie von menschlichen Wesen übertroffen sah; und es wäre hart,“ und hiebei faßte sie mich besonders scharf ins Auge; „jetzt, nachdem ihr die Bäume gefällt, sie zur Mühle geschleppt und zu Dielen zersägt habt, einen andern Mann auftreten zu sehen, der Alles als sein Eigenthum in Anspruch nähme. Das könnte nimmermehr Recht seyn, sondern es ist gegen alle Gerechtigkeit, sey es die von Varmount oder von York. Ich denke, es ist kein großes Unrecht, wenn ich nun auch frage, was wohl Euer Name seyn mag, junger Mann?“

„Ganz und gar kein Unrecht,“ antwortete ich, mit einer Selbstbeherrschung, die, wie ich wohl sah, den Onondago hoch erfreute. „Mein Name ist Mordaunt.“

„Mordaunt!“ wiederholte das Weib rasch: „wissen wir Nichts von diesem Namen? Ist das ein befreundeter Name für uns Leute von Varmount? Wie ist es, Aaron? Ihr müßt das wissen.“

„Nein, ich muß das nicht wissen, denn ich habe nie früher von einem solchen Namen gehört. So lang es nur nicht der Name Littlepage ist, kümmre ich mich Nichts darum.“

Ich fühlte mein Herz erleichtert bei dieser Antwort, denn ich will gestehen, daß der Gedanke, in die Gewalt dieser gesetzlosen Leute zu gerathen, mir nichts weniger als angenehm war. Von Tausendacres bis hinab zu dem Burschen von siebenzehn Jahren standen sie Alle sechs Fuß hoch da; und eine stämmigere, breitschultrigere, muskulösere Race sah man nicht leicht. Ihnen mit Gewalt sich zu widersetzen, davon konnte gar keine Rede seyn. Ich war ganz ohne Waffen; der Indianer war etwas besser gerüstet; aber nicht weniger als vier Büchsen lagen in dieser einen Hütte auf den Leisten; und ich zweifelte nicht daran, daß jedes männliche Mitglied der Familie seine eigene Waffe besaß. Die Büchse war das erste Erforderniß für Männer dieses Schlages, da sie eben so gute Dienste leistete, ihnen Nahrung zu verschaffen, als sie gegen ihre Feinde zu schützen.

In diesem Augenblick stieß Prudence einen langen Seufzer aus und stand vom Tische auf, um wieder an ihre häuslichen Arbeiten zu gehen. Lowiny folgte ihrem Beispiel in unterwürfigem Schweigen, und wir Männer schlenderten unter die Thüre der Hütte, wo ich eine neue Ansicht gewann von der Beschaffenheit dieser Meliorationen, welche Tausendacres so hoch anschlug, und von dem Umfang des Raubes, der an dem Besitzthum Oberst Follocks und meines Vaters verübt worden war. Dieser war keineswegs unbedeutend, und wurde später von sachverständigen Männern zu einem Werth von vollen tausend Dollars geschätzt. Natürlich waren diese tausend Dollars ganz verloren, sofern von Vergütung und Ersatz in baarem Gelde ganz und gar nicht die Rede seyn konnte bei Männern von dem Schlage, zu welchem Tausendacres und seine Söhne gehörten. Diese Art Leute sagen gar gerne: „Ich garantiere dies und das,“ „ich mache mich verbindlich, dies und das zu thun:“ aber die Garantie und die Verpflichtung sind gänzlich werth- und bedeutungslos. In der That sind diejenigen, welche am wenigsten einer wirklichen Verantwortlichkeit gewachsen und dazu geneigt sind, am freigebigsten mit solchen Versicherungen und Verpfändungen ihres Wortes.

„Das ist ein schöner Platz,“ sagte Tausendacres, dessen eigentlicher Name Aaron Zimmermann war. „Das ist ein schöner Platz, Mr. Mordaunt; ein Platz, welchen zu verlassen Einem schwer fallen würde, auf das Geheiß eines Mannes, der ihn nie mit einem Auge gesehen hat. Seyd Ihr irgend bekannt mit dem Gesetz und Recht?“

„Ein klein wenig; nicht mehr, als wir Alle es werden, wenn wir so durchs Leben dahinwandern.“

„Ihr seyd auf dieser Reise noch nicht weit gekommen, junger Mann, wie Jeder aus Eurem Gesicht lesen kann. Aber Ihr habt wohl gute Gelegenheiten gehabt, wie Einer leicht errathen kann aus Eurer Sprache, die nicht ganz so ist wie die unserige hier in den Wäldern, woraus ich mir wohl abnehmen kann, daß Ihr mögt eine bessere Schule genossen haben als gewöhnlich ist. Das kann Einer merken, wenn auch seine eigene Gelehrsamkeit nicht hoch geht.“

Diese Voraussetzung Aaron's, daß meine Redweise, Aussprache, Accent und Vortrag Folge und Frucht der Schulbildung sey, war vielleicht natürlich genug, obwohl wenige Personen in diesen Beziehungen es zu einer gewissen Vollkommenheit bringen, wenn sie nicht schon in ihrer Kindheit durch ihre Umgebung und ihren Verkehr daran gewöhnt werden. Was die gewöhnlichen Schulen von New-York betrifft, so pflanzen sie vielmehr nur Irrthümer und Fehler in dieser Hinsicht fort, als daß sie sie berichtigten; und einer der wichtigsten Schritte zur Verbesserung und Hebung derselben würde seyn, wenn man dafür Sorge trüge, daß die Lehrer genaue und richtige Belehrung über Laut und Aussprache, wie über die Bedeutung der Wörter ertheilten. Unter dem gegenwärtigen System werden fehlerhafte Angewöhnungen durch überlegte Belehrung und durch Beispiel mehr bestärkt als berichtigt.

„Mein Schulunterricht,“ antwortete ich, bescheiden genug, hoffe ich, „ist etwas besser gewesen, als der gewöhnliche, aber doch nicht so gut, wie Ihr seht, daß er mich zurückgehalten hätte, in die Wälder zu gehen.“

„Das kann ganz Sache der Neigung seyn. Manche Leute haben eine natürliche Liebhaberei für die Wildniß, und es heißt gegen den Strom schwimmen und ist beinahe vergeblich, wenn man Ansiedlungsleute aus ihnen zu machen sucht. Wißt Ihr vielleicht, was diesen Herbst geschnittenes Holz einzubringen verspricht?“

„Alles nimmt einen Aufschwung seit dem Frieden, und man kann mit Recht erwarten, daß auch geschnittenes Holz, ebenso wie andere Güter, einen schönen Preis bekommen wird.“

„Wohl, es ist auch einmal Zeit! Während des ganzen Krieges hat eine Diele nicht viel mehr gegolten, als ein Streifen Rinde, wenn es nicht etwa in der Nähe eines Heeres war. Wir Holzleute haben eine entsetzlich böse Zeit gehabt diese letzten acht Jahre her, und mehr als einmal habe ich mich versucht gefühlt, die Sache aufzugeben, hinzugehen, und mich in einer Lichtung anzusiedeln, wie ruhigere

Leute; aber ich dachte, da auch die Welt einmal ein Ende haben wird, so muß doch wohl vorher noch der Krieg zu einem Ende kommen.“

„Diese Berechnung war ziemlich sicher; der Krieg muß freilich für Euch eine verdrießliche Zeit gewesen seyn; auch sehe ich nicht recht ein, wie Ihr durch die Jahre Euch durchschluget, die er währte.“

„Schlecht genug; obgleich auch Kriegszeiten ihre Glücksfälle haben so gut als Friedenszeiten. Einmal nahm der Feind eine Masse von Continentalvorräthen weg, wie Schweinefleisch, Mehl, Neu-Engländer Rum, und sie boten alle Gespanne, nah und fern, auf, ihre Beute fortzuführen, und mein Schlitten mit Pferden mußte auch mit Dienste thun. Nun, wir zogen wirklich mit, und ich bekam eine so schöne Ladung, als Ihr nur je auf einem Lastschlitten gesehen habt; was ich so nenne: ein rechtes Assortiment, und zwar eines das ganz nach meinem Geschmack war; denn ich lud es selbst mit meinen eigenen Händen auf. Es war in einer waldigen Gegend, wie Ihr Euch wohl denken könnt, sonst wäre ich nicht um den Weg gewesen; und da ich alle Nebenwege wohl kannte, ersah ich meine Gelegenheit und machte mich, ohne daß man es merkte, aus meiner Reihe heraus und fuhr so stracks meinem Heimwesen zu, als käme ich eben von einem Handel auf der nächsten Ansiedlung zurück. Das war die profitabelste Reise, die ich je gemacht, und was noch mehr ist, es war eine ganz kurze.“

Hier hielt der alte Tausendacres inne um zu lachen, und das that er so unbefangen und herzlich, als ob sein Gewissen nie eine Sorge gekannt hätte. Diese Geschichte war, wie ich mir einbilde, eine Lieblingserinnerung von ihm, denn ich hörte ihn während der kurzen Zeit unseres Verkehrs mit einander nicht weniger als dreimal auf die Heldenthat anspielen, von der sie handelte. Ich bemerkte, daß bei Erzählung dieser Anekdote das erste Lächeln im Gesichte Zephaniahs sichtbar wurde, seit ich ihn sah; obwohl ich nicht ermangelt hatte, zu bemerken, daß der junge Mann, ein wahres Ideal von zwar roher, ländlicher aber kraftvoller und wohlgestalter Mannhaftigkeit in seiner äußern Erscheinung, bei jeder Gelegenheit ein scharfes Auge auf mich hatte, in einer Weise, die mich einigermaßen beunruhigte.

„Das war ein für Euch glücklicher Frohndienst,“ bemerkte ich, sobald Aaron zu lachen aufgehört hatte; „falls Ihr Euch nicht gemüßigt glaubtet, die Güter den Continental-Beamten zurückzugeben.“

„Kein Bißchen davon! Der Kongreß war arm genug, das gebe ich gern zu; aber er war doch reicher als ich war oder je seyn werde. Wenn einmal ein Besitzthum den Herrn gewechselt hat, so geht auch der Rechtstitel mit; und Manche sagen, auch diese Ländereien, die vom König herrühren, sollten jetzt an das Volk fallen, so wie eben die Leute derselben benöthigt seyen. Es liegt Vernunft und Recht in der Idee, glaube ich gewiß; und es sollte mich nicht wundern, wenn sie dereinst vor dem Gesetze Geltung erlangte.“

Ach, ach! Wieder die schwache sündhafte Menschennatur! Selten begeht Einer Unrecht, ohne daß er auch seinen Scharfsinn aufböte, um Entschuldigungen dafür zu finden. Wenn so sein Geist durch den Einfluß seiner Leidenschaften, und ganz besonders durch den der Habgier verkehrt worden ist, so bildet er sich unfehlbar ein, es bestünden neue Grundsätze zu Gunsten seiner Plane und Entwürfe, und legt einen Eifer an den Tag, sie zu entdecken, der, wenn er ihn für eine gute Sache aufböte, ihn zu einem Segen statt zu einem Fluche für seine Gattung machen würde. Aber die Spitzbüberei ist so rüstig und emsig, während die Tugend so gern träge und passiv ist, daß, bei dem ewigen zwischen ihnen bestehenden Kampf, das, was durch die Wahrheit und die inwohnende Kraft der letzteren gewonnen wird, gar oft mehr als neutralisirt wird durch die unermüdliche Thätigkeit der ersteren. Hierin, fürchte ich, dürfte sich auch die schwache Seite unsrer Institutionen finden. So lange das Gesetz die Autorität eines Individuums repräsentirt, mag persönlicher Stolz und Eifersucht ein Sporn zu beständiger Wachsamkeit seyn; aber wenn das Gesetz das Gemeinwesen repräsentirt, hat es eine getheilte Verantwortlichkeit im Gefolge, wo die Aufregung unerträglicher Mißbräuche erforderlich ist, bis es sich zu seiner kräftigen Selbstvertheidigung ermannt. Das Resultat ist nur wieder ein Beweis, daß bei der Handhabung und Führung der gewöhnlichen Angelegenheiten des Lebens die Menschen sich stärker erweisen als die Grundsätze.

„Habt ihr wohl schon Gelegenheit gehabt, einen Eurer Besitztitel vor einem Gerichtshof geltend zu machen gegen den eines Landbesitzers, der sein Recht von einer förmlichen Verleihung und Uebertragung ableitete?“ fragte ich, nachdem ich einen Augenblick über die Wahrheit, die ich so eben ausgesprochen, nachgedacht hatte.

Tausendacres schüttelte den Kopf, sah zur Erde, und sann seinerteils eine kleine Weil nach, ehe er mir folgende Antwort gab:

„Gewiß,“ sagte er, „wir wünschen Alle, das Recht, wo möglich, auf unserer Seite zu haben, und einige von unsern Leuten beredeten mich, so zu sagen, ich solle einmal förmlich gegen einen regelmäßigen Grundherrn auftreten. So ließ ich mich denn in einen Streit vor Gericht mit ihm ein; aber ich unterlag, Mr. Mordaunt, gerade wie wenn ich ein Hühnchen gewesen wäre, und er der Falke, der mich in seinen Krallen hielt. Ihr werdet mich nicht wieder dran kriegen, daß ich mich wieder den Krallen des Gesetzes anvertraute, obgleich das schon vor dem alten französischen Kriege geschah. Ich werde nie mehr dem Gesetze trauen. Es mag gut seyn für die Reichen, die sich nicht zu kümmern brauchen, ob sie gewinnen oder verlieren; aber das Gesetz ist ein verzweifelt böser Handel für denjenigen, der nicht Geld genug hat, um sich mit demselben zurecht zu finden.“

„Und wenn nun Mr. Littlepage entdeckte, daß Ihr hier seyd, und geneigt wäre, eine Uebereinkunft mit Euch zu treffen, welche Bedingungen wäret Ihr wohl geneigt Euch gefallen zu lassen?“

„Oh ich bin nie gegen das Handeln und Unterhandeln. Das ist der Geist des Lebens; und in Betracht, daß General Littlepage einiges Recht hat, wie ich das schon zugeben kann, würde ich ihm keine harte Bedingungen machen. Wenn er die Sache still und ruhig behandeln und keinen Lärm darüber anfangen wollte, sondern das Wesen Männern, und zwar Männern von der rechten Art überlassen wollte, so würde ich mich nicht unbereitwillig finden lassen; denn ich gehöre zu den Leuten, welche Prozesse hassen, und ich bin immer bereit zu thun was Recht ist; und so sollte er mich so bereit finden zur Ansiedlung als nur irgend einen auf seinen Ländereien."

„Aber auf welche Bedingungen? Ihr habt mir noch Nichts von den Bedingungen gesagt."

„Was die Bedingungen betrifft, da würde ich in keiner Weise hart seyn. Kein Mensch kann behaupten, daß der alte Tausendacres je harte Bedingungen stellte, wenn er sich in vortheilhafter Lage befand. Das liegt gar nicht in meiner Natur, welche ganz zu dem sich hinneigt, was vernünftig und billig ist. Nun seht Ihr, Mordaunt, wie die Sachen zwischen diesem Littlepage und mir stehen. Er hat einen papiernen Rechtstitel, sagt man mir, und ich habe thatsächlich Besitz genommen, worin immer eines Squatters Rechtsanspruch besteht; und das ist immer ein guter Rechtsanspruch, wo Fichtenholz im Ueberfluß, ein Mühlplatz und ein bequemer Markt sich findet."

Hier hielt Tausendacres wieder inne um zu lachen, denn dies pflegte er auf so herzhafte Weise und in solchen Brusttönen zu thun, daß es ihm schwer ward, in Einem Athem zu lachen und zu sprechen. Aber sobald er mit dem Lachen fertig war, vergaß er doch nicht, in seiner Rede fortzufahren.

„Nein, kein Mensch, der sich auf die Wälder versteht, wird diese Vortheile widersprechen," fuhr der Squatter fort; „ich bin jetzt im Besitze und Genuß von alle dem. Nun also, General Littlepage, wie sie ihn hier herum nennen, hat einen papiernen Besitztitel, und ich habe wirklich Besitz ergriffen. Er hat die Rechtshöfe auf seiner Seite, das will ich zugeben; aber hier sind meine Meliorationen – drei und sechzig so große Acres abgeholzt und zur Mühle geschleppt, als man in ganz Charlotte oder Washington, wie man mir sagt, daß der Distrikt jetzt genannt werde, finden mag."

„Aber General Littlepage hält es vielleicht für keine Verbesserung. wenn er sein Land des Fichtenholzes beraubt findet. Ihr wißt so gut als ich, Tausendacres, daß man allgemein hier herum der Ansicht ist, daß Fichtenholz den Werth von Ländereien sehr erhöhe, da der Hudson es so leicht macht, dasselbe auf den Markt zu bringen."

„Ei Du mein Herr! Jüngelchen, glaubt Ihr denn, ich habe das Alles nicht bedacht, als ich mein Lager hier aufschlug? Ihr könnt so alte Knochen nicht belehren, wo es am besten sey, den ersten Streich mit einer Axt zu thun. Nun habe ich jetzt in dem Flüßchen unterwegs nach dem Hudson, in den Bäumen unter der Mühle und im Mühlhof drüben hundertundzwanzigtausend Schuh so schönes Holz, als nur je zusammengebunden und geflößt wurde; und es sind noch Stämme genug gefällt und herbeigeschleppt, um mehr als noch einmal so viel fertig zu machen. Ich glaube fast, aus Eurem Reden, Ihr kennt diesen Littlepage; und da ich ein Freund von offenem geraden Verfahren bin und von Recht und Billigkeit zwischen Mann und Mann, will ich Euch geradezu sagen, was ich thun will, damit Ihr es ihm wieder sagen könnt, wenn Ihr ihn einmal wieder seht, und die Sache zwischen Euch zur Sprache kommt, wie es wohl manchmal geschieht, nur so gesprächsweise, wenn Einen auch eine Sache nicht gerade angeht; und so könnt Ihr diesem General sagen, der alte

Tausendacres sey ein Mann, der Vernunft annehme und bereit, auf folgende Bedingungen einzugehen, aber er werde nicht einen Gran mehr nachgeben. Wenn mich der General all das Holz ungestört will auf den Markt bringen, und die Ernte einthun lassen, welche die Jungen mit eignen Händen ausgesät haben, und mich auch all das Mühlegeschirr mit nehmen, und die Thüren und Fenster der Häuser ausheben lassen, und alles Eisenwerk, was sich hier herum findet, so bin ich bereit zu versprechen, früh genug im nächsten Frühjahr wegzuziehen, so daß derjenige, den er wählen mag, zu rechter Zeit ausziehen kann, um das Fruchtfeld zu bestellen und die Gartenarbeiten zu verrichten. So, das sind meine Bedingungen, und ich gehe von keiner derselben auch nur das Mindeste ab, um Alles in der Welt nicht. Aber so viel will ich thun um des Friedens willen; denn ich liebe Frieden und Ruhe ganz verzweifelt, wie mein Weib zu sagen pflegt."

Ich war eben im Begriff, auf diese charakteristische Mittheilung zu antworten – ganz charakteristisch in Bezug auf die Gefühle und Gesinnungen, einseitigen Rechtssinn, Grundsätze und Sprache, – als Zephaniah, der große Sohn des Squatters, plötzlich die Hand auf seines Vaters Arm legte und ihn bei Seite führte. Dieser junge Mann hatte während der ganzen Unterredung unter der Hüttenthüre meine Person mit auffallender Aufmerksamkeit gemustert und geprüft. Anfangs war ich geneigt, diese besondere Aufmerksamkeit auf Rechnung einer Neugier zu schreiben, die bei jungen Leuten ganz natürlich ist, wenn sie zuerst Einem begegnen, von welchem angenommen werden darf, daß er Gelegenheit gehabt, die neuesten Moden der Tracht und des geselligen Benehmens sich anzueignen. Landleute in Amerika geben immer eine solche Neugier kund; und es war eine nicht zu verwerfende Voraussetzung, der junge Squatter möge wohl auch von derselben beherrscht seyn. Aber wie sich bald zeigte, hatte ich mich in meinem Mann ganz verrechnet. Obgleich er und seine Schwester Lowiny kein Auge von meiner Person verwandt hatten, entdeckte ich doch bald, daß sie von ganz entgegengesetzten Gedanken und Empfindungen hiebei geleitet waren.

Die erste Ahnung von der Täuschung, welcher ich mich überlassen hatte, ging mir auf in Folge des Benehmens Tausendacres', sobald sein Sohn nur eine Minute beiseite mit ihm gesprochen hatte. Ich bemerkte, daß der alte Squatter sich plötzlich umwandte, und meine äußere Erscheinung mit finsterem, aber scharfem Auge zu prüfen begann. Darauf widmete er alle seine Aufmerksamkeit seinem Sohne, und dann wurde wieder ich scharf in Augenschein genommen. Natürlich konnte dieser Auftritt nicht von sehr langer Dauer seyn, und es wurde mir bald der Trost zu Theil, wieder Angesicht in Angesicht dem Manne mich gegenüber zu sehen, den ich jetzt als einen Feind glaubte ansehen zu müssen.

„Hört Ihr, junger Mann," begann Tausendacres wieder, als er zurückgekehrt war, und sich gerade mir gegenüber gestellt hatte, „mein Junge Zeph dort hat einen Verdacht gefaßt, hinsichtlich Eurer Person, welcher ordentlich zwischen uns aufgeklärt seyn muß, ehe wir uns trennen. Ich bin ein Freund von geradem und offnem Handeln, wie ich Euch schon mehr als einmal gesagt habe, und verachte Alles unter der Decke Spielen von Grund meines Herzens. Zeph sagt mir, er habe so eine Art von Verdacht, daß Ihr der Sohn von eben jenem Littlepage, und zu uns hergeschickt seyd, um uns auszuspioniren und zu erfahren, wie die Sachen stünden, ehe Ihr Eure schlimmen Absichten ausführtet. Ist es so oder nicht?"

„Welchen Grund hat Zeph zu einem solchen Verdacht?" versetzte ich mit so viel Kaltblütigkeit, als ich aufzubieten vermochte. „Er ist mir gänzlich unbekannt, und ich glaube, dies ist das erste Mal, daß wir uns sehen."

„Er gesteht das selbst zu: aber ein Menschenkind sieht manchmal auch Dinge, ohne sie unmittelbar vor Augen zu haben. Mein Sohn wandert häufig hin und her zwischen der Ansiedlung Ravensnest und der unsrigen, obwohl er, vermuthe ich, über seine eigene Heimath nicht viel herausläßt. – Er hat zwei Monate aneinander in jener Gegend gearbeitet, und ich finde ihn sehr brauchbar, dann und wann einen kleinen Handel uns Verkehr mit Squire Newcome zu treiben."

„Also seyd Ihr bekannt mit Mr. Jason Newcome, oder mit Squire Newcome, wie Ihr ihn nennt?"

„Ich nenne ihn wie es recht ist, hoffe ich!." versetzte der alte Mann scharf. „Er ist ein Squire und muß deßhalb auch Squire genannt werden. Auch dem Teufel das Seinige! das ist mein Grundsatz. Aber Zephaniah ist diesen Sommer eine ansehnliche Zeit auf Arbeit in Ravensnest fort gewesen. Ich behaupte gegen ihn, er habe ein Mädel im Auge, daß er sich so an die Leute vom Nest hänge, aber er will es nicht zugeben; dort ist er aber gewesen, und er sagt mir, der Sohn von diesem Littlepage sey in der Ansiedlung erwartet worden um die Zeit, wo er von dort weggegangen."

„Und Ihr seyd mit dem Squire Newcome bekannt?" sagte ich, den Gegenstand weiter verfolgend, mehr so wie dessen einzelne Punkte mein Interesse auf sich zogen, als daß ich dem Faden der Gedanken des Squatters nachgegangen wäre; „so gut bekannt, daß Ihr mit ihm handelt?"

„Gewiß, g u t bekannt, darf ich sagen. Der Squire nahm alles Holz von mir, das ich zu Anfang des Frühjahrs schnitt, und flößte und verkaufte es auf eigene Rechnung, und bezahlte uns mit Specereiwaaren, Weiberkleidern und Rum. Er hat ein gutes Geschäft damit gemacht, höre ich, und er feilscht jetzt um Alles, was im Flüßchen ist; aber ich glaube, ich will die Jungen selbst damit fortschicken. Aber wie gehört das Alles hieher? Habt Ihr mir nicht gesagt, junger Mann, Euer Name sey Mordaunt?"

„Ja wohl, und ich habe damit nicht mehr als die Wahrheit gesagt."

„Und was mag denn Euer gegebener Name seyn? Am Ende, Alte," und er wandte sich gegen die ängstlich besorgte Gattin und Mutter, welche näher gekommen war, um zu lauschen, da sie höchst wahrscheinlich mittlerweile von dem Verdacht ihres Sohnes gehört hatte, „am Ende kann sich doch der Junge täuschen, und der junge Mann mag so unschuldig seyn wie irgend Eines von unsrem Fleisch und Blut."

„Mordaunt ist mein gegebener Name, wie Ihr Euch ausdrückt," antwortete ich, jede Täuschung verschmähend, „und Littlepage –" hier hielt mir plötzlich der Indianer die Hand auf den Mund und hinderte mich so weiter zu reden.

Das wohlgemeinte Dazwischentreten des Onondago kam jedoch zu spät, denn die Squatters erriethen nunmehr leicht Alles, was ich noch hatte sagen wollen. Prudence entfernte sich, und ich hörte bald, wie sie alle ihre jüngern Kindern mit Namen rief, sie um sich zu versammeln, wie die Henne ihre Küchlein unter ihren Flügeln versammelt. Tausendacres nahm die Sache ganz anders. Sein Angesicht verfinsterte sich, und er flüsterte Lowiny ein Wort zu, welche sich entfernte, um einen Auftrag zu bestellen, aber, wie mir schien, mit widerstrebenden Schritten und mit Augen, welche nicht immer in der Richtung blickten, welche sie einschlug. „Ich sehe wie es ist! – ich sehe wie es ist!“ rief der Squatter, mit so viel unterdrückter Entrüstung in seiner Stimme und Miene, wie wenn seine Sache die Sache der mißhandelten Unschuld wäre; „wir haben einen Spion unter uns, und die Kriegszeit ist noch in zu frischem Andenken, als daß wir nicht wüßten, wie mit solchen Leuten verfahren. Junger Mann, was ist Euer Gewerbe hier, in meinen Meliorationen und unter meinem Dach?“

„Mein Gewerbe, Tausendacres, wie Ihr es nennt, ist: nach dem Besitzthum zu sehen, welches meiner Fürsorge und Obhut anvertraut ist. Ich bin der Sohn des Generals Littlepage, des Einen der zwei Eigenthümer dieses Gutes, und Sachwalter von Beiden.“

„Ha, ein Sachwalter seyd Ihr!“ rief der Squatter, den eigentlichen Sachwalter verwechselnd mit dem juridischen Sachwalter – eine Menschengattung, gegen welche er natürlich in Folge seines Treibens eine tiefe Antipathie hegte. „Ich will Euch besachwaltern. Wenn Ihr oder Euer Vater General meint, Aaron Tausendacres sey ein Mann, der die Feinde in sein Territorium einbrechen lasse, und dabei die Hände in der Tasche behalte, so irrt Ihr Euch gewaltig. Schickt nach ihnen, Lowiny, schickt nach den Jungen, und laßt uns sehen, ob wir für diesen jungen Generals-Sachwalter auch Quartier, nicht blos Kost finden können.“

Ich konnte mich jetzt über das Aussehen der Dinge nicht mehr täuschen. Die Feindseligkeiten hatten gewissermaßen angefangen und es lag mir ob, meine Kräfte aufzubieten, um Leib und Leben zu sichern. Ich wußte, daß der Indianer bewaffnet war, und entschlossen mich wo möglich zu vertheidigen, nahm ich mir vor, im Nothfall seiner Waffe mich zu bedienen. Ich streckte einen Arm aus und wandte mich nach der Stelle, wo Susquesus so eben noch gestanden, um seine Büchse zu fassen, entdeckte aber, daß er verschwunden war.

## Achtzehntes Kapitel

Die Frevler haben, blind vor Wuth,
Mißhandelnd ihn umrungen;
Weg sind die Blumen, doch ihm blieb
Der Honig auf der Zungen.

*Cowper.*

Da stand ich nun allein und unbewaffnet, inmitten von sechs athletischen Männern, denn Lowiny war weggeschickt worden, um ihre Brüder zu versammeln, – ein Auftrag, in dessen Erfüllung sie von Prudence unterstützt wurde, welche auf ihrer Muschel ein eigenthümliches Signal blies, – und so unfähig zu allem Widerstand, als ein Kind in den Händen seines Vaters. Da ein erfolgloser Kampf entwürdigend und nutzlos zugleich gewesen wäre, beschloß ich sofort mich wenigstens für den Augenblick in das Unvermeidliche zu ergeben, so lange Ergebung nichts Schimpfliches in sich schlöße, und besser wäre als Widerstand. Es schien jedoch nicht die Absicht der Leute zu seyn, gewaltsam Hand an mich zu legen, und da stand ich ein paar Minuten, nachdem ich das Verschwinden Sureflints bemerkt, umgeben von der ganzen Brut des Squatters. Jungen und Alten, Männern und Weibern, wovon die Einen mich mit herausforderndem Trotz anschauten, Andere verstört aussahen, und Alle große Hast und Unruhe verriethen. Was mich betrifft, so will ich gerne gestehen, daß meine Empfindungen nichts weniger als angenehmer Art waren, denn ich wußte, daß ich mich in den Händen der Philister befand, tief in den Wäldern, volle zwanzig Meilen von allen Ansiedlungen entfernt, und meine nächsten Freunde die Gesellschaft des Kettenträgers, der wenigstens auch zwei Stunden entfernt, und dem mein Aufenthaltsort, so wie meine bedrängte Lage gänzlich unbekannt war. Ein Strahl der Hoffnung jedoch dämmerte mir auf in der hülfreichen Thätigkeit, welche ich dem Onondago zutrauen durfte.

Keinen Augenblick kam mir der Gedanke in den Sinn, daß dieser alte, viel erprobte Freund meines Vaters und des Kettenträgers treulos seyn könnte. Dazu war sein guter Leumund zu fest begründet, und es drängte sich mir bald die Vermuthung auf, er werde, in der Voraussicht, daß er selbst würde festgenommen und zurückgehalten werden, falls er bliebe, sich davon gemacht haben in der Absicht, meinen Freunden Nachricht zu geben von meiner mißlichen Lage, und Hülfe zu meiner Befreiung herbeizuführen. Ein ähnlicher Gedanke kam vermuthlich auch Tausendacres in demselben Augenblick, denn, indem er seine Augen herumschweifen ließ, fragte er plötzlich:

„Was ist aus der Rothhaut geworden? Das Gezücht hat sich davon geschlichen, so wahr ich ein ehrlicher Mann bin! Nathaniel, Moses und Daniel, ergreift Eure Büchsen und spürt ihm nach. Bringt den Burschen wo möglich mit unversehrtem Schädel ein; aber wenn das nicht möglich ist, so wird man einen Indianer mehr oder weniger in den Wäldern nicht spüren.“

Ich hatte bald Gelegenheit zu bemerken, daß das patriarchalische Regiment Tausendacres' einen ziemlich entschiedenen und raschen Charakter hatte. Wenige Worte bewirkten Viel, wie sich jetzt deutlich zeigte; denn kaum zwei Minuten nachdem Aaron seine Befehle ertheilt hatte, verließen die Namensbrüder der alten Propheten und Gesetzgeber, Nathaniel, Moses und Daniel die Lichtung in verschiedenen Richtungen, Jeder eine furchtbare, lange, amerikanische Jagdbüchse an der Hand. Diese Waffe, so verschieden in der Stärke ihrer Wirkung von dem kurzen militärischen Gewehr, welches in der neuesten Kriegsführung aufgekommen ist, war gewiß hier in gefährlichen Händen, denn Jeder dieser jungen Männer war von Kindheit an mit der Büchse vertraut, denn Pulver und gebrannte Wasser, nebst etwas Blei, waren so ziemlich alle die Artikel, wofür sie Geld ausgaben zu ihrem Vergnügen und ihrer Kurzweil. Ich zitterte für Susquesus, obgleich ich einsah, daß er sich auf die Verfolgung gefaßt halten mußte, und so erfahren darin war, nachsetzenden Feinden sich zu entziehen, daß er davon den Namen Trackleß (der Spurlose) erhalten hatte. Dennoch stand das Spiel zu seinen Ungunsten, und die Erfahrung hat gezeigt, daß der Weiße gewöhnlich es dem Indianer sogar in den ihm eigenthümlichen Fertigkeiten zuvorthut, wenn er Gelegenheit gehabt, sie sich durch Uebung anzueignen. Ich konnte jedoch nicht mehr thun, als ein stilles Gebet für das Entkommen meines Freundes zum Himmel schicken.

„Bringt den jungen Laffen hier herein," fuhr der alte Tausendacres finster fort, sobald er sah, daß seine drei Söhne sich auf den Weg gemacht hatten; denn es blieben noch immer Hände genug da, um diesen oder jeden andern Befehl, den ihm belieben mochte zu erlassen, stracks zu vollziehen. „Bringt ihn herein in dies Gemach und laßt uns Gericht über ihn halten, da er ein so großer Liebhaber des Gesetzes ist. Wenn er das Gesetz liebt, so soll ihm das Gesetz werden. Ein Sachwalter ist er? Ich möchte wohl gerne wissen, was ein Sachwalter bei mir und den Meinigen hier außen in den Wäldern zu thun hat?"

Während dieser Rede schritt der Squatter und Vater von Squatters voran nach seiner eignen Hütte, wo er sich mit einer Miene stattlicher Autorität setzte und die Weiber und die jüngern männlichen Mitglieder seiner Familie in einem Kreise hinter seinem Stuhl sich aufstellen ließ. Da ich einsah, es wäre Thorheit gewesen, mich zu widersetzen, folgte ich auf einen Wink von Zephaniah, und die drei jungen Männer nahmen den Platz an der Thüre, als eine Art von Wache, ein. So bildeten wir eine Art von Gerichtshof, wobei der alte Squatter die Rolle des untersuchenden Magistrats spielte, und ich als der Angeklagte figurirte.

„Ein Sachwalter seyd Ihr?" brummte Tausendacres, dessen Zorn gegen mich mehr noch meinem vermeintlichen als meinem wirklichen Charakter zu gelten schien. „Jungen! Stillschweigen im Gerichthofe; wir wollen diesem Burschen so viel Recht und Gesetz angedeihen lassen, daß er kaum noch unter der Last soll wanken können, wenn er so auf Recht und Gesetz versessen und erpicht ist. Alles soll nach der Regel und Ordnung geschehen. Tobit," fuhr er fort, zu seinem ältesten Sohne sich wendend, einer kolossalen Gestalt von mehr als sechs Schuh Größe; „Ihr seyd mit dem Gesetz in nähere Berührung gekommen, als sonst Einer von uns, und könnt uns Alles angeben. Was fingen sie zuerst mit Euch an, als sie Euch vor hatten in der Colonie Hampshire, damals, als Ihr und der andere junge Mann aus den Ansiedlungen von Varmount hinüberginget, um nach Schaafen zu sehen? Einen Trieb von diesen Thieren bekämet Ihr auch miteinander, aber man lauerte Euch auf und beraubte Euch dessen, was Ihr mit saurer Mühe erworben, ehe Ihr wieder in die Berge gelangtet. Sie verfuhren mit Euch nach dem Gesetz, hieß es; nun, was war das Erste, das geschah?"

„Ich ward vor den Squire geführt," antwortete Tobit Tausendacres, wie man ihn oft nannte; „welcher den Fall anhörte, mich fragte, was ich zu meiner Vertheidigung zu sagen hätte, und mich dann kommitirte, wie man es nannte; und so kam ich denn ins Gefängniß, bis die Sache abgeurtheilt wurde, und was sodann erfolgte, wißt Ihr, glaube ich, so gut als ich."

Ich nahm als ausgemachte Sache an, daß, was sodann erfolgte, eine nichts weniger als angenehme Erinnerung seyn müsse, – der Grund, warum Tobit keine Lust haben mochte, es ausdrücklich zu beschreiben, – sintemalen Schaafdiebe damals gar häufig „Vierzig weniger eins" am Stauppfahl empfingen, eine Strafart, welche ganz vortrefflich gerade diesem Vergehen entsprach. Wir bekommen nachgerade eine Sekte von vorgeblichen Philanthropen unter uns, die in ihrem großen Eifer, Spitzbuben zu metamorphosiren und zu bessern, sich beeilen, die Strafe für Vergehen und Frevel dem ehrlichen und schuldlosen Theile des Gemeinwesens aufzubürden, zu Gunsten und zum Vortheil ihrer Zöglinge. Einigen dieser Leute ist es schon gelungen, alle unsere Stauppfähle umhauen zu lassen, womit die wohlfeilste und beste Strafe für eine gewisse Art von Vergehen und Verbrechen, die man je ersonnen und angewendet hat, verschwunden ist. Eine Generation später werden unsere Kinder schon die Folgen dieser falschen Philanthropie zu empfinden haben. In jener Zeit mögen diejenigen, welche Geflügelhäuser, Ferkelgehege, Obstbäume und Treibhäuser und andere dergleichen Besitzthümer haben, welche zu kleinen Raubanfällen verlocken, ein wachsames Auge darauf haben, denn ich müßte mich sehr irren, wenn nicht die Unsicherheit dieser ihrer beweglichen Güter den unwiderleglichsten Commentar zu diesem gewaltigen Mißgriff liefern würde. Ein Stauppfahl, mit Umsicht benützt, wird mehr dazu beitragen, die Sitten in einer Gegend zu verbessern, als hundert Gefängnisse mit ihren Einsperrungen auf zwanzig oder dreißig Tage. Ich bin sehr geneigt, für die Besserung der Verbrecher zu sorgen und mitzuwirken, so weit es nur irgend thunlich ist, wenn ich mich anders selbst kenne; aber der Hauptzweck aller Strafen der Gesellschaft, d. h. ihre eigene Sicherheit, sollte nie dieser doch erst in zweiter Linie stehenden Rücksicht aufgeopfert werden. Man stelle zuerst den Ruf, die Person, das Eigenthum so sehr als möglich sicher, und dann mache man so viele Experimente in der Philanthropie, als man Lust hat.

Ich sehe mit Bedauern, wie weit sich die Neigung zum Sparen im Allgemeinen in der Handhabung der amerikanischen Justiz ausdehnt. Unter einer Regierung, wie die unsers Landes, ist es mehr als nutzlos, es ist wahrhaft kindisch und abgeschmackt, die Einbildungskraft mittelst einer Schaustellung seiner Macht in Prunk und Repräsentation vergnügen und kitzeln zu wollen. Dergleichen Dinge haben ohne Zweifel ihren Nutzen, und man muß sie nicht unbedacht verdammen, ehe man Gelegenheit gehabt hat, sich in der Nähe von ihren Wirkungen zu überzeugen; aber mögen sie nützlich seyn oder das Gegentheil, hier können sie nie gelingen und Glück machen. Dagegen hätten es unsere Gemeinwesen in ihrer Gewalt, der Welt ein viel rühmlicheres Beispiel menschlicher Voraussicht und wohlwollender Sorgfalt aufzustellen durch eine rasche, pünktliche und wohlerwogene Handhabung der Justiz – die Fälle vor den Civil-, wie vor den Criminal-Höfen darunter begriffen. Mit welchem Stolz könnte nicht der Amerikaner, wenn man ihn verspottete wegen der Einfachheit seiner Executivgewalt und wegen der Geringfügigkeit des Nationalaufwands für Sachen der bloßen

Repräsentation, dieser Vorwürfe sich erwehren, könnte er nur sagen: „Es ist wahr, wir verschwenden nichts für bloßen Prunk und Schaustellung; aber beseht einmal unsere Gerichtshöfe und die Rechtspflege des Landes, was am Ende doch das Hauptziel und Absehen jeder guten Regierung seyn muß. Seht erstlich, mit welcher Freigebigkeit wir jeden Aufwand machen, um über die höchsten Talente verfügen zu können; seht, mit welcher großmüthigen Sorgfalt wir Richter im Ueberfluß aufstellen, damit sie sich nicht überarbeiten dürfen, und damit verderbliche Hinhaltung der Parteien vermieden werde; dann wendet Euch zu den Criminalgerichtshöfen und betrachtet Euch die vollkommne Gerechtigkeit der Gesetze; sodann die Sorgfalt, womit bei der Wahl der Geschworenen verfahren wird; die durchgängige Unparteilichkeit beim ganzen Verfahren; und endlich, wenn das Recht es erheischt, die rasche, nie irrende und beinahe schreckliche Majestät der Strafvollziehung!" Doch wir müssen zu Anderem zurückkehren, was der Wahrheit um ein Gutes näher steht!

„Ja, ja," versetzte Tausendacres, „es führt zu nichts Gutem, die Gefühle wieder aufzuregen dadurch, daß man davon schwatzt," – (von Tobits Leiden nämlich an dem Stauppfahl,) „ein Wink ist hier so gut als eine Beschreibung. Ihr wurdet vor einen Magistrat gebracht, nicht wahr? – und er schickte Euch in's Gefängniß, – aber er fragte Euch zuerst, was Ihr zu Eurer Entschuldigung zu sagen hättet? Das war nur der Billigkeit gemäß, und ich gedenke das Alles hier auch so vorzunehmen nach dem Gesetz. Kommt, junger Sachwalter, was habt Ihr zu Euren Gunsten zu sagen?"

Es fiel mir ein, daß ich, allein wie ich war, und in der Hand von Leuten, halb verwandt mit Räubern, wohl daran thun würde, mich von jeder unverdienten Anschuldigung wenigstens zu reinigen.

„Vor Allem," antwortete ich, „will ich einen Irrthum aufklären, in welchen Ihr verfallen seyd, Tausendacres; denn, mögen wir als Freunde oder als Feinde leben, es ist immer gut, wenn man sich über das Tatsächliche versteht. Ich bin kein Sachwalter in dem Sinne, wie Ihr Euch einbildet – ich bin kein Rechtsgelehrter, kein Advokat."

Ich bemerkte wohl, daß die ganze Familie der Squatters, Prudence mit eingeschlossen, durch diese Erklärung um ein Gutes milder gestimmt wurde. Was Lowiny betrifft, so sprach ihr hübsches, rothes Gesicht wirklich Triumph und Entzücken aus! Ich meinte fast einen halb unterdrückten Ausruf des Mädchens zu hören: „Ich wußte wohl, daß er kein Advokat sey!" Bei Tobit verschwand die grollende Miene, voll neunschwänziger Katzen, ganz, wenigstens für einige Zeit. Kurz, diese Erläuterung bewirkte eine offenbare Umstimmung zu bessern Gesinnungen.

„Also doch kein Advokat!" rief Tausendacres. „Habt Ihr denn nicht gesagt, Ihr seyet ein Sachwalter?"

„Das ist wahr. Ich habe Euch gesagt, ich sey der Sohn von General Littlepage, und ich sey sein und Oberst Follocks, des andern gemeinsamen Mitbesitzers dieses Gutes, Sachwalter; aber damit wollte ich sagen, ich habe von ihnen als Sachwalter Vollmacht, Ländereien zu verleihen, und gewisse andere Geschäfte in ihrem Namen zu besorgen."

Dies machte mich beinahe wieder ebensoviel Grund und Boden verlieren, als ich zuvor gewonnen hatte; aber da es die buchstäbliche Wahrheit war, stand mein Entschluß fest, sie weder zu verhehlen, noch Ausflüchte zu suchen.

„Gutes Land!“ murmelte Lowiny. „Warum konnte der Mann nicht das Alles bei sich behalten?“

Ein vorwurfsvoller Blick von Prudence wies das Mädchen zurecht; und sie verhielt sich jetzt einige Zeit ganz still.

„Ein bevollmächtigter Sachwalter, sagt Ihr!“ versetzte der Squatter. „Nun, das ist nicht viel besser, als ein förmlicher Rechtsanwalt. Es heißt das wohl, die Macht eines Sachwalters haben, vermuthe ich, und ohne ihre verfluchte Macht würde ich mich wenig um irgend Einen von der ganzen Brut kümmern. Sodann seyd Ihr der Sohn des Generals Littlepage, was fast so viel ist, als wäret Ihr der Mann selbst. Ich müßte gefaßt seyn, wenn Tobit, mein ältester Junge, in die Hände von gewissen Leuten fiele, die ich mit Namen nennen könnte, daß es ihm hart gehen würde, ganz so, wie wenn ich selbst es wäre. Ich weiß, daß manche Leute einen Unterschied machen zwischen Eltern und Kindern, aber Manche auch nicht. Was habt Ihr davon gesagt, daß der General nicht der eigentliche rechte Eigentümer dieser Ländereien sey? Warum nennt er sich denn deren Eigenthümer, wenn er am Ende auch nur eine Art Pächter ist?“

Ich suchte die falschen Vorstellungen und Begriffsverwirrungen Tausendacres', welcher seine Frage, als ich sie nicht augenblicklich beantwortete, mit steigender Heftigkeit wiederholte, zu berichtigen, indem ich ihm den gesetzlichen Sprachgebrauch erklärte, worauf er versetzte:

„Es sollte mich nicht wundern, Tobit, wenn er am Ende doch noch ein Sachwalter in unserem Sinne ist!“

„Er sieht einem Solchen verzweifelt gleich, Vater,“ versetzte der Erstgeborene, der ganz als der gesetzmäßige Erbe von seines Erzeugers gesetzwidrigen Eigenschaften und seiner Squatternatur erschien. „Wenn er nicht ein förmlicher Advokat ist, so sieht er doch einem Solchen mehr gleich, als irgend Einer, der mir in meinem ganzen Leben außerhalb des Gerichtshofes vorgekommen ist.“

„Er soll den Mann finden, der ihm gewachsen ist! Das Gesetz und ich wir haben uns mit einander gebalgt seit dem ersten Tage wo ich nach Varmount oder in die verdammten Hampshire Grants gekommen bin. Wenn das Gesetz mich in seine Klauen bekommt, so ist es kein Wunder, wenn es Meister über mich wird; aber wenn ich das Gesetz oder einen seiner Diener in die meinigen bekomme, müßte die Schuld an mir liegen, wenn nicht das Gesetz übel wegkäme. Nun, wir haben jetzt des jungen Mannes Geschichte gehört, Tobit. Ich habe ihn gefragt, was er zu seinen Gunsten zu sagen habe, und er hat uns seine Geschichte gegeben – uns erzählt, daß er seines Vaters Sohn, und daß der General eine Art von großem Pächter ist, statt ein Grundherr zu seyn, und nicht viel mehr, als unser Einer auch; und es ist hohe Zeit, daß ich ihn in Gewahrsam liefere. Es wurde etwas Schriftliches bei Euch ausgestellt, wie ich glaube, Tobit?“

„Gewiß, der Magistrat gab dem Amtsverweser des Sheriffs ein Permittimus, und in kraft dessen setzten sie mich ins Gefängniß.“

„Ja, ja, – ich kenne alle ihre Formalitäten und Ziererereien! Ich habe auch in meinen Tagen vor manchem Magistrat Geschäfte gehabt, und habe manchen Kerl niederprocessirt, der meinte, mich hinunter zu kriegen, ehe wir anfingen. Denjenigen niederprozessiren, der einen Prozeß anhängig macht, ist der beste Weg vom Gesetz loszukommen, aber es kostet oft verzweifelt langes Kopfzerbrechen! Ehe ich diesen jungen Mann in Gewahrsam bringen lasse, will ich auch etwas Schriftliches aufsetzen und vorweisen. Prudence, schließe doch den Pult auf –“

„Ich wünschte einen Irrthum zu berichtigen, ehe Ihr weiter geht,“ unterbrach ich ihn. „Zum zweitenmal erkläre ich Euch, ich bin kein Rechtsgelehrter oder Rechtsanwalt in irgend einem Sinne des Wortes. Ich bin ein Soldat – habe eine Compagnie kommandirt in General Littlepage's Regiment, und bei der Armee gedient, als ich noch ein Knabe an Jahren war. Ich sah Burgoyne und Cornwallis sich ergeben und ihre Truppen die Waffen strecken.“

„Guter Himmel! Wer hätte das gedacht!“ rief die mitleidige Lowiny. „Und so jung noch, daß man meint, es habe ihn kaum je ein rauher Wind angeweht!“

Diese Erklärung, die mich in einer neuen Eigenschaft und einem ganz andern Charakter zeigte, blieb nicht ohne auffallende Wirkung. Fechten, – das war nach dem Geschmack der ganzen Familie, war Etwas, das sie vielleicht besser zu würdigen vermochten, als irgend ein andres Thun und Beginnen. Schon im Gesicht und im ganzen Wesen Tausendacres' lag etwas Kriegerisches, und ich täuschte mich nicht, wenn ich vermuthete, er werde einige Sympathie für einen Soldaten empfinden. Er sah mich scharf an, und mochte er nun in meiner Miene Zeichen von der Wahrheit meiner Versicherung entdecken, oder nicht, – genug, ich sah, daß er auf einmal viel milder gestimmt wurde.

„Ihr im Felde gewesen gegen Burgoyne,“ rief der alte Kerl aus. „Kann ich glauben, was Ihr da sagt? Ha, ich war selbst auch gegen Burgoyne im Felde mit Tobit, und Moses, und Nathanael und Jedidiah – kurz mit allen männlichen Geschöpfen der Familie, die groß genug waren, um zu laden und zu feuern. Ich zähle jene Tage zu meinen allerbesten, obgleich sie spät kamen, und nachdem das Alter mich schon etwas mitgenommen hatte. Wie könnt Ihr beweisen, daß Ihr gegen Burgoyne und Cornwallis im Felde gewesen seyd?“

Ich wußte, daß oft eine sonderbare Mischung von sogenannten patriotischen Gesinnungen sich mit der ausgemachtesten Schurkerei in gewöhnlichen Dingen zusammenfand, und sah, daß ich eine Saite berührt hatte, welche die Sympathie selbst dieser rohen und im höchsten Grade selbstischen Wesen ansprechen dürfte. Der Patriotismus solcher Menschen ist freilich nichts Anderes, als erweiterter Egoismus, sofern sie gewisse Dinge rühmen, weil sie ihnen angehören, oder in gewissem Sinne, sie diesen Dingen. Sie nehmen Partei für sich selbst, aber nie für Grundsätze. Derjenige Patriotismus allein ist rein, welcher das Vaterland aus der Bahn der Wahrheit, der Ehre und Gerechtigkeit erhalten möchte, und kein Mensch ist berechtigt, in seinem Eifer für seine eigene Nation das Gesetz der Gerechtigkeit zu vergessen, so wenig als in seinem Eifer für sein eigenes Interesse.

„Allerdings kann ich hier, wo ich jetzt stehe, nicht beweisen, daß ich gegen Burgoyne im Felde gestanden." antwortete ich: „aber gebt mir nur Gelegenheit, so werde ich es Euch zu Eurer völligen Befriedigung darthun."

„Welches Regiment stand auf der rechten Flanke, das von Hazen oder von Brookes, beim Sturm auf die Deutschen? Beantwortet mir das, dann will ich Euch bald wissen lassen, ob ich Euch glaube oder nicht."

„Ich kann Euch die Frage nach diesem Umstand nicht beantworten, denn ich befand mich bei meinem Bataillon, und der Pulverdampf gestattete nicht, so etwas zu sehen. Ich weiß nicht, daß das eine oder das andere der von Euch genannten Corps an jenem Tage gerade diesen bestimmten Punkt des Schlachtfeldes inne hatte, obgleich ich glaube, daß beide tüchtig ins Feuer kamen."

„Er war nicht dort." brummte oder heulte Tobit in höchst grimmiger Stimmung, beinahe die Zähne zeigend, wie ein Hund, so sehr beseelte ihn der Haß gegen mich.

„Er war dort!" schrie Lowiny mir großer Bestimmtheit; „ich weiß, er war dort!"

Ein Klaps von der Hand Prudence's erinnerte das Mädchen an den Werth des Schweigens: die Männer aber waren zu lebhaft interessiert, als daß sie eine so charakteristische aber unbedeutende Störung beachtet hätten.

„Ich sehe wie es ist." sagte Tausendacres: „ich muß den Burschen doch einsperren lassen. In Betracht jedoch, daß es doch möglich, daß er gegen Burgoyne im Felde gewesen, will ich ihn gefangen setzen lassen ohne etwas Schriftliches, und er soll nicht gebunden werden. Tobit, führt Euren Gefangenen fort und schließt ihn im Vorrathshaus ein. Wenn Eure Brüder zurückkommen von der Jagd auf den Indianer, wollen wir unter uns einen Beschluß fassen, was mit ihm geschehen soll."

Tausendacres ertheilte seine Befehle mit einer Würde, und sie wurden buchstäblich befolgt. Ich leistete keinen Widerstand, da dieser nur zu einem Handgemenge geführt haben würde, wobei ich, um nichts zu sagen von persönlichen Mißhandlungen, nur die Schmach der Niederlage vor mir gesehen hätte. Tobit vergriff sich jedoch durchaus nicht an meiner Person, sondern begnügte sich mir ein Zeichen zu geben ihm zu folgen, was ich that; und hinter mir kamen dann wieder dicht an einander gedrängt seine Brüder. Ich will gestehen, daß, wie wir meinem Gefängniß zuschritten, der Gedanke an Flucht mir durch den Kopf flog; und ich hätte vielleicht den Versuch gewagt, hätte ich nicht die vollkommene Gewißheit gehabt, daß, da ich so Viele auf den Fersen gehabt hätte, ich nothwendig eingeholt werden mußte, wo dann vermuthlich eine strenge Strafe mein Loos gewesen wäre. Alles erwogen hielt ich für das Beste, mich für einige Zeit zu unterwerfen und die Zukunft der Vorsehung anheimzustellen. Zu Vorstellungen oder Bitten meine Zuflucht zu nehmen, wehrte mir der Stolz. Ich war noch nicht so aufs Aeußerste gebracht, daß ich einen Squatter hätte um Gunst und Gnade bitten sollen.

Das Gefängniß, in welches ich von Tausendacres geschickt wurde, war ein Vorrathshaus aus Holzblöcken, stark genug angelegt, um Raubangriffen zu widerstehen, mochten sie kommen woher sie wollten; und sie waren wohl wenigstens ebenso sehr von Mitgliedern der Ansiedlung als von Fremden zu besorgen. Vermöge seiner eigentlichen Bestimmung war das Gebäude nicht übel dazu passend, als Gefängniß benützt zu werden. Die Holzblöcke boten natürlich hinreichende Sicherheit gegen die Versuche eines Gefangenen, der durchaus keine Werkzeuge und Gerätschaften irgend einer Art hatte, um seine Flucht zu bewerkstelligen; denn das Dach bestand aus demselben Material wie die Seitenwände. Fenster waren keine da, denn Licht und Luft drangen zur Genüge ein durch die Spalten der rohen Scheiter und Klötze, welche offene Zwischenräume hatten, und die einzige künstliche Oeffnung war die Thüre. Diese bestand aus sehr starken Planken und war wohl verwahrt und gesichert durch schwere Angeln und starke Schlösser und Riegel. Das Gebäude war auch ziemlich groß – zwanzig Fuß wenigstens in der Länge – denn die eine Seite desselben, obwohl dermalen ganz leer, war zum Aufbewahrungsort für die Frucht, die wir Amerikaner vorzugsweise Korn nennen, bestimmt und benützt worden. In dies Gebäude trat ich ein, nachdem man mir das große Messer, das die meisten Waldmänner mit sich führen, aus der Tasche genommen und meine Person durchsucht hatte, ob ich nicht andere ähnliche Werkzeuge bei mir hätte, die mir bei einem Fluchtversuche behülflich seyn könnten.

Zu jener Zeit hatte Amerika kein Papiergeld, von der Hudsonsbai bis zum Cap Horn. Gold und Silber waren die Landesmünze und meine Taschen enthielten einen ziemlichen Vorrath von beiden, in Gestalt von Josephsstücken und halben Josephsstücken, von Dollars, halben und Vierteldollars. Aber nicht Ein Stück Geld irgend einer Art wurde angerührt, denn diese Squatters waren keine Räuber in der gewöhnlichen Bedeutung des Wortes, sondern nur irre geleitete, bethörte Bürger, welche das Eigenthum Anderer zu ihrem Nutzen sich aneigneten und verwendeten, in Gemäßheit von gewissen großen Prinzipien der Moral, wie sie sich bei ihnen gebildet hatten in Folge ihrer eigenthümlichen Verhältnisse zu den übrigen Menschen, ihrer nächsten Bedürfnisse und ihrer Bequemlichkeit. Ich zweifle keinen Augenblick daran, daß jedes Glied der Familie Tausendacres den Gedanken, mit gewöhnlichen Dieben in Einer Linie zu stehen, sich einen gemeinen Diebstahl zu erlauben, mit Entrüstung von sich gewiesen hätte; denn sie machten solche Unterscheidungen und Abgrenzungen, wie die Drake's, die Morgan's, die Woode's, Roger's und Andere von dieser Schule sie zogen zwischen sich und den alltäglichen gemeinen Seeräubern des siebzehnten Jahrhunderts, obwohl mit weit weniger Grund. Aber Räuber waren diese Squatters nicht, außer in Einer Weise, und diese steigerten sie beinahe bis zur Würde respektabler Feindseligkeiten, durch den großen Maßstab, in welchem sie das Gewerbe betrieben.

Sobald ich eingeschlossen war, fing ich an, mir mein Gefängniß und die mich umgebenden Gegenstände zu besehen. Beides hatte keine Schwierigkeit, denn die Oeffnungen zwischen den Holzblöcken gestatteten nach allen Seiten hin einen ziemlich freien Ausblick. Das Vorrathshaus war, vermuthlich damit man dessen

Inhalt recht im Auge hätte, mitten in der Ansiedlung aufgeführt worden, und die Mühlen, Hütten, Scheunen, Schuppen und andere Häuser bildeten rings um es herum eine Art Weiler. Dieser Umstand, welcher das Entkommen doppelt schwierig machen mußte, war doch sehr günstig für den Zweck des Rekognoscirens. Ich will jetzt die Ergebnisse meiner Beobachtungen beschreiben. Natürlich waren meine Erscheinung, die Erklärung, die ich über meinen Namen und Charakter gab, und meine darauf erfolgte Verhaftung Umstände, welche in der Familie des Squatters lebhafte Sensation machen mußten. Alle Frauen hatten sich um Prudence vor der Thüre ihrer Hütte versammelt, und die jüngeren Mädchen fühlten sich von diesem Punkte angezogen, da, wie man weiß, die einzelnen Theile eines Stoffes dem Gesetz der Verwandtschaft folgen. Die männlichen Mitglieder, mit Ausnahme eines Knaben von acht oder zehn Jahren, waren nahe bei der Mühle versammelt, wo Tausendacres, so schien es, eine Berathung pflog mit Tobit und den übrigen Brüdern; unter welchen, glaube ich, nicht Einer Anspruch darauf hatte, ein Engel genannt zu werden. Alle schienen den verschiedenen Sprechern aufmerksam zuzuhören, und die Weiber wandten oft ihr Auge ängstlich und mit langgedehnten Blicken auf ihre männlichen Beschützer. Wirklich schauten mehrere derselben in dieser Richtung hin, sogar während sie der Weisheit Prudence's selbst ihr Ohr liehen.

Der einzige bei der Versammlung fehlende Knabe hatte sich in einer bequemen, ächt amerikanischen Lage auf einem Sägeblock nahe bei meinem Gefängniß hingestreckt, und zwar so, daß er, ohne seine Lage zu verändern, nach beiden Seiten hinaussehen konnte. Aus der Art, wie er die Augen auf das Vorrathshaus geheftet hielt, überzeugte ich mich bald, daß er die Rolle einer Schildwache spielte. So war mein Gefängnis sicher genug, da ohnehin schon keines Mannes Kraft, ohne Beistand und ohne Werkzeuge, durch die Blöcke und Scheiter hätte durchbrechen können.

Nachdem ich mir so den Stand der Dinge im Allgemeinen betrachtet, hatte ich Muße, über meine Lage und die muthmaßlichen Folgen meiner Festnahme nachzudenken. Um mein Leben hegte ich keine großen Besorgnisse, weniger als ich unter den obwaltenden Umständen dazu Grund gehabt hätte: aber es wollte mich nicht bedünken, als ob ich in dieser Hinsicht in ernster Gefahr schwebte. Der Charakter der Amerikaner im Allgemeinen ist nicht blutdürstig, und der der Neuengländer vielleicht noch weniger als der der übrigen Landeseinwohner. Dennoch war die Hartnäckigkeit der Männer in dieser Gegend des Landes, in Sachen, die Besitz und Vermögen betrafen, sprüchwörtlich, und ich gelangte zu der Vermuthung, daß ich wohl, wenn es immer möglich wäre, so lang würde festgehalten werden, bis alles geschnittene Holz auf den Markt gebracht und verkauft werden könnte, weil dies das einzige Mittel war, wie sie die Frucht ihrer bisherigen Arbeit ernten konnten. Die Möglichkeit hing davon ab, ob Sureflint entkommen oder eingeholt worden war. Falls der Indianer ergriffen wurde, so blieben Tausendacres und seine Familie so sicher und ungefährdet als je in ihrer Wildniß: falls er aber entkam, durfte ich erwarten, im Laufe des Tages von meinen Freunden zu hören. Es stand zu hoffen daß in Folge einer an Squire Newcome, welcher Friedensrichter war, ergangenen Aufforderung, meine Pächter Etwas zu meinen Gunsten versuchen würden, in welchem Falle dann nur die Folgen des

Kampfes zu Besorgnissen Anlaß geben konnten. Die Squatters, im Zustand der Aufregung, und wenn sie einander, mit den Waffen in der Hand, unterstützten in Vertheidigung ihrer, wie sie sich einbilden, sauer errungenen Privilegien, waren zuweilen sehr gefährlich. Der Täuschungen der Menschen hinsichtlich solcher Gegenstände ist kein Ende, denn das eigene Interesse scheint ihr Rechtsgefühl gänzlich zu verblenden; und es sind mir oft Fälle vorgekommen, daß Leute, die ursprünglich Gesetzesübertreter und, die Sache moralisch angesehen, Räuber waren, sich wirklich fest und aufrichtig in den Kopf gesetzt haben, ihre spätere Arbeit (während doch jeder neue Streich der Art ein neues Unrecht war,) habe einem Besitz, in dessen Verteidigung sie zu sterben bereit waren, eine Art Sanktion verliehen. Es ist kaum nöthig zu sagen, daß solche Leute nur auf sich sehen, und die Rechte Anderer gänzlich nicht beachten; aber wundern muß man sich, wo denn die Früchte all des religiösen Unterrichts im Lande zu finden seyn sollen, wenn so laxe Ansichten und so empörende Handlungen fortwährend bei uns an der Tagesordnung sind. Die Sache ist die: das Land ist so im Ueberfluß da, und so ungeheure Strecken desselben sind von den Eigenthümern vernachlässigt und dem Anschein nach vergessen, daß die Bedürftigen leicht auf den Gedanken kommen, jene Gleichgültigkeit gebe ein Recht zu Einfällen auf solches anscheinend herrenlose Eigenthum; und sobald sie einmal ihre Arbeit darauf verwendet haben, bilden sie sich alsbald ein, sie gebe ihnen einen moralischen und gesetzlichen Anspruch auf den Boden; obgleich in den Augen des Gesetzes und der unbestochenen Vernunft jeder neue Schritt in der sogenannten Verbesserung einer „Melioration“ nur ein weiter ausgedehntes Unrecht ist.

Ich sann über Dinge und Verhältnisse dieser Art nach, als ich, durch die Spalten meines Kerkers hinausschauend, um mich vom Stand der Dinge draußen zu unterrichten, überrascht ward durch die Erscheinung eines Reiters, welcher auf der östlichen Seite der Lichtung daher kam, dem Anschein nach seines Weges ganz sicher, obgleich ihm nicht einmal ein Fußpfad auf seiner Reise zu Statten kam. Da dieser Mann ein Paar solcher Satteltaschen, wie sie zu jener Zeit gewöhnlich waren, auf seinem Pferde hatte, hielt ich ihn zuerst für einen jener Praktikanten der Heilkunst, die man immerdar auf den neuen Ansiedlungen trifft, die ihren Weg durch Klötze, Stumpen, Moräste und Wälder zu finden wissen, ob als Bringer des Heils oder des Unheils, maße ich mir nicht an zu entscheiden. Gewöhnlich besorgen Familien wie die von Tausendacres ihr „Doktern“ selbst; aber es konnte wohl ein Fall eintreten, welcher die Weisheit des ermächtigten Heilkünstlers erforderte; und ich hatte eben bei mir entschieden, daß hier ein solcher eingetreten seyn müsse, als ich, wie der Fremde näher kam, zu meinem Erstaunen entdeckte, daß es kein anderer Mensch war, als mein bisheriger Agent, Mr. Jason Newcome, das moralische und physische Faktotum von Ravensnest!

Da die Entfernung zwischen der Mühle, welche Squire Newcome von mir in Pacht hatte, und derjenigen, welche Tausendacre auf dem Grund und Boden von Mooseridge errichtet hatte, nicht weniger als fünfundzwanzig Meilen betragen konnte, war die Ankunft des Besuchs zu einer so frühen Stunde ein sicherer Beweis, daß er lange vor Tagesanbruch von Hause weggeritten sein mußte. Vermuthlich fand er es gerathen, bei dem Ziel und Zweck dieser seiner Reise die Wohnungen und Pachtgüter von Ravensnest bei Nacht oder am Morgen zu passiren, wo die Dunkelheit ihn den Augen von Beobachtern entzog. Wenn er dann seine Abreise ebenso vorsichtig und klug berechnend einrichtete, konnte er offenbar unter der Verhüllung und dem Schutze des andern Endes ebendesselben Mantels seine Heimath wieder erreichen. Mit Einem Wort, dieser Besuch war unverkennbar ein solcher, von dessen Zwecken und Begebnissen die Welt Nichts erfahren und ahnen sollte.

Die Gespräche zwischen den Gliedern der Familie Tausendacres hörten augenblicklich auf, als man des Squire Newcome ansichtig wurde: obwohl, wie dies die unbewegliche Ruhe zeigte, womit man sein Näherkommen beobachtete, die plötzliche Erscheinung dieses Besuches weder Ueberraschung noch Besorgniß verursachte. So sehr es für die Squatters wünschenswerth seyn mußte, ihre „Location“ geheim zu halten, zumal da der Friede jetzt den Grundherrn Muße ließ, nach ihren Ländereien zu sehen, verrieth doch Keines irgend Unruhe, als sie die nächste Magistratsperson auf ihrer Lichtung ankommen sahen. Jeder konnte aus dem Benehmen von Männern, Weibern und Kindern sehen, daß Squire Newcome kein Fremder war, und seine Gegenwart keine Besorgniß erregte. Selbst die so frühe Stunde dieses Besuchs war höchst wahrscheinlich für sie nichts Ueberraschendes und Ungewohntes, und der schnelle Verstand der jungen Brut ließ sie den Grund hievon ebenso leicht errathen, als es bei den Alten der Fall war. Mit Einem Wort, der Gast wurde als Freund und nicht als ein Feind angesehen.

Newcome brauchte, nachdem man seiner ansichtig geworden, noch einige Zeit, bis er den Weiler erreichte, wenn man die Gruppe von Gebäuden so nennen darf; und endlich stieg er vor der Thüre eines Stalles ab, auf welchen einer der Knaben zutrottete, um ihm das Pferd abzunehmen. Nachdem das Thier untergebracht war, schritt der Squire nach dem Platz hin, wo Tausendacres und seine ältern Söhne noch standen, um ihn zu begrüßen, in der Nähe der Mühle. Die Art, wie Alle die Hände schüttelten, und die Herzlichkeit der Begrüßung überhaupt, an welcher Prudence und ihre Töchter bald Theil nahmen, zeugte, wie ich mir einbildete, von etwas Mehr als von Freundschaft, – sie sah ganz, wie die allervertrauteste Bekanntschaft aus.

Jason Newcome blieb acht oder zehn Minuten in der Familiengruppe stehen, und ich konnte mir so ziemlich die herkömmlichen Erkundigungen nach den Leuten, nach dem allgemeinen Befinden und nach dem Charakter der Zeiten vorstellen, die er einzog, – bis der Friedensrichter und der Squatter sich von der übrigen Gesellschaft trennten und bei Seite gingen, wie Männer, welche wichtige Angelegenheiten zu besprechen hatten, und zwar unter Umständen, bei welchen die Gegenwart von Zeugen ganz entbehrlich war.

## Neunzehntes Kapitel

Ein kernhaftes Holz,
Kräft'ge Männer voll Stolz
Trägt unser Boden, stark und gesund;
Unsre Herzen und Eichen
Sollen ihres Gleichen
Haben nicht auf der Erde Rund.

*Young*

Tausendacres und der Friedensrichter lenkten ihre Schritte gerade nach dem Vorrathshause zu, und da der Block der Schildwache einen bequemen Sitz bot, wurde diese von ihrer Funktion entlassen, und die beiden Ehrenmänner nahmen an der stelle des Knaben Platz, mit dem Rücken gegen mein Gefängniß. Ob dies in Folge eines schlauangelegten Planes des Squatters so geschah, oder nicht, habe ich nie erfahren; aber mochte die Ursache seyn welche da wollte, die Folge davon war, daß ich Ohrenzeuge beinahe des ganzen sich jetzt zwischen ihnen entspinnenden Gespräches wurde. Es wird dem Leser das Verständniß der nachher zu berichtenden Vorfälle sehr erleichtern, wenn ich das Gespräch mittheile, welches mein bisheriger Agent mit einem Manne pflog, der offenbar sein Vertrauter war in gewissen Sachen, wo nicht in allen, die mein Interesse in dieser Gegend berührten. Was das Lauschen betrifft, so trage ich kein Bedenken, mich dazu zu bekennen, da die Umstände mich gewiß berechtigten, mir selbst noch viel größere Freiheiten zu nehmen, gegenüber von den herkömmlichen geselligen Regeln und Verpflichtungen des gewöhnlichen Lebens, falls ich es passend gefunden hätte. Ich hatte es mit Schelmen zu thun, die mich in ihrer Gewalt hatten, und ich hatte keine Verpflichtung, sonderlich skrupulös zu seyn, mindestens nicht in Betreff der blos konventionellen Schicklichkeit.

„Wie ich Euch gesagt habe, Tausendacres," so fuhr Newcome in seinem Gespräch fort, und zwar mit der Vertraulichkeit eines Mannes, der seinen Gesellschafter genau kennt, „der junge Mann ist in dieser Gegend und in diesem Augenblick ganz in Eurer Nähe." – Ich war viel näher, als der Squire selbst in diesem Augenblick ahnte. – „Ja, er ist in die Wälder seines Besitzthums hinausgezogen mit dem Kettenträger und seiner Bande; und nach Allem was ich weiß, mißt er Pachtgüter ab, nur eine oder zwei Meilen weit von hier."

„Wie viele Männer sind es?" fragte der Squatter mit Interesse. „Wenn nicht mehr als die gewöhnliche Zahl, so wird es ein unglücklicher Tag für sie werden, falls sie auf meine Lichtung hereinstolpern!"

„Das werden sie vielleicht, vielleicht auch nicht; man kann das nie wissen. Landvermessen ist ein Geschäft, das Einen hierhin oder dorthin führen kann. Man weiß nie, wohin Einen eine Linie in den Wäldern führen mag. Das ist der Grund, warum ich die Creaturen von meinem Zimmerholzboden entfernt gehalten habe; denn um mit Euch so zu sprechen, Tausendacres, wie ein Nachbar mit dem andern ohne Gefahr sprechen kann, es sind verzweifelt große Fichten auf den noch nicht verpachteten Bergen nördlich und östlich von meinem Loos. Manchmal ist es bequem, wißt Ihr, Linien im Umkreis einer Meile zu haben, manchmal nicht.“

„Fluch über alle Linien in einem freien Lande, sag' ich, Squire,“ erwiederte Tausendacres, welcher, als er diesen charakteristischen Segenswunsch aussprach, aussah, als ob er richtiger Zehntausendacres genannt würde; „sie sind eine Erfindung des Teufels. Ich habe volle sieben Jahre im Staate Varmount gelebt, wie er jetzt genannt wird, den alten Hampshire Grants, wißt Ihr, als nächster Nachbar von zwei Familien, die eine nördlich die andere südlich von mir, und wir haben die ganze Zeit über so frei und ungehindert als uns beliebte Holz gefällt, und kein böses Wörtchen kam zwischen uns vor und kein zorniges und scheeles Gesicht.“

„Ich vermuthe fast, Freund Aaron, Ihr saßet dort Alle mit dem gleichen Besitztitel?“ bemerkte der Friedensrichter mit einem schlauen Blick auf seinen Genossen. „Wenn das der Fall war, so wäre es gegen alle Vernunft gewesen, unter einander Händel anzufangen.“

„Nun, ich will gestehen, daß unsre Titel so ziemlich sich gleich waren; – Besitznahme und freie Aexte. Damals hatten wir es mit New-Yorker Grundherrn zu thun. Was ist Eure aufrichtige Meinung über das Gesetz in diesem Punkte, Squire Newcome? Ich weiß, Ihr seyd ein Mann von guter Erziehung, – ein Collegiumsgelehrter, behaupten manche: obwohl ich glaube, diese Gelehrsamkeit ist nicht besser als jede andere, wenn man sie nur hat, – aber was ist Eure Meinung vom Besitz? – Gilt er in einundzwanzig Jahren ohne Brief und Siegel oder nicht? Einige sagen: ja, Andere: nein!“

„Nein. Das Gesetz ist fest bestimmt: es muß ein Schatten von Titel vorhanden seyn, oder der Besitz gilt gar nichts; so wenig als das Zusammengeschabte eines Mehlfasses.“

„Ich habe auch schon das Gegentheil behaupten hören, und es sind gute Gründe, daß der wirkliche Besitz gegen alles Andre gelten und Recht behalten sollte. Unter Besitz jedoch verstehe ich nicht, daß man ein paar Satteltaschen an einen Baum hängt, wie dies manchmal geschieht, sondern daß man tüchtig und ehrlich ins Land hinein sich macht, und Bäume umhaut, und Mühlen und Häuser und Scheunen baut, und schneidet und walkt und sägt rechts und links. Das thue ich selbst jederzeit, und das nenne ich ein solches Besitzergreifen, wie es zu Rechte bestehen sollte vor dem Gesetz – ja, und auch nach dem Evangelium: denn ich gehöre nicht zu den Leuten, die die Religion ins Gesicht schlagen möchten.“

„Darin habt Ihr ganz Recht, behaltet das Evangelium auf Eurer Seite, was Ihr auch immer thut, Nachbar Tausendacres. Unsre puritanischen Väter haben nicht den Ocean durchkreuzt, und den Schrecknissen der Wildniß getrotzt und ihren Fuß auf den Felsen von Plymouth gesetzt und überhaupt Uebermenschliches ertragen und durchgemacht für Nichts und wieder Nichts!“

„Nun, nach meinen Begriffen sind die Schrecknisse der Wildniß, wie Ihr es nennt, eben nichts so Arges; aber was die Fahrt über den Ocean betrifft, das muß, kann ich mir leicht vorstellen, Etwas seyn, das die Geduld und Ausdauer eines Menschen auf die Probe setzt. Ich konnte mich nie mit dem Wasser befreunden. Man sagt mir, es wachse nicht ein einziger Baum auf der ganzen Strecke zwischen Amerika und England. Schwimmenden Sägeblöcken begegne man zuweilen, habe ich sagen hören, aber keinem aufrecht stehenden lebendigen Baume von Massachussets-Bay bis zur Stadt London."

„Es ist da Alles Wasser, und natürlich sind da die Bäume rar, Tausendacres; aber kommen wir jetzt der Sache selbst etwas näher. Wie ich Euch gesagt, der junge Wolf ist da, und er wird so laut brummen und heulen, als der alte Bär selbst, wenn er von all den Brettern und Dielen hört, die Ihr den Fluß hinab habt schwimmen lassen, – um nichts zu sagen von den Haufen Holz hier herum, die Ihr noch nicht einmal ins Wasser gelassen habt."

„Laßt ihn brummen oder heulen," versetzte der alte Squatter, mit einem schlauen, boshaften Blick auf mein Gefängniß; „wie bei so vielen andern Creaturen, die mir vorgekommen sind, wird sichs bei ihm zeigen, daß sein Bellen schlimmer ist als sein Beißen."

„Ich weiß das nicht, Nachbar Tausendacres, ich weiß das gar nicht. Major Littlepage ist ein Gentleman von Muth und Entschlossenheit, wie man daraus sieht, daß er die Agentschaft auf seinem Gut mir abgenommen hat, der ich sie so lange gehabt, und sie einem jungen Laffen gegeben, der keinen andern Anspruch hat, als daß er ein leidlicher Landvermesser ist, aber der sich erst seit zwölf Monaten in der Ansiedlung aufhält."

„Einem Landvermesser gegeben? Ist es einer von des Kettenträgers Meßteufeln?"

„Ganz recht! es ist eben der junge Gesell, welchen der Kettenträger seit einem Jahre oder so bei sich hat, der die Linien zieht und das Land vermißt auf diesem Gute."

„Der alte Kerl, der Kettenträger, thäte jetzt gut, sich vorzusehen! Er hat mich jetzt dreimal gekreuzt im Verlaufe seines Lebens, und er wird nachgerade verzweifelt alt; ich fürchte, er wird nicht mehr lang leben!"

Ich konnte jetzt bemerken, daß der Squire Newcome anfing sich unbehaglich zu fühlen. Obgleich er ein Genosse und College des Squatters war im Stehlen von Holz, was man in einem neuen Lande nur allzu geneigt ist, als eine verzeihliche Spitzbüberei zu betrachten, vertrug es sich doch mit der Art und dem Grade seiner Schurkerei ganz und gar nicht, das Leben eines Menschen zu bedrohen. Er begünstigte das Stehlen von Holz, indem er die geschnittene Waare zu hinlänglich niedern Preisen kaufte, so lange die Gefahr entdeckt zu werden gewisse Grenzen nicht überschritt; aber er liebte es nicht, mit einem Handel zu schaffen zu haben, bei welchem man, im Falle der Noth, nicht mit ziemlicher Sicherheit allen unangenehmen Folgen und Strafen sich entziehen konnte. Die Menschen werden sehr leicht das, wozu – nicht ihre Gesetze – sondern die Verwaltung und Handhabung ihrer Gesetze sie macht. In Ländern, wo die Handhabung der Gesetze, die Rechtspflege rasch, sicher und gehörig streng ist, sind Verbrechen hauptsächlich die Folgen der Versuchung und der Noth; aber es ist auch ein solcher Zustand der

Gesellschaft denkbar, wo die Gerechtigkeit in Verachtung kommen kann durch ihre Ohnmacht, und die Menschen sich Vergehungen erlauben, nur um ihr zu trotzen. So haben wir lang gelitten unter dem großen Nachtheil, daß wir unter Gesetzen lebten, die großentheils für ganz andere Verhältnisse entworfen und berechnet waren. Nach dem gemeinen Recht war es in England nur ein Vergehen, einen Baum umzuhauen, denn Bäume wurden selten oder nie gestohlen, und das Gesetz wollte für das einfache Vergehen des Abhauens oder Abschneidens eines Zweigs in einem Walde nicht die Strafe eines Verbrechens festsetzen. Aber bei uns sind, unter ganz neuen Verhältnissen, auch ganz neue Arten von Vergehen entstanden, und wir haben wahrscheinlich die ungeheure Ausdehnung des Holzstehlens, welches jetzt seit langer Zeit unter uns im Schwange geht, ebenso sehr von der unpassenden Gelindigkeit der Gesetze abzuleiten, als von dem Umstande, daß gerade diese Art von Eigenthum so sehr blosgestellt ist. Mancher würde ein Vergehen der schwersten Art sich erlauben, der vor der Begehung eines Verbrechens der geringsten Art zurückbeben würde. So war es der Fall bei Newcome. Er hatte eine gewisse Art von gesetzlicher Rechtlichkeit an sich, die ihn bis auf einen gewissen Grad den guten Schein retten ließ. Es ist wahr, er begünstigte das ungesetzliche Fällen von Zimmerholz dadurch, daß er das gesägte Holz kaufte, aber zugleich hütete er sich wohl, keinen solchen unmittelbaren Antheil an dem im eigentlichen Sinne widerrechtlichen Theile des Gewerbes zu nehmen, daß er sich den Strafen des Gesetzes ausgesetzt hätte. Wäre das Stehlen von Zimmerholz als Felonie behandelt worden, so wäre er oft ein Mitschuldiger von der That gewesen; aber bei bloßen Vergehen weiß das Gesetz von einer solchen Mitschuld Nichts. Und der Ankauf von gesägtem Holz war, wenn es mit gehöriger Vorsicht geschah, Dank den herrlichen Ausflüchten, welche die vervollkommnete Vernunft der neuern Zeit an die Hand gibt, eine Sache, die mit keiner persönlichen Gefahr, vom kriminellen Gesichtspunkt aus betrachtet, verknüpft war, und ließ so viele Auskunftsmittel zu, daß die Frage des Eigenthums als eine sehr zweifelhafte erschien, nachdem die Dielen ganz in seinen Besitz übergegangen waren. Der Zweck seines gegenwärtigen Besuchs auf der Lichtung von Tausendacres war, wie der Leser vermutlich schon errathen hat, von meiner vorausgesetzten Nähe Nutzen zu ziehen, und durch Einschüchterung den Squatter zu einem Verkaufe unter solchen Bedingungen zu vermögen, welche dem Käufer einen ungewöhnlich großen Gewinn lassen sollten. Zum Unglück für das Gelingen dieses nobeln Anschlages befand ich mich in so viel größerer Nähe, als selbst Squire Newcome voraussetzte, daß sein Plan bedroht wurde, gerade durch das Uebermaß dessen, wodurch er das gewünschte Resultat herbeizuführen gedachte. Nicht träumen ließ sich der ehrliche Friedensrichter, daß ich während des ganzen Gesprächs nur zwanzig Fuß weit von ihm entfernt war, und Alles hörte, was gesprochen wurde.

„Kettenträger ist etwa siebzig Jahre alt,“ versetzte Newcome, nachdem er einen Augenblick über die Bedeutung der letzten Bemerkung seines Gesellschafters nachgesonnen hatte. „Ja, etwa siebzig sollte ich denken nach dem was ich gehört habe, und was ich selbst von dem Manne weiß. Es ist ein ansehnliches Alter, aber die Leute leben oft noch viele Jahre darüber hinaus. Ihr müßt selbst auch um die Jahre herum seyn, Tausendacres.“

„Dreiundsiebzig, keinen Tag und keine Stunde weniger, Squire; eher noch Tage und Stunden drüber. Wenn man nach dem alten Styl rechnet, bin ich, glaube ich, noch um einen Monat oder so älter. Aber ich bin nicht der Kettenträger. Niemand kann von mir sagen, daß ich je meinen Nachbarn lästig gefallen wäre. Kein Mensch kann behaupten, daß ich je zu einer Zeit einmal seine Linien gestört hätte. Kein Mensch kann den Tag namhaft machen, wo ich je vor Gericht aufgetreten wäre, um zu zeugen über solche Lumpereien, wie die Länge oder Breite von Loostheilen, um Zwist zwischen Nachbarn anzustiften. Nein, Squire Newcome, ich darf mich meines Rufs und Leumunds rühmen, der die Begleichung aushält mit dem jedes andern Bewohners der Wälder, der mir je vorgekommen. Und was ich von mir behaupte, das darf ich auch sagen von meinen Söhnen und Töchtern, – von Tobit bis herab auf Samson, von Nab bis auf Jeruthy. Wir sind, was ich ein vernünftiges und versöhnliches Geschlecht nenne, gehen unsern eignen Angelegenheiten nach, und haben Achtung vor den Angelegenheiten anderer Leute. Jetzt bin ich in meinem vierundsiebzigsten Jahre, Vater von zwölf lebenden Kindern, und ich habe in meinem Leben manche Niederlassung gemacht, aber nie hat man mir nachsagen können, daß ich mein Lager aufgeschlagen auf dem Grund und Boden, den ein Anderer im Besitz hatte; – und ich dehne meine Ideen von Besitz weiter aus als die meisten Leute, denn ich nenne das Besitz, wenn Einer offen und vor Zeugen erklärt hat, daß er die Absicht hat, sich auf einem bestimmten Platze niederzulassen vor der nächsten Pflüge- oder Regenzeit, wie es sich trifft. Nein, ich respektire den Besitz, welcher in einem freien Lande der einzige gesetzlich gültige Rechtstitel auf Eigenthum seyn soll. Wenn ein Mann eine Lichtung wünscht, oder eine zu machen wünscht, so ist meine Lehre die: er soll sich umsehen und sein Zelt aufschlagen nach guter und reiflicher Erwägung und Berechnung, und wenn er des Platzes überdrüssig ist, und sich nach Veränderung sehnt, so soll er seine Meliorationen verkaufen, wenn er einen Käufer findet, und wenn nicht, so soll er Alles mitnehmen und sie dem überlassen, der zunächst kommen mag."

Es ist wahrscheinlich, daß Jason Newcome, Esquire, – Friedensrichter in Amerika halten an diesem Titel mit ungemeiner Zähigkeit fest, obgleich sie darauf so wenig Recht haben als irgend ein anderer Mensch, – nun, also daß Jason Newcome, Esquire, seine Begriffe von den Rechten der Squatters und von dem geheiligten Charakter des Besitzers nicht ganz so weit ausdehnte, wie sein Freund Tausendacres. Newcome war ein ausnehmend selbstsüchtiger, aber dabei ein ausnehmend schlauer Mann. Ich weiß nicht, ob die Bezeichnung gescheut, im weitesten Sinne des Worts, ganz passend auf ihn angewendet würde; denn in dem Sinne, den ich im Auge habe, schließt der Begriff auch Verstand und Einsicht genug in sich, um das Rechte zu thun; aber er hatte allerdings gegründete Ansprüche darauf in der beschränkteren Bedeutung, in welcher man von gescheuten Spitzbuben spricht. Mit Einem Wort, Mr. Newcome verstand sich selbst und seine Verhältnisse zu dem Gemeinwesen, in welchem er lebte, zu gut, als daß er sich in sehr ernste Angelegenheiten hätte verwickeln sollen durch offenes Abschütteln seiner Pflichten, obwohl er in einem Zustand unaufhörlicher kleiner Abweichungen von denselben lebte, die ihn jeden Augenblick in ernste Schwierigkeiten verwickeln konnten. Dennoch war leicht zu merken, daß er keinen Geschmack fand an den Anspielungen von Tausendacres auf das Lebensende meines vortrefflichen alten Freundes Kettenträger; aber ich muß sagen, daß sie auch mir keine sonderliche Unruhe machten; denn während ich wohl wußte, welcher verzweifelten Handlungen die Squatters zuweilen fähig waren, vermuthete ich doch, des alten Burschen Bellen sey am Ende ärger als sein Beißen, wie er dies so eben in Beziehung auf mich geäußert hatte.

Es würde schwerlich der Mühe lohnen, wenn ich versuchen wollte, Alles wiederzugeben, was zwischen den beiden Freunden hin uns her gesprochen wurde; obgleich das Gespräch ein ganz unterhaltendes Musterstückchen schlauer Bearbeitung von der einen Seite war, um den Squatter durch Einschüchterung dahin zu bringen, daß er sein Holz losschlage, und auf der andern Seite von trotziger Sicherheit. Diese Sicherheit gründete sich auf den Umstand, daß Tausendacres in diesem Augenblick mich als Gefangenen in seinem Vorrathshause eingesperrt hatte.

Ein Handel unter solchen Verhältnissen konnte voraussichtlich nicht leicht zu einem glücklichen Abschluß gedeihen. Nach vielem Erörtern und Markten wurde, ohne daß Etwas entschieden gewesen wäre, die Besprechung abgebrochen, indem der Friedensrichter sagte: “Nun, Tausendacres, ich hoffe, Ihr habt keinen Grund, es zu bereuen, aber ich fürchte fast, Ihr werdet es bereuen.“

„Wenn es so ist, so ist der Schaden und Verlust mein und meiner Jungen,“ antwortete der Squatter. „Ich weiß, ich kann alle die Bretter in das Flüßchen, ja wohl auch in den Strom bringen, ehe der junge Littlepage mir irgend ein Leid thun kann; obwohl Ein Umstand ist, der mich noch auf andere Gedanken bringen könnte –“

Hier machte der Squatter eine Pause; und Newcome, welcher aufgestanden war, drehte sich rasch und lebhaft gegen ihn, um Vortheil zu ziehen von der Ungewißheit, worin er die Seele des Andern noch befangen sah.

„Ich dachte, Ihr würdet Euch eines Bessern besinnen,“ sagte er; „denn es ist außer Zweifel, falls Major Littlepage von Eurer Niederlassung hier erführe, so würde Euch mit Stumpf und Stiel entwurzeln, wie die Stürme einen fallenden Baum.“

„Nein, Squire, ich bin fest entschlossen,“ versetzte Tausendacres kühn. „Ich will verkaufen, und das gerne, aber nicht auf die von Euch genannten Bedingungen hin. Zwei Pfund acht Schilling für tausend Fuß Dielenmaß, und Alles ineinander gerechnet, gute Waare und Ausschuß, ohne Magazingebühren – so könnt Ihr das Holz haben!“

„Zu viel, Tausendacres, bei weitem zu viel, wenn Ihr das Risiko bedenkt, dem ich mich aussetze. Ich weiß nicht gewiß, ob mir das Holz bliebe, selbst nachdem ich es in den Strom gebracht, denn ein replevy ist ein furchtbares Ding in der Justiz, das kann ich Euch sagen. Ein Pfund sechszehn Schilling und der dritte Theil der Magazingebühren, – das ist der letzte Heller, den ich bieten kann.“

Zu jener Zeit wurden alle Berechnungen in Amerika nach Pfunden, Schillingen und Pencen gemacht.

„Dann ist es mit dem Handel aus. – Ich vermuthe, Squire, Ihr habt noch immer so wenig Lust, auf meiner Niederlassung gesehen zu werden, wie früher?“

„Gewiß – gewiß!“ antwortete Newcome hastig. „Es hat damit auch wohl keine Gefahr, hoffe ich. Ihr habt doch sicherlich keine Fremden bei Euch?“

„Dafür möchte ich nicht bürgen. Ich sehe dort einige der Jungen aus den Wäldern kommen, und es scheint mir ein vierter Mann bei ihnen zu seyn. Ja wahrhaftig, so ist es wirklich, und kein Andrer ist es als Susquesus der Onondago. Der Bursche macht wenig Worte und ist verschlossen, wie die meisten Rothhäute, aber Ihr müßt selbst am besten wissen, ob Ihr Euch gerne vor ihm sehen laßt oder nicht. Ich höre, er sey ein vertrauter Freund des Kettenträgers.“

Es war sehr leicht zu sehen, daß der Magistrat sich im Augenblick für das Nichtsehenwerden entschied. Mit nicht geringer, kaum anständiger Eilfertigkeit drückte er sich um einen Haufen Holzscheiter herum, und ich sah Nichts mehr von ihm, bis ich seiner Person wieder ganz in der Ferne, am Saume des Waldes, ansichtig wurde, auf dem Punkte, wo er zwei Stunden zuvor auf die Lichtung herausgekommen war, und wo er jetzt sein Pferd aus den Händen des jüngsten von Tausendacres Söhnen in Empfang nahm, welcher zu seiner Bequemlichkeit ihm das Thier dahin führte. Sobald Mr. Newcome wieder im Besitz seines Thieres war, stieg er auf und ritt fort in die Tiefen des Waldes hinein. So geschickt bewerkstelligte er seinen Rückzug, daß kein gewöhnlicher Beobachter ihn möglicherweise hätte bemerken können, wäre er nicht zuvor schon auf seine Bewegungen aufmerksam gemacht worden.

Was beim Abschied zwischen Tausendacres und seinem Besuche vorging, habe ich nie erfahren, aber sie müssen einige Minuten mit einander ganz allein gewesen seyn. Als der Erstere wieder erschien, kam er hinter den Holzklötzen hervor, all seine Aufmerksamkeit dem Anschein nach auf die sich nähernde Gruppe gerichtet, welche aus seinen Söhnen und Susquesus bestand. Diese entschlossenen und erfahrenen Männer hatten wirklich den Onondago eingeholt und gefangen, und brachten ihn jetzt in ihrer Mitte als Gefangenen, entwaffnet, ein, um die Befehle ihres Vaters zu empfangen. Trotz Allem, was ich von diesem Manne und von seinem Charakter wußte, mußte ich mir doch gestehen, es lag etwas Imponirendes in der Art, wie er die Ankunft seiner Söhne und ihres Gefangenen erwartete. Gewohnt eine beinahe unbeschränkte Herrschaft in seiner Familie auszuüben, hatte der alte Mann sich etwas von der Würde der Herrschergewalt angeeignet; und was seine Nachkommenschaft betrifft, Alte und Junge, Männer und Weiber, Prudence nicht ausgenommen, so hatten sie im Punkte der Freiheit sehr wenig dabei gewonnen, daß sie die Fesseln des ordentlichen, anerkannten Gesetzes und Rechtes abgeschüttelt hatten, um unter dem Scepter ihres Patriarchen zu leben. In dieser Hinsicht durften sie mit den Massen verglichen werden, die in blindem Streben nach Freiheit ungeduldig die gesetzlichen und heilsamen Schranken der Gesellschaft niederreißen, um sich der willkührlichen, selbstsüchtigen und immer ungerechten Diktatur von Demagogen zu unterwerfen. Der etwaige Unterschied zwischen diesen zwei Arten von Regiment war ganz auf der Seite der Herrschaft des Squatters, welcher doch die Gefühle der Natur für sein eigen Fleisch und Blut hatte, und demzufolge oft nachsichtig sich zeigte.

Es ist so schwer, im äußern Benehmen eines Indianers seinen Seelenzustand zu lesen, daß ich nicht erwartete, aus den Mienen des Onondago, wie er näher kam, seine Empfindungen abnehmen und errathen zu können. In seinem Aeußern erschien dieser Mann so ruhig und unbewegt, als wäre er eben zu einem freundschaftlichen Besuch angekommen. Diejenigen, die ihn gefangen, hatten ihn gebunden, aus Furcht er möchte ihnen in den Dickichten, welche sie passiren mußten, entwischen; aber die Seile schienen ihm weder wehe zu thun noch ihm Kummer zu machen. Der alte Tausendacres zeigte ihm ein finstres Gesicht, aber er besaß zu viel Erfahrung hinsichtlich des indianischen Charakters – er kannte zu gut die indianische Gemüthsart, die nie verzeiht, und die Zähigkeit ihres Gedächtnisses, das weder empfangene Gunst noch erduldete Unbild vergißt, als daß er hätte unnöthig und muthwillig die bittern Gefühle steigern sollen, welche natürlich zwischen ihm und seinem Gefangenen sich erzeugt haben mußten.

„Trackleß." sagte er mit Achtung und mit Bedacht. „Ihr seyd ein alter Krieger und müßt wissen, daß in unruhiges Zeiten ein Jeder sich vorsehen muß. Ich bin froh, daß die Jungen nicht in den Fall kamen, Euch ein Leid thun zu müssen; aber es wäre nimmermehr angegangen, Euch die Nachricht von dem, was diesen Morgen hier vorgegangen ist, an Kettenträger und seine Rotte überbringen zu lassen. Wie lang ich Euch hier werde festhalten müssen, das vermag ich selbst jetzt noch nicht zu sagen; aber Eure Behandlung soll gut, die Begegnung warm seyn, so lang Ihr Euch ruhig verhaltet. Ich weiß, was das Wort einer Rothhaut ist; und vielleicht, wenn ich mir es ein Wenig überlegt habe, lasse ich Euch frei in der Lichtung herumgehen, falls Ihr mir Euer Wort geben wollt, nicht davon zu laufen. Ich will es mir bedenken und es Euch morgen wissen lassen; aber für heute muß ich Euch im Vorrathshaus einsperren mit dem jungen Gesellen, mit welchem Ihr hieher gekommen seyd."

Tausendacres befragte sodann seine Söhne über die Art und Weise, wie sie sich ihres Gefangenen bemächtigt hätten, was ich hier nicht zu erzählen brauche, da ich Gelegenheit finden werde, die Erzählung hieran aus dem Munde des Indianers selbst zu geben. Sobald er hierüber genügende Auskunft hatte, wurde die Thüre meines Gefängnisses geöffnet und der Onondago trat herein, seiner Bande entledigt, ohne die leiseste Spur von Verdruß oder Widerwillen in seinen Mienen zu verrathen. Alles geschah in der "allerverschlossensten" Weise; sobald der neue Gefangene eingeliefert war, wurde die Thüre wieder wohl verwahrt und ich blieb mit Sureflint allein; eines der jüngeren Mädchen wurde jetzt als Schildwache in der Nähe des Gebäudes zurückgelassen. Ich wartete einen Augenblick, um mich zu vergewissern, ob wir allein wären, und dann eröffnete ich das Gespräch mit meinem Freunde.

„Es thut mir das gar sehr leid, Sureflint," begann ich, „denn ich hatte gehofft, Eure Bekanntschaft mit den Wäldern und Eure Uebung im Auffinden von schwer zu entdeckenden Pfaden werde Euch in Stand setzen, Euren Verfolgern zu entkommen und die Kunde meiner Gefangenschaft unsern Freunden zu überbringen. Das ist nun eine leidige Vereitlung meiner Hoffnung, nachdem ich gewiß geglaubt hatte, Ihr würdet Kettenträger zu wissen thun, wo ich sey."

„Warum Ihr jetzt denken anders, he? Vermuthlich weil Indianer Gefangner, nicht sich selbst können helfen?“

„Ihr wollt doch damit nicht sagen, daß Ihr mit Eurem eigenen Willen hier seyd?“

„Gewiß. – Dachte nicht nöthig zu kommen; bin nicht gekommen. Ihr glauben, Tausendacres' Jungen gefangen den Susquesus, in den Wäldern, und er es nicht so gewollt? Gewiß, Winter gekommen und Sommer gekommen. Gewiß, graue Haare gekommen ein Wenig. Gewiß, Trackleß alt geworden, nach und nach; aber der Moccasin zurücklassen noch keine Spur.“

„Da ich nicht verstehe, warum Ihr zuerst Euch davon machtet und dann wünschtet, wieder zurückzukommen, muß ich Euch bitten. Euch mir zu erklären. Laßt mich Alles hören, was vorgegangen ist, Sureflint – wie es gegangen ist, und warum es so gegangen ist. Erzählt es auf Eure Weise, aber erzählt es vollständig.“

„Gewiß. – Warum nicht erzählen? Es nichts schaden; Alles gut – Einiges vortrefflich! Nie gehabt haben besseres Glück.“

„Ihr macht meine Neugier rege, Sureflint; erzählt die ganze Geschichte auf einmal; beginnt nur dem Augenblicke, wo Ihr entwischt seyd, und führt sie fort bis zu dem Augenblick Eurer Ankunft hier.“

Auf dies sah mich Susquesus mit einem bedeutungsvollen Blick an, zog seine Pfeife aus dem Gurt, füllte sie und zündete sie an und begann mit einer Ruhe und Fassung zu rauchen, die sich nicht leicht stören ließ. Sobald jedoch der Indianer sich versichert hatte, daß seine Pfeife in gehörigem Stande sey, fing er ruhig seine Erzählung an.

„Jetzt zuhören mir, Ihr es vernehmen,“ sagte er. „Fortgelaufen, weil nicht gut hier bleiben und Gefangner seyn, das warum.“

„Aber Ihr seyd jetzt ja doch ein Gefangener, so gut wie ich; und nach Eurer Angabe ein Gefangener aus eigenem, freiem Entschluß.“

„Gewiß – nie Gefangner gewesen seyn, nie es seyn werden, wenn es nicht wollen. Vielleicht geschossen, da nicht helfen und ändern können; aber in Wäldern Indianer nie Gefangner, wenn nicht faul oder betrunken. Rum gar Viele machen zu Gefangnen.“

„Ich kann das Alles wohl glauben – aber erzählt mir die Geschichte. Warum ranntet Ihr zuerst fort?“

„Ihr meinen, Kettenträger nicht wollen wissen, wo Ihr seyn, he? Ihr meinen, Tausendacres Euch je lassen gehen, so lange Holz im Fluß? Wenn Holz fort, dann gehen; vorher nicht. Bleiben ganzen Sommer! Ihr Lust haben, ganzen Sommer im Vorrathshause zu bleiben, he?“

„Gewiß nicht! – Nun also, Ihr habt mich verlassen, um unsern Freunden zu wissen zu thun, wo ich sey, damit sie auf Mittel bedacht wären, mich zu befreien. Das Alles verstehe ich; was dann weiter?“

„Dann fortgerannt in Wald. Leicht genug, entwischen, wenn Tausendacres nicht das Auge auf Einen richten. Nun, gegangen bei zwei Meilen; keine Fährte gelassen – Vogel in Luft so viel Spuren lassen. Wem begegnet, Ihr meinen, he?“

„Ich bin verlangend, es von Euch zu hören.“

„Begegnet Jaap – ja – begegnet dem Neger. Gesucht seinen jungen Gebieter – Jedermann in Unruhe, und nicht wissen, wo junger Häuptling seyn. Die Einen suchen da – die Andern suchen dort – Alle suchen irgendwo – Jaap suchen gerade hier.“

„Und Ihr habt Jaap die ganze Geschichte erzählt und ihn damit zu den Hütten zurückgeschickt?“

„Gewiß – ganz so. Gut gerathen haben dies Mal. Dann denken, was weiter thun. Gern zurückgekommen und jungem Freund Bleichgesicht geholfen; so gedacht, auch einmal Gefangner werden. Es nicht so schlimm empfinden, als geglaubt. Squatter kein so harter Herr für Gefangnen.“

„Aber wie kam nun Alles so, und wie habt Ihr die jungen Männer irre geführt?“

„Nicht schwer das Alles zu machen. Nur zu wissen brauchen wie. Nachdem Jaap seinen Auftrag erhalten und sich fortgemacht, machen Spuren deutlich genug, daß Squaw sie finden können. Aufsuchen eine Quelle – niedersitzen und Büchse weglegen, so nicht nöthig zu schießen und mich fangen lassen von Squatters Jungen, durch Ueberraschung, sie es nennen so; ja, Bleichgesichter überrascht rothen Mann dies Mal. Dafür stehen, sie damit prahlen jetzt, gut!“

Also dies war die einfache Erklärung des Ganzen! Susquesus hatte sich fortgeschlichen, um meine Freunde von meiner Lage zu unterrichten; er war Jaap oder Jaaf begegnet, welcher seinen verlorenen Herrn suchte; er hatte dem Neger alle Umstände mitgetheilt und sich dann absichtlich und schlau wieder fangen lassen, wobei er jeden Kampf sorgfältig vermied, und war nun zurückgebracht und mit mir eingesperrt worden. Es bedurfte keiner Erläuterungen, um die hiedurch gewonnenen Vortheile anzudeuten. Durch die dem Neger gemachte Mittheilung, welcher seit Jahren mit der kurzen, gebrochenen Redeweise des Indianers genau bekannt war, mußte der Kettenträger Alles erfahren; dadurch, daß Sureflint sich wieder greifen ließ, wurden die Squatters auf die Meinung geführt, unsere Gefangenschaft und ihre Niederlassung seyen ein Geheimniß für Jedermann; und indem er wieder zurückkam, hatte ich für einen Fall der Noth die Gesellschaft, den Rath und den Beistand eines durchaus und vielfach erprobten Freundes meines Vaters und des Kettenträgers.

Diese kurze Angabe der Beweggründe und Absichten des Onondago zeigt dessen bewundernswerthen Scharfblick; er hatte alle wesentlichen Punkte und Umstände seiner Lage im Auge behalten und hatte es in Nichts versehen.

Ich war ebenso hoch erfreut über die List und Gewandtheit Sureflints, als gerührt von seiner Treue. Im Verlauf unseres Gesprächs gab er mir zu verstehen, daß mein Verschwinden und mein Ausbleiben während einer ganzen Nacht in den Hütten große Bestürzung verursacht habe, und daß zu der Zeit, wo er so glücklicher Weise Jaap begegnet, Alle ausgezogen seyen, um mich und ihn zu suchen.

„Mädel auch aus," setzte der Onondago hinzu. „Denken, guten Grund haben dazu."

Dies machte mich ein wenig stutzen, denn ich hegte eine unbestimmte Vermuthung, Susquesus müsse ein ungesehener Zeuge meiner Besprechung mit Ursula Malbone gewesen seyn; und wie er den Gemüthszustand gesehen, in welchem ich aus der Hütte fortrannte, habe ihn dies bewogen, mir zu folgen, wie ich schon erzählt habe. Der Leser darf nicht glauben, daß meine jüngsten Abenteuer Dus aus meiner Seele verdrängt hätten. So wenig war dies der Fall, daß ich vielmehr unaufhörlich an sie dachte; und die Kunde, daß sie solchen Antheil an mir nehme, daß sie, um mich zu suchen, in den Wäldern herumstreife, war natürlich nicht geeignet, die Innigkeit meiner ihr gewidmeten Gedanken und Gefühle zu schwächen. Doch konnte auch schon gemeine Menschenliebe ein Wesen von ihrer Energie und Entschlossenheit zu so Etwas vermögen; und hatte ich es nicht aus ihrem eigenen Munde vernommen, daß sie einem Andern verpfändet sey?

Nachdem ich von dem Indianer seine ganze Geschichte vernommen, fragte ich ihn um Rath wegen unserer weitern Handlungsweise. Er war der Meinung, das Beste für uns sey, die Schritte und Bewegungen unserer Freunde abzuwarten, von welchen wir auf die eine oder die andere Weise im Verlaufe der nächsten Nacht oder am folgenden Tage hören mußten. Welches Verfahren der Kettenträger einzuschlagen für passend finden werde, das konnte Keiner von uns errathen; aber Beide hegten wir die feste Ueberzeugung, daß er nicht ruhen und rasten würde, so lange er zwei so nahe Freunde wie uns in Gefangenschaft wisse. Meine Hauptbesorgniß war, er möchte sofort zu gewaltsamen Maßregeln schreiten; denn der alte Andries hatte einen feurigen, wenn gleich in hohem Grade richtigen Geist; und er war von seiner Jugend an durchs ganze Leben ans Pulver gewohnt. Wenn er dagegen zu gesetzlichen Maßregeln sich entschloß und von Mr. Newcome Verhaftbefehle verlangte, um die Squatters festzunehmen, als Leute, die sich gesetzwidriger Gewaltthaten gegen Personen schuldig gemacht, ein Verfahren, welches zu empfehlen Frank Malbone, wie ich vermuthete, ganz der Mann wäre, – welche Tücken, Verzögerungen und geheime Machinationen waren dann nicht zu erwarten von dem mit den Squatters unter der Decke spielenden Friedensrichter? In diesem Falle konnten sie Zeit haben, mich an einen andern Versteck zu schaffen, und im Wald mußte es Hunderte von Plätzen der Art geben, welche meinen dermaligen Gebietern zugänglich waren, während ihr Freund schwerlich würde ermangelt haben, sie zu rechter Zeit davon in Kenntniß zu setzen, daß ein solcher Schritt nöthig sey. Leute, die im Einklang mit den Regeln des Rechts handeln, den Ansprüchen des Gesetzes genügen und überhaupt rechtschaffen sind, möchten wohl so lässig seyn, daß sie von einer solchen drohenden Gefahr keine Nachricht gäben; denn solche Menschen sind nur zu geneigt, auf die Redlichkeit ihres eigenen Charakters sich zu verlassen und ihr Vertrauen auf das Walten der Vorsehung zu setzen; aber Schurken, in der Gewißheit, daß sie auf solche Hülfe nicht zählen dürfen, verlassen sich hauptsächlich auf sich selbst und machen den bekannten

Grundsatz Friedrichs des Großen zu dem ihrigen, welcher es als sicherste Regel aufstellte: „die Vorsehung sey gewöhnlich auf der Seite der starken Bataillons.“ Ich war deshalb fest überzeugt, daß Squire Newcome seinen Freunden auf der Lichtung Alles würde zu wissen thun, was gegen sie vorbereitet würde, sobald er es nur selbst erführe.

Die Squatters waren, was die Behandlung im Allgemeinen betrifft, gegen uns Gefangene nicht hart. Allerdings hatte ich alles Recht, mich über das Unrecht zu beklagen, das sie gegen mich sich zu Schulden kommen ließen; aber davon abgesehen behandelten sie uns diesen Tag ganz rücksichtsvoll und liberal. Unsere Kost war ganz die ihrige. Frisches Wasser wurde uns von Lowiny fünf Mal gebracht, und so aufmerksam war das Mädchen, meinen etwaigen Bedürfnissen und Wünschen entgegen oder zuvorzukommen, daß sie mir alle und jede Bücher herbeibrachte, die sich in sämmtlichen Bibliotheken der Familie fanden. Es waren aber ihrer nur drei: ein Fragment von einer Bibel, des Pilgers Wallfahrt und ein vier Jahre alter Kalender.

## Zwanzigstes Kapitel

Wohl sah ich seine Schritte wanken,
Die Farben wechseln, wie bei Kranken,
Murmelnd mit seltsamer Geberde;
Zu spät sah ich in Blut getaucht
Die Hand, die Klinge, die noch raucht, –
Er sank und packt' im Todeskampf die Erde.

*Warton*

In dieser Weise ging der lange und langweilige Tag hin. Ich konnte mir Bewegung machen, und that es, indem ich in meinem Gefängniß auf und ab schritt; der Indianer aber rührte sich von dem Augenblick seines Eintretens an kaum vom Platze. Der Squatter selbst näherte sich dem Vorrathshause nicht mehr, obgleich ich ihn im Verlaufe des Tages noch zwei- oder dreimal in geheimer Besprechung mit seinen älteren Söhnen sah, wahrscheinlich über meine Person sich mit ihnen berathend. In solchen Augenblicken war ihr Wesen sehr ernst und es gab Augenblicke, wo es mir sogar drohend schien.

Man hatte für unsere Bequemlichkeit gesorgt, indem man eine ziemliche Anzahl Strohbündel in unser Gefängniß geworfen hatte, und ich und mein Mitgefangener hatten Jeder ein ganz erträgliches Bett. Ein Soldat konnte ohnehin keine Scheue davor haben, auf Stroh zu schlafen, und Susquesus verlangte nicht mehr, als Raum, um sich auszustrecken, und wäre es auch auf einem Felsen gewesen. Ein Indianer liebt die Ruhe und Bequemlichkeit, und macht sie sich zu Nutze, wo sie sich ihm darbietet; aber es ist in der That erstaunlich, wie weit seine Kraft zu dulden und zu entbehren geht, wenn er in den Fall kommt, sie bewähren zu müssen.

Im Anfang der Nacht schlief ich gesund und tief, und der Indianer auch, glaube ich. Ich muß gestehen, daß ein unbehagliches Mißtrauen in meiner Seele rege war, welches mich einigermaßen am Einschlafen hinderte, obgleich die Ermüdung bald die Besorgnisse überwältigte, welche ein solches Gefühl erwecken mochte. Ich wußte nicht, ob nicht Tausendacres und seine Söhne sich könnten einfallen lassen, unter dem Schutze der Nacht den Indianer und mich aus dem Wege zu räumen, – als wirksamstes Mittel sich gegen die Folgen ihrer früheren Plünderungen zu schützen, und sich den Besitz des Raubes zu sichern, den sie für künftig noch im Auge hatten. Wir waren gänzlich in ihrer Gewalt, und der Squatter wußte und glaubte nicht anders, als daß das Geheimnis unseres Besuchs auf der Lichtung mit uns sterben würde, da nur sein eigenes Fleisch und Blut darein eingeweiht war. Trotzdem, daß diese Gedanken mir durch den Sinn flogen und mir einige Unruhe verursachten, waren sie doch nicht lebhaft und entwickelt genug, um mich am Schlafen zu hindern, nachdem ich erst einmal recht eingeschlummert war; und ich schlief, ohne ein einziges Mal aufzuwachen, fort bis drei Uhr, – eine Stunde vor Tagesanbruch.

Ich weiß nicht gewiß, ob eine äußere Ursache mich aufweckte. Aber ich erinnere mich recht gut, daß ich einige Zeit in träumerischen Gedanken, bald schlafend halb wachend, auf meinem Stroh da lag, bis ich wähnte, die musikalische Stimme von Dus zu hören, die mir meinen Namen ins Ohr flüsterte. Diese Illusion dauerte einige Zeit; und als allmälig meine Geisteskräfte völlig erwachten, überzeugte ich mich nach und nach, daß wirklich Jemand mich mit meinem Namen rief, nur ein paar Fuß von meinem Ohr entfernt. Ich konnte mich nicht täuschen: es war dem wirklich so, und die Stimme war eine weibliche. Ich sprang auf und fragte:

„Wer ist da? Ums Himmelswillen, kann das wirklich Miß Malbone – Dus seyn?“

„Mein Name ist Lowiny,“ antwortete der Besuch, „und ich bin Tausendacres' Tochter. Aber sprecht nicht so laut, denn es hält einer von den Knaben Wache am anderen Ende des Vorrathshauses, und Ihr werdet ihn aufmerksam machen, wenn Ihr nicht vorsichtig seyd.“

„Lowiny, seyd Ihr es, mein gutes Mädchen? Nicht zufrieden, den Tag über für uns zu sorgen, denkt Ihr auch noch während der Nacht an uns!“

Es schien mir, das Mädchen sey etwas befangen, denn sie mußte sich wohl bewußt seyn, daß sie gegen die herkömmliche Sitte und die ihrem Geschlecht gebührende Zurückhaltung sich verfehlte. Es ist etwas Seltenes, daß eine Mutter, zumal eine amerikanische Mutter, so tief sinkt, daß sie in ihren Gesinnungen und ihrem Charakter ganz ihr Geschlecht verläugnete, und noch seltener, daß sie vergäße, ihrer Tochter Vieles einzuprägen, was der Anstand und die Schicklichkeit vom Weibe fordert. Die alte Prudence war, ungeachtet des Lebens, das sie geführt, und der vielen Veranlassungen zur Verdorbenheit und zu Sünden, die sie in ihrer Nähe und Umgebung gehabt hatte, doch ihrem angeborenen Instinkte treu geblieben, und hatte ihren Mädchen Vieles von den kleinen Erfordernissen und Regeln der Schicklichkeit beigebracht, welche ein so großer Reiz beim weiblichen Geschlecht sind.

Lowiny war durchaus nicht unangenehm von Person, und sie hatte den Vorzug, in ihrer Erscheinung jugendlich zu seyn, wie sie denn auch in der That war. Neben diesen Vorzügen ihres Geschlechts hatte sie von Anfang an eine Theilnahme an meinem Schicksal an den Tag gelegt, die mir nicht entgangen war; und ohne Zweifel war sie jetzt hieher gekommen in der Absicht, uns einen guten und nützlichen Dienst zu leisten. Meine Bemerkung jedoch setzte sie in Verlegenheit, und es vergingen einige Augenblicke, bis sie dies Gefühl ganz bemeisterte. Sobald dies der Fall war, versetzte sie:

„Ich trage kein Bedenken, Euch und dem Indianer etwas Wasser zu bringen,“ und sie legte besonderen Nachdruck auf die von mir unterstrichenen Worte, „und ich würde keinen Anstand nehmen, wenn wir statt dessen Bier oder Saft-Cider hätten. Aber all unser Getränke ist ausgegangen; und der Vater sagt, er wolle keinen Cider mehr machen lassen, weil wir allen unsern Saft zum Zucker brauchen. Ich hoffe, Ihr habt ein reichliches Abendessen gehabt, Mr. Littlepage; für den Fall aber, daß dem nicht so wäre, habe ich für Euch und die Rothhaut eine Kanne Milch und eine Schüssel Hastypudding gebracht, – e r kann essen, wenn Ihr fertig seyd, wißt Ihr.“

Ich dankte meiner wohlwollenden Freundin und nahm ihre Gabe durch eine Oeffnung, die sie mir bezeichnete, in Empfang. Dies Essen erwies sich uns wirklich als sehr nützlich, da spätere Umstände machten, daß unser regelmäßiges Frühstück einige Zeit lang ganz vergessen ward. Ich war verlangend, von diesem Mädchen zu erfahren, was unter ihren Verwandten gesprochen oder beabsichtigt werde hinsichtlich meines weiteren Schicksals: aber ich empfand eine beinahe unüberwindliche Abneigung, eine Art von Familiengeheimniß auszuspähen, dadurch, daß ich direkte Fragen in dieser Beziehung an sie richtete. Zum Glück machte die mittheilsame und freundschaftliche Gemüthsart Lowiny's dies alsbald überflüssig; denn nachdem sie ihren Hauptzweck erreicht hatte, verweilte sie noch, mit dem sichtlichen Wunsch zu plaudern.

„Ich wünschte, der Vater bliebe nicht länger mehr ein Squatter,“ sagte das Mädchen mit einem Ernst, welcher zeigte, daß sie wirklich ihre Herzensmeinung aussprach. „Es ist entsetzlich, immer im Kampfe zu seyn gegen das Gesetz!“

„Es wäre weit besser, er wendete sich an einen Grundherren, und nähme ein Gut in Pacht, oder kaufte eines. Es gibt in dieser Gegend so viel Land, daß kein Mensch ist, der nicht seine hundert Acres auf gesetzliche Weise sich verschaffen könnte, falls er nur nüchtern und fleißig ist.“

„Vater trinkt nie außer am vierten Juli; und die Jungen sind auch so ziemlich nüchtern, so wie eben heutzutage die jungen Männer sind. Ich glaube, Mr. Littlepage, die Mutter hat dem Vater nicht nur ein Mal, sondern tausendmal gesagt, sie wünsche, daß er das Squatterleben aufgebe und einen Pachtbrief nehme für dies oder jenes Stück Land. Aber der Vater sagt: Nein, er sey nicht gemacht für Briefe und

Schreibereien, und Briefe und Schreibereien nicht für ihn. Er ist jetzt verzweifelt darum angefochten, was er mit Euch anfangen soll, da er Euch in Händen hat.“

„Hat Mr. Newcome keine Meinung über die Sache ausgesprochen, wie er hier bei Euch war?“

„Squire Newcome! Vater ließ ihn nicht mit einer Sylbe merken, daß er Euch je gesehen. Er versteht es besser, als daß er sich in die Hände von Mr. Newcome geben sollte, denn er würde sein Holz dann um so wohlfeiler weggeben müssen. Was ist Eure Meinung, Mr. Littlepage, über unser Recht an die Bretter, nachdem wir mit eigenen Händen die Stämme gefällt und hergeschleppt und gesägt haben. Macht das nicht einigen Unterschied?“

„Was ist Eure Meinung von Eurem Recht auf einen Rock, den ein anderes Mädchen sich aus dem Caliko gemacht, den sie aus Eurer Schublade genommen, während Ihr den Rücken gewendet hattet, und den sie fortgetragen und mit eigenen Händen zugeschnitten und genäht und gesäumt hat?“

„Sie würde nie irgend ein Recht auf meinen Caliko haben, möchte sich sie ihn zuschneiden, wie sie wollte. Aber Schnittholz wird aus Bäumen gemacht.“

„Und Bäume haben ihre Eigenthümer, wie Stücke Caliko. Herschleppen und Umhauen und Sägen an sich kann keinem Menschen ein Recht geben auf die Stämme eines Andern.“

„Ich fürchtete, es sey so –“ erwiederte Lowiny so laut seufzend, daß man es hörte. „Es steht Etwas in der alten Bibel, die ich Euch geliehen, was ich so ziemlich in diesem Sinne verstehe; obgleich Tobit und die meisten andern Jungen behaupten, es bedeute etwas ganz Anderes. Sie sagen, es stehe von Holz gar Nichts in der Bibel.“

„Und was sagt Euch Eure Mutter hierüber?“

„Ha, Mutter spricht gar Nichts davon. Sie wünscht, daß der Vater pachte oder kaufe: aber Ihr wißt, wie es mit den Frauen ist, Mr. Littlepage; wenn Diejenigen handeln, die ihnen lieb und nahe sind, so ist es für sie eine Art Gesetz, zu glauben, daß sie recht handeln. Die Mutter sagt nie Etwas zu uns über die Gesetzmäßigkeit von des Vaters Thun und Treiben, wenn schon sie oft wünscht, er stünde unter dem Schutz eines geschriebenen Pachtbriefes. Die Mutter wünscht, der Vater solle es versuchen, von Euch einen Brief zu erlangen, da Ihr jetzt hier und in seinen Händen seyd. Würdet Ihr uns nicht einen Brief ausstellen, Mr. Littlepage, wenn wir versprächen, Euch eine Rente zu geben?“

„Wenn ich es auch thun wollte, so würde es Nichts nützen, wenn ich nicht frei und bei meinen Freunden wäre. Urkunden und Verleihungen von Männern ausgestellt, welche, wie Ihr sagt, in den Händen von Leuten sind, die sie gewaltsam festhalten, gelten Nichts.“

„Das thut mir leid –“ versetzte Lowiny wieder mit einem Seufzer – „nicht als ob ich Euch zu irgend Etwas gezwungen sehen möchte, sondern ich dachte nur, wenn Ihr Euch dazu verstündet, dem Vater einen Brief auszustellen über diese Lichtung, es jetzt dazu eine so gute Gelegenheit sey, daß es Schade wäre, sie zu versäumen. Aber wenn es nicht seyn kann, so kann es nicht seyn, und hilft Nichts, darüber zu klagen. Der Vater meint, er könne Euch hier festhalten, bis das Wasser steigt im Herbst und die Jungen alles Holz nach Albany hinunter geschafft haben; darnach will er nicht mehr so darauf erpicht seyn, Euch noch länger zurückzuhalten, und vielleicht wird er Euch dann gehen lassen."

„Mich gefangen halten, bis das Wasser steigt! Ha, das wird vor drei Monaten nicht der Fall seyn!"

„Nun, Mr. Littlepage, drei Monate scheinen mir keine so verzweifelt lange Zeit, wenn man unter Freunden ist. Wir würden Euch so gut behandeln, als wir es nur vermöchten und wüßten, darauf könnt Ihr Euch verlassen – ich will dafür stehen, es soll Euch an Nichts fehlen, was wir Euch zu geben vermögen."

„Ich glaube das gerne, mein vortreffliches Mädchen, aber es würde mir äußerst leid thun, Eurer Familie mit einem so langen Besuche lästig zu fallen. Was die Dielen betrifft, so steht es nicht in meiner Macht, die Rechte der Eigentümer dieser Ländereien auf diese Güter aufzugeben; meine Vollmacht geht nur dahin, Loostheile an wirkliche Ansiedler zu verkaufen."

„Es thut mir leid, das zu hören," versetzte Lowiny in sanftem Tone, welcher ihren Worten ganz das Gepräge der vollsten Aufrichtigkeit verlieh; „denn der Vater und die Jungen thun in Wahrheit ganz entsetzlich mit Allem, was ihren Gewinn von der gethanen Arbeit betrifft. Sie sagen, ihr Fleisch und Blut stecke in diesen Dielen und Brettern, und eher wollen sie Fleisch und Blut, als diese Dielen fahren lassen. Es macht mir das Blut erstarren, wenn ich höre, wie sie davon schwatzen! Ich bin gar nicht schüchtern und blöde; und letzten Winter, als ich den Bären schoß, welcher die Schinken im Vorrathshause holen wollte, sagte Mutter, ich habe so wacker gehandelt, als sie selbst im Stande gewesen wäre, und sie hat ihrer Zeit vier Bären und nahe an zwanzig Wölfe getödtet. Ja, Mutter sagte, ich hätte mich ganz als ihre ächte Tochter benommen, und sie halte seither doppelt so viel auf mich als früher."

„Ihr seyd ein muthiges Mädchen, Lowiny, und ein vortreffliches obendrein, daran zweifle ich gar nicht. Was auch aus mir werde, ich werde, so lange ich lebe, Eure Güte nicht vergessen. Es wird jedoch eine sehr ernste Sache für Eure Angehörigen werden, wenn sie versuchen wollen, mich drei bis vier Monate hier zurückzuhalten, wenn dann diese Lichtung aufgefunden wird von den Meinigen, welche mich gewiß suchen werden. Ich brauche Euch nicht zu sagen, was die Folgen seyn würden."

„Was können – was werden der Vater und die Jungen thun? Ich kann es nicht ertragen, daran zu denken – Oh! sie werden doch nicht das Herz haben, zu versuchen. Euch aus dem Wege zu räumen?"

„Ich will das nicht hoffen, um ihretwillen, um der Ehre des amerikanischen Namens willen. Wir sind keine Nation, die an solchen Unthaten Geschmack fände, und ich würde in der That mit großem Bedauern mich überzeugen, daß wir einen so großen Schritt zu den Verbrechen älterer Länder gemacht hätten. Aber am Ende ist doch die Gefahr nicht groß, daß es zu so Etwas komme, meine gute Lowiny."

„Ich hoffe das auch,“ antwortete das Mädchen mit leiser, bebender Stimme, „obgleich Tobit manchmal gar ein wilder Gesell ist. Er macht den Vater schlimmer, als er für sich allein wäre, das weiß ich. Aber ich muß jetzt gehen. Es ist beinahe Tag, und ich höre sie schon sich regen in Tobits Hause. Es würde mich theuer zu stehen kommen, wenn Einer von ihnen wüßte, daß ich mein Bett verlassen habe, um mit Euch zu plaudern.“

Nachdem sie dies gesagt, verschwand das Mädchen. Ehe ich eine Oeffnung entdecken konnte, um ihre Bewegungen zu verfolgen, war sie mir schon aus den Augen. Susquesus erhob sich einige Minuten darauf, aber er machte nie eine Anspielung auf den geheimen Besuch des Mädchens. In dieser Beziehung zeigte er das skrupulöseste Zartgefühl, indem er nie durch eine Andeutung, einen Blick oder ein Lächeln mir zu verstehen gab, daß er im Mindesten um ihr Kommen gewußt, ihre Reden gehört habe.

Der Tag kam wie gewöhnlich, aber er traf diese Squatters nicht mehr in ihren Betten. Sie erschienen mit dem Morgengrauen, und die Meisten von ihnen waren schon an der Arbeit, als das volle Licht der Sonne sich auf den Wald ergoß. Die meisten Männer gingen zum Fluß hinab und machten sich, wie wir vermuteten, denn sehen konnten wir sie nicht, im Wasser mit ihren Augäpfeln, den Dielen, zu thun. Der alte Tausendacres zog vor, in der Nähe seiner Wohnung zu bleiben, und behielt zwei oder drei ziemlich herangewachsene junge Burschen bei sich; wahrscheinlich weil er bei sich erwogen hatte, von welch unendlicher Wichtigkeit es für seine ganze Familie sey, sich der Gefangenen recht zu versichern. Ich glaubte aus dem ernsten, nachdenklichen Wesen des Squatters, wie er um seine Mühle zwischen seinen Schweinen herumschlenderte, und durch seine Kartoffelfelder wandelte, zu errathen, daß sein Gemüth über das von ihm einzuschlagende Verfahren sehr schwankend und er in großer Unruhe war. Wie lange diese peinliche Unentschlossenheit gedauert haben würde, und zu was sie am Ende hätte führen können, ist schwer zu sagen, hätte nicht ein Begebniß von ganz unerwarteter Art, welches in viel höherem Maß augenblicklichen Entschluß und That erheischte, ihr ein Ende gemacht. Ich will diesen Vorfall etwas genauer erzählen.

Der Tag war schon ziemlich vorgerückt und Alle waren beschäftigt, Tausendacres und das Mädchen, welches die Wache am Vorrathshause hatte, ausgenommen. Selbst Susquesus hatte einen Haufen Birkenreiser aufgerafft und mit einem melancholischen Gesicht, in welchem sich, wie mich dünken wollte, das künftige Leben eines halbcivilisirten rothen Mannes abspiegelte, versuchte er einen Besen zu verfertigen mit Hülfe eines zerbrochenen Messers, das er in dem Gebäude gefunden; während ich auf ein Blatt meiner Brieftasche die Mühle und ein Stück des Berglandes, das ihren Hintergrund bildete, skizzirte. Tausendacres näherte sich jetzt zum ersten Mal unserem Gefängniß und sprach mit mir. Sein Gesicht war finster, doch konnte ich bemerken, daß er sehr unruhig war. Wie ich nachher erfuhr, hatte ihm Tobit sehr dringend die Notwendigkeit vorgestellt, mich und den Indianer umzubringen, als das wahrscheinlich einzige Mittel, das geschnittene Holz zu retten.

„Junger Mann," sagte Tausendacres, „Ihr habt Euch bei mir und den Meinigen eingeschlichen wie ein Dieb in der Nacht, und auf das Schicksal eines Solchen müßt Ihr Euch auch gefaßt halten. Wie ums Himmels willen konntet Ihr erwarten, daß Leute geneigt seyn sollten, das, was sie mit saurem Schweiß erworben, ohne Kampf und Vertheidigung aufzugeben? Ihr reizt und prüft mich mehr, als ich ertragen kann!"

Ich fühlte die furchtbare Bedeutung dieser Worte; aber meine Natur empörte sich bei dem Gedanken, mich einschüchtern zu lassen zu irgend einer unterwürfigen Nachgiebigkeit, zum Zugeständniß von Bedingungen, welche meines Charakters und meines früheren Berufs als Soldat unwürdig wären. Ich stand auf dem Punkt, ihm ganz in diesem Sinn eine Antwort zu geben, als ich, wie ich durch die Spalten meines Gefängnisses schaute, um meinen alten Tyrannen ins Auge zu fassen, den Kettenträger gerade auf das Vorrathshaus zuschreiten sah, nur noch etwa hundert Schritte weit von uns entfernt. Die Art und Weise, wie ich nach dieser Erscheinung hinstarrte, erregte die Aufmerksamkeit des Squatters, welcher sich umwandte und so den unerwarteten Besuch sah, der sich näherte. In der nächsten Minute stand Andries neben ihm.

„So, Tausendacres, ich finde Euch hier!" rief der Kettenträger. „Es sind gar viele Jahre, seit Ihr und ich uns nicht mehr gesehen, und es thut mir leid, daß wir uns jetzt bei einem solchen Handel wieder treffen müssen."

„Dies Zusammentreffen habt Ihr selbst gesucht, Kettenträger. Ich habe Euch weder eingeladen, noch Eure Gesellschaft gewünscht."

„Ich glaube Euch das von Herzen gern. Nein, nein; Ihr habt keinen Wunsch nach Ketten und nach Kettenträgern, nach Landvermessern und Compassen, nicht nach Loosen und auch nicht nach Eigenthümern – wenn diese nicht Squatters sind. Ihr und ich brauchen nicht erst mit einander Bekanntschaft zu machen. Tausendacres, nachdem wir einander schon fünfzig Jahre lang kennen."

„Ja, wir kennen einander seit fünfzig Jahren; und da diese vielen Jahre uns nicht dahin gebracht haben, daß wir über irgend etwas Eines Sinnes wären, hätten wir besser gethan, fern von einander zu bleiben, als jetzt wieder zusammen zu kommen."

„Ich bin gekommen wegen meines Knaben, Squatter – wegen meines edeln Jungen, den Ihr ungesetzlicher Weise festgenommen und zum Gefangenen gemacht habt, allen Gesetzen und aller Gerechtigkeit zum Hohne. Gebt mir Mortaunt Littlepage heraus, so sollt Ihr meiner Gesellschaft bald los seyn."

„Und wie wißt Ihr, daß ich je ›Euren Mortaunt Littlepage‹ mit Augen gesehen habe? Was hab' ich mit Eurem Jungen zu schaffen, daß Ihr ihn bei mir sucht? Geht Eurer Wege, geht Eurer Wege, alter Kettenträger, und laßt mich und die Meinigen ungeschoren; die Welt ist weit genug für uns Beide, sage ich Euch; und warum wollt Ihr an Eurem eigenen Verderben arbeiten, indem Ihr anrennt gegen ein Geschlecht, wie das, welches von Aaron und Prudence Timberman abstammt?"

„Ich frage nicht nach Euch und Eurem Geschlecht," antwortete der alte Andries finster. „Ihr habt Euch erfrecht, meinen Freund festzunehmen gegen Gesetz und Recht, und ich komme, seine Freilassung von Euch zu verlangen, oder ich will Euch vor den Folgen gewarnt haben."

„Treibt mich nicht zu weit, Kettenträger, treibt mich nicht zu weit. Es gibt verzweifelte Leute auf dieser Lichtung, Leute, die sich ihren wohlerworbenen Verdienst nicht wollen abjagen lassen von Solchen, die Ketten tragen oder Compasse richten. Geht Eures Weges, sage ich Euch, und laßt uns die Ernte einthun, welche aus dem von uns gesäten und bestellten Samen aufgeht."

„Ihr sollt sie ganz ernten, Ihr sollt sie ganz ernten, Ihr und die Eurigen. Ihr habt den Wind gesät und Ihr sollt den Sturm ernten, wie meine Nichte, Dus Malpone, mir neurer Zeit oft gelesen hat. Ihr werdet Euren ganzen Herbst ernten, Lolch und taube Aehren und Alles, ja das werdet Ihr! und zwar bälder, als Ihr es erwartet!"

„Ich wünschte, ich hätte nie das Angesicht dieses Mannes gesehen! Geht fort, sage ich Euch, Kettenträger, und laßt mir meine sauer verdiente Ernte."

„Ernte! Nennt Ihr das Ernte, wenn man die Ländereien eines Andern abholzt und plündert, seine Bäume in Klötze schneidet, seine Klötze in Dielen zersägt und seine Dielen an Spekulanten verkauft, und wenn Ihr dem rechtmäßigen Eigenthümer vor Allem von Eurem Gewinn keine Rechnung ablegt? Nennt Ihr solches Diebsgewerbe rechtmäßigen Verdienst?"

„Dir den Dieb zurück in Dein Gesicht, alter Messer! Soll nicht der Schweiß der Stirne, lange Tage der harten, mühevollen Arbeit, müde Knochen und ein hungriger Magen einem Mann Anspruch geben auf die Frucht seiner Arbeit?"

„Das ist immer Euer Fehler gewesen, Tausendacres; das ist gerade der Punkt, an welchem Ihr gescheitert seyd. Mann. Ihr beginnt mit Eurer Moral, als dem Ausgangspunkt, der für Euch und Eure plünderungssüchtige Rotte der bequemste ist, statt zurückzugehen auf die Gesetze Eures Herrn und Meisters. Lest, was der allmächtige Gott des Himmels und der Erde zu Moses gesagt hat, und Ihr werdet finden, daß Ihr Euch in Eurer Bibel nicht so wie es sich gehört umgesehen habt. Ihr mögt Holz fällen und hauen, Ihr mögt schleppen und sägen von heute an bis an das Ende der Zeit, und Ihr werdet dem Recht doch nie näher kommen, als Ihr ihm in diesem Augenblick seyd. Der Mann, der beim Beginn seiner Reise mit dem Gesicht in der falschen Richtung ausschreitet, alter Tausendacres, wird nie das Ziel erreichen, wenn er auch darauf zuwandert, daß ihm der Schweiß vom Leibe strömt wie Wasserbäche. Ihr fangt mit Unrecht an, alter Mann, und Ihr müßt mit Unrecht aufhören."

Ich sah die Wolke auf der Stirne des Squatters sich zusammenziehen, und sah den nahe bevorstehenden Ausbruch des Gewitters voraus. Zwei hitzige Charaktere waren zusammengetroffen, und getheilt, wie sie es in Ansichten und in der Handlungsweise waren durch die gewaltige Kluft, welche Grundsätze von der Verfolgung des Vortheils, Recht vom Unrecht, Ehrlichkeit von der Unehrlichkeit, und eine großherzige Selbstaufopferung, die Alles daran setzte, die

Rechtschaffenheit und Reinheit eines edeln Geistes zu behaupten, von einer Selbstsucht schied, welche alles Rechtsgefühl verwirrte und verdunkelte, war es nicht wohl möglich, daß sie ohne Kampf sich trennten. Unvermögend, auf die Gründe des Kettenträgers zu antworten, nahm der Squatter seine Zuflucht zu dem Argument der Gewalt. Er ergriff meinen alten Freund bei der Kehle und machte eine gewaltige Anstrengung, ihn zu Boden zu werfen. Ich muß diesem Manne der Gewaltthat und der schlimmen Wege die Gerechtigkeit widerfahren lassen und gestehen, daß ich nicht glaube, daß er in diesem Augenblick den Beistand von Andern wünschte; aber sobald der Kampf begann, ertönte die Muschel und es war leicht vorauszusehen, daß nur wenige Minuten verstreichen würden, bis die Söhne Tausendacres' ihm zur Hülfe herbeieilen würden. Ich hätte Alles auf der Welt darum gegeben, wenn ich im Stande gewesen wäre, die Wände meines Gefängnisses zu zerbrechen, um meinem treuen, gediegenen alten Freund beistehen zu können. Was Susquesus betrifft, so muß er ein lebhaftes Interesse an diesen Vorgängen empfunden haben, aber er blieb so unbeweglich und anscheinend so ungerührt, wie ein Fels.

Andries Coejemans, so alt er war, – und man wird sich erinnern, daß er seine vollen siebzig Jahre auf dem Rücken hatte, – war nicht der Mann, der sich ungestraft an der Kehle packen ließ. Er erwiederte den Angriff von Tausendacres mit einem ähnlichen, und ein Kampf folgte, der zum Erstaunen heftig und hartnäckig war, wenn man erwägt, daß die beiden Kämpfer die gewöhnliche Lebensfrist des Menschen schon vollständig erfüllt hatten. Der Squatter hatte einen leichten Vortheil gewonnen durch das Plötzliche und die Lebhaftigkeit seines ersten Angriffs, aber der Kettenträger war ein Mann von furchtbarer Leibesstärke. In den Jahren seiner Kraft hatte er wenige seines Gleichen gehabt: und Tausendacres hatte bald Grund einzusehen, daß er mit einem ihm Ueberlegenen angebunden. Nur einen Augenblick wich der Kettenträger ein Wenig; dann sammelte er sich – machte eine verzweifelte Anstrengung und schleuderte seinen Gegner zu Boden mit einer Heftigkeit, die ihn für kurze Zeit der Besinnung beraubte; der alte Andries aber blieb aufrecht stehen wie eine der benachbarten Fichten, roth im Gesicht mit gerunzelter Stirne und so finstrerer Miene, als ich mich ihn kaum je, selbst in der Schlacht, gesehen zu haben erinnerte.

Statt seinen Vortheil zu verfolgen, rührte sich der Kettenträger nicht vom Platze, nachdem er seinen Feind und Angreifer abgeschüttelt hatte. Er blieb ruhig stehen, hoch ragend, stolz und finster. Er hatte Grund zu glauben, Niemand sey Zeuge seiner Heldenthat gewesen, aber ich bemerkte, daß der alte Mann das Siegesgefühl eines alten Soldaten empfand. Jetzt erst gab ich ihm durch Sprechen zu erkennen, wie ganz nahe ich ihm war.

„Flieht, so lieb Euch Euer Leben ist. Kettenträger,“ rief ich ihm durch die Spalten zu. „Die Muschel wird Euch das ganze Gezücht des Squatters binnen zwei oder drei Minuten über den Hals bringen; die jungen Männer sind ganz in der Nähe in dem Fluß unten an der Mühle, mit den Holzblöcken beschäftigt, und haben nur in die Uferabhänge hinaufzuklimmen.“

„Gott sey gepriesen! Mortaunt, mein lieber Junge, Ihr seyd also unversehrt! Ich will die Thüre Eures Gefängnisses öffnen, und wir wollen mit einander uns zurückziehen.“

Meine Gegenvorstellungen waren umsonst. Andries kam herum an die Thüre des Vorrathshauses und machte einen kräftigen Versuch, sie zu öffnen. Das war aber nicht leicht; denn sie öffnete sich nach außen, war mit einem eisernen Riegel versehen und mit einem starken Schlosse verwahrt. Der Kettenträger wollte nicht auf meine Gegenvorstellungen hören, sondern er sah sich nach einem Werkzeug um, mittelst dessen er das Schloß aufbrechen oder die Krampe herausziehen könnte. Da die Mühle nicht weit entfernt war, eilte er in dieser Richtung fort, um zu suchen, was er bedurfte, und ließ mich zurück in Verzweiflung über seine allzubeharrliche Freundschaft. Aber alle Vorstellungen waren nutzlos, und ich sah mich genöthigt, schweigend den weiteren Erfolg abzuwarten.

Der Kettenträger war noch ein sehr rüstiger, beweglicher Mann. Die Natur, frühe Gewöhnung und Abhärtung, eine sehr einfache Lebensweise und eine treffliche Constitution hatten dies bewirkt. Kaum ein Augenblick war verstrichen, so sah ich ihn in der Mühle, nach einem Brecheisen suchend. Dieses fand er bald, und er war wieder auf dem Wege nach dem Vorrathshause, um diesen gewaltigen Hebel zur Anwendung zu bringen, als Tobit sich zeigte, gefolgt von allen seinen Brüdern, den Abhang heraufstürmend, wie eine Meute von Hunden in hitzigster Verfolgung des Wildes. Ich schrie wieder meinem Freunde laut zu, er solle fliehen, aber er eilte unbeirrt meinem Gefängniß zu, nur den einzigen Zweck meiner Befreiung im Auge behaltend. Während dieser ganzen Zeit war Tausendacres bewußtlos dagelegen, denn er war mit dem Kopf gegen eine Ecke des Gebäudes gefallen. Der Kettenträger war so ganz nur von seinem Vorhaben erfüllt, daß er, obwohl er den Schwarm junger Männer, nicht weniger als sechs an der Zahl, herangewachsene junge Bursche dabei, welche rasch auf ihn zukamen, gesehen haben mußte, doch ihnen nicht die mindeste Aufmerksamkeit schenkte. Er war gerade beschäftigt mit dem Versuch, die Stange zwischen die Haspe und den Pfosten hineinzuzwängen, als seine Arme von hinten gepackt wurden und er zum Gefangenen gemacht ward.

Sobald der Kettenträger sich von der Fruchtlosigkeit des Widerstandes überzeugte, gab er ihn sofort auf. Wie ich nachher von ihm erfuhr, hatte er sich vorgenommen, mit mir ein Gefangener zu werden, falls es ihm nicht gelänge, mich in Freiheit zu setzen. Tobit war der Erste, der Hand an den Kettenträger legte; und so rasch ging Alles, – zufällig hatte gerade dieser Mann den Schlüssel – daß beinahe in einem Nu die Thüre aufgeriegelt, geöffnet und der alte Andries in den Käfig gesperrt war. Die Schnelligkeit dieses Vernehmens ward ohne Zweifel noch unterstützt und gefördert durch die Ergebung, welche gerade in diesem Augenblick im Gemüthe des Kettenträgers eingetreten war.

Sobald dieser neue Gefangene in sichern Gewahrsam gebracht war, hoben die Söhne Tausendacres' ihren noch immer regungslosen Vater auf und trugen ihn nach seiner nur wenige Schritte entfernten Behausung. Alt und Jung von beiden Geschlechtern und von jedem Alter versammelten sich in diesem Gebäude; und während einer ganzen Stunde schien es, als ob wir ganz vergessen wären. Die

Schildwache; ein Sohn Tobits, verließ ihren Posten; und selbst Lowiny, welche den ganzen Morgen um das Vorratshaus herum sich zu schaffen gemacht, so daß wir sie immer im Gesicht gehabt hatten, schien ihr Interesse für uns verloren zu haben. Ich war jedoch zu sehr mit meinem alten Freunde beschäftigt und hatte zu viele Fragen zu thun und zu beantworten, als daß ich mich sonderlich über diesen Gesinnungswechsel hätte bekümmern sollen, welcher überdies bei den obwaltenden Umständen natürlich genug war.

„Ich freue mich, daß Ihr nicht in den Händen dieses Schwarms von Wölfen seyd, mein guter Freund!“ rief ich aus, nachdem die ersten Begrüßungen zwischen dem alten Andries und mir vorüber waren, und drückte ihm zu wiederholten Malen die Hand. „Sie sind jeder Gewaltthat ganz wohl fähig; und ich fürchtete, der Anblick ihres bewußtlos da liegenden Vaters möchte sie zu irgend einer unmittelbaren Rachehandlung veranlassen. Jetzt haben sie doch einige Zeit zum Ueberlegen, und zum Glück bin ich Zeuge gewesen von Allem, was vorgefallen ist.“

„Seyd ohne Furcht wegen des alten Tausendacres!“ sagte der Kettenträger in zuversichtlichem Tone. „Er ist zähe und nur ein wenig betäubt, und das ist die Folge davon, daß er sich für einen bessern Mann gehalten hat, als er ist. Eine halbe Stunde wird ihn wieder zu sich bringen, und dann wird er wieder so gut seyn, als er immer war. Aber, Mortaunt, mein Junge, wie seyd Ihr hieher gekommen, und warum seyd Ihr bei Nacht in den Wäldern herumgestreift, mit Trackleß hier, der doch eine verständige Rothhaut ist, und Euch ein besseres Beispiel hätte geben sollen?“

„Ich war heiß und fiebrisch und konnte nicht schlafen; und so machte ich einen Ausflug in den Wald und verirrte mich. Zum Glück hatte Susquesus ein Auge auf mich und blieb die ganze Zeit in meiner Nähe. Ich war genöthigt, ein Schläfchen zu machen im Wipfel eines gefallenen Baumes; und als ich am Morgen erwachte, führte mich der Onondago hieher, um Etwas zu essen zu suchen, denn ich war hungrig, wie ein ausgehungerter Wolf.“

„So wußte also Susquesus, daß Squatters auf diesem Besitzthum sich niedergelassen hatten?“ fragte Andries etwas überrascht, und wie mich dünkte, etwas finster.

„Gar nicht. Er hörte in der Stille der Nacht die Säge der Mühle, und wir folgten der Richtung dieses Lautes und erreichten ganz unerwarteter Weise diese Ansiedlung. Sobald Tausendacres erfuhr, wer ich sey, sperrte er mich hier ein; und was Susquesus betrifft, so hat Jaap Euch ohne Zweifel die Geschichte erzählt, die er Euch mitzutheilen beauftragt war.“

„Alles ganz wahr, Junge, Alles ganz wahr; obgleich ich bis jetzt noch kaum halb verstehe, warum Ihr uns in der Art verlassen habt, wie Ihr gethan habt, und zwar dies, nachdem Ihr eine lange Unterredung mit Dus gehabt. Das Mädchen hat ein ganz schweres Herz, Mortaunt, wie leicht zu sehen; aber ich kann nicht eine Sylbe aus ihr herausbringen, die irgend einer vernünftigen Erklärung gleich sähe. Ich muß wohl Euch bitten, mir die Geschichte zu erzählen, Junge. Ich suchte die Wahrheit aus Dus herauszukriegen, auf dem halben Wege hier herüber; aber ein Mädel ist so verschlossen wie –“

„Dus!“ unterbrach ich ihn. „Auf dem halben Wege hieher? Ihr wollt doch, Ihr könnt doch damit nicht sagen wollen, Dus sey mit Euch gekommen?“

„Still, still! Nehmt Euch in Acht! Ihr sprecht zu laut. Ich muß wünschen, diese Schurken von Squatters nicht wissen zu lassen, daß das Mädchen sich so ausgesetzt hat, aber hier ist sie; oder was ungefähr dasselbe ist, sie ist in den Wäldern dort drüben, als Zuschauerin, und ich fürchte, sie wird sehr in Angst und Sorgen seyn, zu sehen, daß auch ich ein Gefangner bin.“

„Kettenträger, wie konntet Ihr Eure Nichte solchen Gefahren aussetzen – sie so in die Nähe der Krallen gesetzloser Schurken bringen?“

„Nein, Mortaunt, nein – es ist gar nicht zu befürchten, daß sie mißhandelt werde oder Etwas der Art. Man kann dergleichen Dinge in Büchern lesen, aber das Weib wird in Amerika respektirt und nicht mißhandelt. Nicht Einer von Tausendacres' Schelmen würde das Ohr des Mädchens mit einem ungeziemenden Worte verletzen, wenn er auch im Fall wäre, es zu können, was nicht der Fall ist, sintemal Niemand weiß, daß das Mädchen bei mir ist, als Ihr. Mitgehen wollte sie, und so half es Nichts, wenn ich Nein sagte. Dus ist ein gutes Geschöpf, Mortaunt, und ein pflichtmäßiges Mädchen; aber es ist ebenso leicht einen Fluß aufwärtsströmen zu machen, als sie zurückzuhalten, wenn sie liebt.“

„Ist das ihr Charakter?“ dachte ich. „Dann ist allerdings wenig Aussicht, daß sie je die Meinige werde, da ihre Neigung ihrem Treugelübde gefolgt seyn muß.“ Dennoch war mein Interesse an dem edelherzigen Mädchen gerade ebenso stark, wie wenn ich ihr Jawort gehabt hätte, und sie in wenigen Wochen hätte die Meinige werden sollen. Der Gedanke, daß sie in diesem Augenblick im Walde die Rückkehr ihres Oheims erwarte, war für mich Todesqual; aber ich besaß genug Selbstbeherrschung, den Kettenträger auszufragen, bis ich folgende Umstände aus ihm herausgebracht hatte.

Jaap hatte die Botschaft des Susquesus aufs getreulichste an diejenigen bestellt, an welche ihm der Indianer den Auftrag gegeben hatte. Sobald Andries diese Neuigkeiten vernahm, und die Art und Weise meiner Gefangenschaft, versammelte er einen Rath, bestehend aus ihm selbst, Dus, und Frank Malbone. Dies geschah am vorhergegangenen Nachmittag; und in derselben Nacht noch begab sich Malbone nach Ravensnest, in der Absicht, Verhaftbefehle gegen Tausendacres und seine ganze Bande auszuwirken, so wie auch Leute zum Beistand aufzubieten, um sie Alle einzuziehen, indem er gedachte, die ganze Gesellschaft in das Gefängniß zu Sandy-Hill bringen zu lassen. Da der Verhaftbefehl nur von Mr. Newcome ausgestellt werden konnte, sah ich leicht ein, daß der Bote eine lange Zeit würde hingehalten werden, da der Friedensrichter einen großen Theil des heutigen Tages brauchen mußte, um seine Heimath zu erreichen. Diesen Umstand jedoch hielt ich für angemessen meinem Freunde für den Augenblick zu verhehlen.

Heute Morgen frühe hatten der Kettenträger, Dus und Jaap die Hütten verlassen, und den nächsten Weg nach der Lichtung Tausendacres' eingeschlagen, so wie sie nach der Beschreibung des Indianers deren Richtung und Lage annehmen mußten. Mit Hülfe eines Compasses und unterstützt von ihrer langen, vertrauten

Bekanntschaft mit den Wäldern, wurde es dieser Gesellschaft nicht schwer, die Stelle zu erreichen, wo der Onondago und der Neger sich begegnet waren; dann aber ging freilich der übrige Weg für die kecken Reisenden durch eine terra incognita. Nach einigem Suchen jedoch entdeckten sie in der Ferne die Helle der Lichtung, als sie sich dem Saume der Wälder näherten, ungefähr wie man eine Insel im Meere entdeckt. Ein günstiger Platz, der einen guten, schirmenden Versteck darbot, wurde gewählt, von wo aus der Kettenträger beinahe eine Stunde lang Recognoscirungen anstellte, ehe er ihn verließ. Nach einiger Zeit entschied er sich über die Art, wie er zu Werke gehen wollte und wirklich zu Werke ging: er ließ seine Nichte zurück, um seine Bewegungen zu beobachten, mit der Weisung, sich zu ihrem Bruder zu begeben, falls er selbst von dem Squatter zurückgehalten würde. Ich fühlte mich etwas erleichtert, als ich die Anwesenheit Jaaps erfuhr, denn ich kannte die Treue des Burschen hinlänglich, um zu wissen, daß er Dus nie verlassen würde: aber mein Gefängniß wurde mir doppelt so eng und peinlich, nachdem ich diesen Bericht des Kettenträgers vernommen hatte, als es mir zuvor gewesen war.

## Einundzwanzigstes Kapitel

War sie nicht, was ersehnt mein kühnster Traum?
D e r Güter Königin, die vom Himmel stammen, –
Für m i c h – das schwerste Opfer fühlend kaum. –
Und liebte sie mich nicht mit reinsten Flammen?
Und doch, so sanft, so gut,
Strömend der Thränen Fluth,
Bestand sie fest den finstern Hohn der Grimmen,
Treu dem Gelübde, taub der Drohung Stimme.

*Shaw.*

Dus war also in meiner Nähe – so nahe vielleicht, daß sie das Vorrathshaus im Gesicht hatte! Aber Zärtlichkeit für ihren Oheim und nicht das Interesse an mir hatte sie hieher geführt. Ich vermochte jedoch ihre Anhänglichkeit an ihren alten Vormund zu achten, und die Entschlossenheit und den Muth, die sie in Bezug auf ihn an den Tag gelegt hatte, zu bewundern, selbst in dem Augenblick, wo sich mir das Bewußtseyn, daß das Interesse für mich keinen Einfluß auf ihr Thun geübt, am lebhaftesten aufdrängte.

„Das Mädel wollte nun einmal mitgehen, Mortaunt,“ fuhr der Kettenträger fort, nachdem er mit seiner Erzählung zu Ende war; „und wenn Ihr Dus kennt, so müßt Ihr wissen, daß wenn sie liebt, sie sich Nichts dergleichen verweigern läßt. Gott segne mich! was für eine Frau gäbe sie für einen Mann, der ihrer werth wäre! Oh, da ist ein kleines Briefchen, das das liebe Geschöpf geschrieben hat an einen von

Tausendacres' Jungen, der oft bei uns gewesen ist, obgleich ich mir nie träumen ließ, daß der squatternde alte Schurke von Vater auf unsern Ländereien hier sey. Zephaniah, wie der Bursche heißt, hat viele Zeit auf dem Nest zugebracht, und auf den Feldern gearbeitet, manchmal auch für uns; und Euch die Wahrheit zu gestehen, Mortaunt, ich glaube, der junge Kerl hat ein Auge auf Dus geworfen und wäre froh genug, das Mädchen zum Weibe zu bekommen."

„Der! Zephaniah Tausendacres – oder was immer sein höllischer Name seyn mag – er eine Zärtlichkeit, eine Neigung haben für Ursula Malbone – er daran denken, sie zum Weibe zu bekommen – er sich erfrechen, ein so vollkommenes Wesen zu lieben?"

„Ruhig, ruhig!" rief der alte Andries, mich erstaunt ansehend; „warum sollte der Junge nicht ebenso gut seine Gefühle haben als ein Anderer, wenn gleich er ein Squatter ist? Squatters haben auch ihre Gefühle, obschon sie sich sonderlicher Ehrlichkeit nicht zu berühmen haben. Und was die Ehrlichkeit betrifft, seht Ihr, Mortaunt, da ist ein Unterschied zwischen Tausendacres und seinen Söhnen. Die Burschen sind aufgewachsen im Wahne, es sey kein so großes Unrecht, auf eines Andern Ländereien und von dem Ertrag derselben zu leben, während dieser alte Schurke, der Vater, großgezogen wurde, oder glaubt großgezogen worden zu seyn in dem wahren Allerheiligsten der Gottesfurcht und Rechtschaffenheit, unter den Puritanern, und meint, die Erde habe nicht ihres Gleichen an Frömmigkeit, dafür stehe ich Euch. Fragt den alten Aaron über seine Seele, und er wird Euch sagen, es sey eine bessere Seele als eine holländische Seele, und sie werde gar nicht brennen, so frei sey sie von der Erde. Ja, ja, das ist die Idee von ihnen allen in seinem Theile der Welt. Ihre Frömmigkeit ist so lauter und rein; selbst die Sünde kann ihr nicht viel schaden."

Ich kannte die provinzialen Vorurtheile des Kettenträgers zu gut, als daß ich mir hätte erlauben sollen, gerade in diesem Augenblick einen theologischen Streit mit ihm anzufangen; obgleich ich zur Steuer der Wahrheit zugeben muß, daß die Ansicht des alten Mannes von der Selbstgerechtigkeit der Kinder der Puritaner nicht ganz unbegründet und bis auf einen gewissen Grad zu entschuldigen war. Ich hatte nie Gelegenheit, darüber mit Gewißheit mich zu unterrichten, aber überrascht hätte es mich keineswegs, wenn ich gefunden hätte, daß Tausendacres und seine ganze Familie auf uns New-Yorker als auf ein ganz besonders gefallenes und sündiges Geschlecht herabschauten, das auf der breiten Straße dem Verderben entgegenwandle, obwohl aufgemuntert und eingeladen, eine andere Bahn zu betreten durch das Beispiel eines auserlesenen Volkes so ganz in ihrer Nähe, welches den engen und schmalen Pfad wandelte, der zum Himmel führt. Dieses Vermengen Gottes und des Mammons ist keineswegs etwas Ungewöhnliches unter uns, obgleich die Squatters vermuthlich zugegeben haben würden, daß sie ein Wenig abgewichen und keineswegs so gut seyen, als ihre Vorfahren einst gewesen. Nichts vielleicht steckt so tief in einem Individuum oder in einem Gemeinwesen, als das Gefühl des eigenen Werthes. Wie die kommenden Ereignisse ihre Schatten vor sich her werfen, so läßt dies Gefühl seinen Schatten noch zurück, lange nachdem das Wesen, welches demselben die Entstehung gegeben, vorübergegangen oder verflüchtigt ist. Aber ich muß auf Zephaniah und auf das Briefchen zurückkommen.

„Und Ihr sagt mir, Kettenträger, Ursula habe wirklich ein Billet, einen Brief an diesen jungen Mann geschrieben?“ fragte ich, sobald ich genug Entschlossenheit ausbieten konnte, um eine so empörende Frage zu thun.

„Gewiß; hier ist er, und es ist ein recht hübsch aussehender Brief, Mortaunt. Dus thut Alles so artig und geschickt, und so ganz, wie es einem seinen jungen Frauenzimmer ansteht, daß es eine Lust ist, einen Brief von ihr zu überbringen. Ja, da ist jetzt der junge Bursch, und ich will ihm rufen und ihm geben, was ihm gehört.“

Der Kettenträger that wie er gesagt hatte, und bald stand Zephaniah vor dem Vorrathshause. „Nun, Ihr werdet gestehen müssen, Zeph,“ fuhr der alte Mann fort, „wir haben Euch nicht in einen Käfig gesperrt wie ein wildes Thier, oder wie einen Spitzbuben, der sich mit Sachen zu schaffen gemacht, die ihm nicht gehörten, als Ihr bei uns drüben waret! Das ist ein Unterschied in der Behandlung! – aber lassen wir das jetzt! Hier ist ein Brief für Euch, und möge er viel Gutes an Euch bewirken! Er ist von Jemand, der guten Rath ertheilen kann; und Ihr werdet nicht schlecht dabei fahren, wenn Ihr ihm folgt. Ich weiß kein Wort von dem, was darin steht, aber Ihr werdet finden, daß es ein guter Brief ist, dafür will ich stehen. Dus schreibt schöne Briefe, und in einer Hand, beinahe so gleich und schön, wie die Seiner Excellenz, obwohl nicht ganz so groß. Aber ihre eigene Hand ist auch nicht so groß, als die Seiner Excellenz – obwohl auch Seine Excellenz keine gar starke und dicke Hand hatte.“

Ich konnte kaum meinen Sinnen trauen! Ursula Malbone ganz unverhohlener Weise einen Brief schreiben an einen Sohn des Squatters Tausendacres, und dieser Sohn ihr offenbarer Anbeter, wie es schien! Verzehrt von Eifersucht und von tausend Gefühlen, die mir bisher fremd gewesen, starrte ich den Glücklichen, der so seltsamer Weise mit dieser Mittheilung von Dus beehrt ward, mit dem bittersten Neide an. Obgleich, die Wahrheit zu gestehen, der junge Squatter ein wohlgewachsener, gutaussehender Bursche war, schien er mir doch die personificirte Plumpheit und Gemeinheit. Man wird leicht glauben, daß Zephaniah nicht ganz frei war von manchen Merkmalen und Eigenschaften, wornach sein Charakter allerdings mit ziemlichem Rechte so bezeichnet werden durfte; aber im Ganzen würden die meisten Mädchen von seiner Klasse im Leben mit ihm in dieser Beziehung ganz zufrieden gewesen seyn. Aber Ursula Malbone war ganz und gar nicht von seiner Klasse im Leben. Wie sehr auch zurückgekommen im Vermögen, war sie doch eine Lady der Erziehung und Bildung wie der Geburt nach; und welche Uebereinstimmung in Gefühlen und Gesinnungen konnte möglicher Weise statt finden zwischen ihr und ihrem seltsamen Anbeter? Ich habe behaupten hören, die Frauen werden ebenso oft durch das Aeußere angezogen und bestochen als die Männer; aber in diesem Falle war das Aeußere plump und Nichts an ihm außergewöhnlich. Auch konnten manche Weiber nicht leben ohne bewundert zu werden; und ich kannte Dus eigentlich doch erst einige Wochen und es war wohl möglich, daß ich ihren wahren Charakter noch nicht ergründet hatte. Dann hatte sie auch ihre erste Erziehung in den Wäldern empfangen; und wir kehren oft in diesen

Punkten zu unsern frühesten Neigungen mit einem Eifer und einer Hingebung zurück, die sich durch Nichts erklären lassen. Es war möglich, daß dies seltsame Mädchen in ihrer Einbildungskraft sich in der Perspective der Zukunft mehr Glück und phantastische Genüsse in den Wäldern und Schluchten verstohlener Lichtungen ausgemalt hatte, als der Aufenthalt in den Städten der Menschen ihr zu bieten schien. Kurz, es gab kaum eine tolle Einbildung, welche nicht in diesem Augenblick der heftigen Eifersucht und des schmerzlichen Unglücks auf mein Gehirn einstürmte. Ich fühlte mich so elend wie ein Hund. Was Zephaniah betrifft, den begünstigten Jüngling von Ursula Malbone, so empfing er seinen Brief, wie mich dünkte, mit linkischer, verlegener Ueberraschung, und schlenderte um eine Ecke des Gebäudes, wahrscheinlich um den Genuß zu haben, ihn allein zu lesen. Dies führte ihn aber mehr in meine Nähe, denn ich hatte mich zurückgezogen, in Folge eines unüberwindlichen Widerwillens, der Scene, die hier vor sich ging, nahe zu seyn.

Einen Brief öffnen, wenn er auch von den zarten Händen einer Ursula Malbone gefaltet war, und ihn lesen – das waren zwei ganz verschiedene Operationen, wie Zephaniah jetzt entdeckte. Die Erziehung des jungen Mannes war ziemlich verwahrlost gewesen und nach ein paar Versuchen fand er es unmöglich, weiter zu kommen. Während er den Brief offen in seiner Hand hatte, fand er, daß derselbe für ihn ebenso sehr ein geschlossenes Buch war, als nur je. Zephaniah konnte zwar Geschriebenes lesen mittelst emsigen und langsamen Buchstabirens; aber es durfte keine gute Handschrift seyn. Wie manche Personen reines Englisch nicht verstehen können, so fand er es weit schwieriger, die zierlichen Schriftzüge vor ihm herauszubuchstabiren, als es für ihn gewesen wäre, wenn er es mit den Haken und Krähenfüßen Einer seiner Schwestern zu thun gehabt hätte. Wie er seine Augen, Beistand suchend, umher schweifen ließ, begegneten sie zufällig dem Blicke meiner Augen, welche seine Bewegungen mit der Wachsamkeit einer Katze durch die Spalten der Scheiter, in einer Entfernung von nur drei Schuhen von seinem Gesichte, beobachteten. Was den Indianer betrifft, so beobachtete er, dem Anschein nach, so wenig was vorging, als Liebende bei einer verstohlenen Zusammenkunft die Zeit; obwohl ich später Grund zu der Annahme zu haben glaubte, daß seiner Aufmerksamkeit Nichts entgangen sey. Andries befand sich in einem entfernten Theile des Gefängnisses, die Lichtung und die Mühle rekognoscirend mit einem Interesse, welches für den Augenblick all seine Aufmerksamkeit verschlang. Von diesen Umständen versicherte sich Zephaniah, indem er einen Blick durch die Oeffnungen zwischen den Scheitern warf; dann seitwärts mir näher tretend, sagte er mit leiser Stimme:

„Ich weiß nicht wie es ist, aber Euch die Wahrheit zu gestehen, Major Littlepage, Yorker Gelehrsamkeit und Varmounter Gelehrsamkeit sind so verschiedene Dinge, daß ich es nicht so leicht finde, diesen Brief zu lesen, als ich wohl wünschen möchte."

Auf diesen Wink hin nahm ich den Brief und begann ihn in leisem Tone zu lesen; denn das war es, was Zephaniah von mir verlangte, mit einem Zartgefühl, das ihm so weit zur Ehre gereichte. Da der Leser vielleicht einigermaßen die Neugier theilt, die ich selbst empfunden, zu erfahren, was denn Ursula Malbone möglicher Weise in dieser Art und Weise dem Zephaniah Tausendacres zu sagen haben konnte, will ich den Inhalt dieses sonderbaren Briefes ausführlich mittheilen. Er war in bester gehörigster Form adressirt an: „Mr. Zephaniah Timberman, Mooseridge," und in dieser Hinsicht hätte er für eine ganz gewöhnliche briefliche Mittheilung gelten können. Der Inhalt lautete folgendermaßen:

„Sir,

„Da Ihr oft schon eine lebhafte Freundschaft für mich ausgesprochen habt, will ich Euch jetzt Gelegenheit geben, eine Probe abzulegen von der Aufrichtigkeit Eurer Versicherungen. Mein guter Oheim begibt sich zu Eurem Vater, den ich nur vom Hörensagen kenne, um von ihm die Freigebung Major Littlepage's zu verlangen, der, wie wir hören, gegen alles Gesetz und Recht als Gefangener in den Händen Eurer Familie ist. Da möglicherweise das Anliegen Kettenträgers für Tausendacres unangenehm seyn kann, und es zu hitzigen Worten zwischen ihnen kommen dürfte, erwarte ich von Eurer Freundschaft einige Bemühungen, um den Frieden zu erhalten; und insbesondere daß Ihr, falls Etwas vorfiele, was meinen Oheim verhinderte, zurückzukommen, zu mir in die Wälder kommen möchtet – denn ich werde den Kettenträger bis an den Saum Eurer Lichtung begleiten – und es mir zu wissen thun. Ihr werdet mich dort finden, begleitet von Einem der Schwarzen, und wir werden uns leicht treffen, wenn Ihr in östlicher Richtung den Weg durch die Felder nehmt, denn dahin will ich den Neger abschicken, Euch aufzusuchen und zu mir zu führen.

„Neben dem oben Gesagten, Zephaniah, laßt mich Euch auch dringend bitten, Euch Major Littlepage's vorsorglich anzunehmen. Sollte diesem Gentleman etwas Schlimmes widerfahren, so wäre es der Ruin Eurer ganzen Familie. Das Gesetz hat einen weitreichenden Arm, und er reicht in die Wildniß hinaus so gut wie auf eine Ansiedlung. Ein menschliches Wesen ist etwas ganz Anderes als einige Acres Nutzholz, und General Littlepage wird viel mehr an seinen edeln Sohn denken, als an all das Holz, welches gehauen und fortgeführt worden ist. Noch einmal daher bitte ich Euch aufs ernstlichste, dieses Gentleman Euch schützend anzunehmen, nicht nur sofern Ihr auf meine Achtung hofft, sondern auch, so lieb Euch Eure eigene Gemüthsruhe ist. Ich bin einigermaßen in die Umstände verflochten, in deren Folge Mr. Littlepage in Eure Hände gerieth, und ich würde in meinem Leben keinen glücklichen Augenblick mehr haben, wenn ihm etwas Ernstes zustieße. Bedenkt das, Zephaniah, und laßt Eure Handlungsweise hiedurch bestimmen. Ich bin es mir selbst und Euch schuldig, hinzuzufügen, daß die Antwort, die ich Euch zu Ravensnest, am Tage des Hausaufschlagens, gegeben, jetzt und immer meine Antwort an Euch bleiben muß; aber wenn Ihr wirklich die Freundschaft für mich habt, wie Ihr damals betheuertet, so werdet Ihr Alles thun, was Ihr könnt, um Major Littlepage zu dienen, der ein alter Freund meines Oheims, und dessen Leben und Sicherheit in Folge von Umständen, die Ihr ganz zu würdigen wissen würdet, wenn man sie Euch erklärte, unerläßlich ist für meine Gemüthsruhe in der Zukunft.

Eure Freundin
Ursula Malbone."

Welch ein wunderbares Mädchen war diese Dus! Ich denke es ist wohl unnöthig, zu sagen, daß ich die tiefste Beschämung empfand über meine Eifersucht, die mir jetzt ebenso abgeschmackt und unbegründet vorkam, als sie mir einen Augenblick vorher gerecht und wohlbegründet erschienen war. Gott stehe dem Unglücklichen bei, der das Opfer vieler blinden Leidenschaft ist! Wer eifersüchtig und argwöhnisch ist in den gewöhnlichen Vorkommnissen und Verhältnissen des Lebens, der hält sich meist selbst zum Narren, indem er tausend Umstände sieht, die nur in seinem eigenen Gehirn existiren; aber derjenige, dessen Eifersucht durch die Liebe gespornt wird, muß fast mehr als ein Mensch seyn, wenn er nicht seine Seele von den Teufeln will packen lassen. Ich kann jedoch keinen schlagendern Beweis davon geben, zu welcher Schwäche die genannte Leidenschaft den Menschen bringt, als das Zugeständniß, das ich so eben gemacht, daß ich für möglich hielt, Ursula Malbone könne den Zephaniah Tausendacres, oder was immer sein eigentliche Name seyn mochte, lieben. Ich habe mir seither in Wuth über meine eigene Thorheit die Haare zerrauft, wenn mir die Schwäche jener Stunde wieder in den Sinn kam.

„Sie schreibt einen verzweifelten Brief!" rief der junge Squatter aus, seinen gewaltigen Körper dehnend und streckend, wie Einer, der in Folge heftiger Aufregung die Herrschaft über seine Bewegungen verloren hat. „Ich glaube nicht. Major, daß sich ein Mädel, das sich ihr vergleichen ließe, in York findet, – im Staat oder in der Colonie! Ich habe eine furchtbare Neigung für sie!"

Es war unmöglich, nicht zu lächeln über diesen Ausbruch seiner Anhänglichkeit und Leidenschaft; auch hätte mich im Ganzen der Ehrgeiz, der darin lag, nicht überrascht, wenn der Jüngling nur um ein klein Wenig höher auf der Leiter der Gesellschaft gestanden wäre. Abgesehen von den großen Städten und von einzelnen Ausnahmen in Beziehung auf isolirte Familien, besteht noch bis auf diesen Tag kein bedeutender Unterschied zwischen den Klassen bei unsern Brüdern im Osten. Die große Gleichheit des Standes, der Verhältnisse und der Bildung, welche als Regel bei der ganzen ländlichen Bevölkerung von Neuengland herrscht, hat, während sie für die Masse des Volkes so vielfach förderlich gewesen ist, auch die unvermeidliche Folge gehabt, das Maß der Geistesbildung bei der hervorragenden Minderzahl herabzudrücken, sowohl was Talente und Kenntnisse, als was die eigenthümlichen Begriffe und Ansichten der Stände betrifft; und Nichts ist gewöhnlicher in jenen Gegenden als von Heirathen zu hören, welche man anderwärts für ganz unpassend halten würde aus dem einfachen Grunde der Verschiedenheit in der Lebensgewohnheit, in der Denk- und Gefühlsweise der Betheiligten. So konnte Zephaniah nach der Hand von Ursula Malbone trachten, ohne so sehr gegen s e i n e Begriffe von dem, was passend und schicklich sey, zu verstoßen, als es, nach unsern Begriffen, wirklich der Fall war, – und um so mehr, als sie in der That der äußeren, gemeinen und mehr ins Auge fallenden unterscheidenden Merkmale ihres wirklichen Standes und Charakters, als gebildetes Frauenzimmer, entbehrte. Ich konnte deshalb nicht umhin, einige Achtung für den guten Geschmack des jungen Mannes zu empfinden, und zwar dies um so bereitwilliger, als ich jetzt nicht mehr von dem einfältigen Wahnbild seines möglichen Triumphes verfolgt wurde.

„Da Ihr solche Freundschaft für Dus fühlt,“ sagte ich, „so hoffe ich daraus rechnen zu dürfen, daß Ihr ihren Weisungen Folge leistet.“

„In welcher Art kann ich Euch dienen, Major? Ich betheure, es ist mein aufrichtigster Wunsch, zu thun, was Ursula von mir wünscht, wenn ich nur wüßte, wie?“

„Ihr könnt die Schlösser und Riegel unseres Gefängnisses hier aufthun, und uns sofort in die Wälder frei ziehen lassen, wo wir, verlaßt Euch darauf, ganz sicher davor seyn werden, wieder eingefangen zu werden. Thut uns diesen Gefallen, so will ich Euch fünfzig Acres Land geben, worauf Ihr Euch ansiedeln und ein ehrlicher Mann werden könnt. Bedenkt, es ist doch etwas Ehrenhaftes fünfzig Acres gutes Land als Eigentümer zu besitzen!“

Zephaniah sann nach über mein lockendes Anerbieten, und ich bemerkte wohl, daß er eine Weile schwankte, aber seine endliche Entscheidung fiel gegen meine Wünsche aus. Er schüttelte den Kopf, sah sich nachdenklich um, nach den Wäldern, in welchen er Dus vermuthete, vielleicht eben jetzt sein Thun und Vornehmen beobachtend, wollte sich aber nicht zu dem verstehen, was ich ihm angesonnen hatte.

„Wenn ein Vater seinem eigenen Sohne nicht trauen kann, wem auf der Welt kann er dann trauen?“ fragte der junge Squatter.

„Man soll Niemand beistehen, Unrecht zu thun und Euer Vater hat kein begründetes Recht, uns Drei, so wie er gethan, in diesem Hause einzusperren. Die That ist gegen das Gesetz, und dem Gesetz wird er früher oder später darüber Rechenschaft ablegen müssen!“

„Oh, was das Gesetz betrifft, darum kümmert er sich nicht viel. Wir sind unser ganzes Leben lang gegen das Gesetz gewesen und das Gesetz gegen uns. Wenn Einer es probirt und riskirt mit Geschworenen und Zeugen und Advokaten und armen Attorney-Generals, uns gleichgültigen öffentlichen Anklägern, so ist das Gesetz nichts so Furchtbares in diesem Lande. Ich glaube wohl, daß es Länder gibt, wo das Gesetz Etwas zu bedeuten hat; aber hier herum und in ganz Varmount kümmern wir uns nicht viel um das Gesetz, wenn es nicht eine Sache ist von Mann gegen Mann, und der andere Theil so zäh wie ein Bullenbeißer an seinen Rechten festhält. Dann, ich gestehe es, will es Etwas bedeuten, wenn man das Gesetz auf seiner Seite hat; aber in Fällen, wo es sich um Vergehen handelt, will es nicht viel sagen.“

„Aber hier kann es sich am Ende doch um mehr als ein bloßes Vergehen handeln. Euer Vater – beiläufig gesagt, ist Tausendacres bedeutend verletzt?“

„Es ist kaum der Rede werth,“ antwortete der Sohn ganz kühl, immer noch nach den Wäldern hinüber starrend. „Nur ein wenig betäubt, aber er erholt sich schnell wieder, und er ist an solche Stöße schon gewohnt. Vater hat einen verzweifelt festen und harten Kopf, und kann mehr Hammerschläge aushalten, als irgend ein Mann, den ich je gesehen. Auch Tobit ist in dem Punkte zäh; und er kann es wohl brauchen, denn er bekommt immer Stöße und Hiebe genug um Stirn und Augen herum."

„Und da Euer Vater wieder zu sich kommt, was scheint seine Gesinnung und sein Vorhaben gegen uns zu seyn?"

„Nichts Freundschaftliches, das kann ich Euch versichern! Der alte Mann ist schwer gereizt; und wenn das der Fall ist, so muß er seinen Willen haben und fragt Nichts nach allen Gouverneuren und Richtern im Lande!"

„Glaubt Ihr, er denke uns Gefangenen ein ernstliches Leid anzuthun?"

„Ein Mann denkt nicht gar viel, sollte ich meinen, nach einem solchen Puff auf den Schädel. Er fühlt gewaltig viel Mehr als er denkt; und wenn das Gefühl Meister ist, so fragt es sich nicht viel, wer Recht und wer Unrecht hat. Die große Schwierigkeit in Eurer Sache besteht darin, wie man ins Reine kommen soll über das Holz, das im Fluß liegt. Das Wasser ist seicht; und das Höchste, was damit vor dem November geschehen kann, ist, daß man es bis zum nächsten Flußabsatz flößt, über den es nicht mit Sicherheit hinunter kommen kann, ohne einen höhern Wasserstand. Es ist gefährlich, Einen Euresgleichen, und auch den Kettenträger, drei oder vier Monate in einer Art Haft hier zu halten, und es ginge auch nicht an, Euch laufen zu lassen, da Ihr bald das Gesetz gegen uns in Bewegung setzen würdet. Und wenn wir Euch behalten, wird auch eine Nachforschung angestellt und eine Belohnung ausgeboten werden. Nun wissen sehr viele Eurer Pächter von dieser Lichtung, und die menschliche Natur kann einem ausgebotenen Preise nicht widerstehen. Der alte Mann weiß das wohl und er fürchtet das am meisten. Wir können beinahe Allem besser widerstehen, als einem guten, runden Preise."

Ich war belustigt ebenso wie erbaut von Zephaniah's Einfalt und Offenherzigkeit und hätte gern das Gespräch weiter fortgesetzt, wäre nicht Lowiny herbei getrippelt gekommen, um ihren Bruder abzurufen zu einer Versammlung der Familie; denn der alte Squatter hatte sich jetzt so weit wieder erholt, daß er einen Rath seiner Söhne zusammenberief. Der Bruder verließ mich im Augenblick, das Mädchen aber zögerte noch bei dem Vorrathshause in meiner Nähe, wie wenn sie sich schwer zum Weggehen entschließen könnte.

„Ich hoffe, der Hauspudding war süß und gut," sagte Lowiny, einen schüchternen Blick durch die Spalte hineinwerfend.

„Er war vortrefflich, mein gutes Mädchen, und ich danke Euch von ganzem Herzen dafür. Seyd Ihr jetzt sehr beschäftigt? – Könnt Ihr einen Augenblick verweilen, während ich eine Bitte an Euch thue?"

„Oh, ich habe jetzt Nichts im Hause zu schaffen, da der Vater die Jungen um sich versammelt hat. Wenn er das thut, so pflegt auch die Mutter oft sich zu entfernen."

„Das freut mich, denn ich halte Euch für so wohlwollend und gut, daß ich Euch wohl vertrauen darf in einer Sache von einiger Wichtigkeit; oder darf ich nicht, meine gute Lowiny?"

„Also können doch Töchter von Squatters gut seyn in den Augen großer Grundherren?“

„Gewiß – sogar vortrefflich; und ich bin ganz geneigt, zu glauben, daß Ihr zu diesen gehört.“ Lowiny's Angesicht strahlte vor Entzücken; und ich empfand weniger Widerstreben, diese Schmeichelei auszuspenden, als sonst wohl der Fall hätte seyn können, weil sie in der That das, was ich zu ihrem Lobe sagte, großentheils verdiente. „Ja, in Wahrheit, ich weiß, das seyd Ihr, und Ihr paßt gar nicht für diese Art Leben. Aber ich muß Euch meine Wünsche sofort entdecken, denn die Zeit dürfte uns kurz zugemessen seyn.“

„Thut es,“ sagte das Mädchen, begierig mich anschauend, und ein leichtes Erröthen übergoß ihr Angesicht, – das untrügliche Zeichen aufrichtiger, edler Gefühle und das Unterpfand der Tugend; „thut es, denn ich sterbe vor Verlangen, sie zu hören, denn ich weiß im Voraus, ich werde Alles thun, was Ihr von mir verlangt. Ich weiß nicht, wie es kommt, aber wenn Vater oder Mutter mir etwas auftragen, ist mir manchmal, als könnte ich es nicht thun; jetzt aber ist mir gar nicht so zu Muthe.“

„Meine Bitten und Wünsche kommen nicht so oft vor, daß sie Euch lästig fielen. Versprecht mir zuerst, mein Geheimniß zu bewahren.“

„Das will ich!“ antwortete Lowiny rasch und mit Nachdruck. „Keine sterbliche Seele soll je ein Wort davon erfahren, und ich werde nicht einmal im Schlaf davon schwatzen, wie ich manchmal thue, wenn ich es irgend lassen kann.“

„Der Kettenträger hat eine Nichte, die ihm sehr lieb und theuer ist, und die alle seine Liebe und Zärtlichkeit erwiedert. Ihr Name ist –“

„Dus Malbone!“ unterbrach mich das Mädchen mit leisem Lachen. „Zeph hat mir Alles von ihr gesagt, denn Zeph und ich sind sehr gute Freunde, – er sagt mir Alles, und ich sage ihm Alles. Es ist ein solcher Trost, das könnt Ihr Euch wohl denken, Jemand zu haben, dem man Geheimnisse anvertrauen kann; – nun, und was ist's mit Dus?“

„Sie ist hier.“

„Hier? Ich sehe Nichts von ihr,“ – und sie schaute sich hastig, und wie mich dünkte mit einiger Unruhe und Bestürzung um, – „Zeph sagt, sie sey furchtbar schön.“

„Sie gilt dafür, glaube ich; aber in dieser Hinsicht steht sie keineswegs allein. Es ist kein Mangel an hübschen Mädchen in Amerika. Wenn ich sagte, sie sey hier, so meinte ich damit nicht, hier im Vorrathshause, sondern hier in den Wäldern. Sie begleitete ihren Oheim bis an die Grenze der Lichtung – schaut Euch um, mehr nach Osten hin. Seht Ihr den schwarzen Baumstumpf in dem Kornfeld hinter Eures Vaters Wohnung?“

„Gewiß – das ist gut sehen – ich wollte, ich könnte Albany ebenso deutlich sehen.“

„Nun, schaut ein Wenig links von diesem Baumstumpf, so werdet Ihr einen großen Kastanienbaum an dem Rande des Waldes dahinter sehen – der Kastanienbaum, den ich meine, ragt mit seinem Wipfel so zu sagen aus dem Wald heraus in die Lichtung herein."

„Gut, ich sehe den Kastanienbaum auch und ich kenne ihn wohl. Es ist eine Wasserquelle ganz nahe beim Fuß desselben."

„Am Fuß des Kastanienbaumes hat der Kettenträger seine Nichte zurückgelassen, und ohne Zweifel ist sie jetzt dort herum irgendwo. Könntet Ihr es wagen, so weit hinüber herumzuschlendern, ohne geradezu auf jenen Punkt zuzugehen, und eine Botschaft oder einen Brief zu bestellen?"

„Ganz gewiß kann ich das! Ha, wir Mädchen streifen auf den Loosen herum wie es uns gefällt; und es ist jetzt auch gerade die Zeit zum Beerensammeln. Ich will laufen und einen Korb holen, und Ihr könnt, während ich fort bin, den Brief schreiben. Ha, kein Mensch wird etwas denken, wenn ich aufs Beerensammeln ausgehe, – ich habe ein verzweifeltes Verlangen, diese Dus zu sehen! Glaubt Ihr, sie werde den Zeph nehmen?"

„Das Gemüth junger Frauenzimmer ist etwas so Ungewisses, daß ich es nicht wagen möchte, eine Meinung zu äußern. Wenn es eine Person meines Geschlechts wäre, und er hätte seine Wünsche erklärt, so würde ich es Euch, glaube ich, mit einiger Bestimmtheit sagen können."

Das Mädchen lachte; dann schien sie etwas verwirrt und erröthete wieder. Wie doch das angeeignete, ja, das angeborene Gefühl des Geschlechts sich nicht unterdrücken, sich nicht hindern läßt, in solchen untrüglichen Anzeichen das weibliche Herz zu verrathen!

„Nun," rief sie, indem sie fortsprang, den Korb zu holen, „nach meinen Begriffen ist die Seele eines Mädchens so wahrhaftig und so zuverläßig als die irgend eines lebenden Geschöpfs."

Jetzt war meine Aufgabe, ein Billet an Dus zu schreiben. Die Schreibmaterialien lieferte mir meine Brieftasche. Ich riß ein Blatt heraus, näherte mich dem Kettenträger, ihm zu sagen, was ich vor hatte, und bat ihn, mir zu sagen, ob er einen besondern Auftrag an Dus mir zu geben habe.

„Schreibt dem lieben Mädchen meinen Segenswunsch, Mortaunt. Schreibt ihr, der alte Kettenträger bete zu Gott, daß er sie segne – das ist Alles. Ich überlasse es Euch, das Uebrige ihr zu schreiben."

Dies that ich denn auch. Zuerst schrieb ich der Nichte den Segenswunsch ihres Oheims. Dann erklärte ich ihr mit möglichst wenigen Worten unsere Lage, die ich in so hoffnungsvollem Lichte darstellte, als mein Gewissen es mir gestatten wollte. Nach diesen Erläuterungen bat ich Ursula dringend, zu ihrem Bruder zurückzukehren, und sich nicht wieder, so weit von seinem Schutze entfernt, Gefahren auszusetzen. Vom Schluß des Billets will ich nicht viel sagen. Er war kurz, aber er ließ Dus errathen, daß meine Gefühle für sie so lebhaft und feurig als nur je seyen; und ich glaube, dies war ausgesprochen mit kräftigen Worten, wie die Leidenschaft sie eingibt. Ich war gerade mit meinem Billet fertig, als Lowiny erschien, es in Empfang zu nehmen. Sie brachte uns eine Kanne Milch, als eine Art Vorwand dafür, daß sie wieder nach dem Vorrathshaus ging, nahm dafür den Brief in Empfang, und eilte fort den Feldern zu. Wie sie an einer der Hütten vorbei kam, hörte ich sie einer Schwester zurufen, sie gehe um Heidelbeeren für die Gefangenen zu suchen.

Ich verfolgte die Schritte dieses rüstigen Mädchens mit gespanntem Interesse. Der Kettenträger, welcher seit meinem Verschwinden wenig geschlafen hatte, brachte jetzt das Verlorene ein; und was den Indianer betrifft, so waren Essen und Schlafen die ganz gewöhnlichen Beschäftigungen seiner Rasse, wenn sie nicht auf der Jagd, oder auf dem Kriegspfad, oder als Läufer auf einer Botschaft begriffen waren.

Lowiny schritt einem Platz zu, von welchem das Buschwerk völlig Besitz genommen hatte. Hier verschwand sie bald, im Weitergehen mit behenden Fingern Beeren ablesend, da sie es gerathen finden mochte, bei ihrer Rückkehr doch einige solche Früchte aufweisen zu können. Ich hielt mein Auge aufmerksam nach den Oeffnungen des Waldes, in der Nähe des Kastanienbaumes, gerichtet, sobald die Büsche das Mädchen verbargen, ängstlich und begierig den Augenblick erwartend, wo ich ihre Gestalt wieder an diesem Punkte würde erscheinen sehen. Meine Aufmerksamkeit wurde noch geschärft dadurch, daß mein Auge Dus' ansichtig wurde. Es war nur ein Nu, daß das Flattern weiblicher Kleider zwischen den Bäumen hin sichtbar wurde; aber da es zu bald war, als daß Lowiny schon dort hätte angekommen seyn können, so erkannte ich hieraus, daß es Dus seyn müsse. Dies war erfreulich, da nunmehr kaum zu bezweifeln stand, daß meine Botin den Gegenstand ihres Suchens finden werde. Etwa eine halbe Stunde, nachdem Lowiny den von Büschen bedeckten Platz betreten hatte, sah ich sie ganz deutlich am Fuß des Kastanienbaumes. Einen Augenblick blieb das Mädchen stehen, wie um zu rekognosciren, und dann schritt sie plötzlich in den Wald hinein, wo ich nicht zweifelte, daß sie und Dus sich trafen und besprachen. Eine ganze Stunde verstrich und ich bekam von Dus nichts mehr zu sehen.

Mittlerweile erschien Zephaniah wieder beim Vorrathshause. Diesmal kam er von zweien seiner Brüder begleitet, den Schlüssel in der Hand. Zuerst vermuthete ich, ihre Absicht sey, mich vor den hohen Gerichtshof Tausendacres' zu stellen, aber hierin irrte ich mich. Sobald die jungen Männer die Thüre unseres Gefängnisses erreicht hatten, so rief Zephaniah dem Onondago zu, er solle sich derselben nähern, da er ihm Etwas zu sagen habe.

„Es muß gar eine langweilige Geschichte für eine Rothhaut seyn, sich einsperren zu lassen wie ein Schwein, ehe es abgeschlachtet wird,“ sagte der Jüngling, seine Bilder von den ihm vertrautesten Gegenständen entlehnend; „und ich denke, Ihr würdet recht gerne herauskommen und herumwandeln, wie ein freies und vernünftiges Geschöpf. Was sagt Ihr, Indianer, ist das Euer Wunsch?“

„Gewiß,“ antwortete Sureflint ruhig. „Viel lieber draußen seyn als drinnen.“

„So vermuthete ich ganz natürlich. Nun, der alte Mann sagt, Ihr könnt herausgehen, auf Versprechungen, wenn Ihr geneigt seyd, diese zu geben. So seyd Ihr dann Herr und Meister Eurer Bewegungen, seht Ihr.“

„Was er verlangen von mir zu thun? Was er verlangen von mir zu sagen, he?“

„Eigentlich nichts Besonderes, wenn Einer es nur probiren will. Erstlich sollt Ihr Euer Wort geben, nicht davon zu laufen, sondern in der Nähe der Lichtung zu bleiben und zu kommen und Euch zu stellen, wenn drei kurze Töne auf der Muschel geblasen werden. Wollt Ihr Euch dazu verstehen, Sus?“

„Gewiß – nicht weggehen; zurückkommen, wenn rufen – das heißt, in der Nähe bleiben, wo Muschel hören können.“

„Wohl, das ist abgemacht und der Handel ist fertig. Sodann sollt Ihr versprechen, nicht um die Mühle und Scheune spähend herumzustreifen, zu sehen, was Ihr da entdecken könnt, sondern Ihr sollt Euch fern halten von allen Gebäuden außer dem Vorrathshaus und den Wohnungen, und die Lichtung nicht verlassen. Willigt Ihr ein?“

„Gut, nicht hart, das zu thun.“

„Wohl! sodann sollt Ihr keine Waffen auf die Ansiedlung bringen, und den andern Gefangenen Nichts als Worte und Lebensmittel zukommen lassen. Wollt Ihr Euch demgemäß halten?“

„Gewiß; ganz bereit seyn, auch das zu thun.“

„Dann sollt Ihr in keiner Art und Weise Einen von uns bekriegen, bis Ihr Eures Worts entbunden und wieder Euer eigener Herr seyd. Was sagt Ihr dazu, Trackleß?“

„Alles gut; einwilligen das Alles zu thun.“

„Wohl, das ist so ziemlich Alles, was der alte Mann begehrt; aber die Mutter hat noch ein paar Bedingungen auf dem Herzen, welche ich Euch vorlegen will, darauf besteht sie. Sollte es zum Allerschlimmsten kommen, und die Leute auf dieser Ansiedlung in Kampf gerathen mit fremden Leuten, so sollt Ihr Euch verbindlich machen, keine Skalpe zu nehmen von Weibern und Kindern, und keinen von einem Manne, den Ihr nicht im offenen Treffen überwunden habt. Die alte Frau will Euch die Skalpe im Treffen getödteter Männer bewilligen, glaubt aber, es sey gegen Vernunft und Billigkeit, sie zu nehmen von Solchen, die nicht so überwunden worden.“

„Gut; gar nicht begehren überhaupt Skalpe zu nehmen,“ antwortete der Indianer mit einer inneren Bewegung, die er nicht ganz zu unterdrücken vermochte. „Haben keinen Stamm, – haben keine jungen Männer; wozu nützen Skalpe? Niemand darnach fragen, wie viele Skalpe Susquesus nehmen – wie viele er zurücklassen. Alles das vergessen lange Zeit.“

„Wohl, das ist Eure Sache, nicht die meinige. Aber da Ihr alle die Artikel angenommen habt, könnt Ihr jetzt herauskommen und Eurem Geschäft nachgehen. Merkt es Euch, drei kurze scharfe Stöße in die Muschel sind das Signal, daß Ihr kommen und Euch stellen sollt.“

Auf dies eigenthümliche Cartel hin ward Susquesus in Freiheit gesetzt. Ich hörte die ganze Übereinkunft mit Erstaunen, obwohl aus dem Benehmen der hohen kontrahirenden Parteien leicht zu sehen war, daß diese Uebereinkunft für sie gar nichts Neues und Ungewohntes hatte. Ich hatte gehört, daß das Wort eines Indianers, mochte sein Charakter seyn wie er wollte, in allen solchen Fällen als unverbrüchlich galt, und konnte nicht umhin, mir, als Susquesus ruhig aus dem Gefängniß hinausschritt, die Frage vorzulegen, wie viele Potentaten und Mächte sich wohl in der Christenheit fänden, die unter Umständen, wobei ihre wichtigsten Interessen in ähnlicher Weise betheiligt wären, ein ähnliches Vertrauen in Andere setzen würden. Neugierig, die Gesinnungen meiner dermaligen Herren über diesen Gegenstand zu erfahren, benützte ich die Gelegenheit, sie darüber zu befragen.

„Ihr gebt dem Indianer seine Freiheit auf sein Wort," sagte ich zu Zephaniah – „werdet Ihr uns Weißen dieselbe Vergünstigung verweigern?"

„Ein Indianer ist ein Indianer. Er hat seine Natur und wir haben die unsere. Es war auch die Rede davon. Euch herauszulassen, Major; aber der alte Mann wollte Nichts davon hören. ›Er kenne die Menschenkinder,‹ sagte er, ›und er wisse, es gehe nimmermehr an.‹ Wenn man einen Weißen loslasse, so biete er all seinen Witz auf, ein Loch zu finden, durch das er dem geschlossenen Handel entschlüpfe – und wenn er bis zur Erschaffung der Erde zurückgehen müßte, um eines zu finden. Der Major werde sagen: Ich wurde gegen das Gesetz festgenommen, und jetzt, da ich heraus bin, will ich außen bleiben gegen die gegebene Zusage, und was dergleichen Gründe und Spitzfindigkeiten sind; und nun wir ihn sicher haben, wird es das Beste seyn, ihn auch in sicherem Gewahrsam zu behalten! Das ist das Wesentliche von des alten Mannes Ideen, und Ihr könnt selbst ermessen, Major, so gut als einer von uns, wie wahrscheinlich es sey, daß er davon abgehe."

Es ließ sich nicht streiten mit dieser Logik, die, wie ich insgeheim selbst wohl erkannte, in der Sache selbst nicht unbegründet war, und ich machte keine weitern Versuche, meine Loslassung zu bewirken. Es schien jedoch, daß Tausendacres selbst halb geneigt war, zu Gunsten des Kettenträgers ein ähnliches Zugeständnis eintreten zu lassen, wie das dem Indianer bewilligte. Dies fiel mir als sonderbar auf nach dem harten Zusammenstoß, der zwischen den beiden Männern stattgefunden hatte, – aber es gibt Ehrenpunkte, die jedem Verhältnisse des Lebens eigentümlich sind, und in Betreff deren die Menschen, die diesen Verhältnissen angehören, einen Stolz darein setzen, nicht nur denselben Achtung zu verschaffen, sondern auch sie selbst zu achten.

„Der Vater hatte den Gedanken, auch Euer Ehrenwort anzunehmen, Kettenträger," fuhr Zephaniah fort, „und er schloß damit, daß er sagte, er würde es thun, hättet Ihr nicht in neuerer Zeit so viel außerhalb der Ansiedlungen gelebt, daß er Euch nicht mehr recht zuversichtlich trauen könne. Ein Mann, der so viele Zeit damit zubringt, Grenzen zu ziehen, könne sich leicht auch für berechtigt halten, sie zu überschreiten."

„Eurem Vater steht seine Meinung ganz frei," antwortete Andries kalt. „Er wird von mir kein Ehrenwort bekommen, und ich begehre keine Vergünstigungen von ihm. Wir stehen einander als Feinde gegenüber, junger Mann, und er mag sich vorsehen und sein Holz in Acht nehmen, so gut er kann."

„Nein," versetzte Zephaniah sich streckend und mit Feuer, obwohl er wußte, daß er zu dem Oheim von Dus sprach und somit sein Interesse bei seiner Geliebten gefährdete; „nein, Kettenträger, wenn es dazu kommt, wird es schwere Schläge setzen. Wir sind eine starke Partei stämmiger Männer und lassen uns nicht einschüchtern durch den Schreier eines Hofes, oder aus dem Lande verjagen durch Schafsfelle. Pantherkatzen müssen gegen uns kommen in Schaaren, ehe wir einen Zoll breit weichen."

„Geht mir, geht mir, thörichter junger Mann – Ihr seyd Eures Vaters Sohn, und damit ist genug von Euch gesagt. Ich verlange keine Vergünstigung von Squatters, welche ein Gezücht sind, das ich verabscheue und verachte."

Ich war etwas überrascht, als ich diese Antwort hörte, und Zeuge war der Kundgebung solcher Gesinnungen von Seiten Kettenträgers, der für gewöhnlich ein kalter und durchgängig ein höflicher Mann war. Aber bei näherem Nachdenken erkannte ich, daß er nicht so Unrecht hatte. Irgend ein Austausch von Höflichkeiten zwischen uns und unseren dermaligen Herren mochte ihnen gewisse Ansprüche gegenüber von uns zu verleihen scheinen, während, wenn wir an's nackte Recht uns hielten, wir in moralischer Beziehung wenigstens jeden Vortheil über sie hatten.

Zephaniah und seine Brüder verließen uns, nachdem sie von Andries zurückgewiesen worden waren; Susquesus aber lungerte fortwährend um das Vorrathshaus herum, und dem Anschein nach war er draußen nicht viel besser daran als darinnen. Er hatte Nichts zu thun, und sein Müssiggang war der eines Indianers – des Angehörigen einer Race von so gewaltiger Energie, wenn Energie erforderlich ist, und dagegen wieder so träg und gleichgültig, wenn nicht Noth, Vergnügen, Krieg oder Interesse sie aufregen und in Anspruch nehmen.

So standen die Sachen, als wir, einige Zeit nach der so eben erzählten Unterredung, wieder einen Besuch von einer Abtheilung der Familie hatten, an deren Spitze Tobit stand. Dieser Mann erschien, um den Kettenträger und mich nach der Hütte Tausendacres' zu eskortiren, wo alle Männer von der Familie versammelt waren, und wo wir, wie es jetzt den Anschein hatte, eine Art Verhör bestehen sollten, das einen ernsten Einfluß auf unser Schicksal, zum Guten oder zum Schlimmen, üben mochte. Ich befragte den Kettenträger, ob es rathsam sey, uns zu einer solchen Maßregel herzugeben; aber ich fand Andries geneigt, der ganzen Squatterbrut Angesicht gegen Angesicht entgegen zu treten und ihnen seines Herzens Meinung zu sagen, wann und wo immer es seyn mochte. Als ich meinen Freund so gestimmt sah, machte auch ich keine weitere Einwendungen, sondern verließ in seiner Gesellschaft das Vorrathshaus, wohl bewacht von vier der jungen Männer, welche sämmtlich bewaffnet waren, um uns nach dem Sitze der Justiz unter dieser wilden und patriarchalischen Regierung zu begeben.

## Zweiundzwanzigstes Kapitel

Als Adam grub und Eva spann.
Wo war denn da der Edelmann?

*Altes Sprichwort*

Tausendacres hatte die Formen des Gesetzes nicht ganz vernachlässigt, so sehr er sich gegen den Geist desselben auflehnte. Wir fanden eine Art Gerichtshof vor der Thüre seiner Wohnung versammelt, er selbst in der Mitte, während in dem Hauptzimmer sich Niemand befand, als Prudence und ein paar Töchter. Unter diesen befand sich zu meinem Erstaunen Lowiny; denn ich hatte das Mädchen nicht aus den Wäldern zurückkehren sehen, obgleich ich mein Auge noch nicht lang weggewendet hatte von der Richtung, in welcher ich Dus' ansichtig zu werden gehofft hatte.

Tobit führte uns Gefangene in das Haus und stellte uns in die Nähe der Thüre, seinem Vater gegenüber; eine Vorkehrung, welche die Notwendigkeit großer Wachsamkeit beseitigte, da wir unsere Flucht nur so hätten bewerkstelligen können, daß wir durch die draußen Versammelten hindurch gerannt wären – was ganz und gar unthunlich war. Aber Kettenträger schien gar keinen Gedanken an Flucht zu hegen. Er trat in den Kreis athletischer junger Männer mit vollkommener Gleichgültigkeit; und ich erinnere mich, daß mir auffiel, sein Wesen gleiche ganz dem, welches ich oft an ihm bemerkt hatte, wenn unser Regiment am Vorabend wichtiger, entscheidender Tage stand. In solchen Augenblicken konnte der alte Andries großartig erscheinen, und erschien es wirklich oft, – Würde, Autorität und Kaltblütigkeit waren da mit dem ächtesten, gediegensten Muthe gepaart.

Im Zimmer angekommen, setzten Kettenträger und ich uns in der Nähe der Thüre, während Tausendacres einen Stuhl auf dem Rasenplatz draußen hatte, umgeben von seinen Söhnen, welche sämmtlich standen. Da diese Vorbereitungen unter ernstem Stillschweigen stattfanden, ermangelten sie nicht, einigen Eindruck auf das Gemüth zu machen und hatten einige Ähnlichkeit mit der gewöhnlichen imponirenden Physiognomie der Justiz. Mir fiel die ängstlich gespannte Neugier auf, welche sich in den Gesichtern der Frauen insbesondere verrieth; denn die Entscheidung, welche Tausendacres jetzt bald aussprechen sollte, mußte für sie natürlich das Ansehen eines Salomonischen Urteilsspruchs haben. Gewohnt, wie sie waren, ganz nach Maßgabe ihres eigenen Interesses zu argumentiren, zweifle ich nicht, daß in der Hauptsache alle Angehörigen dieser halbbarbarischen Bande bei ihrem gesetzlosen Treiben sich einbildeten, mit einer Art von geheimem natürlichem Rechte ausgerüstet uns betraut zu seyn: nicht ahnend und erkennend, daß, sobald sie ihre Ansprüche auf diesen Maßstab zurückführten, sie sie ebendamit denen aller übrigen Menschen gleich stellten. Die Natur gibt einem Individuum Nichts ausschließlich, als seine Individualität und was zu seiner Person und seinen persönlichen Eigenschaften gehört; alles darüber hinaus Liegende ist er, nach dem Recht der

Natur, genöthigt mit den Uebrigen seines Geschlechts zu theilen. Ein auf ursprünglichem Besitz beruhender Titel bildet keine Ausnahme von dieser Regel: denn nur menschliches Uebereinkommen verleiht ihm Kraft und Ansehen, und ohne sie würde er gar keinen Titel begründen. Aber auf solche Mysterien ließ sich nie Eines von der Familie Tausendacres ein; obgleich die kleine, leise Stimme des Gewissens, die dämmernden Ahnungen des Rechts gelegentlich noch sich verriethen und kund gaben in dem verworrenen Gemisch gesellschaftlicher Maximen, zu welchem ihre Selbstsucht ihre Zuflucht genommen hatte.

Wir leben in einem Zeitalter des sogenannten Fortschritts, und bilden uns ein, der Mensch rücke beständig vor aus der großen Bahn seiner Bestimmung, einem Ziele entgegen, das wir uns gerne als Vollkommenheit denken. Ich werde mir sicherlich nicht anmaßen, zu entscheiden, was die Absicht der Gottheit in Betreff der künftigen Bestimmung unserer Gattung auf der Erde sey oder nicht sey; aber Jahre und Erfahrung haben mich belehrt, – oder ich mußte umsonst gelebt haben, – wie Wenig an unseren gerühmten Fortschritten wahrhaft Neues ist; und wenn wir wirklich Grundsätze besitzen, welche das Gepräge der Unverletzlichkeit an sich tragen, so sind es diejenigen, welche die ehrwürdigsten dadurch geworden sind, daß sie die schwersten Proben der Zeit bestanden haben.

Ich weiß nicht, ob die lange Pause des Schweigens, welche nach unserer Ankunft eintrat, das Resultat einer berechnenden Absicht war, den Eindruck dieser seltsamen Scene zu erhöhen, oder ob Tausendacres wirklich Zeit brauchte, um seine Gedanken zu sammeln und seine Plane zu reifen. Eines fiel mir auf; trotz des gewaltsamen Auftrittes, der vor so kurzer Zeit erst zwischen dem Kettenträger und ihm stattgefunden hatte, zeigte sich keine Spur von rachsüchtiger Erbitterung in dem harten und runzelvollen Gesicht dieses alten Waldbewohners; denn er war zu sehr gewohnt an solche plötzliche Ausbrüche des Zorns, als daß er sie lange in seinem Gedächtniß haften ließ. In Allem, was an diesem (für mich) so merkwürdigen Tage gesprochen wurde und vorging, konnte ich bei dem Squatter durchaus keine Aeußerung eines Gefühls bemerken, welches eine Folge gewesen wäre von dem harten und persönlichen Zusammenstoß, den er kaum eben erst mit meinem Freunde gehabt hatte. Sie hatten sich gerauft und er war unterlegen; und damit hatte die Sache ein Ende.

Das Schweigen, welches eintrat, nachdem wir uns gesetzt hatten, muß einige Minuten gedauert haben. Was mich betrifft, so sah ich, daß ich bei dieser Scene nur eine untergeordnete Rolle spielte, der alte Andrics hatte mich ganz ausgestochen, nicht nur durch sein Thun und Handeln, sondern auch in der Schätzung der Squatters. An ihn waren sie schon gewohnt, ja gewohnt überdies, ihn als eine Art von feindlicher Macht anzusehen, da sein Beruf schon im Gegensatz und Widerspruch stand mit dem Haupt- und Grundprinzip ihres täglichen Lebens. Derjenige, welcher das Land vermaß, und derjenige, der es unvermessen wegnahm, waren in ihren sittlichen Begriffen ebenso wie in der Natur und Wirklichkeit geradezu Antagonisten, und man konnte sich leicht denken, daß sie einander nicht mit den freundlichsten Augen ansahen. So kam es, daß der Kettenträger wirklich für diese Squatters der Gegenstand lebhafteren Interesses wurde, als der Sohn eines der

Grundherrn und der förmliche Sachwalter und Agent von Beiden. Was den alten Mann selbst betrifft, so bemerkte ich, daß er ein gar holländisches Gesicht machte, was eine hartnäckige Entschlossenheit, an Halsstarrigkeit grenzend, andeutete; ein unerschütterliches Beharren bei dem, was er für Recht hielt, und einen lebhaften Widerwillen gegen die ihn jetzt umgebenden Männer, theils in Folge von andern Gründen, theils und hauptsächlich weil sie von Osten her stammten, von einem Geschlecht, das er mit Mißtrauen ansah und doch achtete; das er nicht leiden mochte, und doch heimlich ehren mußte wegen mancher Eigenschaften, welche er als nützlich und gut anerkannte.

Für die nächste Generation wird die Stimmung und Gesinnung, welche früher so auffallend war in dem gegenseitigen Verhältniß der unter uns lebenden Abkömmlinge von holländischem Blut und der Leute von englischer Abkunft, welche von den östlichen Staaten herkamen, fast nur noch eine geschichtliche Merkwürdigkeit und Erinnerung seyn. Ich bemerke, daß mein Vater in der Handschrift, die er mir hinterlassen, ebenso wie ich mehrfach diesen Gegenstand berührt hat. Es ist mein Wunsch, daß man mich in diesem Punkte recht verstehe. Ich habe es nur erwähnt als eine unbestreitbare Thatsache; aber wie ich hoffe, ohne alle ungebührliche Eingenommenheit von meiner Meinung. Es ist möglich, daß wir Beide, Mr. Cornelius Littlepage und sein Sohn, ohne es uns selbst bewußt zu seyn, influirt worden sind von den alten Vorurtheilen der Colonieen, obgleich ich mich gewissenhaft bestrebt, mich derselben zu entschlagen. Jedenfalls, wenn Einer von uns etwas zu streng hierin erscheinen sollte, wird sich der Leser, hoffe ich, erinnern, wie viel während der letzten anderthalb Jahrhunderte hierüber der Welt vorgeschwatzt worden ist von den Yankee's, und wie wenig von den Holländern, und wird einem Manne, der stolz ist auf das wenige holländische Blut, das in seinen Adern fließt, das Recht einräumen, die Sache wenigstens auch von der Seite darzustellen, wie sie nach seiner Anschauungsweise und seinem Standpunkt sich darbot. Aber es ist Zeit, zu unserer Scene in der Hütte zurückzukehren.

„Kettenträger," begann Tausendacres, nachdem die erwähnte Pause einige Minuten gedauert hatte, und er sprach mit einer Würde, die ihren Grund nur in der Stärke und Spannung seiner Gefühle haben konnte, „Kettenträger, Ihr seyd mein und der Meinigen Feind gewesen seit dem Tage, als wir uns zuerst sahen. Ihr seyd ein Feind vermöge Eures grausamen Berufes; und doch habt Ihr die Keckheit, mir förmlich und absichtlich in die Hände zu laufen!"

„Ich bin ein Feind aller Schelme, Tausendacres, und ich frage nicht darnach, wer das weiß," antwortete der alte Andries finster; „das ist mein Beruf, so gut als Kettentragen; und ich wünsche, daß man dies fern und nah wisse. Was das betrifft, daß ich Euer Feind seyn soll durch meinen Beruf, so kann ich dasselbe von Euch sagen; da von keiner Vermessung, von keinem Kettentragen die Rede seyn könnte, wenn alle Leute sich selbst ihr Land nähmen und zueigneten, wie Ihr Euer ganzes Leben hindurch gethan habt, ohne zu den Eigenthümern auch nur zu sagen; „mit Eurer Erlaubniß."

„Die Sachen sind jetzt zwischen uns zum Punkt der Entscheidung gekommen," versetzte der Squatter; „aber angesehen, daß Ihr in meinen Händen seyd, bin ich willig und bereit, die Sache gütlich mit Euch zu erörtern, in der Hoffnung, daß wir doch vielleicht als Freunde scheiden, und daß dies der letzte unserer Zwiste seyn möge. Ihr und ich wir werden ältliche Männer, Kettenträger; und es ist wohlgethan, daß diejenigen, die sich ihrem Ende nähern, manchmal auch daran denken. Ich komme aus keiner holländischen Colonie, sondern aus einem Lande, wo die Menschen Gott fürchten und auch an ein künftiges Leben denken."

„Das liegt weder hier noch dort, Tausendacres," rief Kettenträger ungeduldig. „Nicht anders freilich, als daß es um die Religion etwas Gutes, und Achtbares, und Ehrwürdiges und Anbetungswürdiges ist; aber sie hat ihren Platz nicht in einem Squatterlande, und am allerwenigsten im Munde eines Squatters. Könnt Ihr mir Eines sagen, Tausendacres, nämlich das: warum Ihr Yankee's so viel betet, und alle drei Worte Gott anruft, Euch zu segnen, und die Augen aufschlagt und verdreht, und an den Sonntagen Euch so heilig anstellt, und dann am Montag hergeht und als Squatter auf dem Eigenthum eines Holländers Euch setzt? Ich bin ein alter Mann, habe lange gelebt und viel gesehen, und hoffe, ich verstehe etwas von dem, was ich gesehen und von den Menschen, unter denen ich gelebt habe, aber das begreife ich nicht! Yankee-Religion und holländische Religion können nicht aus derselben Bibel herkommen."

„Ich glaube auch nicht, ich glaube auch nicht, Kettenträger; und ich hoffe es überdies nicht. Ich wünsche nicht, gerechtfertigt zu werden auf Eure Weise, wünsche mir keine Religion wie die Eurige. Was vorher versehen ist, das wird sich erfüllen, komme auch was da wolle, das ist mein fester Glaube. Aber lassen wir die Religion ganz aus dem Spiel in diesem Handel zwischen uns–"

„Ja, daran werdet Ihr wohl thun," brummte der Kettenträger: „denn die Religion hat in Wahrheit blutwenig damit zu thun."

„Ich sage," versetzte Tausendacres mit lauter Stimme, wie entschlossen, sich Gehör zu verschaffen, „die Religion für den Sabbath und andere passende Gelegenheiten vorbehaltend, bin ich bereit, diese Sache mit Euch auf dem Boden der Vernunft zu erörtern, und Euch nicht nur meine Meinung zu sagen, sondern auch die Eurige anzuhören, wie es recht und billig ist zwischen Mann und Mann."

„Ich gestehe, den lebhaften Wunsch zu hegen, anzuhören, was Tausendacres zur Vertheidigung seiner Handlungsweise zu sagen hat, Kettenträger," – fand ich jetzt für gut zu äußern; – „und ich hoffe, Ihr werdet mir diesen Gefallen thun und ein geduldiger Zuhörer seyn. Ich bin ganz damit zufrieden, daß Ihr antwortet, denn ich kenne keinen Menschen, dem ich eine gerechte Sache zu führen lieber anvertraute als Euch. Beginnt, Tausendacres; mein alter Freund wird meinen Wunsch erfüllen." Andries fügte sich meinen so bestimmt ausgesprochenen Wünschen, aber nicht ohne verschiedentliche Zeichen von Unruhe, die sich in seinem ehrlichen Gesicht aussprachen, und manches halb erstickte Gemurmel von: „Yankee-Schlauheit und Heiligthuerei, in einen Wolfspelz gehüllt," womit Kettenträger eigentlich das Schafskleid meinte, aber in eine Vermengung der Bilder verfiel, welche keineswegs selten ist bei den Leuten seiner Art und Kaste. Nach einer Pause begann der Squatter:

„Bei der Erörterung dieser Sache, junger Mann, gedenke ich mit dem Anfang der Dinge anzufangen,“ sagte er; „denn ich gebe zu, wenn Ihr Besitztiteln und königlichen Verleihungen und Bewilligungen und dergleichen Dingen einen Werth beilegt, daß dann meine Rechte hier nicht viel bedeuten. Aber wenn man auf den allerersten Anfang zurückgeht, ist der Fall ganz anders. Ihr werdet, denke ich, zugeben, daß der Herr Himmel und Erde geschaffen, und daß er den Menschen geschaffen hat, um Herr über die letztere zu seyn?“

„Und was soll das hier?“ versetzte der Kettenträger lebhaft. „Was soll das hier, alter Tausendacres? So hat der Herr auch jenen Adler geschaffen, der dort so hoch über Eurem Haupte fliegt, aber das ist kein Zeichen, daß Ihr ihn tödten sollt, oder er Euch.“

„Nehmt Vernunft an, Kettenträger, und laßt mich meinen Spruch sagen; nachher bin ich bereit, Euch anzuhören. Ich fange an mit dem Anfang, wo der Mensch zuerst in den Besitz der Erde gesetzt wurde, um zu pflanzen und zu graben, und Sägeblöcke zu hauen und Schnittholz zu machen, ganz wie es seinen Bedürfnissen und Neigungen gemäß war. Nun war Adam der Vater von allen Menschen, und ihm und seinen Nachkommen ward der Besitz der Erde gegeben, von Dem, dessen Name und Wort mehr gilt, als Namen und Wort aller Könige, Gouverneure und Versammlungen in der ganzen bekannten Welt. Adam lebte seine Zeit und hinterließ Alles seinen Nachkommen, und so ist es fortgegangen vom Vater auf den Sohn, bis auf unsere Zeit und unsere Generation herab, nach dem Gesetze Gottes, obwohl nicht nach den Gesetzen der Menschen.“

„Wohl, Alles zugegeben, was Ihr da sagt, Squatter, wie soll das Alles Euer Recht hier zu einem bessern machen, als das irgend eines Andern?“ fragte Andries in verachtendem Tone.

„Nun, die Vernunft sagt uns, wo eines Menschen Rechte anfangen, wie Ihr sehen werdet, Kettenträger. Die Erde ist also, wie ich Euch gesagt, dem Menschen gegeben, daß er sie für seine Bedürfnisse gebrauche. Wenn Ihr und ich geboren werden, ist ein Theil der Welt schon benutzt, ein anderer aber nicht. Wir bedürfen Land, wenn wir alt genug sind, um unsere Arme zur Arbeit gebrauchen zu können, und ich lasse mich hier in den Wäldern nieder, das heißt, wo Niemand vor mir sich niedergelassen hat. Nun begründet das, nach meinen Begriffen, den allerbesten Besitztitel, den vom Herrn selbst ausgehenden Rechtstitel.“

„Nun gut, Ihr habt also Euren Rechtstitel vom Herrn,“ versetzte der Kettenträger, „und Ihr habt Euer Land. Ich setze voraus, daß Ihr nicht die ganze Erde für Euch nehmen werdet, welche noch nicht bevölkert ist, und ich möchte wohl wissen, wie Ihr Eure Linien zwischen Euch und Eurem nächsten Nachbar ziehen würdet. Zugegeben, daß Ihr hier in den Wäldern seyd, wie viel Land würdet Ihr zu Eurem gottseligen Gebrauch nehmen, und wie viel würdet Ihr für den Nächstkommenden übrig lassen?“

„Jeder Mann würde nehmen, so viel für seine Bedürfnisse nöthig ist, Kettenträger, und behalten, so viel er einmal besitzt.“

„Aber was ist sein Bedürfniß, und was ist Besitz? Seht Euch einmal um, Tausendacres, und sagt mir, wie viel von diesem Platz hier Ihr gemeint seyd, für Euch in Anspruch zu nehmen in Kraft des Besitztitels, den Ihr vom Herrn ableitet?“

„Wie viel? So viel ich nöthig habe – genug, um mich und die Meinigen zu nähren, – und genug, um Schnittholz zu machen und die Jungen in Thätigkeit zu halten. Es würde einigermaßen von den Umständen abhängen; ich würde zur einen Zeit mehr bedürfen als zu einer andern, je nachdem die Jungen heranwüchsen und die Zahl der Familienglieder sich vermehrte.“

„Genug, um Nutzholz zu machen, auf wie lang? und um die Jungen in Thätigkeit zu erhalten, wie lang? Einen Tag, eine Woche, oder ein Leben lang, oder auf die Zeit vieler Lebensdauern hinaus? Das müßt Ihr mir sagen, Tausendacres, ehe ich Euch auf Euren Titel Etwas halte.“

„Seyd nicht unvernünftig, – seyd nicht unbillig in Euren Fragen, Kettenträger; dann will ich Euch alle beantworten, und in einer Weise, die Euch und jeden urtheilsfähigen Menschen befriedigen soll. Wie lang ich das Nutzholz bedarf? So lang ich es zu verwenden und zu verwerthen vermag. Wie lang ich die Jungen in Thätigkeit erhalten wolle? So lang, bis sie des Platzes überdrüssig sind und sich nach Veränderung sehnen. Wenn Einer seiner Niederlassung satt ist, so vertausche er sie mit einer andern, und verkaufe, wie natürlich, seine Meliorationen an den besten Kunden, den er auftreiben kann.“

„Oh, Ihr wollt Eure Meliorationen verkaufen, das wollt Ihr? Was! Den vom Herrn herrührenden Besitztitel verkaufen, alter Tausendacres? Das Geschenk des Himmels hingeben für schnödes, elendes Gold und Silber?“

„Ihr versteht Aaron nicht,“ fiel Prudence ein, welche sah, daß der Kettenträger in der Argumentation die Oberhand zu gewinnen im Begriffe stand, und immer bereit war, jedem Mitglied ihres Stammes zu Hülfe zu kommen, wie es nun gerade nöthig war, mit Worten, mit Zähnen und Nägeln, oder mit der Büchse. „Ihr versteht den Aaron ganz und gar nicht, Kettenträger. Seine Idee ist, der Herr habe die Erde geschaffen für seine Creaturen; Jeder, der Land bedürfe, habe das Recht, so viel zu nehmen als er bedürfe, und es zu benützen, so lang es ihm beliebe; und wenn er es genug benützt hat, seine Meliorationen loszuschlagen um den Preis, über den er sich mit Andern vereinigt.“

„Dabei bleibe ich!“ fiel der Squatter ein, mit einem lauten Hm, wie ein Mann, der sich durch einen ihm gewordenen Beistand erleichtert fühlt, „das ist meine Idee, und darauf bin ich entschlossen zu leben und zu sterben.“

„Gelebt habt Ihr darauf, das weiß ich recht gut, Tausendacres; und nunmehr Ihr alt seyd, ist es auch ganz wahrscheinlich, daß Ihr darauf sterben werdet. Was das Verstehen betrifft, so versteht Ihr Euch selbst nicht. Ich will Euch erstlich nur fragen, wie viel Land habt Ihr Euch hier genommen? Ihr habt Euch hier so förmlich und vollständig als Squatters niedergelassen, daß Ihr Euch eine Mühle gebaut habt. Nun sagt mir, wie viel Land habt Ihr für Euch genommen, damit, wenn ich komme, um neben Euch als Squatter mich zu setzen, unsre Grenzzäune nicht mit einander in

Collision kommen. Ich thue eine einfache Frage an Euch, und ich hoffe eine einfache und gerade Antwort zu erhalten. Zeigt mir die Grenzen Eures Territoriums; wie viel von der Erde Ihr für Euch in Anspruch nehmt, und wie viel Ihr nicht in Anspruch nehmt.“

„Ich habe Euch die Frage schon so ziemlich beantwortet, Kettenträger. Mein Glaube und meine Ueberzeugung ist, daß ein Mann das Recht hat, Alles zu nehmen, was er bedarf, und Alles zu bedürfen, was er genommen hat und besitzt.“

„Dann stehe Gott den Männern bei, die zwischen Euch und Euern Nachbarn die Ketten tragen müssen, Tausendacres; was ein Mann heute bedarf, kann ganz verschieden seyn von dem, was er morgen bedarf, und morgen wieder von übermorgen, und so fort bis ans Ende der Zeit! Nach Eurer Lehre würde Nichts fest bestehen, und Alles wäre wechselnd wie im Würfelspiel.“

„Ich werde, glaube ich, noch nicht recht verstanden, nach Allem, was schon gesagt worden ist,“ versetzte der Squatter. „Zwei Männer beginnen zur gleichen Zeit ihre Laufbahn in der Welt, und Beide bedürfen Güter zur Bewirthschaftung. Gut; da ist nun die Wildniß, oder vielleicht ist es nicht mehr ganze Wildniß, war es aber doch einst. Der Eine zieht es vor, Meliorationen zu kaufen und thut es; der Andere macht sich mitten in die Wälder hinein, wo ihn kein menschliches Auge mehr sieht, und läßt sich da nieder. Beide Männer sind in ihrem Recht und können aus ihrem Besitze bestehen und ihn behaupten, sage ich, bis ans Ende der Zeit, das heißt, unter der Voraussetzung, daß das Recht stärker ist, als die Gewalt.“

„Wohl, wohl,“ versetzte der Kettenträger etwas trocken; „und gesetzt, Einer von Euern Männern mag keine Meliorationen kaufen, sondern folgt dem Andern und läßt sich auch in der Wildniß nieder?“

„Laßt es ihn thun, sage ich; es ist sein Recht und das Gesetz des Herrn.“

„Aber gesetzt, Eure beiden jungen Männer wünschen dasselbe Stück wilden Landes.“

„Wer zuerst gekommen, mahlt zuerst, das ist meine Maxime. Wer am raschesten zugegriffen, soll das Land haben. Der Besitz entscheidet Alles, wenn es gilt, die Titel auf die Ländereien zu bereinigen.“

„Nun denn, Tausendacres, Euch zu Gefallen wollen wir den Einen dem Anderen den Vorsprung abgewinnen und zuerst Besitz nehmen lassen; wie viel soll er occupiren?“

„So viel er bedarf, habe ich Euch schon gesagt.“

„Ja, aber wenn sein langsamerer Kamerade auch kommt und auch seine Bedürfnisse hat, und seine Niederlassung neben seinem frühern Nachbar zu gründen wünscht, wo soll dann die Grenze zwischen ihnen zu finden seyn?“

„Laßt sie darüber sich verständigen! Es müßten furchtbar schlechte Nachbarn seyn, wenn sie über eine solche Kleinigkeit sich nicht vereinigen könnten,“ sagte Tobit, welcher der Erörterung müde zu werden begann.

„Tobit hat Recht," sagte der Vater, „laßt sie über ihre Linie sich verständigen und sie mit dem Auge ziehen. Fluch über alle Ketten und Compasse, sage ich! Sie sind eine Erfindung des Teufels, um böses Blut unter Nachbarn zu machen und immer Streit und Händel zu wecken, während unsere Bibel uns gebietet, mit allen Menschen Frieden zu halten."

„Ja, ja, ich verstehe das Alles," erwiederte der Kettenträger etwas wegwerfend. „Eine Yankee-Bibel ist ein sehr bequemes Buch. Es findet sich darin Beweis und Bestätigung für alle Arten von Lehre und Anbetung und Gebet und Predigen und so fort. Es ist was ich eine Sofortbibel nenne, Mortaunt, die man ebenso gut rückwärts wie vorwärts lesen kann; alle Kapitel werden in Eines zusammengerührt, wenn es nöthig ist, oder auch alle Verse zu Kapiteln gemacht. Manchmal ist St. Lukas St. Paulus, und St. Johannes ist St. Matthäus. Ich habe Eure Dominies die Schrift auslegen hören, und keine Zwei legen sie gleich aus. Neuerung – das ist die Religion von Neu-England, und Neuerung, in Gestalt der Ländereien anderer Leute ist der Glauben seiner liebenswürdigen Söhne! Ob ja, ich habe wohl schon eine Yankee-Bibel gesehen! Aber das schlichtet den Handel zwischen unseren zwei Squatters noch nicht, von welchen Jeder eine gewisse Strecke Bergland braucht zu seinem Nutzholz; nun, welcher soll es haben?"

„Derjenige, der zuerst hingekommen, habe ich Euch schon gesagt, alter Kettenträger, und einmal gesagt, ist so gut wie tausendmal. Wenn der zuerst Gekommene diesen Berg angeschaut, und bei sich selbst gesagt hat: ›dieser Berg ist mein;‹ so ist er sein."

„Nun, das heißt schnell sich ein Eigenthum erwerben! Habt Ihr, Tausendacres, auf diese Weise Euer Land auf dem Gute Mooseridge in Besitz genommen?"

„Gewiß – ich wünsche mir keinen bessern Titel. Ich kam zuerst hieher und nahm das Land, und ich werde fortwährend mir Land nehmen, so wie ich es brauche. Es ist unnöthig, um die Sache herum zu schwatzen; ich spreche gern meines Herzens Meinung aus, wenn gleich des Grundherrn Sohn dabei ist und es hört."

„Oh, Ihr sprecht laut genug und deutlich genug, und es sollte mich nicht wundern, wenn Ihr selbst über kurz oder lang für Euer Land-Nehmen festgenommen würdet. Aber es ist da eine Schwierigkeit, die ich Euch namhaft machen will, Tausendacres, daß Ihr sie in Erwägung zieht. Ihr nehmt Besitz von Waldland, wie Ihr sagt, indem Ihr es anseht –"

„Selbst das Ansehen ist nicht nöthig," versetzte der Squatter, begierig den Umfang seiner Rechte möglichst zu erweitern. „Es ist genug, daß Einer das Land braucht und wünscht, und daß er kommt oder schickt, um es sich zuzueignen. Der Besitz ist Alles, und ich nenne das Besitz, wenn man ein Stück Land begehrt, und in ziemlicher Nähe davon eine Art von Arbeitsstätte oder Fabrik anlegt. Das gibt ein Recht, Holz zu fällen und zu lichten, und wenn eine Lichtung begonnen ist, so ist es eine Melioration; und Jedermann gibt zu, daß Meliorationen sowohl gekauft als verkauft werden können."

„Gut, jetzt verstehen wir einander. Aber hier liegt die kleine Schwierigkeit, auf die ich Euch aufmerksam machen wollte. Ein gewisser General Littlepage und ein gewisser Oberst Follock fanden Geschmack an diesem Stück Land lang vor dem alten französischen Krieg, und neben dem, daß sie daran Gefallen fanden und Boten schickten, um es in Augenschein zu nehmen, kauften sie auch fürs Erste von den Indianern das Recht darauf; dann kauften sie es von dem Könige, dem damals alles Land in der Colonie gehörte, das keine andere Eigenthümer hatte. Dann schickten sie Landvermesser, um die Linien zu ziehen, und diese Vermesser kamen an diesem Fluß vorbei, wie ich aus ihren Feldbüchern ersehen habe; dann wurden weitere Vermesser geschickt, um es in große Loose zu vertheilen, und jetzt wieder andere, um es in kleine Loose zu vermessen; und sie haben viele Jahre Bodenzins daraus bezahlt, und andere Dinge gethan, welche beweisen, daß sie dies Stück Land nicht minder begehren als Ihr. Sie haben es über ein Vierteljahrhundert gehabt und diese ganze Zeit über das Eigenthumsrecht geübt; und während dieses ganzen Vierteljahrhunderts haben sie es ganz ernstlich behaupten wollen, und das wollen sie noch, wenn man die Wahrheit sagen darf.“

Eine lange Pause folgte auf diese Auseinandersetzung, während welcher die verschiedenen Glieder der Familie einander ansahen, als ob Eins beim Andern Beistand suchte. Der Gedanke, daß die Frage eine andere Seite habe, als von welcher sie sie lange Zeit so beharrlich und zuversichtlich betrachtet hatten, war ihnen neu, und sie waren etwas verblüfft über diesen außerordentlichen Umstand. Es ist dies einer der bedeutendsten Uebelstände, worunter der Einwohner eines kleinen, abgeschlossenen Bezirks leidet, in Allem was seine persönlichen Neigungen, Geschmack und Begriffe anlangt, und nicht selten auch in Betreff seiner Grundsätze. Dies ist es, was eigentlich den Provinzialbewohner macht, mit seinen engen Ansichten, seinen starren Begriffen, seiner Einbildung und seinen raschen, unbedachten Neigungen und Abneigungen. Wenn man sich umsieht und sich überzeugt, wie so gar Wenige durch Erfahrung und Kenntniß der Welt überhaupt befähigt sind, ihre Ansichten auszusprechen, so muß man wohl erstaunen, wenn man findet, wie Viele es dennoch ohne Bedenken thun. Ich zweifle nicht, die Familie Tausendacres war nicht minder überzeugt von der Wahrheit ihrer Landmoral, als Paley es nur je von seiner Moralphilosophie, oder Newton von seinen mathematischen Demonstrationen seyn konnte.

„Ich wundere mich nicht, daß man Euch Tausendacres nennt, Aaron Timpermann,“ fuhr der Kettenträger, seinen Vortheil verfolgend, fort; „denn mit einem solchen Rechtstitel auf Euer Besitzthum könnte man Euch ebenso gut gleich Zehntausendacres nennen, und noch mehr! Nein, ich wundere mich vielmehr, daß, während Ihr mit dem bloßen Anschauen Eurer Augen Besitzurkunden ausfertigtet, Ihr Euch so gemäßigt gezeigt habt, denn es wäre ebenso leicht, ein ganzes Patentgut auf diese Art von Rechtstitel zu besitzen, als ein einzelnes Gut.“

Aber Tausendacres hatte sich entschlossen, den Gegenstand nicht weiter zu verfolgen, und während leicht zu sehen war, daß feurige Leidenschaften in ihm brannten, schien er jetzt darauf bedacht, eine Besprechung, von welcher er ohne Zweifel ganz andere Resultate erwartet hatte, zu einem plötzlichen Schlusse zu bringen. Nur mit Mühe unterdrückte er den in seinem Innern tobenden Vulkan, aber es gelang ihm soweit, daß er Tobit Befehl ertheilte, seinen Gefangenen wieder einzusperren.

„Führt ihn fort, Jungen, führt ihn in das Vorrathshaus zurück," sagte der alte Squatter aufstehend und etwas auf die Seite tretend, um Andries durch zu lassen, als scheute er sich, demselben zu nahe zu kommen; „er war geboren zum Knecht der Reichen und als ihr Knecht wird er sterben. Ketten sind gut genug für ihn; und ich wünsche ihm nichts Schlimmeres, als daß er den Rest seiner Tage Ketten tragen müsse!"

„Oh, Ihr seyd ein ächter Sohn der Freiheit!" rief der Kettenträger, indem er ruhig nach seinem Gefängniß zurückkehrte: „ein ächter Sohn der Freiheit, nach Eurer eigenen Einbildung! Ihr wollt Alles und Jedes nach Eurem Sinn und Wunsch, und Alles und Jedes in Eurer Tasche haben! Das Gesetz des Herrn ist ein Gesetz für Tausendacres, aber kein Gesetz, auf das sich Cornelius Littlepage oder Dirck Follock berufen dürften!"

Obgleich nun mein alter Freund nach seinem Gefängniß eskortirt wurde, machte man doch keine Anstalt, mich wegzubringen. Im Gegentheil, Prudence begab sich zu ihrem Gatten draußen, gefolgt von ihrer jungen Brut, und einen Augenblick wähnte ich mich gänzlich vergessen und allein gelassen. Eine Bewegung jedoch in einer Ecke des Gemachs zog meine Aufmerksamkeit dahin, und ich sah Lowiny auf den Zehen dastehen, mit einem Finger am Munde, das Zeichen des Schweigens, während sie mit der andern Hand durch lebhafte Geberden mir zu verstehen gab, ich solle in einen kleinen Gang treten, welcher mittelst einer Leiter mit dem obern Stockwerk der Hütte in Verbindung stand. Meine Moccasins waren mir jetzt von großem Nutzen. Ohne lange die Folgen zu erwägen, ja ohne mich umzuschauen, that ich, wie sie mich anwies, und zog die Thure hinter mir zu. In dem Gang, in welchem ich mich jetzt mit dem Mädchen allein befand, war ein kleines Fenster, und mein erster Gedanke war, mich durch dasselbe hindurchzudrängen, denn es hatte weder Scheiben noch Gläser, aber Lowiny ergriff mich bei den Armen.

„Der Herr erbarme sich unser!" flüsterte das Mädchen – „man würde Euch sehen und festnehmen oder erschießen! So lieb Euch Euer Leben ist, geht nicht da hinaus jetzt. Hier ist eine Höhle, die als Keller dient, und dort ist die Fallthüre – hier geht hinab, und wartet, bis Ihr von mir Weiteres hört."

Es war keine Zeit zur Ueberlegung, und der Anblick von Kettenträgers Geleite, wie sie mit ihm dem Vorrathshause zuschritten, überzeugte mich, daß das Mädchen Recht hatte. Sie hielt die Fallthüre und ich stieg in die Höhle hinab, die als Keller diente. Ich hörte, wie Lowiny eine Kiste über die Fallthüre schob, und dann glaubte ich das Krachen der Sprossen der Leiter zu hören, wie sie in das obere Stockwerk hinaufstieg, wo ihre gewöhnliche Schlafstätte sich befand.

Alles dies ging buchstäblich binnen einer Minute vor sich. Noch eine Minute mochte verstrichen seyn, als ich den schweren Schritt Tausendacres' auf dem Boden über mir hörte, und das Geschrei vieler Stimmen, welche alle zugleich sprachen. Es war unverkennbar, daß man mich vermißte und die Nachforschung nach mir schon begonnen hatte. Eine halbe Minute lang verstand ich Nichts; dann hörte ich Prudence's gellende Stimme nach Lowiny rufen.

„Lowiny – Ihr, Lowiny!“ schrie sie – „wohin ist das Mädel gekommen?“

„Ich bin hier, Mutter,“ – antwortete meine Freundin von ihrem obern Stock, „Ihr gebotet mir hinauf zu gehen und Eure neue Bibel zu suchen.“

Ich vermuthe, daß dem wirklich so war; denn Prudence hatte wirklich das Mädchen mit diesem Auftrag weggeschickt, und dies mußte jeden Verdacht beschwichtigen, daß ihre Tochter irgend Etwas mit meinem Verschwinden zu schaffen habe, falls ein solcher rege geworden war. Ich hörte jetzt rasche Schritte hin und her über meinem Kopf und es waren darunter die von mehreren Männern; und in dem Gewirre von Stimmen hörte ich auch die Lowiny's, welche die Leiter herabgestiegen seyn mußte und mit suchen half.

„Man darf ihn um keinen Preis entkommen lassen.“ sagte Tausendacres laut, „oder wir sind Alle ruinirt. Alles was wir haben, fällt in ihre Hände, und Mühle, Stämme und Alles ist rein verloren. Wir werden nicht einmal Zeit haben, das Geschirr und das Hausgeräthe fortzuschaffen.“

„Er ist die Treppen hinauf.“ – schrie Einer – „er muß in den Keller hinunter seyn.“ sagte ein Anderer. Schritte stiegen die Leiter hinauf, und ich hörte die Kiste von der Fallthüre wegziehen, und ein hereindringender Lichtstrom zeigte mir, daß die Thüre aufgehoben seyn mußte. Der Platz, wo ich mich befand, war eine Höhle zwanzig Schuh im Gevierte haltend, roh mit Steinen ausgemauert und beinahe leer: nur ein paar Fleischfäßchen waren da, und einige alte Fässer. Im Winter wurden vermutlich Vegetabilien darin aufbewahrt. Es war kein eigentlicher Schlupfwinkel darin, und ein Versuch, mich zu verstecken, würde nur zur Entdeckung geführt haben. Ich zog mich in eine Ecke in einem Theil des Kellers zurück, der ganz finster war, hielt mich aber für verloren, als ich ein paar Beine die Leiter herabsteigen sah. Beinahe in demselben Augenblick kamen zwei Männer und drei Weiber in das Gewölbe: und eine vierte Frauengestalt, die, wie ich später erfuhr, Lowiny selbst war, stand dergestalt über der Fallthüre, daß die Dunkelheit drunten verdoppelt wurde. Der erste Mann, der hinab kam, begann die Fässer herumzurollen und in den Ecken herumzuschauen; und mir kam der glückliche Gedanke, dasselbe zu thun. Indem ich mich ebenso geschäftig erwies, wie die Uebrigen, entging ich in der Finsterniß wirklich der Entdeckung, und bald rannte Tobit wieder nach der Leiter und schrie: „das Fenster – das Fenster – hier ist er nicht – das Fenster!“ In einer halben Minute war der Keller wieder leer; oder vielmehr, Niemand blieb darin, als ich.

Anfangs hatte ich Mühe, an mein gutes Glück zu glauben; aber die Thüre fiel zu, und die tiefe Stille in dem Gewölbe überzeugte mich, daß ich wenigstens dieser Gefahr entgangen war. Diese Rettung war so seltsam und unerwartet, daß ich kaum an deren Wirklichkeit glauben konnte, obgleich sie in jeder Hinsicht und Beziehung wirklich war. Das Lächerliche spricht oft die Einbildungskraft auf eine närrische Weise an; und so ging es mir in diesem Falle. Ich setzte mich auf ein Faß und lachte herzlich, als ich die feste Gewißheit erlangt hatte, daß Alles gut stehe, wobei ich mir die Seiten halten mußte, daß mich nicht der Ton meiner Stimme verrathe. Lowiny schien gleichsam von mir angesteckt, denn ich hörte ihr lautes, mädchenhaftes Gekicher, als ihre Brüder in fruchtlosem und hastigem Suchen in dem obern Theile des Gebäudes große und kleine Fässer und Bettstellen herumruckten und rollten. Diese Heiterkeit blieb jedoch nicht ungerügt; Prudence versetzte ihrer Tochter einen Streich an den Kopf, der, in gewissem Sinne, sogar mein Ohr erreichte; wahrscheinlich aber trug dies auch zur Beseitigung des Verdachtes bei, als ob das Mädchen meine Mitverschworene sey, da dies leichtsinnige Lachen eine so natürliche Aeußerung des Charakters des Mädchens zu seyn schien. Zwei oder drei Minuten, nachdem die Fallthüre zum zweiten Mal sich geschlossen, hörten die Laute von Tritten und Stimmen über mir auf, und die Hütte schien von allen ihren Bewohnern verlassen.

Meine Lage war jetzt nichts weniger als behaglich. Eingesperrt in einen dunkeln Keller, ohne Mittel zu entkommen, außer mittelst der Fallthüre, bei welchem Versuche ich beinahe die Gewißheit vor mir sah, in die Hände meiner Feinde zu fallen, begann ich jetzt zu bereuen, daß ich so bereitwillig auf Lowiny's Vorschlag eingegangen war. Wenn ich zum zweiten Mal gefangen wurde, so knüpfte sich daran eine gewisse Lächerlichkeit, welche nicht angenehm und für mein persönliches Ansehen nicht vortheilhaft war; und ich will gestehen, ich begann auch einige Besorgniß zu hegen wegen meiner Sicherheit und meines Lebens, falls ich zum zweiten Mal der Willkür solcher wilden und trotzigen Geister, wie Tausendacres' und seines ältesten Sohnes, anheim fiele. In diesem Keller begraben, war ich unmittelbar unter den Füßen derjenigen eingesperrt, deren Absicht war, sich meiner Person zu versichern, in einer Art, welche das Entkommen unmöglich, und die Entdeckung fast unvermeidlich machte.

Dies waren meine Betrachtungen, als wieder Licht in den Keller hereinströmte. Die Fallthüre ward angehoben, und sofort hörte ich in flüsterndem Tone meinen Namen rufen. An die Leiter vortretend, sah ich Lowiny, welche die Fallthüre hielt und mir winkte, hinaufzusteigen. Ich folgte blindlings ihren Weisungen und befand mich bald an ihrer Seite. Das Mädchen war nahe an Convulsionen in Folge der Angst vor Entdeckung einerseits, und des Dranges zu lachen andererseits; denn mein Auftauchen aus dem Keller vergegenwärtigte ihrer Einbildungskraft wieder all die spaßhaften Umstände der vor Kurzem vorgenommenen Nachsuchung.

„War es nicht spaßhaft, daß Keiner von ihnen Euch kannte?“ flüsterte sie; aber dann gebot sie mir mit einer hastigen Geberde Stillschweigen. „Sprecht nicht, denn sie suchen Euch noch immer ganz in der Nähe, und Einige könnten mir sogar hieher folgen. Ich wollte Euch aus dem Keller herausschaffen, da die kleinen Jungen bald hier zu schaffen haben werden, um Schweinsfleisch zum Nachtessen zu holen; und sie haben Augen wie Nadeln. Meint Ihr nicht, Ihr könntet in die Mühle kriechen? Sie steht jetzt still, und wird nicht wieder in Bewegung gesetzt werden, bis diese Unruhe vorüber ist.“

„Man würde mich sehen, mein gutes Mädchen, wenn von Euren Leuten ganz hier herum in der Nähe mich suchen.“

„Ich weiß das doch nicht. Kommt an die Thüre, so werdet Ihr sehen, es gibt einen Weg hinüber. Alle schauen rechts von diesem Hause hinaus; und wenn Ihr bis zu jenen Klötzen hinüber kriecht, seyd Ihr so ziemlich sicher. Wenn Ihr die Mühle wohlbehalten erreicht habt, so klimmt Ihr in das obere Stockwerk hinauf."

Einen Augenblick überschlug ich die Möglichkeit des Gelingens. Etwa hundert Fuß vom Hause entfernt begann ein großes Spalier von Sägeklötzen, welche neben einander lagen; und da das Holz zwei bis vier Fuß im Durchmesser hatte, war es ganz wohl möglich, zwischen demselben bis zu der Mühle fortzukriechen, bis zu welcher hin sogar einige von den Klötzen gewälzt waren. Die Hauptschwierigkeit war, über einen gänzlich offenen und freien Platz bis zu den Klötzen zu gelangen. Das Haus bot einen Schutz gegen die Meisten von der Familie, welche mit größter Geschäftigkeit Alles, was von ferne einem Versteck gleich sah, auf der entgegengesetzten Seite durchsuchten, da Niemand auch nur einen Augenblick daran dachte, daß ich in der Nähe der Mühle seyn könnte, sofern diese gerade gegenüber dem Punkte stand, wo im Augenblick meines plötzlichen Verschwindens der Schwarm der Squatters versammelt gewesen war. Aber die Knaben und Mädchen schwärmten in allen Richtungen überall umher; und es war ungewiß, wie lang sie an einem Orte blieben, oder wie lang ihre Blicke von meinem Pfade würden abgewendet seyn.

Es war nothwendig, Etwas zu thun, und ich entschloß mich, einen Versuch zu wagen. Ich warf mich auf den Boden und kroch, eher langsam als schnell, über den gefahrvollen Platz und erreichte sicher die Holzblöcke. Da kein Schrei aufging, wußte ich, daß ich nicht gesehen worden war. Jetzt war es vergleichungsweise leicht, die Mühle zu erreichen. Aber noch ein gefährliches Experiment war das, daß ich beim Hinaufklimmen auf den oberen Stock meine Person aussetzen mußte. Ich konnte dies nicht thun, ohne Gefahr zu laufen, gesehen zu werden, und ich empfand die Notwendigkeit, mit großer Vorsicht zu Werke zu gehen. Zuerst hob ich meinen Kopf so hoch empor, daß ich den Stand der Dinge draußen übersehen konnte. Zum Glück stand noch das Haus zwischen mir und den meisten meiner Feinde, obgleich die kleine Brut beständig sich zeigte und wieder verschwand. Ich schaute mich um nach einer Stelle zum Emporklimmen, und überblickte noch einmal die ganze Scene. Unter der Thüre der Hütte stand Lowiny, die Hände gefaltet, und ihr ganzes Wesen drückte die theilnehmendste Sorge aus. Sie sah meinen Kopf, das wußte ich, und ich machte Geberden der Ermunterung, welche sie aufmerksam machten. Im nächsten Augenblick stand mein Fuß auf einem Tragband und mit dem Leib hob ich mich zu den Balken oben empor. Ich glaube, ich blieb nicht zehn Sekunden ungedeckt und spähenden Blicken bloßgestellt und kein Geschrei erfolgte. Jetzt hatte ich das Gefühl, daß ich wirklich einige Aussicht hatte, am Ende noch meine Flucht auszuführen; und nicht wenig froh machte mich dieser Gedanke.

## Dreiundzwanzigstes Kapitel

Allein, im Schatten dicht, verlebten sie
Den Tag, den ländlichen, in einklangvollem
Verkehr, das Herz ausströmend im Gespräch,
Mit Blick und Seufzern Unsagbares kündend.

*Thomson.*

Das war ein fast athemloser Augenblick. Die Spannung, womit ich auf einen Laut horchte, der verkündigen könnte, daß ich entdeckt sey, war in der That peinlich. Ich bildete mir fast ein, einen Schrei zu hören, aber es erfolgte keiner. Dann gab ich mich förmlich verloren, weil ich glaubte, es eilten Schritte gegen die Mühle und ich würde alsbald wieder ergriffen werden. Aber es war bloße Einbildung; das Rauschen des Wassers drunten war der einzige Laut, der in der Wirklichkeit die Stille des Ortes unterbrach. Ich hatte Zeit zu athmen und mich umzuschauen.

Wie man sich denken kann, war die Mühle sehr roh gebaut und zusammengesetzt. Ich habe von einem obern Stockwerk gesprochen, aber es war da Nichts, was eigentlich diesen Namen verdiente. Einige ausgeschossene Dielen waren da und dort auf den Balken herumgelegt worden und bildeten Bruchstücke von kunstlosen Fliesen; und meine erste Sorge war, einige dieser Dielen nahe zusammen zu rücken, indem ich zwei oder drei aufeinander legte, um mir eine Stätte zu bereiten, wo ich, wenn ich mich niederlegte, von Niemand, der zufällig in die Mühle käme, gesehen werden könnte. Es lag da eine Anzahl Kirschbaumholzdielen in geringer Entfernung von der Stelle, wo das Dach sich an das flache Gebäude anschloß, und unter diesen wählte ich mir meinen Versteck. Es war keine auffallende Veränderung nöthig, um mir diesen zuzurichten, sonst hätte der Versuch seine großen Gefahren gehabt bei Menschen, welche so sehr gewohnt waren, jeden Umstand dieser Art genau zu beachten. Die Art, wie das Holz gelegen war, als ich die Mühle erreichte, war so wenig verschieden von dessen Gruppirung, nachdem ich mit meinem Versteck im Reinen war, daß es kaum einem Auge bemerklich seyn konnte.

Sobald ich nun mit meinem Schlupfwinkel so weit fertig war, schaute ich mich um, ob sich wohl Gelegenheit darböte, Beobachtungen nach außen anzustellen. Das Gebäude war nicht mit Schindeln gedeckt, aber der Regen wurde abgehalten durch Schwartenbretter, die kreuzweise gelegt waren, wie man es oft bei der rohen, ländlichen Bauart auf den Grenzgebieten Amerika's findet. Mittelst meines Messers hatte ich bald ein kleines Loch zwischen zwei solchen Schwartenbrettern gemacht an einem für meinen Zweck günstigen Punkte; und obgleich das Loch nicht größer war als mein Auge, genügte es doch ganz für meinen Zweck. Mit lebhafter Begierde stellte ich nun meine Beobachtungen an.

Die Nachsuchung wurde noch immer eifrig fortgesetzt. Diese erfahrenen Grenzmänner wußten wohl, daß ich unmöglich in der kurzen Zeit zwischen meinem

Verschwinden und der Entdeckung dieses Umstandes hatte über den offnen Platz kommen und die Wälder erreichen können, und waren demgemäß fest überzeugt, daß ich irgendwo in der Nähe des Gebäudes versteckt seyn müsse. Jedes Haus wurde durchsucht, aber Niemand dachte daran, die Mühle zu betreten, weil Alle voraussetzten, ich müsse mich nothwendig nach der entgegengesetzten Richtung gewendet haben. Die Zäune und Hecken wurden durchsucht, und Alles was nur irgend einem Versteck gleich sah auf der entsprechenden Seite des Hauses mit Emsigkeit und Aufmerksamkeit durchstöbert. Es schien, gerade als ich den ersten Blick durch das Loch that, daß meine Verfolger ganz rathlos waren. Die Nachsuchung war vollendet und natürlich ohne Erfolg. Kein Ort, wo ich denkbarer Weise versteckt seyn konnte, blieb mehr zu durchsuchen übrig. Man mußte die Sache aufgeben und über weitere Maßregeln, meiner habhaft zu werden, sich verständigen.

Die Familie der Squatter war zu sehr an ihre Lage und die damit verbundenen Wechselfälle und Gefahren gewohnt, als daß sie nicht ganz vertraut gewesen wären mit allen von den Umständen gebotenen Maßregeln und Vorkehrungen. Sie stellten die jüngern Kinder als Späher aus auf den Punkten, welche für meinen Rückzug die günstigsten waren, falls ich in der Lage war, einen Versuch zu machen, nach jener Seite der Lichtung hin zu entfliehen; und dann versammelte der Vater seine ältern Söhne um sich, und der ganze Haufe, sieben an der Zahl, schritt langsam der Mühle zu. Die Aufregung der ersten Verfolgung hatte sich merklich gelegt, und die erfahrenen Waldmänner waren in ernster Berathung über die zunächst zu ergreifenden Maßregeln. Zu dieser Verfassung trat die ganze Gesellschaft in die Mühle, und sie setzten sich oder standen in einem Kreis herum gerade unter mir, und nur etwa sechs Fuß von mir entfernt. Natürlich hörte ich Alles, was gesprochen wurde, obgleich ich ihren Blicken vollständig entzogen war.

„Hier werden wir sicher seyn vor den langen Ohren des kleinen Volkes,“ sagte der Vater, indem er sich mit seiner riesigen Gestalt auf den Klotz niederließ, welcher zunächst zersägt werden sollte, „das ist etwas ganz Unerklärliches. Tobit, und ich hatte gar keine Idee davon, daß die in der Stadt aufgewachsenen Leute so hurtig und flink mit ihren Beinen seyn könnten. Ich meine manchmal, er kann kein Littlepage seyn, sondern er ist Einer von unsern Gebirgsleuten, aufgestutzt und von Manieren wie die Stadtleute, um Einen hinters Licht zu führen. Es scheint eine Unmöglichkeit, daß der Mann aus unserer Mitte entkommen konnte, ohne daß wir ihn sahen oder hörten!“

„Wir könnten ebenso gut das geschnittene Holz und die Meliorationen sogleich aufgeben,“ brummte Tobit, „als ihn entspringen lassen. Sollte er Ravensnest erreichen, so wäre das Erste, was er thäte, daß er gegen uns schwöre und Verhaftbefehle gegen uns Alle auswirkte, und Newcome ist nicht der Mann, Squattern in Bedrängniß beizustehen. Er würde sowenig wagen, seinen Grundherrn zu verläugnen, als ein Bethaus.“

Dieser Ausdruck Tobit's ist bemerkenswerth. Nach der Anschauungsweise einer gewissen Klasse von Religionsbekennern unter uns nahm das Bethaus, (oder Versammlungshaus), wie der junge Squatter seine Kirche nannte, den höchsten

Rang unter allen Potentaten und Mächten ein; ja es steht zu besorgen, oft selbst einen höhern als das heilige, mit Ehrfurcht anzubetende Wesen, zu dessen Verehrung das Bethaus bestimmt ist.

„Ich denke denn doch nicht so schlimm von dem Squire," versetzte Tausendacres. „Er wird keinen Verhaftbefehl gegen uns ausstellen, ohne uns auch durch einen Boten davon zu benachrichtigen, und zwar zeitig genug, daß wir uns noch Alle davon machen können."

„Und wer soll die Bretter im Bach aus dem Wege schaffen, ehe das Wasser steigt? Und wer soll die Blöcke und Stämme alle verstecken oder wegführen? Es steckt mehr als eine Tonne Gewicht von meinem Blut und meinen Knochen in den Klötzen, in Gestalt von harter, saurer Arbeit, und ich will kämpfen wie eine Bärin um ihre Jungen, ehe ich mich unbezahlt davon weg drängen lasse."

Es ist in der That befremdend, daß Einer, der solch einen verzweifelten Werth in die Güter setzte, die er als sein Eigenthum ansah, so gar wenig Achtung für das Eigenthum Anderer haben sollte. In dieser Hinsicht jedoch war Tobit's Denkweise eben nur im Einklang mit dem allgemeinen Gesetz unserer schwachen Natur, vermöge dessen sich die Bilder vor unserem moralischen Auge umkehren, genau in dem Verhältniß, wie sich unsere Beziehungen zu ihnen verändern.

„Es müßte mir hart geben, ehe ich das Holz oder die Lichtung aufgäbe." versetzte Tausendacres mit Nachdruck. „Wir haben gegen König George für die Freiheit gefochten, und warum sollten wir nicht für unser Eigenthum fechten? Was nützt uns überhaupt die Freiheit, wenn sie nicht Einem hilft, ungefährdet aus einem Handel dieser Art loszukommen? Ich verachte eine solche Freiheit, Ihr Jungen, und begehre ihrer nicht."

Sämmtliche junge Männer murmelten ihre Beistimmung zu einer solchen Gesinnung, und es war leicht genug zu begreifen, daß die hohen Begriffe von persönlichen Rechten, welche Tausendacres hegte, ein entsprechendes Echo fanden in der Brust eines Jeden seiner heroischen Söhne. Ich glaube fast, dieselbe Sympathie hätte zwischen ihnen bestanden, wären sie eine Bande Taschendiebe gewesen, zur Berathung versammelt in einem Zimmer des Schwarzen Rosses, St. Katharinengasse, in Wapping, zu London.

„Aber was können wir mit dem jungen Laffen thun, Vater, falls wir ihn wieder fangen?" fragte Zephaniah; eine Frage, die, wie Jeder einsieht, mich nicht wenig interessiren mußte. „Man kann ihn nicht lange hier eingesperrt halten, ohne daß ein Lärm entsteht und man ihn aufsucht, und das würde uns früher oder später zum Verderben gereichen. Wir mögen ein klares Recht auf die Arbeit und das Werk unserer Hände haben; aber im Ganzen glaube ich fast, das Land ist gegen die Squatters."

„Wer fragt nach dem Lande?" erwiederte Tausendacres finster. „Wenn es ihm um den jungen Littlepage zu thun ist, so mag es kommen und ihn suchen, wie wir auch gethan haben. Wenn dieser junge Bursche wieder in meine Hände fällt, so kommt er nicht mehr lebend davon, wenn er mir nicht eine gute und genügende Urkunde ausstellt über die Verleihung von zweihundert Acres, die Mühle mit eingeschlossen, und eine Quittung, in seines Vaters Namen, über alle rückständigen Ansprüche. Hinsichtlich dieser zwei Punkte bin ich fest entschlossen, und mein Entschluß bleibt unabänderlich."

Eine lange Pause folgte auf diese kecke Erklärung, und ich begann zu fürchten, meine halbunterdrückten Athemzüge möchten in der nun eingetretenen tiefen Stille gehört werden. Aber Zephaniah begann zu sprechen, zur rechten Zeit, um mich dieser Besorgniß zu entledigen, und in einer Weise, die mich überzeugte, daß die Gesellschaft unten, welche insgesammt meinen Blicken entzogen war, dem, was ihr Haupt gesagt, nachgesonnen, und keineswegs gehorcht hatte, um verrätherische Laute von mir zu erlauschen.

„Ich habe behaupten gehört," bemerkte Zephaniah, „daß Urkunden in solcher Weise ausgestellt, vor dem Gesetz keine Gültigkeit haben. Squire Newcome sprach von solchen Sachen gerade das letzte Mal wie ich auf dem Neste war."

„Ich möchte nur, daß Einer ausfindig machte, was denn vor dem Gesetz Gültigkeit haben soll!" brummte Tausendacres. „Sie machen ihre Gesetze, und machen großes Aufheben davon, daß man sie beobachten müsse; und dann, wenn ein Mann vor den Gerichtshof kommt, und hat Alles gethan und erfüllt nach ihren eigenen Regeln, fahren fünf oder sechs Attorneys auf und bellen: das ist gegen das Gesetz! Wenn eine Urkunde so und so ausgefertigt worden, und der Namen an der und der Stelle darunter geschrieben, und überdies ›Hand und Siegel und Datum‹ wie sie es nennen, haben soll, und wenn dies das Gesetz ist, so möchte ich doch wissen, warum ein so ausgefertigtes Instrument nicht gültig seyn sollte vor ihren verwünschten Gesetzen? Gesetz ist Gesetz in der ganzen Welt, denke ich; und obgleich es ein verfluchtes Ding ist, – wenn einmal die Menschen übereinkommen, es haben zu wollen, so sollten sie auch bei ihren eigenen Regeln bleiben. Ich habe viel darüber nachgedacht, Briefe und Handschrift von diesem jungen Littlepage herauszupressen; und gerade jetzt, wo ich entschlossen bin, es zu thun, falls ich ihn wieder in meine Hände bekomme, kommt Ihr und sagt mir, eine solche Schrift gelte Nichts. Zeph, Zeph, – Du gehst mir zu oft hinaus auf die Ansiedlungen, und läßt Dir das Gemüth verkehren durch ihre Sünden und ihr Geschwätz."

„Ich hoffe nicht, Vater, obgleich ich gestehe, daß ich gern hingehe. Ich bin in ein Alter getreten, wo ein Mann wohl daran denkt, zu heirathen, und da hier kein Mädel ist, es wäre denn eine meiner Schwestern, ist es natürlich genug, daß ich mich auf der nächsten Ansiedlung umsehe. Ich will bekennen, das ist mein Zweck gewesen, warum ich nach dem Neste gegangen bin."

„Und Ihr habt das Mädel gefunden, auf das Ihr etwas haltet? Heraus mit der ganzen Wahrheit wie ein Mann! Ihr wißt, ich bin immer gegen das Lügen gewesen, und habe mich immer bemüht. Euch Alle zur Wahrheit anzuhalten. Wie ist es, Zephaniah? habt Ihr ein Mädel nach Eurem Sinn und Geschmack gefunden, und wer ist sie? Unsere Familie ist eine solche, in die Jedermann Aufnahme findet, wenn er darum bittet, das wißt Ihr."

„Herr im Himmel, Vater? Dus Malbone würde so wenig sich einfallen lassen, mich zu bitten, sie zu nehmen, als sie daran denken würde, Euch zu heirathen! Ich habe dreimal meinen Antrag gemacht; und sie hat mir so gerade heraus, als eine Frau sprechen kann, erklärt, daß sie sich nicht dazu entschließen könne, und daß ich nicht mehr an sie denken solle."

„Wer ist das Mädel in dieser Gegend des Landes, das den Kopf so viel höher trägt, als einer von Tausendacres' Söhnen?" fragte der alte Squatter, mit solchem wirklichem oder erheucheltem Staunen, wie etwa ein Bourbon empfinden und an den Tag legen möchte, wenn man eine Allianz mit ihm wegen des Blutes ab lehnte. „Ich möchte das junge Frauenzimmer wohl auch sehen und ein Wort mit ihr sprechen. Wie habt Ihr sie genannt, Zeph?"

„Dus Malbone, Vater; das junge Frauenzimmer, das bei Kettenträger lebt. Sie ist seine Nichte, glaube ich, oder etwas der Art."

„Ha! Kettenträgers Nichte, sagt Ihr? Seine angenommene Tochter? Ist hier nicht ein Mißverständniß?"

„Dus Malbone nennt den alten Andries ›Oheim Kettenträger‹; und ich vermuthe deshalb, daß sie seine Nichte ist."

„Und Ihr habt dem Mädchen drei Mal Heirathsanträge gemacht, habt Ihr gesagt, Zephaniah?"

„Drei Mal, Vater; und jedes Mal war die Antwort, die sie gab: ›Nein!‹"

„Vielleicht beim vierten Mal ändert sie ihren Sinn. Ich wäre begierig, zu wissen, ob wir uns dieses Mädchens nicht bemächtigen und sie auf die Ansiedlung bringen könnten. Lebt sie beim Kettenträger in seiner Hütte, hier außen im Wald?"

„Ja, Vater."

„Und hält sie etwas auf ihren Oheim? oder gehört sie zu der leichtfertigen Art, die mehr an sich und schöne Kleider denken, als an ihr Fleisch und Blut? Könnt Ihr mir das sagen, Zeph?"

„Nach meinem Urtheil, Vater, liebt Dus Malbone den Kettenträger nicht weniger, als wenn er ihr leiblicher Vater wäre."

„Ja, manche Mädels haben nicht halb so viel Liebe und Ehrfurcht für ihre leiblichen Väter, als sie haben sollten. Was hindert Euch, Zephaniah, nach des Kettenträgers Hütte zu gehen, und dem Mädchen zu sagen, daß ihr Oheim in Bedrängniß sey, und daß Ihr nicht wisset, was ihm begegnen könne, und daß sie gut daran thäte, herüber zu kommen und nach ihm zu sehen! Wenn wir sie hier haben, und sie begreift die Natur des Falles, und Ihr zieht Eure Sabbathskleider an, und wir lassen den Squire Newcome kommen, so dürftet Ihr Euch vielleicht verheirathet sehen eher als Ihr es denkt, mein Sohn, und könnt Euch dann Euern Plan fürs Leben machen. Und dann wird wenig Gefahr mehr seyn, das Kettenträger gegen uns aussage, oder daß sein vertrauter Freund hier, der Major Littlepage, uns in unserem Wesen mit dem Holz störte, ehe das Wasser steigt."

Ein Gemurmel des Beifalls folgte auf diesen merkwürdigen Vorschlag, und ich meinte, ein freudiges Gekicher des jungen Mannes zu hören, wie wenn er den Vorschlag nach seinem Geschmack fände und ihn für wohl ausführbar hielte.

„Vater," sagte Zephaniah, „ich wünschte, Ihr riefet Lowiny hieher und sprächet ein wenig mit ihr über Dus Malbone. Dort ist sie, mit Tobit's Weib und mit der Mutter, und sieht sich unter den Krautköpfen um, als ob an einem solchen Platz ein Mann versteckt seyn könnte."

Tausendacres rief seine Tochter in herrischem Tone herbei und bald hörte ich die Schritte des Mädchens, wie sie, etwas zögernd wie mich dünkte, in die Mühle kam. Da es in der Lage, worin Lowiny sich befand, eine sehr nahe liegende Vermuthung war, ihre Mithülfe zu meiner Flucht sey der Grund dieser Berufung, so konnte ich mich der Theilnahme an der Angst des armen Mädchens, womit sie dieselbe vernehmen mußte, nicht erwehren.

„Kommt her, Lowiny," begann Tausendacres in der strengen Art, worin er mit seinen Kindern zu sprechen gewohnt war; „kommt näher, Mädchen. Wißt Ihr Etwas von einer gewissen Dus Malbone, des Kettenträgers Nichte?"

„Der Herr sey uns barmherzig! Vater, wie habt Ihr mich erschreckt! Ich glaubte, Ihr habet den Gentleman gefunden, und meinet, ich hätte die Hand mit im Spiele gehabt!"

So sonderbar es scheinen mag, diese Manifestation eines bösen Gewissens erregte bei keinem der Anwesenden Verdacht. Als das Mädchen sich selbst verrieth, erwartete ich natürlich, es werde nun ein Verhör folgen, bei welchem man von ihr alle nähern Umstände herauspressen werde. Aber das war ganz und gar nicht der Fall; weder der Vater noch einer von den Söhnen verstand die unvorsichtigen Aeußerungen des Mädchens, sondern sie schrieben sie auf Rechnung der eben herrschenden Aufregung und des Umstandes, daß ihr Gemüth ganz natürlich sich mit der Veranlassung derselben beschäftigt habe. Wahrscheinlich kam gerade auch die so ganz zufällige Art meines Entkommens, welche zur Folge hatte, daß keine verdächtigenden Umstände sich an das knüpften, was wirklich vorgefallen war, Lowiny bei dieser Gelegenheit zu Statten, da es unmöglich war, daß irgend welche Umstände dieser Art auf eine sie verdächtigende Weise gedeutet wurden.

„Wer spricht jetzt von dem jungen Littlepage, oder denkt auch nur an ihn?" versetzte Tausendacres etwas zornig. „Ich frage, ob Ihr Etwas wisset von Kettenträgers Nichte, – einer gewissen Dus Malbone, oder Malcome?"

„Ich weiß Etwas von ihr, Vater," antwortete Lowiny, bereit genug, eines – das geringere – von ihren Geheimnissen zu verrathen, um das größere zu verhehlen, welches in jeder Beziehung bei weitem das wichtigere war, „obgleich ich sie nie mit Augen gesehen bis heute. Zeph hat mir oft von dem Mädchen gesprochen, das einen ganzen Monat lang mit ihrem Oheim die Meßketten trug; und er hat Lust, sie zu heirathen, wenn er sie bekommen kann."

„Sie mit Augen gesehen bis heute! Wo habt Ihr sie denn heute mit Augen gesehen, Mädel?"

„Sie kam mit ihrem Oheim bis an den Saum der Lichtung und –"

„Nun, und was dann weiter? Warum fahrt Ihr nicht fort, Lowiny?"

Ich hätte Tausendacres sagen können, warum seine Tochter stockte; aber das Mädchen half sich durch ihre eigene Geistesgegenwart aus der Klemme, und durch einen Scharfsinn, dem vielleicht einige Uebung in Sünden dieser Art zu statten kam.

„Ha, ich ging diesen Vormittag Beeren zu sammeln, und droben bei dem Beerenplatz, gerade am Saum der Wälder, sah ich ein junges Frauenzimmer, und das war eben das Mädchen Malbone. So schwatzen wir denn miteinander und sie erzählte mir Alles. Sie wartet, bis ihr Oheim zurückkommt."

„So, so; das ist in der That eine Neuigkeit, Ihr Jungen! Wißt Ihr, wo das Mädel jetzt ist, Lowiny?"

„Im Augenblick gerade nicht, denn sie hat mir gesagt, sie wolle tiefer in den Wald hinein gehen, um nicht gesehen zu werden; aber eine Stunde vor Sonnenuntergang will sie an den Fuß des großen Kastanienbaums kommen, gerade gegenüber von dem Beerenplatz; und ich habe ihr versprochen, sie dort zu treffen und sie entweder hieher zu führen, daß sie in einem unserer Häuser schlafe, oder ihr etwas zum Essen zu bringen und Betten zum Schlafen."

Dies sagte sie mir Freimuth und mit dem Gefühl und der Theilnahme, welche Frauen so häufig für einander zeigen. Es war unverkennbar, daß die Zuhörer Lowiny's jedes Wort glaubten, das sie gesagt hatte: und der alte Mann namentlich beschloß augenblicklich zu handeln. Ich hörte ihn von seinem Sitz aufstehen, und seine Stimme tönte wie die eines sich Entfernenden, als er sagte: „Tobit – Ihr Jungen – kommt mit mir, und wir wollen noch einmal den jungen Burschen in dem Holzwerk und den Häusern suchen. Vielleicht hat er sich dorthin geschlichen, während unsere Blicke nach der entgegengesetzten Seite gerichtet waren, Lowiny, Ihr braucht nicht mit uns zu gehen, denn das bange und fahrige Wesen von Euch Mädels thut nicht gut bei einer solchen Durchsuchung."

Ich wartete, bis der letzte schwere Schritt nicht mehr hörbar war und wagte mich dann, auf den Händen kriechend, so weit vor, bis ich an eine Spalte gelangte, die ich absichtlich gelassen hatte, um dadurch gelegentlich einen Blick hinabwerfen zu können. Auf den Block, welchen ihr Vater so eben verlassen, hatte sich Lowiny gesetzt. Ihr Auge spähte an dem obern Theil der Mühle herum, als wenn sie mich suchte. Endlich sagte sie mit gedämpfter Stimme:

„Seyd Ihr noch hier? Vater und die Jungen können uns jetzt nicht hören, wenn Ihr leise sprecht."

„Ich bin hier, gute Lowiny, Dank Eurer freundschaftlichen Güte, und habe Alles gehört, was gesprochen wurde. Ihr habt Ursula Malbone gesehen und ihr mein Briefchen gegeben?"

„So wahr als Ihr hier seyd, habe ich das gethan; und sie hat es so oft gelesen, ich glaube, sie muß es auswendig wissen."

„Aber was hat sie gesagt? Trug sie Euch keine Botschaft auf an ihren Oheim – keine Antwort auf das, was ich ihr geschrieben?“

„Oh, sie hatte gar viel zu sagen – Mädchen plaudern gern, wißt Ihr, wenn sie zusammen kommen, und Dus und ich plauderten wohl eine halbe Stunde oder länger mit einander. Sie hatte mir eine Menge zu sagen, aber es geht nicht an, daß ich jetzt hinsitze und es Euch erzähle, denn es könnte doch Jemand aufmerksam werden, wenn ich so lang in der Mühle bliebe.“

„Ihr könnt mir doch sagen, ob sie eine Botschaft geschickt hat oder eine Antwort auf meinen Brief?“

„Sie sprach keine Sylbe von dem, was Ihr an sie geschrieben. Ich will dafür stehen, sie weiß wohl reinen Mund zu halten, wenn sie eine Zeile von einem jungen Manne bekommt. Haltet Ihr sie für so verzweifelt schön, als Zeph behauptet, daß sie sey?“

Dies deutete auf nichts Gutes, aber es war eine Frage, welche die Klugheit gebot zu beantworten und zwar mit einiger Vorsicht. Wenn ich die Dienste Lowiny's verlor, so war meine Hauptstütze dahin.

„Sie ist lieblich genug anzusehen, aber ich habe in jüngster Zeit ganz ebenso schöne junge Frauenzimmer gesehen. Aber schön oder nicht, sie ist eine Angehörige Eures Geschlechts, und darf in ihrer Noth und Bedrängniß nicht verlassen werden.“

„Ja, wahrhaftig,“ versetzte Lowiny mit einem Ausdruck ihres Gesichts, der mir sogleich verrieth, daß die besseren Gefühle ihres Geschlechts alle wieder in ihr wach geworden waren, „und ich will sie auch nicht verlassen, selbst wenn mich der Vater aus der Ansiedlung jagte. Ich bin dieses ganzen Squatterlebens satt und meine, die Leute sollten so viel als möglich an Einer Stelle wohnen bleiben. Was ist das Beste, was sich thun läßt in Bezug auf Dus Malbone – vielleicht würde sie den Zeph doch nicht ungerne heirathen?“

„Habt Ihr, während Ihr bei ihr waret, etwas gesehen oder gehört, was Euch dies glauben macht? Ich bin sehr verlangend, zu hören was sie gesprochen.“

„Ha! sie hat eine Menge Zeugs gesprochen, am meisten von dem alten Kettenträger. Euren Namen hat sie nicht ein einziges Mal genannt.“

„Hat sie Zephaniah's Namen genannt? Ich zweifle nicht, daß die Sorge um ihren Oheim sie am meisten anfocht. Was sind ihre Absichten, und wird sie in der Nähe jenes Baumes bleiben, bis Ihr kommt?“

„Sie verweilt unter einem Felsen, nicht weit von dem Baum entfernt, und dort wird sie bleiben, bis ich wieder komme, sie bei dem Kastanienbaum aufzusuchen. Wir besprachen uns unter dem Felsen, und es ist ganz leicht, sie dort zu finden.“

„Wie sehen die Sachen in unserer Nähe aus? Könnte ich wohl herabsteigen, in das Bett des Flusses hinabkriechen, und zu Dus Malbone hinübergehen, um sie zu warnen vor der ihr drohenden Gefahr?“

Lowiny antwortete mir beinahe eine Minute lang nicht und ich begann zu fürchten, ich habe wieder eine unkluge Frage an sie gestellt: das Mädchen schien ernst und nachdenklich, aber als sie ihr Angesicht emporhob, so daß ich es sehen konnte, sprachen sich darin deutlich alle edleren Gefühle weiblicher Sympathie aus.

„Es wäre hart, Dus zu nöthigen, Zeph zu nehmen, wenn sie ihn nicht gern möchte, nicht wahr?" sagte sie mit Nachdruck. „Ich glaube fast, es wäre besser, sie wissen zu lassen, was ihr droht, so daß sie dann selbst wählen kann."

„Sie hat mir gesagt," versetzte ich, vollkommen der Wahrheit getreu, „sie sey einem Andern zugesagt, und es wäre mehr als grausam, es wäre verrucht, sie zu nöthigen, einen Mann zu heirathen, während sie einen Andern liebt."

„Das soll auch nicht geschehen!" rief das Mädchen mit einer Heftigkeit; die mir gefährlich schien. Aber sie gab mir keine Gelegenheit zu Vorstellungen, da sie sofort, in der lebhaften Erregung aller ihrer Gemüthskräfte, sich ernstlich daran machte, mir Art und Mittel anzugeben, wie ich thun könnte, was mein sehnlichster Wunsch war.

„Seht Ihr dort den untern Pfosten der Mühle?" fuhr sie hastig fort. „Dieser Pfosten geht herab auf den Felsen, über welchen das Wasser herabfällt. Ihr könnt bis an die Ecke kommen ohne alle Gefahr, gesehen zu werden, da das Dach Euch versteckt, und wenn Ihr dort seyd, müßt Ihr warten, bis ich Euch sage, daß Ihr Euch dem Pfosten nähert. Es wird ein Leichtes seyn, an diesem Pfosten auf den Felsen hinabzugleiten, und es ist sehr unwahrscheinlich, daß man Euch sieht, da der Pfosten Euch verstecken wird. Seyd Ihr auf dem Felsen, so findet Ihr einen Pfad, der Euch am Fluß hinführt, bis Ihr an einen Steg kommt. Wenn Ihr diesen überschreitet und den Pfad links einschlagt, so kommt Ihr nahe am Saum der Lichtung oben am Hügel wieder heraus, und dann habt Ihr nur eine Strecke an der Grenze des Waldes hinzugehen, bis Ihr den Kastanienbaum erreicht. Der Fels ist rechts vor dem Kastanienbaum, nur etwa fünfzig Ruthen davon entfernt."

Begierig lauschte ich diesen Anweisungen und befand mich an dem Pfosten, beinahe so bald das Mädchen ausgeredet hatte. Um dahin zu gelangen, durfte ich nur über die Bretter hinschreiten, welche oben auf der Decke der Mühle herum lagen, und das Dach entzog alle meine Bewegungen vollständig jedem Beobachter von außen. Ich traf meine Vorkehrungen und wartete nur ein Zeichen oder eine Weisung von Lowiny ab, um einen weitern Schritt zu thun.

„Noch nicht," sagte das Mädchen, zu Boden schauend und sich anstellend, als ob sie mit Etwas zu ihren Füßen beschäftigt wäre. „Vater und Tobit gehen auf dieser Seite und ihr Auge ist auf die Mühle gerichtet. Jetzt – haltet Euch fertig – sie haben die Köpfe gewendet, und es sieht aus, als ob sie selbst auch sich wegwenden wollten. Jetzt haben sie sich weggewendet: wartet noch einen Augenblick – jetzt ist ein günstiger Zeitpunkt – geht nicht ganz von hier fort, ohne daß ich Euch noch einmal sehe."

Ich hörte diese letzten Worte, aber als ich schon den Pfosten hinabglitt. Gerade als ich so weit herabgerutscht war, daß mein Kopf in gleicher Linie mit den auf dem Boden der Mühle umher zerstreuten Gegenständen sich befand, hielt ich an, um einen Blick auf das zu werfen, was ringsumher vorging. Tausendacres und Tobit waren etwa hundert Schritte entfernt: sie schritten von der übrigen Gruppe junger Männer getrennt, allem Anschein nach in angelegentlicher Berathung miteinander. Es war augenscheinlich, daß Niemand etwas Verdächtiges bemerkt hatte, und so glitt ich auf den Felsen herab. Im nächsten Augenblick befand ich mich auf dem Pfad, der zu dem Steg führte, einem Baume, der gerade über den Fluß herüber gefällt war. Bis ich über diesen Baum hinüber, und eine kleine Strecke der Ansteigung auf der andern Seite des Flusses auf dem Pfade linker Hand zurückgelegt war, blieb ich ganz dem Blicke eines Jeden ausgesetzt, der in der Lage war, in das Flußthal herabschauen zu können. Beinahe in jedem andern Augenblick gerade zu dieser Jahreszeit wäre meine Entdeckung beinahe unvermeidlich gewesen, da immer Männer und Knaben im Wasser an der Arbeit waren; aber die Ereignisse dieses Morgens riefen sie anders wohin, und ich legte die gefährliche Strecke, zweihundert Schritte oder mehr betragend, unangefochten zurück. Sobald ich hinter einen schützenden Versteck gelangte, ermäßigte ich meine Eile; und da ich jetzt wieder in gleicher Höhe mit den Gebäuden mich befand, oder vielleicht auch noch etwas höher, benützte ich die Oeffnungen in dem niedern Fichtengebüsche, das den Pfad besäumte, um mir den Stand der Dinge bei den Squatters zu besehen.

Da schlenderte die Gruppe der schwerfälligen, derben jungen Männer, und Tausendacres und Tobit gingen von ihnen getrennt, wie ich sie zuvor schon gesehen. Prudence stand unter der Thüre einer entfernten Hütte, umgeben wie gewöhnlich von einem Schwarme der jungen Brut, und selbst in lebhaftem Gespräch mit den Weibern von einigen ihrer verheiratheten Söhne. Lowiny hatte die Mühle verlassen, und schlenderte auf der andern Seite des Thälchens hin, so nahe dem Rand der Felsen, daß sie im Stande gewesen war, mich zu beobachten, so lang ich über den freien Platz geschritten war. Da ich sah, daß sie ganz allein war, wagte ich, mich nun gerade so laut zu räuspern, daß sie es vernehmen konnte. Eine hastige, ängstliche Geberde überzeugte mich, daß sie es gehört hatte; und nachdem das Mädchen mich noch durch eine Geberde bedeutet hatte, weiter zu gehen, wandte sie sich weg und hüpfte der Gruppe von Frauen zu, welche ihre Mutter umgaben.

Was mich betrifft, so dachte ich jetzt nur an Dus. Was kümmerte es mich, wenn sie auch einen Andern liebte? Ein Mädchen von ihrer Bildung, ihrer Denkweise, ihrer Sitten, ihrer Geburt und ihrem Charakter durfte nicht einem Menschen wie Zephaniah geopfert werden, was auch immer sich ereignen mochte; und wenn mir nur ihren Versteck noch zu rechter Zeit zu erreichen gelang, so konnte sie noch gerettet werden. Diese Gedanken liehen mir förmlich Flügel auf meiner Flucht, und ich wurde bald des Kastanienbaumes ansichtig. Drei Minuten später berührte ich den Stamm des Baumes selbst mit der Hand. Da ich wenigstens eine Viertelstunde Zeit gebraucht hatte zu dem Umweg auf dieser Seite der Lichtung, konnten wesentliche Veränderungen im Stande der Dinge bei den Squatters eingetreten seyn, und ich beschloß an den Saum der Gebüsche auf Lowiny's Beerenplatz vorzugehen, welche den Punkt ganz verdeckten, und mir hierüber Gewißheit zu verschaffen, ehe ich Dus unter ihrem Felsen aufsuchte.

Das Ergebniß meiner Spähe zeigte mir, daß Tausendacres und Tobit über gewisse Maßregeln mußten einen Entschluß gefaßt haben. Keiner von den Männern war zu sehen, sondern nur ein junger Bursch, welcher bei dem Vorrathshause Wache hielt und einige von den kleinern Knaben. Ich schaute mit sorgsamster Aufmerksamkeit nach allen Punkten, die man übersah, aber kein Mann wurde sichtbar. Selbst Susquesus, der den ganzen Tag seit seiner Befreiung herumgelungert, war verschwunden. Auch Prudence und ihre Töchter waren in großer Hast und Bewegung, eilten von einer Hütte zur andern, und legten jene Unruhe an den Tag, welche beim weiblichen Geschlecht gewöhnlich die Aufregung verräth. Ich blieb nun einen Augenblick stehen, um mir die wichtigsten Umstände zu merken, und kehrte dann um, den Felsen zu suchen. Während ich mich aus den Büschen zurückzog, hörte ich den dürren gefallnen Ast eines Baumes unter einem schweren Fußtritt krachen, und als ich mich vorsichtig umschaute, sah ich Jaaf oder Jaap, wie wir ihn gewöhnlich nannten, auf mich zukommen mit einer Büchse auf jeder Schulter.

„Des Himmels Segen über Euch, mein treuer Jaap!“ rief ich, einen Arm ausstreckend, um das eine Gewehr in Empfang zu nehmen. „Ihr kommt im allerglücklichsten Augenblick und könnt mich gerade zu Miß Malbone führen.“

„Ja, Sah, und sehr erfreut, das zu thun. Miß Dus dort droben ein Bißchen im Wald, und sehr bald sie sehen können. Sie mich herunterschicken, zu spähen, und ich beide Büchsen mit mir nehmen. Masser Kettenträgers seine und meine eigene, weil Miß Dus nicht gut umzugehen wissen mit Schießpulver. Aber woher denn Ihr kommen, Masser Mordaunt? – und warum Ihr so fortgelaufen zur Nachtzeit?“

„Laßt das nur jetzt, Jaap – zu seiner Zeit sollt Ihr das Alles erfahren. Jetzt müssen wir nur für Miß Ursula Sorge tragen. Ist sie in Unruhe? hat sie Besorgniß wegen ihres Oheims gezeigt?“

„Sie weinen die halbe Zeit, Sah – dann wieder sie aufschauen keck und entschlossen, gerade wie alte Masser, Sah, wenn er kommandiren das Regiment: Fällt's Bajonett! und aussehen, als wenn sie wollte geraden Weges nach Tausendacres' Hütten gehen. Gott segne mich, Sah, Masser Mordaunt – nicht nur Eine Frage, wohl hundert Fragen hat sie heute schon an mich gethan wegen Euch!“

„Wegen meiner, Jaap!“ – Aber ich that dem Drange meines heftigen neugierigen Verlangens noch zu rechter Zeit Einhalt, so daß ich mich nicht des Fehlers schuldig machte, aus meinem eignen Diener herauszupressen, was Andere von mir gesagt hatten; – eine Niederträchtigkeit, die ich mir selbst nie hätte verzeihen können. Aber ich steigerte noch meine Eile, und unter der Führung Jaap's befand ich mich bald an der Seite von Dus. Sobald mir jedoch der Neger den Gegenstand meines Suchens gezeigt, hatte er so viel Bescheidenheit und Vorsicht, an den Saum der Lichtung zurückzukehren, wobei er beide Büchsen mit sich nahm; denn ich gab ihm diejenige, welche ich ergriffen hatte, in meiner Hast vorwärts zu kommen, zurück, sobald ich Dus erblickt hatte.

Nie kann ich den Blick vergessen, womit dies offene, edelherzige Mädchen mich empfing! Er ließ mich beinahe hoffen, mein Ohr habe mich getäuscht, und ich sey am Ende doch der Gegenstand ihres innigsten Interesses! Einige Thränen, halb unterdrückt, aber nur mit Mühe unterdrückt, begleiteten diesen Blick; und mir wurde das Glück, eine Zeit lang die kleine Hand in der meinigen zu halten und an mein Herz zu drücken, die sie mir mit Unbefangenheit, ja mit Wärme hinbot.

„Laßt uns unverzüglich diesen Ort verlassen, theuerste Ursula," rief ich, sobald ich sprechen konnte. „Es ist nicht gerathen, in der Nähe dieser Familie von Elenden zu bleiben, die von Raub und Gewaltthaten leben."

„Und Oheim Kettenträger in ihren Händen lassen!" erwiederte Dus in vorwurfsvollem Tone: „Ihr könnt mir doch gewiß nicht dazu rathen!"

„Wenn Eure eigene Sicherheit es verlangt, ja – tausendmal ja! Wir müssen fliehen und dürfen keinen Augenblick Zeit verlieren. Es ist der Plan dieser Elenden, sich Eurer zu bemächtigen, und Eure Angst dazu zu benutzen, sich des Beistands Eures Oheims zu versichern, ihnen herauszuhelfen aus den schlimmen Folgen der Entdeckung ihrer Räubereien. Es ist nicht sicher für Euch, ich wiederhole es, nur noch eine Minute hier zu verweilen."

Das Lächeln, mir welchem Dus mich jetzt anschaute, war sehr süß, obgleich ich es mir nicht zu erklären wußte; denn es hatte ebenso viel Schmerzliches und Beklommenes als Herzgewinnendes.

„Mordaunt Littlepage, habt Ihr die Worte vergessen, die ich Euch sagte, als wir uns das letzte Mal trennten?" fragte sie ernst, „Vergessen! Ich werde sie nie vergessen! Sie trieben mich beinahe zur Verzweiflung, und waren die Ursache, daß all dieses Unheil über uns kam."

„Ich sagte Euch, daß mein Wort schon verpfändet sey – daß ich Euern edeln, offenen, großmüthigen, männlichen Antrag nicht annehmen könne, weil ein Anderer meine Zusage habe."

„Das habt Ihr, das habt Ihr mir gesagt. – Warum mein Elend so erneuern –"

„Aus einer besonderen Absicht will ich mich jetzt deutlicher aussprechen – der Mann, dem ich mein Wort verpfändet habe, ist in jenen Hütten und ich kann ihn nicht verlassen."

„Kann ich meinen Sinnen trauen? Könnt Ihr – habt Ihr – ist es möglich, daß ein Wesen, wie Ursula Malbone, den Zephaniah Tausendacres lieben kann – einen Squatter und den Sohn eines Squatters?"

Der Blick, mit welchem Dus mich ansah, verrieth sogleich, daß ihr Staunen nicht minder groß war als das meinige. Ich hätte mir im Augenblick, wo die Worte gesprochen waren, meine hastige und unbesonnene Zunge abbeißen können; und ich bin überzeugt, das Aufsteigen des verräterischen Blutes in mein Gesicht muß meiner Gesellschafterin gezeigt haben, wie tief ich mich schämte. Dies Gefühl stieg beinahe bis zur Verzweiflung, als ich den Ausdruck von tiefer, demüthigender Kränkung bemerkte, welcher über das holde und gewöhnlich so vergnügte Antlitz von Dus kam, und daß sie nur mit großer Mühe ihre Thränen unterdrückte. Eine Minute lang sprach Keines; dann aber brach meine Gesellschafterin das Stillschweigen, indem sie fest, ich möchte fast sagen feierlich sagte:

„Das zeigt in der That, wie tief ich heruntergekommen bin! Aber ich verzeihe Euch, Mordaunt; denn so tief auch mein Glück heruntergekommen ist, Ihr habt edel und offen gegen mich Euch benommen und ausgesprochen, und ich spreche Euch frei von jedem Gefühle, das nicht unter den obwaltenden Umständen natürlich wäre. Vielleicht," und ein leuchtendes Erröthen übergoß Dus' Antlitz bei diesen Worten, – „vielleicht darf ich den großen Irrthum, in welchen Ihr verfallen seyd, einer Leidenschaft zuschreiben, welche gar häufig die Begleiterin starker Liebe ist, und insofern ihn schätzen, statt ihn mit Verachtung zu verwerfen. Aber, unter uns, was auch daraus entstehe, es darf keine solche Mißverständnisse mehr geben. Der Mann, dem mein Wort verpfändet, dem meine Zeit und meine Dienste gewidmet sind, so lange Eines von uns Beiden lebt, ist Oheim Kettenträger, und kein Anderer. Wäret Ihr nicht so von mir fortgerannt, Mordaunt, so hätte ich Euch dies wohl noch an demselben Abend entdeckt, an welchem Ihr so viel edle Offenheit gegen mich an den Tag legtet."

„Dus! – Ursula! – geliebte Miß Malbone! also habe ich keinen mir vorgezogenen Nebenbuhler?"

„Kein Mann hat mir je von Liebe gesprochen, als dieser ungeschlachte, rohe junge Squatter und Ihr!"

„Also ist Euer Herz noch unberührt? Ihr seyd noch freie Herrin Eurer Gefühle?"

Der Blick, welchen mir Dus jetzt zuwarf, war etwas herb und trotzig; aber bald veränderte sich der Ausdruck ihres Gesichts, und ich entdeckte wieder das tiefe Gefühl und die edle Sympathie ihres kostbaren Geschlechts darin.

„Wenn ich Euch mit Ja! antwortete, so würden viele Frauen der Meinung seyn, daß ich nur von dem Rechte eines Mädchens Gebrauch mache, welches so ohne Umstände behandelt worden; – aber –"

„Aber was, reizende, innigst geliebte Ursula? Aber was?"

„Ich ziehe die Wahrheit der Koketterie vor, und will nicht versuchen zu läugnen, was nicht in der Ordnung und fast nothwendig zu finden, beinahe ein Verrath gegen die Natur wäre. Wie könnte ein Mädchen, erzogen und gebildet wie ich, durch kein Band und keine Vorliebe an einen Andern gebunden, in diesem Walde mit einem Manne eingeschlossen seyn, der sie mit so viel Güte und Hingebung und männlicher Zärtlichkeit behandelt hat, und gleichgültig bleiben gegen seine Verdienste? Lebten wir in der Welt, Mordaunt, ich glaube, ich würde Euch allen Andern vorziehen; hier in dieser Einsamkeit des Waldes w e i ß ich, daß ich es thue."

Der Leser soll nicht eingeweiht werden in den heiligen Erguß des Vertrauens, der nun folgte; wenigstens nicht weiter, als daß er das Hauptergebnis erfährt. Eine Viertelstunde verfloß so rasch und in der That so wonnevoll, daß ich mir kaum die Hälfte dessen, was gesprochen wurde, wieder zu erzählen getraue. Dus nahm keinen Anstand mehr, ihre Neigung für mich zu bekennen; und obgleich sie auf ihre Armuth hinwies, als auf ein Wohl zu erwägendes Hinderniß meiner Wünsche, so that sie dies doch nur leise, wie dies die meisten Amerikaner und Amerikanerinnen thun würden. In diesem Punkte wenigstens dürfen wir uns mit Recht unseres Vorzugs vor allen andern Ländern der alten Welt rühmen. Während es kaum möglich ist, daß ein Mann oder eine Frau nicht einsähe, welche eine ernste hemmende Schranke für das Glück des ehelichen Lebens durch die Verschiedenheit der Ansichten und Gewohnheiten der Stände und Kasten der Gesellschaft gezogen wird, erblickt doch selten irgend Jemand, in seiner passenden Sphäre, im Mangel an Vermögen und Geld ein unübersteigliches Hinderniß für eine Verbindung – zumal wenn Eines von Beiden im Besitze der Mittel ist, dem Dienste der Haushaltsgötter zu genügen. Die Aelteren mögen oft Bedenklichkeiten in dieser Hinsicht hegen, und haben sie wirklich, aber die jungen Leute selten. Dus und ich erfreuten uns in vollen Zügen dieser glücklichen Unbefangenheit, während ich meine Arme um ihren Leib geschlungen und sie ihr Haupt an meine Brust gelehnt hatte, als ich aus einem Glück, das mich nach Elysium zu verzücken schien, aufgeschreckt wurde durch den heisern, an Rabengekrächze erinnernden Ruf:

„Da ist sie! Da ist sie, Vater! Da sind sie Beide!"

Wie ich vorsprang, den Herandringenden entgegen, sah ich Tobit und Zephaniah unmittelbar vor mir, und in geringer Entfernung hinter ihnen stand Lowiny. Der Erstgenannte machte ein ingrimmiges Gesicht, der Zweite schien eifersüchtig und zornig, die Dritte beschämt und gekränkt. Nach einer Minute waren wir von Tausendacres und der sämmtlichen männlichen Squatterbrut umringt.

## Vierundzwanzigstes Kapitel

Jung ist und schön, den meine Lieb' erlesen;
Schönheit und Jugend wohl auch Andre ziert;
Doch etwas Göttliches in seinem Wesen
Bezeichnet ihn, der dieses Herz gerührt.

*Ebenstone.*

Eine rohere und gewaltsamere Störung einer Scene, bei welcher die sanfteren Eigenschaften des Gemüths ihre Rolle spielen sollen, kam wohl nie vor. Ich, der ich alles bisher Vorgefallene wußte, erkannte sogleich, daß wir sehr ernste Aussichten vor uns hatten; Dus aber empfand anfänglich nur die Verschämtheit und Verlegenheit des Weibes, das sein heiligstes Geheimnis profanen Augen verrathen sieht. Eben die Leidenschaft, welche einen Monat später, nach dem Austausch der Ehegelöbnisse, ihr Stolz gewesen wäre, vor aller Welt zu gestehen und zu bethätigen, bei irgend einem Ereigniß von Wichtigkeit für mich, das eintreten mochte, empfand sie jetzt eine ängstliche Scheue zu offenbaren; und ich glaube, diese mädchenhafte Schaam machte ihr, als wir so festgenommen wurden, mehr Kummer als irgend eine andere Empfindung und Erwägung. Was die Squatters betraf, so hatte sie vermuthlich keine sehr deutliche Vorstellung von deren eigentlichem Charakter; und es war einer ihrer lebhaftesten Wünsche, wieder zu ihrem Oheim zu kommen. Aber Tausendacres gab uns Beiden bald deutlich zu verstehen, wie sehr es ihm jetzt Ernst war.

„So, mein junger Major, Ihr laßt Euch in demselben Nest fangen, wirklich! Ihr habt die Wahl, friedlich zurück zu marschiren, wohin Ihr gehört, oder Euch binden und wie ein Rehbock, der eine Strecke weit im Walde draußen geschossen worden, fortschleppen zu lassen. Ihr kennt den Tausendacres und sein Geschlecht nicht, wenn Ihr wirklich glaubtet, ihm so entschlüpfen zu können, an einem Platz, wo Ihr zwanzig Meilen Wald um Euch habt."

Ich gab meinen Wunsch zu erkennen, nicht gebunden zu werden, und erklärte mich ganz bereit, die Squatters zu ihren Wohnungen zurück zu begleiten; denn Nichts auf der Welt hätte mich in Versuchung führen können, Dus unter den gegenwärtigen Umständen zu verlassen. Wenn auch die Squatters mir erklärt hätten, daß ich freien Paß habe, ich würde doch, selbst im Besitze meiner Freiheit, meinem Magnet gefolgt seyn, so unfehlbar als die Nadel nach dem Nordpol hinstrebt.

Es wurde Wenig mehr gesprochen, bis wir die Wälder verlassen und die offenen Felder der Lichtung erreicht hatten. Man gestattete mir, meiner Gesellschafterin aus dem Weg durch das Gebüsch und beim Klettern über ein paar Zäune behülflich zu seyn, und die Squatters, insgesammt bewaffnet, bildeten einen Kreis um uns in einer Entfernung, die mir möglich machte, Dus einige aufmunternde Worte zuzuflüstern. Sie besaß, für eine Frau, eine große natürliche Unerschrockenheit, und ich glaube den Vorwurf der Eitelkeit nicht zu verdienen, wenn ich hinzusetze, daß wir Beide uns in Folge der so eben stattgefundenen Erklärungen so glücklich fühlten, daß diese neue Widerwärtigkeit uns, so lange wir nicht getrennt wurden, nicht niederzuschlagen vermochte.

„Seyd nicht muthlos, liebste Dus," flüsterte ich, als wir uns dem Vorrathshause näherten; „am Ende wagen doch diese Elenden nicht, sich groß gegen das Gesetz aufzulehnen."

„Ich hege sehr wenig Besorgnisse, wenn Ihr und Oheim Kettenträger mir so nahe seyd, Mordaunt," gab sie mir mit Lächeln zur Antwort. „Es kann nicht lange anstehen, bis wir von Frank hören, der, wie man Euch gesagt haben muß, nach Ravensnest gegangen ist, um Vollmachten und Beistand zu holen. Er verließ unsre Hütten zur selben Zeit, wo wir hieher aufbrachen und muß jetzt schon lang auf dem Rückwege begriffen seyn."

Ich drückte dem lieben Mädchen die Hand; zur Erwiederung empfand auch ich einen leisen Druck ihrer Hand, und ich machte mich nun gefaßt, von ihr getrennt zu werden, da ich es als eine ausgemachte Sache ansah, Prudence und ihre Töchter würden die Bewachung und Hegung der Gefangenen übernehmen. Ich hatte, seit wir die Wälder verlassen hatten, immer geschwankt, ihr einen Wink zu geben, welche Prüfung ihrer vermuthlich warte: aber da kein Versuch, sie zu einer Heirath zu zwingen, gemacht werden könnte, ehe der Friedensrichter ankam, dachte ich, es hieße dies nur, ihr unnöthigerweise Angst und Kummer bereiten. Die Prüfung, falls es wirklich dazu kommen sollte, werde immer noch bald genug kommen; und ich hegte keine Besorgnis, ein Wesen von Dus' Geist und Charakter, die so eben erst mit solcher Offenheit gestanden hatte, daß ihr ganzes Herz mein sey, durch Einschüchterung zu einem Zugeständnis gebracht werden könnte, welches dem Zephaniah irgend Ansprüche auf sie gäbe. Die Wahrheit zu gestehen, eine Bergeslast war von meiner Brust gewälzt worden, und ich fühlte mich in Folge dieses Umstandes zu glücklich, als daß gerade jetzt irgend etwas Anderes mich hätte unglücklich machen können. Ich glaube, Dus ward auch durch ähnliche Gefühle einigermaßen aufrecht erhalten und gestärkt.

Dus und ich trennten uns an der Thüre des ersten Hauses, und sie wurde der Aufsicht und Obhut von Tobit's Weib übergeben, einer Frau, welche für ihren brutalen und selbstsüchtigen Mann ganz gut paßte. Keine Gewalt jedoch wurde gegen die Gefangene angewendet, die man frei gehen ließ; obwohl ich bemerkte, daß ein Paar von den Weibern sich in unmittelbarer Nähe ihrer Person hielten, ohne Zweifel als ihre Wächterinnen.

Da wir uns den Behausungen der Squatters auf einem neuen Pfade genähert hatten, wußte der Kettenträger Nichts von der Gefangennehmung seiner Nichte, bis ihm die Kunde davon durch mich mitgetheilt wurde. Er wußte nicht einmal von meiner Wiedereinfangung, bis er mich wieder in das Gefängniß treten sah, obgleich er wahrscheinlich voraussah, daß dies mein Schicksal seyn würde. Was Susquesus betrifft, so legte er selten Erstaunen oder irgend eine Gemüthsbewegung an den Tag, was sich auch immer ereignen mochte.

„Nun, Mortaunt, mein Junge, ich wußte, daß Ihr verschwunden wäret, mir nichts dir nichts, und kein Mensch wußte wie; aber ich dachte gleich, es würde Euch schwer werden, Euch diesen schuftigen Squatters durch die Flucht zu entziehen," rief Andries, mir herzlich die Hand schüttelnd, als ich in den Kerker hineintrat. „Da sind wir wieder alle drei, und es ist ein Glück, daß wir so gute Freunde sind, da unser Quartier keines von den geräumigsten und besten ist. Der Indianer sah mich allein, und so nahm er sein gegebenes Wort zurück und ist ein im engen Gewahrsam gehaltner Gefangener, wie wir Andern auch, aber in gewissem Sinne ein freier Mann. Ihr könnt jetzt die Streitaxt herausgraben gegen diese Squatters, sobald es Euch gefällt; ist es nicht so, Sureflint?"

„Gewiß – Waffenstillstand aus – Sureflint Gefangener wie Jeder. Von Tausendacres zurückgenommen mein Wort wieder – Indianer jetzt freier Mann."

Ich verstand des Onondago Sinn ganz gut, obgleich seine Freiheit von etwas zweifelhafter und zweideutiger Art war. Er wollte einfach sagen, nachdem er sich den Squatters wieder gestellt und überliefert, sey er von den Bedingungen seines gegebenen Ehrenworts entbunden und es stehe ihm frei, einen Fluchtversuch zu machen, oder diejenigen, in deren Hände er gefallen war, zu bekriegen, in welcher Weise es ihm gefiel. Zum Glück war Jaap entkommen, denn ich konnte keine Spur davon entdecken, daß Tausendacres oder seine Söhne auch nur Etwas von seiner Anwesenheit erfahren hatten. Es war schon Etwas werth, einen so erfahrenen

Waldmann und so treuen Freund in Freiheit und in der Nähe zu wissen; und die Nachrichten und Aufschlüsse, die er ertheilen konnte, falls er Frank Malbone, mit dem Constable und dem Gefolge begegnete, konnten für uns äußerst wichtig und nützlich seyn. Alle diese Punkte erörterten Kettenträger und ich ausführlich; und der Indianer saß dabei, ein aufmerksamer aber schweigender Zuhörer. Es war unsre beiderseitige Ansicht, Malbone könne mit der Hülfe jetzt nicht mehr weit entfernt seyn. Was die Folge eines Angriffs auf die Squatters seyn würde, ließ sich nicht leicht vorhersagen, da die Letztern wohl sich zur Wehre setzen konnten; und so klein ihre Streitmacht war, so konnte sie doch bei einem Kampfe dieser Art sehr furchtbar werden. Die Weiber einer solchen Familie waren nicht viel weniger kampftüchtig als die Männer, wenn sie sich hinter Blöcke postirten; und in hundert Dingen konnten ihre Lebensweise, ihre Erfahrung und Kühnheit sich sehr fühlbar geltend machen, falls die Sachen aufs Aeußerste getrieben wurden.

„Gott weiß, – Gott allein weiß, was das Ende von dem Allem seyn wird," versetzte der Kettenträger auf eine meiner Bemerkungen, indem er kaltblütig in Zwischenräumen Züge aus seiner Pfeife that, um das Feuer zu erhalten, da er sie eben erst angezündet hatte. „Nichts ist ungewisser als der Krieg, wie Susquesus hier sehr gut weiß aus langer Erfahrung, und wie Ihr selbst auch wissen müßt, mein Junge, da Ihr ja auch Feldzüge, und zwar heiße Feldzüge, mitgemacht habt. Sollte Frank Malpone einen Angriff auf diese Absiedlung machen, was von ihm, als einem alten Soldaten, mit ziemlicher Wahrscheinlichkeit zu erwarten ist, so müssen wir Allem aufbieten, um uns ihm auf einer seiner Flanken anzuschließen, damit wir sein Vorrücken oder seinen Rückzug decken, je nachdem er gerade eine Bewegung machen wird."

„Ich hoffe es wird eine Bewegung vorwärts seyn, da Frank mir nicht der Mann scheint, der so leicht zum Rückzug zu bringen wäre. Aber dürfen wir auch gewiß annehmen, daß Squire Newcome den Verhaftbefehl bewilligen wird, den er von ihm verlangt, da er mit diesen Squatters in so engem Verkehr steht?"

„Ich habe das Alles auch schon bedacht, Mortaunt, und es ist wohl zu überlegen. Ich glaube, er wird wenigstens an Tausendacres einen Boten schicken und ihn wissen lassen, was kommen wird, und die Sache so lange verzögern und hinausschieben als möglich. Das Gesetz ist ein fauler Diener, wenn es ihm einfällt, langsam zu seyn; und mancher Spitzbube hat ihm den Vorrang abgelaufen, wenn es galt, den Rücken zu sichern oder eine Strafe zu vermeiden. Aber dennoch, Mortaunt, der Mann, der das Recht auf seiner Seite hat, kämpft immer mit großem Vortheil und hat alle Aussicht, am Ende den Preis davon zu tragen. Es ist ein großer Vortheil immer Recht zuhaben; eine Wahrheit, die ich von meinen Knabenjahren an erkannt und gefühlt habe, der mir aber immer klarer und klarer geworden ist seit dem Frieden und seit ich zurückgekommen bin und mit Dus lebe. Dies Mädchen hat mich gar Viel gelehrt in allen Dingen! und es würde Euch im Herzen wohl thun, wenn Ihr sie sehen könntet allein mit einem alten unwissenden Mann in den Wäldern; an einem Sonntag, wenn sie sich bemüht, ihm seine Bibel zu erklären, und wie er Gott lieben und fürchten müsse."

„Thut das Dus für Euch, mein alter Freund? – Uebernimmt wirklich dies bewunderungswürdige Geschöpf diese heilige Obliegenheit der Pflicht und der Liebe? So sehr ich sie früher schon hochgeachtet und bewundert habe wegen ihrer Ergebenheit und Zärtlichkeit gegen Euch, Kettenträger, bewundere und verehre ich sie doch noch viel mehr wegen dieses Beweises ihres aufrichtigen und tiefgehenden Interesses an Eurer Wohlfahrt."

„Ich will Euch Etwas sagen, Junge – Dus ist besser als zwanzig Dominies, um einen verstockten alten Kerl, dessen Gewissen zäh und hart geworden durch ein siebenzigjähriges Leben in der Welt, aus seiner Sündhaftigkeit zurückzurufen auf die Wege der Gottseligkeit und des Friedens. Ihr seyd jung, Mortaunt, und der Knorpel der Sünde hat sich bei Euch noch nicht zum Knochen verhärtet, und Ihr wißt schwerlich, wie mächtig der Halt ist, den Gewohnheit und die Welt über einen alten Mann gewinnen; aber ich hoffe, Ihr lebt lange genug, um das Alles zu sehen und zu empfinden." Ich lächelte nicht einmal, denn der kindliche Ernst und die aufrichtige Einfalt, womit der alte Andries diesen Wunsch vorbrachte, verhüllte das Lächerliche desselben hinter einem Schleier von Wahrheit und tiefem Gefühl, zu ehrwürdig, um irgend eine unehrerbietige Regung aufkommen zu lassen. „Und das ist der schlimmste Wunsch, den ich Euch wünschen kann, mein lieber Junge. Ihr wißt, wie es mit mir gegangen ist, Mortaunt; eines Kettenträgers Beruf ist keiner von den besten, um Einem Religion beizubringen, die überhaupt in den Wäldern eben nicht zu floriren scheint, – warum? kann ich freilich nicht begreifen, denn Dus hat mir zu wiederholten Malen gezeigt, daß Gott sey in den Bäumen und auf den Bergen, und in den Thälern, und seine Stimme lasse sich vernehmen in den Bächen und Strömen so gut, wo nicht besser, als er in den Lichtungen und in den Städten zu sehen und zu hören sey. Aber mein Leben war kein religiöses vor dem Krieg, und der Krieg ist kein Gewerbe, das Einen so an den Tod denken lehrte, wie man sollte, obgleich man ihn so zu sagen Tag und Nacht vor Augen hat."

„Und Dus, die treffliche, offene, warme, aufrichtige, weibliche und bezaubernde Dus verbindet diese bewundernswerten Eigenschaften mit ihren andern Verdiensten, wahrhaftig! Ich wußte, daß sie tief fühle in Sachen der Religion, Kettenträger, aber ich wußte nicht, daß sie eine so tiefe, innige Theilnahme am Heile derer, die sie liebt, empfinde, in Bezug auf diese höchste und wichtigste Angelegenheit des Menschen."

„Wohl dürft Ihr das Mädchen mit all diesen schönen Namen nennen, denn sie verdient sie alle und noch mehr. Nein – nein – Dus lernt man nicht in einem Tage kennen. Es kann Einer in demselben Hause mit ihr wohnen, und ihr lächelndes Angesicht sehen und ihren fröhlichen Gesang hören Monate lang, und doch nicht erfahren, wie viel Gottseligkeit und Sanftmuth, und Tugend, und Liebe, und Frömmigkeit im Grunde ihrer Seele ist. Ihr werdet dereinst gut denken lernen von Dus, Mortaunt Littlepage!"

„Ich! – Wie sagt Ihr, ich werde einst gut denken lernen von Ursula Malbone, dem Mädchen, das ich beinahe anbete! – Gut denken von ihr, die ich jetzt schon seit drei Monaten mit einer Inbrunst liebe, die ich nicht für möglich gehalten hätte! – Gut denken von ihr, die alle meine wachen Gedanken und zum großen Theil auch im

Schlaf meine Seele beschäftigt und erfüllt – von der ich träume – der ich verpfändet und verlobt bin – die meine Betheurungen mit Huld angehört und mir freundlich versprochen hat, wenn alle bei der Sache Betheiligten zustimmen ehestens mein Weib zu werden!“

Der alte Andries hörte diesen meinen energischen Ausruf mit Erstaunen; und selbst der Indianer wandte den Kopf und sah mich mit vergnügter Aufmerksamkeit an. Nachdem ich einmal in einer Aufwallung, der ich nicht zu widerstehen vermocht hatte, so weit gegangen war, fühlte ich die Notwendigkeit, mich noch deutlicher und ausführlicher auszusprechen, und ihm Alles mitzutheilen, was ich über die Sache zu sagen hatte.

„Ja,“ fuhr ich fort, und faßte den alten Andries mit Wärme bei der Hand, – „Ja, Kettenträger, ich werde Euern oft ausgesprochenen Wunsch erfüllen. Wiederholt habt Ihr mir Eure liebliche Nichte zur Gattin empfohlen und ich komme jetzt, Euch beim Wort zu nehmen, und zu sagen, daß Nichts mich so glücklich machen wird, als wenn ich Euch Oheim nennen darf.“

Zu meiner Ueberraschung legte der Kettenträger bei dieser Ankündigung keine Freude an den Tag. Ich bemerkte, daß er seit meiner Ankunft auf dem Nest Nichts mehr gegen mich erwähnt hatte von seinem alten Lieblingsprojekt, daß ich seine Nichte heirathen sollte; und jetzt, wo ich nicht nur bereit, sondern so sehr verlangend war, seinen Wunsch zu erfüllen, konnte ich deutlich sehen, daß er vor meinen Anträgen zurückscheute und wünschte, daß ich sie nicht gemacht hätte. Ganz verblüfft wartete ich, bis er sprechen würde, mit unbeschreiblicher Unruhe und getäuschter Hoffnung.

„Mortaunt! Mortaunt!“ so machte sich endlich das Herz des alten Mannes Luft – „ich wünschte zu Gott, Ihr hättet das nie gesagt! Ich liebe Euch, Junge, beinahe so sehr, als Dus selbst; aber es schmerzt mich – es schmerzt mich, Euch davon reden zu hören, das Mädchen zu heirathen.“

„Ich bin ebenso bekümmert als erstaunt, Kettenträger, von Euch eine solche Aeußerung zu vernehmen! Wie oft habt Ihr selbst gegen mich den Wunsch ausgesprochen, daß Ich Eure Nichte kennen lernen, sie lieben und heirathen möchte! Jetzt, nachdem ich sie gesehen, – nachdem ich sie kennen gelernt habe, da ich sie von Grund meines Herzens liebe und sie zur Gattin zu nehmen wünsche, nehmt Ihr meinen Antrag so auf, als wäre er Euer und der Eurigen unwürdig.“

„Nicht so, Junge, nicht so. Nichts würde mich so glücklich machen, als Euch mit Dus vermählt zu sehen, vorausgesetzt, es könnte geschehen, ohne daß Jemand dabei gekränkt würde und sich zu beklagen hätte; aber das kann nicht seyn. Ich habe so geschwatzt, wie Ihr sagt, und ein recht thörichter, eingebildeter, selbstsüchtiger alter Mann war ich, als ich so schwatzte. Ich war damals bei der Armee und wir waren Beide Kapitäne; und ich war der ältere Kapitän, und konnte Euch Befehle geben und habe Euch Befehle gegeben; und ich trug eine Epaulette, wie jeder andere Kapitän, und hatte meines Großvaters Schwert an der Seite, und meinte, wir seyen Ebenbürtige, und es sey eine Ehre, meine Nichte zu heirathen; aber das Alles hat sich geändert, Junge, als ich wieder in die Wälder kam und meine Meßkette wieder aufnahm, und wie sonst zu leben und zu arbeiten und meine Armuth zu fühlen begann, und mich so sah, wie ich bin. Nein – nein – Mortaunt Littlepage, der Eigenthümer von Ravensnest, und der Erbe von Mooseridge und von Satanstoe, und von Lilaksbush, und von all den schönen Häusern und Magazinen und Landgütern in York und auf und ab im Lande, ist keine passende Partie für Dus Malbone!"

„Das ist eine so außerordentliche Behauptung in Eurem Munde, Kettenträger, und so in völligem Widerspruch mit Allem, was ich Euch früher über die Sache habe äußern hören, daß Ihr mir erlauben müßt, zu fragen, wie Ihr zu dieser Ansicht gekommen seyd?"

„Ich kam dazu durch Dus Malbone selbst – ja, ich habe sie aus ihrem eigenen Munde, in der ihr eigenen hübschen und zierlichen Art und Weise ausgesprochen."

„So ist denn je die Möglichkeit, daß ich Eurer Nichte einen Heirathsantrag machen könnte, zwischen Euch zur Sprache gekommen?"

„Ja wohl – ja wohl – und das mehr als einmal. Setzt Euch auf diesen Holzblock und hört an, was ich Euch zu sagen habe, und ich will Euch die ganze Geschichte erzählen. Susquesus, Ihr braucht Euch nicht so weit wegzusetzen in jene Ecke, Ihr, der Ihr ja doch auch ein Gentleman seyd, wenn gleich nur ein indianischer Gentleman; denn ich habe vor einem solchen Freunde, wie Ihr seyd, keine Geheimnisse. So kommt denn wieder hieher, Indianer, und nehmt Euren alten Platz ein, dicht neben mir, wie Ihr so oft an meiner Seite gewesen, wenn der Feind uns keck in der Fronte angriff." Sureflint that ruhig, wie er geheißen war, während der Kettenträger sich zu mir wandte und in seiner Rede fortfuhr: „Ihr sollt sehen, Mortaunt, Junge, was die Umstände und die Wahrheit der Sache sind. Wie ich zuerst vom Feld zurückkam und ich voll war vom Stolz und der Autorität und den Gesinnungen eines Soldaten, begann ich mit Dus von Euch zu schwatzen, wie ich gewohnt gewesen war, mit Euch von Dus zu schwatzen. Und ich erzählte ihr, was für ein hübscher, kühner, stattlicher, großmüthiger, rechtschaffener junger Bursch Ihr seyet" – der Leser wird mir zu Gute halten, daß ich wiederhole, was Kettenträger in seiner parteilichen Vorliebe für mich so zuversichtlich aussprach – „und ich erzähle ihr von Euren im Kriege geleisteten Diensten, und von Eurem Witz, und wie Ihr uns Alle lachen gemacht, selbst wenn wir zur Schlacht marschirten, und welch einen Vater Ihr habet und welch einen Großvater, und Alles was ein guter und warmer Freund von seinem Freunde sagen kann und soll, wenn es wahr ist, und wenn er es einem hübschen jungen Mädchen erzählt, deren Herz heil ist, und von der er wünscht, daß sie eine Liebe fasse für eben diesen Freund. Nun, das Alles erzählte ich Dus, nicht nur einmal, Mortaunt, oder zweimal, sondern wohl zwanzigmal, das dürft Ihr mir glauben."

„Dies macht mich nur um so neugieriger, zu hören, was Dus antworten konnte oder antwortete."

„Ihre Antwort, Junge, ist es gerade, was die gegenwärtige Schwierigkeit zwischen uns verursacht. Lange Zeit sagte Dus wenig oder nichts. Manchmal machte sie ein herbes und spöttisches Gesicht, und lachte – und Ihr wißt, Junge, das Mädel kann das beides so gut als die meisten jungen Frauenzimmer. Manchmal fing sie ein

Lied zu singen an, etwa von treulosen jungen Männern und von Jungfrauen, denen das Herz gebrochen. Manchmal sah sie traurig und bekümmert aus, und ich sah ihr Thränen ins Auge treten; und dann wurde ich selbst so sanft und weichherzig wie ein Mädel, wenn ich sah, daß sie, die so gerne und leicht lachte, Thränen vergoß."

„Aber wie endete denn das Alles? Was kann denn vorgefallen seyn, was eine so große Veränderung in Euren Gesinnungen und Wünschen bewirkt hat?"

„Ha, Mortaunt, nicht sowohl meine Wünsche haben sich geändert, als meine Ansichten. Wenn man die Dinge gerade so haben könnte, wie man sie wünscht, Junge, so solltet Dus und Ihr Mann und Frau seyn, so weit es von mir abhängt, ehe acht Tage herum sind. Aber wir sind nicht unsere eigenen Herren, und nicht Herren über das Schicksal unserer Neffen und Nichten, so wenig als wir Herren unseres eigenen Schicksals sind. Aber ich will Euch jetzt erzählen, wie es zuging. Eines Tages, als ich dem Mädchen in der gewohnten Weise vorschwatzte, hörte sie Alles, was ich ihr zu sagen hatte, ernsthafter an als gewöhnlich, und dann antwortete sie mir ungefähr folgendermaßen: ›Ich danke Euch von Grund meines Herzens, Oheim Kettenträger,‹ sagte sie, ›nicht nur für Alles, was Ihr an mir gethan habt, als an der verwaisten Tochter Eurer Schwester, sondern auch für die Wünsche, die Ihr für mich hegt. Ich merke, daß die Idee, ich solle Euern jungen Freund, Mr. Mortaunt Littlepage, heirathen, tiefe Wurzeln in Eurem Gemüthe geschlagen hat, und es ist Zeit, ernstlich von der Sache zu reden. Als Ihr mit diesem jungen Gentleman als Kamerade lebtet, Oheim Kettenträger, da waret Ihr der Kapitän Coejemans, von den Linientruppen des Staates New-York, ein älterer Offizier als er, und es war ein ganz natürlicher Gedanke, Eure Nichte würde sich zur Gattin für ihn eignen. Aber es ist unsere Pflicht, ins Auge zu fassen, was wir jetzt sind, und vermuthlich bleiben werden. Major Littlepage hat Vater und Mutter, habe ich Euch sagen hören, Oheim Kettenträger, und auch Schwestern. Nun ist das Heirathen ein sehr ernsthaftes Ding. Eine Heirath soll fürs ganze Leben dauern, und Niemand sollte eine solche Verbindung eingehen, ohne alle Punkte und Verhältnisse recht zu erwägen. Es ist kaum möglich, daß Leute in der glücklichen Lage und dem Wohlstand dieser Littlepage's wünschen sollten, einen einzigen Sohn, den Erben ihres Namens und ihrer Güter, ein Mädchen aus den Wäldern zur Gattin nehmen zu sehen, – ein Mädchen, das nicht blos die Nichte eines Kettenträgers, sondern selbst auch Kettenträgerin gewesen ist, und das Nichts in ihre Familie mitbringen kann, was sie für dies Opfer entschädigte."

„Und Ihr konntet es übers Herz bringen, Andries, ruhig zu bleiben und Ursula das Alles sagen zu lassen?"

„Ha, Junge, was konnte ich denn machen? Ihr hättet auch nicht anders gekonnt, Mortaunt, wenn Ihr gehört hättet, wie hübsch sie alle ihre Perioden zu drehen wußte – so habe ich es Euch nennen hören – und wie ihr jede Sylbe, die sie sprach, von Herzen kam. Dann war auch schon das Gesicht des Mädchens allein hinreichend, mich zu überzeugen, daß sie Recht hatte: sie sah so ernst und so traurig und so schön aus, Mortaunt! Nein, nein, wenn Einem eine Idee in den Kopf kommt mittelst solcher Worte und Mienen, mein Junge, so ist es keine so leichte Sache, derselben wieder los zu werden."

„Ihr wollt doch nicht ernstlich sagen, Kettenträger, daß Ihr gemeint seyd, mir Dus zu versagen?“

„Dus wird das selbst thun, Junge, denn sie ist immer noch des Kettenträgers Nichte, und Ihr seyd noch immer General Little-Page's Sohn und Erbe. Versucht es einmal, und seht zu, was sie Euch sagen wird.“

„Aber ich habe es schon bei ihr versucht, wie Ihr es nennt: ich habe ihr meine Liebe erklärt, habe ihr meine Hand angeboten, und –“

„Und was?“

„Ha, sie antwortete mir nicht so, wie Ihr sagt, daß sie Euch geantwortet habe.“

„Hat das Mädel gesagt, sie wolle Euch nehmen, Mortaunt? Hat sie: Ja! gesagt?“

„Bedingterweise hat sie es gesagt. Wenn meine Großmutter freudig ihre Zustimmung gibt, und ebenso meine Eltern, und meine Schwester Kettletas und ihr Gatte, und meine lachende, lustige Kate, dann will Dus mich erhören.“

„Das ist seltsam! Ha, jetzt sehe ich, wie es ist; das Mädchen hat Euch selbst gesehen, und ist viel um Euch gewesen und hat mit Euch geschwatzt und gesungen und gelacht; und ich glaube, am Ende macht das einen Unterschied in ihrer Ansicht von Euch. Ich bin ein Junggesell, Mortaunt, und habe kein Weib und kein Liedchen, aber es ist leicht genug einzusehen, wie das Alles einen sehr großen Unterschied machen muß. Ich bin jedoch froh, daß der Unterschied doch nicht so groß ist, daß das Mädchen alle Eure Verwandten vergäße; denn wenn Jedermann seine Einwilligung gibt und wohl zufrieden ist, nun dann ist es nicht wahrscheinlich, daß der Umstand, daß ich ein Kettenträger bin, und Dus so arm und fast verlassen ist, später Euch nachgetragen werde und Euch bittere Gedanken und Empfindungen verursache.“

„Andries Coejemans, ich schwöre Euch, ich wollte gleich diesen Augenblick lieber Euer Neffe als der Schwiegersohn Washingtons selbst werden, wenn er eine Tochter hätte.“

„Das heißt, Ihr möchtet lieber Dus haben, als irgend ein anderes Mädchen Eurer Bekanntschaft. Das ist ganz natürlich, und mag bewirken, daß ich Euch eine Zeit lang Seiner Excellenz gleich gelte; aber wenn Ihr kälter überlegt und fühlt, mein lieber Junge, dann ist zu besorgen, daß Ihr doch einigen Unterschied entdeckt zwischen dem Generalkapitän und Oberbefehlshaber sämmtlicher amerikanischer Streitkräfte und einem armen Kettenträger, der in seinen besten Tagen nicht weiter als zu einem Kapitän in der Linie von New-York es gebracht hat. Ich weiß, Ihr liebt mich, Mortaunt; aber es ist zu besorgen, daß es auf die Länge doch nicht gerade die Art Liebe ist, wie zwischen Oheim und Neffen. Ich bin nur ein armer Holländer, wenn ich Alles sagen soll, ohne viel Erziehung und Bildung, und ohne Geld, und von wenig Manieren; während Ihr auf dem Collegium gewesen und ein Collegiumsgelernter seyd, und ein so stattlicher und tapferer Knabe, als nur Einer zu finden ist in den Staaten, wie wir jetzt die alten Colonieen nennen. Wäret Ihr ein Yankee, Mortaunt, ich wollte Euch zwanzig Mal heirathen und wieder geschieden sehen, ehe ich Euch das gestände; aber es kann Einer seiner Unwissenheit und schlechten Erziehung und seiner Schwächen sich wohl bewußt seyn, und es deßwegen doch nicht gern haben, daß man es ihm ins Gesicht sagt und daß ihn jeder Abcschütz, der aus Neu-England kommt, deshalb auslacht. Nein, nein, ich bin ein armer Holländer, das weiß ich: und das kann Einer einem Freunde wohl sagen, wenn er auch lieber stürbe, ehe er einem Feinde etwas von solcher Armuth gestände."

„Ich würde gern dies Gespräch fortsetzen, Andries, und es zu einem glücklichen Ende bringen," versetzte ich; „aber da kommen die Squatters Alle miteinander, und ich glaube, es ist irgend eine Maßregel oder ein Vorschlag im Werke. So wollen wir denn unsere Angelegenheiten aufschieben; und Ihr müßt nicht vergessen, daß ich keiner Eurer Ansichten und Entscheidungen beitrete. Dus muß die Meinige werden, wenn wir sie anders gegen die Fäuste dieser Elenden zu schützen im Stande sind! Ich habe auch darüber etwas mit Euch zu sprechen: aber jetzt ist dazu nicht der Augenblick."

Der Kettenträger ergriff meine Hand, die er freundschaftlich drückte, und damit endete unser Gespräch. Wegen der Absichten Tausendacres' in Betreff Dus' war ich noch nicht aller Unruhe und Besorgnisse entledigt, obgleich der Sturm wonnevoller Gefühle, welcher durch meine Seele gezogen war, dieselben für jetzt in den Hintergrund drängte. Ich hegte durchaus keine Besorgniß, Ursula Malbone könnte sich je durch gewöhnliche Mittel bestimmen lassen, die Gattin Zephaniah's zu werden: aber ich zitterte bei dem Gedanken, was die Wirkung von Drohungen gegen mich und ihren Oheim seyn könnte. Auch war ich nicht ganz ruhig darüber, ob es nicht zur Ausführung dieser Drohungen kommen könnte. Es geschieht oft bei Verbrechen, ebenso wie bei Begehung gewöhnlicher Sünden, daß die Menschen von den Umständen fortgerissen werden, die sie zu Thaten drängen, vor welchen sie mit Entsetzen zurückgebebt wären, wenn sich ihnen die Begehung derselben geradezu, ohne Dazwischenkunft von Mittelursachen, dargestellt hätte. Aber offenbar nahte die Krisis heran, und ich erwartete ihre Entwicklung mit aller Kaltblütigkeit, die ich aufzubieten vermochte. Was den Kettenträger betrifft, so hegte er, der nichts wußte von der Besprechung in der Mühle, von welcher ich Zeuge gewesen war, keine Besorgnisse, daß von der Seite her, von welcher ich es am meisten fürchtete, Unheil kommen würde.

Der Tag war inzwischen weit vorgerückt, die Sonne war untergegangen und die Nacht stand nahe bevor, als Tobit und seine Brüder an die Thüre unseres Gefängnisses kamen und den Kettenträger und mich aufforderten, herauszukommen; Susquesus aber ließen sie zurück. Wir gehorchten bereitwilligst; denn ich empfand es doch schon als eine Art von Freiheit, außerhalb dieses Blockhauses zu seyn, mit ungefesselten Gliedmaßen, wenn auch über uns Beide scharfe Wache gehalten wurde. Zu meinen beiden Seiten schritt ein bewaffneter Mann, und der Kettenträger erhielt dieselbe Ehrengarde. Um dies Alles bekümmerte sich der alte Andries wenig. Er wußte und ich wußte, daß die Zeit nicht mehr fern seyn konnte, wo wir erwarten durften, von Frank Malbone zu hören; und jede Minute, welche verstrich, erhöhte unsere Zuversicht in dieser Beziehung.

Wir hatten etwa die Hälfte des Weges zwischen dem Vorrathshaus und der Wohnung Tausendacres', nach welcher wir unsre Schritte lenkten, zurückgelegt, als Andries plötzlich stehen blieb und sich die Erlaubniß erbat, mir ein Wort heimlich sagen zu dürfen. Tobit war in Verlegenheit, wie er dies Verlangen nehmen sollte; aber da offenbar der Wunsch obwaltete, ein leidliches Vernehmen mit dem Kettenträger zu erhalten, verstand er sich nach einer kleinen Pause dazu, mit seinen Brüdern einen weiten Ring um uns zu bilden, in dessen Mitte ich und mein alter Freund allein blieben.

„Ich will Euch sagen, was ich in dieser Sache für nöthig halte," begann Andries, in halb flüsterndem Tone. „Es kann nicht mehr lang anstehen, bis Malbone zurück seyn wird mit den Constables und der bewaffneten Macht und weiter; wenn wir nun diesen Schurken sagen, wir wünschten unsern Feinden am lichten Tage gegenüber zu stehen, und hätten keinen Magen für Nachtwerk, vielleicht würden sie uns dann in das Gefängniß zurückführen, und so gewänne Frank mehr Zeit, hier anzukommen."

„Es wird viel besser seyn, Kettenträger, wenn wir unsre Zusammenkunft mit diesen Squatters recht verlängern, damit Ihr und ich auf freiem Fuße, wenigstens nicht in dem Vorrathshause eingesperrt sind, wenn Malbone erscheint. In der Verwirrung können wir sogar vielleicht entkommen und uns unsern Freunden anschließen, was tausendmal besser seyn wird, als wenn sie uns in vier Wänden eingeschlossen treffen."

Andries nickte mit dem Kopf, zum Zeichen seiner Zustimmung und von nun an schien er beflissen, die Sache hinauszuziehen, um Zeit zu gewinnen, statt sie zu einem baldigen Ende zu bringen. Sobald unser Gespräch zu Ende war, stellten sich die jungen Männer wieder neben uns und wir bewegten uns sämmtlich weiter.

Da die Finsterniß hereinbrach, hatte Tausendacres beschlossen, diesmal seinen Gerichtshof im Hause drinnen zu halten, wobei er Sorge trug, daß die Thüre gehörig bewacht wurde. In der innern Einteilung des Raumes eines amerikanischen ländlichen Hauses (cottage) ist wenig Abwechslung. Etwa zwei Drittel des Raums nimmt das Hauptgemach ein, welches den Feuerplatz enthält, und sowohl als Küche als zum Wohnzimmer dient, während das übrige Gebäude in drei verschiedene Theile zerfällt; der eine derselben ist gewöhnlich ein kleines Schlafzimmer, der zweite ist die Milch- und Speisekammer, und der dritte enthält die Treppen oder Leitern, mittelst welcher man auf den obern Stock hinauf oder in den Keller hinabsteigt. Dies war die Einrichtung der Wohnung Tausendacres' und dies ist die Einrichtung von tausend ähnlichen Wohnungen im Lande. Der Landmann, dem es gut geht, ist jedoch selten lange mit einem so beschränkten ärmlichen Raume zur Wohnung zufrieden, und das kunstgerecht gezimmerte Haus, zwei Stockwerke hoch und mit fünf Fenstern in der Fronte, tritt bei ihm gewöhnlich bald an die Stelle der mehr hüttenartigen Behausung. Es ist in der That selten, daß ein amerikanisches Privatgebäude mehr als fünf Fenster in der Fronte hat; die wenigen Ausnahmen von der Regel, die man findet, sind Wohnungen von besonders vornehmen Familien; und die jene Zahl überschreitenden Fenster befinden sich gewöhnlich an den Flügeln. Einige unsrer alten, soliden, massiven steinernen Landhäuser haben hin und wieder acht bis neun solcher Oeffnungen, doch sind diese selten. Ich kann jedoch hier nicht von Landhäusern und Fenstern plaudern, da ich so wichtige und ernste Dinge zu erzählen habe.

Im Wald und besonders in den jüngern Theilen von New-York sind die Abende, selbst in den warmen Monaten, häufig kühl. In jener denkwürdigen Nacht war, wie ich mich wohl erinnere, die Luft so scharf, daß sie sogar einen Frost drohte, und Prudence hatte auf dem geräumigen Heerde ihres kunstlosen Kamins ein Feuer angezündet. Bei dem lustigen Lodern dieses Feuers, welches von Zeit zu Zeit neu angefacht wurde, durch dürres Holzwerk, dessen sich die amerikanischen Grenzer statt des Reisigs bedienen, fielen die Scenen vor, von welchen ich jetzt berichten will.

Wir fanden alle männlichen und einige weibliche Mitglieder der Familie in dem großen Gemach des schon genannten Hauses versammelt, als Kettenträger und ich eintraten. Tobits Weib jedoch, nebst noch ein Paar von der Schwesterschaft, war abwesend, ohne Zweifel um Dus zu bewachen. Lowiny stand, wie ich bemerkte, ganz nahe beim Feuer, und das Gesicht des Mädchens schien mir traurig und nachdenklich. Man wird mich hoffentlich nicht beschuldigen, ein eitler Geck zu seyn, wenn ich beifüge, daß mir der Gedanke durch den Sinn fuhr: die äußere Erscheinung und das Benehmen eines jungen Mannes, so hoch über denen stehend, mit welchen sie zu verkehren gewohnt war, habe einen leichten Eindruck gemacht, ich will nicht sagen auf das Herz, wohl aber auf die Einbildungskraft dieses Mädchens, und Gefühle in ihr geweckt, welche sich in ihrer bisherigen Handlungsweise bethätigt hatten, während der Schatten, der jetzt ihre Stirne überzog, wenigstens eben so sehr auf Rechnung der Scene zwischen Dus und mir, bei dem Felsen, wovon sie Zeugin gewesen, als des Umstandes zu schreiben war, daß sie mich wieder als Gefangenen sah. Die Freundschaft dieses Mädchens konnte auch jetzt noch von Wichtigkeit für mich seyn, und noch mehr für Ursula, und ich will gern bekennen, daß die Besorgniß, sie zu verlieren, mir nichts weniger als angenehm war. Ich konnte jedoch nur die Entwicklung der Zeit abwarten, um hierüber, so wie über andere höchst interessante Punkte, zu einer Gewißheit zu gelangen.

Tausendacres war so artig, uns Stühle geben zu lassen, und wir nahmen demgemäß Platz. Wie ich mich in diesem ernsten und aufmerksamen Kreis umsah, konnte ich keine Spuren von Feindseligkeit entdecken; im Gegentheil, alle Gesichter schienen friedlicher, als wie wir uns das letzte Mal trennten. Ich betrachtete dies als eine Vorbedeutung, daß mir und meinem Freunde Vorschläge gemacht werden würden, welche auf Frieden abzielten. Hierin täuschte ich mich nicht; die ersten Worte, welche gesprochen wurden, trugen diesen Charakter an sich.

„Es ist Zeit, Kettenträger,“ begann Tausendacres selbst, „daß dieser Handel zwischen uns zu einer Art von Ende gebracht werde. Er hält die Jungen von ihrer Holzarbeit ab und bringt meine ganze Familie in Unruhe. Ich kann von mir selbst sagen, daß ich ein Mann bin, der Vernunft annimmt, und bin so bereit, einen Zwist auszugleichen und beizulegen auf billige Bedingungen als irgend ein Mann, den Ihr im ganzen Lande finden könntet. Viele Händel und Zwistigkeiten habe ich in meinem Leben ausgeglichen und ins Reine gebracht, und ich bin auch jetzt nicht zu alt dazu, dergleichen zu schlichten. Manchmal habe ich die Sache ausgefochten, wenn ich auf einen hartnäckigen Kameraden stieß; manchmal habe ich es Schiedsrichtern überlassen, und manchmal habe ich die Sache selbst ins Reine gebracht. Kein Mann kann sagen, er habe mich je abgeneigt gefunden, der Vernunft mein Ohr zu leihen, oder er habe mich eine gerechte Sache aufgeben sehen, so lang nur noch ein Stückchen von einer Möglichkeit war, sie zu verteidigen. Ich will gestehen, daß ich, von der Zahl und Menge überwältigt und von Eurem verfluchten Gesetz überwitzt, ein oder zwei Mal in meinem Leben, noch jung und unerfahren, den Kürzern zog, und so gleichsam gezwungen ward, mich aus dem Staube zu machen. Aber Uebung macht den Meister. Ich habe in siebzig und mehr Jahren so viel gesehen und erlebt, daß ich gelernt habe, die Zeit und die Gelegenheit beim Stirnhaar zu fassen, und in Geschäften und Handeln keine Verzögerung leiden mag. Ich betrachte Euch, Kettenträger, als einen Mann ungefähr wie ich selbst, vernünftig, erfahrungsreich und bereit, sich zu verständigen. Ich sehe daher keine große Schwierigkeit darin, diese Sache auf der Stelle ins Reine zu bringen, so daß es zwischen uns keine Erbitterung und keine hitzigen Worte mehr gibt. Das sind meine Gedanken, und ich würde gern auch die Eurigen vernehmen."

„Da Ihr, Tausendacres, in so höflichem und artigem Tone mit mir sprecht, so bin ich gern bereit, Euch anzuhören und Euch in demselben Sinne zu antworten," erwiederte der alte Andries, und sein Gesicht verlor viel von dem entschlossenen und zornigen Ausdruck, mit welchem er noch seinen Sitz in dem Kreise eingenommen hatte. „Nichts ziemt einem Manne besser als Mäßigung, und ganz besonders einem alten Manne. Ich glaube jedoch nicht, daß eine so große Aehnlichkeit besteht zwischen Euch und mir, Tausendacres, in irgend einem Punkte, außer darin, daß wir Beide alt sind. Wir sind Beide ziemlich vorgerückt in Jahren, und haben einen Zeitpunkt des Lebens erreicht, wo es einem Manne wohl ansieht, die großen Wahrheiten zu prüfen und darüber nachzudenken, die sich in seiner Bibel finden. Die Bibel ist ein Buch, Aaron, das nicht genug gelesen wird in den Wäldern; obgleich der allmächtige Gott ganz dieselben Rechte auf die Verehrung und Anbetung seiner Geschöpfe in den Wäldern, wie auf die Verehrung und Anbetung seiner Geschöpfe in den Ansiedlangen hat. Ich sage Euch das nicht, Tausendacres, um mit meinem Wissen und meiner Gelehrsamkeit zu prahlen: denn Alles, was ich selbst über den Gegenstand weiß, habe ich von Dus, meiner Nichte, welche so gut und so willig und so geschickt ist, dergleichen Materien zu erklären, als irgend ein Dominie, mit dem ich je gesprochen. Ich wünschte, Ihr hörtet sie selbst auch; Ihr und Prudence; und dann würdet Ihr, glaube ich, zugeben, daß ihre Reden sehr erbaulich und förderlich sind. Jetzt, da Ihr in der rechten Stimmung zu seyn scheint, ist es eine gute Zeit dazu, daß Euch diese Wohlthat zu Theil werde; denn man sagt mir, meine Nichte sey hier und in der Nähe."

„So ist es; und es freut mich, daß Ihr ihres Namen so bald ins Gespräch gebracht habt; denn es war meine eigene Absicht, ihn zu erwähnen. Ich sehe, wir haben die gleiche Ansicht von dem jungen Mädchen, Kettenträger, und ich hoffe und glaube, sie soll das Mittel werden, alle Parteien zu versöhnen und uns zu guten Freunden zu machen. Ich habe nach dem Mädchen geschickt, und sie wird bald hieher kommen mit Tobits Weib, die schon wundervoll große Stücke auf sie hält!"

„Wohl, weil Ihr von wundervollen Dingen sprecht, Wunder werden nie aufhören zu geschehen, glaube ich!“ rief der Kettenträger aus, denn er glaubte in der That, die Familie des Squatters sey plötzlich von einer religiösen Regung und Erweckung angewandelt worden, und es bereite sich Etwas wie eine Bekehrung vor. „Ja, ja, es ist so; wir finden Wunder, wenn wir es am wenigsten erwarten; und das eben macht die Wunder so wunderbar!“

## Fünfundzwanzigstes Kapitel

Ja, Hastings, das sind die, welchen mit Fug
    Der Liebe Zoll Dein Vaterland bewilligt,
Die treu, beharrlich, stets abwägen klug,
    Was fordern darf der Ruhm, die Freiheit billigt.

*Akenside.*

Eine Pause folgte auf diesen kleinen Eingang, während welcher die Versammlung die Ankunft von Dus Malbone und der halbwilden Vormünderin oder Wächterin erwartete, die schon so große Stücke auf sie hielt, daß sie sie nicht einen Augenblick aus dem Gesicht ließ. Während dieser ganzen Zeit brütete Tausendacres für sich über seinen Planen; während der alte Andries vermutlich über den eigenthümlichen Umstand seine Betrachtungen anstellte, daß „die Wunder so wunderbar seyn sollten!“ Endlich entstand eine geräuschvolle Bewegung in der Nähe der Thüre; die unter ihr versammelte Gruppe öffnete sich, und Dus schritt in die Mitte des Zimmers, ihre Farbe etwas erhöht durch die Aufregung, aber mit festem Schritte, und ihr ganzes Wesen Muth und Zuversicht verkündend. Anfangs that das helllodernde Feuer ihr in den Augen wehe, und sie hielt sich die Hand vor das Gesicht. Dann wie sie sich umsah, begegnete ich ihrem Auge, und ward für alle meine Angst und Bangigkeit durch einen jener Blicke belohnt, in welche die Zärtlichkeit so viel Bedeutung und Beredtsamkeit zu legen weiß. Nur einen Augenblick ward ich so beglückt; ihre Augen schweiften von mir weiter, bis sie den ihren Blick zärtlich erwiedernden Augen des Kettenträgers begegneten. Der alte Mann war aufgestanden, und er empfing jetzt seine Nichte in seinen Armen, wie ein Vater ein geliebtes Kind umfangen würde.

Dies Ueberwallen des Gefühls dauerte nur eine kleine Weile. Es war unvorhergesehen, Sache der unwiderstehlichen innern Bewegung. und beinahe im selben Augenblick wieder unterdrückt. Aber es verschaffte mir das Glück, Zeuge zu seyn von einem der herrlichsten Schauspiele, die einem menschlichen Auge werden können: wie Jugend, Schönheit und weibliche Zartheit und Zärtlichkeit ihre Gefühle ausströmte an der Brust des Alters – des Mannes von rauhern und gröbern Eigenschaften, abgehärtet und gebräunt von den Strapazen eines in den Wäldern hingebrachten Lebens. Für mich war der Kontrast der hellen, goldenen Haare von Dus, und der wenigen dünnen gebleichten Locken ihres Oheims, – der flaumigen, pfirsichweichen Wange des Mädchens mit dem rothen, runzelvollen und sonnverbrannten Gesichte des Kettenträgers wahrhaft entzückend. Es verkündigte, wie tief diese Gefühle in unserer Natur liegen müßten, welche in ein so inniges Verhältniß zu setzen vermochten zwei Menschen, die in allen Dingen so ungleichen Wesens schienen, und die anscheinend notwendigen Anforderungen von Geschmack, Neigung und Gewohnheit aufhoben und sich darüber wegsetzten.

Dus ließ sich nur einen Augenblick so von ihren Gefühlen hinreißen. Allerdings einigermaßen gewöhnt an das rauhe Leben des Waldes mit all seinen Erscheinungen, war dies doch das erste Mal, daß sie in eine solche Versammlung sich versetzt sah, und ich bemerkte, wie sie sich mit weiblicher Zurückhaltung in sich selbst zurückzog, als sie sich jetzt umschaute, und sah, in welch roher und ungewohnter Umgebung sie stand. Dennoch hatte ich sie nie so ausnehmend reizend und liebenswürdig gesehen, wie diesen Abend, denn sie stellte Pris Bayard und Kate, trotz aller der Vortheile, welche diesen ihre Kleidung und ein von allen Strapatzen und den Einflüssen der Witterung verschontes Leben gab, weit in den Schatten. Vielleicht hatte die Lebensweise von Ursula Malbone ihrer Schönheit gerade erst die Vollkommenheit und Fülle verliehen, die am häufigsten dem jungen amerikanischen Mädchen fehlt, das in der überzärtlichen und weichlichen Art und Weise unserer gewöhnlichen elterlichen Aengstlichkeit erzogen worden. Frische Luft und Anstrengung waren ihr hinlänglich vertraut gewesen, und diese hatten ihrer Blüthe und ihrer Person zu der Fülle und Entwickelung verholfen, welche man öfter bei den untergeordneteren, als bei den höherstehenden Klassen des Landes findet.

Was Tausendacres betrifft, – obgleich er jede Bewegung von Ursula Malbone mit eifersüchtigem Interesse beobachtete, sagte er doch kein Wort, den Strom ihrer Empfindungen zu unterbrechen. Sobald jedoch Dus den Armen ihres Oheims sich entwunden hatte, zog sie sich zurück, und setzte sich auf den rohen Stuhl, den ich ihr dicht neben Kettenträger hingestellt hatte. Ich ward für diese kleine Aufmerksamkeit durch ein süßes Lächeln vom Gegenstande derselben belohnt; aber zugleich erinnerte mich ein griesgrämischer Blick des alten Squatters an die Nothwendigkeit, auf meiner Hut zu seyn, um nicht zu viel von dem Interesse zu verrathen, das ich an dem geliebten Wesen vor mir nahm. Wie es bei Versammlungen von rohen und ungeschickten Menschen zu gehen pflegt, folgte eine lange peinliche Pause, nachdem Dus so in unsere Mitte getreten war. Nach einiger Zeit jedoch nahm Aaron die Sache wieder auf, um die es sich handelte.

„Wir sind zusammengekommen, um alle zwischen uns obwaltenden Schwierigkeiten ins Reine zu bringen, wie ich schon gesagt,“ begann Tausendacres in so ruhig bedächtlicher Weise, als wäre er mit Erfüllung der tadellosesten Lebensaufgabe beschäftigt, – denn der äußere Schein und die Formen der Tugend und des Lasters haben oft eine erstaunliche Aehnlichkeit mit einander. „Wenn man sich so versammelt hat zu einem solchen Zweck, und im rechten Geiste, so müßte irgendwo ein großer Fehler verborgen liegen, wenn man sich nicht über das Recht einigte und verständigte. Was Recht ist zwischen Mann und Mann – das ist mein Glaube, Kettenträger!"

„Was Recht ist zwischen Mann und Mann ist ein guter Glaube, Tausendacres; und es ist auch eine gute Religion;" antwortete der Kettenträger kalt.

„Das ist es? – das ist es! und ich sehe jetzt, daß Ihr in einer vernünftigen Stimmung seyd, Kettenträger, und daß Aussicht ist, mit Euch Handels einig werden. Ich verachte einen Mann, der so fest steckt in seinen Begriffen und Meinungen, daß man ihn nicht um einen Zoll breit nachzugeben vermögen kann bei einer Unterhandlung – stimmt Ihr dem nicht auch bei, Kapitän Andries?"

„Das kommt darauf an, was es für Ansichten und Begriffe sind. Manche Begriffe thun Niemand gut, und je eher man derselben los wird, desto besser: während manche Begriffe so vortrefflich sind, daß ein Mann Wohl daran thut, eher sein Leben zu lassen, als sie aufzugeben."

Diese Antwort verblüffte den Tausendacres, welcher keine Idee davon hatte, wie ein Mensch je für seine Meinung sterben könne; und der vermuthlich gerade in diesem Augenblick dringend wünschte, den Andern so weit gleichgültig zu sehen gegen Grundsätze, daß er geneigt wäre, des Vortheils willen einige Opfer zu bringen. Es war ganz augenscheinlich, daß dieser Mann im Sinne hatte, bei dieser Gelegenheit eine List in Anwendung zu bringen, deren sich oft die Individuen und manchmal auch die Staaten bedienen, wenn sie aus einem sehr kleinen Recht einen großen Vortheil ziehen möchten, die List nämlich, viel Mehr zu verlangen, als man zu erhalten erwartet, und sich ein großes Verdienst daraus zu machen, wenn man in Punkten nachgibt, wo man überhaupt nie Ansprüche und Forderungen zu machen hatte. Aber diese Absicht des Squatters wird von selbst im Verlaufe der Erzählung deutlich genug hervortreten.

„Ich sehe nicht, was es nützen soll, vom Leben lassen zu schwatzen," versetzte Tausendacres auf des Kettenträgers Bemerkung, „sintemal dies ja gar kein Handel ist um Leben und Tod. Das Höchste, was man aus dem Squatterwesen machen kann, wenn man auch dem Gesetz ganz seinen Lauf und Willen läßt, ist ein Vergehen und Schädigung, und das sind keine Sachen, die einem Mann Angst einjagen könnten, welcher sein ganzes Leben lang sich mit Mühen und Anfechtungen herumgeschlagen. Wir sind eben solche Geschöpfe, wozu uns die Umstände machen. Es gibt Männer, das bestreite ich nicht, die Einer halb von Sinnen ängstigen kann mit einem Papier oder Pergament, während eine ganze Schafheerde, Fell und Wolle miteinander, den, der an dergleichen gewohnt ist, nicht einzuschüchtern vermögen. Ich halte mich an den Grundsatz, zu thun was Recht ist, mag das Gesetz darüber sagen was es will; und das ist der Grundsatz, nach welchem ich auch unsre jetzige Verdrießlichkeit ins Reine bringen möchte."

„Nennt Eure Bedingungen – nennt Eure Bedingungen!" rief der Kettenträger etwas ungeduldig; „Geschwätz ist Geschwätz, auf der ganzen Welt, und Handeln ist Handeln. Wenn Ihr Etwas vorzuschlagen habt, so sind wir hier, willig und bereit es zu hören."

„Das ist wacker, und ganz meine Art zu denken und zu fühlen, und ich will darnach handeln, als wenn es das Evangelium St. Pauli selbst wäre, und ich eigens verpflichtet wäre, ihm zu folgen. Folgendes ist nun der Fall und ein Jeder kann ihn verstehen. Es gibt zweierlei Rechte auf Alles Land auf Erden und in der ganzen Welt. Eines von diesen Rechten ist was ich das Recht des Königs nenne, oder dasjenige, welches von Schreibereien und Gesetzen und dergleichen Erfindungen abhängt; und das andere beruht auf dem Besitz. Es leuchtet der Vernunft ein, daß die Thatsache besser und mehr Werth ist, als alle Schreiberei darüber seyn kann; aber ich bin bereit, beides für jetzt, und um leichter einig zu werden, gleich zu stellen. Ich bin ganz dafür, die Sachen gütlich beizulegen und kein böses Blut zu machen; und das sage ich, Kettenträger und Ihr Jungen, das ist der rechte Geist, um Eintracht und Freundschaft zu erhalten!"

Diese Erklärung ward mit einem Gemurmel allgemeinen Beifalls aufgenommen von dem gesammten Theile der Anwesenden, von welchem man voraussetzen durfte, daß er dasselbe Interesse mit dem Squatter habe, während die Gegenpartei, obwohl große Aufmerksamkeit an den Tag legend, still blieb, den alten Andries miteingeschlossen.

„Ja das sind meine Grundsätze," begann Tausendacres wieder, indem er einen herzhaften Schluck Cider nahm, ein Getränke, von welchem er einen tüchtigen Vorrath herbeigeschafft hatte, und sobald er seinen Zug gethan, bot er den Krug höflich dem Kettenträger hin – „Ja, das sind meine Grundsätze, und gute Grundsätze sind es für den, der Frieden und Eintracht liebt, wie Jeder zugeben muß. In der uns vorliegenden Sache nun vertritt General Littlepage und sein Genosse die Schreiberei, und ich und die Meinigen vertreten den faktischen Besitz. Ich entscheide nicht, welches von beiden das Bessere ist, denn ich will nicht hart urtheilen über irgend eines Menschen Recht, zumal nicht, wenn ein versöhnlicher Geist waltet und thätig ist; aber ich vertrete den faktischen Besitz und der General das Geschreibe. Nun aber sind Mißhelligkeiten und Schwierigkeiten zwischen uns entstanden, und es ist hohe Zeit, ihnen ein Ende zu machen. Ich betrachte Euch, Kettenträger, als den Freund der andern Eigenthümer des Bodens, und ich bin jetzt bereit, Vorschläge zu machen oder solche anzuhören, wie es sich trifft."

„Ich habe keine Vorschläge zu machen und auch keine Vollmacht solche anzutragen. Ich bin hier Nichts als ein Meßkettenträger, mit einem Contrakt, das Patent in kleine Loose zu vermessen, und dann ist meine Obliegenheit zu Ende. Aber hier ist General Littlepage's einziger Sohn, und er ist, so viel ich weiß, ermächtigt, Alles auf diesem Gute zu thun, was nöthig ist, als der Sachwalter –"

„Er ist ein Sachwalter und ist auch keiner!" unterbrach ihn Tausendacres, etwas heftig für einen Mann, in welchem der versöhnliche Geist walten sollte. „Im einen Augenblick behauptet er ein Sachwalter zu seyn, und im andern läugnet er es. Ich kann diese Ungewißheit nicht mehr lang ertragen."

„Pah, pah, Tausendacres," erwiederte der Kettenträger kalt, „Ihr laßt Euch von Eurem eignen Schatten ängstigen; und das, laßt es mich Euch sagen, kommt daher, daß Ihr selbst nicht in Frieden und Eintracht, wie Ihr es nennt, mit dem Gesetz lebt.

Ein Mann hat ein Gewissen, mag er ein Pelzhändler, oder ein Kuhhirte, oder selbst ein Squatter seyn, und er hat es, weil Gott es ihm gegeben hat, und nicht weil er es sich selbst angeschafft und für seine Zwecke nöthig hätte. Dies Gewissen ist es, was meinen jungen Freund Mortaunt hier Euch als einen Sachwalter erscheinen läßt, obgleich er so wenig ein Rechtsgelehrter und Advokat ist, als Ihr selbst."

„Warum hat er sich dann aber selbst einen Sachwalter genannt, und warum nennt I h r ihn so? Ein Sachwalter ist ein Sachwalter in meinen Augen, und es kann zwischen ihnen wenig Unterschied seyn. Klapperschlangen würde es besser ergehen auf einer Lichtung Tausendacres', als dem schmucksten Sachwalter im Lande."

„Wohl, wohl, behaltet Ihr eben Eure Gesinnungen, denn ich glaube, der Satan hat sie in Euch gelegt und kein Reden würde sie Euch austreiben. Aber dieser junge Gentleman, alter Squatter, ist kein Sachwalter von der Art, wie Ihr meint, sondern er ist ein Soldat gewesen, wie ich selbst auch, und in demselben Regiment mit mir, dem Regimente seines Vaters, und ein tapferer junger Mann ist er und war er, ein Mann, der muthig gefochten hat für die Freiheit –"

„Wenn er ein Freund der Freiheit ist, so sollte er auch ein Freund seyn von freien Leuten; sollte Freiheit geben und Freiheit nehmen. Nun nenne ich das Freiheit, daß man jeden Mann so viel Land haben läßt, als er bedarf, und nicht mehr, und das übrige für diejenigen vorbehält, die in derselben Lage sind. Wenn er und sein Vater wahre Freunde der Freiheit sind, so mögen sie es beweisen als Männer dadurch, daß sie alle Ansprüche auf mehr Land, als sie brauchen, aufgeben. Das nenne ich Freiheit! Laßt jeden Mann so viel Land haben, als er nöthig hat; das ist meine Religion und das ist auch Freiheit."

„Warum seyd Ihr so gemäßigt, Tausendacres? warum seyd Ihr so unbegreiflich gemäßigt? Warum sagt Ihr nicht, jeder Mann habe ein Recht auf Alles, was er bedarf so daß ihm dann auf einmal in allen Stücken geholfen wäre? Es ist nicht der Weisheit gemäß, Etwas nur halb zu thun, und es ist immer besser, alles Land zu vermessen, das Ihr bedurft, so lange der Compaß gerichtet ist und die Meßketten an der Arbeit sind. Die Freiheit besteht ebenso darin, daß man das Recht hat, mit einem Jeden seine Dollars zu theilen, als sich mit ihm in sein Land zu theilen."

„Ich gehe nicht so weit, Kettenträger," versetzte Tausendacres mit einer Mäßigung, welche den Gegner seiner Grundsätze hätte erröthen machen sollen. „Geld ist, was ein Mann selbstverdient und er hat ein Recht darauf, und so sage ich: laßt es ihm behalten; aber Land ist nothwendig, und jeder Mann hat ein Recht auf so viel, als er dessen bedarf – ich würde aber Keinem unter keinen Umständen einen Acre mehr geben, als gerade was er bedarf."

„Aber um Geld kauft man Land; und wenn Ihr die Dollars theilt, theilt Ihr die Mittel, so viel Land zu kaufen als ein Mann nöthig hat; sodann gibt es auch viel mehr Land als Geld hier bei uns, und wenn Ihr einem Manne Land gebt, gebt Ihr ihm nur etwas so Gemeines und Wohlfeiles, daß er ein armer Teufel seyn muß, wenn er nicht alles Land, das er bedarf, ohne viele Mühe und ohne alles Squatten sich verschaffen kann, wenn Ihr ihm auch nur ein Bischen Geld geben wollt. Nein, nein, Tausendacres, Ihr seyd ganz auf unrechtem Wege; Ihr solltet damit anfangen, die

Dollars zu theilen, und das wird auch keine Störung in der Gesellschaft machen, weil die Dollars in den Taschen sind und jeden Tag kommen und gehen; während das Land fest stehen bleibt, und manche Leute ihre eignen Berge und Felsen und Bäume lieb haben – zumal wenn sie lange Zeit bei der Familie gewesen sind."

Eine finstre Zorneswolke sammelte sich auf Tausendacres' Stirne, theils weil er sich geschlagen fühlte durch den aufrichtigen, gesunden und geraden Menschenverstand des Kettenträgers, theils aus einem Grunde, den er selbst in der Antwort andeutete, welche er ganz rasch auf die Bemerkungen meines Freundes gab.

„Kein Mensch darf Etwas sagen gegen das Squatterwesen, der gut Freund mit mir bleiben will," brach Tausendacres los mit einem Zucken der Muskeln um den Mund, welches deutlich verrieth, wie ernst es ihm war. „Ich halte fest an der Freiheit und an den Rechten des Menschen, und das ist kein Grund, daß ich mich davon sollte abwendig machen lassen. Meine Begriffe sind die Begriffe auch von andern Menschen, das weiß ich, wenn man sie gleich Squatters-Begriffe nennen mag. Congreßmänner haben sie aufgestellt und werden sie wieder aufstellen und behaupten, wenn sie starke Unterstützung erwarten in einigen Theilen des Landes zur Zeit der Wahl. Ich glaube gewiß, der Tag wird kommen, wo selbst Gouverneure sich finden, die sie behaupten. Gouverneure sind am Ende doch eben auch Menschen, und müssen Lehren bekennen, welche den Bedürfnissen der Menschen genügen, oder sie würden nicht lang Gouverneure bleiben. Aber das Alles ist Nichts als Geschwätz, und ich möchte nun endlich einmal zur Sache selbst kommen, Kettenträger. Da ist hier diese Lichtung und da ist das Holz. Nun bin ich bereit, auf folgende Bedingungen mich zu vergleichen. Ich behalte das geschnittene Holz, führe es weg, sobald das Wasser hoch genug steigt, und verstehe mich dazu, dies Privilegium damit zu bezahlen, daß ich keinen Baum weiter fälle; aber das Recht muß ich haben, die Blöcke zu zersägen, welche schon gehauen und herbeigeschleppt sind; und dann was das Land und die Lichtung betrifft, wenn die Schrifteigenthümer sie begehren, so können sie sie haben, wenn sie mir die Meliorationen bezahlen, und über den Preis sollen Männer aus der Nachbarschaft als Schiedsrichter entscheiden, da in der Stadt aufgewachsene Leute Nichts verstehen können von der Mühe und Arbeit des Fällens, und Scheitermachens, und Brennens und der Bestellung neuen Ländereien."

„Mortaunt, dieser Vorschlag geht Euch an. Ich habe mit der Lichtung Nichts zu thun, als sie zu vermessen, und diese Obliegenheit will ich auch erfüllen, sobald ich so weit in meinem Geschäft komme, es entstehe daraus was da wolle, Gutes oder Schlimmes."

„Diese Lichtung vermessen!" fuhr Tobit auf mit seiner Rabenstimme und in einem nicht wenig drohenden Tone. „Nein, nein, Kettenträger – es ist kein Mann in den Wäldern, der es wagen dürfte, je mit seiner Meßkette diese Lichtung zu betreten."

„Der Mann, sage ich Euch, ist Andries Coejemans, gemeinhin Kettenträger genannt," versetzte mein alter Freund ruhig. „Keine Lichtung und kein Squatter hat ihn noch je abgehalten, oder wird ihn, hoffe ich, je abhalten, seine Pflicht zu erfüllen.

Aber Prahlen ist eine schlechte Eigenschaft, und die Zeit wird zeigen, ob ich die Wahrheit gesprochen habe."

Tausendacres stieß ein lautes „Hm!" aus und machte ein sehr finsteres Gesicht, sagte aber Nichts, bis sein Blut nach einiger Zeit wieder ruhiger geworden war. Dann fuhr er in seiner Rede also fort – offenbar bemüht, so lang als möglich auf gutem Fuß mit Kettenträger zu bleiben.

„Im Ganzen," sagte er, „glaube ich fast, Tobit, es wird das Beste seyn, wenn Ihr diese Angelegenheit ganz mir überlaßt. Die Jahre kühlen das Blut ab und geben der Vernunft Zeit, sich zu sammeln. Die Jahre sind so nothwendig zur Einsicht und zum Urtheil, als ein Wipfel für einen Fruchtbaum. Ich glaube fast, Kettenträger und ich, beide ältliche und bedächtliche Männer, werden am besten mit einander zurecht kommen. Ich glaube gewiß, Kettenträger, daß, wenn man Euch Trotz böte, diese Lichtung zu vermessen, Ihr dann gerade, wie jeder muthige Kerl, nicht nachgeben, sondern mit Eurer Meßkette fortmachen würdet, möchte Euch in den Weg treten, Wer da wollte. Aber das liegt weder hier noch dort. Es ist Euch unverwehrt, von dem Patent in dieser Richtung auszumessen, so viel Ihr immer wollt, und es wird uns das nur um so mehr fördern, wenn wir an den Handel kommen. Vernunft ist Vernunft, und ich bin von versöhnlichem Geiste beseelt."

„Um so besser, Tausendacres; ja, um so besser," antwortete der alte Andries, etwas besänftigt durch die versöhnliche Stimmung, mit welcher der Squatter sich jetzt äußerte. „Wenn eine Arbeit vollführt werden muß, so muß sie verrichtet werden; und da ich gemiethet bin, das ganze Gut zu vermessen und abzutheilen, so muß auch das ganze Gut vermessen und abgetheilt werden. Nun, was habt Ihr weiter zu sagen?"

„Ich habe noch keine Antwort auf meinen ersten Antrag. Ich will das Holz behalten, mit dem Versprechen, keinen Baum weiter zu fällen, und die Schätzung der Meliorationen soll Schiedsmännern übertragen werden."

„Ich bin der Mann, dem es zukommt, auf diese Vorschläge zu antworten," sagte ich jetzt, da es mir passend schien, jetzt aufzutreten, damit nicht Andries und Tausendacres über geringfügige und unwesentliche Punkte an einander geriethen, und so jede Hoffnung, Frieden zu halten bis Malbone ankäme, gefährdeten. „Dabei jedoch halte ich es für meine Pflicht, Euch sofort zu erklären, daß ich keine Vollmacht habe, die mich berechtigte, auf Eure Bedingungen einzugehen. Oberst Follock und mein Vater haben Beide einen strengen Rechtssinn, und nach meiner Ansicht wird Keiner von Beiden große Neigung verspüren, auf Bedingungen einzugehen, welche wenigstens den Schein haben, irgend eines ihrer Rechte als Grundeigenthümer bloszustellen und preiszugeben. Ich habe Beide in dieser Beziehung äußern hören: ›einen Zoll weichen sey so viel, als eine Elle nachgeben‹, und ich gestehe, daß ich nach Allem, was ich in neurer Zeit von Ansiedlern und Ansiedlungen gesehen, so ziemlich derselben Ansicht bin. Meine Vollmachtgeber mögen wohl Etwas nachgeben, aber nie werden sie über eine Sache unterhandeln, wo alles Recht ausschließlich auf ihrer Seite ist."

„Soll ich das so verstehen, junger Mann, daß Ihr nicht zur Ausgleichung und Verständigung geneigt seyd, und meinen Anerbietungen nicht Euer Ohr leihen wollt in dem Geist, in welchem ich sie gemacht habe?“ fragte Tausendacres etwas trocken.

„Ihr habt mich so zu verstehen, daß meine Meinung genau das ist, was ich ausspreche, Sir. Erstlich habe ich keine Vollmacht, Eure Anträge anzunehmen, und werde mir auch keine anmaßen, mögen die Folgen für mich selbst seyn, welche sie wollen. In der That sind auch alle Versprechungen, die unter einem Zwang gegeben werden, ungültig und nichtig.“

„Ei wie!“ rief der Squatter. „Dies ist das Patent Mooseridge, – Bezirk Washington, früher Charlotte County – und dies ist der Platz, wo wir unterzeichnen und siegeln werden, wenn etwas Schriftliches zwischen uns ausgefertigt wird.“

„Unter Versprechungen unter einem Zwang ( in duresse) verstehe ich solche, welche gegeben werden, während die Partei, die sie von sich gibt, in Haft sich befindet, oder überhaupt in einer Lage, worin es ihr nicht ganz frei steht, sie zu geben oder nicht; und solche Versprechungen sind ungültig und nichtig, wenn auch alle mögliche Schriften und Urkunden zwischen den Betheiligten ausgesetzt und ausgetauscht worden sind.“

„Dann ist das eine seltsame Lehre und spricht nicht sehr zu Gunsten Eures gerühmten Gesetzes! das eine Mal verlangt es Geschreibe, und nur Schreibereien und Briefe sollen gelten; und das andere Mal sollen alle Schreibereien auf der Welt Nichts gelten! Und doch führen manche Leute Klage und urtheilen gar hart, wenn ein Mann nicht ganz nach dem Gesetz leben will!“

„Ich glaube fast, Tausendacres, Ihr überseht die Zwecke des Gesetzes über seinen nackten Ordnungen und Regeln. Das Gesetz ist dazu da, dem Recht Geltung zu verschaffen, und wenn es nackten Regeln folgte, ohne Rücksicht auf Grundsätze, könnte es leicht das Werkzeug werden, um das Unheil zu bewirken, dem es entgegenarbeiten soll.“

Ich hätte mir die Mühe ersparen können, diese schöne Rede auszusprechen, welche die Folge hatte, daß der Squatter mich mit Staunen anstarrte, die jungen Männer lächelten und ein Gekicher unter den Frauen entstand. Ich bemerkte jedoch, daß Lowiny's ängstliches Gesicht eher Bewunderung verrieth, als dasjenige Gefühl, welches bei ihren Genossinnen vorherrschte.

„Es führt zu Nichts, mit diesem jungen Gesellen zu schwatzen, Kettenträger,“ sagte Tausendacres, auch mit einer gewissen Ungeduld in seinem Wesen; „er hat sein Leben im offenen Lande hingebracht, und hat die Art und das Wesen und die Begriffe und Redensarten des offenen Landes; und das sind Dinge, wovon ich Nichts verstehe. Ihr seyd vorzugsweise Wald; er ist offenes Land; und ich bin Lichtung. Es ist ein Unterschied zwischen Allen; aber Wald und Lichtung stehen sich doch am nächsten, und so will ich mein Wort an Euch richten. Seyd Ihr also wirklich geneigt zu einem friedlichen Abkommen oder nicht, alter Andries?“

„Zu Allem, was billig und recht und vernünftig ist, Tausendacres, aber zu Nichts, was dies nicht ist.“

„Das ist gerade meine Denkweise! Wenn nur das Gesetz so viel für einen Mann thäte, so würden die Sachwalter bald Hungers sterben. Wohl, wir wollen jetzt versuchen, so bald als möglich über die Bedingungen einig zu werden. Ihr seyd ein unverheiratheter Mann, das weiß ich, Kettenträger; aber ich habe immer gedacht, das sey nicht die Folge davon, daß Ihr dem Ehestand abhold wäret, sondern nur, weil Ihr nicht das rechte Mädel gefunden; oder vielleicht auch wegen des Vermessungsprincips, das einen Mann immer von einer Gegend zur andern umherziehen macht; obwohl nicht viel mehr, als das Squatterleben auch, wenn man die Sache genau untersuchte."

Ich begriff wohl den Zweck dieses plötzlichen Ueberganges von Renten und Besitz und von dem versöhnlichen Geist auf den Ehestand, aber Kettenträger nicht. In seinem Gesicht sprach sich nur seine Ueberraschung aus; während ich, wenn sich meine Empfindungen in meinen Zügen ausprägten, das wahre Bild der Unruhe und Unbehaglichkeit gewesen seyn muß. Die geliebte, arglose Dus saß da in ihrer jungfräulichen Schönheit, ohne Zweifel ängstlich und in banger Spannung in ihrem Innern, aber gar Nichts ahnend von dem furchtbaren Schlage, der gegen sie geführt werden sollte. Da Andries' Miene sein Verlangen ausdrückte, Mehr zu hören, statt daß er auf die seltsame Aeußerung, die er so eben vernommen, eine Antwort gegeben hätte, fuhr Tausendacres fort:

„Es ist ganz natürlich, daß man an den Ehestand denkt, wenn man so viel junge Leute vor sich sieht, nicht wahr, Kettenträger?" fuhr der Squatter fort, über seine eigenen Einfälle lachend. „Ich habe da eine Menge Jungen und Mädels um mich herum, und ich bin ebenso geneigt und bereitwillig, Gatten und Weiber für meine Verwandten und Nächsten ausfindig zu machen, und so Alles zu akkommodiren, wie ich alle andern Schwierigkeiten gerne mit versöhnlichem Geist ins Gleiche bringe. Alles für den Frieden und für gute Nachbarschaft, das ist meine Religion!"

Der alte Andries fuhr sich mit der Hand über die Augen, wie man wohl zu thun pflegt, wenn man eine geistige Anstrengung durch eine äußere Nachhülfe fördern möchte. Er war offenbar in Verlegenheit zu errathen, was der Squatter wohl meine, doch that er bald eine Frage, welche zu einer Art Erklärung führte.

„Ich verstehe Euch nicht, Tausendacres; – nein, ich verstehe Euch nicht. Ist es etwa Euer Wunsch, mir Eines Eurer stattlichen und wohlaussehenden Mädchen hier zum Weibe zu geben?"

Der Squatter lachte herzlich über diesen Einfall, und die jungen Männer stimmten in seine Heiterkeit ein; während das beständige Gekicher, das unter den anwesenden Weibern fortdauerte, seit von Heirath und Ehestand die Rede geworden war, bedeutend zunahm. Ein unbetheiligter Zuschauer hätte glauben müssen, es bestehe zwischen uns das beste Vernehmen.

„Von ganzem Herzen gern, Kettenträger, wenn Ihr Eine von den Mädeln bereden könnt, Euch zu nehmen!" rief Tausendacres, anscheinend vollkommen beistimmend und vergnügt; „wenn ich einen solchen Tochtermann habe, weiß ich nicht, ob ich nicht am Ende noch selbst zur Meßkette greife und meine Lichtungen vermesse, so gut, wie die großen Landbesitzer, die einen Stolz darein setzen, zu wissen, wo ihre

Linien sind. Da ist Lowiny, sie hat noch keinen Liebhaber und würde nicht übel für Euch passen, wenn sie sich nur dazu entschließen möchte.“

„Lowiny denkt an Nichts dergleichen, und wird vermuthlich nie zu so Etwas sich entschließen,“ erwiederte das Mädchen rasch und in gereiztem Tone.

„Nun, am Ende glaube ich auch, Kettenträger,“ begann Tausendacres wieder, „wir werden E u c h nicht mehr zum Bräutigam machen. Siebzig Jahre ist etwas spät, um ein erstes Weib zu nehmen, obwohl ich schon erlebt habe, daß Wittwer noch einmal heiratheten, wenn sie schon nahe an Neunzig waren. Wenn ein Mann in jungen Jahren ein Weib genommen hat, so hat er eine Art von Recht auf noch eines im Alter.“

„Ja, ja, oder auch auf hundert!“ fiel Prudence mit Heftigkeit ein. „Man gebe ihnen nur die Möglichkeit, so suchen sie noch Weiber so lange sie nur noch so viel Athem austreiben können, um sich Weibern anzutragen. Mädchen, Ihr könnt Euch nur darauf gefaßt machen – kein Mann wird lange trauern um Eine von Euch, sobald Ihr einmal todt und begraben seyd.“

Ich muß glauben, daß dieser kleine Ausfall etwas Alltägliches war, da weder die „Jungen“ noch die „Mädels“ sonderlich darauf zu achten schienen. Solche eheliche Winke und Anspielungen kommen in der Welt häufig vor, und Prudence war nicht die Erste, die sich dergleichen erlaubte; sie hat darin Millionen Schwestern.

„Ich will gestehen, ich dachte nicht sowohl daran, Euch ein Weib zu verschaffen, Kettenträger, als ich daran dachte, einem meiner Söhne zu einem Weibe zu verhelfen,“ fuhr Tausendacres fort. „Da ist Zephaniah, ein so rüstiger und hart arbeitender, aufrichtiger und gerader, ehrlicher und folgsamer junger Mann, als nur irgend Einer in dieser Gegend zu finden seyn mag. Er steht im passenden Alter und denkt nachgerade daran, ein Weib zu nehmen. Ich rathe ihm in alle Wege zu, zu heirathen, denn der Ehestand ist der gesegnetste Stand im Leben, in den ein Mensch treten kann. Ihr würdet das vielleicht nicht glauben, wenn Ihr die alte Prudence hier anseht, wie sie jetzt ist und aussieht; aber ich rede aus Erfahrung, wenn ich den Ehestand empfehle; und ich möchte um Alles in der Welt nicht sagen, was nicht wirklich meine Meinung ist in dieser Sache. Ein Bischen Heirath könnte allen unsern Mißhelligkeiten ein Ende machen, Kettenträger!“

„Ihr werdet doch wahrlich nicht verlangen, daß ich Euren Sohn Zephaniah heirathen solle, denke ich, Tausendacres!“ antwortete Andries unschuldig.

Diesmal war das Gelächter weder so laut noch so allgemein wie zuvor, da gespannte Erwartung die Anwesenden ernster machte.

„Nein, nein, das will ich Euch gewiß nicht zumuthen, alter Andries; aber Lowiny könnt Ihr wohl haben, wenn Ihr anders das Mädchen dazu selbst bereden könnt. Aber, weil ich von Zephaniah redete, ich kann den jungen Mann mit Wahrheit empfehlen, was ich nie thäte, wenn er es nicht verdiente, obschon er mein Sohn ist. Niemand kann behaupten, daß ich es im Brauche habe, je meine Sachen herauszustreichen, nicht einmal meine Dielen und Bretter. Das Schnittholz Tausendacres' ist so wohl bekannt auf allen Märkten drunten, so sagt man mir, als das Mehl des berühmtesten Müllers. Ebenso ist es mit den Jungen; bessere Bursche findet man nirgends; und ich kann den Zephaniah mit der gleichen Zuversicht empfehlen, wie ich irgend eine Partie Bretter empfehlen konnte, die ich flußabwärts geflößt habe."

„Und was habe ich mit alle dem zu schaffen?" fragte der Kettenträger ernst.

„Nun, die Sache liegt vor Augen, Kettenträger, wenn Ihr nur einen Blick darauf richten wollt. Es ist eine Zwistigkeit zwischen uns, und zwar eine ziemlich ernste Zwistigkeit. In mir waltet der Geist der Versöhnlichkeit, wie ich zuvor gesagt, und wie ich gerne wiederhole. Nun habe ich meinen Sohn Zeph hier, wie ich schon gesagt, und er sieht sich nach einem Weibe um; und Ihr habt eine Nichte hier – Dus Malbone, glaube ich, ist ihr Name – und sie würden gerade für einander passen. Es scheint, sie sind schon einigermaßen mit einander bekannt und haben einige Zeit zusammen verlebt, und das wird die Sache glatt und eben machen. Was ich nun vorschlage, ist eben dies, und nicht Mehr, kein Bischen Mehr. Ich erbiete mich, nach einer Magistratsperson zu schicken, und zwar will ich das auf meine eigne Kosten thun; es soll Euch keinen Heller kosten; und sobald der Mann kommt, wollen wir die beiden jungen Leute auf der Stelle zusammengeben lassen, und das wird, wie Ihr einsehen müßt, ewigen Frieden für immer zwischen Euch und mir stiften. Nun, wenn einmal zwischen uns Friede geschlossen ist, so wird nur Wenig mehr ins Gleiche zu bringen seyn mit den Schrift- und Brief-Besitzern des Landes, sintemal Ihr mit ihnen Allen auf so gutem Fuße steht, daß man Euch wohl ansehen darf, als gehörtet Ihr zu derselben Familie. Wenn General Littlepage einen Werth auf Etwas der Art legt, so will ich die Zusage geben, daß Keiner von meiner Familie in allen künftigen Zeiten je auf Ländereien sich als Squatter niederlassen soll, die er etwa in Anspruch nimmt, mögen sie ihm nun wirklich gehören oder nicht."

Ich sah ganz deutlich, daß Kettenträger Anfangs den Sinn von des Squatters Vorschlag nicht völlig verstand. Auch Dus verstand ihn nicht ganz, obgleich sie auf so Etwas einigermaßen vorbereitet war, da sie von Zephaniahs anmaßenden und kecken Wünschen in dieser Beziehung wußte. Aber als Tausendacres ganz unverblümt davon sprach, nach einer Magistratsperson zu schicken und die jungen Leute auf der Stelle zusammen geben zu lassen, da war es nicht leicht, seine Meinung zu mißverstehen, und in der Brust des alten Andries trat bald an die Stelle des Staunens der gekränkte Stolz, und zwar dies in einem Grade und in einer Art, wie ich es bei ihm nie zuvor gesehen hatte. Vielleicht darf ich, um gegen meinen vortrefflichen Freund gerecht zu seyn, hinzusetzen, daß seine hochsinnigen Grundsätze und sein scharfes Rechtsgefühl durch den seltsamen Vorschlag nicht minder tief verletzt waren, als seine persönlichen Gefühle. Es dauerte einige Zeit, bis er sprechen konnte oder wollte; und dann that er es mit einem strengen und würdevollen Wesen, wie ich gar nicht geahnt hätte, daß er es annehmen könnte. Der Gedanke, daß Ursula Malbone einem solchen Menschen wie Zephaniah und einer solchen Familie wie der des Squatters geopfert werden solle, empörte und erschütterte sein ganzes Gemüth und schien ihn für einen Augenblick zu überwältigen. Andererseits war Nichts natürlicher, als daß die Familie Tausendacres in ihrem Plane keine solche Verletzung der Schicklichkeit erblicken konnte. Der große Haufe in unserm Lande führt beinahe ohne Ausnahme den Maßstab des Unterschiedes in Stand und Vornehmheit bloß auf das Geld zurück; und sie sahen, oder glaubten zu sehen, daß in dieser Beziehung Dus nicht viel besser daran war, als sie selbst. Alle die Punkte, welche auf Geschmack, feinerer Erziehung und Bildung, Lebensgewohnheiten und Grundsätzen beruhten, waren ihnen wildfremd; und sie nahmen, wie leicht zu begreifen, Eigenschaften die sie weder sehen noch fassen konnten, gar nicht in Rechnung. Es kann daher nicht so sehr überraschen, daß sie sich einbilden konnten, der junge Squatter dürfte einen ganz passenden Ehemann für ein Mädchen geben, von der man wußte, daß sie im Wald die Meßkette getragen hatte.

„Ich glaube, ich fange an, Euch zu verstehen, Tausendacres," sagte der Kettenträger, von seinem Stuhl aufstehend und zu seiner Nichte hinüberschreitend, wie vom Instinkt getrieben, sie zu beschützen, „obgleich es nichts so Leichtes ist, einen solchen Antrag zu verstehen. Euer Wunsch ist, daß Ursula Malpone das Weib Zephaniah Tausendacres' werde, und darauf wünscht Ihr dann einen Frieden mit General Littlepage und Oberst Follock zu schließen und eine Indemnität zu erhalten für all das Unrecht und die Räubereien, die Ihr an ihnen begangen habt –"

„Hört, alter Kettenträger: Ihr thätet gut daran, Euch in Eurer Sprache zu mäßigen"

„Hört erst, was diese meine Sprache ist, ehe Ihr mich unterbrecht, Tausendacres. Ein kluger Mann hört zu, ehe er antwortet. Obgleich ich selbst nie verheirathet gewesen bin, weiß ich doch, was sich in dieser Hinsicht schickt und ziemt, und daher will ich Euch danken für Euren Wunsch, mit den Coejemans und Malpone's Euch zu verbinden. Diese Pflicht erfüllt, will ich Euch erklären, daß meine Nichte Euren Jungen nicht will –"

„Ihr habt das Mädel nicht für sich selbst sprechen lassen," schrie Tausendacres, so laut er konnte, denn er begann jetzt von einer Wuth bewegt zu werden, welche sich auf diese Art einigermaßen Luft zu machen suchte. „Ihr habt dem Mädel nicht Gelegenheit gegeben, für sich selbst zu sprechen, alter Andries. Zeph ist ein Bursche, dessen Gleichen sie nicht finden wird, wenn sie auch weit ginge. Ich kann Euch das versichern, obwohl ich vielleicht, als Vater des Jungen, es nicht sagen sollte, – aber um zum Frieden zu gelangen, bin ich bereit, Viel zu übersehen."

„Zephaniah ist ein treffsicher Sohn," fiel Prudence ein, im Stolz und Selbstgefühl einer Mutter, denn die Natur behauptete ihr Recht und ihren Triumph in ihrer Brust so gut als in der der gebildetsten Frau des Landes. „Unter allen meinen Söhnen ist Zephaniah der beste; und ich halte ihn für geeignet, Jede zu heirathen, die nicht im offnen Lande draußen leben, und auch von denen manche."

„Rühmt Eure Güter und preist Euren Jungen, wie es Euch beliebt," antwortete Kettenträger mit einer äußern Ruhe, die, wie ich wohl ahnte, einen verzweifelten Entschluß ankündigte. „Rühmt Eure Güter und preist Euren Jungen; ich will nicht versuchen, Euer Recht zu bestreiten, dies zu thun, so viel Ihr Lust habt; aber dies Mädchen ward mir von einer einzigen Schwester auf ihrem Sterbebett hinterlassen, und möge Gott meiner vergessen, wenn ich die Pflicht vergesse, die ich gegen s i e habe. Sie soll nie einen Sohn Tausendacres' heirathen – sie soll nie einen

Squatter heirathen – soll nie einen Mann heirathen, der nicht nach seinem Stande, seinen Gesinnungen, Gewohnheiten und Ansichten geeignet ist, der Gatte einer Lady zu seyn."

Ein Schrei des Gelächters und Hohnes, womit sich die wilde Erbitterung des gekränkten Stolzes mischte, erhob sich unter dem rohen Haufen, aber die Donnerstimme Tausendacres' machte sich selbst in diesem höllischen Lärm vernehmlich.

„Nehmt Euch in Acht, Kettenträger, nehmt Euch in Acht uns so zu beschimpfen! die menschliche Natur kann und will nicht Alles ertragen!"

„Ich will nichts von Euch und den Eurigen, Tausendacres," versetzte ruhig der alte Mann, seinen Arm um den Leib von Dus schlingend, die sich an ihn schmiegte und hing, mit einer feuerroth flammenden Wange, aber einem Auge, das nicht gewohnt war, sich einschüchtern zu lassen, und die in diesem furchtbaren Augenblick ganz entschlossen und im Stande zu seyn schien, ihres Oheims Thun und Entschluß zu unterstützen. „Ihr seyd für mich Nichts, und ich will Euch hier verlassen in Euern Missethaten und verruchten Gedanken. Tretet bei Seite, befehle ich Euch. Wagt nicht den Bruder aufzuhalten, der im Begriff ist, die Tochter seiner Schwester vor der Gefahr zu sichern, das Weib eines Squatters zu werden. Tretet zurück, denn ich will nicht länger unter Euch bleiben. In ein paar Stunden, elender Aaron, werdet Ihr die Thorheit von all diesem einsehen, und wünschen, Ihr hättet als ein ehrlicher Mann gelebt!"

Mittlerweile wurde der Lärm der schreienden Stimmen so laut und betäubend, daß man unmöglich mehr hören konnte, was gesprochen wurde. Tausendacres brüllte förmlich wie ein wüthender Stier und er war bald heiser von den Drohungen und Verwünschungen, die er ausstieß. Tobit sagte Weniger, war aber vermuthlich gefährlicher. Alle die jungen Männer schienen heftig aufgeregt, und entschlossen, die Thüre zu schließen und dem Kettenträger das Weggehen zu verwehren; dieser aber, den Arm um Dus geschlungen, schritt langsam vor, dem Haufen winkend, bei Seite zu treten, und ihnen gebietend, ihm Platz zu machen, und zwar mit einer Festigkeit und Würde, daß ich schon glaubte, er werde seinen Zweck erreichen. Inmitten dieser Scene der Verwirrung aber blitzte plötzlich eine Büchse; im selben Augenblick erfolgte der Knall, und der alte Andries Coejemans fiel.

## Sechsundzwanzigstes Kapitel

O Schatten ihr der Mitternacht,
Der Geisterstunde tiefe Stille,
Dem nahnden Tod zu Ehren, laßt
Hier walten Eurer Schrecken Fülle!
Ja, sendet zur Stund'
Auf den fahlen Grund,
Auf diese Scene voll ahnender Schauer,
Die Gedanken, die schweren,
Die aufrichtigen Zähren,
An Gräbern die passendsten Zeugen der Trauer.

*Mallet*

Es ist ein Gesetz der menschlichen Natur, daß das Uebermaß der Leidenschaft sich selbst Schranken setzt. Die Heftigkeit und Wuth des Menschen steigt und wächst, bis eine entsetzliche That unter dem Einfluß derselben verübt, vor dem Sünder aufsteigt, als Zeuge seiner Verblendung, und ihn wieder zur Besinnung bringt. Die Schuld vertritt so das Amt der Vernunft, hält die Hand zurück, stillt und beschwichtigt die Pulse und weckt das Gewissen.

So schien es auch bei den Squatters von Mooseridge zu seyn. Eine so tiefe Stille folgte auf den Knall der Büchse, daß ich den halb stockenden Athem von Dus hörte, wie sie neben ihrem zu Boden gestreckten Oheim dastand, entsetzt und beinahe in eine Statue verwandelt durch diesen so plötzlichen Schlag. Niemand sprach; Niemand machte Anstalt, den Ort zu verlassen; ja in Wahrheit, Keines rührte sich. Es wurde nie bekannt, wer den Schuß abgefeuert hatte. Zuerst schrieb ich ihn der Hand Tobit's zu, aber mehr in Folge dessen, was ich von seiner Gemüthsart und seinem Charakter wußte, als weil ich sein Thun und Vornehmen gerade in diesem Augenblick beobachtet hätte. Später neigte ich mich mehr zu der Ansicht hin, daß mein Freund durch die Hand Tausendacres' selbst gefallen sey, obgleich die Mittel fehlten, irgendwie den gesetzlichen Beweis seiner Schuld herzustellen. Wenn Jemand, außer dem Elenden selbst, der die That begangen hatte, wußte, wer der Verbrecher war, so kam doch die Wahrheit nie an den Tag. Die Familie bewahrte die Treue gegen sich selbst, und schien entschlossen, mit einander zu stehen oder zu fallen. In den Augen des Gesetzes waren alle Anwesende, welche zu der rechtswidrigen Festhaltung Dus' und ihres Oheims halfen und die Hand boten, gleich schuldig; aber die Hand, an welcher die eigentliche Blutschuld klebte, ward nie ans Licht gezogen.

Mein erster Gedanke, sobald ich wieder zu mir selbst kam, war, einen Arm um Dus' Leib zu schlingen und mich mit ihr durch den Schwarm hindurchzudrängen, um zu entfliehen. Wäre ich bei diesem Versuche beharrt, er wäre, glaube ich, gelungen, – einen so tiefen Eindruck hatte selbst auf diese rohen und gesetzlosen

Menschen die so eben verübte Gewaltthat hervorgebracht. Aber Dus dachte in einem solchen Augenblick nicht an sich. Nur einen Augenblick sank ihr Haupt auf meine Schulter, und ich hielt sie an meine Brust, indem ich ihr mein Vorhaben zuflüsterte, mit ihr zu fliehen. Dann richtete sie ihr Haupt wieder empor, machte sich sanft aus meinen Armen los und kniete neben ihrem Oheim.

„Er athmet!" sagte sie mit dumpfer Stimme, aber hastig. „Gott sey gepriesen, Mordaunt, er athmet noch. Die Verwundung ist vielleicht nicht so schwer, als wir anfänglich glaubten; laßt uns ihm Beistand leisten, so viel wir vermögen."

Das war die charakteristische Besonnenheit und Entschlossenheit von Ursula Malbone! Rasch aufstehend, wandte sie sich zu der Gruppe der schweigenden aber aufmerksam beobachtenden Squatters, und sprach den Rest der Menschlichkeit, der noch in ihren Herzen sich finden mochte, um Beistand und Hülfe an. Tausendacres stand als der Vorderste des dunkeln Haufens unter der Thüre da und betrachtete grimmig die regungslose Gestalt, neben welcher Dus, bleich und mit zerrissenem Herzen, aber doch gesammelt und in ruhiger Fassung stand.

„Der Hartherzigste unter Euch wird doch einer Tochter nicht das Recht bestreiten, einem Vater die Hülfe und Liebesdienste zu leisten, deren er bedarf," sagte sie mit einem Pathos in ihrer Stimme und mit einer Würde in ihrem Wesen und Benehmen, die mich mit Liebe und Bewunderung erfüllten, und einen sichtbaren Eindruck auf Alle machten, die sie hörten. „Helft mir meinen Oheim aufheben und auf ein Bett legen, während Major Littlepage seine Verletzung untersucht. Ihr werdet mir diesen kleinen Trost nicht versagen, Tausendacres, denn Ihr könnt nicht wissen, wie bald Ihr selbst auch solchen Beistandes benöthigt seyn dürftet!"

Zephaniah, welcher sicherlich bei dem Morde Kettenträgers nicht betheiligt war, trat jetzt näher; und er, ich, Lowiny und Dus hoben den noch immer Regungslosen auf und legten ihn auf das Bett Prudence's, welches in dem Hauptgemache stand. Unter den Squatters fand eine Berathung statt, während wir damit beschäftigt waren, und Eines nach dem Andern von der Familie schlich sich weg, bis zuletzt Niemand mehr im Hause war als Tausendacres, seine Frau und Lowiny; die Letztgenannte blieb bei Dus als eine nützliche und sogar liebevolle Gehülfin. Der Vater saß in finsterem Schweigen auf der einen Seite des Feuers, während Prudence sich auf die andere setzte. Mir gefiel der Ausdruck im Gesichte des Squatters nicht, aber er sagte nichts und that nichts. Es schien mir, daß er über die Umstände brüte, und seine Erbitterung dadurch nähre, daß er sich eingebildetes Unrecht in die Seele zurückrufe, das er erlitten zu haben glaubte, und zugleich über Planen für die Zukunft sinne. Wenn dies wirklich der Fall war, so zeigte er große Selbstbeherrschung, weder Unruhe noch hastige Ungeduld auch nur im leisesten Grade in seinen Zügen sichtbar wurde. Prudence war in einer fürchterlichen Gemüthsbewegung. Sie sagte nichts, aber sie bewegte sich und zuckte am ganzen Leibe in nervöser Aufregung, und von Zeit zu Zeit entrang sich ihrer Brust ein schweres, halb unterdrücktes Stöhnen, trotz ihrer Anstrengung, es zu ersticken. Im Uebrigen war sie wie gar nicht anwesend.

Ich war gewohnt, Schußwunden zu sehen, und besaß im Allgemeinen einige Kenntniß von deren Wirkungen, so daß ich ziemlich zu beurtheilen vermochte, welche tödtlich zu werden drohten und welche nicht. Mein erster Blick auf die Verletzung Kettenträgers überzeugte mich, daß keine Hoffnung blieb, ihn am Leben erhalten zu sehen. Die Kugel war zwischen zwei Rippen hindurchgegangen und schien mir eine Richtung nach unten genommen zu haben; aber es war unmöglich, daß die vitalen Organe sollten verschont geblieben seyn, wenn die Wunde auf diesem Punkte des menschlichen Körpers anfing. Die erste Wirkung der Wunde war Bewußtlosigkeit gewesen; aber wir hatten kaum den Leidenden auf das Bett gelegt und seine Lippen mit etwas Wasser benetzt, als er wieder auflebte; und bald bekam er das Bewußtseyn wieder, so wie auch die Sprache. Aber der Tod lag in seinen Zügen, und es war mir ganz klar, daß seine Stunden gezählt waren. Er konnte noch einige Tage leben, aber es war nicht möglich, daß er mit dem Leben davon kam.

„Gott segne Euch, Mortaunt," murmelte mein alter Freund, nachdem meine Bemühungen wenigstens theilweise Erfolg gehabt hatten: „Gott segne und erhalte Euch immerdar, mein Junge, und vergelte Euch all Eure Güte und Freundlichkeit gegen mich und die Meinigen. Die Squatters haben mich umgebracht, Junge; aber ich vergebe ihnen. Sie sind eine unwissende, selbstsüchtige, brutale Brut; und ich habe sie vielleicht zu schwer gereizt. Aber Dus kann nie das Weib von Einem dieser Familie werden."

Da Zephaniah im Zimmer, obwohl in diesem Augenblick nicht in der Nähe des Bettes war, so war ich ängstlich beflissen und verlangend, den Gedanken des Verwundeten eine andere Richtung zu geben; und ich befragte ihn über die Beschaffenheit seiner Verletzung, da ich wohl wußte, daß Kettenträger so viele Soldaten in einer Lage gesehen, ähnlich seinem traurigen Zustande, daß er ziemlich richtig mußte beurtheilen können, wie es mit ihm stehe.

„Ich bin ein Mann des Todes, Mortaunt," antwortete der alte Andries in einem Tone, noch fester sogar als in welchem er so eben gesprochen hatte. „Darüber kann man sich gar nicht täuschen. Sie haben mich durch die Rippen und durch die Lebensorgane geschossen, und Rettung ist nicht möglich. Aber das trägt mir wenig aus, denn ich bin jetzt ein alter Mann und habe meine siebzig Jahre gelebt – nein, mir trägt das nicht viel aus, obgleich manche alten Leute am Leben hängen zäher und fester als die Jungen. Das ist jedoch bei mir nicht der Fall; und ich bin bereit, zu marschiren, wenn das große Commandowort ertönt. Es thut mir sehr leid, Mortaunt, daß dieser Zufall sich ereignen mußte, ehe das Patent vollständig vermessen ist; aber ich bin noch nicht bezahlt für die bis jetzt vollendete Arbeit, und es ist mir ein großer Trost, zu wissen, daß ich nicht in Schulden sterbe. Ich bin Euch und bin meinem guten Freunde, dem General, sehr viel schuldig für empfangene Güte und Freundlichkeit, das muß ich bekennen; aber was das Geld betrifft, so werdet Ihr durch diesen Zufall in keinen Verlust kommen."

„Erwähnt nichts der Art, ich bitte Euch dringend, Kettenträger; ich weiß, mein Vater würde mit Freuden seinen besten Hof darum geben, Euch aufrecht und gesund wieder erstehen zu sehen, wie Ihr noch vor zwanzig Minuten waret."

„Nun, ich glaube gern, das mag wahr seyn, denn ich habe den General immer wohlwollend und freundschaftlich gegen mich gefunden. Ich will Euch ein Geheimniß entdecken, Mortaunt, das ich nie bisher einem sterblichen Menschen geoffenbart, aber das jetzt noch länger zu bewahren nutzlos wäre, und das ich Euch gerne schon lange mitgetheilt hätte, wenn nicht der General selbst gewünscht hätte, daß ich nicht davon spreche –“

„Vielleicht wäre es besser, mein guter Freund, wenn Ihr mir dies Geheimniß ein ander Mal mittheiltet. Das Sprechen könnte Euch ermüden und aufregen, während Schlaf und Ruhe Euch vielleicht wohl thun mag.“

„Nein, nein. Junge – alle Hoffnung der Art ist eitel und nichtig. Ich werde nicht mehr schlafen, bis ich den letzten langen Todesschlaf schlafen werde; ich fühle mit Bestimmtheit, meine Wunde ist tödtlich und daß mein Stündlein bald kommen muß. Dennoch macht mir das Sprechen keine Schmerzen; und, Mortaunt, mein theurer Junge, Freunde, die im Begriffe stehen, sich für so lange Zeit zu trennen, sollten sich nicht trennen, ohne vor dem Abschied noch ein Wort mit einander zu sprechen. Namentlich würde es mir eine Freude machen, einem Sohn all die Güte und Freundschaft zu erzählen, die ich von seinem Vater empfangen und genossen habe. Ihr wißt selbst recht gut, Mortaunt, daß ich in den Zahlen nicht stark bin; und woher das kommt, das ist mir ein Gegenstand der Verwunderung und des Staunens, denn mein Großvater Van Syce war ein Wundermann in der Arithmetik, und der erste Coejemans in diesem Lande, sagt man, führte alle Rechnungen für den Tominie! Nun, sey dem wie ihm wolle, ich wußte nie mit den Ziffern zurechtzukommen; und es ist ein Geheimniß, das ich jetzt nicht mehr verschweigen kann. Mortaunt, daß ich meine Stelle als Hauptmann nicht sechs Wochen hätte behalten können, ohne Eures Vaters Güte für mich. Da er sah, wie unmöglich es mir war, mit der Arithmetik zurechtzukommen, erbot er sich, Alles der Art, was mein Dienst mit sich brachte, für mich zu besorgen, und die ganze Zeit, während wir beisammen waren, sieben lange Jahre und mehr, stellte Oberst Littlepage die Rechnungen für Coejemans' Compagnie. Und dazu kapitale Rechnungen und Rapporte waren es, und die Bewunderung von Allen, die sie gesehen; und ich empfand oft eine Art Schaam, wenn ich sie rühmen hörte, und die Leute sich verwunderten, wie ein alter Holländer doch seine Pflicht so gut zu erfüllen habe lernen können. Ich werde den General nie wieder sehen, und ich wünsche, daß Ihr ihm sagt, der alte Andries habe seine Güte gegen ihn nicht vergessen bis zu seinem letzten Athemzug.“

„Ich will Alles thun, was Ihr von mir verlangt, Kettenträger – aber gewiß muß es Euch Schmerzen machen, wenn Ihr so viel sprecht?“

„Gar nicht, Junge; – gar nicht. Es ist für den Körper gut, wenn die Seele sich ihrer Verbindlichkeiten entledigt. Da ich aber sehe; daß Dus in Unruhe ist, will ich meine Augen schließen, und ein Wenig in mein eignes Innere und meine Gedanken hineinsehen, denn ich sterbe wohl vor einigen Stunden noch nicht.“

Es klang meinem Ohre schauerlich, einen Mann, den ich so sehr liebte, so ruhig und mit solcher Gewißheit von seinem herannahenden Tode sprechen zu hören. Ich bemerkte, daß Ursula's Herz beinahe zerrissen wurde von der Angst und dem Kummer, welche diese Worte in ihr erzeugten; aber das edelherzige Geschöpf behauptete in ihrem Aeußern eine ruhige Fassung und Haltung, die Einen, der sie weniger genau kannte als ich, wohl hätte täuschen können. Sie winkte mir, vom Bette mich zu entfernen, in der eiteln Hoffnung, ihr Oheim könne vielleicht einschlafen, und sie selbst setzte sich auf einen Stuhl in der Nähe, um bereit zu seyn, wenn er irgend Etwas bedürfe. Ich meinerseits benützte die Gelegenheit, den Stand der Dinge draußen ins Auge zu fassen und zu überlegen, welches Verfahren ich einschlagen sollte unter den neuen und verzweifelten Verhältnissen, in die wir uns so unerwartet versetzt sahen; denn die Zeit einer Entscheidung war ganz ohne Frage jetzt gekommen.

Es war jetzt beinahe eine Stunde, seit die That begangen worden war, – und da saßen noch immer Tausendacres und sein Weib, auf beiden Seiten des Feuers, in schweigendem Sinnen. Wie ich mich umwandte, nach den Squatters und dem Vater der Squatters zu sehen, sah ich, daß sein Angesicht jenen Ausdruck von trotzigem Mißmuth angenommen hatte, der bei einem Manne von seinen lockern Grundsätzen und seinem heftigen Temperament wohl als unheilverkündend betrachtet werden durfte. Auch hatten die Nervenzuckungen bei Prudence noch nicht aufgehört. Mit Einem Wort, diese beiden sonderbaren Geschöpfe erschienen nach Verfluß dieser Stunde ganz noch ebenso, wie sie zu Anfang derselben sich dem Auge dargestellt hatten. Wie ich an ihnen vorbei schritt, um nach der Thüre zu gehen, wollte mich bedünken, daß sogar etwas Großartiges in ihrem festen Beharren in der Schuld liege. Vielleicht sollte ich jedoch das Weib einigermaßen ausnehmen, deren Unruhe als ein Beweis gelten konnte, daß sie doch das Vorgefallene bereuete. An der Thüre selbst fand ich Niemand; aber zwei oder drei von den jungen Männern besprachen sich in nicht großer Entfernung in leisem Tone mit einander. Allem Anschein nach hatten sie ein Auge auf das, was im Innern des Gebäudes vorging. Doch redete Keiner von ihnen mit mir, und ich fing schon an zu glauben, das schon begangene Verbrechen habe einen so erschütternden Eindruck auf sie gemacht, daß sie an keine weitere Mißhandlungen gegen uns dächten, und es stehe mir frei, nach Gutdünken und Belieben zu thun und zu handeln. Aber ein Zupfen an meinem Ermel zog meinen Blick seitwärts, und ich sah Lowiny im Schatten des Hauses kauern, verlangend, wie es schien, meine Aufmerksamkeit auf sich zu ziehen. Sie war einige Zeit weg gewesen und hatte vermuthlich die Gespräche der draußen Befindlichen belauscht.

„Denkt ja nicht daran, Euch weit vom Hause weg zu wagen,“ flüsterte das Mädchen. „Der böse Geist hat von Tobit Besitz genommen, und er hat so eben geschworen, dasselbe Grab solle Euch, Kettenträger und Dus decken. ›Gräber lassen sich nicht zu Zeugen gebrauchen,‹ sagt er. Ich habe ihn nie so unheimlich gesehen, wie heute Abend, obgleich er immer fürchterlich wild und zornig ist, wenn Etwas falsch geht.“

Das Mädchen glitt an mir vorbei, nachdem sie mir in aller Hast diese Mittheilung gemacht hatte, und im nächsten Augenblick stand sie ruhig neben Dus, bereit, ihr in allen etwa nöthigen Dienstleistungen bei dem Verwundeten behülflich zu seyn.

Ich sah, daß sie unbemerkt geblieben war, und suchte dann mit einiger Vorsicht auszukundschaften, in welcher Lage ich selbst mich befände. Die Nacht war inzwischen ganz finster geworden, und es war unmöglich, auf zwanzig Fuß Entfernung Personen zu erkennen. Zwar konnte man auf doppelt so viel Schritte Entfernung oder auch noch mehr einen Mann von einem Baumstumpen unterscheiden: aber die verschiedenen Gegenstände der noch wilden und rohen Lichtung begannen dergestalt sich zu verwirren und in Eine Masse zu verschmelzen, daß das Auge den größten Theil seines gewöhnlichen Sehvermögens verlor. Diese Gruppe von jungen Männern schloß, so vermuthe ich, den furchtbaren Tobit in sich: aber ich konnte mir hierüber durchaus nicht Gewißheit verschaffen, ohne mich derselben ganz nahe zu wagen. Dazu hatte ich keine Lust, da ich in diesem Augenblick mit Keinem der Familie etwas Bestimmtes zu sprechen hatte. Hätten die Squatters in mein Herz sehen können, so würden sie ganz unbesorgt gewesen seyn wegen der Möglichkeit meiner Flucht; denn wenn auch Dus gar nicht in Betracht gekommen wäre, was doch nicht der Fall war, noch seyn konnte, so wäre es für mich doch eine moralische Unmöglichkeit gewesen, den Kettenträger in seiner Sterbestunde zu verlassen. Aber das wußten Tobit und seine Brüder nicht; und es konnte gefährlich für mich werden, wenn ich mir auf die entgegengesetzte Annahme hin zu Viel herausnahm.

Die Dunkelheit war natürlich in der Nähe des Hauses am größten, und ich schlich dicht an den hölzernen Wänden hin, bis ich eine Ecke des Gebäudes erreichte, und ich glaubte, diese Bewegung würde ungesehen bleiben. Aber ich wurde überzeugt, daß ich beobachtet wurde, in einer Weise, welche keinen Zweifel übrig ließ, indem einer der jungen Männer mir zurief, ich solle bei Gefahr meines Lebens nicht um die Ecke gehen, oder überhaupt in irgend einer Richtung ihnen aus dem Auge mich entfernen. Das war deutlich gesprochen, und es veranlaßte ein kurzes Gespräch zwischen uns, in welchem ich meinen Entschluß gestand, meine Freunde nicht zu verlassen – denn der Kettenträger werde wahrscheinlich die Nacht nicht überleben – und daß ich für meine Person gar keine Besorgnisse hegte. Ich sey erhitzt und aufgeregt, und hätte das Haus nur verlassen, um in frische Luft zu kommen; wenn sie mir kein Hinderniß in den Weg legten, wolle ich in ihrer Nähe einige Minuten hin- und hergehen, nur um meine fiebrischen Pulse etwas abzukühlen; und ich wolle ihnen mein Wort verpfänden, keinen Fluchtversuch zu machen. Diese Erklärung nebst der sie begleitenden Versicherung schien meinen Beobachter zu befriedigen, und es ward mir ruhig gestattet, zu thun, wie ich begehrte.

Ich wandelte zwischen der Gruppe der Squatters und dem Hause hin und her, und jedesmal, so oft ich diesen von mir gewählten Spaziergang wiederholte, kam ich dicht an den jungen Männern vorbei. Während dieser Zeit benützte ich die günstigen Augenblicke, um durch die Thür des Hauses nach der bewegungslosen Gestalt von Dus zu schauen, welche neben dem Bett ihres Oheims saß, mit der geduldigen, schweigenden, zärtlichen Aufmerksamkeit des Weibes, und welche ich bei meinem Hinundhergehen deutlich sehen konnte. So treulich in diesen Augenblicken meine Gedanken und Gefühle sich meiner Geliebten zuwandten, bemerkte ich doch wohl, daß die jungen Männer jedesmal, so oft ich mich ihnen näherte, in ihrem Gespräche mit einander innehielten, und ebenso es wieder sogleich fortsetzten, wenn ich an ihnen vorüber war. Dies veranlaßte mich, meinen Gang allmälig etwas weiter auszudehnen, indem ich nach beiden Seiten hin etwas weiter ging, so daß ich etwa hundert Fuß weit von der Gruppe, die ich als Mittelpunkt nahm, in beiden Richtungen mich entfernte. Weiter mich zu entfernen wäre unklug gewesen, da es hätte als eine Vorbereitung zu einem Fluchtversuch und mithin zu einem Wortbruch erscheinen können.

In dieser Weise mochte ich etwa acht oder zehn Gänge hin und her in eben so vielen Minuten gemacht haben, als ich, am einen Endpunkte meiner kurzen Promenaden angekommen, einen leisen, zischenden Ton in meiner Nähe vernahm. Ein Baumstumpen stand hier, und der Laut schien von der Wurzel dieses Stumpens her zu kommen. Zuerst bildete ich mir ein, ich sey aus das Gebiet einer Schlange gerathen; obwohl Thiere der Art, welche einen solchen drohenden Ton von sich geben konnten, schon damals sehr selten bei uns waren. Aber ich wurde bald aus meiner Ungewißheit gerissen.

„Warum Ihr nicht stehen bleiben am Stumpen?“ sagte Susquesus mit so leiser Stimme, daß man ihn nicht auf zehn Schritte hören konnte, aber doch vollkommen deutlich und nicht flüsternd, „Euch Etwas zu sagen haben – freudig zu hören.“

„Wartet, bis ich noch ein paar Gänge machen kann: ich will im Augenblick zurück kommen,“ war meine vorsichtige Antwort.

Dann setzte ich meinen Spaziergang fort, stellte mich an einen Stumpen, der am andern Ende meiner Promenade stand, und blieb dort eine oder zwei Minuten angelehnt, worauf ich umkehrte und wieder wie zuvor an den jungen Männern vorbei schritt. Dies wiederholte ich dreimal, und nach jedem Gang blieb ich stehen, wie wenn ich ausruhte oder nachsänne; und jedes Mal blieb ich länger so stehen, als das vorige Mal. Endlich blieb ich auch an dem Stumpen stehen, welcher den Indianer versteckte.

„Wie seyd Ihr hieher gekommen, Susquesus?“ fragte ich; „und seyd Ihr bewaffnet?“

„Ja, gute Büchse haben. Kettenträgers Büchse. Er sie nicht mehr nöthig haben, he?“

„So wißt Ihr, was vorgefallen ist? Kettenträger ist tödtlich verwundet.“

„Das schlimm! müssen Skalpe nehmen für das! Alter Freund – guter Freund. Immer tödten den Mörder.“

„Ich wünsche, daß Nichts der Art versucht werde; aber wie seyd hier hieher gekommen? und wie kämet Ihr zu der Waffe?“

„Jaap es gethan – gekommen und Thüre ausgebrochen. Neger stark – thun was er Lust haben. Büchse gebracht – gesagt, sie zu nehmen. Wünschen er bälder gekommen seyn – dann Kettenträger nicht getödtet. Wir sehen!“

Ich hielt es für der Klugheit gemäß, mich wieder zu entfernen, nachdem dies gesprochen war, und ich machte wieder ein paar Gänge, ehe ich zum zweitenmal Halt zu machen gerathen fand. Aber die Wahrheit war mir jetzt schon deutlich geworden. Jaap war aus dem Wald auf die Lichtung gekommen, hatte das wohlverwahrte Gefängniß des Onondago erbrochen, hatte ihm Waffen gegeben, und sie waren Beide im Dunkel ausgezogen, um die Gebäude herumstreifend, und den Augenblick, um einen Schlag zu führen, oder die Gelegenheit, mit mir zu sprechen, abwartend. Wie sie den Umstand erfahren, daß Kettenträger erschossen worden, dies blieb meinen Vermuthungen zu errathen überlassen, obwohl Susquesus den Knall der Büchse mußte gehört haben, und ein Indianer, ganz frei sich selbst überlassen, in einer Nacht wie diese, konnte sich leicht Gewißheit verschaffen über alle Hauptpunkte irgend eines Vorfalles, der ihn lebhafter interessirte.

Mein Gehirn schwindelte mir fast, als alle diese einzelnen Umstände sich meinem Geiste aufdrängten, und ich war in großer Verlegenheit, was ich für einen Entschluß fassen sollte. Um Zeit zur Ueberlegung zu gewinnen, blieb ich einen Augenblick bei dem Stumpen stehen und flüsterte dem Onondago meinen Wunsch zu, er solle bleiben wo er sey bis ich ihm Befehle ertheilen könne. Ein ausdrucksvolles „gut!“ war die Antwort, die ich erhielt; und ich bemerkte, daß der Indianer sich noch tiefer in seinem Lager zusammenkauerte, wie ein reißendes Thier der Wälder, das seine Ungeduld zügelt, um seinen Satz, wenn die Zeit kommt, desto sicherer und tödtlicher zu machen.

Ich hatte jetzt etwas Zeit zum Nachdenken vor mir. Da lag der arme Kettenträger, auf seinem Sterbelager ausgestreckt, so regungslos, als wenn der Athem des Lebens schon von seinem Körper gewichen wäre. Dus wich nicht von ihrem Posten, beinahe ebenso unbeweglich wie ihr Oheim: während Lowiny in der Nähe stand, und die Theilnahme und das Mitgefühl ihres Geschlechts an der Trauerscene vor ihr kund gab. Ganz flüchtig und vorübergehend wurde ich auch Tausendacres' und Prudence's ansichtig. Es schien mir, als wenn der Erstere sich nicht gerührt hätte seit dem Augenblick, wo er seinen Sitz am Herde eingenommen. Sein Gesicht war so starr, seine Miene so finster und seine Stellung und Haltung so hartnäckig verstockt, wie in den ersten fünf Minuten, nachdem der Kettenträger gefallen war. Auch Prudence war ebenso unverändert wie ihr Gatte. Ihr Leib zuckte fortwährend in nervöser Aufregung, aber nicht Einmal hatte ich sie die Augen aufheben sehen vom Stein des rohen Heerdes, welcher beinahe das halbe Zimmer einnahm. Das Feuer war beinahe niedergebrannt, und da Niemand das Buschholz, womit es unterhalten wurde, erneuerte, blieb nur noch eine leise flackernde Glut, die ihr unstätes Licht auf die Gestalten dieser beiden von ihrem Gewissen gequälten Geschöpfe warf, wodurch sie noch geheimnißvoller und schauerlicher wurden. Lowiny hatte zwar eine dünne, elende Talgkerze angezündet, so wie man sie gewöhnlich in den ärmlichsten Wohnungen sieht; aber sie war auf die Seite gestellt worden, um nicht dem Auge des Verwundeten, den man schlummernd wähnte, wehe zu thun, und so trug sie nur wenig zur Erhellung des Gemaches bei. Demungeachtet konnte ich doch Alles so sehen, wie ich es beschrieben habe, als ich eine kurze Zeit auf einem Punkte stehen blieb, von welchem aus man einen beherrschenden Blick ins Innere des Hauses hatte.

Von Dus konnte ich nur wenig wahrnehmen. Sie saß beinahe unbeweglich am Bette ihres Oheims, aber ihr Angesicht war meinem Auge entzogen. Plötzlich, und dies geschah in einem Augenblick, wo ich gerade vor dem Gebäude stehen geblieben war, sank sie auf ihre Kniee, verbarg ihr Angesicht in der Decke, und versank in Gebet. Prudence fuhr zusammen, als sie dies sah; dann stand sie auf, nach der Art und dem Brauche derjenigen, welche sich einbilden, die Einfachheit und somit die Schönheit des Cultus zu erhöhen, wenn sie die Ceremonieen des Knieens vor dem allmächtigen Gotte abschaffen, und stand aufrecht da wie zuvor hin und her schwankend mit ihrer hohen, knochigen Gestalt, einer halb verwitterten Schierlingstanne des nahe gelegenen Waldes ähnlich, die den größten Theil ihres Grüns verloren hat und vom Sturm hin und her gewiegt wird. Dennoch ward ich gerührt über dies stumme Zeugniß, daß das Weib doch noch Etwas von der Achtung und dem Sinn für die Anbetung und Verehrung der Gottheit hatte, welcher, freilich seltsam gemischt mit dem Fanatismus und einer zähen, hartnäckigen Selbstgerechtigkeit, ohne Zweifel sehr viel dazu beigetragen hatten, die Angehörigen ihres Volksstammes, fünf oder sechs Generationen vor der ihrigen, über das atlantische Meer herüberzuführen.

Gerade in diesem Augenblick erkannte ich die Stimme Tobit's, wie er auf die Gruppe seiner Brüder zuschritt; er sprach mit seinem Weibe, das ihn bis an seines Vaters Wohnung begleitete und ihn hier verließ, wie es schien, um in die ihrige zurückzukehren. Ich verstand nicht was er sagte, aber der Squatter sprach im finstern, trotzigen Tons eines Mannes, dessen Gemütsstimmung das Schlimmste fürchten läßt. Da ich dachte, es könnte mir eine grobe und herausfordernde Unart von diesem Manne widerfahren, falls er mich in der Art herumwandeln sähe, wie ich jetzt beinahe eine Viertelstunde gethan hatte, wenn ihm die Sache nicht vorher erklärt worden, hielt ich für das Klügste, in das Haus hineinzutreten, und einen Zweck, den ich im Auge hatte, durch eine kurze Besprechung mit Tausendacres zu erreichen.

Sobald ich diesen Vorsatz gefaßt, führte ich ihn auch aus, und verließ mich darauf, daß die Geduld des Indianers und Jaap's gewohnter und erprobter Gehorsam es nicht zu einem Losschlagen von ihrer Seite, ohne vorhergegangenen Befehl, kommen lassen würde. Wie ich wieder in das Gemach trat, lag Dus noch auf ihren Knieen, und Provence stand noch immer aufrecht da, herüber und hinüber schwankend, wie zuvor, und die Augen auf den Herd geheftet. Lowiny stand nahe bei dem Bett und ich glaube, sie nahm, wie ihre Mutter, im Geiste einigermaßen an dem Gebet Antheil.

„Tausendacres," begann ich mit leiser Stimme, indem ich dem Squatter ganz nahe trat, und so gelang es mir durch meine Anrede, seine Aufmerksamkeit zu gewinnen, „Tausendacres, das ist ein höchst trauriger Handel geworden: aber es sollte Alles, was nur möglich ist, geschehen, um das Unheil wieder gut zu machen. Wollt Ihr nicht einen Boten hinüberschicken nach dem Nest, um den Beistand des Arztes zu beschaffen?"

„Ein Doktor kann nicht viel helfen bei einer Wunde von einer Büchsenkugel aus solcher Nähe geschossen, junger Mann. Ich brauche keinen Doktor hier, um mich und die Meinigen dem Gesetze zu verrathen."

„Nein, Euer Bote kann Euer Geheimniß bewahren; und ich will ihm Geld geben, um den Arzt zu vermögen, zu kommen, und sogleich zu kommen. Man kann ihm sagen, ich sey durch einen Zufall verletzt worden, und er kann vielleicht noch zu rechter Zeit hier eintreffen, um die Schmerzen zu lindern; daß sonst keine Hoffnung vorhanden ist, muß ich selbst zugeben."

„Die Menschen müssen annehmen, was ihr Schicksal und Beruf mit sich bringt," versetzte kalt der verhärtete Mann. „Die in den Wäldern leben, setzen sich dem Geschick und den Zufällen des Waldmannes aus; und die im offenen Lande leben, dem Geschick und den Zufällen des offenen Landes. Meine Familie und mein geschnittenes Holz müssen auf jede Gefahr hin mir erhalten bleiben; und kein Doktor soll hieher kommen."

Was war zu thun, – was war möglich mit einem solchen Menschen anzufangen? In seinem Moralsystem waren alle seine Grundsätze, war alles Rechtsgefühl nur auf sein Ich beschränkt. Es war ebenso unmöglich, ihn diejenige Seite einer Frage sehen zu machen, welche seinen Interessen wirklich oder nur eingebildeter Weise zuwider war, als dem leiblich Blinden das Gesicht zu geben. Ich hatte gehofft, Reue und Zerknirschung nage an seinem Herzen, und in Folge der Wirksamkeit einer so mächtigen Zuchtmeisterin sey vielleicht ein Vortheil herauszuschlagen; aber sobald sein dumpfes Wesen wieder zu einiger Thätigkeit aufgerüttelt war, nahm es auch wieder die Richtung der Selbstsucht an, so unwandelbar als die Nadel nach dem Pole weist.

Voll Verdruß und Ekel über dies Hervortreten des mächtigsten, stärksten Zuges im Charakter des Squatters war ich eben im Begriff, mich von ihm zu entfernen, als ein lautes Geschrei um das Haus herum sich erhob, worauf der Blitz und Knall von drei oder vier Büchsen folgte. Ich rannte nach der Thüre und kam gerade zu rechter Zeit, um die Schritte von Männern zu hören, welche in allen Richtungen heran zu dringen schienen: und von Zeit zu Zeit hörte man das Krachen von Büchsen, dem Anschein nach gegen die Wälder hin sich zurückziehend. Männer riefen einander an in der Hitze einer Verfolgung und eines Kampfes; aber ich konnte mir keinen Aufschluß verschaffen, da die dichte Finsterniß, die sich vor dem Hause gelagert, durchaus nichts auch nur in geringer Entfernung sehen und erkennen ließ.

In dieser höchst peinlichen Ungewißheit und Spannung blieb ich etwa fünf bis sechs Minuten, während welcher Zeit der Lärm der Verfolgung sich mehr und mehr entfernte, als ein Mann auf die Thüre der Hütte zu rannte, unter welcher ich stand, meine Hand ergriff, und ich nun in ihm Frank Malbone erkannte. Die Hülfe war also angekommen und ich war nicht mehr ein Gefangener.

„Gott sey gepriesen! Ihr wenigstens seyd gerettet," schrie Malbone. „Aber meine theure Schwester?"

„Ist hier, unversehrt, an ihres sterbenden Oheims Bett wachend. Ist Jemand draußen verwundet?"

„Das ist mehr, als ich Euch sagen kann. Euer Schwarzer machte den Führer und brachte uns mit solcher Geschicklichkeit hieher, daß es meine Absicht war, mich der

Waffen gar nicht zu bedienen, da wir sämmtliche Squatters, ohne einen Schuß zu thun, hätten gefangen nehmen können, wären meine Befehle befolgt worden. Aber eine Büchse wurde hinter einem Baumstumpen abgefeuert, und darauf erfolgte eine Salve vom Feind. Einige der Unsrigen erwiederten das Feuer, und hierauf ergriffen die Squatters die Flucht. Das Feuer, das Ihr so eben gehört habt, sind vereinzelte Schüsse von beiden Seiten, und es kann ein bloßes Geknalle seyn, da an ein Zielen in dieser Dunkelheit nicht zu denken ist. An meinem eigenen Gewehr habe ich nicht einmal den Hahn gespannt, und ich bedaure, daß nur eine Büchse abgefeuert worden ist."

„So steht vielleicht Alles gut, und wir haben unsere Feinde verjagt, ohne ihnen ein Leid zu thun. Seyd Ihr stark genug, um sie in gehöriger Entfernung zu halten?"

„Vollkommen; wir sind eine Schaar von beinahe dreißig Mann, begleitet von einem Unter-Sheriff und einem Friedensrichter. Was uns fehlte, war nur ein Führer, der die Richtung genau gewußt hätte, dann wären wir einige Stunden früher schon angekommen."

Ich seufzte innerlich tief auf bei dieser Kunde, denn diese wenigen Stunden hätten dem armen Kettenträger das Leben gerettet. Aber auch so war diese Befreiung des freudigsten Dankes werth; und einer der glücklichsten Augenblicke meines Lebens war der, wo ich Dus ihrem Bruder an die Brust sinken und sie in Thränen ausbrechen sah. Ich war an ihrer Seite, unter der Thüre der Hütte, als diese Begrüßung stattfand; und Dus bot mir zärtlich eine Hand hin, als sie sich aus den Armen ihres Bruders loswand. Frank Malbone machte ein etwas überraschtes Gesicht bei dieser Vertraulichkeit; aber begierig, den Kettenträger zu sehen und zu sprechen, trat er in das Haus hinein und näherte sich dem Bette. Dus und ich folgten ihm; denn das Geschrei und das Feuern hatte das Ohr des Verwundeten erreicht, und Andries war ängstlich verlangend, zu erfahren, was es zu bedeuten gehabt habe. Der Anblick Malbone's gab ihm im Allgemeinen einigen Aufschluß über den Stand der Dinge; aber eine lebhafte, ängstliche Spannung malte sich in seinem verfallenen Gesichte, wie er mich, nähere Nachrichten von mir heischend, ansah.

„Was ist es, Mortaunt?" fragte er, noch mit ziemlich kräftiger Stimme, denn die Ungeduld und Spannung, womit er der Antwort harrte, steigerten vermuthlich für den Augenblick seine physischen Kräfte. „Was ist es, Junge? Ich will hoffen, es habe doch kein unnützer Kampf stattgefunden wegen eines alten Mannes wie ich, der seine siebzig Jahre gelebt hat, und der seinem Herrn das Leben schuldig ist, das ihm siebzig lange Jahre verliehen war. Ich will hoffen, daß doch Niemand ein Leid geschehen ist um einer so armseligen Veranlassung willen."

„Wir wissen von Keinem, außer Euch, Kettenträger, der heute Abend verletzt worden wäre. Das Feuern, das Ihr gehört habt, kommt von der Partei Frank Malbone's, welche so eben angekommen ist und die Squatters verjagt hat, mehr durch Lärm als durch Schaden, der ihnen zugefügt worden."

„Gott sey gepriesen! Gott sey gepriesen! Ich bin erfreut, Frank noch zu sehen, ehe ich sterbe, erstlich um von ihm Abschied zu nehmen, als einem alten Freunde, und zweitens um seine Schwester Dus seiner Obhut und Sorge zu empfehlen. Sie haben

Dus Einen von diesen Squatters zum Manne geben wollen, um Frieden zu machen zwischen Dieben und ehrlichen Leuten. Das ginge nimmermehr an, Frank, da, wie Ihr wohl wißt, Dus die Tochter eines Gentleman und die Tochter einer Lady ist; und sie ist selbst ein gebildetes Frauenzimmer, und kann unmöglich einen plumpen, rohen, ungebildeten, gemeinen Squatter heirathen. Wäre ich jung und wäre ich nicht des Mädchens Oheim, ich würde mir selbst nimmermehr einbilden, daß ich einen passenden Ehemann für sie gäbe, weil ich zu wenig unterrichtet und gebildet bin, um der Gatte eines Mädchens zu seyn wie Dus Malbone."

„Es ist jetzt nicht mehr zu befürchten, daß meine Schwester ein solches Unglück betreffe, mein lieber Kettenträger," versetzte Frank Malbone. „Auch glaubte ich, keine Drohungen und Gefahren könnten Dus so einschüchtern, daß sie ihr Wort einem Manne verpfändete, den sie nicht liebte oder achtete. Sie würden es schwer gefunden haben, meine Schwester zu einer solchen Heirath zu zwingen."

„Es ist am besten, so wie es ist, Frank – ja, es ist am besten, so wie es ist. Diese Squatters sind recht arge Spitzbuben und würden sich durch Kleinigkeiten nicht leicht aufhalten lassen. Und weil wir jetzt bei diesem Gegenstande sind, so will ich Euch noch ein Wort in Betreff Eurer Schwester sagen. Ich sehe, sie ist zur Hütte hinausgegangen, um zu weinen und so wird sie nicht hören, was ich Euch zu sagen habe. Hier ist Mortaunt Littlepage, welcher versichert, er liebe Dus mehr, als je ein Mann ein Weib geliebt habe –" Frank fuhr zurück und ich glaubte zu bemerken, daß sein Gesicht sich verfinsterte, – „und was ganz natürlich ist, wenn ein Mann eine Frau wahrhaft und in solchem Grade liebt, er wünscht sehr, sehr, sie zu heirathen." Hier klärte sich Frank's Gesicht augenblicklich auf, und als er meine Hand gegen ihn ausgestreckt sah, faßte er sie mit Lebhaftigkeit und drückte sie sehr herzlich. „Nun würde Mortaunt eine vortreffliche Partie für Dus seyn, – eine ganz kapitale Partie, denn er ist jung und gutaussehend, und tapfer, und ehrenhaft, und verständig und reich, was Alles sehr gute Eigenschaften im Ehestand sind; aber andererseits hat er einen Vater und eine Mutter und Schwestern, und es ist auch natürlich, daß sie keine übermäßige Freude daran haben werden, wenn ihr Sohn und Bruder ein Mädchen heirathet, das nichts hat als ein paar Ketten, einen neuen Compaß und einige Feldgeräthschaften, die ihr nach meinem Tode als Erbe zufallen. Nein, nein! wir müssen an die Ehre der Coejemans' und der Malpone's denken, und unser geliebtes Mädchen nicht in eine Familie eintreten lassen, die sie vielleicht nicht haben wollte."

Ich bemerkte, daß Frank Malbone lächelte, obwohl traurig, wie er diese Warnung anhorte; denn auf ihn machte sie wenig oder keinen Eindruck, da er großherzig genug war, mich nach sich selbst zu beurtheilen, und nicht glaubte, daß solche eigennützige Rücksichten Einfluß auf meine Handlungsweise üben könnten. Ich jedoch hatte andere Gefühle. Hartnäckigkeit in seinen Ansichten und Meinungen war eine der Schwächen von Kettenträgers Charakter, und ich erkannte die Gefahr, wenn er diese Gesinnungen Dus als eine Art Vermächtniß hinterließe. Sie hatte in der That dieselben zuerst gehegt, und sie ihrem Oheim mitgetheilt, und sie konnten wieder in ihr aufleben, wenn sie erst den wirklichen Stand der Dinge nüchtern überlegte, und durch die letzten Worte ihres sterbenden Oheims in ihr befestigt werden. Es ist wahr, bei unserer Unterredung, als ich von dem theuren

Mädchen das kostbare Geständnis ihrer Liebe vernahm, schien kein solches Hinderniß vorhanden zu seyn, sondern es war, als ob wir Beide unserer künftigen Vereinigung als einer ganz gewissen Sache mit Zuversicht entgegensähen; aber in jenem Augenblick war Dus aufgeregt gewesen durch die Erklärung meiner glühenden, unaussprechlichen Neigung, und hingerissen durch die Stärke ihrer eignen Gefühle. Wir waren im Wonnetaumel des Entzückens, der Frucht gegenseitigen Vertrauens und der frohen Gewißheit unsrer gegenseitigen Liebe, als Tausendacres uns überfiel, um uns wegzuschleppen zu den Auftritten von Weh und Jammer, von welchen wir erschüttert worden waren und zum Theil noch jetzt erschüttert wurden. Unter solchen Umständen konnte man leicht dem Einfluß von Gefühlen und Gesinnungen anheimfallen, welche in kühleren Augenblicken manche Bedenklichkeiten darzubieten scheinen konnten. Es war daher für mich von der höchsten Wichtigkeit, Kettenträger hierin die richtige Ansicht beizubringen, und dafür Sorge zu tragen, daß er nicht, aus dem Leben scheidend, die zwei Menschen, die er am meisten auf der Erde liebte, unnöthigerweise unglücklich und elend zurückließ, und zwar einzig und allein in Folge seiner eignen Vorurtheile. Aber doch war der jetzige Augenblick nicht günstig, einen solchen Zweck zu verfolgen, und ich hing bittern Gedanken und Betrachtungen über die Zukunft nach, als wir Alle erschreckt wurden durch ein schweres Stöhnen, das aus der tiefsten Brust des Squatters hervorzubrechen schien.

Frank und ich wandten uns instinktmäßig nach dem Kamin, als wir diese unerwartete Unterbrechung vernahmen. Der Stuhl Prudence's war leer, denn das Weib war aus der Hütte fortgerannt beim ersten Laut des neuen Kampfgelärms, höchst wahrscheinlich, um ihre jüngern Kinder zu suchen. Tausendacres aber saß noch immer auf demselben Sitze, den er jetzt beinahe, wo nicht volle zwei Stunden einnahm. Ich bemerkte jedoch, daß seine Gestalt nicht ganz so aufrecht war, wie ich sie zuvor gesehen. Sie war auf dem Sessel zusammengesunken, während sein Kinn auf die Brust herab hing. Wie wir näher traten, sahen wir eine kleine Lache Blut auf den Steinen unter ihm, und eine kurze Untersuchung überzeugte Malbone und mich, daß ihm eine Büchsenkugel in gerader Linie durch den Leib gegangen war, und zwar nur drei Zoll über der Hüfte.

## Siebenundzwanzigstes Kapitel

Ob dieser Noten Klageton
Wohl seines Herzens Jammer stillt?
Ernst klingt die Weise, feierlich,
Abwechselnd traurig und dann wild.

*Collins.*

Tausendacres war auf seinem Stuhl erschossen worden durch einen Schuß von einer Büchse, einen der ersten die in dieser Nacht abgefeuert wurden. Er war der Einzige, der, so viel wir mit Gewißheit erfahren konnten, verwundet worden war; obgleich ein von Vielen geglaubtes Gerücht behauptete, Tobit sey auch ein Bein zerschmettert worden und er sey sein Leben lang ein Krüppel geblieben. Ich bin geneigt zu glauben, daß dies Gerücht Grund gehabt habe; denn Jaap erzählte mir, nachdem Alles vorüber war, er habe auf einen Mann seine Büchse abgedrückt, der gerade zuvor auf ihn geschossen, welcher ganz gewiß gefallen und von zweien seiner Kameraden hinkend fortgeschleppt worden sey. Es ist ganz wahrscheinlich, daß diese Verwundung Tobits, so wie das Schicksal des Vaters, der Grund war, daß wir in dieser Nacht nicht mehr von den Squatters belästigt wurden, welche Alle mit sammt den meisten Weibern und sämmtlichen Kindern so ganz aus der Lichtung verschwunden waren, daß man am andern Morgen gar keine Spuren fand, wohin sie sich möchten zurückgezogen haben. Lowiny jedoch begleitete die Familie nicht, sondern blieb bei Dus, und bewies sich sehr nützlich als ihre Gehülfin bei der nun folgenden traurigen Scene. Ich kann hier auch gleich hinzufügen, daß nie etwas Sicheres ausgemittelt ward über die Art und Weise, wie Tausendacres seine tödtliche Wunde erhielt. Es wurde durch die offenstehende Thüre geschossen, ohne allen Zweifel, wie er auf seinem Stuhle da saß, und nothwendiger Weise zu Anfang des Kampfes, denn nur da wurde eine Büchse in der Nähe des Hauses, oder von einem Punkt aus abgefeuert, von wo es möglich war, daß die Kugel ihr Opfer traf. Ich für meine Person glaubte von Anfang an, daß Susquesus den Squatter den Manen seines Freundes Kettenträger geopfert, – eine indianische Justiz, die er ohne Bedenken und ohne Reue auszuüben im Stande war. Doch konnte ich die Thatsache nicht mit Gewißheit ermitteln; und der Onondago besaß entweder so viel Klugheit oder so viel Philosophie, um sein Geheimniß für sich zu behalten. Es ist wahr, ein paar Bemerkungen entschlüpften ihm, bald nach dem Gefecht, welche meinen Verdacht zu bestätigen geeignet waren; aber im Ganzen war er auffallend zurückhaltend über diesen Gegenstand – weniger aus Besorgniß wegen der Folgen, als aus Selbstachtung und Charakterstolz. In der That war auch Wenig zu befürchten; denn die vorangegangene Ermordung Kettenträgers und das ganze gesetzwidrige Thun und Treiben der Squatters überhaupt rechtfertigte einen unmittelbaren und plötzlichen Angriff von Seiten der bewaffneten Schaar.

Gerade als Malbone und ich den Zustand Tausendacres' entdeckten, begann diese bewaffnete Macht, Squire Newcome an ihrer Spitze, sich um das Haus herum zu sammeln, das jetzt unser Spital genannt werden konnte. Da die Schaar groß war und natürlich etwas tumultuarisch sich benahm, bat ich Frank, sie nach einem der andern Gebäude hinweg zu führen, sobald für den Squatter ein Bett bereitet worden war, der in demselben Gemach mit Kettenträger seines Todes gewärtig lag. Niemand, der sich nur ein Wenig auf Verletzungen dieser Art verstand, konnte irgend Hoffnung für den Einen oder den Andern hegen; dennoch wurde ein Bote nach der Ansiedlung abgeschickt nach dem Individuum, welches „Doktor“ genannt ward und in der That durch praktische Experimente mit der menschlichen Natur sich rasch gar manche nützliche Kenntnisse in seiner Profession erwarb. Man pflegt zu sagen: eine Unze Erfahrung sey so viel Werth, als ein Pfund Theorie, und dieser Jünger Aesculap's schien in seiner Kunst sich nach diesem Prinzip zu halten; denn von letzterer besaß er Wenig oder Nichts, während er in Wahrheit von ersterer einen ganz ansehnlichen Schatz sich erwarb, da er rechts und links prakticirte, wie der Faustkämpfer bei Ausübung seiner Kunst zu thun pflegt. Gelegentlich jedoch führte er auch einen Streich, der Einen von oben treffend, zu Boden streckte.

Sobald in unserm Spital die nöthigen Vorkehrungen und Einrichtungen getroffen waren, erklärte ich Dus: wir wollten sie und Lowiny zur Pflege der Verwundeten zurücklassen, welche Beide Müdigkeit und Neigung zum Schlummern zeigten, während die Uebrigen sich entfernen und für die Nacht in den umliegenden Gebäuden ihre Quartiere nehmen sollten. Malbone sollte als Schildwache in einer kleinen Entfernung von der Thüre bleiben und ich versprach mich binnen einer Stunde bei ihm einzufinden.

„Lowiny kann für die Bedürfnisse ihres Vaters Sorge tragen, während Ihr, das weiß ich, Euren Oheim aufs zärtlichste und liebevollste verpflegen werdet. Von Zeit zu Zeit Etwas zu trinken ist Alles, was seine Leiden lindern kann –“

„Laßt mich hinein,“ unterbrach mich eine heisere weibliche Stimme vor der Thüre, und eine Frau drängte sich durch die bewaffnete Mannschaft, wovon Einige sie aufhalten wollten. „Ich bin Aarons Weib, und man sagt mir, er sey verwundet. Gott selbst hat geboten, daß das Weib ihrem Manne anhange, und Tausendacres ist mein Mann, und er ist der Vater meiner Kinder, wenn er auch gemordet hat und dafür wieder ermordet worden ist.“

Es lag etwas so Gebietendes in der natürlichen Gemüthsbewegung dieses Weibes, daß die Wache an der Thüre sogleich Platz machte, worauf Prudence in das Gemach trat. Der erste Blick von des Squatters Weib fiel auf das Bett Kettenträgers; aber hier fesselte Nichts ihr Auge. Erst da heftete sich ihr Blick starr auf seinen Gegenstand, als ihr Auge auf die große Gestalt Tausendacres' fiel, wie er auf seinem Sterbebett ausgestreckt da lag. Wahrscheinlich erkannte diese erfahrene Matrone, die im Lauf eines langen Lebens Zeugin so vieler Zufälle und Unfälle gewesen, und an so manchem Bett gesessen war, den hoffnungslosen Zustand ihres Gatten beim ersten Blick auf sein verfallenes Gesicht; denn sie wandte sich gegen die Personen in der Nähe und ihre erste Regung war die, die Unbild zu rächen, die, wie sie glaubte, ihr und den Ihrigen widerfahren sey. Ich will gestehen, daß mir unheimlich zu Muthe ward, und daß ein Schauer meinen Leib durchzuckte, als dies rohe und ungebildete Weib, von den Gefühlen ihres Herzens gleichsam emporgehoben, mit gebieterischem Nachdruck fragte:

„Wer hat das gethan? Wer hat meinem Manne den Lebensodem geraubt vor der Zeit, die der Herr ihm gesetzt hatte? Wer hat gewagt, meine Kinder vaterlos und mich zur Wittwe zu machen gegen Gesetz und Recht? Ich habe meinen Mann verlassen, an diesem Herde sitzend, verstört und bekümmert über das, was einem Andern zugestoßen, und sie sagen mir, er sey auf seinem Stuhl ermordet worden. Der Herr wird am Ende auf unserer Seite seyn, und dann werden wir sehen, Wen das Gesetz begünstigen und Wen das Gesetz verdammen wird –“

Eine Bewegung und ein Stöhnen Tausendacres' zeigte erst, wie es schien, seinem Weibe, daß ihr Gatte noch nicht wirklich todt sey. Zusammenfahrend bei dieser Entdeckung gab diese Frau, des Tigers Genossin und die Mutter einer Tigerbrut, wenn auch nicht selbst eine Tigerin, im Augenblick alle Ausrufungen und Klagen auf, und machte sich sofort an die Erfüllung der Pflichten, die sie bei ihrer Erfahrung als die dringendsten erkannte, mit der Energie eines Grenzerweibs, eines Waldmannsweibs und der Mutter einer großen Familie von Waldmannssöhnen und Töchtern. Sie wischte Tausendacres die Stirne ab, sie befeuchtete seine Lippen, schob ihm sein Kissen, oder was so hieß, zurecht, legte seine Glieder, so wie sie es am bequemsten glaubte, und legte überhaupt eine Art von verzweiflungsvoller Energie in ihrer Besorgtheit und ihrem Kummer an den Tag. Während sie dies that, murmelte ihr Mund fortwährend Gebete und Drohungen, seltsam untereinandergemengt, und ebenso seltsam unterbrochen von liebkosenden, zärtlichen Benennungen, die sie an ihrem noch immer gefühllosen, wenigsten bewußtlosen Gatten verschwendete. Sie nannte ihn Aaron, und das in einem Tone, der so lautete, als wenn Tausendacres über ihr Herz eine große Macht besessen hätte, und vermuthen ließ, daß er gegen sie wenigstens wohlwollend und treu gewesen.

Ich war überzeugt, daß Dus von Prudence Nichts zu fürchten habe, und ich verließ das Zimmer, sobald die zwei Wärterinnen Alles für ihre beiden Patienten geordnet und eingerichtet hatten, und das Haus gegen die Gefahr eines Ueberfalls ganz gesichert war. Als ich sie, die jetzt alle meine Gedanken beschäftigte, verließ, wagte ich ihr die Bitte zuzuflüstern, sie möge die mir im Walde gemachten Zusagen nicht vergessen, und bat sie, mich an das Bett des Kettenträgers rufen zu lassen, sobald er aus dem Schlummer, der sich bei ihm eingestellt, sich ermuntern und den Wunsch blicken lassen würde, zu sprechen. Ich fürchtete, er möchte wieder auf den Gegenstand zurückkommen, mit welchem sein Geist schon einmal sich beschäftigt hatte seit er verwundet worden war, und seiner Nichte seine eigenen Vorurtheile in Betreff dieser Sache einflößen. Ursula war die Güte und Freundlichkeit selbst. Ihre Betrübniß hatte sogar ihre Gefühle gegen mich noch sanfter und weicher als je gestimmt; und was sie selbst betraf, hatte ich nicht den mindesten Grund zur Unruhe. Als ich an Frank vorbei kam, welcher etwa zwanzig Schritte von der Thüre auf seinem Wachtposten stand, sagte er: „Gott segne Euch, Littlepage, – seyd ohne Furcht. Ich befinde mich zu sehr in Eurer Lage, als daß ich nicht Euer warmer Freund seyn sollte.“ Ich erwiederte seine guten Wünsche und ging, in Einem Sinne freudig, meines Weges weiter.

Die bewaffnete Mannschaft hatte sich, wie schon angegeben, in Besitz der verschiedenen verlassenen Behausungen der Familie Tausendacres gesetzt. Da die Nacht kühl war, loderten Feuer auf allen Herden, und die Lichtung hatte ein so heiteres Ansehen, wie sie wahrscheinlich früher niemals gehabt hatte. Die meisten Männer hatten sich in zwei Wohnungen zusammengedrängt, und ließen eine dritte frei zur Benützung für den Friedensrichter, Frank Malbone und mich, falls wir Lust hätten, dort eine Unterkunft zu suchen. Bis ich bei ihnen eintrat, hatten die Männer zu Nacht gegessen, indem sie der Milch und des Brodes und sonstiger Lebensmittel des Squatters nach Belieben sich bedienten, und theilten die Plätze auf dem Boden und in den Betten unter sich aus, um nach ihrem langen und schnellen Marsch etwas Ruhe zu genießen. In meinem eigenen Quartier aber fand ich den Squire Newcome allein, wenn nicht der schweigende, bewegungslose Onondago, welcher auf einem Stuhl in der Ecke des Feuerplatzes saß, ein Gesellschafter genannt werden sollte. Auch Jaap lungerte, meiner Ankunft harrend, in der Nähe der Thüre herum; und als ich in das Haus trat, folgte er mir, um meine Befehle zu vernehmen.

Es war für mich, der ich die Verhältnisse Newcome's zu den Squatters kannte, nicht schwer, die Anzeichen der Verwirrung in seinem Gesicht zu entdecken, sobald sein Auge dem meinigen begegnete. Einer, der mit den Umständen nicht bekannt gewesen wäre, hätte vermuthlich nichts Ungewöhnliches an ihm bemerkt. Man wird sich erinnern, daß der „Squire“ keine bestimmte Kunde davon hatte, daß ich um seinen frühern Besuch auf der Mühle wußte, und man wird leicht einsehen, daß er ein juckendes, unbehagliches Verlangen hegen mußte, über diesen Punkt sich Gewißheit zu verschaffen. Von diesem Umstande hing Viel ab; und es dauerte auch nicht lange, bis ich ein Pröbchen bekam von seiner Kunst auszuholen und zu sondiren, um sein Herz etwas zu erleichtern.

„Wer hätte gedacht, den Major Littlepage in den Händen der Philister zu finden, an einem Platz so ganz außer der Welt!“ rief Mr. Newcome, sobald wir uns gegenseitig begrüßt hatten. „Ich habe wohl sagen hören, daß Squatters hier herum hausen; aber solche Dinge sind etwas so Gewöhnliches, daß ich nicht daran dachte, dem Major einen Wink deßhalb zu geben, als ich ihn zuletzt sah.“

Nichts kam dem schmeichlerisch unterthänigen Wesen dieses Mannes gleich, wenn er einen bestimmten Zweck erreichen wollte, und es war bei ihm ganz gewöhnlich, so in der dritten Person zu sprechen, wenn er einen Höhern anredete, – eine Redeweise, die in der englischen Sprache beinahe veraltet ist, und in Amerika selten oder nie gebraucht wird, außer gerade von derjenigen Gattung von Menschen, welche Einem ins Gesicht schmeicheln und alle Minen gegen Einen springen lassen, sobald man ihnen den Rücken kehrt. Ich war nicht in der Laune, mit diesem Burschen Possen zu treiben, obwohl ich nicht wußte, ob es gerade jetzt der Klugheit gemäß sey, ihn wissen zu lassen, daß ich ihn bei seinem frühern Besuche gesehen und gehört hatte, und alle seine Schliche und Kniffe wohl kannte. Es war aber nicht leicht, der Versuchung zu widerstehen, die in seinen eigenen Aeußerungen sich darbot, ihn ein Wenig auf die Folter des Gewissens zu spannen; denn diese

Eigenschaft des menschlichen Geistes ist einer der besten Verbündeten, die ein Angreifender in Fällen dieser Art haben kann.

„Ich hatte geglaubt, Mr. Newcome, Ihr seyet mit der Sorge und Obhut über die Ländereien von Mooseridge beauftragt, indem dies eine der Bedingungen sey, die sich an die Agentur für Ravensnest knüpfen," bemerkte ich etwas trocken.

„Gewiß, Sir. Der Oberst – oder General, wie man ihn jetzt nennen muß, glaube ich, – übertrug mir die Oberaufsicht über beide Güter zu gleicher Zeit. Aber der Major weiß, vermuthe ich, daß Mooseridge nicht zum Verkauf ausgesetzt war?"

„Nein, Sir; es scheint fast, es sey nur der Plünderung ausgesetzt gewesen. Man sollte meinen, ein Agent, dem die Sorge für ein Gut anvertraut ist, und der hört, daß Squatters sich in Besitz gesetzt und die Bäume aushauen, würde es für seine Pflicht halten, die Eigenthümer wenigstens von der Sache in Kenntniß zu setzen, damit sie nachsähen und untersuchten, falls er selbst es nicht thun mag."

„Der Major hat mich nicht recht verstanden," versetzte der Agent in einem ausfallend entschuldigenden und bittenden Tone; „ich wollte nicht sagen, ich habe es irgend mit einiger Sicherheit und Bestimmtheit gewußt, daß Squatters hier herum ihr Wesen treiben; sondern nur es seyen Gerüchte von dergleichen im Umlauf gewesen. Aber Squatters sind etwas so Gewöhnliches in neuen Ländern, daß man kaum den Kopf umdreht, um darnach zu sehen."

„So scheint es fast, in Eurem Falle wenigstens, Mr. Newcome. Dieser Tausendacres jedoch, sagt man mir, ist eine wohlbekannte Person, und hat seit seiner Jugend nicht viel Anderes gethan, als auf dem Grund und Boden andrer Leute Holz gehauen. Ich sollte meinen, Ihr hättet ihm doch auch schon begegnen müssen, während eines fünfundzwanzigjährigen Aufenthalts in dieser Gegend?"

„Gott tröste den Major! Tausendacres begegnet? Ha, ich bin ihm wohl hundertmal begegnet? Wir kennen Alle den alten Mann ganz gut; und oft und viel bin ich mit ihm zusammengetroffen beim Aufschlagen von Häusern und beim Exercieren der Miliz, und bei Bezirksversammlungen und auch bei politischen Versammlungen. Ich habe ihn sogar vor Gericht gesehen, obgleich Tausendacres auf das Gesetz nicht Viel hält, nicht halb so Viel als er und jeder andere Mann sollte; denn das Gesetz ist etwas Vortreffliches, und die Gesellschaft wäre nichts Besseres, als ein Rudel wilder Thiere, wie ich oft der Miß Newcome sage, wenn nicht das Gesetz wäre, um Ordnung zu erhalten, und die Irregeleiteten und Uebelgesinnten zu lehren, was Recht ist. Ich denke der Major wird dieser Idee ganz beitreten?"

„Ich habe gar Nichts gegen diese Ansicht einzuwenden, aber ich wünschte nur, daß sie allgemeiner anerkannt wäre. Da Ihr diesen Mann, den Tausendacres, so oft gesehen habt, könnt Ihr mir vielleicht Etwas von seinem Charakter sagen? Ich für meine Person hatte gerade nicht die günstigste Gelegenheit, den Mann näher kennen zu lernen; denn die meiste Zeit, während ich sein Gefangener war, hielt er mich eingesperrt in einem Nebengebäude, in welchem er, glaube ich, gewöhnlich sein Salz und Korn und sonstige Vorräthe aufbewahrt."

„Doch nicht in dem alten Vorrathshause!“ rief der Friedensrichter mit ziemlich erschrockenem, bleichem Gesicht, denn der Leser wird sich ohne Zweifel erinnern, daß das vertrauliche Gespräch zwischen ihm und dem Squatter über das Nutzholz so ganz in der Nähe dieses Gebäudes stattgefunden hatte, daß ich es hatte hören können. „Wie lang ist der Major schon auf dieser Lichtung, das wäre ich neugierig zu wissen?“

„Eigentlich noch nicht sehr lang, aber doch lang genug, daß es mir wie eine Woche erscheint. Ich wurde bald nach meiner Festnahme in das Vorrathshaus gebracht, und habe seither wenigstens die Hälfte der Zeit darin zubringen müssen.“

„Ich möchte nur wissen – vielleicht ist der Major schon gestern Morgen in das Loch gesperrt gewesen?“

„Vielleicht, Sir. Aber, Mr. Newcome, wenn ich die Masse von Holz ansehe, welches diese Männer gemacht haben, und die Entfernung dieses Platzes von Albany bedenke, so kann ich mir gar nicht vorstellen, wie sie hoffen konnten, ihr unrechtmäßig erworbenes Gut auf den Markt zu bringen, ohne entdeckt zu werden. Es scheint mir, ihr Thun und Treiben hätte bekannt werden müssen, und die thätigen und ehrlichen Agenten in dieser Gegend hätten ihnen ihre Flöße auf dem Wasser wegnehmen, und so den Gegenstand der Spitzbüberei der Squatters selbst zum Mittel ihrer Bestrafung machen sollen. Ist es nicht etwas Außerordentliches, daß der Diebstahl, – und das ist es im moralischen Sinne wenigstens, – so gänzlich ungestraft, und in solch großem Maßstabe, systematisch betrieben werden konnte?“

„Nun, ich denke der Major weiß, wie die Dinge auf dieser Welt gehen. Niemand mischt sich gern ein?“

„Wie, Sir – sich nicht gern einmischen! Das läuft allen meinen Erfahrungen von den Gewohnheiten und Neigungen des Landes und Allem zuwider, was ich davon gehört habe. Sich einzumischen, hat man mir zu verstehen gegeben, sey der Hauptfehler unsrer einwandernden Bevölkerung insbesondere, welche meint, sie habe die ihr gebührenden Rechte gar nicht, wenn man ihnen nicht das Privilegium einräume, zu schwatzen und zu Gericht zu sitzen über die Angelegenheiten Aller, die in einem Umkreise von zwanzig Meilen um sie herum wohnen; wobei sie zwei Drittheile der Thatsachen erfinden, um ihre Theorien mit den gewünschten Resultaten in Einklang zu setzen.“

„Ha, ich meine nicht das Einmischen in diesem Sinne, was freilich häufig genug vorkommt, wie Jedermann zugeben muß. Aber die Leute mischen sich nicht gern ein bei Dingen, die ihnen nicht gehören, in solchen ernsten Fällen, wie dieser.“

„Ich verstehe Euch – der Mann, der Tage damit hinbringt, von seines Nachbars Privatangelegenheiten zu schwatzen, von welchen er lediglich nichts weiß, als was er aus den gemeinsten und unzuverläßigsten Quellen geschöpft hat, steht ruhig hin und sieht zu, wie dieser Nachbar beraubt wird, und sagt nichts, weil sein Zartgefühl so stark und mächtig ist, daß es ihm verbietet, sich in eine Sache zu mischen, die nicht die seinige ist.“

Damit der Leser nicht glaube, ich sey ungebührlich hart und strenge mit dem Squire Newcome verfahren, will ich mich auf seine eigene Erfahrung berufen, und ihn fragen, ob er nicht, – ich will nicht sagen Individuen, sondern ganze Nachbarschaften gekannt hat, welche die leidige Neigung hatten, die Privatangelegenheiten eines Jeden auszukundschaften, und auch wohl zu erfinden, wenn die Thatsachen den Theorien nicht ganz nach Wunsch entsprachen, mit Einem Wort, welche sich entsetzlich viel zu schaffen machten mit Dingen, die sie in Wahrheit gar nichts angingen, – und welche eine würdevolle Zurückhaltung und Unparteilichkeit beobachteten, wenn sie Zeugen waren von Unrecht aller Art, welchem sich zu widersetzen jeder ehrliche Mann die Verpflichtung hat! Ich will noch weiter gehen und fragen, wenn ein Mann Schritte thut, um das Recht zu behaupten, die Wahrheit zu verfechten, die Schwachen zu vertheidigen und die Uebelthäter zu strafen, ob dieser Mann nicht gewöhnlich ein Solcher ist, der bei den gewöhnlichen, geringfügigen Vorfällen des Lebens sich am wenigsten einmischt, – seine Nachbarn am wenigsten stört und belästigt, und über ihre Privatangelegenheiten am wenigsten zu schwatzen hat? Geschieht es nicht oft, daß eben das Individuum, welches ruhig dasteht und zusieht, wenn seinem Nächsten Unrecht geschieht, weil es nicht geneigt ist, sich in eine Sache zu mischen, die es nicht angeht, einen großen Theil seiner Zeit damit hinbringt, die Privatangelegenheiten eben dieses Beeinträchtigten zu besprechen, Winke darüber fallen zu lassen und sonst Glossen darüber zu machen?

Mr. Newcome war schlau, und er verstand mich ganz gut, obgleich es ihm in seinen Aengsten vermuthlich ein Trost war, zu bemerken, daß das Gespräch sich auf solche allgemeine Betrachtungen lenkte, Statt bei dem Vorrathshause stehen zu bleiben. Doch mußten die Bretter und Dielen seinem Gewissen lebhaft sich aufdrängen; und nach einer Pause erging er sich über die Laufbahn Tausendacres', um mich zu verhindern, die Sachen allzu scharf und unmittelbar zu verfolgen.

„Dieser alte Squatter war ein verzweifelter Mann, Major Littlepage,“ versetzte er, „und es mag ein Glück für die Gegend seyn, daß es mit ihm aus ist. Ich höre, der alte Bursche sey getödtet, und die ganze übrige Familie habe sich geflüchtet.“

„Es ist nicht ganz so arg. Tausendacres ist verwundet – tödtlich vielleicht – und alle seine Söhne sind verschwunden; aber sein Weib und eine seiner Töchter sind noch hier, den Gatten und Vater zu pflegen.“

„Prudence also ist hier,“ rief Mr. Newcome aus, – etwas unbesonnen, wie mir schien.

„Sie ist hier – aber Ihr scheint die Familie gut zu kennen, für einen Friedensrichter, Squire, wenn man bedenkt, wie groß die gewöhnlichen Geschäfte sind, so gut, daß ihr das Weib mit ihrem Namen zu nennen wißt.“

„Prudence, so pflegte, glaube ich, Tausendacres sein Weib zu nennen. Ja, der Major hat sehr Recht; wir Magistrate lernen die Leute in der Umgegend ziemlich allgemein kennen, in Folge der Vorladungen und Bürgschaftsstellungen und dergleichen. Aber der Major hat noch nicht gesagt, wann er denn in die Hände dieser Leute gefallen?“

„Ich betrat diese Lichtung gestern früh, nicht lange nach Sonnenaufgang, und seither, Sir, bin ich theils mit Gewalt, theils durch die Umstände hier zurückgehalten worden!“

Eine lange Pause trat nach dieser Erklärung ein. Der Squire rutschte unruhig hin und her und schien nicht zu wissen, wie er handeln sollte; denn während meine Erklärung in ihm die stärkste Vermuthung erwecken mußte, daß ich um seine Verbindung mit den Squatters wisse, sprach sie dies doch nicht geradezu aus. Ich bemerkte, daß er mit sich selbst zu Rathe ging, ob es passend wäre, mit einem für diese Gelegenheit ersonnenen Mährchen herauszurücken, und ich wandte mich zu dem Indianer und dem Neger, die ich Beide als durch und durch ehrlich und rechtlich kannte, – nach der Art und den Begriffen der Indianer und der Neger, – um Beiden auch ein freundliches Wort zu sagen.

Susquesus war in seiner ruhigen Stimmung und hatte sich eine Pfeife angezündet, die er gemächlich und kaltblütig rauchte. Kein Mensch, der ihn so gesehen, wäre auf den Gedanken gekommen, daß er vor so ganz kurzer Zeit Theil genommen an einer Scene wie diejenige, die er mitgemacht hatte; sondern viel eher, er sey ein nachdenklicher Philosoph, der seine Zeit mit Betrachtungen und Studien hinzubringen pflege.

Da dies eine der Gelegenheiten war, bei welcher der Onondago dem Geständnis seiner Schuld am Tode des Squatters am nächsten kam, will ich die wenigen Worte erzählen, welche zwischen uns gewechselt wurden.

„Guten Abend, Sureflint,“ begann ich und streckte eine Hand aus, die der Andere, gemäß unsern Gebräuchen, höflich ergriff; „es freut mich, Euch in Freiheit zu sehen, und nicht mehr als Gefangenen in jenem Vorrathshaus.“

„Vorrathshaus ärmliches Gefängniß. Jaap die Riegel zerbrochen wie Pfeifenrohr. Mich wundern, Tausendacres daran nicht denken.“

„Tausendacres hat diesen Abend an zu viel zu denken gehabt, als daß ihm eine solche Kleinigkeit beifallen konnte. Jetzt hat er an sein Ende zu denken.“

Der Onondago klopfte die überflüssige Asche aus seinem Pfeifenkopf, als ich dies sagte, und er vollendete mit gutem Bedacht dies Geschäft, ehe er antwortete.

„Gewiß,“ sagte er! „glauben, er diesmal getödtet.“

„Ich fürchte, seine Verletzung ist tödtlich, und bedaure sehr, daß dies geschehen ist. Es war genug, daß das Blut unseres erprobten Freundes, des Kettenträgers, bei einem so erbärmlichen Handel vergossen worden ist.“

„Ja, recht erbärmlicher Handel: auch so denken. Wenn Squatter erschossen den Vermesser, er denken müssen, Vermessers Freund wird schießen den Squatter.“

„Das mag indianisches Gesetz und Recht sehn. Sureflint, aber es ist nicht Gesetz und Recht bei den Bleichgesichtern, in Zeiten der Ruhe und des Friedens.“

Der Indianer rauchte fort, ohne eine Antwort zu geben.

„Es war eine recht verruchte That, den Kettenträger zu ermorden, und Tausendacres hätte sollen den Richtern zur Bestrafung überliefert werden, wenn er dabei die Hand im Spiel hatte; aber nicht erschossen werden wie ein Hund."

Der Onondago zog die Pfeife aus dem Munde, sah sich um nach dem Squire, welcher unter die Thüre gegangen war, um die frische Luft einzuathmen, und dann, mit einem bedeutungsvollen Blick seines Auges auf mich, antwortete er:

„Zu welchem Magistratsmann gehen, he? Was nutzen gutes Gesetz bei schlechtem Magistrat? Besser, Rothhautgesetz haben und der Krieger sein eigner Magistrat seyn – und auch eignen Galgen!"

Dann nahm Sureflint die Pfeife wieder in den Mund und schien vollkommen zufrieden mit Allem, was vorgegangen war; denn er wandte sich weg und schien wieder ganz in seine eigenen Gedanken versunken.

In Wahrheit hatte diesen Angehörigen eines barbarischen Volkes sein kräftiger natürlicher Verstand eines der wichtigsten Geheimnisse in unsern socialen Uebelständen richtig erkennen lassen. Gute Gesetze, schlecht gehandhabt, sind um Nichts besser als völlige Gesetzlosigkeit, da sie nur die Uebertreter ermuntern durch den Schutz, den sie gewähren mittelst der Macht, welche unwürdigen Vertretern und Werkzeugen übertragen wird. Solche, welche die Mängel des amerikanischen Systems studirt haben, mit der Absicht, die Wahrheit zu ergründen, behaupten: der Mangel einer großen bewegenden Kraft, um die Gerechtigkeit in Gang zu bringen und in Gang zu erhalten, liege seiner Schwäche eigentlich zu Grunde. Nach der Theorie soll die öffentliche Tugend diese Macht seyn und darstellen; aber die öffentliche Tugend ist nie halb so thätig und energisch, als die Laster der Einzelnen. Dem Verbrechen kann nur gesteuert werden durch einen starken Arm, und dieser Arm muß dem Gemeinwesen in der That, nicht blos dem Namen nach angehören; während das geschädigte Individuum nachgerade die einzige bewegende Kraft wird, und in sehr vielen Fällen bilden sich lokale Parteien, und der Schurke tritt vor die Gerichtsschranken, aufrecht gehalten durch eine Autorität, welche ebenso viel praktischen Einfluß hat als das Gesetz selbst. Auf Juries und Grand Juries kann man sich nicht mehr verlassen; und die Richterbank verliert langsam aber fortwährend mehr und mehr ihren Einfluß. Wenn der Tag kommt, – und kommen muß er, falls die gegenwärtigen Tendenzen fortdauern, – wo Verdikte gefällt werden, geradezu dem Gesetz und den Beweisen und Zeugnissen zum Trotz, und die Geschworenen sich einbilden, Gesetzgeber zu seyn: dann mag der Rechtlichdenkende glauben, daß wirklich böse Zeiten kommen, und der Patriot anfangen, die Hoffnung aufzugeben. Das wird der Anfang seyn vom Paradiese der Spitzbuben! Nichts ist leichter, das gebe ich gern zu, als die Menschen zu viel zu regieren; aber man sollte nicht vergessen, daß der politische Fehler, welcher nach diesem am leichtesten zu begehen, der ist: sie zu wenig zu regieren!

Jaap oder Jaaf hatte demüthig gewartet, bis die Reihe, der Aufmerksamkeit gewürdigt zu werden, an ihn kam. Es bestand das vollkommenste Vertrauen zwischen ihm und mir, aber doch zog die Ehrerbietung gewisse Grenzen, die der Sklave sich nie zu überschreiten herausnahm, ohne ausdrückliche Aufmunterung von Seiten des Gebieters. Hätte es mir an diesem Abend nicht gefallen, den Schwarzen anzureden, so würde er nie ein Gespräch angefangen haben, auf welches er sich, sobald ich begonnen hatte, mit der größten Offenheit und Freiheit einließ.

„Ihr scheint Eure Rolle bei dieser Angelegenheit mit Klugheit und Muth durchgeführt zu haben. Jaap," sagte ich. „Ich habe allen Grund, mit Euch zufrieden zu seyn: und besonders bin ich Euch Dank schuldig für die Befreiung des Indianers, und für die Art, wie Ihr die Mannschaft aus den Wäldern in die Lichtung herab geführt habt."

„Ja, Sah; dachte wohl, das würde Euch schon gefallen. Was Sus betrifft, hielt für das Beste, ihn herauszulassen, denn er wunderbar sicher seyn mit der Büchse. Wir würden viel besser daran seyn, Massa Mordy, aber der Squire so gar bedenklich gewesen, die Männer schießen zu lassen auf die Squatters! Bei Goscht! Massa Mordy, wenn er nur sagen wollen: ›Feuer!‹ wie ich es gesagt ihm, ich nicht glauben, daß ein halber Squatter davongekommen!"

„Es ist am besten so wie es ist Jaap. Wir haben Friedenszeit und befinden uns inmitten unseres Landes: und da muß man Blutvergießen vermeiden."

„Ja. Sah, aber Kettenträger; wenn sie nicht mögen Blut vergießen, warum sie ihn erschossen, Sah?"

„In dem, was Ihr sagt, Jaap, spricht sich der Sinn für Gerechtigkeit aus, aber das Gemeinwesen kann durchaus keiner Sicherheit sich erfreuen, wenn wir nicht das Gesetz herrschen lassen. Unsere Aufgabe war, diese Squatters festzunehmen und sie dem Gesetze zu überantworten."

„Sehr wahr das, Sah. Niemand das können läugnen. Massa Mordy, aber er weder gefangen jetzt noch erschossen! Gewiß es das Beste seyn, zu thun das Eine oder das Andere mit solchen Bösewichtern! Nun, ich glauben, Tobit, wie sie ihn nennen, denken werden an Jaap Satanstoe so lange er leben. Das gute Sache, jedenfalls."

„Gut!" rief der Onondago mit Nachdruck.

Ich sah nun ein, daß es fruchtlos war, abstrakte Grundsätze mit so reinpraktischen Männern, wie meine beiden Gesellschafter waren, zu erörtern, und ich verließ das Haus, um zu rekognosciren, ehe ich für die Nacht in unser Hospital zurückkehrte. Der Neger folgte mir, und ich fragte ihn aus über die Art und Weise des Angriffs und die Richtung, in welcher die Squatters sich zurückgezogen, um mich zu vergewissern, welche Gefahr während der Stunden der Dunkelheit zu besorgen sey. Jaap benachrichtigte mich, daß die Männer von Tausendacres' Familie sich gegen den Fluß hin zurückgezogen, und das abhängige Terrain sich zu Nutze gemacht hatten, um so bald als möglich gegen die Kugeln sich zu decken. Was die Weiber und Kinder betraf, so mußten sie sich auf einem andern Punkt in die Wälder zurückgezogen haben, und es war nicht unwahrscheinlich, daß sie Alle insgesammt einen Zufluchtsort aufgesucht hatten, der ihnen wohl schon vorher bezeichnet worden war von den Männern, die wohl wußten, daß sie fortwährend in Gefahr schwebten, eines solchen benöthigt zu seyn. Jaap behauptete ganz bestimmt, wir würden von den Männern nichts mehr sehen, und hierin hatte er vollkommen

Recht. Man sah von Keinem von Allen mehr etwas in dieser Gegend, obwohl im Umlaufe der Zeit aus einer der westlicheren Grafschaften uns Gerüchte zukamen, Tobit sey dort gesehen worden, als ein Krüppel, wie ich schon angegeben habe, aber noch immer treu seinem früheren Charakter, als ein Verächter des Gesetzes und der Rechte Anderer.

Zunächst kehrte ich zu Frank Malbone zurück, der noch auf dem Posten in geringer Entfernung von der Thüre stand, durch welche wir Beide die Gestalt und das Angesicht seiner schönen und geliebten Schwester sehen konnten. Dus saß an ihres Oheims Bette, während Prudence sich an das ihres Gatten gesetzt hatte. Frank und ich traten der Thüre nahe, und schauten hinein auf die ernste und eigenthümliche Scene, welche dieses Gemach darbot. Es war in der That ein wunderbares und trauriges Schauspiel, diese zwei hochbetagten Männer, beide mit dünnen von siebzig Jahren gebleichten Locken, zu sehen, wie sie sich ihrem Ende näherten, die Opfer gesetzloser Gewalttätigkeit: denn während der Tod Tausendacres' in ein gewisses Geheimniß gehüllt war und manchem Auge als wohlverdient und vor dem Gesetze zu rechtfertigen erscheinen mochte, konnte doch kein Zweifel darüber seyn, daß er die unmittelbare Folge des vorangegangenen Mordes war, der an Kettenträger begangen worden. In solcher Weise dehnt sich das Unrecht immer weiter aus und verewigt manchmal seine Wirkungen, und beweist so die Nothwendigkeit, die Zeit beim Stirnhaar zu fassen, und dem Uebel in den frühesten Stadien hindernd entgegen zu treten, statt der zu spät kommenden Heilung.

Da lagen die beiden Opfer der falschen Grundsätze, welche der physische Zustand des Landes, verbunden mit passivem Zugeben der Uebergriffe auf dem Rechtsgebiete allmählig unter uns hatte aufkommen und heranwachsen lassen. Das Squatterwesen war eine Folge von der dünnen Bevölkerung und von dem Ueberfluß an Land, – zwei Umstände, die es gerade vom moralischen Gesichtspunkte um so unentschuldbarer machten, aber welche, indem sie den einen Theil gleichgültig gegen seine Rechte, und den andern in eben dem Verhältniß frech und anmaßend machten, nach und nach nicht nur zur Verletzung des Gesetzes geführt hatten, sondern auch zur Annahme von Begriffen und Grundsätzen, welche der Herrschaft des Gesetzes in allen und jeden Fällen widerstreben. Diese allmählige Untergrabung richtiger Ansichten bildet die eigentlich drohende Gefahr unsers socialen Systems: eine falsche Philanthropie in Betreff der Strafen, falsche Begriffe von persönlichen Rechten und die Verdrängung der Grundsätze durch die Entscheidungen der Zahl und der Masse drohen bei weitem die wichtigste Revolution herbeizuführen, die noch je auf dem amerikanischen Continent stattgefunden. Der Freund der wahren Freiheit sollte unter solchen Umständen nie vergessen, daß die Bahn zum Despotismus an den Grenzen des Morastes der Zügellosigkeit hinläuft, wenn sie auch nicht eben in deren Tiefen sich hineinwälzt.

Als Malbone und ich uns wieder zurückzogen, nachdem wir einen Blick auf die Scene im Innern des Hauses geworfen, erzählte er mir ausführlicher und im Einzelnen Alles, was mit seinem Thun und den von ihm ergriffenen Maßregeln zusammenhing. Der Leser weiß bereits, daß mittelst einer Begegnung des Indianers und des Negers im Walde, meine Freunde die erste Nachricht erhielten von meiner Gefangenschaft und von der muthmaßlichen Gefahr, worin ich schwebte. Kettenträger, Dus und Jaap brachen unverweilt nach der Lichtung Tausendacres' auf, während Malbone nach Ravensnest eilte, um gesetzliche Hülfe zu holen und eine bewaffnete Macht, um meine Befreiung sicher zu bewirken. Alle Umstände des Falles hin und her überlegend, und höchst wahrscheinlich auch eine übertriebene Vorstellung von dem bösartigen Charakter Tausendacres' sich machend, war mein neuer Freund, als er das Nest erreichte, in einem Zustand der fieberhaften Aufregung. Sein Erstes war, daß er eine kurze Angabe und Darstellung der Umstände an meinen Vater schrieb, und diesen Brief durch einen besondern Boten abschickte, mit dem Befehl, nach Fishkill zu eilen, wo gerade die ganze Familie auf Besuch bei der Familie Kettletas sich befand, und zu Land oder zu Wasser zu reisen, je nachdem der Wind günstig wäre. Ich war betroffen über diese Nachricht, denn ich sah augenblicklich voraus, daß diese Kunde nicht nur den General selbst, sondern auch meine gute Mutter und Kate, und wahrscheinlich auch Tom Bayard in ihrem Gefolge, in größtmöglicher Eile und Hast nach Ravensnest führen werde. Sie konnte sogar meine treffliche Großmutter veranlassen, sich so weit weg von ihrem Hause zu wagen; denn die letzten Briefe, die mir zugekommen waren, hatten mir gemeldet, daß sie Alle auf dem Punkte stünden, meine Schwester Anneke zu besuchen, und auf diese Art hatte Frank erfahren, wo die Familie sich befand.

Da Malbone's Bote das Nest zu Anfang der vorangegangenen Nacht verlassen und der Wind den ganzen Tag frisch nördlich geweht hatte, war es ganz wohl möglich, daß er in Fishkill eingetroffen seyn konnte in dem Augenblick, wo ich die Geschichte seiner Absendung vernahm. Die Entfernung betrug etwa hundert und vierzig Meilen, und beinahe hundert Meilen konnten zu Wasser zurückgelegt werden. Ein solcher Bote fragte muthmaßlich nicht viel nach den Bequemlichkeiten, auf welche Manche seines Berufes einen Werth legen; und vorausgesetzt, daß er Albany diesen Morgen erreicht, und eine Schaluppe gefunden hatte, bereit den günstigen Wind benutzen, wie sich dies vermuthen ließ, war es ganz in der Regel und Ordnung, daß er im Lauf des Abends, mit Hülfe des guten Windes, welcher geweht hatte, auf dem Landungsplatz zu Fishkill eintraf. Ich kannte General Littlepage zu gut, um an seiner Zärtlichkeit oder an seiner raschen Entschließung zu zweifeln. Zu Land konnte Albany in einem Tage, und am zweiten Ravensnest erreicht werden. Ich rechnete daher darauf, wo nicht die ganze Familie, doch einen Theil derselben auf dem Nest zu sehen, sobald ich selbst dort einträfe, woran ich jedoch in der allernächsten Zeit noch nicht denken konnte wegen des Zustandes des Kettenträgers.

Ich will nicht läugnen, daß dieser neue Stand der Dinge, mit den sich daran knüpfenden Erwartungen, mir Stoff genug zum Nachdenken gab. Ich konnte Frank Malbone nicht tadeln und tadelte ihn nicht wegen dessen, was er gethan hatte, da es natürlich und schicklich war. Trotzdem mußte es, was mein Verhältniß zu Dus betraf, die Entwicklung der Dinge etwas mehr beschleunigen, als ich eigentlich gewünscht hätte. Ich wünschte Zeit zu haben, um meine Familie über den wichtigen Punkt meiner Heirath etwas zu sondiren – um die drei oder vier Briefe, die ich schon geschrieben hatte, und worin ihrer auf eine auffallende Weise Erwähnung gethan war, ihre Wirkung thun zu lassen; und ich rechnete gar sehr auf die Unterstützung, welche ich mir von der Freundschaft und den Vorstellungen der Miß Bayard versprach. Ich war überzeugt, daß die ganze Familie die Vereitlung ihrer Wünsche und Hoffnungen in Betreff Priscilla's lebhaft und tief empfinden werde; und es war mein Wunsch gewesen, Ursula ihr nicht vorzustellen und mit ihr bekannt zu machen, als bis die Zeit jene Gefühle etwas geschwächt hätte. Aber jetzt mußte man eben der Sache den Lauf lassen; und mein Entschluß stand fest, so aufrichtig und gerade als möglich über die Sache mit meinen Eltern zu sprechen. Ich kannte ihre innige Liebe zu mir, und baute nicht wenig auf diese natürliche Hülfe.

Ich hatte eine halbstündige Unterredung mit Dus, während ich in dieser Nacht vor dem Spital auf und ab schritt, und Frank nahm inzwischen den Platz seiner Schwester am Bette des Kettenträgers ein. Da sprach ich ihr denn wieder von meinen Hoffnungen und kündigte ihr die Möglichkeit an, daß wir in kürzester Zeit alle meine nächsten Verwandten in Ravensnest sehen könnten. Ich hatte meinen Arm um den Leib des theuren Mädchens geschlungen, als ich ihr diese Umstände mittheilte, und ich spürte ihr Zittern, als fürchtete sie die Prüfung, die sie würde zu bestehen haben.

„Das kommt sehr plötzlich und unerwartet, Mordaunt," bemerkte Dus, nachdem sie einige Zeit gehabt, um sich wieder zu fassen und zu sammeln; „und ich habe so viel Grund, mit banger Scheue dem Urtheil Eurer hochachtbaren Eltern entgegenzusehen, – dem Eurer reizenden Schwester, von welcher ich so oft gehört habe, von Priscilla Bayard, – und in der That dem Urtheil Aller, die, so wie sie in den Verhältnissen eines feinen und gebildeten Gesellschaftskreises gelebt haben, – ich, Dus Malbone, die Nichte eines Kettenträgers, und selbst eine Kettenträgerin."

„Ihr habt nie eine Kette getragen, Geliebte, die so dauernd oder so stark wäre wie die, welche Ihr um mein Herz geschlungen habt, und die mich ewig an Euch binden wird, mag die übrige Welt uns Beide ansehen, wie sie will. Aber Ihr habt von Niemand Etwas zu fürchten, und am allerwenigsten von meinen Verwandten. Mein Vater ist nicht weltlich gesinnt; und was meine liebe, theure Mutter betrifft, Anneke Mordaunt, wie der General sie sogar jetzt noch oft zärtlich nennt, wie wenn dieser Name selbst ihn an die Tage ihrer mädchenhaften Lieblichkeit und Blüthe erinnerte, was diese geliebte Mutter betrifft. Ursula, so bin ich fest überzeugt, daß, wenn sie Euch erst recht kennt, sie Euch sogar ihrem Sohne vorziehen wird."

„Das ist ein Bild, das Eure verblendete Parteilichkeit entwirft, Mordaunt," versetzte das geschmeichelte Mädchen, denn geschmeichelt war sie, das konnte ich wohl bemerken, „und ich darf darauf nicht mit zu großer Zuversicht bauen. Aber das ist keine Zeit, um von unserem künftigen Glücke zu plaudern, wenn die ewige Seligkeit oder Unseligkeit dieser zwei bejahrten Männer so zu sagen an einem Faden hängt. Ich habe schon einmal mit meinem theuren Oheim Gebete gelesen: und das seltsame Weib, in welchem so viele Züge ihres Geschlechts mit einer Art Wildheit, wie die der Bärin, gemischt sind, hat Etwas gemurmelt, sie hoffe, ihr „sterbender Mann," wie sie ihn nennt, werde nicht vergessen werden. Ich habe ihr versprochen, ihn nicht zu vergessen, und es ist Zeit nunmehr dieser Pflicht nachzukommen."

Welch eine Scene war das, die nun folgte! Dus stellte das Licht auf einen Schrank nahe am Bette Tausendacres' und das Gebetbuch in ihrer Hand kniete sie neben demselben. Prudence nahm eine solche Stellung ein, daß ihr Haupt versteckt war von einem ihrer eigenen Kleidungsstücke, das an einem Pflock hing; und da stand sie, während die melodische Stimme von Ursula Malbone die Gebete für Sterbende mit demüthiger aber brünstiger Andacht las. Ich sage, sie stand, denn weder Prudence noch Lowiny kniete. Der Eigensinn und die Krittelei der Selbstgerechtigkeit, welche ihre Vorfahren getrieben hatten, das Knieen beim Gebet als das Thun von formensüchtigen Heuchlern zu verwerfen, hatten sich auch auf sie vererbt; und da standen sie, im Herzen betend ohne Zweifel, aber uneinnehmende, abstoßende Formalistinnen selbst in ihrem Eifer gegen Formen. Frank und ich knieten unter der Thüre; und ich kann mit Wahrheit versichern, daß mir nie Gebete so süß ins Ohr drangen, als diejenigen, welche jetzt aus dem Munde von Ursula Malbone empor stiegen.

## Achtundzwanzigstes Kapitel

Dann kamen wir zum Grausen und zur Hölle,
Den großen Reichen und der traurgen Herrschaft
Pluto's, wo er auf seinem Throne saß;
Den wüsten Plätzen, den endlosen Ebnen,
Dem Wehgeschrei, dem Kreischen, wilder Pein,
Dem Seufzen, Schluchzen, tiefem Todesstöhnen,
Wo Erd' und Luft von Klag' und Aechzen tönen.

*Sackville.*

In dieser Weise verfloß jene denkwürdige Nacht. Die zwei Verwundeten schlummerten viel, und ihre Bedürfnisse beschränkten sich auf einen Trunk Wasser von Zeit zu Zeit, um ihren fiebrischen Durst zu stillen oder ihre Lippen zu befeuchten. Ich vermochte Dus dazu, sich auf Lowiny's Bett niederzulegen und zu versuchen, ob sie nicht etwas Ruhe genießen könne; und zu meiner Freude vernahm ich, nachdem die Nacht vorüber war, daß sie zwei bis drei Stunden süß geschlafen habe. Frank und ich nickten auch ein wenig, nach der Art der Soldaten, und Lowiny schlief auf ihrem Stuhl, oder an ihres Vaters Bett sich lehnend. Was Prudence betrifft, so glaube ich, daß ihre Wachsamkeit nicht einen einzigen Augenblick sich verminderte. Da saß sie, die ganze lange Nacht hindurch, schweigend, ohne Thränen, finster, ihr Herz zerrissen von dem gewaltigen und plötzlichen Schlage, der ihre Familie betroffen hatte, aber wach und aufmerksam auf die kleinste Bewegung ihres verwundeten, wie ein Riese daliegenden Gatten. Keine Klage entschlüpfte ihrem Munde: kaum einmal wandte sie sich um zu sehen, was um sie her vorgehe, und sie beachtete durchaus Nichts außer ihrem Manne. Ihm schien sie unwandelbar treuergeben; und was sie auch von seiner natürlichen finstern Strenge und der Herbigkeit, womit er sie selbst zuweilen behandelte, denken mochte und mußte, so schien doch jetzt Alles vergessen.

Endlich kehrte das Licht wieder, nachdem die Stunden der Finsterniß zu ungewöhnlicher Länge sich ausgedehnt zu haben schienen. Jetzt, da Jaap und der Indianer bereit waren, an unserer Statt die Wache zu übernehmen, begaben wir, Frank und ich, uns nach einer der Hütten und legten uns noch für einige Stunden nieder; und das war die Zeit, wo Dus ihren süßesten und erquickendsten Schlummer genoß. Lowiny bereitete uns unser Frühmahl, das wir Drei, Dus, Frank und ich mit einander so gut wir konnten, in Tobits Wohnung einnahmen. Was Squire Newcome betrifft, so hatte er die Lichtung im Lauf der Nacht oder sehr früh Morgens verlassen, ohne Zweifel höchst beunruhigt in seinem Gewissen, aber noch immer ungewiß, ob seine Verbindung mit den Squatters mir bekannt sey oder nicht; und der Vorwand für diesen seinen Aufbruch war die zu erwartende Nothwendigkeit, eine Jury zusammenzurufen; denn Mr. Jason Newcome bekleidete in eigener Person oder als Stellvertreter die verschiedenen Aemter und Funktionen des Friedensrichters, eines Coroners der Grafschaft, eines Inspektors des Fleckens Ravensnest, eines Kaufmanns, Krämers, Müllers, Holzhändlers, Landwirths und Gastgebers; um Nichts zu sagen davon, daß er alle Testamente in der Gegend aufsetzte, ein stehender Schiedsmann war, wenn Streitigkeiten durch Schiedsgerichte abgemacht wurden, ein tonangebender Politiker, ein Patriot von Profession, und ein angesehener und beständiger Anwalt der Rechte des Volkes bis auf die unbedeutendsten Kleinigkeiten hinaus. Wer die Menschen kennt, wird nicht überrascht seyn, wenn er nach Aufzählung aller seiner Aemter und Bestrebungen vernimmt, daß er obendrein auch ein ausgemachter und ausgezeichneter Spitzbube war.

Lang genug habe ich gelebt, um zwei Wahrheiten, als durch meine eigene Erfahrung bekräftigt, für ganz unzweifelhaft zu halten, und zwar diese: ich habe nie einen Mann gekannt, der seine Liebe zu dem Volke und seinen Wunsch, ihm bei allen Gelegenheiten zu dienen, geflissentlich und laut aussprach, dessen Zweck nicht gewesen wäre, es zu seinem eigenen Vortheil zu betrügen; die andere ist diese: ich habe nie einen Mann gekannt, der, genöthigt, in vielfache Berührung mit dem Volke zu kommen, und dabei persönlich populär war, an dem in der That sonderlich Viel gewesen wäre. Aber es ist Zeit, Jason Newcome und seine Charakterfehler zu verlassen, um uns zu der interessanten Scene zu begeben, die uns im Hause Tausendacres' erwartete, und zu welcher wir jetzt von Jaap berufen wurden.

Wie der Tag vorrückte, ermunterten sich der Kettenträger und Tausendacres aus der betäubten Ermattung, welche in Folge ihrer Verwundungen über sie gekommen war, und nahmen mehr oder weniger in Acht, was um sie her vorging. In Beiden sank das Leben rasch, aber Beide schienen gerade in diesem Augenblick ihre Gedanken auf die Welt zurückzulenken, um gleichsam einen letzten Abschiedsblick zu werfen auf die Scenen, wo sie die lange Zeit von siebzig Jahren hindurch eine Rolle gespielt hatten.

„Oheim Kettenträger ist eben jetzt wieder ganz belebt,“ sagte Dus, als sie Frank und mir unter der Thüre entgegen kam, „und er hat nach Euch Beiden gefragt; besonders aber nach Mordaunt, dessen Namen er binnen der letzten fünf Minuten dreimal genannt hat. ›Schickt nach Mordaunt, mein Kind‹ sagte er zu mir, ›denn ich wünsche mit ihm zu sprechen, ehe ich Euch verlasse.‹ Ich fürchte, er hat innere Mahnungen an sein herannahendes Ende.“

„Das ist möglich, liebste Ursula; denn die Menschen können wohl schwerlich vom Leben sich losreißen, ohne die Annäherung des Todes zu fühlen. Ich will sogleich an sein Bett gehen, damit er sieht, ich bin hier. Es ist am besten, seine eigene Empfindung entscheiden zu lassen, ob er im Stande ist zu sprechen oder nicht.“

Der Ton von Kettenträgers Stimme, welcher leise, aber deutlich sprach, kam uns zu Ohren, als wir ihm näher traten, und wir blieben Alle stehen, um zu lauschen.

„Ich sage, Tausendacres,“ wiederholte Andries etwas lauter als zuvor, „wenn Ihr mich hört, alter Mann, und mir antworten könnt, wünsche ich, daß Ihr mich dies wissen laßt. Ihr und ich, wir sind im Begriff, eine sehr lange Reise anzutreten, und es ist unvernünftig, so wie sündhaft, mit bösen Gefühlen im Herzen aufzubrechen. Wenn Ihr nur auch eine solche Nichte gehabt hättet, wie Dus hier, um Euch diese Dinge zu sagen, alter Aaron, so möchte es wohl für Eure Seele besser seyn in der Welt, in welche wir Beide hinüberzugehen im Begriff sind.“

„Er weiß es – gewiß er weiß es, und fühlt es auch,“ murmelte Prudence, sich wieder wie zuvor unruhig hin und her wiegend. „Er hat fromme Vorfahren gehabt und kann nicht so weit von der Gnade abgefallen seyn, daß er Tod und Ewigkeit vergessen hätte.“

„Seht Ihr, Prudence, Aaron konnte nie abfallen von dem, an was er nie sich gehalten hatte. Was die frommen Vorfahren betrifft, so mag man von ihnen immerhin schwatzen in den Reden am vierten Julius, aber sie können nicht viel gelten, wenn es sich darum handelt, einen Mann von seinen Sünden zu reinigen. Ich glaube, die frommen Vorfahren, von welchen Ihr sprecht, waren die Leute, die zuerst auf dem Fels bei Plymouth landeten; aber laßt mich Euch sagen, Prudence, wären ihrer auch zweimal so Viele gewesen, und wären sie Alle zweimal so gut gewesen, als Ihr von ihnen rühmt, es wird Eurem Mann nichts helfen, wenn er nicht Buße thun will, und all das Unrecht und die Sünden bereuen, die er in dieser Welt gethan hat, und seine Mißachtung der Grenzen überhaupt, und seine Eingriffe in anderer Leute Grund und Boden insbesondere. Es mag schön und gut seyn, fromme Vorfahren zu haben, aber ein guter Wandel und Gemüthsverfassung sind viel besser, wenn die letzte Stunde herannaht.“

„Antwortet ihm, Aaron,“ sagte das Weib – „antwortet ihm, mein Mann, damit wir Alle die Gemüthsverfassung erkennen, worin Ihr von der Welt Abschied nehmt. Kettenträger ist im Grunde ein wohlmeinender Mann und hat uns nie boshafterweise ein Leid gethan.“

Zum ersten Mal, seit Andries seine Wunde empfangen hatte, hörte ich jetzt die Stimme Tausendacres'. Bis zu diesem Augenblick war der Squatter vor, wie nach seiner Verwundung, in finsterem Schweigen dagesessen, und ich hatte geglaubt, er habe nach seiner Verletzung den Gebrauch der Sprache verloren. Zu meiner Ueberraschung jedoch sprach er jetzt mit so tiefer und kräftiger Stimme, daß ich zuerst mich versucht fühlte, zu wähnen, die Verletzung, die er erhalten, könne vielleicht nicht tödtlich seyn.

„Wenn es keine Kettenträger gäbe,“ brummte Tausendacres, „so gäbe es keine Linien und Grenzen und Marken, wie sie es nennen; und wo es keine Grenzen und Marken gibt, da kann kein Recht gelten, als das des Besitzes. Wären nicht Eure geschriebenen Rechtstitel, so läge ich nicht jetzt hier, in den letzten Zügen.“

„Vergib Alles, mein Mann; vergib es Alles, wie es einem guten Christen geziemt,“ erwiederte Prudence auf diesen charakteristischen Blick auf die Vergangenheit, wobei der Squatter so offenbar alle seine eigenen Vergehen und Sünden übersehen hatte, und die Folgen ganz auf Andere zu schieben bemüht war. „Es ist das Gesetz Gottes, daß Ihr Euern Feinden vergeben sollt, Aaron, und ich wünsche, daß Ihr dem Kettenträger vergebt, und nicht mit Galle im Herzen in das Land der Geister hinübergehet.“

„Es wäre weit besser, Prudence, wenn Tausendacres Gott anflehen wollte, ihm selbst zu vergeben,“ fiel hier der Kettenträger ein. „Ich bin ganz bereitwillig und glücklich, die Verzeihung jedes Menschen zu erlangen, und es ist gar nicht unwahrscheinlich, daß ich etwas gethan oder gesagt haben mag, was die Gefühle Eures Gatten verletzt hat; denn wir Leute in den Wäldern sind rauh genug und derb in unseren Reden und in unserem Thun; so bin ich denn bereit, Tausendacres' Verzeihung sogar zu erlangen, sage ich, und will sie mit Freuden annehmen, wenn er sie mir anbieten und dafür die meinige annehmen will.“

Ein tiefes Stöhnen rang sich los aus der breiten, höhlenartigen Brust des Squatters. Ich nahm es als ein Zugeständniß, daß er Andries' Mörder sey.

„Ja,“ begann Kettenträger wieder, „Dus hat mich einsehen gelehrt –“

„Oheim!“ rief Ursula, welche mit gespannter Aufmerksamkeit zuhörte, und jetzt sprach, weil sie ihrer inneren Bewegung nicht mehr Meister war.

„Ja, ja, Mädchen, es ist ganz und gar Dein Werk gewesen. Wie Du von der Schule zurückgekommen, und als wir in die Wälder zogen, so gut wie allein, hast Du nie vergessen, einen alten vergeßlichen Mann seine Pflicht zu lehren –“

„Oh, Oheim Kettenträger, nicht ich, sondern Gott in seiner Barmherzigkeit hat Euern Verstand erleuchtet und Euer Herz gerührt –“

„Ja, Liebchen; ja, Dus, meine Theure, ich verstehe das auch; aber Gott in seiner Barmherzigkeit hat einen Engel gesandt als seinen Diener auf Erden an einen armen, unwissenden Holländer, der ohne Deine Hülfe nicht zu der Erkenntniß und der Gnade gelangt wäre, die er erlangen konnte und sollte, und so ist die glückliche Veränderung zu Stande gekommen. Nein, nein, Tausendacres, ich will selbst Eure

Verzeihung nicht verachten, so wenig Ihr mir zu verzeihen haben mögt; denn es nimmt Einem, dessen Zeit hienieden nur noch kurz ist, schwere Lasten vom Herzen, zu wissen, daß er keine Feinde zurückläßt. Man sagt, es sey das Beste, die guten Wünsche eines Hundes für sich zu haben, und wie viel besser ist es doch, die guten Wünsche eines Menschen für sich zu haben, der eine Seele hat, die nur der Reinigung bedarf, um die ganze Ewigkeit hindurch in der Gegenwart und vor dem Antlitz des Allmächtigen zu wohnen.“

„Ich hoffe und glaube,“ brummte Tausendacres wieder, „daß in der Welt, wohin wir gehen, kein Gesetz und keine Sachwalter seyn werden.“

„Hierin, Aaron, seyd Ihr in großem Irrthum. Jenes Land ist ganz Gesetz und Recht und Gerechtigkeit, obwohl – Gott verzeihe es mir, wenn ich irgend einem Menschen Unrecht thue, aber um ganz offen mit Euch zu sprechen, wie es zwei Sterblichen geziemt, die ihrem Ende so nahe sind, – ich selbst nicht glaube, daß dort viele Sachwalter seyn werden, die diejenigen beunruhigen könnten, die da aufgenommen sind in die Höfe und Hallen des Allmächtigen selbst. Ihr Thun und Beruf auf Erden macht sie noch nicht tüchtig für das Thun und den Beruf des Himmels.“

„Wenn Ihr immer solche vernünftige Begriffe gehabt hättet, Kettenträger, so hätte Euch wohl kein Leid betroffen, und mein Leben und das Eurige wären verschont geblieben. Aber dies ist ein Zustand, wo die Kurzsichtigkeit den Sieg davonträgt über die besten Berechnungen. Ich war nie meiner Sache gewisser, Nutzholz zu Markte zu bringen, als ich es vor drei Tagen zu seyn glaubte, das, was jetzt im Flusse liegt, wohlbehalten nach Albany zu bringen; und jetzt seht Ihr, wie es ist! Die Jungen sind zerstreut, und sehen vielleicht diesen Platz nie wieder; die Mädchen sind in den Wäldern und rennen herum mit dem Wild des Forstes; das Holz ist in die Hände des Gesetzes gefallen, und zwar mit Beihülfe eines Mannes, welcher ehrlicher Weise verpflichtet war, mich zu beschützen, und ich liege hier sterbend!“

„Denkt nicht mehr an das Holz, mein Mann, denkt nicht mehr an das Holz,“ sagte Prudence mit Eifer und Ernst; „die Zeit ist verzweifelt kurz im besten Falle, und die Eurige ist kürzer als gewöhnlich, selbst für einen Mann von siebzig Jahren, während die Ewigkeit kein Ende hat. Vergeßt die Bretter und vergeßt die Jungen, vergeßt die Mädchen, vergeßt die Erde und Alles, was sie enthält!“

„Du willst doch nicht, daß ich Dich vergesse, Prudence,“ unterbrach sie Tausendacres, „Dich, die Du jetzt vierzig lange Jahre mein Weib gewesen, die ich genommen, als Du jung und schön warst, die mir so viele Kinder geboren, und immer eine treue und hartarbeitende Frau gewesen – Du willst doch nicht, daß ich Dich vergesse?“

Diese eigenthümliche Frage, aus dem Munde eines solchen Menschen, und beinahe in seinem Todeskampfe, klang wunderbar und feierlich unter die verworrenen und halbwilden Gemüthserschütterungen einer mir ewig unvergeßlichen Scene hinein. Die Wirkung derselben auf Ursula war besonders auffallend; sie verließ das Bett ihres Oheims, und mit dem Ausdruck innigen, weiblichen Mitgefühls in ihrem Angesicht näherte sie sich diesem betagten Paare, das jetzt für eine kurze Zeit wenigstens getrennt werden sollte, und blieb hier stehen, nachdenklich den Mann, der wahrscheinlich ihres Oheims Mörder war, anschauend, wie wenn sie gerne in seinen geistigen Leiden und Krankheiten ihm Hülfe spendete. Selbst Kettenträger versuchte sein Haupt aufzurichten, und sah mit Theilnahme nach der andern Gruppe hinüber. Niemand jedoch sprach, denn Alle fühlten, daß die feierlich ernsten Erinnerungen und Ahnungen eines Paares in solcher Lage zu heilig waren, als daß sie unterbrochen werden durften. So ging das Gespräch zwischen ihnen ohne eine Unterbrechung fort.

„Nein, Aaron, mein Mann, nein das will ich nicht," antwortete Prudence, und ihre Stimme verrieth den Kampf mit heftiger Gemütsbewegung; „kein Gesetz, kein Gebot kann das verlangen. Wir sind ein Fleisch, und was Gott zusammengefügt hat, das wird er nicht lange geschieden und getrennt lassen. Ich kann nicht lange zurückbleiben hinter Euch, mein Mann, und wenn wir uns wieder finden, so hoffe ich, es wird an einem Orte seyn, wo keine Bretter, keine Bäume, keine Acres Landes uns mehr Mühe und Unruhe machen werden."

„Ich bin aber doch hart behandelt worden mit diesem Holz," murmelte der Squatter, der offenbar jetzt mehr zum Schuldbewußtseyn erwacht war, als zuvor, und der auch jetzt noch nicht umhin konnte, immerfort mit dem sich zu beschäftigen, was der Hauptgegenstand seiner Gedanken und seiner Thätigkeit während seines Lebens gewesen war, obgleich dies Leben jetzt schon unter seinen Füßen zusammenstürzte, – „ja, mißhandelt bin ich worden mit dem Holze, Prudence, ich kann es nicht anders ansehen. Wenn man auch die Rechte der Littlepage's noch so hoch anschlägt, so hatten sie doch billigermaßen immer nur Anspruch auf die Bäume; während die Jungen und ich, wie Ihr wohl wißt, die Bäume in so schöne und stattliche Dielen und Planken umgewandelt haben, als nur je zu Markte geflößt wurden."

„Aber einer Umwandlung anderer Art bedürft Ihr jetzt, Aaron, mein Mann; eine andere Art von Umwandlung und Bekehrung thut Euch jetzt noth. Wir müssen Alle einmal uns bekehren in unserm Leben; Alle wenigstens, die da Kinder von puritanischen Eltern und von gottseligen Vorfahren sind; und man muß gestehen, wenn man unsre Jahre anschlägt, und das Gewicht des Beispiels in einer solchen Familie wie die unsrige, daß Ihr und ich es lange genug aufgeschoben haben. Kommen muß es aber dazu, oder es kommt etwas Schlimmeres; und Zeit und Ewigkeit fallen in Eurem Falle, Aaron, so ziemlich zusammen."

„Ich würde beruhigter im Gemüth sterben, Prudence, wenn Kettenträger nur zugeben wollte, daß der Mann, der einen Baum fällt, und herbeischleppt, und sägt und in Flöße schichtet, eine Art Recht, natürliches oder gesetzliches, auf das Holz erwirbt."

„Es thut mir leid, Tausendacres," versetzte Andries, „daß Ihr ein solches Zugeständniß von mir nöthig zu haben glaubt in diesem ernsten Augenblick, da ich als ein ehrlicher Mann es nimmermehr machen kann. Ihr thätet besser, Eurem Weib Euer Ohr zu leihen, und Euch zu bekehren, wenn Ihr könnt, und sobald Ihr könnt. Ihr und ich wir haben nur noch wenige Stunden zu leben; ich bin ein alter Soldat, Tausendacres und habe mehr als dreitausend Mann in meinen eignen Reihen niederschießen sehen, zu geschweigen derer, die in den Reihen des Feindes fielen; und bei einer solchen Erfahrung versteht sich Einer nachgerade schon ein Wenig auf Wunden und deren Folgen und Ausgang. So spreche ich denn als mein Dafürhalten aus, daß Keiner von uns Beiden die mindeste Hoffnung hat, die nächste Nacht zu überleben. So macht denn, daß diese Bekehrung so schnell und so gut als möglich vor sich gehe, denn es ist wenig Zeit zu verlieren, und Ihr seyd ein Squatter. Es ist dies der Augenblick, Tausendacres, wo mehr als in jedem andern der wahre Werth von Professionen und Gewerben und Berufsarten sich erweist, so wie auch die Art und Weise, wie die Pflichten erfüllt worden, die sie mit sich bringen. Es mag ehrenvoller und gewinnreicher seyn, ein berechnender Vermesser zu seyn und sich auf Arithmetik zu verstehen, und in der Welt von sich reden zu machen durch große und umfassende Arbeiten, die man ausgeführt hat; aber sogar Seine Excellenz selbst, wenn sein letztes Stündchen herannaht, mag sich freuen, daß die Versuchungen solcher Gelehrsamkeit, und der Umstand, daß er so durch und durch ein ehrlicher Mann ist, ihn den Stand eines armen Kettenträgers nicht beneiden lassen, der, wenn er nicht Viel wußte, und nicht Viel leisten konnte, wenigstens das Land mit Treue maß, und seine Arbeit so gut verrichtete, als er konnte und wußte. Ja, ja, alter Aaron, bekehrt Euch, sage ich Euch; und sollte Prudence nicht genug von der Religion und von ihrer Bibel wissen, und vom Beten zu Gott, daß er Erbarmen habe mit Eurer Seele, so ist hier Dus Malpone, meine Nichte, welche diese Sachen versteht, und was noch weit Mehr ist, fühlt, ganz so gut wie die meisten Dominies, und besser als einige Selbstsüchtige und Faule darunter, die ich kenne, und die ihre Herden so behandeln, als wenn der Herr wollte sie sollten nur von ihnen geschoren werden, und die zu faul sind, um viel Mehr zu thun, als immerfort zu rufen – und das nicht mit den Worten des inspirirten Schreibers: Wächter, welche Stunde der Nacht ist es? Wächter, welche Stunde der Nacht ist es? – sondern: Meine geliebte und höchst christliche und gottselige Gemeinde, zahlt, zahlt, zahlt! – Ja, es ist zu viel Geiz und Selbstsucht in der Welt, und das thut der Sache des Erlösers Schaden; aber die Wahrheit ist etwas so Klares und Schönes, mein armer Aaron, daß selbst Lügen und Laster und alle Arten von Sünden sie nicht lange beflecken können. Nehmt meinen Rath an und redet mit Dus; und obgleich Ihr ohne Zweifel schlimmer werden werdet im Leiblichen, wird Euch doch besser werden im Geist."

Tausendacres wandte sein wildes und rauhes Gesicht herum und schaute ernst und gespannt Ursula an. Ich sah den Kampf, der im Innern vorging in dem klaren Spiegel des süßen, aufrichtigen Angesichts meiner Geliebten, und ich erkannte, daß es passend sey, wenn wir uns zurückzögen. Frank Malbone verstand meinen Blick und wir verließen miteinander das Haus und schlossen die Thüre hinter uns.

Zwei für mich lange und ängstliche Stunden folgten, während welcher Zeit mein Freund und ich meist auf der Lichtung herum wanderten, die Männer ausfragten, welche das bewaffnete Geleite bildeten, und ihre Berichte anhörten. Diesen Männern war es Ernst mit dem was sie thaten; denn Achtung vor dem Gesetz ist ein auszeichnender Zug in Neuengland, woher die Meisten dieser Männer kamen, als in irgend einem andern Theile des Landes, trotz der, wie es scheinen könnte, für das Gegentheil sprechenden Spitzbüberei des Squire Newcome. Manche Beobachter behaupten, diese Achtung vor dem Gesetz nehme allmählig unter uns ab, und an ihrer Stelle komme merklich die Neigung auf, die Meinungen, Wünsche und Interessen lokaler Majoritäten geltend, und das Land Menschen statt Grundsätzen unterthan zu machen. Die Letztern sind ewig und unveränderlich, und weil sie von Gott kommen, haben die Menschen, selbst wenn sie in ihren Gesinnungen einmüthig wären, so wenig das Recht, sie zu ändern, als seinen heiligen Namen zu lästern. Alles was die weiteste und ausgebildetste politische Freiheit Wohlthätiges wirken kann, ist: diese Grundsätze zum Besten des menschlichen Geschlechts in der Ordnung und Führung ihrer täglichen Angelegenheiten anzuwenden; aber wenn sie an die Stelle dieser reinen und gesunden Regeln und Gebote des Rechts Gesetze, in Selbstsucht ausgeheckt und vollzogen durch die Macht und Gewalt der Zahl, zu setzen versuchen, so üben sie nur Tyrannei in volksmäßiger Gestalt, statt in der frühern königlicher Macht oder aristokratischer Mißbräuche. Es ist ein unseliger Irrthum, sich einzubilden, daß die Freiheit gewonnen werde durch die bloße Erkämpfung des Rechts zu regieren für das Volk, wenn nicht auch die Art, wie dies Recht verstanden und geübt werden soll, aufs engste verbunden und verschmolzen ist mit allen volksmäßigen Begriffen von dem, was errungen worden ist. Dies Recht zu regieren besagt weiter Nichts, als das Recht des Volkes sich der so errungenen Macht zu bedienen, um die großen Grundsätze der Gerechtigkeit zu seinem eigenen Besten anzuwenden, da es bisher vom Besitze dieser Vortheile ausgeschlossen war. Es verleiht keine Macht und Befugniß, was an und für sich unrecht ist, unter irgend welchem Vorwand zu thun; auch wäre gar Nichts gewonnen gewesen, wenn Amerika, sobald es sich einer Herrschaft entledigte, welche einen so großen Theil seiner Kraft zur Vermehrung des Reichthums und Einflusses eines entfernten Volkes mißbrauchte, sich sofort daran gemacht hätte, eine neue Politik in ihrem eignen Innern aufzustellen, welche ähnliche Uebel ihm zufügen müßte.

Mein alter Bekannter, der treuherzige Rhodeisländer war auch in dem gewaffneten Geleite mitgekommen; und ich hatte, während ich das Haus Tausendacres' verlassen, eine kurze Besprechung mit ihm, welche den Leser einigermaßen in das Geheimniß des Standes der Dinge auf der Lichtung einweihen mag. Wir begegneten uns in der Nähe der Mühle, wo mein Bekannter, dessen Name Hosmer war, also begann:

„Guten Morgen Euch, Major, und herzlich willkommen in der freien Luft!“ rief der stämmige Yeoman, mir zutraulich aber achtungsvoll die Hand bietend. „Ihr seyd hier in eine Grube gefallen, oder in eine Diebshöhle; und es ist offenbar das Walten der Vorsehung, daß Ihr nur wieder den blauen Himmel gesehen und die freie Luft geathmet habt! Nun, ich habe diesen Morgen ein Wenig mit dem Indianer herumgespürt; und kein Hund hat eine sichrere Witterung als er. Wir gingen in die Schlucht am Flusse; und eine verzweifelte Masse Bretter hat das Gezücht in das Wasser geschafft, das kann ich Euch sagen! Wenn der Haufe vierzig Pfund Yorker Geld gilt, so muß das Ganze volle fünfhundert werth seyn. Sie hätten sich da ein Vermögen gemacht. Jeder von den Spitzbuben. Ich weiß nicht, ob ich nicht selbst darum fechten würde, um so viele Bretter und so schöne Bretter zu retten, mit Recht oder mit Unrecht geschnitten!“

Hier hielt der alte Bursch inne, um zu lachen, und dies that er ebenso behaglich und mit vollem Genügen, wie er sprach und überhaupt Alles that. Ich benützte die Gelegenheit, um ihm ein Wort zu erwiedern.

„Ihr seyd ein zu ehrlicher Mann, um daran zu denken, je Bretter zu sägen aus eines Andern Bäumen,“ versetzte ich. „Diese Leute haben ihr ganzes Leben lang auf unehrliche Weise sich fortgebracht, und Jeder kann sehen, wozu das geführt hat.“

„Ja, ich hoffe, das bin ich, Squire Littlepage – ich hoffe, das bin ich. Harte Arbeit und ich sind einander nicht fremd, und so lang Einer arbeiten kann und arbeiten will, bekommt ihn der Satan nicht leicht zu packen. Aber was ich sagen wollte, der Indianer verfolgte die Spur am Fluß hinab, obgleich sie auf einem ziemlich betretenen Pfade hinlief; aber diesem Indianer würde es so leicht seyn, sie selbst auf einer Heerstraße zu finden, als es für Euch oder für mich ist, an einem Sabbathtage die Stelle in der Bibel zu finden, wo wir am vorigen Sabbath stehen geblieben. Ich mache mir immer ein Zeichen in die meinige mit einem Schnürchen, das mir meine Alte ausdrücklich dazu geflochten hat; und eine recht gute Methode ist das, denn während man mit der einen Hand nach der Brille sucht, ist Nichts leichter als mit der andern die Bibel aufzuschlagen. Es ist gar etwas Bequemes darum; und wenn Ihr eine vornehme Lady in York drunten heirathet, wie Eure Mutter war, denn ich kannte sie und verehrte sie, wie wir Alle hier herum thaten, – nun, wenn Ihr heirathet, bittet Eure Frau, Euch auch ein Schnürchen zu flechten, um mit Hülfe desselben die Stelle in der Bibel zu finden, und Alles wird gut gehen, darauf nehmt das Wort eines alten Mannes!“

„Ich danke Euch, mein Freund, und will mir den Rath merken, sollte ich auch etwa eine Lady aus dieser Gegend und nicht von York drunten heirathen.“

„Aus dieser Gegend hier? Nein, wir haben hier Niemand, der gut genug für Euch wäre. Laßt mich sehen: Newcome hat eine Tochter, die alt genug wäre, aber sie ist verzweifelt häßlich, und würde für Euch in keiner Weise passen. Ich denke, die Littlepage's würden nicht allzugerne sich so nahe mit den Newcome's einlassen.“

„Nein, mein Vater war ein alter Freund – oder ein alter Bekannter wenigstens, von Mr. Newcome, und muß seine Verdienste kennen und würdigen.“

„Ja – ja – ich stehe Euch dafür, der General kennt ihn. Nun, die menschliche Natur bleibt menschliche Natur; und ich glaube, wenn man die Wahrheit sagen soll, Keiner von uns ist nur halb so gut als er seyn sollte. Wir lesen von treuen Haushaltern in dem guten Buche, und auch von ungetreuen, Squire,“ hier hielt der alte Yeoman wieder inne und überließ sich seinem herzlichen Gelächter, womit er deutlich zu verstehen gab, welche Anwendung er seinen Worten gegeben wissen wollte. „Nun, Alle müssen zugeben, daß die Bibel ein gutes Buch ist. Ich schlage sie nie auf, ohne Etwas daraus zu lernen, und was ich lerne, das bemühe ich mich, nicht mehr zu vergessen. Aber da ist ein Bote an Euch, Major, von Tausendacres' Hütte, und ich bilde mir ein, es wird darauf hinauslaufen, daß er oder Kettenträger seinem Ende nahe sey.“

Wirklich kam Lowiny, um uns in das Haus zu holen, und ich verabschiedete mich für jetzt von meinem Collega Major. Es war mir klar, daß dieser ehrliche Yeoman, ein tüchtiger Repräsentant seiner Klasse, Newcome und seine Schliche durchschaute, und nicht abgeneigt war, davon zu sprechen und sie aufzudecken. Doch hatte auch dieser Mann einen Fehler, und zwar einen sehr charakteristischen seiner Klasse und Sekte. Er konnte nicht offen heraussprechen, sondern pflegte mit Anspielungen um einen Gegenstand herumzugehen, statt frisch mit der Sprache herauszugehen und zu sagen, was er auf dem Herzen hatte; auf den Busch zu klopfen, um das Wild aufzujagen, während er, gerade darauf losgehend, kürzer zu seinem Zweck hätte kommen können. Ehe wir uns trennten, gab er mir zu verstehen, daß Susquesus und mein Sklave Jaap den sich zurückziehenden Squatters nachgegangen seyen, mit der Absicht, ihre Spuren einige Meilen weit zu verfolgen, um sich Gewißheit zu verschaffen, ob nicht Tobit und seine Rotte noch in der Lichtung sich herumtrieben, ihr Hab' und Gut zu beobachten und einen Schlag zu führen, wenn man sich dessen am wenigsten versehe.

Dus trat mir unter der Thüre des Hauses entgegen, traurig und mit Thränen, aber eine solche heilige Ruhe in ihrem sonst so strahlenden Angesicht herrschend, daß sich darin ganz die Nachwirkung der feierlichernsten Pflichterfüllung aussprach, womit sie so eben beschäftigt gewesen. Sie bot mir ihre beiden Hände dar und sagte: „Oheim Kettenträger ist sehr verlangend, uns zu sprechen – wegen unserer Verlobung, glaube ich.“ Ein Schauer durchbebte Ursulas Gestalt: aber sie raffte ihre Kraft zusammen, lächelte trüb und fuhr fort: „Hört ihn geduldig an, lieber Mordaunt, und bedenkt, daß er in gewissem Sinne mein Vater ist, und so vollen Anspruch auf meinen Gehorsam und meine Hochachtung hat, als wenn ich seine leibliche Tochter wäre.“

Wie ich in das Gemach trat, konnte ich bemerken, daß Dus gebetet hatte. Prudence schien beruhigt und getröstet, aber Tausendacres' Gesicht selbst hatte einen unsicheren und wilden Ausdruck, wie wenn jetzt erst Zweifel in seiner Seele sich zu regen begonnen hätten, in dem Augenblick, wo sie am quälendsten für ihn seyn mußten. Ich bemerkte, daß sein ängstliches Auge an Dus hing, und daß er ihr beständig mit seinen Blicken folgte, wie wenn sie dasjenige Wesen wäre, welches das Werkzeug geworden, in ihm das Bewußtseyn seines bedenklichen Zustands zu wecken. Aber bald ward meine Aufmerksamkeit nach dem andern Bett hingezogen.

„Kommt her zu mir, Mordaunt, mein Junge: und komm Du auch hieher, Dus, meine liebste Tochter und Nichte. Ich habe einige wichtige Worte mit Euch zu sprechen, bevor ich scheide, und wenn sie nicht jetzt gesprochen werden, so bleiben sie wohl ungesagt. Es ist immer das Beste, die Zeit beim Stirnhaar zu fassen, wie man sagt; und gewiß kann man es nicht übereilt gesprochen nennen, wenn Einer nicht nur einen Fuß im Grabe hat, sondern beide Füße und den halben Leib obendrein, wie man dies von mir wohl sagen kann. Jetzt hört eines alten Mannes Rath an, und unterbrecht mich nicht, bis ich ganz ausgesprochen habe, denn ich werde sehr schnell schwächer und habe keine Kraft mehr, mit Streiten und Beweisgründen Worte zu verschwenden."

„Mortaunt hat mir so Viel mitgetheilt, daß ich aus seinem eigenen Munde weiß, er liebt und bewundert mein Mädchen, und wünscht und hofft und gedenkt sie zu seiner Gattin zu machen. Andererseits bekennt und gesteht Dus, oder Ursula, meine Nichte, daß sie Mortaunt liebt und achtet und eine lebhafte Freundschaft für ihn hat, und geneigt ist, sein Weib zu werden. Alles das ist natürlich, und es gab eine Zeit, wo es mich so glücklich gemacht haben würde, als der Tag lang ist, wenn ich dies aus dem Munde des Einen oder des Andern vernommen hätte. Ihr wißt, meine Kinder, daß ich für Euch Beide gleiche Zärtlichkeit hege, und daß ich euch in jeder Hinsicht, die weltlichen Glücksgüter ausgenommen, für so geeignet ansehe, Mann und Weib zu werden, als nur irgend ein junges Paar in Amerika. Aber Pflicht ist Pflicht, und sie muß erfüllt werden. General Littlepage war mein alter Oberst; und selbst ein rechtlicher und ehrenhafter Mann, hat er alles Recht zu erwarten, daß jeder von seinen früheren Kapitäns insbesondere gegen ihn so handle, wie sie wünschen, daß er gegen sie handle. Obgleich nun der Himmel Himmel ist, muß doch diese Welt eben betrachtet werden als diese Welt die sie ist, und man muß die Regeln und Gesetze ihres Regiments an ihrer Stelle achten. Die Malpone's sind eine achtbare Familie, das weiß ich; und obgleich Dus' Vater ein wenig wild und unbesonnen und verschwenderisch war."

„Oheim Kettenträger!"

„Wahr, Mädchen, wahr! er ist dein Vater gewesen und das Kind muß immer die Eltern ehren. Ich gebe das zu, und will nicht Mehr sagen, als durchaus nöthig ist; zudem, wenn Malpone seine schlimmen Eigenschaften hatte, so hatte er auch seine guten. Ein schönerer Mann war weit und breit nicht zu finden, wie dies meine arme Schwester wohl empfunden hat, glaube ich: und er war muthig wie ein Bullenbeißer, und großherzig und gutmüthig, und manche Personen wurden ganz hingenommen von all diesen glänzenden Vorzügen und hielten ihn für besser, als er eigentlich war. Ja, ja, Dus, mein Kind, er hatte seine guten Eigenschaften neben den schlimmen. Aber die Malpone's sind Gentlemen, wie man an Frank sieht, Dus' Bruder, und an den andern Gliedern der Familie. Sodann war meiner Mutter Familie, durch welche ich mit Dus verwandt bin, sehr gut, – sogar noch besser als die Coejemans – und das Mädchen ist ein Frauenzimmer von Stand ihrer Geburt nach. Niemand kann das läugnen: aber das Blut macht nicht Alles aus. Kinder müssen genährt und gekleidet werden: und Geld ist am Ende doch nöthig zum Behagen und zur Eintracht der Familien. Ich kenne Madame Littlepage namentlich sehr gut. Sie ist eine Tochter des alten Herman Mordaunt, der ein angesehener Gentleman im Lande war, und der Eigenthümer von Ravensnest so wie auch von andern Gütern und zur höchsten Gesellschaft in der Provinz gehörte. Nun mag Madame Littlepage, die so geboren und erzogen und gebildet worden ist, und eine solche Verwandtschaft und Bekanntschaft hat, keine Freude daran haben, Dus Malpone zur Schwiegertochter zu bekommen, eines Kettenträgers Nichte, und ein Mädchen, das selbst die Ketten getragen hat, wofür ich sie nun um so mehr liebe und achte, Mortaunt, mein Junge: aber weßwegen die thöricht urtheilende Welt sie mißachten wird –"

„Meine Mutter – meine großherzige, richtig fühlende und billig denkende Mutter – nimmermehr!“ rief ich aus in einer Aufwallung von Gefühl, die ich nicht bewältigen konnte.

Meine Worte und der Ernst meines ganzen Wesens brachten einen tiefen Eindruck auf meine Zuhörer. Ein Schimmer schmerzlicher Freude zuckte über das Antlitz von Dus hin, gleich einem elektrischen Funken. Der Kettenträger schaute mich gespannt an, und im Ausdruck seines Gesichts war leicht das lebhafte Interesse zu erkennen, das er an meinen Worten nahm, und welche Wichtigkeit er ihnen beilegte. Frank Malbone aber mußte sein Angesicht wegwenden, um die Thränen zu verbergen, die ihm in die Augen drangen.

„Wenn ich das glauben dürfte – wenn ich das hoffen dürfte, Mortaunt,“ fuhr Kettenträger fort, „so würde es ein gesegneter Trost seyn für meinen scheidenden Geist, denn den General Littlepage kenne ich hinreichend, um gewiß zu seyn, daß er ein gerechter und billigdenkender Mann ist, und daß er mit der Zeit die Sachen so ansehen wird, wie man sie ansehen muß. Bei Madame Littlepage fürchtete ich, sey es anders; denn ich habe immer gehört, die Mortaunt's seyen eigene Leute, und haben solche Gesinnungen, wie vornehme Leute zu haben pflegen. Das macht nun eine Veränderung in meinen Ideen und auch zum Theil in meinen Planen. Je dennoch, meine jungen Freunde, ich muß jetzt Euch Beide bitten mir ein Versprechen abzulegen, – und ein feierliches Versprechen, einem Sterbenden gegeben, – und es besteht darin –“

„Erst hört mich an, Kettenträger,“ fiel ich ihm lebhaft in's Wort, „ehe Ihr Ursula unbedacht, und ich hätte beinahe gesagt grausam in ein unvorsichtiges Versprechen verwickelt, das unser Beider künftiges Leben unglücklich machen könnte. Ihr selbst habt mich zuerst aufgefordert, gereitzt, bestürmt, sie zu lieben; und jetzt, da ich ihren Werth erkannt habe und anerkenne, werft Ihr Eis in meine Flamme, und heißt mich thun, woran jetzt zu denken zu spät ist.“

„Ich gestehe es, ich gestehe es, Junge, und ich hoffe, der Herr in seiner großen Barmherzigkeit wird den großen Irrthum, den ich begangen habe, vergeben und verzeihen. Wir haben hievon schon gesprochen, Mortaunt, und Ihr erinnert Euch wohl, ich habe Euch gesagt, daß Dus selbst es war, die mich zuerst in dieser Sache die Wahrheit erkennen machte, und wie viel besser und schicklicher es für mich sey, Euch zurückzuhalten, als Euch zu ermuntern und anzufeuern. Wie kommt es, mein theures Mädchen, daß Ihr das Alles vergessen habt, und jetzt, wie es scheint, wünscht, daß ich gerade das thue, was Ihr mir gerathen hattet, nicht zu thun?“

Ursula's Antlitz wurde blaß wie der Tod: dann wurde es plötzlich flammendroth, wie ein Sonnenuntergang, und sie sank auf die Kniee, und verbarg ihr Angesicht in der groben Bettdecke, während sie in ihrer Aufrichtigkeit und Wahrhaftigkeit ihre Antwort hervorstammelte:

„Oheim Kettenträger,“ sagte sie, „als wir zuerst von dieser Sache sprachen, hatte ich Mordaunt noch nie gesehen.“

Ich knieete neben Ursula, drückte sie an meine Brust, und suchte das Gefühl meiner tiefen Dankbarkeit für diese edle, aufrichtige Erklärung, durch solche Liebkosungen, wie die Natur und die Empfindung sie eingaben, an den Tag zu legen. Dus aber machte sich sanft aus meinen Armen los, stand auf, und wir Beide standen nun da, abwartend, welchen Eindruck das so eben Gehörte und Gesehene auf Kettenträger machen werde.

„Ich sehe, daß die Natur stärker ist als Vernunft und Ansichten und Herkommen," begann der alte Mann wieder nach einer langen Pause des Nachdenkens – „ich habe jedoch nur noch wenig Zeit übrig, die ich dieser Sache widmen kann, meine Kinder, und muß sie daher zu einem Schluß bringen, versprecht mir, Beide, daß Ihr nie heirathen wollt ohne die freie Zustimmung des Generals Littlepage, und der alten Matame Littlepage und der jungen Matame Littlepage, sofern sie Alle noch leben."

„Ich verspreche es Euch, Oheim Kettenträger," sagte Dus mit einer raschen Entschlossenheit, die ich ihr kaum verzeihen konnte – „Ich verspreche es Euch und werde mein Versprechen halten, so wahr ich Euch liebe, und meinen Schöpfer fürchte und ehre. Es wäre Elend für mich, in eine Familie zu treten, die mich nicht gerne aufnähme –"

„Ursula! – Liebste – Theuerste – Ursula! bedenkt doch! Bin ich denn Nichts in Euren Augen?"

„Es würde auch Elend für mich seyn, ohne Euch zu leben, Mordaunt – aber im einen Fall würde ich aufrecht gehalten werden durch das Gefühl, meine Pflicht erfüllt zu haben, während im andern Alles, was mir vom Mißgeschick begegnet, mir als Strafe für meine Fehler erscheinen würde."

Ich wollte das Versprechen nicht leisten; denn, die Wahrheit zu gestehen, so wenig ich auch nur einen Augenblick wegen meines Vaters oder meiner Mutter Zweifel hegte, so war dies doch der Fall rücksichtlich meiner lieben und verehrungswürdigen Großmutter. Ich wußte, daß sie nicht nur sich in den Kopf gesetzt hatte, ich müsse Priscilla Bayard heirathen, sondern daß sie auch eine Leidenschaft hatte, in ihrer Familie Partieen zu stiften; und ich fürchtete, sie möchte mit der Zähigkeit des Alters auf ihren Ansichten bleiben. Dus suchte mich zu bewegen, die Zusage zu geben; aber ich sträubte mich dagegen; und alles Zureden hörte auf in Folge einer Bemerkung, welche bald darauf der Kettenträger machte.

„Es thut Nichts, es thut Nichts, Liebchen; Dein Versprechen ist genug. So lange Du demselben treu bleibst, was hat es zu sagen, ob Mortaunt eigensinnig ist oder nicht? Und jetzt, meine Kinder, da ich nun nicht weiter von den Dingen dieser Welt reden will, sondern alle meine Gedanken und Worte den göttlichen Dingen zuzuwenden wünsche, will ich meine Abschiedsworte zu Euch sprechen. Ob Ihr Euch nun heirathet oder nicht, bitte ich den allmächtigen Gott, Euch seinen besten Segen zu verleihen in diesem Leben wie im künftigen. Lebt so, meine theuren Kinder, daß Ihr dem ernsten Augenblick, dessen Ihr jetzt mich gewärtig sehet, mit Hoffnung und Freude entgegengehen könnt, und daß wir uns Alle wiedersehen mögen in den himmlischen Wohnungen, Amen!"

Eine kurze, feierliche Pause trat ein nach diesem Segenswunsch, die aber unterbrochen wurde durch ein fürchterliches Stöhnen, das sich aus der breiten Brust Tausendacres emporrang. Aller Augen wandten sich nach diesem Bette, welches einen höchst erschütternden Contrast darbot mit der friedlichen Scene des Abschieds der Seele dessen, um welchen wir versammelt waren. Ich allein trat näher, um Prudence beizustehen, welche, in ächt weiblicher Treue, bis zum letzten Augenblick an ihrem Gatten hing. „Bein von seinem Bein, und Fleisch von seinem Fleisch.“ Ich muß jedoch gestehen, daß Grausen meine Glieder lähmte, und daß, als ich bis an den Fuß vor des Squatters Bett gekommen, ich wie ein festgewurzelter Baum und wie angenagelt stehen blieb.

Man hatte Tausendacres; mittelst Bettdecken aufgerichtet, so daß er mit dem halben Leibe beinahe in sitzender Stellung da lag, – eine Veränderung, die er gewünscht hatte, als Dus mit ihm betete. Seine Augen standen offen: geisterhaft, unstet umherirrend, hoffnungslos. Wie die Lippen im krampfhaften Zucken des Todes sich zusammenzogen, gaben sie seinem grimmigen Gesicht eine Art von sardonischem Lächeln, daß es doppelt furchtbar werde. In diesem Augenblick kam eine finstere Ruhe über das Angesicht und Alles ward unbeweglich. Ich wußte, daß der letzte Athemzug bevorstand und erwartete ihn, wie der bezauberte Vogel in das Basiliskenauge der Schlange starrt. Er kam und verzog die Lippen so, daß alle Zähne hervortraten, – und nicht Einer fehlte diesem Manne von Eisen: und da ward der Anblick selbst für meine Nerven zu entsetzlich und ich verhüllte die Augen. Als ich die Hand wieder wegzog, warf ich noch einen flüchtigen Blick auf die dunkle Hülle, in welcher der Geist des Mörders und Squatters so lange gewohnt hatte, als Prudence eben beschäftigt war, die starren, aber noch immer feurigen Augen zuzudrücken. Ich hatte nie zuvor einen Leichnam gesehen, der mir solches Entsetzen verursachte, und wünsche nimmer einen solchen zu sehen.

## Neunundzwanzigstes Kapitel

Mild wie ein Kind zur Ruh' sich legt mit Lust,
Und lächelnd einschläft an der Mutter Brust,
Gefaßt, mit Patriarchen-Hoffnung, gab
Die Seel' dem Himmel er, den Leib dem Grab.

*Harte.*

Ich bemerkte, daß weder der Kettenträger noch Dus ihre Blicke nach dem abschreckenden Schauspiel hinwandten, welches der Leichnam Tausendacres' darbot, nachdem dieser selbstsüchtige und eigenwillige Mann zu leben aufgehört hatte. Ich ließ augenblicklich eine andere Hütte zur Aufnahme desselben in Bereitschaft setzen, und der Leichnam ward ohne Verzug dahin gebracht. Prudence begleitete die leblose Hülle ihres Mannes dahin und brachte dort den übrigen Tag und die folgende Nacht zu; Lowiny leistete ihr Gesellschaft, und die Männer von dem bewaffneten Geleite boten ihr von Zeit zu Zeit Nahrung und Beistand an. Zwei oder drei der letzteren, Zimmerleute ihres Handwerks, fertigten einen Sarg von Fichtenholz, in welchen der Leichnam nach dem Brauche gelegt ward. Andere gruben ein Grab mitten in einem der rohen, kunstlosen Felder, welche der Squatter sich zu seinem Gebrauch angelegt hatte, und so wurde Alles bereit gehalten zur Beerdigung, sobald der Leichenschauer, nach welchem geschickt worden war, den Leichnam in Augenschein genommen und seinen Ausspruch gethan haben würde.

Nachdem die sterblichen Reste Tausendacres' weggebracht waren, blieb eine Art heiliger Stille und Ruhe in dem Gemache Kettenträgers zurück. Mein alter Freund sank rasch zusammen, und er sprach nur Wenig. Er behielt das Bewußtseyn bis zum letzten Augenblick, und Dus betete oft mit ihm im Verlaufe dieses Tages. Frank und ich waren ihr in Erfüllung der Pflichten der Pflege und Wartung behülflich; und wir bewogen Ursula, nach ihrer unablässigen Wachsamkeit am Krankenbette sich auf den obern Stock zurückzuziehen und einige Ruhe zu genießen. Es war nahe bei Sonnenuntergang, als sich der alte Andries wieder ausdrücklich zu mir wendete, der ich an seinem Bette saß, da Dus sich jetzt zum Schlafen niedergelegt hatte.

„Ich werde bis morgen leben, merke ich jetzt, Mortaunt," sagte er; „aber komme der Tod wann er will, er ist gesendet von meinem Herrn und Schöpfer, und er ist willkommen. Der Tod hat keine Schrecken für mich."

„Die hat er für Euch nie gehabt, Kapitän Coejemans, wie die Geschichte Eurer ganzen Laufbahn bei der Armee deutlich zeigt."

„Ja, Junge, es gab eine Zeit, wo ich froh gewesen wäre, im Feld erschossen zu werden und zu sterben mit Montgomery, und Laurens, und Wooster, und Wareen, und solchen tapferen Helden; aber das ist jetzt Alles vorbei. Ich bin wie ein Mann, der über eine weite Ebene hingewandelt und an deren Grenze gekommen ist, wo er vor sich einen endlosen Abgrund sieht, in den er nun mit dem nächsten Schritte hinab muß. Bei einem solchen Anblick Junge, kommen Einem alle die Mühen und Arbeiten und Schwierigkeiten der Ebene so geringfügig vor, daß man sie ganz vergißt. Merkt wohl, ich will damit nicht sagen, daß die Ewigkeit für mich ein Abgrund sey in Aengsten und Bangigkeit und Verzweiflung; denn die Güte Gottes hat mein Gemüth erleuchtet über diesem Gegenstand, und Hoffnung, Liebe und Sehnsucht nach der Gegenwart meines Schöpfers sind an deren Stelle getreten. Mortaunt, mein Junge, ehe ich Euch verlasse, wünschte ich wohl noch ein paar Worte mit Euch zu sprechen über diesen heiligen Gegenstand, wenn Ihr es nicht übel aufnehmt."

„Sagt Alles, was immer Euch beliebt, alter Kettenträger. Wir sind im Lager und im Feld gewesen, und keines Menschen Rath könnte mir willkommener seyn als der Eurige, dazu noch ertheilt in einem so feierlichen Augenblick der ernstesten Wahrheit."

„Dank Euch, Mortaunt, Dank Euch von ganzem Herzen. Ihr wißt, wie es mit mir gewesen ist von meiner Kindheit an, denn oft und viel haben wir, Ihr und ich, über diese Sachen im Lager geschwatzt. Ich ward jung in die Welt hinausgestoßen, mir selbst überlassen, ohne Vater und Mutter, und mußte mir selbst forthelfen. Ich war das einzige Kind meines Vaters, denn Dus ist die Tochter einer Halbschwester, wie Ihr wißt, und so nahm sich meiner Niemand mit besonderer Sorge an, und ich wuchs auf in großer Unwissenheit und Unkenntniß des Herrn der Heerschaaren und meiner Pflichten gegen ihn und seinen heiligen Sohn. Nun, Mortaunt, Ihr wißt, wie es in den Wäldern hergeht, und bei der Armee. Ein Mann braucht nicht eben sehr schlimm zu seyn, um doch weit nicht so gut zu seyn, als der Allmächtige von ihm erwarten und fordern kann, der ihm seine Seele gegeben und ihn von seinen Sünden erlöst hat, und ihm täglich die Gnadenmittel darreicht. Wie ich mit Dus hieher kam – ein Kind beinahe weiß Mehr vom eigentlichen Wesen der Religion als ich da wußte. Aber dies kostbare Mädchen ist, durch die göttliche Gnade, das Werkzeug gewesen, um einen alten unwissenden Mann zum Bewußtseyn seines wahren Zustands zu bringen, und zu bessern Lebensgewohnheiten als Ihr an mir kanntet. Sonst liebte ich ein lustiges Gelage, Mortaunt, und Punsch und andere würzige Getränke waren mir sehr angenehm; ja und sogar noch, als die Jahre mich die Thorheit solchen Thuns und Treibens hätten lehren können und sollen. Aber Ihr habt diesen Sommer das Glas nicht an meinen Lippen gesehen, Junge, zu unpassenden Zeiten, oder unpassend oft, und das verdanke ich den Unterredungen, die ich mit Dus über diesen Gegenstand gehabt habe. Es hätte Euch im Herzen wohl gethan, Mortaunt, wenn Ihr das liebe Mädchen hättet auf meinem Knie sitzen sehen, meine alten grauen Haare mit ihren zarten weißen Fingern streichelnd, und mit meinen rauhen rothen Wangen spielend, wie das Kind mit den Wangen der Mutter spielt, während sie mir von der Geschichte Christi sprach und erzählte, und von seinem Leiden für uns Alle, und mir den Weg wies, meinen Heiland in Wahrheit und Aufrichtigkeit kennen zu lernen! Ihr haltet Dus für schön und lieblich anzuschauen; und angenehm im Gespräch, – aber Ihr könnt das Mädchen nie recht kennen und würdigen lernen nach ihrem goldenen Gehalte, Mortaunt, als bis sie anfängt, ohne Zurückhaltung mit Euch von Gott und von der Erlösung zu sprechen!“

„Ich kann alles Günstige von Ursula Malbone gerne glauben, mein lieber Kettenträger; und keine Musik könnte meinem Ohr süßer seyn, als diese Verkündigung ihres Lobes aus Eurem Munde.“

Der Tod Kettenträgers erfolgte, wie er selbst vermuthet und vorausgesagt hatte, gegen die Zeit des wieder anbrechenden Lichtes am folgenden Morgen. Ein sanfteres, ruhigeres Ende habe ich nie gesehen. Seine Schmerzen hörten auf mehrere Stunden, eher den letzten Athemzug that; aber im Laufe des Tages hatte er mir zugeflüstert, daß er in manchen Augenblicken entsetzliche Qualen ausstehe. Er wünschte jedoch, daß ich dies Dus verhehlte, damit nicht ihre Betrübniß noch gesteigert würde.

„So lange das liebe Mädchen Nichts von meinen Schmerzen weiß,“ flüsterte mir der treffliche alte Mann ins Ohr, „kann sie nicht so sehr betrübt um mich seyn, da sie doch Vertrauen haben muß, zum Werth ihres eignen guten Werkes und glauben, daß ich nur immer der Seligkeit näher komme. Aber Ihr und ich, wir wissen, Mortaunt, daß ein Mann nicht leicht durch den Leib geschossen wird, ohne daß er große Schmerzen davon zu leiden hat; und ich habe mein Theil gehabt, – ja, ich habe mein Theil gehabt!“ Dennoch wäre es für Jeden, der nicht im Geheimnis war, schwer gewesen, das kleinste Zeichen zu entdecken, daß der Kranke nur den zehnten Theil der Qualen litt, die er wirklich ausstand. Ursula ward wirklich getäuscht; und bis zu dieser Stunde weiß sie noch nicht, wie Viel ihr Oheim litt. Aber, wie schon gesagt, diese Schmerzen hörten ganz auf gegen neun Uhr, und Andries schlummerte sogar öfters mehrere Minuten. Nicht lange jedoch vor Wiederanbruch des Tages wurde er ganz wach, und schlummerte nicht mehr, bis er in den langen, letzten Schlaf des Todes sank. Seine Nichte betete mit ihm etwa um fünf Uhr; und nach diesem schien er sich als bereit zum Abschied und Aufbruch zu betrachten.

Es war vielleicht die Folge des Alters des Leidenden, aber der Tod kündigte in diesem Falle sein Herannahen an durch schnelles Schwinden der Sinne. Zuerst wurde ihm das Hören schwer; und dann verfiel schnell der Gesichtssinn. Ersteres erkannten wir aus seinem öftern Wiederholen von Fragen, die man ihm schon mehr als einmal beantwortet hatte; während die schmerzliche Gewißheit, daß das Gesicht, wo nicht ganz vergangen war, doch mehr und mehr verging, aus dem Umstande sich ergab, daß, während Dus sich wirklich wie ein schützender Engel über ihn hinbeugte, er ängstlich fragte, wo sie sey.

„Ich bin hier, Oheim Kettenträger,“ antwortete das liebe Mädchen mit bebender Stimme, „hier, vor Euch, und im Begriff, Euch die Lippen zu befeuchten.“

„Ich brauche das Mädchen – das heißt – ich wünsche, daß sie in meiner Nähe sey, wenn der Geist zum Himmel aufsteigt. Laßt sie rufen, Frank oder Mortaunt.“

„Lieber – liebster Oheim, – ich bin jetzt schon da – hier vor Euch – am nächsten bei Euch von Allen – beinahe in Euren Armen,“ antwortete Dus mit einer Anstrengung, die sie Viel kostete, so laut sprechend, daß er sie hörte. „Glaubt nicht, daß ich Euch verlassen könne, als bis ich weiß, daß Euer Geist vor den Gnadenthron Gottes getreten ist.“

„Das wußte ich,“ sagte Kettenträger, und versuchte seine Arme emporzuheben, um nach seiner Nichte zu tasten, welche seinem Bestreben entgegen kam, indem sie seine schwache und starre Hand mit ihren beiden Händen faßte. „Vergiß nicht meine Wünsche wegen Mortaunt's, Mädchen – aber, sollte die Familie einwilligen, so heirathe ihn mit meinem Segen – ja, mit meinem besten Segen. – Küsse mich Dus. – Waren das deine Lippen? sie fühlen sich so kalt an, und du hast nie weder eine kalte Hand noch ein kaltes Herz. – Mortaunt, küßt mich auch, Junge – das war wärmer und hatte mehr Kraft und Feuer. – Frank, gebt mir Eure Hand – ich bin Euch Geld schuldig – ich habe einen Strumpf halb voll Dollars. – Eure Schwester wird meine Schulden bezahlen. Und General Littlepage ist mir Geld schuldig – aber mehr noch ist er mir freundliches Wohlwollen schuldig. – Ich bitte Gott ihn zu segnen – und Madame Littlepage zu segnen – und die alte Madame Littlepage, die ich nie gesehen, – und den Major, oder Oberst, wie man ihn jetzt nennt, – und unser ganzes Regiment – und Euer Regiment auch, Frank, welches ein sehr gutes Regiment war. – Lebt wohl, Frank – Dus – Schwester – kostbar – Jesus Christus, nimm meinen –“

Diese Worte wurden mit großer Mühe und Schwierigkeit mehr geflüstert, als laut gesprochen. Auch kamen sie in längern Pausen, besonders die letzten, so daß sie deutlich das nahe Bevorstehen der Katastrophe verkündigten, deren unmittelbarste Herolde sie waren. Die letzte Sylbe der obigen Worte war nur eben noch über seine Lippen gekommen, als der Athem eine Weile ausblieb. Ich zog Dus mit sanfter Gewalt weg, übergab sie den Armen ihres Bruders, und wandte mich wieder zu dem Sterbenden, um auf den letzten Athemzug zu lauschen. Dieser letzte Athemzug, in welchem der Geist scheint verhaucht zu werden, war ruhig, friedlich und so leicht, als es nur möglich ist bei der Trennung von Leib und Seele; und nach demselben behielt das harte, alte, runzlige aber wohlwollende Angesicht des Dahingeschiedenen jenen Ausdruck beglückten Friedens, auf welchem das Auge der Freunde des Todten mit wohlthuendem Gefühle verweilt. Er war dies Sterben das sanfteste, von dem ich je Zeuge gewesen, und dasjenige, welche am mächtigsten die Hoffnungen des Christen zu beleben und zu stärken geeignet war. Ich für meine Person faßte in Folge dieser ergreifenden Sterbescene eine tiefe Achtung und Verehrung für den Charakter und die moralischen Eigenschaften von Ursula Malbone, neben der Liebe und Bewunderung, die ich zuvor schon für ihre Schönheit, ihren Geist, ihr Herz und ihre andern gewinnenden Eigenschaften empfunden hatte.

Die zwei erwarteten Todesfälle waren jetzt eingetreten, und es blieb nur noch übrig, die gesetzliche Untersuchung in Betreff der Ereignisse, wodurch dieselben herbeigeführt worden waren, zu erledigen, die Leichname zu beerdigen, und in das Nest zurückzukehren. Ich sorgte dafür, daß eine der Hütten zur Aufnahme von Ursula und Lowiny eingerichtet wurde, – denn diese Letztere schloß sich noch immer enge an uns an, – während der Leichnam Kettenträgers in einen Sarg gelegt wurde, welcher zu gleicher Zeit mit dem für Tausendacres, und von denselben Händen gefertigt worden war. Gegen Abend kam der Coroner (Leichenschauer) an, nicht Squire Newcome, sondern ein Anderer, nach welchem er selbst geschickt hatte; und eine Jury ward unverweilt zusammengesetzt aus Männern des bewaffneten Geleites. Das ganze Verfahren währte nicht lang. Ich erzählte meine Geschichte, oder so Viel davon nöthig war, von Anfang bis zu Ende, und Andere legten ihr Zeugniß ab über die Vorkommnisse in den verschiednen Stadien der Ereignisse. Der Spruch der Jury war über Kettenträgers Tod: „Mord, von unbekannter Hand," und bei Tausendacres; „Tod durch Zufall." Der erste Ausspruch war ohne Frage richtig; beim zweiten waltete, wie mich bedünkt, so wenig „Zufall," als nur jemals, wenn ein Mann von sicherer Hand und mittelst eines nie irrenden Auges durch den Leib geschossen wurde. Aber so war nun einmal das Verdikt, und ich hatte nur Vermuthungen für meine Ansicht, daß der Indianer bei der Tödtung des Squatters die Hand im Spiele habe.

An diesem Abend – und es war ein kalter, herbstlicher Abend, – begruben wir Tausendacres inmitten des schon erwähnten Feldes. Von seiner ganzen zahlreichen Familie waren nur Prudence und Lowiny anwesend. Die Feierlichkeit war kurz, und der Mann der Gewaltthat wurde versenkt, mit den Schollen der Erde sich zu vermischen, ohne ein Gebet, einen Spruch aus der heiligen Schrift oder irgend einen religiösen Ritus. Die Männer, welche den Leichnam getragen, und die wenigen anwesenden Zuschauer, füllten das Grab aus, ebneten und wölbten es ordentlich, deckten es mit Rasen, und wollten eben schweigend sich wenden, um wieder nach den Wohnungen zurückzukehren, als die tiefe Stille, welche während der ganzen Ceremonie geherrscht hatte, plötzlich unterbrochen wurde durch die klare, volle Stimme Prudence's, welche in einem Ton und mit einem Wesen, welche alle Schritte hemmten, zu sprechen begann.

„Männer und Brüder," sagte diese außerordentliche Frau, bei welcher so manche Fehler ihres Standes und ihrer Lebensweise vergütet wurden durch so viele Tugenden ihres Geschlechts und ihrer Herkunft, – „Männer und Brüder" – sagte sie, „denn ich kann Euch nicht Nachbarn, und will Euch nicht Feinde nennen, ich danke Euch für diesen Akt der geziemenden Aufmerksamkeit und Rücksicht für die Ansprüche des Verstorbenen wie der Lebenden, und daß Ihr so gekommen seyd, um mir zu helfen meinen Todten zu begraben aus meinen Augen."

Eine Anrede der Art, zum Theil mit eben diesen Worten, war gebräuchlich; aber da Keines in diesem Augenblick so Etwas erwartet hatte, wurden wir dadurch eben so sehr erschüttert als überrascht. Während jedoch die Uebrigen von der Begleitung sich von ihrer Verwunderung wieder erholten, ging der Zug nach den Gebäuden zurück, und ich blieb mit Prudence allein, welche, wie früher ihren Leib hin und her wiegend, neben dem Grabe stand.

„Die Nacht droht kalt zu werden," sagte ich, „und Ihr thätet besser, mit mir nach den Wohnungen zurückzukehren."

„Was sind jetzt Häuser für mich? Aaron ist dahin, die Jungen sind geflohen, und ihre Weiber und Kinder auch, und m e i n e Kinder sind geflohen, und Niemand ist auf der Lichtung zurückgeblieben als Lowiny, welche nach ihrer Gesinnung mehr Euch und den Eurigen angehört, als mir und den Meinigen, und der Leichnam hier unter den Erdschollen. Es ist ein Eigenthum in den Häusern, das, glaube ich, selbst das Gesetz uns zutheilen würde, und vielleicht bedarf Eines oder das Andere desselben. Gebt mir das, Major Littlepage, damit ich meine Jungen eher kleiden und nähren kann, so will ich Euch nie mehr lästig fallen und stören an diesem Ort. Aaron wird man keinen Squatter nennen dafür, daß er dies kleine Fleckchen Erde einnimmt; und über kurz oder lang werdet Ihr mir vielleicht ein ebenso kleines Stück an seiner Seite nicht mißgönnen. Ich kann nicht Mehr viel squattern, und meine nächste Niederlassung wird auch die letzte seyn."

„Ich wünsche nicht im Mindesten, gute Frau, Euch ein Leid anzuthun. Eure Habseligkeiten können von diesem Platze weggebracht werden, wann Ihr wollt, und ich will Euch selbst behülflich seyn," sagte ich, „es so zu thun, daß Eure Söhne die Sachen in Empfang nehmen können ohne alle Gefahr für sie. Ich erinnere mich, ein Fahrzeug von ziemlicher Größe im Fluß gesehen zu haben unter der Mühle; könnt Ihr mir sagen, ob es noch dort ist oder nicht?"

„Warum sollte es nicht? Die Jungen haben es vor zwei Jahren gebaut, um Sachen darin zu transportiren, und es wird wohl von selbst nicht davongehen."

„Nun gut, so will ich mich dieses Bootes bedienen, um Eure Habseligkeiten ohne Gefahr für Euch fortzuschaffen. Morgen soll Alles von irgend einem Werth, was sich hier findet, und worauf Ihr irgend ein Recht habt, in das Boot gebracht werden, und ich will es, sobald es beladen ist, durch meinen eigenen Schwarzen und den Indianer den Fluß hinabführen lassen, und diese sollen es ein paar Meilen weiter unten verlassen, wo dann diejenigen, die Ihr hinschicken mögt, um darnach zu sehen, es in Besitz nehmen und die Sachen, wohin Ihr wollt, bringen können."

Das Weib schien von diesem Vorschlag überrascht und sogar gerührt, obgleich sie meinen Beweggründen einigermaßen mißtraute.

„Kann ich mich darauf verlassen, Major Littlepage?" fragte sie in zweifelndem Tone. „Tobit und seine Brüder würden sich wie Rasende geberden, wenn ein Anschlag, sie festzunehmen, unter einer solchen Maske sollte ins Werk gesetzt werden."

„Tobit und seine Brüder haben durchaus keine Verrätherei von mir zu befürchten. Hat das Wort eines Gentleman keinen Werth in Euren Augen?"

„Ich weiß, daß Gentlemen in der Regel thun, was sie versprechen: und das habe ich auch Aaron oft gesagt als einen Grund, warum er mit ihrem Eigenthum nicht so hart umgehen solle, aber er wollte nie darauf hören. Nun, Major Littlepage, ich vertraue Euch und will das Boot an dem Ort erwarten, den Ihr genannt habt. Gott segne Euch für dies, und möge Euch Glück schenken in dem, was Eurem Herzen das Nächste und Theuerste ist. Wir werden einander nie wieder sehen – lebt wohl!"

„Ihr werdet doch hoffentlich in das Haus zurückkehren und die Nacht behaglich unter einem Dache zubringen?"

„Nein; ich will Euch hier verlassen. Zu den Häusern ist Wenig mehr, was mir lieb ist, und ich werde mich leichter fühlen in den Wäldern."

„Aber die Nacht ist kühl, und ehe der Morgen kommt, wird es sogar kalt und frostig werden."

„In diesem Grabe ist es noch kälter," antwortete das Weib, und deutete kummervoll mit ihrem langen, runzligen Finger auf den Hügel, welcher die Hülle ihres Gatten deckte. „Ich bin des Waldes gewohnt und gehe, nach meinen Kindern zu sehen. Die Mutter, die ihre Kinder sucht, läßt sich durch Sturm und Frost nicht zurückhalten. Nochmals lebt wohl, Major Littlepage. Möge Gott Euch vergelten, was Ihr für mich und die Meinigen gethan habt und thun werdet."

„Aber Ihr vergeßt Eure Tochter. Was soll aus Eurer Tochter werden?"

„Lowiny hat eine verzweifelte Neigung gefaßt für Dus Malbone, und wünscht bei ihr zu bleiben, so lange Dus es gern hat, daß sie bleibt. Wenn sie einander überdrüssig werden, kann meine Tochter uns leicht finden. Kein Mädchen von mir wird da lange zu suchen haben."

Da dies Alles ganz vernünftig und glaublich lautete, machte ich weiter keine Einwendungen dagegen. Prudence winkte mit der Hand zum Abschied und schritt dann fort über die grauen, trüben Felder mit den Schritten eines Mannes, und bald verschwand ihre hohe, knochige Gestalt im Schatten des Waldes, mit so wenig Bedenken, als eine andere fühlen würde, die wohlbekannten Alleen einer Stadt zu betreten. Ich habe sie später nie mehr gesehen; doch kamen mir ein paar Botschaften von ihr durch Lowiny zu.

Wie ich vom Grabe zurückkehrte, kamen Jaap und Trackleß von ihrer Kundschaftung zurück. Der Bericht, den sie erstatteten, war ganz befriedigend. Nach den Spuren zu schließen, die sie Meilen weit verfolgt, hatten sich die Squatters wirklich geflüchtet, sich nach einem entfernten Punkte gezogen, und es war von ihnen in dieser Gegend Nichts mehr zu befürchten. Jetzt ertheilte ich meine Befehle in Betreff der Güter und Habseligkeiten der Familie, die weder sehr zahlreich, noch sehr werthvoll waren; und ich kann gleich hier, statt später, sagen, daß am folgenden Tage Alles genau so geschah, wie ich versprochen hatte. Die erste Botschaft von Prudence an mich kam mir nach einem Monat zu; sie zeigte mir den Empfang ihrer Sachen, bis auf das Geschirr der Mühle hinaus, an, und sprach ihren innigen Dank für diese Vergünstigung aus. Ich habe auch Grund zu glauben, daß beinahe die Hälfte des geschnittenen Holzes diesen Squatters in die Hände fiel, da zu der Zeit, wo wir den Ort verließen, wenigstens so viel davon schon im Flusse sich befand, und in Folge der bald einfallenden Regen forttrieb. Was man später davon noch fand, wurde verkauft, und der Erlös daraus zu den Kosten für die herbeigekommene Mannschaft und zu Geschenken für dieselbe verwendet, – als eine Aufmunterung für solche Leute, der Aufrechthaltung des Ansehens der Gesetze sich anzunehmen.

Früh am folgenden Morgen trafen wir unsere Anstalten, von der verlassenen Mühle aufzubrechen. Zehn von der bewaffneten Mannschaft bildeten eine Abtheilung, welche den Transport von Kettenträgers Leichnam nach dem Nest übernahm. Dieser geschah mittelst einer rohen Tragbahre, welche von zwei Pferden getragen wurden, deren eines vorn und eines hinten den Leichnam, der zwischen ihnen schwebte, trugen. Ich blieb bei der Leiche; Dus aber, von Lowiny begleitet und von ihrem Bruder geschützt, ging voran, und bei den Hütten des Kettenträgers erwarteten sie unsere Ankunft. Hier brachten wir die erste Nacht unserer Reise zu, und dann gingen wieder Dus und Frank zu Fuße nach dem Nest voran. Hier an dem letzten Ruheplatz für den armen Andries, kamen die Geschwister eine Stunde vor Mittag an, während wir mit dem Leichnam das Nest erst mit Sonnenuntergang erreichten.

Als unser kleiner Zug sich dem Hause näherte, sah ich eine Anzahl von Wagen und Pferden in dem Obstgarten, der es umgab, die ich zuerst fälschlich für Pächter hielt, hier versammelt, um den Namen Kettenträgers eine Ehre zu erweisen. Ein zweiter Blick jedoch enthüllte mir das ganze Geheimniß. Wie wir langsam, Alle zu Fuß, uns näherten, erkannte ich die Gestalten meiner guten Eltern, Oberst Follock. Kate, Priscilla Bayard, Tom Bayard, und selbst meine Schwester Kettletas unter der Gruppe. Und zuletzt sah ich, sich vordrängend, um mir entgegen zu eilen, aber ein wenig zurückgeschreckt durch den Anblick des Sarges, meine liebe, ehrwürdige Großmutter selbst!

So waren denn also hier beinahe sämmtliche Mitglieder des Hauses Littlepage versammelt, nebst zwei oder drei nahen Freunden, die nicht demselben angehörten.

Frank Malbone war unter diesen, und ohne Zweifel hatte er seine Geschichte schon erzählt, so daß unsere Besuche durch unsern Aufzug nicht überrascht werden konnten. Andererseits war es auch mir nicht schwer, mir zu erklären, wie das Alles so gekommen. Franks Bote hatte die Gesellschaft zu Fishkill getroffen, hatte seine Nachrichten überbracht; Alle hatten sich auf den Flügeln der Liebe und der Besorgniß in Bewegung gesetzt, und da waren sie jetzt. Die Reise war auch nicht außerordentlich rasch von Statten gegangen, denn es war seit dem Augenblick, wo meine Gefangenschaft bei den Squatters zuerst zur Kenntniß der Meinigen gelangt war, und dem jetzigen, so viel Zeit verflossen, daß man hätte eine Botschaft nach Lilaksbush schicken und Antwort darauf erhalten können.

Kate erzählte mir nachher, wir hätten einen stattlichen und feierlich aussehenden Zug gebildet, wie wir mit dem Leichnam Kettenträgers uns dem Thore von Ravensnest näherten. Voran marschirten Susquesus und Jaap, Beide bewaffnet, und der Letztere auch eine Axt führend, indem er, wenn es nöthig war, auch die Obliegenheiten eines Pioniers erfüllte. Sodann kamen die Träger und Begleiter, zwei und zwei, bewaffnet, als zu dem Geleite gehörend und Päcke tragend; darauf folgten die Pferde mit der Bahre, jedes von einem Manne geführt; ich war der erste Leidtragende, aber auch bewaffnet, wie die Uebrigen, und Kettenträgers arme Sklaven, jetzt das Eigenthum von Dus, beschloßen den Zug, und trugen seinen Kompaß, seine Meßketten, und die übrigen Abzeichen seines Berufes.

Wir machten nicht Halt, sondern zogen an der auf dem Rasen versammelten Gruppe vorbei, durch den Thorweg, und blieben erst stehen, als wir die Mitte des Hofes erreicht hatten. Da zuvor schon alle Vorkehrungen getroffen waren, war das Nächste die Beerdigung des Leichnams. Ich wußte, daß General Littlepage schon oft bei solchen Gelegenheiten funktionirt hatte, und durch Tom Bayard erging an ihn die Bitte, dies auch jetzt zu thun. Ich selbst sprach noch kein Wort mit irgend Einem von meiner Familie, und ließ sie bitten, mich zu entschuldigen, bis ich gegen die sterblichen Reste meines Freundes die letzten Pflichten erfüllt hätte. Nach einer halben Stunde war Alles bereit, und der feierliche Zug setzte sich wieder in Bewegung. Wie zuvor, eröffneten Susquesus und Jaap den Zug, und der Letztere trug jetzt eine Schaufel und übernahm das Geschäft des Todtengräbers. Der Indianer trug eine angezündete Fackel von Kienholz, da es mittlerweile so dunkel geworden war, daß künstliches Licht nöthig wurde. Auch Andere von der Gesellschaft hatten solche natürliche Fackeln, welche das Feierliche und Ergreifende der Scene sehr erhöhten. General Littlepage schritt vor dem Leichnam her, mit einem Gebetbuch in der Hand. Dann folgten die Träger mit dem Sarge, denn die Pferde hatte man jetzt losgespannt. Dus, von Kopf zu Fuß in Schwarz gehüllt und auf Frank sich stützend, erschien als Hauptleidtragende. Obgleich dies mit den eigentlichen New-Yorker Gebräuchen nicht ganz übereinstimmte, dachte doch Niemand daran, daß bei dieser Gelegenheit die herkömmliche Zurückhaltung des andern Geschlechts sich bethätigen sollte. Jedermann auf dem Nest und von der Nähe, Weiber wie Männer, erschienen, das Andenken Kettenträgers zu ehren, und Dus trat als erste Leidtragende auf. Priscilla Bayard, auf den Arm ihres Bruders Tom gestützt, schloß sich zunächst an ihre Freundin an, mit welcher sie jedoch noch kein Wort gewechselt hatte; und nachdem

Alles vorüber war, sagte mir Priscilla, es sey dies das erste Leichenbegängniß, dem sie angewohnt, das erste Mal, daß sie an einem Grabe gestanden. Dasselbe war auch der Fall bei meiner Großmutter, meiner Mutter und meinen beiden Schwestern. Ich erwähne dies, damit nicht in tausend Jahren ein Alterthumsforscher, dem dies Manuskript zu Händen kommt, über unsre Gebräuche sich täusche. In neuern Zeiten führen die Neuengländer in dem alten Herkommen der Colonie nach und nach eine Neuerung ein; aber bei den höhern eigentlichen New-Yorker Familien begleiten auch jetzt noch die Frauen die Leichenbegängnisse nicht. In dieser Hinsicht, besorge ich, folgen wir den Sitten von England, wo die Frauen der untern Klassen zwar, wie ich gehört habe, bei solchen Gelegenheiten erscheinen, die der höhern aber nicht. Der Grund des Unterschiedes zwischen Beiden ist sehr leicht zu begreifen, aber ich beschränke mich in meinen Angaben auf die Thatsachen, so gut ich sie weiß, ohne mir anzumaßen, darüber zu philosophiren.

Alle unsre Damen also wohnten dem Begräbniß Kettenträgers bei. Ich kam zunächst nach Priscilla und Tom, und Kate drängte sich an meine Seite und legte ihren Arm in den meinigen, ohne zu sprechen. Hierbei faßte jedoch das liebe Mädchen meine Hand in ihre kleine Hand und gab ihr einen warmen Druck, welcher aussprechen sollte, wie herzlich sie sich freue, mich wohlbehalten aus den Händen der Philister gerettet zu sehen. Die übrige Gesellschaft schloß sich hinten an, und sobald der Indianer sah, daß Alle in Ordnung standen, schritt er langsam weiter, seine Fackel so hoch haltend, daß sie den Schritten der ihm zunächst Folgenden Licht gab.

Es war die Weisung nach dem Nest geschickt worden, für Andries in dem Obstgarten, nicht weit entfernt vom Rande der Felsen, ein Grab zu graben. Wie ich nachher erfuhr, war dies gerade der Platz, wo eines der denkwürdigsten Ereignisse im Leben des Generals vorgefallen war, ein Ereigniß, bei welchem Susquesus und Jaap Beide eine bedeutende Rolle gespielt hatten. Dahin also begaben wir uns in der Ordnung und im Schritte des Leichenzuges, und die Fackeln warfen ihr wildes und für diese Gelegenheit ganz passendes Licht auf die nähern Theilnehmer der Scene. Niemals klang mir die Liturgie feierlicher, denn meines Vaters Stimme hatte eine Fülle und ein Pathos, welche wunderbar für diese Gelegenheit paßten. Sodann fühlte er auch, was er las, was nicht immer der Fall ist, selbst wenn Geistliche funktioniren; denn nicht nur war General Littlepage ein genauer Freund des Verstorbenen, sondern er war auch ein frommer Christ. Ich fühlte ein Pochen des Herzens, als ich das Fallen der ersten Erdschollen auf den Sarg Kettenträgers hörte; aber die Ueberlegung führte wieder friedliche Ruhe ins Herz zurück, und von diesem Augenblick an wurde mir Dus so zu sagen doppelt theuer. Es war mir, als ob alle Liebe und Sorge ihres Oheims für sie auf mich übergegangen, und ich hinfort sein Vertreter bei seiner geliebten Nichte wäre. Während der ganzen Ceremonie hörte ich kein Schluchzen von Dus. Ich wußte, daß sie weinte, und bitterlich weinte; aber ihre Selbstbeherrschung war so groß, daß sie jede ungebührliche Aeußerung ihres Schmerzens in Gegenwart von Andern zurückhielt. Wir blieben Alle am Grabe stehen, bis Jaap es mit großem Geschick wieder geschlossen und gewölbt, und es wieder mit dem Rasen zugedeckt hatte. Dann formirte sich der Zug wieder, und wir begleiteten Frank und Dus an die Thüre des Hauses, worauf sie hineinging und uns draußen ließ. Priscilla Bayard jedoch schlüpfte ihrer Freundin nach, und ich sah sie durch das Fenster des Gesellschaftszimmers, beim Licht des Feuers drinnen, einander in die Arme schließen. Im nächsten Augenblick zogen sie sich mit einander in das kleine Zimmer zurück, welches Dus sich zu ihrem besondern Gebrauch eingerichtet hatte.

Jetzt erst umarmte ich die Meinigen und wurde von ihnen umarmt. Meine Mutter hielt mich lange mit ihren Armen umschlossen, nannte mich: „Lieber, lieber Junge!“ und befeuchtete mein Gesicht mit ihren Thränen. Kate machte es so ziemlich ebenso, doch sagte sie Nichts. Die Umarmung Anneke's, meiner lieben Schwester Kettletas, war ganz in ihrer Art, sanft, aufrichtig und warm. Auch darf ich meine gute alte Großmutter nicht vergessen; denn obgleich sie zuletzt kam von den Frauen, hielt sie mich doch am längsten in ihren Armen; und nachdem sie Gott inbrünstig gedankt für meine Rettung aus der Gefahr, betheuerte sie, ich würde mit jeder Stunde mehr den Littlepage's ähnlich. Tante Mary küßte mich mit ihrer gewohnten Zärtlichkeit.

Theilweise jedoch fanden diese Umarmungen erst Statt, nachdem wir in das Gesellschaftszimmer getreten waren, das uns Frank, zartfühlend nicht minder als rücksichtsvoll, nach dem Vorgange von Dus allein überließ. Aber Oberst Follock brachte seine Begrüßung und Beglückwünschung bei mir an noch ehe wir den Hof verließen, und zwar mit einer Wärme und Herzlichkeit, wie ein zweiter Vater.

„Wie herrlich der General liest und betet, Mortaunt,“ fuhr dann unser alter Freund fort, und zwar, weil er erregt war, mit stark holländischem Accent. „Ich habe immer behauptet, Corny Littlepage würde einen so guten Dominie geben, als irgend ein Rektor, den sie je in Old Trinity hatten. Aber er hat auch einen eben so guten Soldaten gegeben. Corny ist ein außerordentlicher Mann, Mortaunt, und er wird gewiß noch einmal Gouverneur.“

Dies war eine Lieblingstheorie von Oberst Van Valkenburgh. Er für seine Person war ganz ohne Ehrgeiz, während ihm für seinen Freund, Corny Littlepage, Nichts gut genug war. Kaum verfloß ein Jahr, daß er nicht darauf anspielte, wie angemessen es wäre, den General zu irgend einem hohen Posten zu erheben; und ich weiß nicht, ob seine Anspielungen dieser Art nicht wirklich ihren Erfolg gehabt haben; denn mein Vater wurde in den Congreß gewählt, sobald die neue Constitution fertig war, und behielt seinen Sitz darin, so lange seine Gesundheit und seine Bequemlichkeit es ihm gestatteten.

Natürlich war ein Nachtessen für beide Reisegesellschaften bereitet worden, und zur gehörigen Zeit nahmen wir Alle am Tische unsere Plätze ein. Wenn ich aber gesagt habe: Alle, so ist dies nicht buchstäblich richtig. Denn Frank, Dus und Priscilla Bayard erschienen diesen Abend nicht mehr unter uns. Ich vermuthe, sie bekamen Alle Etwas zu essen, aber Jedes nahm seine Mahlzeit abgesondert von der übrigen Familie ein.

Nach dem Abendessen wurde ich aufgefordert, der Reihe nach alle die Ereignisse und Vorfälle, die mit meinem Besuch auf dem Nest, meiner Gefangenschaft und

Befreiung in Verbindung standen, zu erzählen. Dies that ich denn natürlich, an meiner Großmutter Seite sitzend, und während meiner ganzen Erzählung hielt die alte Matrone eine meiner Hände in der ihrigen. Sämmtliche Anwesende hörten mir mit der tiefsten Aufmerksamkeit zu, und ein nachdenkliches, ernstes Schweigen folgte auf meine Erzählung, welche mit der Beschreibung unseres Aufbruchs von der Mühle schloß.

„Ja!“ rief Oberst Follock, der zuerst sprach, nachdem ich mit meiner Erzählung fertig war. „So ist es mit der Yankee-Religion! Nun will ich Euch dafür stehen, Corny, daß der Kerl, Tausendacres, gewiß predigen und beten konnte gerade wie all unsere übrigen Pilgerväter.“

„Es gibt Spitzbuben von New-Yorker Geburt und Herkunft, Oberst Follock, so gut wie solche, die von Neu-England stammen,“ antwortete mein Vater trocken; „und der Brauch des Squatterwesens ist eine Sache, die der Zustand des Landes leicht mit sich bringt, da die Menschen sicherlich am wenigsten Umstände machen und sich die meiste Freiheit nehmen mit dem Eigenthum, das am wenigsten geschützt und bewacht ist. Squatters entstehen durch die Umstände, und nicht durch eine besondere Gemüthsart und Geneigtheit eines bestimmten Theils einer Bevölkerung, sich das Land Anderer zu ihrem Nutzen anzueignen. Es wäre wohl ebenso mit unsern Schweinen und Pferden, wenn sie ebenso den räuberischen Gelüsten und Händen gesetzloser Menschen preisgegeben wären, möchten nun diese von Connektikut oder von Long Island kommen.“

„Laßt mich nur einmal Einen von diesen Herren unter meinen Pferden ertappen!“ versetzte der Oberst, mit einem drohenden Kopfschütteln, denn als ein ächter Holländer hatte er eine ungemeine Vorliebe für diese Thiere, „ich wollte ihn mit meinen eigenen Händen zausen, ohne Richter und Jury.“

„Das könnte zu beinahe ebenso großem Unheil führen, als das, welches aus dem Squatterwesen entspringt, Dirck,“ versetzte mein Vater.

„Beiläufig gesagt, Sir,“ fiel ich ein, da ich wußte, daß Oberst Follock manchmal über solche Gegenstände überschwängliche Ansichten preisgab, obgleich er ein so ehrlicher und wohlmeinender Mann war, als nur je Einer gelebt hat; „ich habe einen Umstand zu erwähnen vergessen, der wohl einiges Interesse haben dürfte, da Squire Newcome ein alter Bekannter von Euch ist.“ Nun erzählte ich alle einzelnen Umstände des ersten Besuchs Mr. Jason Newcome's auf der Lichtung Tausendacres', und das Wesentliche des von mir belauschten Gesprächs zwischen dem Squatter und dem ehrlichen Magistrat. General Littlepage hörte mit gespanntester Aufmerksamkeit zu; und Oberst Follock zog die Augbrauen hinauf, brummte und grunzte, lachte, so gut es Einer kann, wenn er eine Pfeife im Munde hält, und sprach, so gut er es unter diesen Umständen vermochte, und mit gehörigem Nachdruck das einzige Wort: „Danbury!“ aus.

„Nein, nein, Dirck,“ versetzte mein Vater, „wir dürfen nicht alle diese Verbrechen und Laster unsern Nachbarn aufbürden, denn viele derselben wachsen, von dem Setzling an bis zum fruchttragenden Baume, auf unserem eigenen Boden. Ich kenne diesen Mann, Jason Newcome, ziemlich genau; und obgleich ich ihm mehr traute, als ich vielleicht hätte thun sollen, hielt ich ihn doch nie für einen Mann, der sich im Mindesten an unsere herkömmlichen Begriffe von Ehre und Rechtlichkeit binde. Was man: gesetzlich-ehrlich nennen könnte, dafür habe ich ihn gehalten; aber es scheint fast, ich habe mich darin geirrt. Dennoch bin ich nicht gemeint, zuzugeben, daß sein Geburtsort oder seine Erziehung der einzige Grund seiner schlimmen Streiche sey."

„Gesteht die Wahrheit, Corny, wie ein Mann, der Ihr ja seyd, und bekennt, es sind lauter Ideen unserer Pilgerväter und Danbury-Ideen. Was nützt es, wenn Ihr jetzt Euren eigenen Sohn irre leitet, der doch früher oder später selbst die ganze Wahrheit erkennen wird?"

„Es sollte mir leid thun, Dirck, wenn ich meinem Sohn engherzige Vorurtheile beibrächte. Der letzte Krieg hat mich vielfach in Verkehr mit Offizieren von Neu-England gebracht, und dieser Verkehr hat mich gelehrt, diesen Theil unserer Mitbürger höher zu achten, als wir vor der Revolution zu thun pflegten."

„Nur still mit dem Verkehr, und der Achtung, und dem Lehren, Corny! Das ganze Squatterwesen ist über den Fluß Byram gekommen, und wenn wir nicht ein Auge darauf haben, werden uns die Yankee's all unser Land wegnehmen."

„Jason Newcome, als ich ihn zuerst kennen lernte, und ihn am genauesten kannte." fuhr mein Vater fort, ohne, so schien es, den Bemerkungen seines Freundes, des Obersts, sonderliche Aufmerksamkeit zu widmen, „war ein außerordentlich unflügger, engherziger Provinziale, der allerdings eine unsinnig hohe Meinung hatte von der hohen Vortrefflichkeit desjenigen Gesellschaftszustandes, aus dessen Mitte er so eben hergekommen war. Er hegte eine ebenso große Verachtung gegen New-York, New-Yorker Witz, New-Yorker Gebräuche, und ganz besonders gegen New-Yorker Religion und Moral, als Dirck hier sie zu hegen scheint gegen alle diese Artikel, so wie sie in Neu-England zu finden sind. Mit Einem Wort, der Yankee verachtete den Holländer, und der Holländer verabscheute den Yankee. In all diesem ist nichts Neues, und ich glaube, die hochmüthige Gesinnung des Mannes von Neu-England läßt sich sehr leicht bis zu seiner Abstammung im Mutterlande selbst verfolgen. Aber Verschiedenheiten bestehen, das gebe ich zu, und ich bin der Meinung, daß die Gesinnung und Denkweise, womit jeder Neu-Engländer zu uns kommt, in Folge seiner Angewöhnungen unserem Gesellschaftszustand in vielen Punkten – zum Theil löblichen, zum Theil unlöblichen – entgegen und feindselig ist, und dies nur darum, weil sie ihm neu und fremd sind. Unter Anderem findet die Bevölkerung jener Staaten im Ganzen keinen Geschmack an den Verpachtungen, die auf unsern großen Gütern üblich sind. Es gibt Männer genug in diesem Theile des Landes, welche zu aufgeklärt und gebildet sind und deren Rechtlichkeit zu unbestechlich ist, als daß sie nicht Allem sich widersetzten, was in Beziehung auf diesen Gegenstand Unrechtes vorkommt; aber die Vorurtheile beinahe Aller, die vom Osten herkommen, sind gegen das Verhältniß von Grundherr und Pächter, und dies nur darum, weil sie keine großen Grundherren unter sich sehen möchten, da sie selbst keine großen Grundherren sind. Ich habe nie einen Gentleman oder einen Mann von Erziehung aus Neu-England gesprochen, der etwas Unrechtes daran gefunden hätte, daß ein Grundbesitzer einen einzelnen Pachthof an einen einzelnen

Pächter, oder ein Halbdutzend Pachthöfe an ein Halbdutzend Pächter verleihe; ein Beweis, daß es nicht das Pachtverhältniß selbst es ist, gegen was sie sich auflehnen, sondern gegen eine Klasse von Menschen, welche ihnen überlegen und vornehmer als sie sind oder scheinen."

„Ich habe das Argument gegen das Pachtsystem geltend machen hören, daß es das Wachsthum und Gedeihen jedes Distrikts, wo es herrscht, verzögere und hemme, und den Wohlstand vermindere."

„Daß es das Wachsthum nicht hemmt, beweist der Umstand, daß man zu Pachtgütern immer Pächter findet, während es oft Jahre ansteht, bis man sie verkaufen kann. Dies Gut ist jetzt halb besetzt, und wird ganz besetzt seyn, lang ehe Mooseridge zum dritten Theil verkauft ist. Daß letzteres am Ende der reichere und besser angebaute Distrikt seyn mag, ist ganz wahrscheinlich; und dies aus den einfachen Gründen, weil diejenigen, welche gleich von Anfang kaufen und nicht pachten, die Reicheren sind, und weil der Eigenthümer gewöhnlich für seine Grundstücke besser sorgt, als der bloße Pächter. Aber manche der reichsten, bestangebauten und civilisirtesten Gegenden auf der Erde sind solche, wo die jetzigen Inhaber, so wie die früheren seit uralter Zeit, bloße Pächter sind und waren. Es ist leicht in diesen Dingen zu schwatzen und zu phantasiren, aber es ist nicht so leicht, zu richtigen Ergebnissen zu gelangen, als Manche sich einbilden. So gibt es Distrikte in England z. B. – Norfolk insbesondere – wo die Verbesserungen beinahe ganz Werk der Hülfsquellen und des Unternehmungsgeistes der großen Besitzer sind. Glaube mir, Mordaunt, als Frage der politischen Oekonomie hat die Sache zwei Seiten: als eine Frage des bloßen Magens betrachtet, wird eben Jeder sie ansehen, je nachdem er den Kropf weiter oben oder weiter unten hat."

Bald nach diesem klagten die Damen über Müdigkeit, ein Gefühl, das Alle theilten; und die Gesellschaft trennte sich für den Abend. Wie es scheint, hatte der General durch den Boten sagen lassen, was er bei seinem Besuch auf Ravensnest bedürfe, und so waren die guten Leute daselbst im Stande gewesen, solche Vorkehrungen zu treffen, daß Jedermann sich ziemlich behaglich fand.

## Dreißigstes Kapitel

Lid. Der Sieg ist Euer, Herr.

König. Und ein glorreicher ist's, und trefflich hebt
Er unsre Gnad' hervor; des Todtes widmen
Wir unsren Schmerz; den Lebenden den Wunsch
Endlosen Glückes.

*Beaumont und Fletcher.*

In Folge großer Ermüdung blieb ich am folgenden Morgen bis spät im Bette. Als ich das Haus verließ, ging ich durch den jetzt immer offenen Thorweg – denn man dachte jetzt nicht mehr an Verteidigung gegen Feinde – und wandelte nachdenklich dem Grabe Kettenträgers zu. Ehe ich dies that jedoch, ging ich nach den beiden Ecken des Hauses, um einen Blick auf die Felder zu werfen. Auf einer Seite des Hauses sah ich meinen Vater und meine Mutter, Arm in Arm, sich umschauen; und auf der andern stand Tante Mary, allein, in tiefem Sinnen in der Richtung einer waldbewachsenen Schlucht schauend, welche die Scene eines wichtigen Ereignisses aus der frühern Geschichte der Gegend gewesen war. Als sie sich wandte, um wieder in das Haus zu gehen, sah ich ihr Antlitz in Thränen gebadet. Diese achtungswürdige Frau, die jetzt über die Vierzig hinaus war, hatte ihren Verlobten auf eben dieser Stelle, vor einem Vierteljahrhundert, in einem Treffen verloren, und sah jetzt zum ersten Mal wieder seit jenem unglücklichen Ereignisse den Schauplatz desselben.

Etwas beinahe ebenso Interessantes, obwohl nicht von so trauriger Art, zog meine Eltern nach der andern Seite des Hauses hin. Als ich zu ihnen trat, lag im Angesicht Beider der Ausdruck dankbaren Glückes, vielleicht ein wenig gedämpft und getrübt durch sich anknüpfende Erinnerungen anderer Art. Meine liebe Mutter küßte mich zärtlich, als ich herankam, und der General gab mir herzlich die Hand und wünschte mir guten Morgen.

„Wir sprachen von Dir," bemerkte der Letztere, „in dem Augenblick, wo Du erschienest. Ravensnest wird jetzt ein werthvolles Besitzthum; und das Einkommen davon, verbunden mit dem Ertrage dieses großen und ganz vortrefflichen Landgutes, das Du selbst in Händen hast, sollte ein Landhaus nicht nur reichlich erhalten können, sondern auch noch weiter reichen. Du wirst natürlich binnen Kurzem ans Heirathen denken, und Deine Mutter und ich sprachen eben davon, Du solltest ein tüchtiges, stattliches steinernes Haus eben auf dieser Stelle bauen und Dich auf Deinem Eigenthum ansiedeln. Nichts trägt so sehr zur Civilisation einer Gegend bei, als wenn sich in derselben da und dort eine Gentry niederläßt, und Du wirst sowohl Vortheile Andern zuwenden, als selbst ziehen, wenn Du dies Verfahren einschlägst. Solche, die sich nicht durch eigene Erfahrung davon überzeugt haben, können unmöglich ermessen, welche Wirkungen die Folge davon sind, wenn die Familie auch nur Eines Gentleman in einer Gegend sich ansiedelt, für Geschmacksbildung, Sitten und Benehmen, Aufklärung und Civilisation überhaupt."

„Ich bin ganz bereit, Sir, in diesem Punkte, wie in andern, meine Pflicht zu erfüllen; aber ein gutes steinernes Landhaus, wie ein Grundherr auf seinem Besitzthum es bauen muß, kostet Geld, und ich habe kein Geld in Händen zu einem solchen Unternehmen."

„Das Haus wird viel weniger kosten, als Du meinst. Die Materialien sind wohlfeil, und im jetzigen Augenblick auch die Arbeit. Deine Mutter und ich werden es wohl so richten, daß wir Dir einige Tausend extra leihen können, denn unser Besitzthum in der Stadt fängt an wieder Etwas einzutragen, und Du darfst deßwegen ohne Sorge seyn. Wähle Dir den Platz und lege den Grundstein zum Hause noch diesen Herbst; laß das Holz sägen und den Kalk brennen und die anderen Vorbereitungen treffen – und ordne Alles so, daß Du Deine Weihnachtsmahlzeit im Jahr 1785 in der neuen Residenz zu Ravensnest einnehmen kannst. Bis dahin wirst Du bereit seyn, Dich zu verheirathen und wir können dann Alle kommen und das Haus einweihen helfen."

„Ist denn etwas Besonderes vorgefallen, Sir, was Euch glauben macht, ich habe solche Eile zu heirathen? Ihr scheint meine Vermählung und das neue Haus in solche Verbindung mit einander zu bringen, daß ich jenes fast glauben muß."

Da hatte ich meinen Vater gefangen; und während meine Mutter sich abwandte und lächelte, sah ich, daß mein Vater erröthete, obgleich er sich zwang, zu lachen. Nach einem Augenblick der Verlegenheit jedoch versetzte er mit Lebhaftigkeit – (und während dem kam meine gute alte Großmutter heran und legte ihren Arm in den seinigen, d. h. in denjenigen, der noch frei war.)

„Ei, Mord, mein Junge, Du mußt sehr wenig von dem feurigen Blut der Littlepage's in Dir haben," sagte er, „wenn Du Tag für Tag solche weibliche Liebenswürdigkeit sehen kannst, wie jetzt in Deiner Nähe ist, ohne Dein Herz zu verlieren."

Meine Großmutter wurde unruhig und meine Mutter ebenfalls; und ich bemerkte, daß Beide der Ansicht waren, der General habe eine allzu kecke Demonstration gemacht. Mit dem ihrem Geschlecht eigenen Takt wären sie wohl behutsamer zu Werke gegangen. Ich sann einen Augenblick nach, und entschloß mich dann, ganz offen zu verfahren; denn der jetzige Augenblick war so passend als ein anderer, mein Geheimniß zu entdecken.

„Ich möchte nicht unaufrichtig gegen Euch seyn, mein lieber Sir," antwortete ich; „denn ich weiß, wie viel besser es ist, offen zu seyn in Sachen, welche für eine ganze Familie ein gemeinsames Interesse haben, als den Geheimnißvollen zu spielen. Ich bin ein ächter Littlepage, was die Empfänglichkeit des Herzens für die Reize des andern Geschlechts betrifft, und habe nicht in täglichem vertrautem Verkehr mit weiblicher Liebenswürdigkeit gelebt, ohne ihren Einfluß dergestalt empfunden zu haben, daß ich ein warmer Anwalt des Ehestandes bin. Es ist mein Wunsch zu heirathen, und zwar noch ehe dieser neue Wohnsitz zu Ravensnest völlig hergestellt seyn kann."

Der allgemeine Ausruf der Freude, der auf diese Erklärung folgte, klang meinem Ohr wie eine Todtenglocke, denn ich wußte wohl, es mußte darauf eine Enttäuschung folgen, die in genauem Verhältniß zu den jetzt erweckten Hoffnungen stand. Aber ich war zu weit gegangen, um noch zurück zu können, und fühlte mich verpflichtet, mich weiter zu erklären.

„Ich fürchte, meine lieben Eltern und meine geliebte Großmutter," fuhr ich fort, sobald ich sprechen konnte, die Nothwendigkeit erkennend, so rasch als möglich mich auszusprechen, „daß Ihr mich mißverstanden habt."

„Gar nicht, mein lieber Junge – gar nicht," unterbrach mich mein Vater. „Du bewunderst Priscilla Bayard, aber Du bist ihrer Gesinnungen gegen Dich noch nicht so sicher, daß Du schon gewagt hättest, Deinen Antrag zu machen. Aber was thut das? Deine Bescheidenheit gereicht Dir zum Lobe; obwohl ich gestehen will, daß meiner Ansicht nach ein Gentleman, sobald er selbst entschlossen ist, seine Geliebte sollte wissen lassen, daß er ein Bewerber um ihre Hand ist, und es mir ungroßmüthig und unmännlich erscheint, zu warten, bis man des Erfolges gewiß ist. Merke Dir das, Mordaunt, mein Junge: in Sachen dieser Art kann zu weit getriebene Bescheidenheit zum Fehler werden."

„Ihr mißversteht mich noch immer, Sir. Ich habe mir, was männliche Handlungsweise betrifft, Nichts vorzuwerfen, obwohl ich in anderer Hinsicht zu weit gegangen seyn mag, ohne die Meinigen zu Rathe zu ziehen. Abgesehen von aufrichtigem Wohlwollen und Freundschaft fühle ich nichts für Priscilla Bayard, und fühlt Priscilla Bayard nichts für mich."

„Mordaunt!" rief eine Stimme, die ich nie hörte, ohne daß sie kindliche Zärtlichkeit in mir erweckte.

„Ich habe nur die Wahrheit gesprochen, theuerste Mutter, und die Wahrheit, die ich früher schon hätte aussprechen sollen. Miß Bayard würde mich morgen ausschlagen, wenn ich ihr meinen Antrag machte."

„Ihr wißt das nicht, Mordaunt – Ihr könnt das nicht wissen, bis Ihr den Versuch macht," unterbrach mich meine Großmutter etwas lebhaft. „Die Gemüther junger Frauenzimmer lassen sich nicht nach denselben Regeln beurtheilen, wie die jungen Männer. Ein solcher Antrag kommt nicht jeden Tag, das kann ich ihr sagen; und sie ist viel zu einsichtsvoll und besonnen, als daß sie etwas so Einfältiges thäte. Es steht allerdings nicht in meiner Macht, zu wissen und zu sagen, wie Priscilla gegen Euch gesinnt ist; aber wenn ihr Herz noch frei, und Mordy Littlepage nicht der Jüngling ist, der es gestohlen hat, so verstehe ich mich nicht auf mein eigenes Geschlecht."

„Aber Ihr vergeßt, liebste Großmutter, daß, wenn alle Eure für mich so schmeichelhaften Voraussetzungen wahr wären – was sie, wie ich mit gutem Grund glaube, nicht sind, – daß ich auch dann nur bedauern könnte, daß es so wäre; denn ich liebe eine Andere."

Diesmal war der Eindruck meiner Worte ein so tiefer, daß ein allgemeines Schweigen die Folge war. Gerade in diesem Augenblick trat eine Unterbrechung von so süßer und eigenthümlicher Art ein, daß ich mich wenigstens sehr erleichtert fühlte, und der Notwendigkeit überhoben war, den Sinn meiner Worte sofort näher zu erläutern. Ich will erklären, worin diese Unterbrechung bestand.

Der Leser erinnert sich vielleicht noch, daß an den äußern Wänden des Hauses zu Ravensnest ursprünglich Licht- und Schießlöcher angebracht waren, zum Behufe der Vertheidigung, welche in diesen friedlichen Zeiten als kleine Fenster benützt wurden. Wir standen unter einer dieser Oeffnungen, jedoch nicht so nahe, daß wir von Jemand, der daran stand, gesehen oder gehört werden konnten, wenn wir nicht in lauterem Tone sprachen, als in welchem die gegenwärtige Unterredung geführt wurde. Aus diesem Lichtloch drangen gerade in diesem Augenblick die leisen, süßen Noten einer von Dus' köstlichen indianischen Hymnen, so möchte ich sie nennen, hervor, gesungen, wie sie pflegte, nach einer klagenden schottischen Melodie. Wie ich einen Blick nach dem Grabe Kettenträgers hinüber warf, sah ich Susquesus darauf stehen, und im Augenblick errieth ich das Gefühl, welches Ursula zu diesem Gesange trieb. Die Worte hatte ich mir früher erklären lassen, und ich wußte, daß sie vom Grabe eines Kriegers sprachen.

Der aufgehobene Finger, der entzückte Ausdruck des Auges, die ganze Haltung der gespannten Aufmerksamkeit, welche meine geliebte Mutter annahm – das Alles beurkundete das Wohlgefallen und die Rührung, die sie empfand. Als aber die Sängerin plötzlich, nachdem die letzten gutturalen Laute der Onondagosprache in unserem Ohre verhallt waren, zur englischen Sprache überging, und in derselben Melodie eine feierlichernste englische Hymne anhub, kurz zwar, aber voll Hoffnung und Frömmigkeit, da stürzten meiner Mutter und meiner Großmutter die Thränen aus den Augen, und selbst General Littlepage ergriff auf ziemlich verdächtige Weise Gelegenheit, sich zu schnauben. Bald starben die Töne dahin, und die köstliche Melodie war zu Ende.

„In aller Wunder Namen, Mordaunt, Wer mag diese Nachtigall seyn?“ fragte mein Vater, denn keine von den Frauen konnte sprechen.

„Das ist das Mädchen, Sir, der ich mein Wort und meine Hand verpfändet habe – das Mädchen, das ich heirathen muß, oder unverheirathet bleiben.“

„So ist dies also die Dus Malbone oder Ursula Malbone, von welcher ich so viel gehört habe von Priscilla Bayard während der letzten paar Tage,“ sagte meine Mutter, mit einem Ton und Weise, wie wenn ihr plötzlich ein Licht aufgegangen wäre über einen Gegenstand von höchstem Interesse für sie; „ich mußte wohl Etwas der Art erwarten, wenn die Lobpreisungen Priscilla's nur zur Hälfte gegründet sind.“

Niemand hatte eine bessere Mutter, als die meinige war. Durch und durch eine Lady in Allem, was zu dem Wesen einer solchen gehört, war sie ebenso auch eine demüthige und fromme Christin. Dennoch sind Demuth und Frömmigkeit, besonders die erstere, in gewissen Beziehungen, Sachen der konventionellen Anschauungsweise. Die Schicklichkeit galt in den Augen meiner beiden Eltern Viel, und ich kann nicht sagen, daß sie in meinen Augen Nichts gelte. Bei Nichts ist diese Schicklichkeit mehr am Platz, als bei der Schließung von vernünftigen Ehen; und kluge und umsichtige Eltern werden sich am allerwenigsten den Vorwurf zuziehen wollen, daß sie nicht alle mögliche Sorge und Aufmerksamkeit darauf gerichtet hätten, daß ihr Kind eine schickliche und angemessene Verbindung eingehe, – angemessen ebenso in Bezug auf Stand, Lebensgewohnheiten, Ansichten, Bildung und Denkweise überhaupt, wie auf Vermögen. Grundsätze verstehen sich bei Personen von Grundsätzen von selbst; aber, diesen untergeordnet, ist doch immer die weltliche Lage und Stellung in den Augen der Eltern von großem Gewicht. Meine Eltern waren hierin nicht so sehr verschieden von andern Leuten, und ich bemerkte wohl, daß jetzt Beide dachten, Ursula Malbone, des Kettenträgers Nichte, welche selbst einmal die Meßkette getragen – ich hatte nämlich diesen Umstand in einem meiner Briefe leicht erwähnt – sey kaum eine passende Partie für den einzigen Sohn General Littlepage's. Keines von Beiden jedoch sprach Viel; nur that mein Vater, ehe wir uns trennten, ein paar Fragen an mich, welche sich einigermaßen auf diesen Punkt bezogen.

„Habe ich Dich recht verstanden, Mordaunt,“ fragte er, so ziemlich mit dem ernsthaften Wesen, das sich bei einem Vater erwarten ließ, nachdem er eine so wenig willkommene Nachricht vernommen, „habe ich dich recht verstanden, Mordaunt, daß Du wirklich versprochen bist mit dieser jungen – hm, hm – dieser jungen Person?“

„Besinnt Euch nicht, mein lieber Vater, Ursula Malbone eine Lady zu nennen. Sie ist eine Lady der Geburt und der Bildung nach. Eine Lady, ganz gewiß – sonst hätte sie nimmermehr in das Verhältniß zu Eurer Familie treten können, in welchem sie steht.“

„Und was für ein Verhältniß ist dies, Sir?“

„Eben dieses, mein lieber Vater. Ich habe Ursula meinen Antrag gemacht – unbesonnener, übereilter Weise, wenn Ihr wollt, da ich hätte warten, und Euch und meine Mutter um Rath fragen sollen – aber wir folgen nicht immer den Geboten der Schicklichkeit in Sachen, wo das Herz so sehr betheiligt ist. Ich glaube gern, Sir, Ihr handeltet weiser,“ – hier bemerkte ich ein leichtes Lächeln, das um den hübschen Mund meiner Mutter spielte, und ich begann zu vermuthen, daß der General in diesem Punkte nicht pflichtgemäßer gehandelt habe als ich – „aber ich hoffe, dieser mein Fehler wird Entschuldigung finden in Betracht der Macht einer Leidenschaft, welcher zu widerstehen uns Allen so schwer wird.“

„Aber was ist das Verhältniß, in welchem diese junge – Lady – zu meiner Familie steht. Mordaunt? Ihr seyd doch nicht schon vermählt?“

„Keineswegs, Sir; so weit hätte ich nimmermehr die Rücksicht und Achtung vergessen können, die ich Euch Dreien schuldig bin – ja selbst Anneke'n und Katrinke'n. Ich habe meinen Antrag gemacht und bin bedingter Weise erhört worden –“

„Und diese Bedingung ist –“

„Die Einwilligung von Euch Dreien; die völlige Zustimmung aller meiner nahen Verwandten. Ich glaube, daß Dus, die theure Dus, mich liebt, und daß sie mir freudig die Hand reichen würde, wenn sie gewiß wüßte, daß es Euch angenehm wäre, aber daß kein Zureden von mir sie, wenn dies nicht der Fall wäre, je dazu bewegen könnte."

„Das ist Etwas, denn es beweist, daß das Mädchen Grundsätze hat," versetzte mein Vater. „Ei, Wer geht denn dort?"

Ja wohl. Wer ging dort? Da gingen Frank Malbone und Priscilla Bayard Arm in Arm, und so ins Gespräch vertieft, daß sie nicht sahen, Wer sie beobachtete. Ich glaube fast, sie bildeten sich ein, in den Wäldern zu seyn, geschützt gegen neugierige Blicke, in völliger Freiheit herumzuschlendern, und sich so viel als ihnen beliebte, mit einander zu beschäftigen; oder, was noch wahrscheinlicher ist, sie dachten in diesem Augenblicke an Nichts als an sich. Sie kamen aus dem Hof heraus und schritten rasch in den Obstgarten, so leicht, als wenn sie in der Luft wandelten und allem Anschein nach so glücklich als die Vögel, die auf den Bäumen umherzwitscherten und jubelten.

„Da, Sir," sagte ich bedeutungsvoll, „da, meine liebe Mutter, ist der Beweis, daß der Miß Priscilla Bayard meinetwegen das Herz nicht brechen wird."

„Das ist in der That sehr außerordentlich!" rief meine schwer enttäuschte oder getäuschte Großmutter. – „Ist das nicht der junge Mann, der, wie man uns sagte, den Vermesser Kettenträgers machte, Corny?"

„Ja wohl, meine gute Mutter, und ein recht tüchtiger und angenehmer Jüngling ist er, wie ich aus einem Gespräche weiß, das ich gestern Nacht mit ihm hatte. Es ist ganz klar, wir haben uns Alle geirrt," fuhr der General fort; „obgleich ich nicht weiß, ob wir sagen sollen, es sey Eines von uns getäuscht und betrogen worden."

„Da kommt Kate, mit einem Gesicht, welches verräth, daß sie vollkommen im Besitze des Geheimnisses ist," fiel ich ein, als ich meine Schwester um die Ecke des Gebäudes auf unserer Seite herumkommen sah, mit einer Miene, die mir deutlich verrieth, daß ihr Geist und ihr Herz voll waren. Sie trat zu uns, ergriff meinen Arm, ohne zu sprechen, und so folgten wir meinem Vater, welcher seine Gattin und seine Mutter nach einer kunstlosen Bank führte, welche unter einem Baum aufgestellt worden war. Hier nahmen wir Alle Platz, Jedes erwartend, daß ein Anderes zu sprechen anfange. Meine Großmutter brach zuerst das Schweigen.

„Seht Ihr dort Pris Bayard, mit diesem Mr. Frank, Kettenträger oder Landvermesser, oder wie sein Name lauten mag, lustwandelnd, meine liebe Katrinke?" fragte die gute alte Dame.

„Ja wohl, Großmama," antwortete die gute junge Lady in so leisem Tone, daß man es kaum hörte.

„Und könnt Ihr mir erklären, was es bedeutet, Schätzchen?"

„Ich glaube ja, Madame, wenn – wenn – Mordaunt es gerne hört."

„Nehmt auf mich keine Rücksicht, Kate," versetzte ich lächelnd. „Miß Priscilla Bayard wird mir nie das Herz brechen machen."

Der Blick schwesterlicher Bekümmerniß, den mir das treuherzige Mädchen zuwarf, mußte mich wohl zur innigen Dankbarkeit stimmen: und das that er auch, denn es ist gar etwas Süßes um die Liebe und Zärtlichkeit einer Schwester. Ich glaube, die Ruhe meines Gesichts und dessen lächelnder Ausdruck gaben dem lieben Geschöpf Muth, denn sie begann jetzt ihre Geschichte so rasch zu erzählen, als es passend war.

„Nun also, es bedeutet dies," sagte Kate. „Dieser Gentleman ist Mr. Francis Malbone, und er ist der Anbeter und Verlobte von Priscilla. Ich habe Alles aus ihrem eignen Munde."

„Und willst Du uns von den nähern Umständen so Viel hören lassen, als wir schicklicherweise erfahren dürfen?" sagte der General ernst.

„Priscilla hat durchaus nicht den Wunsch, irgend Etwas zu verhehlen. Sie kennt Mr. Malbone schon einige Jahre, und sie sind sich diese ganze Zeit über treu ergeben gewesen. Nichts stand der Sache im Wege, als seine Armuth. Der alte Mr. Bayard machte dagegen natürlich Einwendungen, wie Väter pflegen, wißt Ihr, und Priscilla wollte ihm deßwegen ihr Wort nicht geben. Aber – erinnert Ihr Euch nicht vom Tode einer alten Mrs. Hazleton in Bath in England gehört zu haben, diesen Sommer, Mama? Die Bayards sind jetzt um sie in Halbtrauer."

„Gewiß, meine Liebe: Mrs. Hazleton war Mr. Bayard's Tante; ich kannte sie früher wohl, ehe sie auswandern mußte – ihr Gatte war der Oberst auf Halbsold Hazleton, von der königlichen Artillerie; und sie waren natürlich Tories. Die Tante hieß Priscilla und war Pathin unsrer Pris."

„Ganz recht – nun, diese Lady hat Pris zehntausend Pfund in den englischen Fonds hinterlassen, und die Bayards willigen jetzt in ihre Heirath mit Mr. Malbone. Man sagte auch, aber ich glaube nicht, daß dies irgend einen Einfluß übt, denn Mr. Bayard und seine Gattin sind ausnehmend uneigennützige Leute, wie überhaupt die ganze Familie," fuhr Kate stockend und mit niedergeschlagenen Augen fort – „aber man sagt, der Tod eines jungen Mannes werde wahrscheinlich Mr. Malbone zum Erben eines betagten Vetters seines verstorbenen Vaters machen."

„Und nun, mein lieber Vater und meine liebe Mutter, werdet Ihr einsehen, daß der Miß Bayard das Herz nicht brechen wird, deßhalb, weil ich Dus Malbone liebe. Ich sehe aus deiner Miene, Katrinke, daß du auch von dieser meiner Schuld einigermaßen unterrichtet bist."

„So ist es; und was noch mehr ist, ich habe die junge Lady gesprochen, und kann mich kaum darüber wundern. Anneke und ich haben diesen Morgen zwei Stunden bei ihr zugebracht; und da Du Pris nicht bekommen kannst, Mordaunt, weiß ich keine Andere, welch ihre Stelle so ganz ersetzen könnte. Anneke ist auch ganz verliebt in sie."

Die liebe, gute, klare und einsichtsvolle Anneke – sie war in Folge einer einzigen Unterredung in den wahren Charakter von Dus eingedrungen, – was ich mir erklärte aus dem noch frischen Eindruck, welchen der Tod Kettenträgers auf ihr Gemüth zurückgelassen hatte. Unter gewöhnlichen Umständen würde das geistvolle

Mädchen bei einer ersten Begegnung eine ihr bisher Fremde sich nicht haben so nahe kommen lassen, daß diese schon so viele ihrer gediegenen Eigenschaften hätte entdecken können; aber jetzt, wo ihr Herz so sanft gestimmt, ihr Geist so gedämpft war, konnte Anneke mit ihrer gewohnten Milde und Freundlichkeit wohl ihre Sympathie sogleich gewinnen, und mochten sich die Beiden eng an einander anschließen. Der Leser darf nicht glauben, Dus habe ihr Herz aufgeschlossen wie ein gewöhnliches Schulmädchen und meine Schwester zur Vertrauten gemacht hinsichtlich des Verhältnisses, in welchem wir zu einander standen. Hierüber hatte sie keine Sylbe gesagt noch angedeutet. Was Kate davon wußte, das rührte von Priscilla Bayard her, die es natürlich von Frank erfahren hatte; und meine Schwester gestand mir später, das Glück ihrer Freundin sey noch erhöht worden durch die Gewißheit, daß der Vorzug, welchen sie Malbone vor mir gegeben, mir keinen Kummer verursache, und daß sie mich zum Schwager bekommen würde. Alles dies erfuhr ich von Kate bei unsern spätern Unterredungen.

„Das ist außerordentlich!“ rief der General, – „sehr außerordentlich; und für mich ganz unerwartet.“

„Wir haben kein Recht, an der Miß Bayard Wahl Etwas auszusetzen,“ bemerkte meine verständige und hochdenkende Mutter. „Sie ist, uns gegenüber, ihre eigene Herrin; und wenn ihre Eltern ihre Wahl billigen, so thun wir am besten, Nichts darüber zu sagen. Was das Verhältnis Mordaunt's betrifft, so wird er, hoffe ich, selbst unser Recht zugeben, hier unsre Ansichten zu haben.“

„Ganz gewiß, meine liebste Mutter. Alles jedoch, um was ich Euch bitte, ist, daß Ihr keine Ansicht aussprecht, als bis Ihr Ursula gesehen, bis Ihr sie kennen gelernt habt und im Stande seyd zu beurtheilen, ob sie nicht geeignet und würdig sey, nicht blos meine, sondern eines Jeden Gattin zu werden. Nur dies verlange ich von Eurer Billigkeit.“

„Das ist gerecht und billig; und ich werde Deinem Wunsche gemäß handeln,“ bemerkte mein Vater. „Du hast ein Recht, das von uns zu verlangen, Mordaunt, und ich kann es für Deine Mutter eben so wie für mich versprechen.“

„Am Ende, Anneke,“ bemerkte meine Großmutter, „weiß ich doch nicht, ob wir nicht Grund haben, uns über das Benehmen der Miß Bayard gegen uns zu beklagen. Hätte sie nur den leisesten Wink fallen lassen, daß sie mit diesem Malbrook verhängt sey, so hätte ich nie meinen Enkel zu ermuntern gesucht, auch nur einen Augenblick ernstlich an sie zu denken.“

„Euer Enkel hat nie einen Augenblick, oder auch nur einen halben Augenblick ernstlich an sie gedacht, liebste Großmutter,“ rief ich; „daher beunruhigt Euch deßhalb nicht. Nichts der Art hätte mich glücklicher machen können, als die Kunde, daß Priscilla Bayard Frank Malbone heirathe, – Nichts, als etwa die Gewißheit, daß ich selbst des Letztern Halbschwester heirathen werde.“

„Wie kann das seyn? Wie konnte so Etwas geschehen, mein Kind! Ich erinnere mich nicht, je Etwas von dieser Person gehört zu haben – viel weniger mit Euch gesprochen zu haben von einer solchen Verbindung.“

„Oh, liebste Großmutter, wir leichtfertigen Kinder setzen uns manchmal Einfälle dieser Art in den Kopf, und sie setzen sich im Herzen fest, ohne daß wir erst lang unsre Verwandten um Rath fragen, wie wir freilich sollten.“

Aber es ist unnöthig, Alles zu berichten, was bei der nun folgenden langen und abspringenden Unterhaltung gesprochen wurde. Ich hatte keinen Grund, unzufrieden zu seyn mit meinen Eltern, welche nicht nur immer große Mäßigung, sondern auch große Nachsicht gegen mich an den Tag legten. Ich gestehe, als ein Diener kam, uns zu sagen, Miß Dus sey am Frühstücktisch allein und erwarte uns, zitterte ich ein Wenig, wie ich bedachte, welche Wirkungen die zuletzt durchgemachten Scenen auf ihre äußere Erscheinung gehabt haben möchten. Sie hatte im Laufe der letzten Woche viel geweint; und als ich sie zuletzt bei dem Leichenbegängniß ganz flüchtig sah, war sie blaß und niedergeschlagen gewesen. Ein Liebender ist so eifersüchtig sogar in Bezug auf den Eindruck, den seine Geliebte auf diejenigen macht, von welchen er sie bewundert zu sehen wünscht, daß mir ganz unbehaglich zu Muthe ward, als wir zuerst in den Hof, dann in das Haus, und endlich in das Eßzimmer traten.

Ein großer, geräumiger Tisch war für unsre große Gesellschaft gedeckt. Anneke, Priscilla, Frank Malbone, Tante Mary und Ursula saßen schon, als wir eintraten, und Dus hatte den Platz oben am Tisch inne. Niemand hatte noch Etwas berührt, und die junge Herrin und Wirthin am Tische hatte noch nicht einmal angefangen, den Thee und Kaffee einzuschenken, (denn mit meiner Ankunft war der Ueberfluß, in dieser Hinsicht, im Hause eingekehrt,) sondern sie saß da, achtungsvoll Diejenigen erwartend, welche wohl als die Hauptgäste betrachtet werden konnten. Nie, schien mir, hatte Dus reizender ausgesehen. Ihre Kleidung war eine hübsch arrangirte und geschmackvolle Halbtrauer, womit ihre goldnen Haare, die rosigen Wangen und die glänzenden Augen aufs reizendste kontrastirten. Denn die Wangen Dus' hatten wieder ihre Farbe, und ihre Augen ihren Glanz gewonnen. Der Grund davon war zum Theil, daß die Vermögens-Umstände und Aussichten ihres Bruders, den eingelaufenen Nachrichten zufolge, sogar noch günstiger waren, als man uns so eben gesagt hatte. Frank traf Briefe auf dem Nest an, die ihm den Tod seines Vetters meldeten, nebst einer dringenden Einladung, sich zu dem kinderlosen Vater, einem alten und bettlägerigen Manne, als sein Adoptivsohn zu begeben. Er wurde dringend aufgefordert, Dus mitzubringen, und es war eine ansehnliche Geldsumme beigelegt, um ihn in Stand zu setzen, dies ohne Unbequemlichkeit zu thun. Dies allein schon würde einige Heiterkeit über das Angesicht der Armen und Abhängigen verbreitet haben. Dus trauerte aufrichtig um ihren Oheim, und trauerte lange um ihn; aber ihre Trauer war die einer Christin, welche hoffte. Kettenträgers tödtliche Verwundung war schon vor einigen Tagen erfolgt, und das erste Gefühl des Kummers war durch Zeit und Nachdenken etwas gemildert worden. Sein Ende war sanft und friedlich gewesen; und sie durfte glauben, daß er jetzt der Frucht seiner Reue und Buße durch das Opfer des Sohnes Gottes sich erfreue.

Es war leicht die Ueberraschung im Gesichte meiner Eltern und Großmutter zu bemerken, als Miß Malbone aufstand, mit dem Wesen einer Person, welche mit Zuversicht ihrer Stellung und ihrer Ansprüche sich bewußt ist, um die für die

Gelegenheit passenden Begrüßungen auszutauschen. Nie machte ein junges Frauenzimmer ihre Sache besser als Dus, welche so anmuthsvoll knixte, wie eine Königin, während sie die Komplimente, die sie empfing, mit der Sicherheit einer an Höfen erzogenen Dame aufnahm. Großentheils verdankte sie dies der Natur, obwohl auch ihre Erziehung gut gewesen war. Viele der vornehmsten jungen Damen der Kolonie waren Jahre lang ihre Gespielinnen gewesen; und zu jener Zeit hielt man viel mehr auf ein feines Benehmen, als jetzt unter uns Ton zu werden anfängt. Meine Mutter war entzückt; denn wie sie mich nachher versicherte, war sie jetzt schon entschlossen, Ursula als Tochter anzunehmen, da sie es der Ehre schuldig zu seyn glaubte, das von mir verpfändete Wort zu lösen. General Littlepage wäre vielleicht nicht ganz so ängstlich gewissenhaft gewesen, obwohl auch er das Recht der von mir eingegangenen Verpflichtungen anerkannte; aber Dus eroberte ihn förmlich mit Sturm. Die gedämpfte Traurigkeit ihrer Miene verlieh ihrer Schönheit etwas ungemein Feines und Edles, und Alles, was sie an diesem Morgen sprach und that, war, wie ihre Erscheinung selbst, vollkommen. Mit Einem Wort, Alle waren erstaunt, aber Alle vergnügt. Ein paar Stunden nachher, als die Frauen eine Zeit lang allein zusammen gewesen, kam meine treffliche Großmutter zu mir, und verlangte eine kurze Besprechung mit mir allein. Wir fanden einen Sitz in der Laube des Hofes; und meine ehrwürdige Großmutter begann also:

„Nun, Mordaunt, mein Lieber, es ist Zeit, daß Du daran denkst zu heirathen und Dich fest niederzulassen. Da Miß Bayard glücklich verlobt ist, sehe ich nicht, was Du Besseres thun könntest, als der Miß Malbone Deinen Antrag zu machen. Nie habe ich ein so schönes Wesen gesehen, und die großherzige Priscilla versichert mich, sie sey ebenso gut, tugendhaft und weise, als liebenswürdig. Sie ist von guter Geburt, gut erzogen und gebildet; und sie mag überdies auch noch ein hübsches Vermögen bekommen, wenn jener alte Mr. Malbone so reich ist, als man mir sagt, und so viel Gewissen hat, daß er ein gerechtes und billiges Testament macht. Nimm meinen Rath an, mein lieber Sohn, und heirathe Ursula Malbone!“

Die gute Großmutter! Ich nahm ihren Rath an; und ich bin überzeugt, daß bis zu ihrer Sterbestunde die Ueberzeugung sie beglückte, sie habe wesentlich zu dieser Verbindung beigetragen.

Nachdem General Littlepage und Oberst Follock einmal hier waren, entschlossen sie sich, ein paar Monate zu bleiben, um nach ihren Ländereien zu sehen, und einige Scenen in dieser Gegend wieder zu besuchen, welche für sie ein lebhaftes Interesse hatten. Auch meine Mutter und Tante Mary schienen gerne zu verweilen; denn sie erinnerten sich hier an Ereignisse, die ihnen die Umgegend mit süßer Wehmuth in das Gedächtniß zurückrief. Mittlerweile reiste Frank zu seinem Verwandten, und kam wieder zurück, ehe noch unsere Gesellschaft zum Aufbruch bereit war. Während seiner Abwesenheit waren alle Vorkehrungen zu meiner Vermählung mit seiner Schwester getroffen worden. Dies Ereigniß fand gerade zwei Monate nach dem Leichenbegängnis Kettenträgers statt. Ein Geistlicher wurde von Albany herbeigeholt um die Trauung zu verrichten, da keines der Brautleute der Sekte der Congregationalisten angehörte; und eine Stunde, nachdem wir kirchlich verbunden waren, verließen uns sämmtliche Gäste, um nach dem Süden zurückzukehren, und wir blieben allein auf dem Neste zurück. Ich habe gesagt alle, aber ich hätte Jaap und Susquesus ausnehmen sollen. Diese Beide blieben und sind noch bis auf die heutige Stunde da; nur macht der Neger gelegentlich Besuche in Lilaksbusch und Satanstoe, um seine Familie um sich zu versammeln.

Bei der Trauung herrschte viel tiefes Gefühl aber wenig Glanz und Prunk. Meine Mutter hatte Ursula liebgewonnen, als wäre sie ihr eignes Kind; und ich hatte die Freude nicht nur, sondern auch den Triumph, zu sehen, wie meine Verlobte sich mit jedem Tage den Meinigen angenehmer und theurer machte, und dies durch keine andern als die allernatürlichsten und kunstlosesten Mittel.

„Das ist vollkommenes Glück," sagte Dus zu mir an einem lieblichen Nachmittag, als wir mit einander die Felsen an dem Nest entlang lustwandelten, einige Minuten nachdem sie sich aus den Armen meiner Mutter gewunden hatte, die sie umarmt und gesegnet hatte wie eine fromme Mutter ein inniggeliebtes Kind – „das ist vollkommenes Glück, Mordaunt, Eure Erkorene zu seyn und die von Euren Eltern freundlich Aufgenommene. Ich wußte bis jetzt nicht, was es heißt, Eltern zu haben. Oheim Kettenträger that Alles was er konnte für mich, und ich werde sein Andenken heilig halten bis zu meinem letzten Athemzug – aber Oheim Kettenträger konnte mir nie eine Mutter ersetzen. Wie gesegnet, wie über Verdienst gesegnet verspricht mein Loos zu werden! Ihr gebt mir nicht nur Eltern, und Eltern die ich lieben kann, wie wenn es meine leiblichen Eltern wären, sondern Ihr gebt mir auch zwei Schwestern, wie sie Wenige haben!"

„Und das Alles, liebste Dus, gebe ich Dir mit der Zugabe eines solchen Gatten, daß ich fast fürchte, die andern Gaben werden Dir zu theuer erkauft scheinen, wenn Du ihn erst genauer kennst."

Der innige, offene, dankbare Blick, das bewußte Erröthen, und das ernste nachdenkliche Lächeln – Alles das verkündigte mir, daß meine vergnügte und parteiliche Zuhörerin deshalb keine Sorge empfand. Hätte ich damals schon das andere Geschlecht so gekannt wie jetzt, so würde ich vorausgesehen haben, daß die Liebe eines Weibes wächst, statt abzunehmen; daß die Liebe, die die reine und hingebende Matrone zu ihrem Gatten hegt, mit der Zeit zunimmt und ein Theil und Element ihrer moralischen Existenz wird. Ich bin kein Anwalt von dem was man im strengen Sinne Vernunftheirathen nennt; ich glaube, der feierliche, bleibende Knoten sollte geknüpft werden von der Hand warmer, mächtiger Neigung und Liebe, gesteigert und gekräftigt durch Kenntniß und vertrauensvollen Austausch der beiderseitigen Denkweise und Gefühle: aber ich habe lang genug gelebt, um zu wissen, daß, so lebhaft und innig auch die Leidenschaften der Jugend sind, sie doch keine Wonnen gewähren, die denjenigen gleich kämen, welche aus der tiefen und erprobten Zärtlichkeit eines glücklichen ehelichen Lebens entspringen!

Und wir waren nun verheirathet! Die Zeremonie fand vor dem Frühstück statt, damit unsre Verwandten noch die große Heerstraße erreichen könnten, ehe die Nacht sie überfiele. Das Mahl, das dann folgte, war still und ernst. Dann schloß meine liebe, gute Mutter Dus in ihre Arme und küßte und segnete sie zu wiederholten Malen. Mein geehrter Vater that dasselbe, und erinnerte meine weinende aber glückliche junge Frau, daß sie jetzt seine Tochter sey. „Mordaunt ist im Grunde ein guter Kerl, meine Liebe, und wird Euch lieben und hegen, wie er gelobt hat," fuhr der General fort, sich schnaubend, um seine Rührung zu verbergen; „aber sollte er je irgend Etwas vergessen, was er gelobt hat, so kommt zu mir, und ich will ihn heimsuchen mit der Mißbilligung eines Vaters."

„Seyd unbesorgt wegen Mordaunt's – seyd unbesorgt wegen Mordaunt's," fiel meine würdige Großmutter ein, an welche jetzt die Reihe des Abschiednehmens – für eine kurze Zeit – kam, „er ist ein Littlepage, und alle Littlepage's geben treffliche Ehemänner. Der Junge gleicht seinem Großvater, wie er in seinem Alter war, wie eine Erbse der andern. Gott segne Euch, meine Tochter – Ihr werdet mich diesen Herbst in Satanstoe besuchen, wo es mir große Freude machen wird, Euch meines Generals Bild zu zeigen."

Anneke und Kate und Priscilla Bayard herzten Dus dergestalt, daß ich fürchtete, sie würden sie aufessen, während Frank von seiner Schwester Abschied nahm mit der männlichen Zärtlichkeit, die er ihr immer bezeigte. Der Jüngling war jedoch selbst zu glücklich, als daß er viele Thränen hätte vergießen sollen, obgleich Dus an seiner Brust förmlich schluchzte. Das liebe Geschöpf durcheilte ohne Zweifel mit ihren Gedanken die Vergangenheit, und verglich sie mit der seligen Gegenwart.

Gegen Ende des Honigmondes liebte ich Dus doppelt so innig, als ich sie in der Stunde geliebt hatte, wo wir vermählt wurden. Hätte mir Jemand gesagt, daß dies möglich sey, so würde ich einen solchen Gedanken verlacht haben; aber es war wirklich so, und ich darf mit Wahrheit hinzusetzen, so ist es bis jetzt immer gewesen. Nach Verfluß dieses Monats reisten wir von Ravensnest nach Lilaksbush ab, wo ich die Freude hatte, meine junge Frau in aller Form demjenigen Theil der sogenannten Welt vorstellen zu dürfen, dem sie eigentlich angehörte. Ehe wir jedoch das Patent verließen, waren schon alle meine Plane gemacht und Contrakte unterzeichnet zum Behufe des Baues des Hauses, wovon mein Vater gesprochen. Der Grund wurde noch im Herbste gelegt und im folgenden Jahre feierten wir unsere Weihnachten darin – binnen welcher Zeit mich Dus zum Vater eines stattlichen Knaben gemacht hatte.

Es ist kaum nöthig zu sagen, daß Frank und Priscilla, so wie Tom und Kate nicht sehr lange nach uns sich vermählten. Beide Ehen sind vollkommen glücklich geworden. Der alte Mr. Malbone überlebte den Winter nicht, und hinterließ ein sehr ansehnliches Besitzthum ganz seinem Verwandten. Frank wünschte, seine Schwester an seinem Glück und Vermögen Antheil nehmen zu lassen, aber ich wollte davon Nichts hören. Dus war an und für sich Schatz genug, und bedurfte kein Geld, um ihren Werth in meinen Augen zu erhöhen. So dachte ich im Jahr 1785 und so denke ich heute noch. Wir nahmen einiges Silbergeschirr und einige schöne Geschenke, wollten aber vom Vermögen nie etwas annehmen. Das schnelle Wachsthum von New-York machte, daß unsere noch übrigen Loose in dieser rasch gedeihenden Stadt einen guten Markt fanden, und wir wurden bald reicher, als zum Glücklichseyn nöthig ist. Ich hoffe, wir haben die Gaben der Vorsehung nie mißbraucht. Eines weiß ich gewiß: Dus ist von mir immer weit höher geschätzt worden als irgend ein anderer Besitz.

Von Jaap und dem Indianer muß ich auch ein Wort sagen. Beide leben noch und wohnen auf dem Nest. Für den Indianer ließ ich eine Wohnung erbauen in einer gewissen Schlucht, Sicht weit vom Hause entfernt, welche die Scene einer seiner früheren Thaten in dieser Gegend gewesen war. Hier lebt er, hier hat er die letzten zwanzig Jahre gelebt, und hier hofft er zu sterben. Er erhält seine Nahrung, Decken, und was er sonst für seine wenigen Bedürfnisse braucht, im Nest, wo er nach Belieben kommt und geht. Er ist jetzt dem hohen Alter nahe, hat aber noch immer seinen elastischen Schritt, seinen aufrechten Gang und seine Rüstigkeit. Ich glaube, er kann gar wohl hundert Jahre alt werden. Dasselbe gilt von Jaap. Der alte Kerl hält aus und erfreut sich des Lebens als ein ächter Abkömmling der Afrikaner. Er und Sus sind unzertrennlich und streifen oft in den Wald hinaus auf langen Jagdzügen, sogar im Winter, von welchen sie mit Wildpret, wilden türkischen Hähnen und anderer Beute zurückkommen. Der Neger wohnt im Nest, aber seine halbe Zeit schläft er im Wigwam, wie wir die Wohnung von Sus nennen. Die zwei alten Burschen streiten häufig und bisweilen hadern sie sogar; aber da Keiner von beiden trinkt, kommt es nie zu sehr langen noch auch sehr ernstlichen Zwisten. Ihre Händel entspringen meist aus Verschiedenheit der Ansichten in der Moralphilosophie, in Folge ihrer verschiedenen Anschauungsweise der Vergangenheit und der Zukunft.

Lowiny blieb bei uns als Dienerin, bis sie eine sehr passende Heirath mit einem meiner Pächter schloß. Eine kurze Zeit nach meiner Vermählung schien sie mir schwermüthig, wahrscheinlich in Folge der sehnsüchtigen Sorge um ihre entfernte und zerstreute Familie; aber diese Stimmung verlor sich bald, und sie wurde zufrieden und glücklich. Ihr gutes Aussehen erhöhte sich unter dem Einfluß der Civilisation, und ich darf mit Genugthuung beifügen, daß sie nie irgend Grund gehabt hat, zu bereuen, daß sie sich an uns angeschlossen. Bis auf diesen Augenblick ist sie eine bescheidene und hülfreiche Freundin meiner Gattin, welche ihrerseits sie bereitwillig unterstützt, und wir finden sie ganz besonders nützlich und tüchtig bei Krankheiten der Kinder.

Was soll ich von Squire Newcome sagen? Er brachte es zu einem recht ansehnlichen Alter und ist erst ganz neuerlich gestorben; und bei Manchen, die ihn kannten, oder vielmehr, die ihn nicht kannten, galt er für einen Theil des Salzes der Welt. Ich leitete nie ein Verfahren gegen ihn ein wegen seiner Verbindung mit den Squatters, und er verblieb sein ganzes Leben lang in einer beständigen Ungewißheit darüber, wie weit ich Kunde von seinen Schlichen habe. Der Mensch wurde eine Art von Diakon in seiner Kirche, wurde mehr als einmal Mitglied der Assembly, und blieb bis an sein Ende ein von der öffentlichen Meinung höchlich begünstigter Mann; und dies einfach darum, weil seine Denkweise und Lebensgewohnheiten ihn dem großen Haufen nahe stellten, und er sich auf jede ersinnliche Weise hütete, den Leuten nie eine Wahrheit zu sagen, die ihnen unangenehm war. Er hatte einmal die Frechheit, mit mir als Bewerber um einen Sitz im Congreß zu konkurriren, aber dieser Versuch schlug ihm fehl. Hätte er es vierzig Jahre später versucht, so wäre es ihm wohl eher gelungen. Jason starb arm und in Schulden, trotz aller seiner Spitzbübereien und Anschläge. In seiner Gier nach Gold hatte er sich überstürzt, wie es so Manchen von seiner Gesinnung geschieht. Seine Nachkommen jedoch weilen noch unter uns; und während sie sehr wenig Vermögen von ihm überkommen haben, sind sie die rechtmäßigen Erben von ihres Ahnherrn Gemeinheit in Gesinnung und Benehmen – von seinen Schlichen und Tücken und seiner Heuchelei. Das ist die Art und Weise, wie die Vorsehung die Sünden der Väter an den Kindern heimsucht, bis ins dritte und vierte Glied.

Ich habe jetzt wenig mehr zu sagen. Die Eigenthümer von Mooseridge haben glücklich alle Loose verkauft, die sie auf den Markt zu bringen gesonnen waren, und große Summen haben sie darauf versichert in Scheinen und Hypotheken. Anneke und Kate haben ansehnliche Theile dieses Besitzthums erhalten, darunter Vieles, was dem Oberst Follock gehörte, der jetzt ganz bei meinen Eltern wohnt und lebt. Tante Mary ist, mit Leidwesen muß ich es berichten, vor wenigen Jahren als ein Opfer der Blattern gestorben. Sie heirathete natürlich nie, und hinterließ ihr schönes Vermögen meinen Schwestern und einer gewissen Lady mit Namen Ten Eyck, die es sehr gut brauchen konnte, und deren Hauptanspruch darin bestand, daß sie eine dritte Cousine, glaube ich, von Mary's ehemaligem Geliebten war. Meine Mutter betrauerte den Tod ihrer Freundin aufrichtig, so wie wir Alle; aber wir hatten den tröstlichen Glauben, daß sie bei den Engeln glücklich sey.

Ich ließ in den ausgedehnten Gartenanlagen um das neue Haus auf dem Nest ein passendes Denkmal auf dem Grabe Kettenträgers errichten. Es hatte eine einfache Inschrift, die jetzt meine Kinder oft lesen und gerne ihre Bemerkungen und Betrachtungen daran knüpfen. Wir sprechen Alle von ihm bis auf diese Stunde als vom Oheim Kettenträger, und sein Grab wird nie mit einem andern Ausdruck genannt als: Oheim Kettenträgers Grab. Der herrliche alte Mann! daß er nicht frei war von den Schwächen der menschlichen Natur, braucht nicht gesagt zu werden; aber so lang er lebte, konnte er als Beweis der Wahrheit gelten: wie viel achtungs- und ehrwürdiger der Mann ist, welcher Einfalt, Redlichkeit, feste Grundsätze und Wahrheit zu seinen Führern nimmt, als derjenige, welcher mittelst Lügen, Ränken und Schlichen sich durch die Welt durchzukämpfen sucht!

***

Ende